중국문화정신

This book is translated into Korean from the original 《中國文化精神》 with financial support from the Chinese Fund for the Humanities and Social Sciences.

中國文化精神

Copyright ⓒ Peking University Press, 2015

The Chinese edition is originally published by Peking University Press.
This translations is published by arrangement with Peking University Press, Beijing, China.
korean translation copyright ⓒ 2019 by Yemoonseowon Publishing Company
all rights reserved. No reproduction and distribution without permission.

이 책의 한국어판 판권은
Peking University Press와 독점 계약한 예문서원에 있습니다.
저작권법에 의해 한국 내에서 보호를 받는 저작물이므로
무단 전재와 무단 복제를 금합니다.

중국학총서 1

중국문화정신

지은이	張岱年 · 程宜山
옮긴이	장윤수 · 한영 · 반창화
펴낸이	오정혜
펴낸곳	예문서원
편 집	김병훈
인쇄 및 제책	주) 상지사 P&B
초판 1쇄	2019년 10월 15일
주 소	서울시 성북구 안암로 9길 13
출판등록	1993년 1월 7일 (제307-2010-51호)
전화번호	925-5913~4 / 팩시밀리 929-2285
E-mail	yemoonsw@empas.com

ISBN 978-89-7646-398-2   93150

YEMOONSEOWON 13, Anam-ro 9-gil, Seongbuk-Gu Seoul KOREA 136-074
Tel) 02-925-5913~4, Fax) 02-929-2285

값 50,000원

중국학총서 1

중국문화정신

張岱年 · 程宜山 지음
장윤수 · 한영 · 반창화 옮김

예문서원

서문

　20세기 말, 중국 내에서 문화 문제를 논의하는 열풍이 일어났다. 이는 학술사상 영역에 있어서 일대 사건이었다. 문화 문제에 관한 논의는 이미 1920~30년대에 있었지만 항일전쟁이 일어나면서 중단되었는데, 지금 그것이 다시 사람들의 흥미를 자아내기에 이르렀으니 기뻐할 만한 일이다. 나는 문화토론회와 문화연수회에 몇 번 참가하여 내 의견을 개진한 바 있다. 문화에 관한 논의에 있어서 여러 사람들이 수많은 다양한 의견을 제시했다. 의견이 분분하고 견해도 서로 달라 '백가쟁명百家爭鳴'의 분위기가 따로 없었다. 문화 문제는 대단히 복잡하여 결코 짧은 시기에 해결될 수 없으며, 그러므로 서로 간에 자유롭게 논쟁하는 것이 절실하게 요청된다.

　나는 문화 문제에 대한 체계적인 서술의 필요성을 느끼고서 정의산程宜山과 상의하여 그가 중국의 문화 문제를 체계적으로 서술한 책을 저술할 것을 희망했다. 이에 정의산은 문화에 관한 역사 자료를 폭 넓게 고찰하고 최근 몇 년간의 문화 관련 국내·외 저서들을 두루 참조하여 문화에 관한 구체적인 문제들을 어느 정도 분석한 끝에 총 12장으로 구성된 이 글을 저술하였다. 이 글에서는 중국문화의 기본정신, 중·서 문화의 차이, 중국 전통문화의 체계적 구조, 중국의 전통 철학·과학·예술, 중국 전통문화의 심각한 결함 및 16세기 이후의 문화논쟁을 분석하여 서술하였고, 마지막으로 우리의 문화주장인 '종합창조론'을 설명하였다. 이후 나는 정의산이 지은 글을 읽고 약간의 수정을 거쳐 책으로 내게 되었고, 정의산은 문화 문제에 관한 나의 기본 관점과 생각을 같이하면서도 필요한 부분에 대해서는 내용을 좀 더 보완하여 일부 논점들을 보다 세밀하게 논증했다. 물론 이 책에서 중국문화에 관한 이론 문제와 역사적 상황들을 속속들이 다 파고들어 가서 연구한 것은 아니고, 다만 문제의 요점을 체계적으로 간단명료하게 서술했을 뿐이다.

이 책을 서술하는 과정에서 정의산은 때로는 이 시대 학자들의 일부 주장에 대해 검토하기도 했다. 우리는 '백가쟁명'이야말로 학술 발전을 촉진시키는 유일하고 정확한 방침이라 생각한다. '쟁명爭鳴'이라고 하는 이상 서로 '다투기도' 하고 '공감하기도' 하는 것은 당연한 일이다. 여기에서 언급되는 학자들 대부분은 모두 자신의 견해를 가지고 있기 때문에, 우리가 어떤 비판적 의견을 개진한다 해서 그들에 대한 존경심을 떨어뜨리는 것은 결코 아니다. 우리는 논자들의 원뜻을 정확하게 이해하려고 애를 썼지만 오해한 부분이 있을 가능성이 있다. 이 부분에 대해 양해를 구하는 바이다.

북경대학에서 장대년張岱年

옮긴이의 말

『중국문화정신中國文化精神』은 중국 현대의 저명한 철학자이자 국학 대가인 장대년張岱年 선생과 그의 애제자 정의산程宜山 선생의 공저로 이루어진 학술 명작이다.

이 책은 동서고금의 철학사상을 참고하여 기나긴 역사 속에서의 중국문화의 품격, 이해득실, 논쟁 등에 대한 내용을 가장 통속적이면서도 전문적으로 다루었으며, 동양과 서양 문화의 유사점과 차이점을 요령 있게 해명하였다. 심오한 내용을 알기 쉽게 표현하고, 중국문화정신에 대해 간단명료하고 체계적으로 개괄하여 중국문화의 전통을 배우고 중국문화정신의 품격을 이해하려는 이들에게는 가장 좋은 학술서로 인정받고 있다. 특히 이 책은 '종합창조론'이라는 관점으로 다양한 철학체계를 종합하여 현시대의 사회적 요구에 부응하는 새로운 철학을 모색한다는 점에서 향후 중국철학의 발전 대안을 제시했다는 높은 평가를 받는다.

현대중국 및 중국 전통문화에 대한 해외 학자들의 이해를 증진하고 중국과 외국 간의 학술교류와 대화를 추진하기 위해 설립된 '중화학술 외국어번역 프로젝트'(中華學術外譯項目)를 통해 이 책을 한국에 소개할 수 있게 되어 크나큰 영광으로 생각한다. 이 프로젝트에 참여하기까지 판권을 소유하고 있는 북경대학출판사의 적극적인 주선이 있었고, 번역진의 노력과 한국 예문서원의 오정혜 사장님을 비롯한 편집진 선생님들의 노고가 컸다. 관계자 모든 분들에게 진심으로 감사하는 바이다. 그런데 책의 저자인 장대년 선생님과 정의산 선생님께서 모두 작고하셔서 이 기쁨을 함께 누릴 수 없다는 점이 커다란 아쉬움으로 남는다. 다만 명작을 번역하는 과정에서 대가들의 심오한 뜻을 잘못 전달한 일이 없기만을 간절히 바랄 뿐이다.

2019년 9월
옮긴이를 대표하여 반창화 적다

이끄는 글: 우리의 문화관

1. 문화는 부단히 창조하는 과정이다

세계문화연구사에는 일찍이 'Culture'와 'Civilzation'의 의미에 관한 논쟁이 있었다. 일반적으로 전자를 '문화'로 번역하고, 후자를 '문명'으로 번역한다. 프랑스, 영국, 미국 등과 같은 국가의 사회학자들은 문화를 지칭할 때 보통 'Civilzation'이라는 용어를 사용하고, 독일의 역사철학자들은 일반적으로 'Culture'라는 용어를 사용한다. 지나치게 글자의 의미만 따지는 문자적 논쟁처럼 보이기도 하지만, 이는 서양의 문화 연구에 있어서 지배적인 역할을 하는 두 가지 대립적인 전통을 의미한다. 이것은 실증적인 사회학 전통과 사변적인 역사철학 전통을 대변하는 것이기도 하고, 또 영·미 전통과 독일 전통을 의미하는 것이기도 하다. 영·미 전통의 문화연구자들은 문화를 여러 가지 형태로 이루어진 기정사실의 총화로 이해하는데, 이는 문화를 인류가 창조한 물질과 정신의 성과에 대한 총체적인 것으로 보는 것이다. 반면 독일의 전통적인 문화연구자들은 문화를 하나의 생명 혹은 생활을 중심으로 하는 살아 있는 어떤 것, 또는 생활의 양상으로 이해한다. 독일의 전통적인 문화연구자들에 의하면 문화의 형태화, 제도화, 양식화는 곧 문화의 죽음을 의미하는 것이므로, 그들은 "문화는 살아 있는 문명, 문명은 이미 죽은 문화"라는 관점을 지니고 있다. 서양의 문화 연구에 대한 이러한 두 가지 전통은 중국의 문화연구자들에게도 매우 큰 영향을 끼쳤다.

이러한 두 가지 전통은 각각 타당성을 지니고 있지만 폐단도 존재한다. 문화는 인류가 인간 자체의 자연과 외부자연을 바탕으로 하여 사회생활 가운데서 부단히 창조하고 보존해 온 내용물의 총화이며, 언제나 활발하게 하나의 창조적인 활동으로 진화한다. 문화는 인류가 인간과 세계와의 관계를 다룰 때 취하는 정신적인 활동과 실천적인 활동 방식 및 그에 의해 창조되는 물질적·정신적 성과의 총화로서, 활동 방식과 활동 성과의 변증법적 통일관계를 이룬다. 그러므로 문화 연구는 이미 이루어진 사실에 직면해야 하지만, 동시에 이미 이루어진 사실을 죽은 것, 응고된 것, 변화되지 않는 것으로 보아서는 안 되고, 그러한 이미 이루어진 것에 대해 많이 배우고 심사숙고하는 과정에서 그 정신을 파악함과 아울러 그 속에서 율동하는 맥락과 살아 있는 영혼을 파악해야 한다. 활동 방식과 활동 성과는 문화의 두 가지 측면으로, 항상 서로 의존하고 서로 제약하며 서로 작용하면서 함께 발전한다는 것을 반드시 알아야 한다. 이미 이루어진 사실에 대한 과학적인 관찰과 분석을 배제하게 되면 이성과 과학적 방법을 부정하는 반이성주의와 관념론으로 나아가게 되고, 문명의 살아 있는 영혼과 맥락을 파악하지 않고서는 사물만 보고 인간을 보지 못하게 되어 겉만 보고 본질을 보지 못하는 형이상학에 빠지게 된다. 그러므로 우리는 문화의 이미 이루어진 형태에 대한 연구와 문화의 이미 이루어진 형태 속에 살아 있는 영혼에 대한 연구를 변증법적으로 통일시켜야 한다.

문화의 이미 이루어진 형태에 대한 연구를 중시할 뿐만 아니라 그 속에서 율동하고 있는 맥락과 살아 있는 영혼을 중시하는 방법은 본질적으로 말하자면 유물론적이고 변증법적인 방법이다. 마르크스는 "새로운 사조의 장점은

14

우리가 교조주의적으로 미래를 예상하지 않는 것이니, 다만 낡은 세계를 비판하는 가운데서 새로운 세계를 발견하려고 희망할 뿐이다"[1]라고 하였다. 낡은 세계를 비판한다는 것은 바로 이미 이루어진 형태에 대한 연구를 중시한다는 것이다. 그리고 새로운 세계를 발견한다는 것은 우선 이미 이루어진 형태 안에서 율동하고 있는 맥박을 발견하고, 동시에 부정적인 요소들이 미래를 대표하고 있음을 발견한다는 것을 의미한다. 그래서 마르크스는 "변증법은 현존 사물에 대한 긍정적인 이해 속에서 현존 사물에 대한 부정적인 이해 즉 현존하는 사물은 반드시 멸망한다는 것에 대한 이해도 아울러 함축하고 있다. 또한 변증법적 사고는 이미 형성된 형식에 대해 그것이 끊임없는 운동 속에 있는 잠시적인 형식이라는 점을 이해하기도 한다. 변증법은 그 어떠한 사물도 숭배하지 않기에 본질에 있어서 그것은 비판적이고 혁명적이다"[2]라고 했다. 이러한 의미에서 문화를 하나의 변화의 과정으로 이해하는 것이 문화를 이미 이루어진 사물의 총화라고 이해하는 것보다 훨씬 더 정확하다고 할 수 있다.

'문화'라는 용어는 중국 고대에는 '문치文治'와 '교화敎化'라는 의미로 사용되었다. 후한後漢의 학자 유향劉向은 "무릇 무력으로 천하를 정복하면 백성들이 믿지 않을 것이니, 먼저 문화로써 다스려보고 안 되면 무력으로 처벌할 것이다"[3]라고 하였고, 진晉나라의 속석束晳은 "문화로써 안을 통일하고 무공으로 밖을 합병한다"[4]라고 하였다. 여기에서 '교화'라는 말의 의미를 잘 음미해 볼 가치가 있다. 과정이라는 의미에서 보자면 문화는 인간 자체의

---

1) 마르크스, 「『獨佛年鑑』 서신 발췌문」, 『馬克斯恩格斯全集』(제1판, 北京: 人民出版社, 1979) 제1권, 416쪽.
2) 마르크스, 「『資本論』 제1권(제2판) '발문'」, 『馬克斯恩格斯選集』 제2권, 218쪽.
3) 『說苑』, 「指武」, "反武之光, 爲不服也, 文化不改, 然後加誅."
4) 『文選』, 「補亡試·由儀」, "文化內緝, 武功外悠."

자연과 몸 밖의 자연이라는 토대 위에서 부단히 창조하는 하나의 과정일 뿐만 아니라, 또한 인간 자체의 자연과 몸 밖의 자연을 끊임없이 개조함으로써 인간으로 하여금 동물의 상태로부터 부단히 승화해 나아가도록 하는 과정이 기도 하다. 이러한 무한한 과정 속에서 토대로서의 인간 자체의 자연과 몸 밖의 자연도 끊임없이 개조된다. 그러므로 인류의 사회적 활동이 창조한 성과라는 의미에서의 문화는 아직 '문文'일 뿐이지 '문화文化'의 단계에는 이르지 못했다. 창조적인 성과가 인간 자신에 대한 개조를 의미한다는 점을 고려할 때만이 비로소 '문화'라고 할 수 있다.

2. 문화는 하나의 동태적인 체계이다

오늘날 사람들은 일반적으로 문화는 여러 단계와 여러 측면의 내용을 포함한 하나의 통일적인 체계이거나, 또는 많은 요소들로 이루어지고 일정한 구조를 가지고 있는 체계라는 점을 인정한다. 이것을 토대로 하여 구조적 분석의 방법론이 크게 유행하고 있는데, 갖가지 구조양식이 마구 쏟아져 구분하기조차 어려울 정도이다. 이러한 관점과 방법들은 개별적이고 분산된 사실에 근거한 것이 아니라 서로 관련된 여러 요소로 사실들을 정리하고 그 요소들의 상호 작용을 토대로 하여 스스로 완비된 하나의 구조적 총체를 만든 것이기에 분명 합리성을 가지고 있다. 상대적 안정성이 있는 모든 체계는 일정한 시간 내에서도 자신만의 안정적인 메커니즘을 가지고 있다. 그러므로 일정한 시간 내에서는 시간이라는 요소를 연구의 편리를 위하여 무시할 수 있으며, 따라서 일정한 조건 하에 '공시적共時的' 연구방법을 취할 수 있다. 그러나 본질적으로 말하자면 문화구조는 하나의 소모적 구조이고, 문화체계는 일종의 활동적 체계이다. 만일 공시적 연구방법에 조건이 뒤따름을 망각하고 문화체계의 안정성에 상대성이 있음을 부인한다면 영·미 전통의 형이상학적인 사유에로 전락하게 됨을 면치 못할 것이고, 또한 문화체계를 단지 기성사실의 여러 가지 형태의 총화로밖에 알지 못하게 될 것이다.

문화에는 복잡한 내용이 있다. 즉 문화란 철학, 종교, 과학, 기술, 문학, 예술, 교육, 풍속 등 여러 계층의 내용을 포함한 통일적인 체계이다. 문화에는 주로 세 단계가 포함되는데, 첫 번째 단계는 사상, 의식, 관념 등이다. 사상이나 의식에는 가장 중요한 두 측면이 있으니, 하나는 가치관념이고 다른 하나는 사유방식이다. 두 번째 단계는 문물, 즉 문화를 표현하는 실물로서 거기에는 철학자의 저술이나 문학가의 문학예술 작품 같은 '사물'(物)뿐만 아니라 과학기술의 물화(物化) 형태로 된 어떤 것, 즉 인공으로 개조된 물질도 포함된다. 세 번째 단계는 제도, 풍속으로서 사상관점이 응결되어 이루어진 조례, 법칙 등이다. 한편, 문화는 그 직면한 문제에 따라 3가지 측면으로 나눌 수도 있다. 즉 인간과 자연 사이의 관계, 인간과 인간 사이의 관계 및 개별 인간의 자신과 자신 사이의 관계 예를 들면 영혼과 육체, 정신생활과 물질생활 같은 관계가 바로 그것이다. 과학, 기술, 정치, 법률, 문학, 예술 등은 그 내용의 편중에 따라 각기 위와 같은 3가지 방면에 속한다. 그 중 철학과 종교는 가장 핵심적 위치에 놓여 있다.

어떠한 문화시스템이든 모두 여러 가지 요소가 포함되고 있는데, 이를 문화요소라고 할 수 있다. 문화적 요소와 시스템 사이의 관계에는 여러 가지 복잡한 경우가 있는데, 그 중 특별히 주의해야 할 것이 두 가지이다. 문화체계가 포함하고 있는 문화요소 중 원래의 체계를 벗어나서 존재할 수 없는 것들과, 개조를 거쳐 다른 문화의 체계에 수용될 수 있는 것들이 바로 그것이다. 전자는 하나의 문화체계에 포함되는 여러 문화적 요소들이 불가분리의 관계를 가지고 있음을 의미한다. 예를 들어 중국 은나라, 주나라 시기의 분봉제分封制, 정전제井田制, 귀족제는 "세 가지가 서로 도와 행해야 하는 것으로서 어느 한 가지만 행하게 된다면 넘어지게 될 것이다"[5]라는 왕부지王夫之의 말처럼 서로 불가분리의 관계로서 어느 하나가 손해를 보게 되면 모두 손해를 보고 어느 하나가 영화를 누리게 되면 모두가 영화를 누리는 관계이므로, 결국 원래의 체계와 운명을 함께한다. 이에 비해 후자는 하나의 문화체계에 포함된 여러 문화적 요소들이 서로 분리될 수 있는 관계에 놓여 있음을 의미한다. 예를 들면 과학은 종교, 예술, 풍속과 분리될 수 있다. 문화적 요소들 사이에는 이러한 분리가능과 분리불가의 관계 외에, 또 서로 수용되거나 수용될 수 없는 관계도 존재한다. 예를 들면 도덕교육과 법률제도는 상부상조하는 관계로서 하나라도 부족해서는 안 되는 관계이지만, 반대로 전제군주제(君主專制) 및 봉건도덕은 근대과학의 발전과는 서로 용납될 수 없는 관계이다. 문화적 요소 사이에 나타나는 용납될 수 있거나 용납될 수 없는 관계, 분리될 수 있거나 분리될 수 없는 관계를 인식하는 것은 매우 중요하여, 문화를 동태적인 체계로 파악하는 관건이 된다.

동일한 문화체계 속에는 서로 용납되면서 떨어질 수 없는 많은 요소들이 존재한다. 그들 상호간에 상부상조하고 서로 보충하는 것은 그 문화체계가 상대적으로 안정성을 유지하는 메커니즘이고, 그 요소들의 안정적인 연계는 그 문화체계의 구조이다. 동일한 문화체계 안에는 또 서로 용납되지 않거나 분리될 수 있는 많은 요소들이 있는데, 전자는 체계를 무너뜨릴 만한 계기를 함축하고 있고, 후자는 그것을 대신하여 일어나는 새로운 체계의 요소로 될 수 있다. 이것은 시간적으로 연이어 일어나는 서로 다른 문화적 체계

---

5) 王夫之, 『讀通鑑論』, 권3, "三者相扶以行, 孤行則躓."

사이에 한 문화가 다른 한 문화를 대체하는 관계가 존재할 뿐만 아니라 한 문화가 다른 한 문화를 계승하는 관계도 존재하고 있음을 의미한다. 한 문화가 다른 한 문화를 계승하는 관계가 존재하기 때문에 양자 사이에는 공통적인 문화적 요소를 일부 포함하고 있는 것이다.

공간적으로 병존하고 있는 서로 다른 문화체계는 몇몇 공통적인 문화적 요소를 포함하고 있을 뿐만 아니라 또한 각기 다른 문화적 요소도 포함하고 있다. 전자는 문화의 보편성을 표현한 것이고, 후자는 문화의 특수성을 표현한 것이다. 이러한 서로 다른 문화체계의 요소 사이에도 분리될 수 있거나 분리될 수 없는 관계, 수용될 수 있거나 수용될 수 없는 관계가 존재한다. 이는 그것들이 각자 상대적인 독립성을 지녔다는 근거이고, 또한 서로 흡수되고 서로 융합될 수 있다는 근거이기도 하다.

3. 문화 발전에는 객관적으로 스스로 존재하는 법칙이 있다

문화의 대상은 도대체 연구 주체에 독립하는 객관적인 존재인가 아닌가? 문화의 발전에는 인간의 주관적 의지에 의해 전이되지 않는 객관적으로 스스로 존재하는 법칙이 있는가 없는가? 문화연구자는 문화 대상에 대한 정확한 이해에 도달할 수 있는가 없는가? 문화 연구와 문화 발전 자체의 관계는 또한 어떠한가? 겉보기에는 별로 문제되지 않는 것 같은 이러한 문제들은 시종 세계의 문화연구자들을 곤혹스럽게 만들었으며, 어떠한 문화연구자들의 저서에서도 철저하게 해결되지 못하고 있다. 일반적인 원칙에 있어서 이러한 문제들에 대해 회답하는 것은 어려운 일이 아니다. 우리는 유물변증론자이고 유물역사론자이다. 그래서 우리는 문화 대상이

연구 주체에 대해 독립적이고 객관적인 존재이며, 문화 발전에는 인간의 주관적인 의지에 의해 전이되지 않는 객관적으로 자재하는 법칙이 존재한다는 사실을 인정한다. 그렇기 때문에 우리는 문화 발전을 하나의 자연적인 역사 과정으로 보는 것이다. 아울러 문화연구자들이 문화 대상을 정확히 이해할 수 있게 되고, 문화 연구 또한 이러한 정확한 이해를 바탕으로 하여 문화적 유산에 대한 취사선택을 결정해야 한다는 사실을 긍정하게 된다. 동시에 이러한 정확한 이해를 바탕으로 하여 문화적 발전을 파악함으로써 새로운 문화를 창조하는 여러 가지 활동을 지도해야 한다. 중요한 점은 문화 연구라는 특수한 실제와 연결시켜서 이러한 유물주의 원칙을 올바르게 관철하여, 이 영역에 대량으로 존재하고 있는 유심주의 혹은 불가지론不可知論의 관점을 제거함으로써 문화 연구가 정확한 방향으로 발전하도록 해야 한다는 사실이다.

독일의 전통적인 문화연구자들은 특히 문화의 연구 대상과 자연과학의 연구 대상 간의 '근본적인 구별'을 강조한다. 그들이 말하는 이른바 근본적인 구별이란, 어떤 것은 순수한 허구이며 어떤 것은 무한정 과장된 것이기도 하다. 신칸트주의자인 빈델반트는 자연과학과 역사 연구의 사이에는 일련의 구별이 있다고 주장했다. 즉 전자는 공통점(共相)을 연구하고, 후자는 사물의 특수성을 연구한다. 전자는 늘 변하지 않는 사물의 형식에 주목하고, 후자는 역사적 사건의 일회성을 중시한다. 전자가 논리적인 필연 판단을 중시한다면 후자는 논리적인 개연 판단을 중시한다. 어쨌든 빈델반트에 의하면 자연과학은 인과성을 연구 내용으로 하지만 역사 연구는 가치세계를 제시하는 데에 그 목적이 있다. 이에 근거하여 리케르트는 더 나아가 과학을 비가치적인 자연과학과 가치관계론적인 문화과학으로 구분했다. 이러한 구별은 완벽한 허구라고 할 것이다. 신칸트주의자들은 바로 이러한 완벽한 허구에 근거하여

20

문화 발전의 객관적 법칙을 거부한다.

고전적인 자연과학이 공통점(共相) 즉 항상 변하지 않는 형식 및 보편적인 자연법칙을 중시하는 것은 사실이다. 그러나 이는 자연과학이 아직 충분히 발전되지 못하였기 때문이지 자연과학 대상의 본질이 그렇게 만든 것은 아니다. 현대의 자연과학은 이미 상당 부분 이러한 편파성을 극복하고 개별성, 일회성 사건, 개연성, 시간, 관계, 정보 등을 중요한 과제로 삼고 있다. 이 점에 관해서는 벨기에의 물리학자 프리고진의 저술을 읽어 보면 분명하게 알게 될 것이다. 역사과학을 말하자면, 일찍이 빈델반트의 말이 있기 전에 이미 마르크스와 엥겔스가 역사유물주의를 창립하여 사람들에게 이 영역 내에서도 공통점(예컨대 사회형태)이 존재하며 상주불변의 형식(예컨대 생산방식) 및 발전의 필연적인 법칙이 존재함을 설득력 있게 증명하였다. 간략하게 말한다면, 자연과학의 대상과 역사 연구의 대상 그 자체에는 빈델반트가 주장하는 그러한 구별이 존재하지 않는다. 그러므로 과학주의와 인본주의가 갈라지게 된 것은 잠깐 잘못된 길로 들어서게 된 일시적인 현상일 뿐이다. 이 문제에 있어서 독일의 유심주의자들에 대한 그 어떠한 양보도 있어서는 안 된다.

자연은 자연적으로 이루어진 것이지만 문화는 인간이 능동적으로 창조한 것으로서 일정한 의지와 목적의 추진과 일정한 사상의 지도 아래 형성된 것이다. 물론 이 점은 자연과학 대상과 문화 연구 대상에 있어서의 뚜렷하고 근본적인 차이점이기도 하다. 독일의 전통적인 문화연구자들이 비록 이 점을 알아차렸다고는 하나, 그들은 이것을 확대하고 극대화시켰다. 예를 들어 독일의 생명철학자들은, 가치관계는 생명의 창조에서 비롯되었고 생명의 창조는 강한 의지의 요구를 나타내는 것이라고 주장하였다. 그들은 이러한 관점을 바탕으로 하여 문화가 생명을 근본으로 하고 시간을 기본으로 하며, 생명은 창조적으로 진화하는 것이기에 거기에는 규칙이 없으며 생명활동은 일종의 시간적인 존재로서 그 시간성은 비논리적이라고 주장했다. 그들은 또한 이와 반대로 물질은 누적하는 형식으로 진화하는 것이기에 일종의 공간적인 존재라고 보았다. 이에 근거하여 그들은 문화를 이성과 과학적인 방법으로 취급해서는 안 되고 직감에 호소해야 한다고 보았다. 이러한 완전한 관념론적이고 반이성적인 관점에 대해 일찍이 마르크스와 엥겔스가 결정적으로 비판하였다. 그런데 관건은 이러한 비판을 문화 연구라는 특수한 실제에 적용할 수 있는가 하는 점이다.

생명의 창조적인 진화는 반드시 불규칙적이고 비누적非累積적인 것일까? 그런 것만은 아니다. 마르크스는 다음과 같이 말했다.

> 모든 역사적 단계들은 각기 일정한 물질적 성과, 일정한 수량을 가진 생산력의 총화, 인간과 자연 및 인간과 인간 사이에 역사적으로 형성된 관계에 직면하게 되며, 모든 앞 세대가 다음 세대에 물려주는 많은 생산력과 자금 및 환경에 봉착하게 된다. 한편으로 이러한 생산력과 자금 그리고 환경이 새로운 세대에 의해 개변된다고 하더라도, 다른 한편으로는 이러한 조건들이 또 다른 새로운 세대들의 생활조건을 미리 규정해 줌으로써 일정한 발전을 가져오고 특수한 성격을 지니도록 한다.[6]

이것은 곧 인류가 창조한 활동과 그 성과들은 역사적으로 이미 존재하는 성과의 규제를 받으므로 축적성과 규칙성을 지니게 된다는 점을 설명해 준다. 이는 물질문화와 제도문화에 적용될 뿐만 아니라 사상문화에도 적용된다. 엥겔스의 말을 들어 보자.

---

6) 엥겔스, 「德意志意識形態」, 『馬克斯恩格斯選集』 제1권, 43쪽.

현대사회주의는…… 그 어떠한 새로운 학설과도 마찬가지로 반드시 먼저 이미 존재하는 사상적 자료로부터 출발해야 한다. 비록 그 근원이 물질적인 경제적 사실에 깊숙이 뿌리 내리고 있지만…….7)

이로써 우리는 사상문화의 창조는 이미 축적된 사상자료의 제약뿐만 아니라 경제·정치적 사실의 제약도 받기 때문에 마찬가지로 축적성과 규칙성을 지니고 있음을 알 수 있다. 관념문화의 창조는 물질문화, 제도문화의 창조와 비교하면 또한 그 자신만의 특수성을 지니고 있다. 그러므로 창조적인 활동을 하는 인간들의 자유로운 세계가 물질과 제도적인 영역에 비해 훨씬 더 크므로 그 속에는 우연성도 많다. 그렇지만 이것이 문화 발전의 축적성과 규칙성을 근본적으로 부정하는 이유는 아니다. 엥겔스는 다음과 같이 말했다.

우리가 연구하는 영역이 경제 영역과 멀어질수록 순수한 추상적인 사상 영역에 더 가까워지고 그 발전 과정에서 드러나는 우연성도 더 많이 보게 되며 그 곡선도 더욱 굴곡적이다. 만일 당신이 그 곡선에 중심축을 그린다면, 연구 시간이 길수록 그리고 연구 범위가 넓을수록 그 중심선이 경제 발전의 중심선에 접근하게 되며 더욱이 후자와 병행하여 나아감을 발견하게 될 것이다.8)

사상문화 영역이 우연성으로 가득 찬 영역임을 알지 못하고 가까스로 역사유물주의의 원리로써 역사적 사실을 깎아 맞추면서 곡선을 억지로 직선으로 만드는 것은 그릇된 것이다. 그렇지만 사상문화 발전의 규칙성을 근본적으로 부정하는 것은 더욱 잘못된 것이다.

문화의 창조를 결국 강렬한 의지의 요구로 귀결시킬 수 있을까? 그럴

---

7) 엥겔스, 「社會主義從空想到科學的發展」, 『馬克斯恩格斯選集』 제3권, 404쪽.
8) 엥겔스, 「恩格斯致符·博爾吉烏斯」(1894. 1. 25), 『馬克斯恩格斯選集』 제4권, 507쪽.

수는 없다. 한편으로는 인간의 창조적 활동을 지배하는 정신적 동력의 배후에 또 동력이 있는데, 그 동력을 근본적으로 말하자면 생산력과 생산관계의 발전이다. 다른 한편으로는 첨예한 계급적 대립 및 인간과 인간 사이의 보편적인 대립이 존재하는 사회에서는 인간들의 의사가 서로 상충되므로 그 총체적인 결과 즉 역사적 사건을 "전체적이고 자각적이거나 또는 자주적이지 못하면서 작용하는 힘의 결과로 볼 수 있다."[9] "그렇기 때문에 종전의 역사는 언제나 자연적인 과정인 듯이 진행되었고 본질적으로도 동일한 운동규칙에 복종된 것이다."[10]

이러한 엥겔스의 역사유물주의 관점은 문화 연구의 측면에서 특별히 중요한 의의를 지닌다. 오늘날 문화구조 연구자들은 대부분 인간의 사상과 심리를 중심으로 하는데, 그 자체를 결코 잘못되었다고 할 수는 없다. 역사유물주의는 역사와 문화가 발전하는 과정에서의 정신적인 동력 및 그 거대한 작용을 부정하지 않는다. 문화 연구라는 이 특수한 시선도 사상과 심리의 중요한 위치를 결정하지만, 역사유물주의의 원리를 망각한 채 정신적인 동력을 최종적인 원인과 같은 것으로 보면서 그 능동적인 역할을 무한정 확장시켜 간다면 역사유심주의에로 나아갈 가능성이 있다.

문화 연구에 있어서의 중요한 특수성의 하나는 일반적으로 일정한 문물에 의해야만 이러한 문물을 창조한 창조자들의 사상, 의식, 관념을 연구할 수 있고, 오직 제도, 관습에 관한 문헌기록에 의해서만 그 제도와 관습에 함축된 사상과 관점을 연구할 수 있다는 것이다. 여기에는 두 겹의 난점이 있다. 하나는 문물이 분실되고 문헌기록이 완전하지 않은 데다가 언어와 환경의 변화로 인하여 사람들의 이해에 어려움이 있다는 점이고, 다른 하나는

---

9) 엥겔스, 「恩格斯致約・布洛赫」(1890. 9. 21~22), 『馬克斯恩格斯選集』 제4권, 478쪽.
10) 엥겔스, 「恩格斯致約・布洛赫」(1890. 9. 21~22), 『馬克斯恩格斯選集』 제4권, 478쪽.

역사적 사실에 대한 기록에는 필연적으로 주체적인 선택과 가공이 뒤따르게 되기에 절대적으로 진실하고 믿음직한 것은 아니라는 점이다. 이러한 어려움이 존재한다는 것은 분명하고, 그렇기 때문에 문화 연구는 자연 연구에 비해 사실 본연의 진실성을 규명하기가 더 어렵고 어떤 것은 영원히 풀 수 없는 수수께끼로 되기도 한다. 하지만 그렇다고 해서 문화 연구에서의 '물자체物自體'라는 관념을 포기해야 한다고 단언할 수 있을까? 문화 연구는 이러한 '물자체'에 대한 정확한 해석을 추구하지 말아야 하고, 모든 문화 연구는 본질적으로 모두 다 연구자 본인의 '창조적인 해석'이라고 할 수 있을까? 그 해답이 부정적일 것은 당연하다. 이 문제에 있어서 실사구시實事求是는 여전히 조금도 흔들림이 없이 지켜져야 할 원칙이다.

　문물文物은 문화와 사상을 표현하는 개념이다. 양자 간에는 넘어설 수 없는 뚜렷한 경계선이 있지도 않고 있을 수도 없다. 문헌기록이 주체의 선택과 가공을 거치게 되는 문제는 서로 다른 출처의 기록들을 대조하고 교감하는 것으로써 어느 정도 해소할 수 있고, 문물과 문헌의 소실은 새로 출토된 문물과 문헌을 통해 어느 정도 보충할 수 있다. 과거의 시간과 환경은 한 번 지나가면 돌이킬 수 없지만, 그렇더라도 체계적이고 주밀周密한 연구를 통해 어느 정도 재현할 수 있게 된다. 요점을 말하자면, 문화 연구에 있어서의 상술한 특수성은 불가지론不可之論이 이 영역에서 성립될 수 없게 한다. 실사구시라는 연구의 길을 따라 간다면 연구하면 할수록 더욱 진리에 접근해 갈 수 있지만, "육경六經이 내 마음의 주석이다"라는 방식의 '육경주아六經註我'의 연구방법을 따르게 된다면 문화 연구는 과거의 주제를 빌려 자신의 새로운 의견을 피력하는 일종의 아동극兒童劇이 되어서 갈수록 역사의 진실과 멀어지게 될 뿐이다.

4. 문화는 시대성과 민족성을 지닌다

근대 이후 중국의 문화 연구는 중中·서西 문화에 대한 비교연구가 대부분을 차지하고 있다. 그런데 역사적 경험들은 이러한 비교연구를 수행함에 있어서 문화의 두 가지 중요한 속성인 '시대성'과 '민족성'을 잊어서는 안 된다는 사실을 증명하고 있다.

문화를 시대성으로부터 말하자면 노예제 문화, 봉건주의 문화, 자본주의 문화, 사회주의 문화가 있고, 원시사회는 문화의 맹아萌芽적 단계이다. 세계 여러 민족의 문화는 각자 고유한 특징이 있고, 이러저러한 특징들에 의해 다양한 유형과 문화권으로 구분될 수 있다. 그렇지만 그러한 차이 속에도 같음이 있으며, 그리하여 문화는 시대성을 지니고서 역사발전의 시대 순서에 따라 진화한다. 문화의 이러한 시대성은 문화 영역에도 '공통점'(共相)이 있고 상대적으로 변하지 않는 '형식'과 발전하는 객관 규율이 있다는 것을 확실하게 알려 준다. 그러므로 문화의 비교연구에 있어서 중中·외外만 취급하고 고·금을 취급하지 않는 관점은 실제와 부합되지 않는다.

문화에는 시대성 외에 또한 민족성이 있다. 같은 시대라 하더라도 서로 다른 민족들은 그 문화적 특성 또한 다르다. 스탈린은 민족은 반드시 공통의 지역, 공통의 경제, 공통의 언어, 공통의 심리를 표현하는 공통의 문화가 있어야만 하나의 민족으로 될 수 있다고 하였다. 중국의 전통문화와 근대 서양의 문화 사이에는 고·금의 다름이 있을 뿐만 아니라 중·외의 차이도 있다. 그렇기 때문에 중·서 문화의 비교연구에 있어서 고·금만 취급하고 중·외를 취급하지 않는 관점 또한 실제에 부합되지 않는다.

문화의 시대성과 민족성 문제는 근본적으로 일반과 특수의 관계 문제이다. 같은 시대의 서로 다른 민족의 문화는 같은 시대의 특성이 있는데 이것이 일반성이고, 같은 시대의 서로 다른 민족의 문화에 있어서 각자의 민족적 특징이 있는 것이 바로 특수성이다. 같은 시대 같은 민족의 공통된 심리를 표현하는 공통의 문화가 일반성이고, 같은 시대 같은 민족의 서로 다른 계층, 서로 다른 당파의 다양한 심리를 표현하는 두 종류의 문화가 특수성이다. 일반성은 특수성 속에 있고, 또한 특수성에 의해 존재한다. 이러한 일반성과 특수성의 관계에 관한 변증법적 원리는 위의 모든 상황에 적용된다. 중·외만 취급하고 고·금을 말하지 않거나 고·금만 말하고 중·외를 취급하지 않는 관점은 모두 이러한 변증법적 원리에 위반된다.

각 민족의 문화는 모두 각각의 장단점을 지니고 있다. 따라서 둘 이상의 문화를 비교연구할 때에는 자기 문화의 장점으로써 다른 문화의 약점과 비교해서는 안 될 뿐만 아니라, 자기 문화의 약점으로써 다른 문화의 장점과 비교해도 안 된다. 그러나 실제로는 종종 잘못된 일이 일어난다.

선진적이고 강대하여 자신감으로 충만한 민족은 자신의 장점을 잘 보는 반면 자신의 약점에 대해서는 잘 알지 못할 뿐만 아니라 심지어 약점을 장점으로 보기까지도 한다. 또한 다른 사람의 약점을 잘 보고 장점에 대해서는 제대로 보지 못하며, 때로는 그들의 장점까지도 약점으로 보기도 한다. 두유명杜維明은 이러한 태도를 '강자정책强者政策'이라고 불렀다. 중화민족의 의식을 장기간 지배했던 '중화중심주의'와 19세기 유럽을 풍미했던 '유럽중심주의'는 바로 이러한 '강자정책'의 산물이다.

이에 대응되는 것을 '약자정책'이라 한다. 낙후하고 빈약한 민족은 자기의 단점만 쉽게 보고 자기의 장점은 잘 보지 못하며, 심지어 자신의 장점을 단점으로 보기까지 한다. 반면 다른 사람의 장점은 쉽게 보지만 단점을 잘 보지 못하며 심지어 단점을 장점으로 오해하기까지도 한다. 이러한 태도 역시 바람직하지 않다. '전면적으로 서양화를 추구하자'(全盤西化)는 주장은 대부분 이러한 '약자정책'에서 비롯된 것이다. 중화민족은 근 백 년 동안이나 낙후하여 공격을 당했고, 오늘에 이르기까지도 경제적·문화적 측면에서 선진국가들에 비하면 아직 많은 차이가 있다. 이러한 상황에서 특히 '약자정책'에 대한 비판을 유념할 필요가 있다. 공통의 심리를 표현하는 공통의 문화가 한 민족에게 반드시 필요하다는 것은, 그것이 민족공동체의식에 큰 가치가 있기 때문이다. 예를 들면 언어문자는 서로 소통하는 수단일 뿐만 아니라 한 민족을 유지하게 해 주는 거대한 힘이기도 하다. 그렇기 때문에 유태인들은 이미 죽어 없어진 고대 히브리어를 부활시키려 하고 있고, 말레이시아는 원래 없던 말레이어 문자를 만들어 그것을 국어로 사용하려 한다. 그 밖에도 세계의 수많은 피압박민족들은 민족 고유의 언어와 문자를 사용할 권리를 위해 싸우고 있다. 만약 낙후한 민족이 자신의 문화를 여지없이 깔보고 다른 민족의 문화로써 자신의 문화를 대체시키고자 한다면 반드시 민족적 자신심과 자존심을 크게 훼손시키게 될 것이며, 결국 민족공동체 측면에서의 민족문화의 힘까지 크게 손상시킬 것이다.

19세기 유럽중심주의적 문화학자들은 동시에 문화의 진화론자들이었다. 그들에 따르면 문화는 진화하는 것이다. 유럽 문화는 진화의 정도가 가장 높은 고등문화인 데 반해 제3세계 국가들의 민족문화는 낙후하고 전통시대에 머물고 있기 때문에, 이러한 민족들에게 있어서 현대화는 바로 서양화라고 주장한다. 문화에는 높고 낮음 혹은 선진과 낙후의 차이가 있고 낮은 데에서 높은 데로 나아가는 진화의 과정이 있음을 인정하는 측면에서 이러한 관점은 어느 정도 합리적인 요소가 있다. 그렇지만 문화의 시대성만 보고 문화의 민족성을 말살하였기 때문에, 그 문화의 진화라는 관점마저도 문화 발전의 다양성을 부정하는 단선單線의 진화 관념이 되고 만다.

20세기 서양의 일부 문화학자들은 '유럽중심주의'를 부정하는 동시에 진화라는 관념도 포기하면서 문화의 다원론과 상대주의를 내세웠다. 그들에 의하면 모든 민족은 역사 속에서 각기 특징적이고 다양한 문화의 체계를 창조하였기에 문화마다 다 자신의 존재적 이유와 권리 그리고 가치를 지닌다고 한다. 따라서 어떤 문화이든 본래부터 우월성을 지니고 있거나 다른 문화에 앞서는 권리를 가질 수 없으며, 어떤 문화라도 다른 문화의 본보기 모델이 될 수 없다는 것이다. 일부 극단적인 상대주의자들은 심지어 낙후한 물질문화와 선진적인 물질문화의 차이마저도 존재하지 않는다고 주장하기도 했다. 문화의 다원성, 즉 민족성을 인정하고 유럽중심주의를 부정하는 측면에서 이러한 생각들은 타당성이 있다. 하지만 문화의 다원성과 민족성에만 주목하여 문화의 진화적인 측면을 부정하고 문화의 고저와 우열을 부정하는 것 또한 문제가 있다. 문화에는 시대성과 민족성이 있기에 그 발전도 일원一元과 다원多元의 통일 또는 통일성과 다양성의 통일이 있다.

중·서 문화를 제대로 비교하기 위해서는 각종 편견과 천견淺見을 버리고 두 문화의 가장 중요하고 본질적인 측면을 가지고 비교해야 한다. 그 어떤 문화시스템이든지를 막론하고 직면한 문제에 따라 세 가지 측면으로 나뉠 수 있다. 그것은 인간과 자연의 관계, 인간과 인간의 관계, 개별 인간의 자신과 자신 사이의 관계라는 세 가지이다. 인간과 인간의 관계에는 기본적으로 계층관계가 포함되지만, 그 외에도 가정 관계, 민족 관계, 개인과 타자와의 관계, 개인과 사회적인 관계 등도 포함된다. 따라서 민족문화들 간의 같고 다름을 분석함에 있어서는 천인天人 관계, 민족 관계, 가정 관계, 개인과 타자와의 관계, 개인과 사회의 관계, 개인의 자신과 자신 사이의 관계 등의 측면을 확실하게 파악해야 한다. 한 민족의 공통문화는 민족 내의 서로 다른 계층의 사람들이 천인 관계, 민족 관계, 가정 관계 등의 문제를 처리하는 방식의 총화總和라고 볼 수 있다.

5. 문화 연구에서 어떠한 원칙을 견지해야 하는가?

위 분석을 통해 문화관과 문화 연구의 방법론 혹은 문화철학에는 유물주의와 유심주의 및 불가지론, 변증법과 형이상학, 이성과 과학 및 비이성주의 등의 대립이 존재하고 있음을 알 수 있다. 그러므로 문화 연구를 정확한 방향으로 밀고 나아가기 위해서는 마르크스의 철학, 즉 변증유물주의와 역사유물주의의 보편적 진리의 지도를 자각적으로 받아들이는 것이 필요하다. 물론 그렇다고 하여 서양사상과 중국 선배사상가들의 문화이론과 문화 연구 성과에 대해 배척하는 자세를 취한다는 것은 아니다. 마르크스주의 철학의 자각적인 지도 하에서 서양사상과 중국 선배사상가들의 문화이론을 과학적으로 분석하여 그 잘못된 점을 버리고 정확한 것을 수용할 수 있기에, 이러한 것들은 오히려 마르크스의 문화이론을 풍부하게 발전시킬 수 있다. 마찬가지로 마르크스주의 철학의 자각적인 지도 하에서 서양사상과 중국 선배사상가들의 문화 연구 성과를 과학적으로 분석하여 그 잘못된 점을 버리고 정확한 것을 수용함으로써 문화 연구의 발전을 가속화할 수도 있다. 분석을 하지 않고 그냥 받아들이기만 하는 자세도 단호히 반대해야 한다. 문화 연구에는 일련의 특수성이 있기 때문에 모든 것이 다 잘될 것이라는 보장은 없지만 반드시 힘써 탐구해야 한다.

제1장 중국문화의 기본정신

1. 중국문화의 기본정신

중국문화의 기본정신을 구체적으로 서술하기에 앞서 먼저 '문화의 기본정신'이라는 용어에 대해 약간 설명해야 할 필요가 있다. '정신'이란 무엇인가? 정신은 원래 형체에 대응되는 말로서 문화의 기본정신은 문화의 구체적인 표현에 대하여 말하는 것이어야 한다. 문화의 구체적인 표현이란 곧 문물, 제도, 관습 등이고 문화의 정신이란 곧 사상이다. 어원적 의미를 말하자면, '정精'은 미세微細함을 의미하고 '신神'은 능동적 역할을 의미한다. 문화의 기본정신이란 곧 문화의 발전 과정에서의 미세하고 내재적인 동력, 즉 민족문화를 끊임없이 전진하도록 이끄는 기본적 사상이다. 문화 발전의 내재적인 동력으로 될 수 있는 이러한 기본적 사상은 그 자체로 문화 발전의 산물로서 문화의 발전과 변화에 따라 발전하고 변화된다. 그러므로 문화의 기본적 사상은 반드시 문화시스템에서 주도적인 역할을 하는 중심 사상이자 기본 관점이다. 한마디로 말하자면 문화의 기본정신은 결국 문화적 창조성에서 나오는 동시에 그 문화사상의 토대가 되는 것이다.

중국문화는 풍부하고 다채로우며 중국사상은 넓고 심오하다. 중국문화의 기본 사상도 단순하지 않아 여러 요소들을 포섭한 통일적인 체계인데, 그 요소들은 주로 다음의 네 가지로 구성된다. ① 강건유위剛健有爲, ② 화和와 중中, ③ 숭덕이용崇德利用, ④ 천인협조天人協調가 바로 그것이다. 그 가운데서 '천인협조'의 사상은 주로 인간과 자연의 관계를 해결하고, '숭덕이용'의 사상은 주로 자신과 자신 사이의 관계, 즉 정신생활과 물질생활의 관계를 해결하며, '화'와 '중'의 사상은 주로 군신, 부자, 부부, 형제, 붕우 등 인륜관계를 포함한 인간과 인간 간의 관계를 해결하고, '강건유위'의 사상은 여러 관계를 처리하는 인생의 총체적인 원칙이다. 이 네 가지는 '강건유위'의 사상을 고리로 하여 중국문화의 기본적 사상체계를 이루고 있다. '화'와 '중', '숭덕이용', '천인협조'라는 이 세 가지에 대해서는 뒤에서 논술하기로 하고, 여기에서는 전체적 강론인 '강건유위'의 사상에 대해서만 논의하려 한다.

'강건유위剛健有爲'의 사상은 공자에게서 비롯되어 전국시기의 『주역대전周易大傳』에 이르러 성숙되었다. 중국문화의 기본 사상은 하나의 체계이기에 그 강령인 '강건유위' 또한 스스로 체계를 이루고 있다.

대충 보면, 『주역대전』에서 제시한 '강건유위'의 사상은 '자강불식自强不息'과 '후덕재물厚德載物'이라는 두 가지 측면으로 함축된다. 「단전象傳」에서는 "하늘의 운행은 건실하다. 군자는 이것을 본받아 스스로 굳세고 조금도 쉬지 않는다"라고 하였다. 천체의 운행은 영원이 끝이 없기에 '굳세다'고 한다. '건健'은 주동성主動性과 능동성을 뜻하고 꿋꿋하여 굽힘이 없음을 뜻한다. 군자는 하늘을 본받으므로 스스로 굳세고 조금도 쉬지 않아야 한다. 자강불식自强不息은 곧 끊임없이 노력하여 진보함을 의미한다. 또한 이러한 의미 외에도 『주역대전』에서 말하는 '강건剛健'에는 "홀로 서 있어도 두려워하지 않고"[1] "입신立身하는 방위를 바꾸지 않는다"[2]라는 뜻도 있다. "홀로

---

1) 『周易』, 大過 「象傳」, "獨立不懼."
2) 『周易』, 恒卦 「象傳」, "立不易方."

서 있어도 두려워하지 않고" "입신하는 방위를 바꾸지 않는다"는 것은 바로 맹자가 말한 "부귀에 의해 마음이 타락되는 일이 없고, 빈천에 의해 절조를 변조하는 일이 없으며, 어떠한 위세나 무력 앞에서도 굴하지 않는다"[3]는 독립적인 인격이다. 또한 노자의 "자신을 이기는 것을 강強이라 한다"는 뜻도 있다. 『논어』에 이런 대화가 나온다. "'나는 아직 강직한 사람을 보지 못했다.' 어떤 사람이 대답했다. '그는 신정입니다.' 이에 공자께서 말씀하셨다. '신정은 욕심이 많으니 어찌 강직할 수 있겠는가?'"[4] 이것은 강직하고 굴하지 않고자 하면 욕심이 너무 많아서는 곤란하다는 말이다. 이로부터 우리는 꿋꿋하여 굽힘이 없음이란 외부적인 압력에 대처하는 능력을 의미할 뿐만 아니라 자신의 약점에 대응하는 능력도 의미함을 알 수 있다. 이 두 가지 측면을 결합한 것이 바로 『주역대전』에서 제시한 "경敬으로써 안을 곧게 하고 의義로써 밖을 바르게 함"[5]이다. "경敬으로써 안을 곧게 함"이란 마음을 한결같이 흐트러짐이 없게 하는 것이고, 외부에서 오는 자극에 대한 자기의 반응을 통제하면서 선택하는 것이다. 그리고 "의義로써 밖을 바르게 함"이란 행동마다 모두 다 도덕적 원칙에 부합되게 하는 것이다. 「단전象傳」에서 또 이르기를 "땅의 형세는 곤坤이다. 그러므로 군자는 두터운 덕으로 만물을 포용한다"[6]라고 하였다. '곤坤'은 곧 '순順'인데, '지세地勢'가 곧 순順하다. 군자는 땅의 넓은 가슴을 본받아 여러 종류의 사람들을 모두 포용하고 서로 다른 의견을 두루 수용하여 타인과 만물이 모두 자기의 삶을 다 할 수 있도록 도와주어야 한다. 『주역대전』에 의하면 건健은 양기陽氣의 본성이고 순順은 음기陰氣의 본성인데, 이 두 가지 가운데서 양건陽健이 주도적인 자리를

---

3) 『孟子』, 「滕文公下」, "富貴不能淫, 貧賤不能移, 威武不能屈."
4) 『論語』, 「公冶長」, "子曰: 吾未見剛者. 或對曰: 申棖. 子曰: 棖也欲, 焉得剛?"
5) 『周易』, 坤卦 「文言」, "敬以直內, 義以方外."
6) 『周易』, 坤卦 「象傳」, "地勢坤. 君子以厚德載物."

잡고 있다. 그런데 위 두 구절의 관계에서 보면, '자강불식自强不息'은 자립의 도道이고 '후덕재물厚德載物'은 타인을 세우는 도리(立人之道)이다. 자립은 타인을 세우는 전제로서, 타인을 세우는 것은 곧 자립의 확충이다. 이로써 '강건유위剛健有爲'의 사상은 '자강불식自强不息'을 위주로 하면서 아울러 '후덕재물厚德載物'을 포함하는 시스템임을 알 수 있다.

더 자세히 분석해 보면, 『주역대전』에서 제시한 자강불식이나 강건剛健에는 또한 '강중剛中', '급시及時', '통변通變'이라는 확장된 원칙도 포함되어 있다. 『주역대전』에서는 "능히 하늘의 건실함을 제지하니 그것은 크게 바른 도이다"7)라고 하였다. 고형高亨의 고증에 따르면 '능지건能止健'은 '건능지健能止'로서, 이때의 '능能'은 '이而'로 읽어야 한다. 즉 '건이지健而止'는 강건하면서도 함부로 행하지 않고 멈추어야 할 곳에서는 멈추는 도리이다. 『주역대전』은 강건하면서도 함부로 행동하지 않고 극단으로 치솟지 않는 것이 크게 바른 중도中道의 품성이라고 하였다. 「문언文言」에서는 '건乾'의 품성이 바로 그것이라고 하였다. "크도다 건乾이여! 굳세고 건실하고 중정中正하며 순수하고 정밀하구나." '건乾'의 품성은 굳세고 건실하지만 너무 강하지 않은 가장 이상적인 품성이다. 여기에서 말하는 '중정中正'이란 바로 공가가 말하는 '중용中庸'이다. 강건하면서도 중정한 것을 가리켜 『주역대전』에서는 '강중剛中'이라고 했다. 「단전彖傳」에서는 "강중剛中하여 모든 일에 응하고 험한 것을 행해서 순하게 된다"라고 했는데, 강건하고 중정한 태도로써 험악함에 대처하면 길하고 재난이 없게 된다.

『주역대전』에서는 또 "군자가 덕으로 나아가고 업業을 닦는 것은 그 때에 맞추려고 하는 것이다"8)라고 하였으며, "'종일토록 부지런하다'는 것은

---

7) 『周易』, 乾卦 「象傳」, "能止健, 大正也."
8) 『周易』, 乾卦 「文言」, "君子進德修業, 欲及時也."

때와 함께 행함이다"9)라고 하였다. "덕으로 나아가고 업業을 닦고" "종일토록 부지런하다"는 것은 "스스로 굳세고 조금도 쉬지 않는다"는 뜻이다. "때에 맞추고"(及時) "때와 함께 행한다"(與時偕行)는 말은 스스로 굳세고 조금도 쉬지 않음으로써 영원히 변화하는 객관적 세계와 걸음을 함께한다는 의미이다. 다시 말하자면, 영원히 변화하는 세계의 성격은 곧 인간이 스스로 굳세고 쉬지 않아야 하는 근거가 된다. 『주역대전』은 자강불식으로부터 '급시及時' 즉 변화의 흐름을 따른다는 원칙을 이끌어 내고, 이 원칙을 '중中'의 원칙과 결합시켜서 '시중時中'이라 하였다. '시중'이란 곧 시시각각으로 중정中正의 도를 지킨다는 뜻이다. 따라서 『주역대전』에 근거하면 '중정지도中正之道'란 고정되어 변화되지 않는 것이 아니라 시간의 변화에 따라 변화되는 것이기에, 인간 생활의 행위도 반드시 시간에 따라 변화하고 조절해야 하며 그때그때의 상황에 따라 기준을 세워야 하는 것이다.

『주역대전』에 의하면 "천지가 변혁해서 사시四時가 이루어지기에"10) 세계의 변화 또한 한 계열의 변혁과 혁신으로 이루어지고, 따라서 인간 역시 때와 함께 행하려면 반드시 "변화에 통해야 하고"(通變) "혁명을 해야 하는" 것이다. 이렇게 하여 또한 급시及時의 원칙에서 '통변通變'과 '혁명革命'이라는 원칙이 파생되어 나왔다. 『주역대전』에는 지금까지도 사람들의 찬사를 받으며 널리 읽혀지는 좋은 말이 있는데, 바로 "궁하면 변하고, 변하면 통하고, 통하면 오래 계속된다"11)는 것이다. 사물의 발전이 더는 계속 될 수 없는 정도에 이른 것을 '궁窮'이라 한다. 그리고 사물의 발전이 절정에 달하면 거꾸로 변화하게 되는데 이것을 '변變'이라고 한다. 변혁하거나 혁명을 통하게

---

9) 『周易』, 乾卦 「文言」, "終日乾乾, 與時偕行."
10) 『周易』, 乾卦 「象傳」, "天地革而四時成."
11) 『周易』, 「繫辭下傳」, "窮則變, 變則通, 通則久."

되면 원래 "산 넘고 물 건너 길이 끊긴 듯하던"(山重水復疑無路) 국면이 순간적으로 바뀌어 "버드나무 그늘 짙고 꽃 환한 마을이 보이는"(柳暗花明又一村) 경지로 변화된다. 이것이 바로 '통함'이고, "통하면 오래 계속된다"는 것이다. 그렇기 때문에 『주역대전』은 "천하의 변화에 통하는" 것을 하나의 중요한 원칙으로 세웠다. 『주역대전』은 혁명과 변혁의 중요한 의미를 인정하면서 "혁명해야 신뢰하는 것이다. 문채 나고 밝음으로써 기뻐하여 크게 형통하고 바르니, 혁명하여 이에 마땅함에 그 뉘우침이 없을 것이다. 천지가 변혁해서 사시(四時)가 이루어지고 탕무(湯武)가 혁명을 일으켜 하늘에 순종하고 사람에게 응했다. 그러니 혁명의 시의(時義)가 크도다"12)라고 했다.

총괄적으로 말하자면, 『주역대전』은 '자강불식(自强不息)', '후덕재물(厚德載物)', '강중(剛中)', '급시(及時)', '통변(通變)'을 유기적으로 결합시켜서 강건(剛健)을 중심으로 하는 거대한 생활의 원칙체계를 형성하였다. 고대 중국 사회에서 『주역대전』은 줄곧 공자에 의해 제작된 것으로 믿어져 왔기 때문에, 이 책의 사상은 중국인들에게 대단히 큰 영향을 끼쳤고 중국문화의 기본정신을 형성하고 중국문화의 발전을 추진하는 데에도 큰 역할을 했다.

"안에서 형성된 것은 반드시 밖으로 드러나게 된다."(形于中必發于外) 중국문화의 기본정신으로서의 '강건유위(剛健有爲)'가 구체적으로 표현되거나 반영된 문물, 제도, 풍속들은 언제 어디에서나 그 사례를 찾아 볼 수 있어서 일일이 헤아릴 수가 없다. 문학적인 인물 형상으로 말하자면, 산을 옮기기 위해 매일매일 부지런히 일하는 『열자(列子)』「탕문(湯問)」에 나오는 우공(愚公)과, 노신(魯迅)의 글 속에서 매일매일 부지런히 힘쓰는 대우(大禹)가 모두 이러한 자강불식의 정신을 표현한 인물들이다. 그리고 노신이 '중국의 주축'이라고 일컬으며

---

12) 『周易』, 革卦 「彖傳」, "革而信之. 文明以說, 大亨以正, 革而當, 其悔乃亡. 天地革而四時成, 湯武革命, 順乎天而應乎人. 革之時大矣哉!"

묘사했던 수많은 영웅호걸들의 모습도 '강건유위'의 정신에 대한 표현으로 볼 수 있다. 이러한 인물 형상들이 또한 거꾸로 수많은 중국인들로 하여금 용왕매진하도록 격려하였던 것이다. 문학의 소재로 말하자면, 예로부터 오늘에 이르기까지 무수한 시인묵객들이 읊고 묘사한 짙푸른 소나무, 푸른 참대, 붉은 매화, 참매, 사나운 범, 수사자, 질주하는 말 등은 모두 강건유위하고 자강불식하는 정신을 표현한 것이다. 만일 한나라 때의 민족영웅인 곽거병霍去病 장군의 무덤 앞에 있는 그 웅장하고 호방한 석각들을 보게 된다면 한나라 때의 용감하고 호매한 기개에 탄복할 것이다. 그리고 시간을 내어서 당나라 사람들의 강개하고 비장한 변새시邊塞詩를 읽어 본다면 당나라의 번영과 창성에 어떤 정신적 힘이 뒷받침되었는가를 알게 될 것이다. 제도와 풍속으로 말하자면, 역사를 펼쳐만 보아도 중국의 농민봉기와 농민혁명이 얼마나 많았고 왕조의 교체가 얼마나 빈번하였으며, 또한 변법과 혁신이 얼마나 많았고 "탕무湯武가 혁명을 일으켜 하늘의 뜻에 따르고 사람에 응했다"는 것과 같은 통변通變을 변혁과 혁명의 이론적 근거 또는 본보기로 삼은 사례가 얼마나 많았는지를 쉽게 발견할 수 있다.

이제 '후덕재물厚德載物'의 정신을 살펴보기로 하자. 그것 또한 '강건유위剛健有爲', '자강불식自强不息'의 정신과 마찬가지로 중국 문학예술의 중요한 주제이다. 고대로부터 중국의 시인묵객들은 필묵과 편폭을 사용하여 조국의 아름다운 산천을 찬미하고 그 아름다운 강산에서 살아 숨 쉬고 자라나는 꽃과 새와 벌레와 물고기, 풀 한포기, 나무 한 그루 등을 그려 내었다. 그들이 그린 것은 각기 다르지만 한 가지는 공통적이다. 거기에는 만물을 두루 품고 있는 어머니 대지에 대한 두터운 감정이 듬뿍 담겨 있다. 그들은 그것으로써 "천지가 만물을 낳아 기르는 것을 중심으로 하고" "천지의 큰 덕을 생生이라 하는" 중국 사람들의 의식을 표현하였으며, 세상만물을 다 함께 사랑하는 '민포물여民胞物與'의 감정과 이상을 표현했다. 북송의 정호程顥는 "만물을 낳는 하늘의 뜻을 잘 살펴야 한다"[13]라고 했는데, 이는 꽃과 새와 벌레, 물고기 등을 주제로 하는 중국의 문학예술작품의 일반적인 주제를 가장 잘 설명한 것이라고 할 수 있다. 이 모든 것은 사실 '후덕재물'의 사상을 표현하고 확대시키고 발휘한 것이다.

제도와 풍속에도 후덕재물의 정신이 많이 담겨 있다. 일찍이 전국시기에 이미 백성들에게 인자함을 베풀고 나아가서 만물을 사랑해야 한다는 '인민애물仁民愛物'의 사상이 있었으며, 또한 자연자원과 생태환경을 보호해야 한다는 사상과 제도가 있었다. 맹자는 "백성들로 하여금 농사철을 어기지 않고 농사짓게 하면 곡식이 다 먹을 수 없을 만큼 많아질 것이고, 잔 그물로 연못의 잔 물고기들마저 훑는 일을 막으면 물고기와 자라가 다 먹을 수 없을 만큼 많아질 것이며, 적당한 때에 산림 속에 들어가 도끼로 나무를 찍게 하고 산림을 키우면 재목이 다 쓸 수 없을 만큼 많아질 것"[14]이라고 했다. 『주례周禮』 등 문헌의 기록에 따르면, 주나라 시기 각종 자연자원에 대한 개발과 이용에 대하여 명확한 제한규정이 있었는데 이것을 "산과 물에 대한 관청의 각종 상금常禁"[15]이라 했다. 후세의 유학자들의 해석에 따르면, 이러한 제한 조치를 실시한 의도의 하나는 "만물이 풍성해져서 재물의 쓰임이 모자라지 않게"[16] 하기 위한 것이고, 다른 하나는 "만물이 그 자성을 잃어 가지"[17] 않게 방비하기 위한 것이다. 즉 만물로 하여금

---

13) 『二程遺書』, 권11, "萬物之生意最可觀."
14) 『孟子』, 「梁惠王上」, "不違農時, 谷不可勝食, 數罟不入洿池, 魚鱉不可勝食, 斧斤以時入山林, 材木不可勝用也."
15) 程顥, 「論十事札子」. '山虞澤衡'이란 중국 고대에 산과 물을 관리하던 관직 이름이다. 『國語』 「齊語」에 管仲이 "澤立三虞, 山立三衡"이라 규정하여 국가의 산과 물을 통일적으로 관리했다는 기록이 나온다.(역자주)
16) 程顥, 「論十事札子」, "萬物阜豊, 而財用不乏."
17) 程顥, 「論十事札子」, "物失其性."

모두 각자의 삶을 잘 살 수 있도록 하는 것이다.

이러한 제도와 사상은 민간풍속에서도 찾아볼 수 있는데, 바로 "자연생물을 마구 낭비하는 것"(暴殄天物)을 반대하는 습관이다. 예를 들면, 중국의 농민들은 양식을 낭비하는 것을 극도로 싫어했다. 한나라와 당나라 시기의 중화민족은 바깥 지역과 소수민족의 문화에 대해 대단히 많은 관심을 가지고 광범위하게 정보를 수집했다. 명마名馬로부터 미주美酒에 이르기까지, 음악으로부터 무용에 이르기까지, 과학으로부터 종교에 이르기까지 모든 것을 두루 다 포함하고 수용하였는데, 기백이 넘치고 도량이 넓으며 패기가 웅대하여 실로 사람들을 감탄케 한다.

이상과 같은 예들은 외래문화에 대한 '후덕재물厚德載物' 정신의 표현으로, 이러한 정신은 또한 중국 사람들이 민족 관계와 종교 관계를 처리하는 습관에서도 널리 표현되었다. 이 문제에 관해서는 뒤에서 다시 언급하기로 한다.

2. 중국문화의 '주정론主靜論'에 대한 분석

중국의 전통철학에 이른바 '동정지변動靜之辨'이라는 논의가 있다. 이 논변은 강건유위剛健有爲를 주장하는 철학들과와 허정무위虛靜無爲를 주장하는 철학자들 사이에서 벌어졌는데, '주동主動'과 '주정主靜'이라는 용어도 여기에서 비롯된 것이다. 1880년대에 중국 주재 프랑스대사관의 막료인 종천위鍾天緯는 "서양 사람들은 '움직임'을 좋아하고(好動)", "중국 사람들은 '조용함'을 좋아한다(好靜)"라는 말을 했고, 그 뒤로 엄복嚴復, 양계초梁啓超 및 일본사람들까지도 이런 말을 자주 하게 되어 '5·4' 시기에 이르러서는 이것이 동·서양 문화의 근본적인 차이에 대한 총체적 표지로 간주되었다. 이제 이와 비슷한 입장을 피력한 이대조李大釗의 글 한 단락을 인용한 후에 이것을 분석해 보기로 하자. 이대조는 다음과 같이 말했다.

동·서양 문명이 근본적으로 다른 점은, 동양의 문명은 '조용함'을 좋아하고 서양의 문명은 '움직임'을 좋아하는 데 있다. 인류의 생활사를 거슬러 올라가 그 원인을 따져 보자면 거의 모두 자연적인 영향에 의한 것이라고 할 수 있다. 인류는 스스로의 삶을 영위하면서 유라시아(Eurasia)를 무대로 하였다. '유라시아'란 말은 유럽과 아시아 두 대륙을 총칭한 것이다. 유라시아 대륙의 한복판에 하나의 철지凸地가 있는데, 그것을 '탁지桌地'(Table land)라고도 한다. 이곳은 바로 동·서양 문명이 서로 다른 갈래로 나아가게 된 것과 깊은 연관이 있다. 그 지세의 산맥들이 남북으로 뻗지 않고 동서를 가로질러 남북의 교통을 막아서기에 충분하였기 때문에, 인류 선조들의 분포와 움직임 또한 두 계통으로 형성되어 하나는 남도문명南道文明이 되고 다른 하나는 북도문명北道文明이 되었다. 중국 본부·일본·인도차이나반도·말레이반도의 여러 나라와 버마·인도·아프가니스탄·키르기스스탄·페르시아·터키·이집트 등은 남도문명의 중요한 길목이 되고, 몽고·만주·시베리아·러시아·독일·네덜란드·벨기에·덴마크·스칸디나비아·영국·프랑스·스위스·스페인·포르투갈·이탈리아·오스트리아·발칸반도 등은 북도문명의 중요한 길목이 되었다. 남도문명은 동양문명이고, 북도문명은 서양문명이다. 남도는 태양의 혜택을 많이 받고 자연의 은총 또한 두터웠기에 자연과 화합하고 같은 무리들끼리 화해하는 문명으로 발전한 데 반해, 북도는 태양의 혜택을 많이 받지 못하고 자연의 혜택 또한 적었으므로 자연과 분투하고 같은 무리들끼리 갈등하는 문명으로 발전되었다. 하나는 자연적이고 다른 하나는 인위적이며, 하나는 편히 쉬는 것이고 다른 하나는 전쟁하는 것이다. 또한 하나는 소극적이고 다른 하나는 적극적이며, 하나는 의존적이고 다른 하나는 독립적이며, 하나는 일시적인 안일을 탐내고 다른 하나는 돌진하기 좋아하며, 하나는 답습하기를 좋아하고 다른 하나는 창조하기를 좋아한다. 그리고 하나는 보수적이고 다른 하나는 진보적이며, 하나는 직감적이고 다른 하나는 이지적이며, 하나는 공상적이고 다른 하나는 체험적이며, 하나는 예술적이고 다른 하나는 과학적이다. 하나는 정신적이고 다른 하나는 물질적이며, 하나는 영적이고 다른 하나는 육체적이며, 하나는 하늘을 목표로 하고 하나는 땅에 서기를 목표로 하며, 하나는 자연이 인간을 지배하지만 다른 하나는 인간이 자연을 정복한다. 남도는 자연이 풍부하고 그 속에서 나오는 소산이 많아 그 민족들은 농업을 위주로 생계를 유지하고 고정적인 거처를 가지고 있다. 반면에 북도는 자연의 혜택이 적기에 그 민족들은 이동하고 떠돌아다니지 않을 수 없었으며 공상工商 위주로 생계를 유지하고 고정적인 거처를 두지 않았다. 한곳에 고정적으로 거처하는 곳은 가족이 불어나게 되고, 떠돌아다니는 경우에는 가족이 단출하다. 가족이 늘어나니 가족주의를 존숭하고, 가족이 단출하기에 개인주의를 좋아한다. 전자의 문화에서는 여자들이 항시 남자가 많기를 원하여 일부다처의 풍습이 생기며 여자를 천시하고 남자를 존대하는 습성이 형성된 데 비하여, 후자의 문화에서는 여자들이 항시 남자가 적기를 원하여 일부일처제를 실시하고 여자를 존중하는 도덕을 엄격히 준수하였다. 동양에서는 배라고 하면 돛단배이고 차라고 하면 노새가 끄는 수레, 인력거인 데 반해, 서양에서는 배라고 하면 기선(輪船)이고 차라고 하면 마차, 발로 밟는 차, 기차, 전차, 오토바이를 의미한다. 동양 사람들은 작은 방에서 몸을 씻고 서양 사람들을 넓은 들판에서 운동한다. 동양의 사람들은 일상생활을 정靜을 본위로 하고 동動을 예외로 한다면, 서양 사람들의 일상생활은 '동'을 본위로 하고 '정'을 예외로 한다.……
다시 사상적 측면을 살펴보자면, 동양인은 염세주의(Pessimism)의 태도를 지니면서 경쟁할 만한 가치가 있는 것은 이 세상에 아무것도 없고 개성의 존재는 그리 중요하지 않다고 생각한다. 반면 서양인은 낙천주의(Optimism)의 태도를 지니면서 모든 일이 정신에 의해 더욱 전화하고 발전되기를 추구하며, 인도人道는 진보될 수 있다는 가치를 믿으면서 목적이 무엇인지를 따지지 않고 오직 앞으로 전진만 한다. 동양인들은 개성의 존재가 그다지 중요하지 않다고 여기기에 사사건건 천명에 의지하는 이른바 체념주의 (Fatalism)에 가까운 데 반해, 서양인들은 인도人道가 진보한다는 것을 믿기에 사사건건 자력에 의해 새로운 것을 만들어 내는 창조주의에 가깝다. 동양인의 철학은 차가움(凉)을 추구하는 철학인 데 반해 서양인의 철학은 따뜻함(溫)을 추구하는 철학이다. 차가움을 추구하는 자는 조용하게 되고, 따뜻함을 추구하는 자는 반드시 움직이게 된다. 동양의 성인은 생활로부터 도망가고 인간세상으로부터 실재實在에 이르는 것을 목표로 하며 또한 인간세상을 실재로 만들려 하지만, 서양의 성인은 생활세계에로 달려들고 실재로부터 인간세상에 이르고자 하고 실재를 인간세상으로 만들려고 한다. 다시 종교적인 측면을 살펴보면, 동양의 종교는 해탈의 종교인 데 비해 서양의 종교는 생활의 종교이다. 따라서 동양의 교주는 생활에서 해탈되는 진리를 가르쳐 주고 그 교의도 청정清淨과 적멸寂滅을 인생의 최종 목표로 한다.······ 반면 서양의 교주는 생활 속에서 살아 숨 쉬는 생명을 찾아내어 자신을 중생들의 중심에 놓고 새로운 생명을 발견하도록 보여 주며 새로운 생명을 창조하는 이치를 창조하고, 그 교의 또한 영생은 하늘에 있고 영혼불멸이 인생의 결말이라고 한다. 또한 윤리적인 측면을 살펴보자면, 동양은 부모와 자식 간의 사랑이 두터운 데 반해 서양은 부모자식 간의 사랑이 두텁지 않다. 동양인은 자기희생을 인생의 본분으로 여기지만 서양인은 자기를 만족시키는 것을 본분으로 여기기 때문에, 동양의 도덕은 개성을 말살하는 것으로 유지되고 서양은 개성을 해방하는 운동에 도덕이 존재한다. 이제 정치적인 측면을 살펴보면, 동양은 영웅을 숭상한 끝에 결국 전제정치로 나아가 세습하는 천자가 있고 순종하는 백성이 있으니, 정치적 현상은 생기가 없는 죽은 시체와 거의 다름이 없으며 한 사람의 의사가 많은 사람들의 소원을 억제시켜 순종하게 만든다. 서양은 국민을 중시하고 의지하여 결국 민주정치에로 나아가서 몇 년에 한 번씩 지도자를 교체하고 민의에 의하여 진퇴하는 내각을 형성하니, 정치적 현상은 시시각각 움직이면서 돌아가고 사람 각자의 의사와 요구에 따라 각 세력을 모아 발전한다. 동양인들은 조용히 멈추고 현상유지를 하도록 정치를 하여 죽은 질서를 형성하고, 조금 능동적으로 움직이려 하면 곧바로 낮추려고 교란한다. 이에 반해 서양인들은 활발하게 정치를 움직여서 현상유지를 깨뜨리고 활발한 질서를 만들려 힘쓰며, 침체되려는 기미가 있으면 혁명하여 무너뜨린다.…… 이것이 바로 동·서양 문명의 차이에 대한 대략적인 비교이다.[18]

번거로움을 귀찮아하지 않고 이처럼 많은 분량을 인용한 의도는 독자들로 하여금 그 전모를 엿볼 수 있게 하기 위해서이다. 이대조는 이 글에서 근대 이후의 중·서 문화에 대한 비교연구를 문화의 기본정신이라는 깊이에서 시도해 보려고 했고, 또한 많은 탁월한 견해를 제시하여 학술사에 크게 기여했다. 동·서양의 문화에 대한 평가에 있어서 그는 "동·서양 문명은 서로 장단점이 있기에 함부로 우열을 말해서는 안 된다"[19]라고 하면서 양자를 '통섭하고 조화하여'(融會調和) 제3의 새로운 문명을 탄생시키고자 하였는데,[20] 이는 타당성이 있는 시도라고 할 것이다. 그는 중국 사회의 급선무가 "서양 문명의 특수한 장점을 극력 수용해서 멈추어 있는 자기 문명의 모자람에 보태고 동·서양 문명의 기반을 조화시키는 일"[21]이라고 주장하였다. 이 또한 시대적 병폐를 정확히 지적한 귀중한 금석지언金石之言이다. 그러나 그의 주장은 하나의 학설로서는 전체적으로 잘못되었다고 할 수 있다. 그 잘못된 이유는 아래의 세 가지 측면에 있다.

첫째, 이 글의 문화관은 완전히 '지리환경결정론'에 의해 이루어진 문화관이다. 지리적 환경이 역사와 문화에 대해 대단히 큰 영향을 미치는 것은 당연하다. 이에 관해서는 마르크스가 자본주의 모국母國의 지리적 환경과

---

18) 李大釗, 「東西文明根本之異点」, 『言治季刊』 1918년 제7기.
19) 李大釗, 「東西文明根本之異点」, 『言治季刊』 1918년 제7기.
20) 李大釗, 「東西文明根本之異点」, 『言治季刊』 1918년 제7기.
21) 李大釗, 「東西文明根本之異点」, 『言治季刊』 1918년 제7기.

아시아적 생산방식의 형성 원인에 대해 논의할 때 대단히 날카롭게 지적한 바 있다. 지리적 환경이 결코 역사와 문화 발전의 전부이거나 또는 최후의 결정적인 요인은 아니기 때문에 이러한 '지리환경결정론'에 의한 문화관으로 문화를 연구하면 오류를 범하지 않을 수 없다.

둘째, 이 글은 동·서양 문명의 차이를 모두 지리환경으로만 귀결시켰기 때문에 결과적으로 명백히 시대적 차이에 해당하는 많은 것들까지도 지리적 환경에 의한 차이로만 취급했다. 그래서 중·서 문화 비교연구에서 중국과 외국만을 말하고 고대와 현재를 보지 않는 경향에 복선을 깔아 놓았고, 또 고·금만을 말하고 중·외를 보지 않는 다른 그릇된 경향을 야기했다. 예를 들면, 글에서 가리키는 생활방식의 다름, 배나 차의 다름, 정치의 다름 등은 모두 시대적 다름이지 지역적인 차이가 아님이 명백하다. 그 근거로, 서양에서도 역시 근대 이전에는 동양과 마찬가지로 농업자연경제를 위주로 하였고 풍력과 축력에 의한 배와 차를 이용하였으며 봉건전제정치를 실시하였던 것이다. 혼인제도, 가정제도 측면에서의 차이도 역시 역사적인 것이지 지리환경에 의해 직접 또는 간접적으로 결정된 것이 아니다. 가족주의와 종족제도는 원시사회 말기의 부계씨족사회의 산물로서, 문명사회로 진입하기에 앞서 '씨족귀족' 통치를 형성한 것은 중·외가 다 마찬가지였다. 다르다고 할 수 있는 것은, 그리스와 로마사회에서 신흥 노예주귀족들이 씨족귀족을 무너뜨리는 방식으로 계급사회에로 진입한 데 반해, 중국은 종족귀족이 노예주귀족으로 변신하는 방식으로 계급사회에로 진입함으로써 가족주의의 유습이 장기간 문명 속에 남아 있게 되었다는 점이다. 이와 비슷한 차이는 프랑스 및 미국과 영국의 사회에서도 찾아볼 수 있다. 프랑스의 부르주아혁명은 귀족제를 철저히 무너뜨렸고 미국은 아예 봉건역사가 없었으므로 이 두 나라의 자본주의사회에는 귀족주의의 유풍이 없지만, 영국은 자산계급과 봉건귀족의 타협을 통해 봉건귀족들이 자산계급으로 변신하는 방식으로 자본주의 사회에로 진입하였기에 오늘날까지도 귀족주의적 유풍을 완전히 배제하지 못하고 있는 것이다. 그 밖에, 일부다처제는 노예제의 산물이고 또한 직무가 높고 권세가 큰 인물들만의 특권으로서 여자들의 숫자가 많고 적음과 아무런 관계가 없으므로, 그런 현상은 동·서양 문명에서 모두 존재했다. 영웅적 시대의 그리스인, 그리스 전성시기의 이오니아인과 로마인, 더 나아가 타키투스 시대의 게르만인들까지도 모두 일부다처제를 택했거나 적어도 사실적인 일부다처제를 실시했다. 그리스에서도 동양과 마찬가지로 여성을 전문 감시하는 내시들이 있었고, 서양의 고전시대에서는 남존여비 같은 현상이 동양에 비해 조금도 손색이 없었다. 다만 서양인들이 동양인들보다 다행스러웠던 것은, 로마제국을 정복한 게르만인 자체가 원시 사회 말기에 머물러 있어서 그때까지도 대우혼對偶婚의 혼인형식을 유지하며 모계씨족제의 유풍을 보유하고 있었다는 점이다. 이러한 점들이 그들로 하여금 일부일처제의 고대적 형식을 개혁하도록 만들었고, 가정에서의 남자의 통치를 완화시킴으로써 여성들에게 고전적 세계에서의 그 어느 시기보다도 더 높은 지위를 주었던 것이다.

셋째, 이 글은 지리환경의 결정적 작용으로써 중국과 서양의 문명 차이를 설명하였기에, 원래 동일한 문화의 내부 대립에 해당되는 서로 다른 경향들까지도 억지로 갈라서 동·서양 문명 간의 대립적인 차이로 보고 있다. 그 주요한 논점인 "동양 문명은 주정主靜이고 서양 문명은 주동主動"이라는 것이 바로 이러한 성격을 띠고 있다. 그러나 중국의 문화 중에도 주동적인 측면이 있는가 하면 주정적인 측면도 있고, 적극적으로 유위를 주장하는 측면이 있는가 하면 자연적인 무위의 주장도 있다. 서양의 문화도 마찬가지이다. 이러한 시선에서 보게 된다면 이 글은 편면성片面性에 빠져 있고 심지어 부차적인 측면을 유일한 것으로 보는 오류가 있다고 할 수 있다. 이 점에 관해서는 중국문화발전사에 있어서의 동정지변動靜之辯과 관련하여 보다 자세한 고찰을 해야 한다.

'동정지변動靜之辯'22)은 선진先秦시기에 시작되었다. 선진의 제자백가諸子百家 가운데 유가, 묵가, 법가, 음양가 등은 모두 적극적으로 유위有爲를 주장했다. 그 당시의 은사隱士들은 공자를 "안 될 줄 뻔히 알면서도 굳이 하려는 사람"(明之不可而爲之)이라고 조롱하였다. 공자의 생활태도는 "배우는 일에 싫증내지 않고 다른 사람을 깨우쳐 주는 일에 지치지 않았으며"23), "학문에 발분하면 끼니도 잊고 도를 즐기며, 근심과 걱정을 잊으며, 늙음이 닥쳐오는 데에도 그것을 알지 못할"24) 정도였다. 이러한 전통은 그의 제자들에 의해 계승되었고, 다시 주체적 능동성을 강조하는『주역대전周易大傳』의 '강건자강剛健自强'의 이론을 형성하였다. 묵자와 그의 제자들은 물(水)을 다스린 우임금의 정신을 본받아 "주야로 쉬지 않고 스스로 수고하는 것을 최고의 모범으로 삼았다"25)고 한다. 묵가는 '힘을 숭상하고'(尙力) '운명을 부정'(非命)하기에 유가보다도 더 적극적으로 유위를 강조한다. 법가는 당시의 시대를 '힘을 다투는'(爭於氣力) 시대로 보고서 경전입국耕戰立國, 부국강병富國强兵을 주장했다. 이러한 시대에 오직 도가만이 부드러움(柔)과 조용함(靜)을 강조했다. 노자는 "무거움은 가벼움의 뿌리이고 고요함은 조급함의 주인이다"26)라고 하면서 동動과 정靜 가운데 정靜이 근본이 된다고 보았다. "허虛를 이루어 지극히 하고, 정靜을

---

22) 李大釗가 말하는 '動'과 '靜'의 문제는 그 범위가 매우 넓다. 여기서는 그가 말하는 범위에 따라 논의할 수밖에 없으며, 그 중에서도 가장 중요한 自然과 人爲, 動과 靜에 관해서만 약간 고찰할 수 있을 뿐이다.

23)『論語』,「術而」, "學而不厭, 誨人不倦."

24)『論語』,「術而」, "發憤忘食, 樂以忘憂, 不知老之將至."

25)『莊子』,「天下」, "日夜不休, 以自苦爲極."

26)『老子』, 제26장, "重爲輕根, 靜爲躁君."

거두어 독실하게 한다. 만물이 다 같이 무성하게 자라지만 나는 만물이 근원에로 되돌아감을 본다"27)라는 것이 그의 생활원칙이었다. 그는 또한 나라를 다스림에 있어서 "욕심을 일으키지 않고 허정虛靜하면 천하가 스스로 안정될 것"28)이라고 주장했다. 장자와 그의 후학들은 노자보다 한 걸음 더 나아갔다. 장자는 '심재心齋'와 '좌망坐忘', 즉 타인과 나, 바깥 사물과 자아의 모든 구별을 잊고 오직 몸과 마음의 모든 활동을 고요하게 유지함으로써 "형체는 진실로 마른 나무와 같고 마음은 진실로 식은 재와 같은"29) 경지에 도달할 것을 주장했다. 장자의 후학들은 여기서 더 나아가 "이른바 텅 빈 고요함(虛靜), 편안한 담박함(恬淡), 적막寂漠, 무위無爲, 이것은 하늘과 땅의 반듯한 바탕(平)이며 도道와 덕德의 극치이다"30)라고까지 했다. 노장의 이러한 관점은 전국 후기에 이르러 순자를 대표로 하는 유가의 비판을 받았다. 순자는 장자를 "하늘에 가리어 사람을 모른다"31)고 비판하면서 '관천지역만물官天地役萬物' 즉 천지자연(天然)을 통제하여 만물을 이용하려는 철저한 유위론 학설을 제시했다. 이런 사상은 사실 『주역대전』의 강건유위의 사상이 더욱 급진적인 방향으로 발전한 것으로, 서양과학의 발전 초기에 나타난 자연을 정복하는 이상과도 유사하다.

『주역대전』은 인간이 강건자강剛健自强해야 하는 방식을 논증함에 있어서 하늘은 움직이고 인간의 활동은 하늘을 본받는다고 하였다. 이 사상은 노장의 '자연무위自然無爲'의 사상과 다를 뿐만 아니라 순자의 '관천지역만물官天地役萬物'의 사상과도 다르다. 이것은 "유위로써 자연에 부합시키는 것"(有爲以

---

27) 『老子』, 제16장, "致虛極, 守靜篤. 萬物竝作, 吾以觀復."
28) 『老子』, 제37장, "無慾以靜, 天下將自定."
29) 『莊子』, 「齊物論」, "形如槁木, 心如死灰."
30) 『莊子』, 「天道」, "夫虛靜恬淡, 寂漠無爲者, 天地之平而道德之至."
31) 『荀子』, 「解蔽」, "蔽于天而不知人."

承天이라 할 수 있는데, 『주역대전』의 이런 사상은 양한兩漢의 유학자들에 의해 계승되었다. 이를테면 서한西漢의 유학자 동중서董仲舒는 인간은 '하늘을 계승'(天之繼)하였으므로 천도에 순응하여 줄임(損)과 더함(益)이 있어야 한다고 했다. 그는 또 "하늘은 낳아 주고 땅은 키워 주며 사람은 이루어 낸다"[32]라고 하면서, 인간의 모든 행위가 만물의 성취에 없어서는 안 되는 것이라고 하였다. 동한東漢의 학자 서간徐幹은 "덕德과 예藝를 합일시키고 지智를 귀중히 여길 것"을 주장하였는데, 여기서 말하는 '예'란 이른바 육예六藝 즉 예법禮法, 음악, 활쏘기, 말 타기, 서법書法, 산술算術을 가리킨다. 그리고 '지'란 "백성을 부유하게 하고 만물이 그 본성을 다할 수 있게 하는"[33] 지력을 가리킨다. 유가의 '유위' 사상이 폭넓은 영향을 끼치게 되자 도가에서도 '무위'설을 수정하지 않을 수 없게 되었다. 이를테면 한나라 초기의 저작 『회남자淮南子』에서는 '무위'를 설명하여 "느껴도 응하지 않고 공격해도 움직이지 않는"(感而不應, 攻而不動) 그런 것이 아니라 자연의 추세에 순응하여 "이치에 따라 일을 행하고, 자연을 바탕으로 공적을 세우는 것"(循理而舉事, 因資而立功)이라 하였으며, 반면 '유위'는 오직 자연의 세勢를 어기는 것이라고 하였다.

위魏·진晉시대에 이르러 노장老莊의 '허정무위虛靜無爲'의 설이 다시 성행하기에 이르렀다. 이 시기에 하안何晏, 왕필王弼, 완적阮籍, 혜강嵇康 등이 나타나 현학玄學을 강하게 주장하니, "위로는 '조화'로부터 아래로는 '만물'에 이르기까지 무를 귀하게 여기지 않는 것이 없었다."[34] 이 틈을 타서 인도에서 들어온 불교가 불난 집에 부채질하는 격이 되었다. 승조僧肇는 『물불천론物不遷論』이라는 저서를 지어 만물은 다 가만히 있을 뿐 움직이지 않음을 주장하였다.

---

32) 『春秋繁露』, 「立元神」, "天生之, 地養之, 人成之."
33) 『中論』, 「智行」, "能殷民卓利, 使萬物無不盡其極."
34) 裴頠, 「崇有論」, "上及造化, 下被萬物, 莫不貴無."

"불어치는 광풍은 늘 고요하고, 쏟아 내리는 강물은 흐르지 않으며, 질주하는 야생마는 움직이지 않고, 순환하는 일월日月은 변함이 없다."35) 그런데 이 시기의 '유정무위柔靜無爲' 학설은 『회남자』의 경우에서 보듯이 수정된 내용들이 다소 섞여 있었기에 선진시대와는 이미 다른 모습을 갖고 있었다. 이를테면 상수向秀와 곽상郭象은, 팔짱끼고 가만히 앉아 아무 말도 하지 않고 움직이지도 않는 것이 '무위'가 아니라, 본성에서 출발하고 본성에 어긋나지 않는 활동이라면 모두 '무위'라고 주장했다. 임금의 조용함이 무위이고 신의 움직임도 무위이며, 요순堯舜의 '양위讓位'가 무위이고 탕왕과 무왕의 정벌 역시 '무위'라는 것이다.

그런데 위·진시기의 이러한 '유정무위柔靜無爲'의 사조는 그다지 오래가지 못했다. 왜냐하면 이러한 사상을 주장하는 이들의 대부분이 위나라와 진나라의 높은 벼슬아치들이어서 그들이 자신의 학설을 책으로 펴냈을 뿐만 아니라 행동으로도 옮겼기에 그로 인해 나타난 부정적인 결과로 인해 일부 식견 있는 사람들의 호된 비판을 받게 되었으며, 다른 한 방면으로는 현학자들 스스로가 자신의 처지가 어려워지게 되자 스스로의 처신과 학문에 대해 돌이킬 수 없는 후회를 하기도 했기 때문이다. 배위裴頠, 범녕范寧 같은 학자들이 바로 현학을 강력하게 비판한 이들인데, 그 중 한 사람은 진晉나라가 멸망하기도 전에 현학의 폐단을 경고한 바 있고 다른 한 사람은 서진西晉이 멸망한 후에 말과 글로써 현학의 문제점과 현학자들의 죄상을 비판했다. 그리고 서진의 왕연王衍은 체포되어 사형에 처해지게 되자 동료들에게 이르기를 "우리가 비록 옛사람들과는 비교도 되지 않지만, 만약 지난날 겉치레하는 허무를 숭상하지 않고 힘을 모아 잘못된 것을 바로잡았더라면 오늘날 이 지경에까지 이르지는 않았을 것이다"36)라고 하였다. 이런 이유들로 인해

---

35) 僧肇, 「物不遷論」, "旋嵐偃岳而常靜, 江河競注而不流, 野馬飄鼓而不動, 日月曆天而不周."

위·진 이후 현학이 급격히 침체되었던 것이다.

이 시기 '유위有爲'의 설로써 '유정무위柔靜無爲'의 설을 비판하고 상당히 창의적인 자신의 이론을 발명한 사람이 바로 배위裴頠이다. 배위는 인간이 생명을 가진 이상 반드시 생명보호를 위해 힘써야 하는데, 생명을 보호하려면 "적합한 외부환경을 선택해야 한다"(擇乎厥宜)고 주장했다. 그는 생존환경을 선택하고 창조함에 있어서 "천도天道를 활용하고 땅의 이익을 나누며, 몸소 각자의 직분에 힘을 다하고 일한 뒤에 쉬며, 어질고 부드러움에 거처하고 공손함과 검박함으로써 자신을 지키며, 충신忠信으로써 모범을 보이고 겸양으로써 실천하며, 물욕이 넘쳐나게 하지 말아야 하고 과분하게 일을 벌이지 말아야 한다"[37]라고 주장하였다. 다시 말하여 생산에 종사하고 합리적인 사회질서를 유지해야 하므로 "세상사를 종합하는 임무"(綜世之務)와 "뛰어난 공적의 활용"(功烈之用)이 모두 필요하다는 것이다. 이러한 '유위'의 철학은 인류생활의 본질로부터 이론을 전개해 낸 것으로서 대단히 심오하다. 그리고 인간은 하늘을 본받아야 한다는 시각에서 '유위'의 원칙을 이끌어 낸 『주역대전』에 비해 그 사상이 훨씬 더 절실하다.

수나라와 당나라 시기, 유가는 침체되어 그 당시 사회에서 행해진 강건유위剛健有爲의 원칙에 대한 심각한 총화가 부족했으나 다만 유우석劉禹錫의 '천인교상승설天人交相勝說'은 언급할 만하다. 유우석은 하늘과 사람은 각각 특수한 기능을 가지고 있어서 하늘이 사람을 이기는 측면이 있는가 하면 사람이 하늘을 이기는 측면도 있다고 하면서 다음과 같이 말했다.

하늘이 할 수 있는 것은 만물을 낳는 것이고, 사람이 할 수 있는 것은

---

36) 『晉書』, 「王衍傳」, "吾曹雖不如古人, 向若不祖尙浮虛, 戮力以匡天下, 猶可不至今日."
37) 裴頠, 「崇有論」, "用天之道, 分地之利, 躬其力任, 勞而後饗, 居以仁順, 守以恭儉, 率以忠信, 行以敬讓, 志無盈求, 事無過用."

만물을 다스리는 것이다.…… 하늘은 언제나 스스로 할 수 있는 것으로써 아래로 임할 뿐, 인간세계가 혼란스럽거나 잘 다스려지도록 하는 일에 관여하지 않는다. 인간도 항상 자신이 할 수 있는 것으로써 하늘을 우러러 볼 뿐, 추위와 더위 같은 자연적 현상에 관여하지 않는다.[38)]

유우석은 이렇게 '하늘이 할 수 있는 것'(天能)과 '인간이 할 수 있는 것'(人能), '하늘의 이치'(天理)와 '인간의 이치'(人理)를 구분하였다. 그는 인간이 할 수 있는 재능을 발휘하고 인간의 이치(사회생활의 원칙)를 따라 행하여 하늘 즉 대자연의 현상을 극복할 것을 주장했다. 이것은 순자의 급진적인 '유위' 사상을 발전시킨 것으로서 중요한 이론적 의의를 지닌다. 수·당시기에는 불교가 크게 발전하였기에 사회적인 '강건유위'의 기풍이 사상 영역에서 불교철학의 영향을 많이 받았다. 위·진시기의 불교는 현학玄學의 이론을 빌려 '유정무위有靜無爲'를 크게 강조했는데, 수·당시기의 불교는 주동主動 사상의 영향을 받아 중국 사람들의 구미에 맞게 자신의 교의를 수정하는 일에 공을 들였다. 이러한 점에 대해 풍우란馮友蘭이 아주 적절하게 설명했다.

"제행무상諸行無常, 제법무아諸法無我, 열반적정涅槃寂靜"은 불교에서 말하는 삼법인三法印이다. 열반은 원적圓寂이라는 말로 번역되었다. 불타佛陀의 최고 경지는 영원히 고요하고 움직이지 않는 상태(永寂不動)인 데 비해, 중국 사람들은 인간의 활동을 중시했고 유가에서 말하는 최고의 경지도 활동 속에 있다. 『역전』의 "하늘의 운행은 건실하다. 군자는 이것을 본받아 스스로 굳세고 조금도 쉬지 않는다"(天行健, 君子自强不息)라는 말이 대표적인 사례이다. '자강불식自强不息'이란 곧 활동 속에서 최고의 경지를 추구하는 것이다.…… 그러므로 중국 사람들은 불학佛學을 언급하면서 대체로 불타의

---

38) 劉禹錫, 『天論』 上, "天之所能者, 生萬物也, 人之所能者, 治萬物也.……天恒執其所能以臨乎下, 非有預乎治亂云爾. 人恒執其所能以仰乎天, 非有預乎寒暑云爾."

경지는 영원히 고요하고 움직이지 않는 상태가 아니라고 여긴다. 불타의 청정한 마음 역시 '많이(繁) 일어나는(興) 대용大用'으로서 비록 '세속에 물들지 않았지만(不爲世染) 또한 '고요하고 정체되지는 않았으니'(『大乘止觀法門』의 말), 이른바 '고요하면서도 늘 비치고, 비치면서도 늘 고요하다'(僧肇의 말).[39]

수·당의 불학佛學, 즉 법상종法相宗, 화엄종華嚴宗, 천태종天台宗에는 이러한 특징이 잘 드러나고 선종禪宗은 더욱 그러하다. 물론 불교의 본질이 소극적(퇴행적)이기에 불교철학이 주동主動적인 중국사상을 수용했다 해서 그 본질이 개변될 수는 없고, 오히려 이러한 방식을 통해 '유위' 사상을 변질시킨다. 다만 여기에서 강조하려는 사실은, 수·당시대에는 강건유위의 기풍이 강대한 힘을 발휘하였으며 그 결과 불교처럼 퇴행적 출세出世를 주장하는 종교까지도 자신들의 이론형식을 개변할 수밖에 없었다는 점이다.

송宋·원元·명明으로부터 청淸나라 초기에 이르는 시대는 철학자들이 자연과 인위人爲, 동정動靜 등의 문제를 둘러싸고 치열하게 논변한 시기였다. 자연과 인위의 관계 문제에서 주돈이周敦頤, 소옹邵雍, 장재張載, 정호程顥, 정이程頤, 주희朱熹, 육구연陸九淵, 왕수인王守仁 등은 모두 "하늘을 본받아 행위할 것"(則天有爲)을 주장했는데, 이들 중에서도 특히 장재가 '인위'를 중시했다. 그는 "기氣와 의지, 하늘과 사람에게는 서로 이기려고 하는 이치가 있고"[40] 또 "하늘의 능력은 본성(性)이 되고 사람의 꾀는 능력(能)이 된다. 그러므로 덕 있는 사람은 본성을 다함에 있어서 하늘의 능력을 능력으로 삼지 않고 사람의 꾀를 능력으로 삼는다"[41]라고 했다.

동정動靜과 손익損益 문제에 있어서 송宋·원元·명明의 유학자들은 노장의

---

39) 馮友蘭, 『中國哲學史』(北京: 中華書局, 1661), 662쪽.
40) 『正蒙』, 「太和」, "氣與志, 天與人, 有交勝之理."
41) 『正蒙』, 「誠明」, "天能爲性, 人謀爲能. 大人盡性, 不以天能爲能, 而以人謀爲能."

영향을 많이 받았다. 송의 주돈이, 명의 진헌장陳獻章은 정靜을 주장하였고, 정程·주朱·육陸·왕王은 동정합일을 주장하면서도 정을 근본으로 삼았으며, 장재는 동정합일을 주장하면서도 동을 중시했다. 주돈이는 "성인이 나타나 (선악으로 갈등하는 인간의 마음을 안정의 길로 이끌기 위해) 중정인의中正仁義를 가르치고 정靜을 주主로 삼음으로써 인간세계의 표준(人極)을 세우고자 하였다"[42]라고 했다. 여기서 말하는 '인간세계의 표준'이란 곧 인생의 최고 준칙을 말한다. 주희는 "경敬의 공부는 동정을 관통하나 반드시 정을 근본으로 한다"[43]라고 했고, 장재는 "말에는 가르침이 있고 행동에는 법도가 있다. 낮에는 하는 일이 있고 밤에는 얻는 것이 있다. 한 번 숨을 쉴 동안에도 양생하는 바가 있고, 한 번 눈을 깜짝일 동안에도 (착한 마음을) 보존함이 있다"[44]라고 하여, 동정과 주야晝夜에 모두 공부가 있으므로 잠깐이라도 힘쓰는 바가 있어야 한다고 주장했다. 이상의 세 가지 관점에 있어서는 정호, 정이, 주희, 육구연, 왕수인의 학설이 가장 세력이 커서 한 시대의 사상적 주류를 이루었다. 손익損益 문제에 있어서 장재는 '유익'(益)을 주主로 삼고 "남(物)을 유익하게 함을 정성스럽게 하면 하늘이 만물을 낳는 것과 같아서 날마다 나아가고 날마다 불어나게(息) 된다. 자신을 유익하게 함을 정성스럽게 하면 냇물이 흐르는 것과 같아서 날마다 더하고 날마다 얻어지는 것이 있다. 사람들에게 베풀기를 망령되이 하고 배우기를 힘써 하지 않고서도 자신을 유익하게 하고 또한 남도 유익하게 하려는 것은 어려운 일이다"[45]라고 했다. 반면 정·주·육·왕은 '손해'(損)를 주主로 삼고 배우는 목적은 "배워서

---

42) 『太極圖說』, "聖人定之以中正仁義以主靜, 立人極焉."
43) 『朱文公文集』, 권31, 「答張敬夫」, "敬字工夫, 貫動靜而必以靜爲本."
44) 『正蒙』, 「有德」, "言有敎, 動有法. 晝有爲, 宵有得. 息有養, 瞬有存."
45) 『正蒙』, 「乾稱」, "益物必誠, 如天之生, 日進日息. 自益必誠, 如川之方至, 日增日得. 施之妄, 學之不勤, 慾自益且益人, 難矣哉."

그 초심을 회복하는 것", 즉 인간의 본성에 본래부터 갖추고 있는 완벽함을 회복하는 것으로 여겼다.

중국철학에 있어서 이른바 동과 정, 손과 익의 문제는 조금 차이가 있기는 하지만 자연과 인위 문제의 한 측면으로 볼 수 있다. 노장은 모든 문제에 있어서 정靜을 말하고 손損을 말하지만 송·원·명의 유학자들은 대체적으로 주체적 수양의 의미에서 정을 말하고 손을 말한다. 송·원·명의 유학자들이 말하는 '정'과 '손'은 노장이 말하는 자연무위의 주정主靜과 주손主損의 의미와 거의 같지만, 그것이 인간의 일(人事)을 폐기한다는 의미를 내포하지는 않고 있기 때문에 노장의 학설과 똑같지는 않다. 그럼에도 불구하고 송·원·명의 유학자들이 주장한 '정'과 '손'의 사조는 매우 큰 폐단을 초래했다. 이 시기의 유학자들은 심오한 철학이론에 대한 탐구에 빠져 국가의 경제와 민생에 관계되는 각종 실학(정치, 경제, 군사, 농공상업) 방면의 연구를 가볍게 여겼다. 또한 통치자들은 중앙집권을 강화하여 민중의 반항과 권신의 권력찬탈을 방지하는 데만 힘을 쏟았고, 이민족에 대해서는 타협하고 물러서기만 하는 정책을 채택하여 민족적 기세를 크게 손상시켰다. 그 결과 이 시기의 정치·경제제도는 이미 정점을 지나 쇠퇴의 단계에 들어서서 마치 늙어 가는 노인네와도 같이 흠집투성이였다. 더욱이 유학자들이 앞장서서 정靜과 손損의 사조를 제창함으로써 빈곤과 쇠약은 더해만 갔다. 그래서 경제문화의 발전이 침체되고 위축되었을 뿐만 아니라 민족적 독립을 상실하는 비극이 몇 차례나 연이어 반복되었다. 명청교체기의 학자들은 이러한 상황을 뼈저리게 절감하고 학술문화 면에서의 편파적인 실수를 반성하면서 유위를 강조하고 동動과 익益을 역설하는 새로운 사조를 형성하기에 이르렀다. 이러한 사조는 여전히 『주역대전』의 전통에 따라 발전되었는데, 특히 왕부지王夫之, 안원顔元, 이공李塨, 대진戴震 등의 학설이 이목을 끈다.

왕부지王夫之의 '유위' 사상은 "생명을 귀중히 여기고"(珍生) "의리를 강구하며"(務義) "하늘을 도와"(相天) "운명을 창조하는"(造命) 것을 기본정신으로 하고 "행동으로 실천함"(踐形)을 취지로 삼았다. 왕부지는 인류는 물질세계를 떠나 생존할 수 없고 생활에는 객관적 규율이 존재한다고 생각했다. 그에 따르면, 인간은 생명을 가지는데 '건실함'(健)은 생명의 본성이고 '움직임'(動)은 생명의 기능이자 도덕적 행동의 주축이기에 움직이지 않으면 살아 갈 수 없다. 따라서 군자는 "강건함(剛)으로써 덕을 튼튼히 하고 움직임(動)에 게으르지 않아야 한다."46) 즉 인생은 '군건함'(健)과 '움직임'(動)을 원칙으로 해야 한다는 것이다. 또한 왕부지는 인류에게는 금수에게 없는 것이 있으니 바로 "인간에게만 홀로 있는 것"(人之獨) 즉 '인도人道'라고 하면서, 호학好學, 역행力行, 지치知耻의 세 가지 능동성이 그 내용이라고 주장했다. 그는 인간이 이러한 능동성에 의해 "하늘과 땅을 살펴 만물을 재정裁定하고"47) 자연을 '주재'하는 것이야말로 바로 "인도로써 천도를 이끄는 것"48)이고 "하늘을 돕는 것"49)이라고 했다. 이 말은 곧 인간의 능동성을 발휘하여 자연을 조정하고 만물을 다스려 자연계를 더욱 인간의 이상에 맞게 한다는 뜻이다. 왕부지의 이러한 학설은 순자의 관점으로 다가가는 경향성이 있기도 하지만, 대체로 『주역대전』의 흐름을 벗어나지 않았다. 왕부지는 또한 인간이 자신의 운명을 창조해야 한다는 이른바 '조명造命'을 주장하였다. 유가에서 말하는 '천명天命'은 인위에 대한 환경의 재량을 의미하는데, 이것은 인간이 할 수 있는 모든 일을 다 해도 어찌할 수 없는 상태를 지칭하는 것이지 세속에서 말하는 이른바 '숙명'을 의미하는 것이 아니다. 왕부지는 임금이나 재상이나

---

46) 『周易內傳』 3上, "積剛以固其德, 而不懈于動."
47) 『思問錄內篇』, "官天府地, 裁成萬物."
48) 『思問錄內篇』, "以人道率天道."
49) 『思問錄內篇』, "相天."

또는 선비를 막론하고 오로지 주관적 능동성만 발휘하면 모두 하늘과 권리를 다툴 수 있고 자기의 운명을 창조할 수 있다고 보았다.

> 하늘이 죽인 것을 살리고, 하늘이 어리석게 한 것을 명철하게 하고, 하늘에
> 없는 것을 있게 하고, 하늘이 어지럽힌 것을 다스려지게 한다.[50]

이는 "사람이 할 수 있는 것을 다 하고 천명을 기다린다"는 유가의 전통적 입장을 돌파한 것으로서, 왕부지의 유위설이 새로운 경지에 이르렀음을 시사한다.

왕부지는 '건健'과 '동動'이 생명의 본성적 기능이라는 주장을 인성론에 관철시켜 '성일생론性日生論'을 제시했다. 그는 "성이란 생장의 이치"[51]로서 고정불변한 것이 아니라 매일매일 생장한다고 보았다. 이것은 단지 '손損'으로써 최초의 상태를 회복하려는 송명유학자들의 주장에 비해 솥 밑에서 장작을 빼내듯이 문제를 근본적으로 해결하려는 것이다. 왕부지는 생명을 소중히 여기고 움직임을 숭상하기에 형체 또한 중시하여, '천형踐形'을 인생의 원칙으로 삼았다. '천형'이란 형체가 각 방면의 기능을 충분히 발휘하고 형체의 각 부분이 이치에 부합되지 않음이 없게 하는 것이다. 그러므로 '천형'은 사물에 가까이 다가가 실천함으로써 안으로는 귀, 눈, 마음, 사색의 기능을 발전시키고 밖으로는 오행과 만물이 모두 그 있어야 할 곳에 있게 하여 군신君臣, 부자父子, 예악禮樂, 형정刑政 모든 것이 다 그 바름을 얻게 하는 것이다. 이러한 '천형설'은 사람은 마땅히 꾸준한 노력을 통해 자연을 개조하고, 그러한 과정에서 자신의 몸과 마음까지도 발전시켜야 함을 강조하는

---

50) 『續春秋左氏傳博議』, "天之所死, 猶將生之; 天之所愚, 猶將哲之; 天之所無, 猶將有之; 天之所亂, 猶將治之."
51) 『續春秋左氏傳博議』, "性者生之理."

대단히 뛰어난 관점이다.

안원顔元의 '유위' 철학의 핵심적 관념은 "행동으로 실천하여 본성을 다한다"(踐形以盡性)는 '천형설踐形說'이다. 여기서 말하는 '천형'이란 반드시 "직접 관찰하고"(見之物) "사물과 접촉하여"(微諸物) 사물 속에서 배우고 실행함을 의미한다. 안원이 말하는 사물이란 요순堯舜의 '정덕이용후생正德利用厚生'과 주공周公의 육덕六德, 육행六行, 육예六藝를 포함한다. '정덕'이란 품행을 단정히 하는 것이고, '이용'이란 기물을 편리하게 사용(用은 도구와 기물 따위를 가리킨다)하는 것이며, '후생'이란 생활을 풍요롭게 하는 것이다. 안원의 이러한 주장은 송·명 시대 이후에 도덕수양과 철리哲理 연구에만 빠져 국가경제와 민생에 직결되는 실제적인 학문에는 등을 돌린 당시 학풍의 잘못을 바로잡고 청대의 실사구시實事求是 학풍을 일으키는 데 상당한 영향을 끼쳤다. 안원은 허정虛靜의 기풍을 호되게 비판하면서, 항상 움직이는 것(動)이야 말로 좋은 생활이라고 주장했다.

일신一身이 움직이면 일신이 굳세어지고, 한 가정이 움직이면 한 가정이 강하게 되며, 한 나라가 움직이면 한 나라가 강하게 되고, 천하가 움직이면 천하가 강하게 된다.[52]

몸을 보양하는 데는 꾸준히 움직이는 것보다 더 좋은 것이 없다. 아침 일찍 일어나고 저녁 늦게 자며 정신을 차려 일을 찾아서 하고 행동함에 있어 일정함이 있으면 피곤하지 않고 날로 강건해진다. 움직이지 않고 휴식만을 취하면 갈수록 허약해질 것이다.[53]

---

52) 『言行錄』, "一身動則一身強, 一家動則一家強, 一國動則一國強, 天下動則天下強."
53) 『言行錄』, "養身莫善于習動. 夙興夜寐, 振起精神, 尋事去做, 行之有常, 并不困疲, 日益精壯. 但說靜息將養, 便日就惰弱."

대진戴震의 '유위' 철학의 취지는 자연으로부터 필연으로 귀결되고, 감정과 욕망을 이룸으로써 사사로움을 제거하고 문제점을 해결하는 데에 있다. 그가 말하는 이른바 '필연'은 당연함 또는 마땅함의 뜻이다. 그는 인간의 자연은 곧 혈기심지血氣心知인 몸과 마음이라고 보았다. 대진에 따르면, 몸과 마음이 있으면 욕구와 감정, 즉 이성異性이나 음식에 대한 욕구와 희노애락喜怒哀樂의 감정이 있기 마련이다. 욕구는 생명을 유지하고 발전시키는 근본이고, 감정은 나와 타인을 연결시켜 주는 본원本原이다. 그러므로 좋은 인생은 감정을 끊고 욕망을 버리는 것이 아니라 욕망과 감정이 합리적으로 만족되도록 하는 것이다. 자기의 욕망을 이룰 뿐만 아니라 다른 사람의 욕망도 이루게 하고, 자기의 감정을 달성할 뿐만 아니라 다른 사람의 감정도 달성하게 하는 것이 바로 이러한 만족의 표준이다. 이러한 표준에 의해 감정과 욕망을 이루는 것이 바로 자연으로부터 필연으로 귀결되는 것이다. 대진은 '지혜'(智)와 '재치'(巧)는 감정과 욕망을 이루는 관건이고 인간의 도덕성은 그 시초에는 몽매한 상태에 있었다고 보았기에, 손익損益 문제에 있어서 '익益'을 주장하면서 다음과 같이 말했다.

배움을 통해 그 모자람을 보완하여 지혜로움에 이를 수 있다. 끊임없이 노력하여 그 극치에 이르게 되면 마치 해와 달의 밝음과도 같이 얼굴이 환하게 빛나게 되니, 이러한 사람이 바로 성인이로다.[54]

왕부지와 안원, 대진 등은 모두 생명과 형체의 본성 및 생존조건의 관점에서 유위有爲, 상동尙動, 주익主益이라는 생활원칙을 제시하였다. 이것은 그들의 '유위' 철학의 공통된 특징으로, 문제의 핵심을 잘 포착하였다.

---

54) 『孟子字義疏證』, "唯學可以增益其不足, 而進于智. 益之不已, 至乎其極, 如日月有明, 容光必照, 則聖人矣."

위 서술을 통해 다음과 같은 결론을 얻을 수 있다.

첫째, 중화민족의 전통문화에는 '주동主動'과 '강건유위剛健有爲' 사상이 있는 가 하면, 다른 한편으로는 '주정主靜'과 '자연무위自然無爲' 사상도 있다. '주동'과 '강건유위'의 사상에도 순자를 대표로 하는 급진적이고 철저한 사상이 있는가 하면, 또 『주역대전』을 대표로 하는 천인화합을 중시하는 전면적인 사상도 있다. 이들 사상들이 중국사상사에 끼친 영향을 논하자면, 순자의 영향이 가장 작고 '주정'과 '자연무위'의 사상이 그 다음이며 『주역대전』의 영향이 가장 크다.

둘째, 실질적인 사회적 영향으로 볼 때 강건유위의 사상은 선진先秦, 양한兩漢, 수, 당 시기에 주도적 지위를 차지했고, 송·명 시기에 쇠퇴했다가 명·청교체기에 부흥의 기세를 드러내었다. 유정무위柔靜無爲 사상은 위魏나라 말과 서진西晉·동진東晉 시기에 주도적 지위를 차지했으며, 이후 송·명 시기에도 일정한 영향을 끼쳤다.

셋째, 위에서 말한 『주역대전』과 노장 및 순자의 사상은 중국 역사에서 다양하게 변화하였는데, 이론상 가장 전면적이고 깊이 있게 발전한 것은 『주역대전』의 사상이다. 이 계통의 사상은 명·청교체기에 즈음하여 생명의 본질과 물질적 조건으로부터 생활의 원칙을 이끌어 내는 주장들로 발전되었으며 이론상으로도 한층 높은 수준에 도달했다.

요컨대, 강건剛健과 자강불식自强不息을 강조하는 『주역대전』의 사상은 중국 사상사에 있어서 주도적 사상이었고, 반면 도가와 송나라 유학의 부분적인 유정柔靜 사상은 이러한 강건사상을 보완하는 역할을 하였다. 이 두 가지 부류의 사상은 서로 대치하면서도 서로를 발전시켜 가면서 중국 전통문화의 독특한 모습을 구축하였다.

3.동정지변動靜之辯과 문화의 발전 및 역사의 진보

『주역대전』이 제시한 '강건유위'의 사상을 중국문화 기본정신의 총체적 강령으로 보는 까닭은, 그것이 중국문화에서 주도적인 자리를 차지하면서 중국 사람들이 여러 가지 관계를 처리하는 데 있어서의 기본태도가 될 뿐만 아니라, 나아가 역사적으로 중국문화의 발전과 역사의 진보를 추진하는 데 적극적인 역할을 하였기 때문이다. 반대로 유정무위柔靜無爲의 학설은 이러한 역할을 제대로 수행해 내지 못했다. 물론 그렇다고 해서 도가의 '유정무위' 사상과 송나라 유학의 부분적인 '유정柔靜' 학설에는 취할 만한 내용이 하나도 없다는 것은 결코 아니다. 어떤 측면에서 말하자면, 그러한 사상과 학설들은 '강건유위' 사상에 대한 보충작용을 하였다고 볼 수 있다. 중국문화와 역사의 발전에 끼친 유정무위 학설의 긍정적 영향은 대략 다음의 네 가지로 요약할 수 있다.

첫째, 이 학설은 득실, 화복, 비방과 칭찬, 귀천으로써 마음을 어지럽히지 말 것, 즉 명리사상에서 벗어날 것을 가르쳤기에 인생길에서 뜻을 이루지 못한 사람들에게는 정신적 해탈을 주었고, 역사의 진전을 이루어 나가는 사람들에게는 이것저것에 신경 쓰지 말고 용감하게 앞으로 나아가게끔 예기銳氣를 북돋아 주었다. 송나라의 일부 유학자들이 정靜은 동動의 근본이라고 주장한 것도 역시 이러한 측면에 대한 사려가 함축되어 있다. 정호程顥와 정이程頤 형제는 다음과 같이 말한 바 있다.

전날에 생각이 분분하고 어지러웠던 것이 또 의리 때문도 아니고 또 사고事故 때문도 아닌데, 이와 같다면 다만 이것은 미치거나 망령된 사람일 뿐이다. 이것을 병통으로 보는 까닭에 텅 비고 고요하게 되고자 하지만, 궁극적으로 그것은 마른 나무와 사그라진 재와 같아지려고 하는 것이니 또한 옳지 않다. 대개 사람은 살아 있는 것인데, 어찌 마른 나무나 사그라진 재와 같을 수 있겠는가? 살았으니 동작動作해야 하고 생각해야 할 것이다.[55]

둘째, 이 학설은 욕망을 줄이고, 지나치게 자연을 해치지 말며, 자신의 정력을 함부로 소모하지 말고 잘 보양할 것을 가르쳤다. 여기에는 깊은 뜻이 담겨 있어서 폐단을 막을 수 있었다.

셋째, 선진先秦 도가의 정치사상은 백성들의 생활에 대한 통치자들의 간섭을 극력 반대했고 전제專制제도와 등급을 나누는 것에 대해서도 반대했다. 또한 선진 도가는 계급사회에서의 문명의 허위성을 적나라하게 폭로했다. 간섭을 반대하는 사상은 서한西漢 초기의 실천에 있어서 적극적인 역할을 하였고, 전제를 반대하고 등급을 나누는 것을 반대하는 사상은 다양한 시기에 있어서 반항의식을 이끌어냈다.

넷째, 이 학설은 인식과정에 있어서 주체적 수양을 중시할 것을 가르치는 측면이 있다. 마치 노자가 말한 "마음 속의 거울을 말끔히 씻어 닦고 흠이 없게 할 수 있다"[56]라는 것과 같다. 이러한 측면에서의 합리적인 요소들은 일찍이 선진시기에 이미 '유위'를 주장하는 사상가들에 의해 수용되었다. 이를테면 텅 비고 고요함을 유지하여 사물의 이치에 응해야만 정확한 인식을 얻을 수 있다는 『관자管子』의 '정인지도靜因之道', 마음을 비우고 한결같이 사물을 관찰하여 바른 인식을 얻는다는 순자의 '허일이정虛一而靜'이 바로 그것이다. 주체적 수양을 중시하는 것은 긍정적인 측면이다. 그러나 전체적으로 보면 생활의 흐름에 역행하였기에 중국문화의 발전과 역사의 진보에

---

55) 『二程遺書』, 권2上, "前日思慮紛擾, 又非義理, 又非事故, 如是則只是狂妄人耳! 懲此以爲病, 故要得虛靜; 其極欲得如槁木死灰, 又却不是. 蓋人活物也, 又安得爲槁木死灰? 旣活則須有動作, 須有思慮."
56) 『老子』, 제10장, "滌除玄鑒, 能無疵乎?"

미친 영향은 주로 부정적이었다.

유정무위의 학설이 중국문화의 발전과 역사의 진보에 미친 부정적 영향은 손익損益의 문제 가운데 '손損'의 입장을 취한 데서 두드러지게 드러난다. 선진시기의 도가가 주장한 '손'은, 인간의 삶에 있어서 이익을 증가시키려 하지 말고 인위로 인해 늘어나는 것을 덜어 내어 본래의 원시상태에로 되돌아가야 한다는 것이다. 즉 사려, 지식, 정욕, 작위를 비롯하여 무릇 인위로 창조한 모든 것들을, 그것이 물질문명이든 제도문명이든 정신문명이든 간에 그 모두를 없애 버려야 한다는 것이다. 마치 노자의 "학문을 배우면 지식이나 욕구가 나날이 늘고, 도를 닦으면 지식이나 욕구가 나날이 줄어든다. 줄어들고 또 줄어들어 결국에는 무위의 경지에 도달하게 된다"[57]라는 말과 같다. 노자가 덜어 내려는(損) 것에는 학문(學), 지혜(智), 권위(聖) 등이 포함된다. 그는 또 이익을 추구하는 삶(益生)을 살지 말라고 하였다. 장자는 "자신의 간과 쓸개도 잊고 귀와 눈도 잊으며" "지체肢體를 버리고 총명을 쫓을 것"[58]을 주장하면서, "형체를 떼어내고 지혜를 버리는 것"이 이상적인 생활의 경지라고 하였다. 장자의 후학들에 이르러서는 더욱 체계적으로 "학문과 지혜를 버리고" "옥을 버리고 진주를 깨뜨리며" "부절을 태우고 인장을 파기하며" "천하의 모든 성스러운 법을 없애고" "육률六律을 교란시키고 피리와 비파를 불사르며 고광瞽曠(師曠)의 귀를 막아 버리고" "문장文章을 없애고 오채五彩를 흩어 버리며 이주離朱의 눈을 봉해 버리고" "곡척과 먹줄을 부수고 컴퍼스나 자를 버리며 공수工倕의 손가락을 꺾어 버리고" "증삼曾參이나 사어史魚의 선행을 없애 버리고 양주楊朱나 묵적墨翟의 구변을 봉해 버리며 인의仁義를 물리침"[59]으로써 "짐승과 같이 살고 만물이 일가一家가 되는" 이른바 '지덕至

---

57) 『老子』, 제48장, "爲學日益, 爲道日損. 損之又損, 以至于無爲."
58) 『二程遺書』, 권2上, "忘其肝膽, 遺其耳目", "墮肢體, 黜聰明."

62

德'의 시대로 돌아가자고 했다. 이러한 극단적인 주장은 사실상 실행될 수 없다. 그럼에도 이러한 퇴행적인 정서가 중국의 문화 및 역사 발전에 미친 부정적인 역할은 상당한데, 특히 이러한 사상이 일시적으로나마 주도적인 지위를 차지한 사상이 되었을 때 그 영향은 더욱 컸다. 위魏나라 말기와 서진西晉·동진東晉시기가 바로 그러한 시대였다. 진晉나라 때의 배위裴頠는 그 당시의 상황을 다음과 같이 서술하였다.

> 허무虛無에 관한 말들이 날마다 널리 퍼지고 많은 이들이 가담하여 그 설을 퍼뜨리니, 위로는 조화造化로부터 아래로는 만물에 이르기까지 무無를 귀한 것으로 여기지 않음이 없었다.

> 학설을 주장하면 따라나서서 찬성하는 이가 많고 반대하는 이가 적었으므로, 세상사를 가볍게 여기고 공리의 활용을 천시하여 직업도 없이 이리저리 떠돌아다니는 일을 높이 보고 실속 있는 유능함을 낮게 취급했다.…… 그리하여 허무에 근거하여 말하고 글을 짓는 것을 현묘玄妙라 이르고, 관리가 몸소 일을 행하지 않는 것을 속되지 않는 멋(雅遠)으로 여기며, 사람됨이 청렴과 절조를 대수롭지 않게 대하면 대범(曠達)하다고 여겼다.[60]

노신魯迅 또한 완적阮籍, 혜강嵇康 등의 재능을 인정하면서도 공담과 음주를 일삼기만 하던 당시의 유풍流風을 다음과 같이 지적하였다.

> 많은 사람들은 공연히 공담과 음주를 일삼고 일처리에는 힘쓰지 않았으며, 이로 인해 정치적으로는 '공성계空城計'의 장난을 치는 것과 같아 아무런

---

59) 『莊子』, 「胠篋」, "削曾史之行, 鉗楊墨之口, 攘棄仁義."
60) 「崇有論」, "虛無之言, 日以廣衍, 衆家扇起, 各列其說. 上及造化, 下被萬物, 莫不貴無"; "唱而有和, 多往弗反, 遂薄綜世之務, 賤功利之用, 高浮游之業, 卑經實之賢.……是以立言藉於虛無, 謂之玄妙; 處官不親所司, 謂之雅遠; 奉身散其廉操, 謂之曠達."

실제적인 의의가 없었다. 문학에서도 그러하였다. 혜강과 완적은 비록
술독에 빠져 있으면서도 글은 지었으나, 그 뒤로 동진東晉시대에 이르러서는
공담과 음주의 유풍만 남고 만자萬字에 이르는 대문장, 즉 혜강과 완적이
지은 것과 같은 작품은 찾아볼 수 없게 되었다.[61]

진대晉代는 큰 전환의 시기였다. 진秦·한漢 시기, 한때 대성황을 이루었던
한족漢族정권은 소수민족과의 항쟁에서 무너지고 말았다. 문명 정도가 낮았던
소수민족들에게는 견고한 통일정권을 세울 능력이 없었기 때문에 중국의
북방은 태우고 죽이고 약탈이 횡행하는 싸움터로 변했다가, 효문제孝文帝의
한화정책漢化政策 실행으로 말미암아 비로소 문화역사 발전의 새로운 조짐이
나타나기 시작했다. 이러한 큰 좌절에 대하여 위·진시기 현학玄學의 '유정무
위柔靜無爲' 학설 또한 일정 부분 책임을 져야 한다. 송나라의 일부 학자들이
치켜세웠던 '주손主損'의 설은 "배워서 처음 본성에로 되돌아감을 구한다"는
뜻을 가지고 있다. 그들은 인간의 본성은 원래 완전한데 형기形氣에 연루되거
나 물욕에 어두워져서 불선不善이 생기게 되었다고 본다. 따라서 수양공부를
통해 그러한 가림을 제거하고 원래의 원만한 인간 본성에로 되돌아가야
한다고 주장한다. 그렇지만 이러한 주손의 설은 많은 폐단을 초래했다.
정이, 주희, 육구연, 왕수인은 철학적인 측면에서 각자 중요한 업적을 이루었
으나, 숭덕崇德·이용利用·후생厚生이라는 세 가지 영역 가운데 숭덕만 강조하
고 경세치용經世致用의 실학을 무시하는 잘못을 범했다. 그들은 "배워서 처음의
본성에로 되돌아감을 구한다"는 것에만 지나치게 치우쳤던 것이다. 또한
그들은 '마음'만 말하고 신체의 단련을 가볍게 여겨서 지식인들을 닭 한
마리 잡을 힘조차 없는 백면서생으로 만들고 말았다. 이는 또 하나의 '치우침'

---

61) 「魏晉風度及文章與藥及酒之關係」, 『而已集』(北京: 人民出版社, 1973, 第1版), 96쪽.

이다. 한편, 육왕심학陸王心學은 지식을 중시하지 않고 내심의 수양을 지나치게 강조한다. 그래서 심학자들은 책을 읽지 않고 일부 사람들의 경우에는 글도 짓지 않는 채 "눈을 감고 정좌하고 마음을 꽉 붙들어 잡기만을 힘써서", 이 마음이 훤히 뚫려 맑고 깨끗함에 꿋꿋이 서 있는 경지를 체험하는 데에 공을 들였다. 이것 또한 하나의 '치우침'이다. 이 '세 가지 치우침'은 송·원·명 시기의 문화 발전과 역사적 진보에 막대한 손실을 조성하였다. 우선 실학과 신체발전을 가볍게 여긴 결과, 그 시기의 지식인들은 정치, 경제, 군사 등의 방면에서 실제적인 재능을 발휘하거나 실제 사무에 종사하는 일에 대한 열정이 결핍되었다. 더욱이 송·명 시기에는 문文을 중시하고 무武를 경시하였기에 국방시설의 구축과 군사의 발전에 불리했다. 그래서 안원顏元은 송·명 시기의 유학자들을 비꼬아 이르기를 "무사할 때에는 팔짱을 끼고 심성을 말하다가 위험에 직면하면 한 목숨 던지는 것으로써 임금께 보답한다"라고 하였다. 송·명 시기에는 시민경제뿐만 아니라 더 나아가 자본주의적인 요소의 맹아萌芽도 상당 부분 존재해 있었는데, 만약 그러한 요소들이 순조롭게 발전되었더라면 중국의 역사는 모습이 바뀌었을 것이다. 그러나 한족정권이 금金과 원元에게 망하고 이어서 다시 청에게 망하게 됨으로써 역사의 정상적인 발전은 거듭 중단되지 않을 수 없었다. 또한 중국 고대 과학기술이 근대적 형태로 발전되려면 지식인들의 참여가 있어야 하는데, 송·원 시기의 많은 지식인들은 심성론에만 빠져 있어서 중국의 과학기술 또한 선두적인 지위를 점차 상실하게 되었다.

호적胡適은 「학문하는 방법과 자료」라는 글에서 도표를 만들어 1606년부터 1687년에 이르기까지의 중국과 서양의 학술발전을 비교하였다. 그는 양쪽이 사용한 방법이 다 같고 다만 연구하는 자료가 다를 뿐이었지만, 중국 사람들은 그것을 고대문헌의 정리에만 이용했던 데 비해 서양 사람들은 자연탐구에 이용했다고 주장하였다. 그렇기 때문에 결국 서양 사람들은 자연과학의 큰 길로 나아갔고, 중국 사람들은 옛 서적만 파고들었다는 것이다. 이것은 명말청초明末淸初 당시만을 지적한 것이지만 이치는 두루 통한다.

유정무위柔靜無爲의 소극적인 작용과 선명한 대조를 이루는 것이 바로 강건유위剛健有爲 정신의 적극적인 역할이다. 이 학설은 인간이 마땅히 능동성과 적극성 및 독립성을 발휘하여 백절불굴의 정신으로 모든 어려움을 이겨내고 자신의 지식과 기능 및 도덕을 발전시켜 가야 한다고 주장했다. 공자, 맹자, 순자, 『주역대전』, 장재, 왕부지, 대진 등은 모두 '유익함'(益)을 주장했다. 공자는 배움이 사람에게 대단히 유익하다고 보아 날마다 전진해서 끝없이 부단하게 배움을 늘여 갈 것을 주장했고, 맹자는 능력을 늘여 가고 사단四端을 확충할 것을 주장했다. 또 순자는 "선천적인 본성을 변화시키고 후천적인 인위를 일으킬 것"[62] 즉 인간의 천성을 개변시켜 창조에 힘쓸 것을 강조하여, "사려를 모으고 인위적인 일을 습득하며" "영원히 전진하여 제자리로 돌아가지 않는"[63] 이상적인 경지에 이르는 것이 가장 중요하다고 했다. 즉 사유능력을 축적하고 발전시키며 창조적인 성과를 학습하고 계승하여 인간 자신의 자연 상태에서 끊임없이 향상되어야 한다는 것이다.

이상에서 말한 '유익함'(益)을 위주로 하는 이론들은 각기 서로 다른 데가 있지만 한 가지 공통점이 있다. 즉 그들은 모두 인간의 주관적 능동성을 충분히 발휘하고 인간 자신과 몸 밖의 자연을 개조할 것을 강조하였다. 특히 문화지식을 창조하고 계승하며 사유능력과 도덕수준을 제고할 것을 강조했으며, 제도문명과 물질문명을 중시했다. 이러한 자세는 문화의 발전과 역사의 진보에 분명 유익한 일이다.

---

62) 『荀子』, 「性惡」, "化性而起僞."
63) 『荀子』, 「不苟」, "長遷而不反其初."

앞에서 말했다시피 강건유위의 정신은 전국시기, 진·한·수·당 시기에 모두 통치적 지위를 차지하였는데, 이 시기는 또한 중국문화가 대단히 번영하고 발전한 시기이기도 했다. 이 시기에 중원에 나라를 세운 한족은 굳센 의지로써 서북초원의 황량한 사막에서 일어난 사나운 유목민족의 공격을 물리치고, 넓고 웅대한 기백으로 국외 또는 소수민족의 문화를 광범하게 수용함으로써, 생산력이나 물질생활, 문학예술, 과학기술, 도덕예의 등 여러 방면에서 모두 세계의 선두적인 지위에 섰다. 강건유위의 정신은 또 매우 많은 정치가, 군사가, 과학자, 문학가, 사상가를 배출하여 그들로 하여금 청사靑史에 길이 이름을 남길 수 있도록 하였다. 강건유위의 이러한 정신에 대해 안원은 다음과 같이 말했다.

삼황三皇·오제五帝·삼왕三王·주공·공자는 모두 천하 사람들을 움직이도록 가르친 성인들이고, 모두 움직임으로써 세상을 올바르게 다스리는 도리를 만들어 낸 성인들이다. 오패五霸들이 의거한 것 또한 그 움직임이고, 한漢과 당唐도 그 움직임의 한두 가지를 답습하여 자신들의 세상을 만들었다. 진晉과 송宋의 구차한 편안함과 불교의 공空, 노자의 무無, 주돈이周敦頤·정자程子·주희朱熹·소옹邵雍이 주장한 정좌靜坐와 입과 글만 놀리는 학문은 모두 움직이지 않음이다. 그 결과로 천하의 인재가 모두 없어지고 성인의 도가 망했으며 세상 또한 무너져 내렸다. 나는 일찍부터 한 몸이 움직이면 그 한 몸이 굳세어지고, 한 가정이 움직이면 한 가정이 강하게 되며, 한 나라가 움직이면 한 나라가 강하게 되고, 천하가 움직이면 천하가 강하게 된다고 말한 바 있다.[64]

---

64) 『言行錄』, "五帝三王周孔, 皆教天下以動之聖人也, 皆以動造成世道之聖人也. 五霸之假, 正假其動也, 漢唐襲其動之一二以造其世也. 晉宋之苟安, 佛之空, 老之無, 周·程·朱·邵之靜坐, 徒事口筆, 總之皆不動也. 而人才盡矣, 聖道亡矣, 乾坤降矣! 吾嘗言: 一身動則一身強, 一家動則一家強, 一國動則一國強, 天下動則天下強."

비록 고대사회를 이상화하고 왕패의리王覇義利의 설을 주장하는 유가의 영향을 받아 전국시기와 한·당시대를 과소평가한 면이 없지 않지만, 이 말의 기본 뜻은 틀리지 않다. 강건유위의 정신은 민족이 대단히 번창한 시기에 적극적인 역할을 하였을 뿐만 아니라, 위급한 시기에는 인인지사仁人志士들의 분투를 지지해 주는 정신적 지주가 되었다. 종택宗澤, 악비岳飛, 신기질辛棄疾, 문천상文天祥, 사가법史可法, 장황언張皇言 등은 주저 없이 목숨을 바치거나 비장한 시문을 써서, 또는 이 양자를 겸하는 방식으로 호연지기浩然之氣를 떨쳤다. 왕부지王夫之, 고염무顧炎武, 황종희黃宗羲, 주지유朱之瑜 등은 철학적 반성 및 직접적인 체험과 실천으로 강건유위의 정신을 드높였으며, 이들의 사상과 업적은 마침내 청나라 말기에 백성들이 일어나 혁명을 일으킬 수 있는 큰 힘이 되었다. 중화민족이 다른 일부 나라들의 경우와는 달리 민족의 독립을 잃게 되더라도 다시 분발하여 계속 일어설 수 있었던 것은 모두 강건유위의 정신이 버티고 있었기 때문이다. 이런 의미에서 강건유위의 정신은 곧 중화민족의 민족정신이다. 중화민족이 수천 년 간 지속적으로 이어지고 끊임없이 강대해지며 세상이 주목하는 찬란한 봉건문화를 창조하고 이민족의 정복에서도 끊임없이 다시 일어설 수 있었던 것은 강건하고 스스로 굳세어지려는 이러한 정신과 갈라놓을 수 없다.

4. 근현대에 있어서 강건자강剛健自强의 정신

강건유위의 사상을 중국문화의 기본정신으로 보고 또한 중화민족의 민족정신으로 보는 까닭은, 이 사상이 근현대시기에 제국주의와 봉건주의에서 벗어나 민족의 부흥을 꿈꾸는 투쟁과 사회주의혁명과 건설사업에 있어서도 여전히 정신적 추진 역할을 하였고, 동시에 그러한 역할 속에서 제고되고 고양되어 새로운 시대적 내용을 더해 갔기 때문이다.

아편전쟁 전야, 봉건사회 말기의 처량함을 몸소 느낀 공자진龔自珍은 "세상이 생기가 있으려면 바람 불고 천둥이 쳐야 하는데, 너무나 슬프게도 모든 말(馬)들이 마치 눈먼 것처럼 힘이 없구나! 내 하느님께 비나니 다시금 떨쳐 일어나서서 격식에 구애받지 말고 인재를 내려 주소서"라고 울부짖었다. 그는 전횡田横, 형가荆軻와 같은 협사俠士들이 나타나 주기를 호소하였고, 『주역대전』에서의 "궁하면 변하고, 변하면 통하고, 통하면 오래 계속된다"라는 권위로써 '변법變法'을 주장했으며, 봉건전제제도가 만들어 낸 "한 사람만 강하고 만민이 나약한" 사회상에 대해 뼈저리게 원망했다. 이런 사상은 아편전쟁 이후 중국 사상문화 변화의 시초가 되었기에 그는 청나라 말기의 진보적인 지식인들의 깊은 존경을 받았으며, 감개무량하고 망연자실하며 비통하고 애절한 그의 시가詩歌도 시대를 풍미하였다. 공자진은 청나라 2백여 년 동안의 통치로 인해 정신적으로 무감각해진 상태에서 가장 먼저 각성하고 가장 먼저 중화민족의 정신을 호소한 사람이라고 할 수 있다.

두 차례에 걸친 아편전쟁의 실패는 조야朝野에 큰 충격을 안겼고, "온 나라가 태평성세에 취해" 있던 답답한 분위기를 깨뜨렸다. 임칙서林則徐의 친구인 위원魏源은 "무릇 혈기 있는 자는 마땅히 말로 표현하고 분개해야 하며, 무릇 눈이 있고 귀가 있고 심지心知가 있는 자는 대책을 강구해야 한다"라는 애국적 열정을 바탕으로 당시 동양 각국이 서양을 이해하고 서양에 저항할 수 있도록 하는 데 큰 도움을 준 『해국도지海國圖志』를 지었다. 그는 이 책에서 "오랑캐로써 오랑캐를 제압하고" "서양의 강점인 기술을 배워 그것으로써 서양인을 제압하자"는 두 가지 반反 침략 강령을 제시했다. 그는 또 "서양의 튼튼한 배와 대포의 이점"만 말해서는 근본 문제를 해결할 수 없음을 의식하여, 실용에 부합되지 않는 '한학漢學'과 '송학宋學'을 반대하고 '경세치용經世致用'의 삶의 자세와 학문태도를 제창했다. 임칙서의 제자로서 동남 연해에서 두 차례의 아편전쟁을 직접 겪은 풍계분馮桂芬은 '자강自强'과 '설치雪恥'를 호소하면서 다음과 같이 말했다.

천지개벽 이래 미증유의 분노일지라, 지구라는 이 큰 땅덩어리 위의 제일 큰 나라가 오늘날 보잘것없는 오랑캐에게 당하다니. 무릇 혈기가 있고 심장이 뛰는 자는 그 분노가 머리끝까지 치밀어 오르지 않는 이가 없거늘……
이에 부끄러워하는 것은 스스로 강해지는 것보다 못하리. (서양보다) 못하다 하는데 확실히 못하다. 이에 꾸짖고 증오해도 이익이 없고 잘못 또한 가릴 수 없으며 억지로 해도 소용이 없다……. 길은 오직 부족한 점이 어디에 있는가를 확실히 아는 것, 즉 상대는 무슨 까닭으로 작지만 강하고 나는 무슨 까닭으로 크지만 약한가를 알아서 반드시 그와 같기를 구하고 다른 사람도 살아남게 하는 데 있다.65)

이러한 자강自强과 설치雪恥의 사상에 근거하여 그는 중국이 서양보다 못한 점을 찾아 "서학西學을 널리 취하고" 자본주의 공업, 과학지식, 역사, 지리, 어문 지식을 힘써 배워야 한다고 하면서 내정內政, 외교, 군사, 문화의 전면적인 개혁을 주장했다.

자산계급개량파의 선구자인 위원魏源, 풍계분馮桂芬 등의 변법개혁사상은 1870년대 이전까지는 사람들의 중시를 받지 못했으나, 그들이 호소한 '자강'과 "서양의 장점인 기술을 배워 그것으로써 서양인을 제압하자"는 주장은

---

65) 「制洋器議」, 『校邠廬抗議』 권下, "天地開闢以來未有之奇憤, 凡有心知血氣, 莫不衝冠發上指者, 則今日之以廣遠萬里地球中第一大國而受制於小夷也……如知恥, 莫如自强. 夫所謂不如, 實不如也. 忌嫉之無益, 文飾之不能, 勉强之無庸……道在實知其不如之所在, 彼何以小而强, 我何以大而弱, 必求所以如之, 仍亦存乎人而已矣" 참조.

대단히 빠르게 큰 영향을 미쳤다. 특히 1860년, 영국과 프랑스 연합군과의 싸움이 있은 후 "사람마다 자강의 마음이 있고 또 사람마다 자강의 목소리를 내는" 현상이 나타났다. 양무운동洋務運動은 바로 그러한 여론을 배경으로 하여 '자강신정自强新政'이라는 명패를 걸고 일어난 것이었다. 그러나 양무운동의 핵심 인물들은 외국과 교섭하는 진정한 목적을 백성들의 반항을 진압하는 데에 두었다. 그렇기 때문에 그들이 주장하는 '자강自强'이니 '어회御侮'니 하는 구호들은 모두 허장성세에 불과했고 그 운동 또한 결국 수치스러운 실패를 맞게 되었지만, 근대산업을 도입하는 과정에서 양무운동은 중국 자본주의의 발생과 발전을 자극했다. 또한 유명무실한 이 '자강신정自强新政'의 폐단과 실패는 진심으로 '자강'하려던 사람들의 반성을 이끌어 내었고, 그리하여 개량주의 사상을 가진 인물들이 점차 양무파洋務派로부터 분화되어 나오기 시작했다. 1870년대의 왕도王韜, 마건충馬建忠, 설복성薛福成, 1880년대의 정관응鄭觀應, 진치陳熾 등이 바로 그들이다. 왕도는 정관응의 『성세위언盛世危言』을 위해 지은 발문에서 다음과 같이 말했다.

자기 힘을 믿고 남을 업신여겨서 협박하고 무리하게 요구한다. 그런데도 나는 그 무리한 요구에 다 응해야 하고, 달라면 다 내어주지 않을 수 없다. 이런데도 변법을 통해 스스로 굳세어지지 않는다면 내 어찌 혈기 있는 인간이라 할 수 있겠는가! 기우생杞憂生(정관응을 가리킴)의 글은 바로 이러한 분발을 이끌어내기 위해 지은 것이다.…… 또한 그 분함이 머리끝까지 치밀어 올라, 지은 글이 울고 있다.…… 지금 송북淞北의 일민逸民(왕도 자신을 가리킴)은 오랜 병으로 거의 죽어가고 있지만…… 먹을 갈고 붓을 들어 이 글을 지어 분하고 답답함을 토로하여 그래도 세상에 아직 마음아파 하는 이가 있음을 기우생께 알리노라.[66]

---

66) 『易言』(『盛世危言』의 초판본), 「跋」.

이 시기 개량주의자들은 이미 양무파의 서양 배우기가 "피상적인 것만을 답습하는 것"임을 알았다. 그들은 서양인들이 부강해진 근본 이유가 총과 대포에 있는 것이 아니라 공상工商우선정책에 있다고 보아, "무역전쟁을 근본으로 하고 군대싸움을 부차적인 것으로 여기는"[67] 자강 전략과 민영民營 기업을 대폭 발전시키는 정책을 제시했다. 1884년에 일어난 청·불전쟁의 실패는 자강의 근본이 정치제도와 문화교육의 개혁에 있음을 한층 더 명료하게 해 주었다. 정관응의 다음 글이 그 대표적인 사례이다.

어지러운 세상을 다스리는 근원과 부강의 근본은 튼튼한 배와 대포의 이점利點에만 있는 것이 아니다. 의원議院 상·하가 한마음이 되고 국민의 교양 수준이 적절하여, 학교를 세우고 서원을 넓히고 기술을 중시하고 합당한 평가를 통해 사람마다 그 재능을 다하도록 하고, 농학을 배우고 수도水道를 이롭게 하고 메마른 땅을 기름진 밭으로 만들어 땅이 그 역할을 다 하도록 하며, 철도를 가설하고 전기선을 늘이고 세금을 적게 거두고 상업을 보호하여 재물의 유통이 막힘이 없도록 하는 데에 치란治亂과 부국강 병의 근본이 있다…… 인재가 학교에서 양성되고 정치가 의회에서 논의되 어 군민일체君民一體, 상하동심上下同心으로 되는…… 이것이 치란과 부국강병 의 체體이고, 기선, 화포, 양총, 수뢰, 철도, 전기선은 그 용用이다.[68]

중일전쟁(갑오전쟁)의 실패는 양무운동의 파산을 선고하는 동시에 그 속에서 싹트고 있었던 개량주의 사상을 무르익게 하여 신속히 성숙의 단계로 진입하게 했다. 초기 개량주의자들은 "서양의 튼튼한 배와 대포의 이점"만 가지고서

---

67) 『盛世危言』, 「自序」, "商戰爲本, 兵戰爲末."
68) 『盛世危言』, "乃知其治亂之源, 富强之本, 不盡在船堅炮利. 而在議院上下同心, 教養得法; 興學校, 廣書院, 重技藝, 別考課, 使人盡其才; 講農學, 利水道, 化瘠土爲良田, 使地盡其利; 造鐵路, 設電線, 薄稅斂, 保商務, 使物暢其流……育才於學校, 論政於議院, 君民一體, 上下同心……此其體也; 輪船, 火炮, 洋槍, 水雷, 鐵路, 電線, 此其用也."

는 자강의 길에 들어설 수 없음을 인식하였지만 여전히 중국의 도덕, 학문, 제도, 문장이 세계의 으뜸이라고 여겨서, "중국의 학문이 근본이고 서학은 부차적인 것이기에 중국의 학문을 핵심으로 하고 서학을 보조적인 것으로 삼아야 한다"[69]라고 주장했다. 그러나 성숙된 개량주의는 이와 달랐다. 그들은 이미 자산계급의 성격을 띤 사회정치이론과 철학을 변법의 이론적 기초로 삼았다. 특히 엄복嚴復이 그러했는데, 그는 '자강의 근본'을 '민력民力', '민지民智', '민덕民德'의 문제로 간주했다. 그는 이 세 가지를 "수천 년을 거쳐 쌓아 올려진, 산천과 민풍民風의 다름에 근본하는 것으로서 정치와 형사, 종교와 세속의 변화를 이끌어 내어 갈고 닦아서 만들어진 최후의 경지"[70]라고 보았다. 이 '최후의 경지'는 곧 문화의 핵심을 의미한다. 그에 의하면, 중국이 자강하려면 반드시 "민력을 북돋우고"(鼓民力) "민지를 일으키며"(開民智) "민덕을 새롭게 하는"(新民德) '자강의 근본'에 공을 들여야 한다. 그리하여 "자강하여 민족을 보존하자"(自强保種)라는 기치 아래 그는 수많은 서양의 철학, 자연과학, 정치·경제·윤리사상을 '자강의 근본'이라는 개념에 수용했다.

이처럼 자산계급개량파들은 '자강'이나 '변법' 같은 아주 오래된 용어에 근대적 내용을 주입하였는데, 그렇게 하게끔 밀어 준 정신적 동력은 여전히 강건자강剛健自强의 정신이었다. 강유위康有爲는 「공거상서公車上書」라는 글에서 화의和議의 거절, 천도遷都, 연병練兵, 변법 등의 주장을 제기하면서 『주역대전』의 강건정신을 이러한 주장의 총체적 근거로 삼았다. 그는 "스스로 가다듬어 힘쓰는 것은 하늘 운행의 건실함이고, 의지가 강한 것은 대군大君의

---

69) 『盛世危言』, "中學其本也, 西學其末也; 主以中學, 輔以西學."
70) 『原强』, "經數千年之盡遞積累, 本之乎山川民土質攸殊, 異之乎刑政教俗之屢變, 陶冶爐悴而成此最後之一境."

덕이다. 「홍범洪範」에서는 유약함(柔)을 육극六極으로 삼았고, 『대역大易』에서
는 순順함을 음덕陰德이라 했다"라고 말했다. 그는 이 글에서 『주역대전』이
확고하게 세운 강건剛健, 유위有爲, 상동尙動, 변통變通 등의 원칙을 반복적으로
강조하면서 허정虛靜, 무위無爲, 유약柔弱 같은 보수적인 사상에 대해 반대했다.
이 글은 자산계급개량파들의 선언으로서 대단히 큰 영향을 끼쳤는데, 개량파
들이 정치적 무대에 등장하게 되는 정신적 동력이 무엇인가를 보여 주었을
뿐만 아니라 또한 민족정신의 각성을 의미하기도 했다.

'자강'과 '변법'이라는 기치를 들고 일어난 양무운동과 백일유신百日維新이
강건자강 사상을 토대로 하여 이 오래된 용어에 근대적 내용을 주입시킨
것이라고 한다면, 손중산孫中山을 대표로 하는 자산계급혁명운동은 『주역대
전』의 '혁명'정신에서 고무된 것으로서 마찬가지로 이 오래된 용어로 하여금
근대적 내용을 수용할 수 있도록 한 것이었다. 『주역대전』의 강건剛健, 중정中
正, 급시及時, 변통變通, 겸용兼容은 논리적으로 차례로 연역되어 나온 체계였는
데, 근대에 와서 그것에 대한 전면적인 계승과 발양이 이루어지면서 그
내용은 시간적으로 점차 전개되어 갔다. 근대에 이르러 혁명을 선전함에
영향력이 가장 컸던 것은 추용鄒容의 『혁명군革命軍』이다. 이 책에서 추용은
혁명을 "자연이 진화하는 일반 규율"(天演之公例), "세계에서 널리 통하는
도리"(世界之公理), "생존을 다투는 과도기의 중요한 이치"(爭存爭亡過度時代之要義)
로 보면서 "하늘의 이치에 따르고 사람에게 순응하는"(順乎天而應乎人) 법칙이라
고 했다. 이는 그가 중국의 전통사상을 계승하였음을 구체적으로 보여
주는 사례이다. "하늘의 이치에 따르고 사람에게 순응한다"는 말은 주지하듯
이 『주역대전』에서 나온 말이다.

『주역대전』은 하늘이 쉼 없이 운동하는 것으로부터 인간도 자강하고
때에 맞추어 변통해야 한다는 것을 추론해 내고 확대시켰다. 근대사상가들은

자연계가 쉼 없이 운동하고 있다는 이러한 전통사상을 바탕으로 하여 진화론을 수용하였고, 또한 중국의 전통 언어로써 이러한 사상을 선전했다. 강유위나 손중산을 막론하고 모두가 우주진화라는 전제 하에서 변혁과 혁명의 필요성을 이끌어 내었던 것이다. "자연이 진화하는 일반 규율"(天演之公例)이라는 말은 추용의 '혁명' 관념이 형이상적 근거의 측면에서 중국의 전통사상과 연계되어 있음을 보여 준다. "세계에서 널리 통하는 도리"(世界之公理)라는 말은 추용의 '혁명' 관념이 다원성多元性에 근원하고 있음을 보여 주는데, 중국의 전통적인 '혁명' 관념이 바로 그 근원의 하나이다. 근대에 이르러 중국 사람들은 자강해야 함을 먼저 인식하고 나서야 비로소 나라가 부유해지고 군대가 강해지며 변법을 실행할 수 있게 되고 혁명을 할 수 있게 됨을 점차 알게 되었다. "생존을 다투는 과도기의 중요한 이치"(爭存爭亡過度時代之要義)라는 말은 바로 이러한 사상과정에 대한 총체적인 개괄이다. 추용은 『주역대전』의 권위를 빌려 혁명의 합리성을 증명하는 한편, 또한 '혁명'이라는 용어에 시대적 내용을 주입시켰다. 그는 두 가지 종류의 혁명을 구분하면서 자신이 주장하는 혁명은 왕조교체가 아니라 영국·미국·프랑스와 같은 혁명으로서, "부패를 청산하고 착함을 보존하는 혁명이며, 야만으로부터 문명에로 나아가는 혁명이며, 노예를 없애고 주인으로 되는 혁명이며, 개인을 희생시켜 천하를 이롭게 하고 귀족을 희생시켜 평민을 이롭게 하여 사람마다 평등과 자유의 행복을 누리게 하는 혁명"[71]이라고 했다. 이러한 '혁명'에는 새로운 시대적 내용이 함축되어 있음이 명백하다.

5·4운동 이후로는 근대 중국에 있었던, 오래된 용어를 답습하여 새로운 장면을 연출해 가던 그러한 관습은 크게 나타나지 않았지만, 그렇다고 해서 강건자강의 사상이 더 이상 제 역할을 할 수 없었던 것은 아니다. 그 사상은

---

71) 鄒容의 『革命軍』(北京: 中華書局, 1958) 참조.

여전히 현대문화의 영혼으로 간주할 수 있다. 노신의 "매서운 눈초리로 뭇 사람들의 질타에 맞서서 기꺼이 백성들을 위해 봉사하리라"라는 명구에서, 그가 부각한 "지칠 줄 모르고 매일 부지런히 일하는" 위대한 우禹임금의 모습을 엿볼 수 있다. 일찍이 모택동毛澤東이 높이 칭찬했던 노신의 굳센 사나이 정신, 문일다聞一多와 이공박李公樸의 정신, '우직한 사람이 산을 옮기는' (愚公移山) 것과도 같은 중국공산당의 분투정신에서 모두 강건유위 사상의 눈부신 빛을 확인할 수 있다.

솔직히 말하자면, 여러 가지 원인으로 인해 근대에서든 현대에서든 간에 강건유위의 정신을 인식하고 제고하고 발전시키는 작업은 아직 턱없이 부족하다. 특히 철학 영역에서는 이 정신을 핵심 관념으로 한 저술이 아직 세상에 아직 나오지 않고 있다. 아인슈타인은 다음과 같이 말했다.

진리는 반드시 강고한 성격을 가진 사람에 의해 거듭 새롭게 조각되어야 하고, 줄곧 그 조각가가 일하고 있는 그 시대적 요구에 적응되어야 한다. 만약 이러한 진리가 늘 끊임없이 거듭 새롭게 창조되지 않는다면 그것은 우리들로부터 완전히 잊히게 될 것이다.[72]

중국문화의 기본정신에 대해 "날마다 쓰면서도 알지 못하거나" 또는 그러하다는 것은 알지만 왜 그러한가를 알지 못하는 상태에 만족해서는 곤란하다. 그러므로 이것 또한 아인슈타인이 말한 것처럼 시대적 요구에 따라 새롭게 조각해야 한다. 즉 새롭게 개조하고 제고해야 하는 것이다.

---

72) 아인슈타인, 『愛因斯坦文集』 제1권(제1판, 北京: 商務印書館, 1978), 84쪽.

제2장 중·서 문화의 기본 차이(상)

근대 이후 중국학자들의 이른바 중·서 문화비교의 범위가 대단히 넓지만, 그 중심은 중국의 봉건문화와 서양의 근대문화에 대한 비교이다. 이 장에서 취급할 중·서 문화도 주로 중국의 봉건문화와 서양의 근대문화를 가리킨다. 여기서는 두 문화의 시대적 차이는 언급하지 않고 양자의 민족적 차이만을 논하고자 한다. 이끄는 글에서 이미 지적한 바와 같이 문화의 민족적 차이는 인간과 자연의 관계, 민족 관계, 가정 관계, 종교 관계 등의 측면으로 분석할 수 있다.

1. 천인합일과 자연에 대한 정복

중·서 문화의 기본 차이는 우선 인간과 자연의 관계 문제에서 드러난다. 중국문화는 상대적으로 인간과 자연의 융합을 중시하는 데 비해 서양문화는 자연을 정복하고 자연을 이기는 것을 강조한다.

자연을 정복하고 이기기를 강조하는 서양문화의 사상적 연원은 기독교 경전인 『성경』에서 비롯된다. 『성경』에 따르면 하느님이 세계를 창조하고 다시 인간도 창조하였다고 한다. 하느님은 자기가 창조한 모든 것을 관리하기 위해 자기의 형상대로 인간을 만들었다는 것이다. 『성경』은 또 인간과 자연은 원래 함께 잘 지냈는데 인류의 시조인 아담과 하와가 에덴동산의 금지된 과일인 지혜과(선악과)를 따먹은 죄로 하느님의 벌을 받게 되고, 이후 뱀과 인간은 대대로 원수가 되고 땅에서는 가시나무와 질려疾藜가 나고 사람들은 일 년 내내 일하며 땀을 흘려야만 먹고살 수 있게 되었다고 한다. 이러한 『성경』의 기록에는 인간과 자연의 관계에 대한 일련의 관념들이 함축되어 있다. 그 첫째는 인간은 자연계의 위 또는 밖에 있으면서 자연계를 통치하는 권력을 가지고 있다는 것이고, 둘째는 인간과 자연계는 적대적인 관계라는 것, 셋째는 인간은 자연을 정복하고 이기는 힘든 투쟁을 통해서만 자신의 생존을 유지할 수 있다는 것이다. 이러한 관념은 큰 범위에서 인간과 자연의 관계에 대한 서양문화의 기본태도를 창출하였다고 할 수 있다. 그러므로 국내외 학자들이 서양문화에 있어서 인간과 자연의 관계를 논할 때면 언제나 『성경』에 나오는 「창세기」의 기록을 언급하게 된다. 1920년대에 라빈드라나트 타고르는 스위스, 독일 등지에서 학술강연을 하면서 인도의 '삼림森林문명'을 선전하다가 스위스 베른대학교 철학교수인 리하르트 헤르베르츠의 반박을 받았다. 헤르베르츠는 반박에서 '천지창조설'을 예를 들어 자연을 정복할 필요성을 증명하면서 다음과 같이 말했다.

인간은 사상가이자 문화의 점유자이다. 인간은 이미 순진무구한 아담으로 부터 한 걸음 더 나아가 지혜와 지식의 열매를 몰래 맛보았다. 인간은 이미 "소극적인 경험이 무의식적으로 자연을 굴복시키는" 낙원에서 쫓겨났기 때문에 편안하게 자연에 의지할 수 없었고, 구슬땀을 흘려 가며 스스로의 먹거리를 얻을 수밖에 없었는데 지혜의 먹거리도 물론 그 속에 포함된다. 그러므로 '점유한 권력'으로써 '연합한 권력'을 대체할 수밖에 없다.[1]

---

1) 愈之, 『臺莪爾與東西文化之批判』에서 재인용.(원게재지는 제18권 17호)

여기서 말하는 '점유한 권력'과 '연합한 권력'이란 모두 타고르의 용어이다. 전자는 자연을 정복하고 이기는 것과 같은 것을 가리키는데 타고르는 그것을 서양문명의 요소로 보았고, 후자는 인간과 우주 전체의 연합을 가리키는데 타고르는 그것을 동양문명의 요소로 보았다.

자연을 정복하고 자연을 이기는 관념이 서양문화에서 이토록 사람들의 마음을 깊이 사로잡았기 때문에 사상가들은 이 문제 자체를 애써 논의하려고 하지 않을 정도였다. 서양 사상가들이 가장 많이 언급했던 것은, 어떻게 하면 자연을 정복하고 이길 수 있는가 하는 문제였다. 이런 측면에서 보면 프랜시스 베이컨의 관점이 서양문화에 가장 큰 영향을 끼쳤다고 할 수 있다. 베이컨은 "아는 것이 힘이다"라는 명언을 제시하면서, 과학을 추구하는 목적은 논쟁에서 상대방을 굴복시키려는 것이 아니라 실제 행동에 있어서 자연을 지배하는 데에 있다고 보았다. 그리고 "자연을 다스리려면 반드시 자연에 복종해야 하기 때문에" 반드시 자연을 연구하고 자연계의 법칙을 탐구해야 한다고 했다. 프랑스의 데카르트와 독일의 괴테도 베이컨과 유사한 주장을 했다. 데카르트는 생활에 대한 아주 유익한 지식을 얻고 한 가지 실천철학을 구해서 학교에서 강의하는 사변철학을 대체하고 아울러 그러한 실천철학의 도움을 얻을 수 있다면, 마치 수공업자들이 여러 가지 직업을 아는 것과도 같이 불·물·공기·천체 및 주위의 기타 모든 물체의 힘과 작용을 똑똑히 파악할 수 있게 된다고 보았다. 또한 그렇게 되면 적절한 모든 곳에서 이러한 힘과 작용을 이용할 수 있기 때문에 결국 자신을 자연의 주인과 점유자로 만들 수 있다고 생각하였다.[2]

베이컨과 데카르트 그리고 괴테는 모두 영국·프랑스·독일의 근대철학이 형성되는 시기의 대가들이었기 때문에 그들의 주장은 대단히 큰 영향을

---

2) 마르크스, 『資本論』 제1권, 428쪽 참조.

미쳤다. 그 결과로 힘을 숭상하고 지식을 추구하는 고대 그리스·로마문명의 전통을 다시 일으켰을 뿐만 아니라, 또한 그것을 자연정복 관념과 결합시킴으로써 힘을 숭배하고 과학기술을 힘써 추구하는 새로운 국면을 형성하여 서양 과학기술과 공업의 발전에 거대한 추진 역할을 했다. 그런데 베이컨과 데카르트의 사상에도 편파성이 아주 뚜렷하게 드러난다.

첫째, 그들은 모두 자연을 정복하고 이기는 것에 있어서의 정신과 사유의 역할을 지나치게 과장했다. 마르크스는 "데카르트는 베이컨과 마찬가지로 생산형식의 변화와 자연에 대한 인간의 실제적인 통치를 사유방법이 개변된 결과로 보았다"라고 지적했다.[3] 이러한 경향성은 또한 독일 철학자인 피히테에게서도 주관유심주의 세계관이라는 형식으로 표현되었다. 피히테는 인간과 자연의 대립을 '자아自我'와 '비아非我'의 대립으로 추상한 뒤, '자아'는 다른 그 어떤 것에도 의지하지 않고 물질과 자연의 산물이 아니며 '비아'는 물질이고 자연이며 '자아'로부터 이루어진 것인데, '비아'가 일단 이루어지면 '자아'를 제한하고 저애한다고 주장하였다. 이에 근거하여 피히테는 인간의 생존 목적은 행동하고 실천하는 것, 즉 능동적인 '자아'로부터 '비아'의 제한과 저애를 극복하는 것이라고 했다. 일본 학자인 기타 레이키치(北昤吉)는 이러한 관점이 "유럽 사람들의 자연관의 강령"이라고 주장했다. 그의 평가가 적절하다고는 할 수 없지만, 피히테의 관점이 인간과 자연의 관계에 대한 서양문화의 편파성을 반영한 것임은 분명하다.

둘째, 그들은 모두 과학기술의 작용을 과대평가하면서 과학기술을 통해 자연을 정복하고 이기기만 하면 인류는 행복한 생활을 누릴 수 있을 것이라 여겼다. 그러나 사실은 그렇지 않다. 자본주의처럼 과학기술을 이용할 경우 자연을 정복한 성과는 인류의 행복을 증진시키는 것이 아니라 오히려 재난을

---

3) 마르크스, 『資本論』 제1권, 428쪽.

불러올 수 있다. 그렇기 때문에 자본주의 물질문명의 발전은 일부 사람들의 반대를 불러오지 않을 수 없었다. 루소, 바이런, 톨스토이 등이 바로 이러한 사조의 대표자들이다. 그들은 산업문명의 발전이 마음의 타락을 초래했다고 원망하면서, 자연으로 돌아가 순박한 생활을 할 것을 호소했다. 루소는 "인간의 마음은 과학기술의 진보와 함께 갈수록 타락되고 있다.…… 사치함, 주색에 빠진 음탕함, 노예근성 등은 다 인간이 마땅히 받아야 할 죄이다. 왜냐하면 인류는 무지하고 무식하여 낙원에서 도망가려고만 했기 때문이다. 사실 그곳이야말로 인류의 영원한 어진 성품이 생겨나는 곳이다"라고 했다. 그는 또 물질문명의 발전은 원래 자유자재했던 인간으로 하여금 "자연계의 지배를 받지 않으면 안 되게 만들었다"고 했다. 왜냐하면 바로 그것이 "헤아릴 수 없는 많은 새로운 요구"를 가져왔기 때문이다.[4]

셋째, 그들은 모두 자연을 정복하고 점유하는 과정에서 일어날 수 있는 자연계의 보복을 소홀히 했다. 이러한 측면을 비판한 사람이 바로 헤겔과 엥겔스이다. 헤겔은 다음과 같이 말했다.

> 자연계에 대한 실천적 태도는 일반적으로 이기적인 욕망에 의해 결정된다. (욕망은) 이익을 위해 자연을 이용하고 벌채하고 소모할 것을 우리에게 요구한다. 한마디로 말하자면 그것을 훼멸시키는 것이다.…… 그러나 인간들은 이러한 방식으로써 자연 자체를 정복할 수 없고, 자연에 있어서의 보편적인 것을 정복할 수 없으며, 또 그것으로 하여금 자기의 목적에 복종하도록 할 수도 없다.[5]

헤겔은 '개념적인 인식활동'의 방식을 취하여 자연을 인식하고 개조하는

---

4) 루소, 『論人類不平等的起源和基礎』(제1판, 北京: 法律出版社, 1958), 125쪽.
5) 헤겔, 『自然哲學』(제1판, 北京: 商務印書館, 1986), 6~7쪽.

통일에 있어서 이러한 편파성을 극복할 것을 강조했다. 엥겔스는 역사적인 경험에 근거하여 "자연계에 대한 우리의 승리에 너무 도취되지 말고" 인류에 대한 자연계의 '보복'을 직시해야 하며 인류의 생산행위와 비교적 멀리 떨어져 있는 '자연적 영향'과 '사회적 영향'을 헤아릴 줄 알아야 한다고 경고하면서 다음과 같이 지적했다.

> 우리는 자연계를 통치함에 있어서 결코 정복자들이 이민족을 통치하듯이 할 수 없고, 결코 자연계의 밖에 있는 사람처럼 할 수 없다. 오히려 우리와 우리들의 살점, 피, 머리가 모두 자연계에 속하고 자연계에 존재하고 있는 것이다.6)

엥겔스의 이러한 비판은 기독교사상에서 발전된 "정신과 물질, 인류와 자연, 영혼과 육체를 대립시키는 터무니없고 반자연적인 관점"을 반박한 것일 뿐만 아니라, 자연을 정복하여 빚어진 여러 가지 문제, 즉 생태환경이 파괴되는 문제를 지적한 것이다. 이러한 지적이 당시 사람들의 높은 관심을 일으키지 못한 점은 참으로 아쉽다.

서양의 근대 사상가들, 특히 유물주의 철학자들은 일찍부터 인간을 자연의 밖에, 자연의 위에 자리매김하는 관점을 인정하지 않았다. 그들은 인간도 자연계의 산물이고 자연계의 일부분임을 굳게 믿었다. 이러한 관념은 생물진화론이 발표됨에 따라 사람들에 의해 공인되었지만, 자연계에 대한 인간의 태도를 바꾸어 놓지는 못했다. 진화론자들은 여전히 인간과 자연의 관계 문제를 양자 간의 대립양상으로 보았는데, 이를테면 헉슬리는 진화론의 명작인 『진화론과 윤리학』을 선전하면서 "자연 상태와 인위적 상태의 대립"

---

6) 엥겔스, 『自然辨證法』(제1판, 北京: 人民出版社, 1971), 158~159쪽.

및 "우주 과정과 원예(園藝) 과정의 대립"을 반복적으로 강조했다. 뿐만 아니라 일부 진화론자들은 생물학의 생존경쟁 및 적자생존 관념을 사회 영역에까지 확장시켜 약육강식의 사회다윈주의를 퍼뜨렸는데, 그 근원을 따져 보면 일방적으로 투쟁만 표방한 진화론의 결과임이 명백하다.

마르크스와 엥겔스는 인간과 자연이 대립적인 일면도 있지만 잘 어울리는 측면도 존재하고 있다는 점을 서양사상사에서 가장 먼저 인식한 이들이다. 그들 또한 자연에 대한 정복을 주장했지만, 마르크스에 의하면 이러한 정복은 자연계로 하여금 "인간의 정신적인 무기계(無機界)"와 "인간의 무기적인 신체" 로 되게 하는 것이기에[7] 인간의 본질 즉 생명표현의 대상으로 변하게 하는 것을 의미하고, 더 높은 단계에서 자연계와 인간의 통일을 의미한다. 이러한 통일은 "인간과 자연계의 본질적 통일을 완성한 것으로, 자연계의 진정한 부활이다. 그러므로 인간이 실현한 자연주의라 할 수 있고 또한 자연계가 실현한 인도주의라 할 수 있다."[8] 그러나 이 또한 한 계급의 사상만을 대표한 것에 불과하다. 서양인들이 자연을 정복하고 이기고자 하는 전통사상 의 치우침을 반성하기 시작한 것은 최근 몇 십 년 사이의 일이다. 토플러는 최근 몇 십 년간의 서양사상의 큰 변동을 언급할 때 자연형상에 대한 인간의 인식변화를 첫 번째로 지목하면서 다음과 같이 말했다.

자연형상에 대한 우리들의 인식이 변화된 것은 낡은 관념의 붕괴를 가장 잘 설명하고 있다. 지난 10년간, 지구의 생물권에 근본적이고도 잠재적인 위험과 변화가 발생했기 때문에 세계적 범위에서 환경보호운동이 일어났 다. 이 운동은 오염을 방지하고, 합성식품 제조를 반대하고, 원자로와 고속도 로 및 머리미용 에어졸을 반대하는 운동만이 아니다. 이 운동이 이루어

---

7) 마르크스, 「1844年經濟學手稿」, 『馬克思恩格斯全集』 제42권, 95쪽.
8) 마르크스, 「1844年經濟學手稿」, 『馬克思恩格斯全集』 제42권, 122쪽.

낸 업적은 참으로 많다. 그것은 우리로 하여금 자연계에 대한 인류의 의지依支 문제를 다시 생각하지 않으면 안 되게끔 하였다. 결과적으로 인간과 자연이 참혹한 쟁탈관계 속에 있다는 것을 믿게끔 한 것이 아니라, 오히려 인간과 자연이 함께 화목하게 지냄으로써 그동안 대항관계를 이루어 오던 상태를 바꿀 수 있다는 새로운 관점을 낳게 했다.[9]

1920년대 중·서 문화비교에 종사한 학자들은 인간과 자연의 대립과 투쟁을 상대적으로 더 강조하는 서양문화의 특징에 대해서는 명확하게 인식했지만 이러한 측면에 대한 중국문화의 특징은 정확하게 이해하지 못했다. 그 당시의 많은 학자들은 중국을 비롯한 동양의 문화가 이 부분에 있어서 서양과 정반대의 특징을 지닌다고 보았다. 이대조李大釗는 서양문화는 "인간이 자연을 정복하는 것"이고 동양문화는 "자연이 인간을 지배하는 것"이라고 했고, 일본 학자인 기타 레이키치(北昤吉)도 "서양문화는 정신의 자유를 얻기 위해 우선 온갖 힘을 다해 자연을 이용하고 자연을 정복하지만" 동양의 여러 민족들은 "자연을 제압하고 자연을 정복하려는 것이 아니라 자연과 융합하고 자연과 놀며 즐기려 한다"[10]라고 했다. 인도의 타고르 또한 서양문화는 자연을 정복할 것을 주장하지만 인도문화는 자아확대 즉 사상 감각의 범위를 확장시켜 자연과 일치시킬 것을 주장한다고 했다. 그러나 이러한 견해들은 사실 전면적인 고찰이 못 된다.

인간과 자연의 관계 문제에 대한 중국 고대 사상가들의 관점은 대체로 세 가지 유형으로 구분된다. 그 중 노장老莊을 대표로 하는 '자연복종설'과 순자를 대표로 하는 '자연정복설'은 후대에 일정한 영향을 주기는 했지만 주도적인 위치를 차지하지는 못했고, 주도적 위치에 있었던 것은 바로 『주역

---

9) 토플러, 『第三次浪潮』(제1판, 北京: 三聯書店, 1984), 383쪽.
10) 李大釗, 「東西文明根本之異点」, 『言治季刊』 1918년 제7기.

대전』을 대표로 하는 '천인협조설'이다.

『주역대전』은 본체론에서 '태극음양설'이라고 할 수 있는 소박한 유물주의의 관점을 취한다. 이 학설에 따르면 태극은 천지의 근원이고 천지는 만물의 근원이다. "천지가 있은 이후에 만물이 있고, 만물이 있은 이후에 남녀가 있으며, 남녀가 있은 이후에 부부가 있다."[11] 이로써 인류는 자연계의 산물이 되고 자연계의 일부분이 된다. 『주역대전』은 또 인류는 자연계의 산물이지만 천天과 인人은 성질과 기능에서 서로 다르다고 보았다. 『계사전』에서는 "천지의 도는 인仁이란 형태로 나타나서, 작용에 있어서는 드러나지 않는 곳에 전개되어 만물의 생동을 고무한다. 그렇지만 성인聖人이 중생을 대하는 것처럼 걱정을 하지는 않는다. 그 성대한 덕과 큰 사업이 참으로 지극하구나!"라고 하였다. 천지의 본성은 '생生'에 있기에 이것을 "인仁이란 형태로 나타난다"(顯諸仁)라고 하였고, 천지는 만물을 생성하는 내재적 기능을 갖고 있으므로 이것을 "작용에 있어서는 드러나지 않는 곳에 전개된다"(藏諸用)라고 하였다. 천지는 만물을 생성함에 있어서 목적이 없고 무의식적이어서 좋은 것과 나쁜 것이 섞여 있고 또한 착한 것과 악한 것을 함께 기르므로, 성인과 더불어 근심을 함께하지 않는 것이다. 『계사전』에서는 또 "천지가 자리를 잡고 성인이 이를 이룬다"라고 했는데, 성인은 천지 사이에 자리 잡고 있기 때문에 중요한 기능을 가지고 있다. 『주역대전』은 성인의 이러한 기능에 대하여 여러 가지로 설명하였다.

첫째, 성인은 「단전彖傳」에서 말하듯이 "천지의 도를 마름질하여 이루며(財成), 천지의 마땅함을 도우며(輔相), 이것으로써 백성을 돌보는(左右民)" 자이다. 정현鄭玄은 "재裁는 마름질함(節)이고 보상輔相과 좌우左右는 도움(助)이다"라고 주석하였고, 공영달孔穎達은 "천지의 도道를 사시四時라고 하니, 겨울에 춥고(冬

---

11) 『周易』, 「序卦傳」, "有天地, 然後有萬物, 有萬物, 然後有男女; 有男女, 然後有夫婦."

寒) 여름에 덥고(夏暑) 봄에 생겨나고(春生) 가을에 시들어 떨어지는(凋落) 원리이다"라고 해석했다. 주희朱熹는 "지나치지 않도록 조처하고 모자라지 않도록 도와줌"(財成以制其過, 輔相以補其不及)이라고 했는데, 여기서 말하는 '재성財成'과 '보상輔相'은 모두 자연에 대한 적절한 조절을 가리킨다.

둘째, 성인은 「계사전繫辭傳」에서 말하듯이 "천지의 변화를 본받아 허물을 저지르지 않고 만물을 곡진하게 이루어 남김이 없는" 자이다. 주희는 "천지의 변화가 무궁한데 성인은 이를 범위範圍로 삼아 중도中道에서 지나치지 않도록 하니, 이것을 재성裁成이라 한다"라고 했다. 다시 말하자면 성인은 자연의 변화를 절제하고 조절하여 만물을 완성시켜 가는 자이다. 여기에서 말하는 '범위範圍'란 절제하고 조절한다는 뜻이다.

셋째, 성인은 「문언전文言傳」에서 말하듯이 "하늘보다 앞서도 하늘의 이치와 어긋나지 않고, 하늘보다 뒤서게 되면 하늘의 때를 잘 받드는" 자이다. 『문언전』에서는 "대인大人은 천지와 더불어 그 덕을 합하고, 일월과 더불어 그 밝음을 합하며, 사시四時와 함께 그 차서次序를 합하고, 귀신과 함께 그 길흉을 합한다. 하늘보다 앞서도 하늘의 이치와 어긋나지 않고, 하늘보다 뒤서게 되면 하늘의 때를 잘 받든다. 하늘도 어기지 않는데 하물며 사람이겠는가?"라고 했다. 공영달은 장莊씨의 말을 인용하여 다음과 같이 말했다.

"천지와 더불어 그 덕을 합한다"는 것은 하늘이 덮어 주고 땅이 실어 주는 것처럼 성인이 세상을 포용함을 의미한다. "일월과 더불어 그 밝음을 합한다"는 것은 해와 달이 위에서 비치는 것처럼 성인의 통치가 민중들에게 펼쳐짐을 의미한다. "사시四時와 함께 그 차서次序를 합한다"는 것은 봄에 생겨나고 가을에 소멸하는 자연의 질서처럼 상賞은 봄·여름에 시행하고 형벌은 가을·겨울에 행한다는 의미이다. "귀신과 함께 그 길흉을 합한다"는 것은 착한 사람에게 복을 주고 나쁜 자에게는 화를 내리며 그 죄를 밝히는 것을 의미한다. "하늘보다 앞서도 하늘의 이치와 어긋나지 않는다"는 것은 천시天時에 앞서서 행하여도 하늘이 이치가 이를 어기지 않는다는 뜻으로, 하늘의 뜻이 대인(성인)의 뜻과 합치한다는 의미이다. "하늘보다 뒤서게 되면 하늘의 때를 잘 받든다"는 것은 천시天時보다 뒤에 행하게 되면 대인이 하늘의 뜻을 어기지 않기에 대인의 뜻이 성인의 뜻과 합치된다는 것을 의미한다.

'선천先天'이란 자연의 변화에 앞서서 자연을 인도함이고, '후천後天'이란 자연의 변화에 뒤따른다는 의미이다. "하늘보다 앞서도 하늘의 이치와 어긋나지 않고 하늘보다 뒤서게 되면 하늘의 때를 잘 받든다"는 것은 하늘과 인간이 서로 협조하여 함께 간다는 의미이다.

결론적으로 말하자면, 성인 또한 반드시 자연의 변화 법칙을 따라야만 하지만 임금과 성인과 대인은 하늘과 땅 사이에서 자연을 조절하고 인도하는 기능을 갖고 있다. 즉 『주역대전』은 인간이 자연에 대해 따르고 맡기기도 하지만 동시에 자연을 변화시키기도 한다는 사실을 강조한다. 인간은 한편으로는 자연법칙에 따라야 하며, 다른 한편으로는 자신의 능동성을 발휘해야 하는 두 측면이 있다는 것이다. 『주역대전』에서는 오직 임금과 성인과 대인만이 마름질하여 이루고(裁成) 마땅함을 돕는(輔相) 기능을 가지고 있다고 보았다. 이러한 천인상조설天人相助說은 역사유심주의의 낙인을 받기 십상이지만, 전면적이고 변증적인 관념이라 할 수 있다.

『주역대전』의 '천인상조설'과 비슷한 관점으로는 성인이 하늘과 땅과 함께 더불어 참여한다는 『중용中庸』의 '여천지참與天地參'의 이론과, 육친六親을 육친애로써 사랑하고 나아가 백성들에게 인자함을 베풀어야 하며 더 나아가서 만물을 사랑해야 한다는 맹자의 '친친인민애물親親仁民愛物'의 주장이 있다. 『중용』에서는 이렇게 말하고 있다.

오직 천하의 지극한 성誠이라야 능히 타고난 본성을 다할 수 있고, 그 천성을 다할 수 있으면 능히 사람의 본성도 다할 수 있다. 사람의 본성을 다할 수 있으면 하늘과 땅의 조화造化로 모든 것을 육성하는 것을 도울 수 있고, 하늘과 땅의 조화로 모든 것을 도울 수 있으면 하늘과 땅과 함께 더불어 참여할 수 있다.[12]

바꿔 말하자면, 성인은 자신의 본성을 극진히 할 수 있는 자이기에 천지만물의 본성을 이해할 수 있고 천지를 도와 만물을 화육化育할 수 있으며 하늘과 땅과 더불어 셋으로 될 수 있는 것이다. 물론 『중용』의 이런 관점은 주로 성인의 도덕수양으로부터 그 이론을 전개해 간 것이기에 『주역대전』과는 뚜렷이 구별된다. 그렇지만 자연계에서의 성인의 위치와 작용에 대한 관점은 『주역대전』과 마찬가지이다. "하늘과 땅의 조화로 모든 것을 돕는다"는 것은 바로 조절하고 인도한다는 의미이다.

맹자는 다음과 같이 말했다.

군자는 만물에 대하여 사랑을 베풀지만 인자仁慈하게 대하지는 않고, 백성에게 대해 인자를 베풀지만 육친애로써 대하지는 않는다. 군자는 육친에 대해서는 육친애로, 백성은 인자함으로, 만물은 사랑으로 대한다.[13]

여기에는 두 가지 뜻이 함축되어 있다. 윤리적인 의미에서 보자면 이는 넓은 사랑(泛愛)을 주장하되 등급 간의 차이가 있어야 함을 말한 것이다. 그 등급 간의 차이는 혈연관계의 멀고 가까움에 기준하여 규정된 것이지만,

---

12) 『中庸』, "唯天下至誠, 爲能盡其性, 能盡其性, 則能盡人之性. 能盡人之性, 則能盡物之性, 能盡物之性, 則可以贊大地之化育, 可以贊天地之化育, 則可以與天地參矣."
13) 『孟子』, 「盡心上」, "君子之于物也, 愛之而弗仁; 於民也, 仁之而弗親. 親親而仁民, 仁民而愛物."

이 속에는 '만물은 일체'라는 '민포물여民胞物與'의 의식이 함축되어 있다. 이러한 의식은 그 뒤 장재張載, 왕수인王守仁 등에 의해 크게 발전되었다. 한편 인간과 자연 관계의 의미에서 말하자면, 이것은 자연자원을 아끼고 생태환경을 보호할 것을 주장하는 것과도 일맥상통한다. 맹자는 제齊나라 우산牛山의 식생植生이 파괴된 모습을 목격하고 생태환경을 보호해야 한다고 주장하였다. 그는 다음과 같이 말했다.

> 농사철을 어기지 않고 농사를 짓게 하면 곡식이 다 먹을 수 없을 만큼 많아질 것이며, 섬세한 그물을 이용하여 연못의 작은 물고기마저 모두 잡는 일을 막으면 물고기와 자라가 다 먹을 수 없을 만큼 많아질 것이며, 적당한 때에 산림 속에 들어가 도끼로 나무를 찍게 하고 산림을 키우면 재목이 다 쓸 수 없을 만큼 많아질 것이다.[14]

『주역대전』의 이와 같은 천인조화 사상은 한漢나라와 송宋나라 이후로 '천인합일天人合一'이라는 관념에 수용되어 더 발전되었다. 천인합일 사상은 단지 인간과 자연의 관계에 대한 학설이 아니라 인생의 이상, 가장 높은 인간의 깨달음에 관한 학설로서 주周나라 시기에 발원되어 맹자의 '성천상통性天相通'의 관념과 동중서董仲舒의 '인부천수설人副天數說'을 거쳐 송대의 장재, 정호, 정이에 이르러 성숙되었다. '천인합일'의 기본 사상에는 네 가지 방면의 요소가 포함되어 있다.

첫째, 인간은 자연계의 일부분으로서 자연 계통에서 필수불가결한 요소의 하나이다. 중국 고대 사상가들 대부분이 모두 인간은 자연계의 산물이고 또한 자연계에 있어서 특히 우수한 집단임을 인정한다. 인간은 지각知覺이

---

14) 『孟子』,「梁惠王上」, "不違農時, 谷不可勝食也; 數罟不入洿池, 魚鱉不可勝食也; 斧斤以時入山林, 材木不可勝用也."

있고 도덕이 있으며 자기의 지혜와 집단의 힘으로 자연을 개조하고 이용할 수 있기 때문이다. 이에 기초하여 많은 사상가들은 '천지만물일체설天地萬物一體說'을 주장하였다. 즉 천지만물과 인간은 유기적인 총체를 형성하는데, 인간은 이 계통에서 필수불가결의 주도적 요소의 하나라는 것이다. 한대의 동중서는 다음과 같이 말했다.

하늘과 땅과 사람은 만물의 근본이다. 하늘은 낳아 주고 땅은 키워 주며 사람은 성숙시킨다. 하늘은 효제孝悌로써 낳고, 땅은 의식衣食으로써 키우며, 사람은 예악禮樂으로써 성숙시킨다. 이 세 가지는 서로 손발이 되어 하나의 몸을 이루니, 그 중 어느 한 가지도 없어서는 안 된다.[15]

사람은 아래로는 만물을 자라게 하고 위로는 하늘과 땅의 화육化育에 참여한 다. 그러므로 혼란함을 다스리고 동정動靜·순역順逆의 기운을 주관하며 음양의 변화를 증감增減시켜 온 세상을 움직인다.[16]

인간은 천지와 더불어 만물의 근본이 되며 천지와 합하여 서로 떼어놓을 수 없는 총체를 이루기에, 인간의 활동은 자연의 변화에 영향을 미친다. 왕부王符는 다음과 같이 말했다.

하늘은 양陽에 근본을 두고, 땅은 음陰에 근본을 두며, 사람은 중화中和에 근본을 둔다. 천天·지地·인人은 하는 일이 각각 다르지만 서로를 필요로 하기에, 각자 자신의 이치에 따라야 중화中和의 기운을 이룰 수 있고 기형機衡 으로 살펴 일월오성日月五星인 칠정七政을 고르게 할 수 있다.…… 사람이

---

15) 『春秋繁露』, 「立元神」, "天地人, 萬物之本也. 天生之, 地養之, 人成之. 天生之以孝悌, 地養之 以衣食, 人成之以禮樂. 三者相爲手足, 合以成體, 不可一無也."
16) 『春秋繁露』, 「天地陰陽」, "人下長萬物, 上參天地. 故其治亂之故, 動靜順逆之氣, 乃損益陰陽之 化, 而搖盪四海之內."

행하여 천지를 움직이는 것은 마치 사마駟馬의 수레를 모는 것과 같고 돛단배를 부리는 것과도 같다. 잘 가느냐 뒤집히느냐 하는 것은 오직 내가 어떻게 하느냐에 달려 있다.[17]

사람은 만물을 통솔하고 관리하기 때문에 자신의 행동을 통해 천지를 감동시킬 수 있고 마치 수레를 모는 마부나 배를 부리는 뱃사공과도 같이 자연 계통의 변화 방향을 결정할 수 있다. 장재는 만물이 모두 동일한 기氣의 변화로 인해 이루어지기 때문에 사람과 사물의 본성은 본래 둘이 아니고 아我와 물物, 안과 밖도 원래 간격이 없는데 다만 사람들이 소아小我를 아我로 여기는 습관이 있어서 외물外物을 밖으로 여기게 되는 것이라고 하면서, 인생의 최고 원칙은 모든 사람을 평등하게 사랑하고 만물을 제대로 보살피는 것이라고 했다. 그리하여 그는 유명한 『서명西銘』이라는 저작에서 하늘을 아버지로, 땅을 어머니로 비유한 뒤 인간과 인간의 관계를 동포형제(民吾同胞)로, 인간과 사물의 관계를 같은 부류(物吾與也)로 여겼다. 장재의 이러한 사상은 본질적으로 말하자면 인간을 자연 계통의 한 요소로 보는 것이다. 한편 정호程顥는 우주의 근본 원칙을 생성(生)으로 여겼다. 그는 우주를 생성하고 또 생성하는 큰 흐름으로 이해하였고, 인간과 만물이 모두 이러한 큰 흐름 속에서 서로 통하여 일체를 이룬다고 생각했다.

둘째, 자연계에는 보편적인 규율이 있고 인간도 이 보편적 규율에 복종한다. 장재는 다음과 같이 말했다.

음양의 기운은 순환하여 교대로 오게 되니, 모이고 흩어지면서 서로 뒤끓고, 오르고 내리면서 서로를 필요로 하며, 화합하면서 서로 뒤섞인다. 또한

---

17) 『潛夫論』, 「本訓」, "天本諸陽, 地本諸陰, 人本中和. 三才異務, 相待而成, 各循其道, 和氣乃臻, 機衡乃平. 人行之動天地, 譬猶車上馭駟馬, 篷中擢舟船矣. 雖爲覆載, 然亦在我所之可."

음양의 기운은 서로 아우르고 서로 억제하여 한덩어리로 만들려고 해도 불가능하다. 이처럼 음과 양의 굽히고 펴는 작용에 장소가 없으며 운행하여 쉬지 않는 것이 어느 누가 시켜서 되는 것이 아니니, 이것을 성명性命의 이치라 말하지 않으면 과연 무엇이라고 하겠는가?[18]

한 물건으로서 두 몸체를 가진 것은 태극을 말하는 것인가? 음양은 천도天道로서 형상(象)을 이루는 것이고, 강유는 지도地道로서 법을 본받는 것이며, 인의仁義는 인도人道로서 본성을 세우는 것이다. (천·지·인) 삼재三才를 둘로 하면 건乾과 곤坤의 도가 된다.[19]

여기에서 말한 "한 물건으로서 두 몸체를 가진 것"(一物兩體)이란 대립통일의 법칙을 표현하는 장재의 독특한 용어이다. 위의 말들은 음양이 상호 작용하고 상호 발전해 가는 대립통일의 법칙이 자연계와 인류의 보편적 법칙이라는 뜻이다.

셋째, 인간의 본성이 곧 천도이기 때문에 도덕원칙과 자연법칙이 일치한다. 장재는 "본성과 천도라고 말하는 것은 역易일 따름이다"[20]라고 했다. 본성과 천도는 같은 내용인 변역變易을 가졌다. 정이程頤는 "도道에 처음부터 천天과 인人의 구별이 있었던 것은 아니다. 다만 '천'의 입장에서는 천도天道라고 하고, 땅의 입장에서는 지도地道라고 하고, '인'의 입장에서는 인도人道라고 할 따름이다"[21]라고 했다. 여기서 말하는 '도道'란, 이치 즉 '인의예지仁義禮智'의 도덕원칙을 가리킨다. 주희는 이러한 사상을 발휘하여 천지에 있어서 도는

---

18) 『正蒙』, 「參兩」, "若陰陽氣, 則循環迭至, 聚散相盪, 升降相求, 絪縕相揉. 蓋相兼相制, 欲一之 而不能. 此其所以屈伸無方, 運行不息, 莫或使之, 不曰性命之理, 謂之何哉?"
19) 『正蒙』, 「大易」, "一物而兩體, 其太極之謂與! 陰陽天道, 象之成也; 剛柔地道, 法之效也; 仁義 人道, 性之立也. 三才兩之, 莫不有乾坤之道."
20) 『正蒙』, 「太和」, "性與天道云者, 易而已矣."
21) 『程氏遺書』, 권22上, "道未始有天人之別. 但在天則爲天道, 在地則爲地道, 在人則爲人道."

92

'원元 · 형亨 · 이利 · 정貞'의 '사덕四德' 즉 동 · 식물이 태어나고 발전하는 규율이며 사람에게 있어서 도는 '인의예지'라고 했다.

넷째, 삶의 이상은 천인天人이 조화롭게 되는 것이다. 『주역대전』은 주로 인류가 능동적인 작용을 발휘하여 자연을 조절하고 인도하는 것으로 이론을 전개하면서 천인의 조화로운 관계에 대해 설명하였다. 송대의 철학자들이 이러한 관점을 수용했는데, 장재는 다음과 같이 말했다.

> '천지가 어질지 않아 만물을 추구芻狗로 여긴다'라는 노자의 말은 맞다. 그러나 '성인도 어질지 않아 백성을 추구로 여긴다'라는 말은 다르다. 성인에게 어찌 어질지 않음이 있겠는가? 오직 어질지 않을까 걱정할 따름이다. 천지는 다만 만물을 고무할 따름이니, 어짊에 대해 무슨 생각이 있겠는가? 그러나 성인에게는 어짊이 있어서 도道를 널리 펼 수 있는 것이다.[22]

> 하늘의 능력은 본성(性)이 되고, 사람의 꾀는 능력(能)이 된다. 따라서 덕 있는 사람은 본성을 다함에 있어서 하늘의 능력을 능력으로 삼지 않고 사람의 꾀를 능력으로 삼는다. 그러므로 "하늘과 땅은 자리를 만들고, 성인은 능력을 이룬다"라고 한 것이다.[23]

이것은 곧 인간이 천성을 다해야 할 뿐만 아니라 반드시 자신의 능력을 다해 자연의 부족함을 메워야 한다는 의미이다. 하지만 송대 철학자들이 '천인조화天人調和'라는 삶의 이상을 논증하려 했던 측면은 본체론과 도덕수양의 관점에서였다. 장재와 정이는 모두 인간과 천지만물은 본래 하나인데

---

22) 『橫渠易說』, 「繫辭上」, "老子言天地不仁, 以萬物爲芻狗, 此是也. 聖人不仁, 以百姓爲芻狗, 此則異也. 聖人豈有不仁? 所患者不仁也. 天地則何意於仁? 鼓萬物而已. 聖人則仁耳, 此其爲能弘道也."

23) 『正蒙』, 「誠明」, "天能爲性, 人謀爲能. 大人盡性, 不以天能爲能, 而以人謀爲能. 故曰天地設位, 聖人成能."

사람들이 사욕에 유혹되어 흔히 소아小我만을 나라고 하고 세상 모든 것이 내가 아님이 없음을 알지 못한다고 했다. 이에 근거하여 그들은 도덕수양을 통해 인간과 천지만물이 본래 하나라는 자각에 이를 것을 주장했고, 이러한 인식에 도달해야만 비로소 인간의 깨달음이라 할 수 있다고 생각했다. 장재는 '천인합일'은 성명誠明의 경지로서, '성誠'은 최고의 도덕수양이며 '명明'은 최고의 지혜라고 보았다. '천인합일'을 '성명誠明'으로 간주한 것은 '천인합일'을 최고의 깨달음으로 인정한 것이다. 정호程顥는 '인간과 천지는 한 가지 사물'이라고 강조하면서 이것을 인정하지 않으면 "스스로를 낮추게 되고"(自小) "온 몸이 마비되어 무감각해지는 것"(麻木不仁)과 같다고 주장했다. 다시 말하자면, 천지만물이 모두 '자기 아닌 것이 없음'(莫非己也)을 인정해야만 비로소 자기 자신을 참되게 인식할 수 있다는 것이다. 송대 철학자들의 이러한 논증은 한 측면으로는 『주역대전』의 천인조화설에 본체론적 근거를 보완한 것이고, 다른 한 측면으로는 천인조화설에 신비주의와 공상적인 박애주의 사회의 내용을 첨가한 것이다. 송대 철학자들에 의하면 '천인합일'은 도덕수양과 직감으로 달성할 수 있는 정신적 경지로서 인간과 만물의 일체성뿐만 아니라 인간과 인간의 일체성도 포함한다.

이상의 분석을 통해 우리는 중국 고대의 '천인협조설'과 '천인합일설'이 자연에 대한 인간의 개조, 조절, 통제, 인도의 필요성을 부정하지 않았음을 알 수 있다. 이러한 학설은, 인간은 자연에 있어서 보조적으로 참여하는 지위에 있으므로 자연을 개조해야 할뿐만 아니라 또 자연에 적응해야 한다고 주장한다. 그리고 인류의 목적은 자연을 통치하는 것이 아니라 인간의 요구에 더 부합되도록 자연을 조절하고 개조하는 데 있기 때문에 자연을 파괴하지 않도록 주의해야 하고 자연계의 만물들이 능히 생성하고 발전할 수 있도록 해야 한다고 본다. 바로 이러한 점이 자연을 정복하려는 서양의 학설과 다른 점이다. 한마디로 말하자면, 중국 고대인들은 인간과 자연의 조화를 상대적으로 더 중시했던 것이다. 이러한 점들을 살펴볼 때, 인간과 자연의 관계를 해석하는 중국사상에 대한 '5·4' 시기 중·외 사상가들의 이해는 정확하지 못했다고 할 수 있다.

중국 고대의 천인합일 학설은 대단히 긴 역사적 발전 과정을 거쳤고 그 내용 또한 복잡하다. 그런데 그 속에는 정확한 관점이 있는가 하면 또 잘못된 관점도 있고 더욱이 심각한 결점도 있기 때문에 대충 어림잡아 긍정하거나 부정해서는 안 된다. 중국 사상가들은 인간이 자연계의 일부분이고 자연 계통의 중요한 요소임을 인정하면서, 인간의 활동은 자연 계통의 변화 발전에 중요한 역할을 하기 때문에 인류의 소망에 부합되도록 자연을 조절하되 파괴하지 말며, 인류와 자연이 서로 협조할 수 있도록 노력할 것을 주장했다. 중국의 고대 사상가들은, 인류는 자연의 보편적 규율을 따라야 하고 인류의 필요에 따라 발전될 수 있도록 보조자의 입장에서 자연을 인도해야 하며, 아울러 "천지의 변화를 본받아 잘못을 저지르지 않고 만물이 곡진하게 이루어지도록" 즉 만물이 두루 잘 성장하고 발전할 수 있도록 도와주어야 한다고 주장했다. 그들은 또한 인간과 자연계의 통일을 인정하는 것을 인간의 자각으로 보았다. 이러한 관점은 오늘에 있어서도 정확하고 대단히 큰 가치가 있다.

그런데 천인합일설에는 잘못과 심각한 결점이 있다. 그것을 개괄해 보면 다음과 같다.

첫째, 인간과 자연의 통일을 건립하고 유지하며 발전시키는 데 중요한 계기가 되는 물질생산을 소홀히 했다는 점이다. 『주역대전』의 천인조화설은 원래 농업생산의 경험에서 생겨난 것이다. 천지의 도를 '마름질하여 이룬다'(裁成)는 말의 본뜻은 추위와 더위를 조절한다는 의미이고, '천지의 마땅함을 돕는다'(輔相)는 말은 땅의 성질에 따라 적합한 작물을 재배하여 인간의 노력으로 땅의 마땅함을 돕는다는 의미이다. 이런 것들은 원래 농업노동자들의 기능인데,『주역대전』은 역사유물주의의 편견에 빠져 그것을 임금, 대인, 성인들의 기능으로 간주하였기 때문에 사람들의 주의력을 물질생산이라는 핵심 요소로부터 멀어지게 하였다. 동중서와 같은 한대의 사상가는 대단히 신비스러운 '천인감응天人感應'을 천인조화의 중개로 삼았고, 송대의 철학자들은 도덕수양과 직감을 통해 '천인합일'의 경지에 도달할 것을 주장하여 사람들의 방향을 흐리게 하였다. 이러한 결점으로 인해 중국의 재성裁成과 보상輔相의 이론은 서양의 경우처럼 과학기술에 대한 사람들의 열정을 불러일으키지 못했다. 사상과 학설의 이러한 결점은 또한 일정한 시기 과학기술의 발전에도 필연적으로 영향을 미쳤다.

둘째, 송대의 철학자들은 인간과 천지만물이 일체라는 방식으로 인간과 자연계의 통일을 주장했는데, 이는 인간과 자연의 통일을 과장되게 말한 것이고 인간과 자연의 분립과 투쟁을 무시한 것이다. '체體'의 본래 의미는 '신체身體'이다. 한대의 유학자들이 "천·지·인이 합하여 체를 이룬다"라고 말한 것은 인간을 자연 계통의 불가결의 중요한 요소로 본 것이지만, 송대의 유학자들이 주장한 인간과 천지만물의 일체론은 '아我'와 천지만물을 모두 우주 총체의 일부분으로 본 것이다. 그러므로 송대 유학자들은 인간과 자연계의 분립과 대립을 무시한 채 도덕상·정신상의 '천인합일'을 추구하도록 사람들을 인도함으로써 자연계에 대한 개조와 투쟁을 홀시하게 되었던 것이다.

셋째, 도덕원칙과 자연원칙의 일치를 주장하고 자연원칙으로부터 도덕원칙을 이끌어내려 했다. 이는 이론적으로 이루어질 수 없는 것이지만, 실천에 있어서는 봉건적 도덕을 절대화·영구화함으로써 그 당시 통치적 지위에 있던 도덕원칙을 불변의 진리로 추켜세우게 되었다.

넷째, 자연계와 인류의 공통된 규율을 지나치게 강조하였기 때문에 자연계
와 인류의 역사에는 각각 특수한 규율이 있다는 점을 홀시했거나 어느
정도 무시해 버렸다.

2. 가족 본위와 개인 본위

중·서 문화의 기본 차이는 가족 문제에 있어서도 드러난다. 즉 중국문화는
가족을 본위로 하기 때문에 개인의 직책과 의무를 마음에 두고 조심하는
데 비해, 서양문화는 개인을 본위로 하기 때문에 개인의 자유와 권리에
치중한다. 일찍이 '5·4' 시기부터 사람들은 이러한 중·서 문화의 차이에
대해 주목했지만, 그 차이의 형성 문제에 관한 견해는 서로 달랐다. 어떤
사람들은 이러한 차이가 예로부터 그러했고 지리환경과 종족이 다른 것이
그 원인이라고 했다. 이대조李大釗가 대표적인 사례이다. 그의 글을 살펴보기
로 하자.

> 남도南道는 자연이 풍부하고 소산이 많아 거기에 사는 민족들은 농업을
> 위주로 생계를 유지하고 고정적인 거처를 가지고 있다. 반면에 북도北道는
> 자연의 혜택이 적기에 거기에 사는 민족들은 이동하고 떠돌아다니지 않을
> 수 없었으며 공상工商 위주로 생계를 유지하고 고정적인 거처를 두지 않았다.
> 한 곳에 고정적으로 거처하는 경우에는 가족이 불어나게 되고 떠돌아다니
> 는 경우에는 가족이 단출해진다. 가족이 늘어나니 가족주의를 존숭하고,
> 가족이 단출하기에 개인주의를 좋아한다.[24]

---

24) 李大釗, 「東西文明根本之異点」, 『言治季刊』 1918년 제7기.

진독수陳獨秀도 다음과 같이 말했다.

각지의 풍토가 다르기에 사상 또한 가지각색이다. 세계에는 민족이 많다.
인종으로 말하자면 대체로 황인종과 백인종이 있고, 지리로 말하자면 동양
과 서양이 있다. 동·서양 민족이 다르고 근본사상도 각각 체계를 이룬다.
그것은 마치 남·북을 병렬시킬 수 없고 물과 불이 병존할 수 없는 것과도
같다. 크게 보자면…… 서양 민족은 개인을 본위로 하고 동양 민족은 가족을
본위로 한다.[25]

반면 어떤 사람들은 개인본위주의는 순전히 근대적 산물이지만 가족본위
주의는 봉건시대의 소산이라고 보았다. 왕윤생王潤生과 왕뢰王磊가 바로 그러
한 관점을 지녔다.

개인본위주의는 사회본위주의에 대한 부정이고 르네상스운동시기부터
나타난 사조이며, 그 본질은 자아의식의 각성이다. 원시사회의 사람들은
자아의식이 부족했고, 노예사회와 봉건사회의 사람들은 자아의식이 생겼
으나 사회본위주의에 의해 억제되었다. 그렇기 때문에 인류의 자아의식은
자본주의사회에 이르러서야 비로소 참으로 각성되기 시작했다.[26]

여기에는 두 가지 서로 다른 전통에 대한 현실적 태도가 포함되어 있다.
즉 가족본위주의가 시대에 완전히 뒤떨어진 역사적 유물이고 현대화와
어울리지 않는 것이라고 한다면 마땅히 포기해 버려야 할 것이며, 만약
개인본위주의가 현대화의 불가결의 요소라면 그 폐단이 아무리 클지라도
마땅히 수용해야만 된다는 것이다.

---

25) 陳獨秀, 「東西民族根本思想之差異」, 『新靑年』 제1권 제4호.
26) 王潤生·王磊, 『中國倫理生活的大趨勢』(제1판, 貴州: 人民出版社, 1986), 89쪽.

중국의 고대 가족본위주의는 대단히 깊은 봉건적 흔적을 지니고 있고, 서양의 근대 개인주의는 자본주의 시대의 내용을 뚜렷하게 담고 있는 것이 사실이다. 그러나 이것은 문제의 한 측면에 불과하다. 중·서 문화의 이러한 차이는 물론 시대적인 것이지만 또한 민족적인 것이기도 하다. 왜냐하면 이 차이에는 역사적인 근원이 있기 때문이다. 중국의 가족본위주의는 변질된 가장제 가족공사(家長制家庭公社)에서 근원하고, 서양의 개인본위주의는 재산의 개인 소유를 바탕으로 한 개체 가정에서 근원한다. 이러한 개체 가정은 비록 근대에 이르러서야 충분히 발전되었지만 일찍이 중세기에 이미 가장제 가족공사를 대체했던 것이다.

모건과 엥겔스의 연구에 따르면, 인류의 가족은 혈연血緣 가족, 푸날루아 가족(punaluan family), 대우對偶 가족, 일부일처제 가족이라는 네 가지 발전 단계를 거쳤다. 코발레프스키(Kovalevsky)는 더 나아가 모권제 가족과 근·현대 개체 가족 사이에 가장제 가족공사라는 중간적 과도단계가 있었다고 지적하였다. 가장제 가족공사와 개체 가족의 차이는 다음과 같은 점에서 드러난다. 첫째, 가장제 가족공사는 몇 세대를 포함한, 즉 여러 개의 개체 가족을 포함한 대가족인 데 반해 개체 가정은 일부일처와 미성년 자녀들만 포함된다. 둘째, 가장제 가족공사는 토지를 공동점유하고 함께 경작하며 먹고 쓰는 것도 모두 공동저장에서 부담하고 잉여생산품도 공동으로 점유한다. 이러한 특징을 중국의 옛날 말로 표현하자면, 함께 살고 함께 먹는다는 의미의 '동거공재同居共財'이다. 이에 비해 개체 가족은 재산의 개인 소유를 바탕으로 건립되었다. 이를테면 서양의 근대 가족은 부모와 자식 또는 형제 모두가 각자의 개인 재산을 가지고 있고, 부부라 할지라도 제각기 자기의 개인 재산이 있다.

가장제 가족공사는 원시사회의 부계씨족 단계의 산물로서 최초에는 원시공산제原始共産制의 기층단위로서 존재했다. 가장제 가족공사는 이중성격을 띠고 있는데, 그것은 씨족부락의 공유토지를 공동점유하고 함께 경작하는 기층단위이면서, 또한 가축, 노예 등과 같은 사유재산의 공동소유자이기도 하다. 전체 가족성원들로 구성된 가족회의가 민주적 방식으로 최고의 권력을 잡고 있는 동시에 공사公社는 가장家長의 최고 관리 아래에 있다. 그 밖에도 가족에는 일부 비자유인이 포함되어 있는데, 뒷시대의 개체 가족의 경우처럼 남자들이 성인 여성을 노비로 부리는 것을 특징으로 한다.

서양에서 가장제 가족공사는 계급사회로 진입한 후에도 여전히 존재했다. 이를테면 로마제국에 들어와 통치자가 된 게르만족 사이에서는 가족공사가 몇 세기를 거치면서 농촌공사 또는 마르크공사(March Community)로 진화되었는데, 처음에 토지를 개체 가정에 맡겨 경작하게 했던 것이 시간이 흐르면서 점차 그 토지는 개체 가정에서 영원히 점유하는 재산이 되었다. 그러므로 코발레프스키의 견해에 따르면, 가장제 가족공사는 모권제 가족으로부터 개체 가족에 이르는 중간단계일 뿐만 아니라 공산제의 씨족으로부터 개체 가정이 토지를 영구적으로 점유하는 중간단계이기도 하다.

중국은 계급사회로 진입한 후에도 가장제 가족공사가 여전히 존재했을 뿐만 아니라 노예사회와 봉건사회의 전반에 거쳐 줄곧 존재했으며, 심지어 신 중국이 건립되기 전까지만 하더라도 농촌의 곳곳마다 이러한 현상이 남아 있었다. 중국의 가장제 가족공사와 서양의 가장제 가족공사는 일련의 뚜렷한 차이를 보이고 있는데, 이 점을 특히 주의해야 한다.

우선, 서양의 가족공사는 원시적 순박성을 보다 많이 보존하고 있다. 공사가 비록 한 가장의 최고 관리 밑에 있었으나 가장의 권력이 제한받고 또 선거에 의해 산생되었으며 가족의 최고 권력도 성인남녀 전체로 구성된 가족회의에 집중되었다. 때문에 토지를 공동점유하고 공동경작하는 제도적 성격이 변질되지 않았고, 개인의 자유와 개인의 권리가 억압되거나 박탈되지 않았다. 그러나 중국은 가족공사가 은殷·주周시기부터 가장의 통치 밑에 있었기에 같이 살고 함께 쓰는 동거공재同居共財의 공산제가 심하게 변질되었으며 아울러 개인의 자유도 심각하게 억제되었다.

또 서양의 가정은 일련의 진보적인 변화를 거쳤다. 로마의 가정에는 노예가 포함되었고, 게르만족의 가정에도 최초의 시기에는 소량의 비자유인이 포함되어 있었다. 그러나 이러한 가내노예家內奴隷의 제도는 봉건제가 노예제를 대체하는 역사발전의 과정에서 점차 자취를 감추었다. 그 밖에, 부녀자들에 대한 남자들의 혹독한 태도도 점차 부드러워졌다. 특히 게르만족들이 로마제국의 통치자가 된 이후 남편의 통치가 한결 부드러운 형식을 갖추었기에, 적어도 겉으로는 이 시기 부녀자들은 더욱 존중받고 더 자유로운 지위를 얻게 되었다. 이러한 현상은 고대 시기에는 있어본 적이 없던 것들로서 현대인들의 성性과 사랑이 이루어지고 발전되는 데 중요한 환경을 만들어 주었다. 그러나 중국은 가장제가 봉건사회에서 광범위하게 성행했고 부권父權과 부권夫權이 갈수록 심각하게 강화되었기에 진보적인 변화를 그다지 찾아볼 수 없다.

그 밖에, 서양은 그리스·로마시대부터 줄곧 일부일처제를 실시했기 때문에 고대 그리스와 로마의 남자들은 항상 여종을 두고 있었음에도 일부다처제로 발전되지는 않았다. 그러나 중국은 부유한 사람들과 높은 지위에 있는 사람들의 가정에서는 일부다처제가 지속적으로 성행했다.

총괄해서 말하자면, 서양은 재산을 공유하는 가족공사가 상대적으로 원시적이고 순박한 성격으로 고대와 중세기에 광범하게 존재했지만 중국에 비해 보다 일찍 개인이 재산을 소유하는 개체 가족으로 변해 갔으나, 중국은 이러한 가족공사의 성격이 엄중한 변화를 일으켰으며 근대에 이르기까지 가장제의 형식이 지속되었다. 이것이 고대와 중세기에 있어서 중국과 서양 가정의 주요한 차이점이다.

　서양은 중세 중·후기와 근대에 사유제가 가족 내부에 깊숙이 파고들었기 때문에 부자父子와 형제, 부부에 이르기까지 각자 자신의 사유재산을 가지게 되어 각 구성원들의 독립성에 토대가 마련되었으며, 법률관계와 권리관계도 필연적으로 가족 내부에 들어와 가정성원들 사이의 주요한 관계가 되었다. 부권父權과 부권夫權은 가정을 유지하는 필수요소가 아니었기 때문에 부차적인 지위로 물러나지 않을 수 없었고, 이것은 개인본위주의의 탄생과 발전의 조건을 제공해 주었다. 이러한 경우를 진독수陳獨秀가 대단히 잘 묘사하였다.

　　서양 민족은 법치法治를 중시하였는데, 국정國政에 대해서만 그런 것이 아니라 사회와 가정에서도 그러한 현상이 나타났다.…… 부자와 형제 사이에도 돈을 빌리고 배상을 요구하며, 극히 미세한 것도 반드시 따져서 위반하면 법으로 해결하기를 서슴지 않는다.…… 부부관계는 법률관계이고 권리관계 이지 순수한 사랑의 관계가 아니다. 약혼할 때 각자 재산을 요구하는 것을 탐한다고 하지 않고, 결혼한 뒤 제각기 재산을 보존하는 것을 인색하다고 하지 않는다.…… 서양의 풍속은 자식이 결혼하면 부모와 떨어져 따로 살고 경제적 관계를 끊는다. 나의 가정이라고 하면 반드시 독립적으로 사는 것을 의미한다. 그렇지 않으면 반드시 나의 아버지의 가정이라고 하여 나의 가정과 엄격하게 구분한다. 구분을 엄격하게 하지 않으면 문제가 생겼을 경우 논란의 여지를 남기게 된다. 결국 사회구성원 각자는 서로 기대지 않은 채 제각기 삶을 영위하고 독립적인 생계노동으로 독립적인 인격체가 되며 각자 분수를 지켜서 서로 침범하지 않고 짓밟지 않는다.[27)]

　고대 중국은 몇 세대의 대가족이 함께하며 재산을 공유하는 '동거공재同居共

---

27) 陳獨秀, 「東西民族根本思想之差異」, 『新靑年』 제1권 제4호.

財'의 제도를 실시하였다. 가족구성원마다 경제적으로 독립하지 못하고 반드시 가족의 공동재산으로 살아가야만 했기 때문에, 가족의 운명이 곧 개인의 운명이 되었으며 가족 본위가 되지 않을 수 없었다. 또한 민주적인 관리시스템이 없었기 때문에 부권父權과 부권夫權 및 가족구성원들 간의 관계를 조절하는 일련의 윤리도덕원칙이 반드시 필요했다. 중국의 이런 '동거공재'의 대가족 제도에 대해서도 역시 진독수가 대단히 잘 묘사했다.

동양 민족의 경우에 부부 문제는 항상 자식을 낳는 문제로부터 생긴다. 세 가지 불효 중에서 자식이 없는 것이 가장 크다고 했고, 낡은 법률에 따르면 자식이 없으면 아내를 버릴 수 있었다. 가족을 중시하고 개인을 가볍게 여기기 때문에 가족경제가 마침내는 위기에 빠진다. 첩을 들여 자식을 보는 풍속도 애초에 이로부터 생겨났다. 부모는 자식을 부양하고 자식은 부모를 봉양하는 것을 평생의 의무로 간주하였고, 부모에게 효도하지 않고 친척을 사랑하지 않으면 각박하고 몰인정하다고 여겼다…… 부모는 자식을 기르고 또 다시 그 손자를 키웠다…… 여러 세대가 아무런 문제도 없이 함께 살면 이를 미담으로 여겨서, 예의나 법도로 겉만 꾸며 그 피해가 컸다. 남녀가 무리지어 살기에 그 속에 욕설과 질책이 많았고, 서로 의존하는 것이 버릇이 되어 생산력은 갈수록 떨어졌다. 겉으로는 가족이 화목한 듯 보이나 그 안은 비리투성이였고 생동력이 떨어졌다. 형제간에 재산을 공동으로 관리하여, 서로 부양하지 않으면 세상의 비판을 받았다. 그렇기 때문에 처자들의 생활을 책임지는 외에도 형제들까지 배려해야 했다. 아주 단출한 가족이라 해도 보통 여덟 식구 이상이 되니, 한 사람의 힘으로 어찌 버틸 수 있겠는가? 그러므로 보살핌을 받고 사는 형제는 빈둥거리는 것이 버릇이 되어 가족과 사회에 피해를 끼친 경우가 적지 않다. 교유하는 친구 사이에도 형편이 어려워지면 돈을 빌려 주는 것을 당연시하였는데, 빚 갚음에도 기한이 없었으며 저당하는 물건도 없이 오직 인정을 조건으로 할 뿐이었다. 돈 많고 권세 대단한 집안에 빌붙어먹는 일을 명사들도 부끄러워하지 않았다. 그러므로 부자들은 언제나 고향으로 가는 것을 싫어하고 친척과 친구들을 마치 도적마냥 여기게 되니, 사회경제가 또한 큰 혼란에 빠졌다.[28]

진독수는 중·서 문화를 비교할 때 '약자정책'의 입장에서 서양의 개인주의 본위를 전면적으로 긍정하고 중국의 가족 본위를 전면적으로 부정했기 때문에 중국의 가족제도에 대한 서술에 깎아내려 말하는 것이 많았지만, 중국 가족제도의 여러 특징에 대한 묘사는 대단히 정확하다.

위에서 서술한 중·서 가족형태의 차이가 만들어진 원인은 대단히 복잡하다. 그 속에는 시대적 요소가 있는가 하면 또한 민족적 요소도 있다. 본질적으로 말하자면 가장제 가족공사는 원시공산제의 유물인데, 그것은 계급사회에서 길거나 짧거나 간에 한동안 계속 존재할 수 있었다. 한 측면에서 보자면, 사유제가 원시공산제를 붕괴시키는 것이 점진적인 역사과정이었기 때문에 인류는 일반적으로 사유제가 완전히 성숙되기를 기다렸다가 다시 계급사회로 진입할 필요가 없다. 다른 한 측면에서 보자면, 노예사회와 봉건사회의 결정적인 생산부문은 농업생산이었고 자급자족의 자연경제가 주도적 지위를 차지했기 때문에 사람들은 원래 살던 곳에 익숙해져서 쉽게 떠나려 하지 않았다. 본질적으로 말하자면, 개체 가정은 사유제가 가장제 가족공사 내부에 깊숙이 들어간 데서 생긴 것이고, 상품경제의 발전과 빈번한 인구 유동이 또한 그 촉매제가 되었다. 그렇기 때문에 개체 가정은 필연적으로 자본주의시대에 전형적으로 발전되어 서양 근대의 표준적인 가족형태가 되었던 것이다. 이런 의미에서 말하자면 가장제 가족공사와 개체 가족의 다른 점 및 이를 바탕으로 한 가족본위주의와 개인본위주의의 차이는 뚜렷한

---

28) 陳獨秀, 「東西民族根本思想之差異」, 『新靑年』 제1권 제4호.

시대성을 갖고 있다. 역사적으로 보자면 서양의 가장제 가족공사는 중세기에 이미 해체되었지만 중국은 봉건시대 전반에 걸쳐 일관되었다.

엥겔스는 고대와 중세기가 교체되는 무렵, 서양의 가정에서 일어난 진보적인 변화를 주로 게르만족들의 야만성이 가져온 공로로 보았다. 그는 "독일 사람들은 여전히 대우對偶 가정에서 살고 있었기 때문에 가능한 범위에서 대우 가정에 적합했던 부녀자들의 지위를 일부일처제로 옮겨 놓았고",29) 로마제국의 통치자가 되기 이전에는 "아직 노예제가 충분히 발전되지 못했기 때문에 고대의 노동노예제30)에 이르지 못했을 뿐만 아니라 동양의 가정노예제에도 도달하지 못했다"고 하였다. 바로 이 점이 게르만족들의 야만성이 가져온 공로라는 것이다. 그러나 중국은 다르다. 중국도 북부 초원의 유목민족들이 여러 차례나 중원의 통치자가 되어 유익한 야만적 요소들을 유입해 왔을 때가 있었다. 당나라 때 여성들의 지위가 상대적으로 높았던 것이 하나의 예인데, 그러나 전반적으로 말하자면 그들은 오히려 자신들의 많은 노예제 요소들을 중원에 끌어들여 중원 가정의 고유형식을 더 강화했으면 강화했지 약화시키지는 못했다.

중국의 가장제 가족공사는 서양의 가장제 가족공사에 비해 자연스럽게 개체 가정으로 옮겨 가지 못했다. 노예제와 봉건제가 교체되는 무렵인 전국시기에 가족공사가 무너지는 자연적 추세가 나타나기도 했고 또 당시의 법가法家도 법률과 행정적 수단을 통해 이 과정을 추진했기에 서한西漢시기에 이르러 다섯 식구가 농민들 가정의 일반형식으로까지 되었지만, 동한東漢 이후로 다시 가장제 가족공사가 크게 발전하게 되었다.

중국의 가족 본위의 주요한 표현형식은 가족을 개인보다 더 소중히 여기고

---

29) 엥겔스, 「家庭·私有制和國家的起源」, 『馬克思恩格斯選集』 제4권, 65쪽.
30) 엥겔스, 「家庭·私有制和國家的起源」, 『馬克思恩格斯選集』 제4권, 153쪽.

가족성원들 간의 윤리관계를 특히 중시하는 것이다. 이를테면, 부모는 자녀를 사랑하고 자녀는 부모에게 효도를 다하는 것, 형은 아우를 사랑하고 동생은 형을 공경하는 것, 아내는 남편의 말에 순종하는 것과 같은 것이다. 이러한 윤리관계의 실질은 가족 각 구성원들이 지녀야 할 마땅한 책임과 의무를 규정한 것이다. 부모가 자식을 부양해야 할 의무, 자식이 부모를 봉양해야 할 의무 등이 그것이다. 이것은 '동거공재제同居共財制'와 '가장전제제家長專制'를 실시하는 가정에서는 필수불가결한 것이다. 가정의 전체 재산과 수입을 가장이 모두 틀어쥐고 있어 자식이 아무리 커도 경제적으로 독립할 수 없는 체제에서는 이러한 윤리관계가 대단히 중요하였다.

중국의 가족 윤리도덕이 규정한 가족성원들 간의 관계는 두 가지 측면이 포함된다. 하나는 서로 의무를 다하는 관계이고, 다른 하나는 일방적으로 복종하는(자식은 부모에 대하여, 아내는 남편에 대하여, 가족구성원은 가장에 대하여) 관계이다. 전자는 '동거공재제'의 가정에서 반드시 필요한 것이고, 후자는 노예제와 봉건제의 영향 때문이다.

서양의 개인본위주의는 개인의 자유, 개인의 권리, 개인의 독립성을 강조하는 데 비해 가정에 대한 개인의 책임감과 의무감이 부족하다. 재산의 개인소유제를 바탕으로 하기 때문에 개인본위주의가 서양의 근대에 이르러 대단히 왕성하게 발전되었다. 개인본위주의는 개인의 자유, 개인의 권리, 개인의 독립성을 강조하기 때문에 서양의 가정은 중국에 비해 보다 평등하고 민주적이다. 또한 그것은 서양인들로 하여금 자기 힘으로 살아가는 것이 습관이 되게 하여, 부모와 가정에 기대지 않고 독립적으로 생존하고 발전하도록 했다. 예를 들면, 레이건이 미국 대통령에 당선되었을 때 그의 아들은 직업등기소에서 자신의 직업을 찾고 있었다. 이것은 중국의 전통 관념으로는 도저히 생각조차 할 수 없는 일이지만, 개인본위주의 입장에서 보자면 지극히 당연한 일이다. 그러나 가족에 대한 개인의 책임과 의무를 중시하지 않고 가족관계도 차디찬 현금거래로 처리하는 것은 무시할 수 없는 약점이다. 사유제가 가족 내부에 깊숙이 뿌리내렸기 때문에 가족구성원들 간의 자연스런 감정이 심하게 손상을 입게 되고, 개인은 갈수록 고독해진다. 개인주의가 극단적으로 발전되면 가족의 해체까지도 빚어질 수 있다. 서양 국가들에서 근년에 나타난 가족의 위기가 바로 그러한 현상이다. 가정을 유지하기가 쉽지 않기에 많은 사람들이 결혼을 하기 싫어하고, 결혼 후에는 아이를 낳으려 하지 않으며, 아이를 낳고서는 부양하기 싫어하고, 아이가 커서는 또한 노인을 돌보려 하지 않는다. 토플러의 말에 따르면, 미국에서 여전히 표준적인 핵가족(남편이 직장에 나가고 아내가 살림을 하고 두 명의 자식을 가진 가정)에서 살고 있는 사람은 전체 인구의 7퍼센트밖에 되지 않고, 정의正義를 완화한다 하더라도 3분의 2 또는 4분의 3의 가정이 핵가족 양식 밖에서 생활하고 있다. 아울러 독거인구가 급속하게 늘어나고 있고 법률적 절차에 부합되지 않는 동거인구가 매우 빨리 증가하고 있으며, 많은 사람들이 의도적으로 아이를 가지지 않는 생활방식을 선택하고 있다. 그리고 동성 간 결혼자, 히피족 등이 무리를 지어 사는 '군거촌群居村'도 생겨나고 있다. 이러한 사실들은 토플러로 하여금 미국이 이미 표준적인 '핵가족 생활방식이 아닌' 새로운 시대로 진입했음을 믿게끔 했다. 그러나 많은 사람들은 그렇게 보지 않고 여전히 전통적인 핵가족을 되살릴 것을 희망하고 있으며, 또한 이것을 그들이 직면한 제일 큰 문제로 여기고 있다.

서양 근대사회에서 개인본위주의는 가족관계를 처리하는 기본원칙일 뿐만 아니라 또한 개인과 사회, 개인과 (가족구성원이 아닌) 타인과의 관계를 처리하는 원칙이기도 하다. 이와는 달리 중국 고대사회에서는 가족본위주의가 하나의 독특한 사회본위주의로 전이되고 발전되었다. 선진시대의 유가들은 자신으로부터 미루어 다른 사람에 이르기(推己及人)를 요구하였다. 이른바 "우리 집 어른을 공경하는 마음을 미루어 타인의 어른을 공경하는 데에까지 미치고, 우리 집 아이를 사랑하는 마음을 미루어 남의 집 아이를 사랑하는 데까지 미치며" "천하를 한 집안같이, 중국을 한 사람같이" 대해야 한다는 주장이다. 송대의 신유가들은 여기서 한 걸음 더 나아가 세상만물을 두루 사랑하는 '민포물여民胞物與'의 정신과 "인자仁者는 만물과 혼연일체가 된다"는 주장을 제기하였다. 이런 사회본위주의의 특징은, 국가와 사회를 하나의 큰 가족으로 보고 효孝·자慈·우友·제悌 같은 가족도덕을 일반화하여 개인과 사회, 개인과 타인과의 관계를 처리할 것을 주장하는 데에 있다.

개인본위주의와 가족본위주의가 가족 내부관계를 처리함에 있어서 제각기 좋은 점과 나쁜 점이 있는 것과 마찬가지로, 사회관계에 적용되는 개인본위주의와 중국 고대의 특수한 사회본위주의도 각각 이로움과 폐단이 존재한다. 특수한 역사적 조건으로 인해 중국은 충분한 자본주의적 발전단계를 거치지 않고 바로 반식민지·반봉건사회로부터 사회주의사회에로 진입했다. 공유제가 주도적 위치에 있는 상황에서 개인주의를 끌어들일 수도 없었고 또한 그럴 필요도 없지만, 개인의 권리와 자유, 개인의 독립성을 중시하는 서양의 전통은 그래도 참고할 만한 가치가 있는 것이다. 그러한 전통을 개인의 책임과 의무를 중시하는 중국의 가족본위주의의 전통과 결합시켜 사회관계와 가족관계를 조화시킨 새로운 사회본위주의를 창출해야 한다.

20세기 이래, 특히 새로운 중국이 창립된 후 중국의 가족형태는 이미 크나큰 혁명적 변화를 가져왔다. 개체 가족이 신속히 증가되어 이미 가족의 주요한 형식이 되었으며, 몇 세대가 함께 사는 대가족의 성격에도 근본적인 변화가 일어났다. 현대 중국의 개체 가정 및 몇 세대가 함께 사는 대가족은 본질적으로 서양 근대에서의 개체 가족 또는 중국 고대의 가장제 가족공사와는 다르다. 중국의 농민들은 "자식이 성장하면 분가하는" 방식에 이미 익숙해졌고, 그것이 모든 사람들의 생산성을 적극적으로 이끌어내는 데에 유익하다는 것은 두말할 필요도 없다. 그렇지만 그들은 여전히 부모는 자식이 결혼하여 독립하도록(집을 장만하여 장가들이고 필요한 생활기물을 갖추어 주는 등) 도와줄 의무가 있고 자식은 노동능력을 잃은 부모를 봉양할 의무가 있다는 전통을 고스란히 지키고 있으며, 실제로 부모가 스스로 살아가는 생활능력을 상실했을 때에는 부모와 함께 동거하기도 한다. 이러한 가족형식은 본질적으로 전통적인 가장제 가족공사보다 우월할 뿐만 아니라 근대 서양의 개체 가정보다도 우월한 것으로서, 중국의 농민들이 우수한 전통을 바탕으로 하여 새롭게 창출해 낸 것이다.

중국 도시에서의 가족형식은 더 풍부하고 다채롭다. 성인 남성과 여성은 모두 월급수입이 있고 노인들은 퇴직금이 있기에 '함께 쓰는'(共財) 전통이 이미 사라졌다. 아직도 몇 세대가 함께 사는 전통을 유지하고 있는 가정에서는 일반적으로 사람마다 월급의 일정 부분을 갹출해서 가장에게 맡겨 놓고 가족들의 회식과 공유재산을 장만하는 비용 및 미성년자들의 공부나 결혼하지 않은 성원들의 결혼에 드는 비용 등을 충당하도록 한다. 주택, 일자리 및 기타 이유로 인해 핵가족을 생활단위로 하는 경우에도, 연로한 부모를 고독하게 살아가게 하는 것이 아니라 몇 세대가 함께 사는 대가족을 이루거나 엄격한 의미에서 개체 가족 사이의 새로운 형태의 가정을 만든다. 즉 연로한 부모가 한 아들 또는 딸의 개체 가족과 함께 생활하는 것이다. 이것은 우수한 전통을 바탕으로 하여 새롭게 창출한 가족형식의 하나이다. 위에서 말한 이러한 우수한 전통을 계승할 뿐만 아니라 또한 현대생활에도 적용되는 가족형식을 제창하고, 변화된 실제 상황에 근거하여 새로운 가족 도덕규범을 추출해서 새로운 가족관계를 잘 조화시켜 나가야 한다. 그런데 가장제,

부권父權, 부권夫權과 같은 낡은 전통 가운데 일부 나쁜 것들이 아직도 상당히 큰 영향을 미치고 있고 일부 젊은이들은 개인주의의 영향으로 인해 연로한 부모를 버리거나 학대하고 있으며, 낡은 전통에 기대어 연로한 부모를 착취하는(결혼식을 호사스럽게 치러 달라고 압박하거나 부당한 방식으로 자신의 일자리를 얻어 달라고 요구하는 것 등) 행실도 갈수록 심해지고 있다. 그러므로 낡은 가족도덕 중의 봉건적 해독을 일소하고 개인본위주의의 부정적 요소들을 거부함과 아울러, 변화된 새로운 가족생활에 비추어 전통적 가족도덕 가운데 긍정적인 부분을 개조하고 살려 나가야 한다.

3. '만방화합'(協和萬邦)과 세계정복

중·서 문화의 세 번째 기본 차이는 민족 관계의 문제에서 드러난다. 자기 민족의 독립을 수호할 뿐만 아니라 대외 확장도 하지 않은 것이 중국의 전통이고, 도덕교화를 통해 '만방화합'(協和萬邦)을 실현하는 것이 이상적인 민족 관계의 양식이다. 이는 평화를 사랑하는 중국의 우수한 전통이다. 서양은 민족 문제에서 경쟁과 투쟁을 중요시하기 때문에 많은 사상가들은 다른 민족을 정복하고 심지어 세계를 통치할 것을 주장했고, 이런 사상은 정권을 쥔 통치자들에 의해 행동으로 옮겨졌다.

이러한 차이는 일찍부터 사람들에 의해 주목되었다. 예를 들자면 명나라 만력萬曆 연간에 중국에 온 이탈리아 선교사인 마테오리치가 대표적이다. 그는, 명나라 군대는 세계에서 가장 방대하고 장비도 훌륭한 군대이지만 완전히 방어적인 존재이기 때문에 중국 사람들은 그 군대로써 다른 나라를 침략할 생각을 하지 않는다고 하였다. 1920년경, 영국의 유명한 철학자인 러셀은 중국에서의 학술강연에서 중국은 서양처럼 걸핏하면 만용을 부리고 싸우는 것이 아니라 평화를 사랑한다고 했다. 이대조李大釗도 "하나는 편히 쉬려 하고 다른 하나는 전쟁을 하고자 한다"라는 표현으로 중·서의 차이를 언급한 바 있다. 진독수陳獨秀도 역시 다음과 같이 말했다.

> 서양 민족은 전쟁을 본위로 하고, 동양 민족은 편히 쉬는 것을 본위로 한다. 유생儒生들은 힘으로 다투는 것도 숭상하지 않거늘 하물며 전쟁이야 더 말할 것도 없다. 노자는 민중들로 하여금 다투지 않게 하기 위해 현자를 숭상하지 않고 무력을 상서롭지 못한 것으로 여겼다. 그렇기 때문에 중국은 서한 이후 병력을 남용하여 전쟁을 일삼는 것을 국가가 크게 경계해야 할 것으로 여겼고, 또한 불교신자들이 살생을 경계했기에 싸우기를 좋아하는 호전적 기풍은 더욱 쇠퇴했다.…… 서양의 여러 민족들이 싸우기를 좋아하는 것은 그 뿌리가 천성에 있고 또한 그러한 습성은 풍속이 되었다. 예로부터 종교전쟁, 정치전쟁, 상업전쟁이 있었고, 유럽의 전체 문명사도 피로써 쓰이지 않은 것이 없다. 잉글랜드사람들은 피로써 세계의 패권을 쥐었고, 독일 사람들도 피로써 오늘의 영예를 이루었다.[31]

근대의 서양 민족은 야만족 게르만이 서로마제국을 정복한 후 자본주의 경제발전의 토대 위에서 점차적으로 형성된 것이었다. 그러나 서양인들은 이미 고대와 중세기에 그리스와 야만인, 기독교인과 이교도라는 대립형식으로 민족적 차이 문제를 의식하고 있었다. 고대 그리스의 대사상가인 아리스토텔레스는 노예제를 위한 변호에서 노예제는 필요하고 또 완전히 자연스러운 것이라고 하면서 그리스인과 야만인의 대립을 언급했다. 그는 어떤 사람은 타고날 때부터 노예여야 했는데 야만인이 바로 그렇다고 단언했다. 여기서

---

31) 陳獨秀,「東西民族根本思想之差異」,『新靑年』 제1권 제4호.

야만인과 노예는 같은 개념이다. 즉 그리스인은 어디로 가나 노예로 될 수 없는 반면에 야만인은 타고날 때부터 노예의 운명으로 정해졌고, 노예와 노예가 아닌 사람의 차이는 영혼과 육체, 인간과 동물의 차이와 마찬가지라는 것이다. 그는 또한 노예주는 천성적으로 노예보다 우월하기 때문에 타고날 때부터 경제의 조직자라고 묘사했다. 이러한 이론은 그리스인들이 노예, 토지, 재부의 약탈을 위해 끊임없이 대외로 침략하고 영토를 확장하는 행위를 변호하는 과정에서 꾸며낸 것이었다. 그리스 후기의 스토아학파는 세계국가라는 개념을 제시하면서 사람마다 모두 천성적으로 전체 우주에 속하기 때문에 통일된 세계국가의 공민이라고 했다. 이것은 곧 마케도니아제국이 그리스를 통일하고 동양을 식민화한 현실을 반영한 생각이었다. 이런 사상은 그리스인을 이어 지중해 연안의 광활한 지역을 통치했던 로마제국에서도 대단히 성행했다. 그 당시의 로마인에 의하면, 로마는 세계의 중심이고 세계제국의 지도자는 무한한 권력을 가질 수 있다. 그들은 이러한 이론으로써 정복민족에 대한 로마의 통치를 변호했다.

로마제국 후기의 기독교사상가인 아우구스티누스는 전 인류를 유권자와 비유권자로, 즉 반드시 구제받는 사람과 반드시 멸망되는 사람으로 분류하였다. 그는 이에 상응하여 이른바 세속적인 국가와 '신의 나라' 즉 교회의 대립이 있다고 하면서, 전자의 소임은 세속적인 목적을 만족시키는 것이기 때문에 진리가 없고 강도떼와 다름없는 힘의 통치일 뿐이고 오직 후자만이 진리를 가졌기 때문에 비로소 일치단결하여 영원히 평화스러운 보편적 소원을 실현할 수 있다고 했다. 아우구스티누스는 또한 정통교의를 반대하는 교파敎派와는 잔혹한 수단으로써 싸울 것을 호소했다. 이러한 이론은 중세기에 대단히 큰 영향을 미쳤다. 특히 11세기에서 13세기에 이르는 동안에는 신권론神權論이 한 시대를 풍미하기까지 했다. 신권론은 기독교 국가들이 다른 신앙의 이민족들을 침략할 때 자신들의 행위를 옹호하기 위한 이론근거로 활용되었는데, 그 침략적 본질은 십자군전쟁에서 잘 드러났다. 요컨대 신권론은 로마의 천주교회와 교황이 전 세계를 정복하고 통치하려는 야심을 위해 이용된 이론이었던 것이다.

서양 근대민족의 형성과 발전에 있어서 대단히 중요한 역할을 했던 두 가지 요소가 있다. 하나는 서로마제국을 정복한 게르만족들이 보존하고 있던 고급 단계의 야만성, 이를테면 개인의 재능과 용감성, 자유와 민주를 좋아하는 본능 등이고, 다른 하나는 중세 중기 이후에 나타난 상품경제의 발전과 시민계급의 형성이다. 시민계급이 형성된 이후 각 나라의 국왕들은 그들의 지지에 의해 봉건귀족을 진압하고 봉건할거 상태를 종결시킴으로써 법률과 관세, 국내 시장이 통일된 군주집권제적 민족국가를 형성할 수 있었고, 이를 바탕으로 교황 및 교회와 투쟁하여 그들의 통제에서 벗어나게 되었다. 따라서 서양 민족의 형성과 발전에 관한 이론 또한 우선 그 두 가지 측면에서 집중적으로 표현되었다. 일찍이 11세기부터 13세기 사이에 세속의 봉건주의와 그 옹호자들은 신권과 교황권의 지고지상함을 주장하는 당시 이론에 상반되는 이론을 제시하고, 아울러 로마법에서 그 근거를 찾으면서 정권과 전체 국가의 영토가 모두 황제와 국왕의 것이라고 주장했다.

현대 서양의 각 민족은 자본주의의 발전과 함께 역사의 무대에 등장했다. 자본주의 발전에 따라 영국·프랑스·독일·이탈리아 등 유럽 여러 나라들이 잇달아 로마교회의 통제에서 벗어남으로써 내부의 봉건할거를 종식시키고 민족국가를 세웠는데, 이들 국가는 같은 언어와 같은 지역, 같은 경제생활과 같은 문화, 같은 심리상태를 지닌 공동체였다. 이러한 역사적 발전과정과 보조를 같이하여 민족주의 사조도 형성되어, 자산계급이 민족 문제와 민족 관계를 처리하는 원칙과 정책이 되었다. 민족주의는 서로 다른 역사적 조건에서 서로 다른 역할을 했다. 자본주의 상승기에는 대외적으로 신권론과 기독교세계주의에 반항하고 민족의 독립과 자유를 쟁취하는 투쟁에서, 대내적으로는 또 분열과 활거를 종식시키고 통일된 민족국가를 형성하는 투쟁에서 진보적 역할을 했지만, 자본주의 발전 과정은 서양 여러 나라들이 미친 듯이 영토 확장을 진행하여 광대한 아시아, 아프리카, 아메리카 주를 식민지로 만드는 과정이기도 했다. 따라서 자본주의 상승단계라 할지라도 그 민족주의에는 추악한 일면, 즉 후진 지역을 침략하여 영토를 확장하는 측면이 있었다. 한편으로는 자기 민족의 독립과 자유를 주장하면서도 다른 한편으로는 다른 민족을 정복하고 압박하였던 것이다. 이는 서양 자산계급민족주의의 중요한 특징이다.

중국은 진秦·한漢 이래로 다민족으로 이루어진 통일국가였다. 주체민족으로서의 한족漢族도 역사적으로 많은 다른 민족과 융합하고 동화되어 형성된 것이다. 나라 안 각 민족 간의 관계와 주변 민족들 간의 관계를 어떻게 처리해야 할 것인가의 문제는 중국 역사에서 줄곧 중대한 정치적 과제로 나타났다. 중국 고대에 있어서 민족 문제의 핵심은 중원지역에서 농사하는 여러 민족(주로 한족)과 서북초원지역에서 축산업을 하는 여러 민족들과의 관계 문제였다. 유목민족은 농업민족의 명주실, 차, 소금, 철을 떠날 수 없었고 농업민족도 유목민족의 소, 말, 가죽, 털을 필요로 했기에 쌍방은 서로 의존하고 서로 흡입되었으나, 또한 자주 첨예한 모순과 충돌이 생겨 심지어 전쟁까지 벌이기도 했다. 특히 유목민족들이 대거 남하할 때면 충돌은 더욱더 격렬했다.

중국 각 민족의 관계를 본질적으로 말하자면 기나긴 역사과정에서 정치·경제·문화 등 여러 측면에서 밀접한 접촉을 통해 갈수록 더 강대한 응집력을 형성했다고 할 수 있다. 물론 각 민족 간에 서로 사이좋게 왕래하다가도 무장충돌을 일으키기도 했고 통일과 분열의 상태도 끊임없이 반복되었지만, 결국은 서로 의존하고 점차 다가가서 함께 통일된 다민족국가를 건립하고 발전시키면서 중국의 역사발전을 밀고 나갔다. 이것이 바로 중국 민족 관계에 있어서의 역사적 주류였다.

중국 역사에서 이와 같은 민족 관계의 주류를 형성했던 것은 주체민족인 한족(이전의 華夏族)의 이론 및 정책과 관계되지 않을 수 없다. 이러한 이론과 정책은 통일 다민족국가의 정권을 오랫동안 잡아 온 한족 통치자들에게 대단히 큰 영향을 미쳤을 뿐만 아니라 여러 차례 중원의 정권을 잡았던 기타 민족 통치자들에게도 매우 중대한 영향을 끼쳤다.

민족 관계에 관한 중국 고대의 기본이론은 『상서尚書』의 「요전堯典」과 「우공禹貢」에서 가장 먼저 찾아볼 수 있다. 「요전」을 지은 시간은 빨라도 은나라 말기와 주나라 초기를 앞서지 않고, 늦어도 전국시기보다 뒤지지 않는다. 「우공」도 마찬가지이다.

「요전」에서는 고대 성왕聖王인 요의 덕행과 업적을 칭송하여 다음과 같이 적고 있다.

> 옛 요임금에 대하여 상고해 보건대, 지극한 공을 세우셨으니 공경하시고 밝으시며 문채 나시고 생각하심이 깊으시며 온유하시고 진실로 공순하시며 능히 사양하시어 빛을 온 세상에 펴시니 하늘과 땅에 이르니라. 능히 큰 덕을 밝히시어 구족九族을 친케 하신즉 구족이 이미 친목하게 되었고, 백성을 고르게 밝히신즉 백성이 밝게 드러나게 되었고, 만방을 화하게 하고 고르게 하신즉 모든 백성이 착해져서 이에 화평을 누리게 되니라.[32]

---

32) 『尚書』, 「堯典」, "日若稽古, 帝堯曰放勳, 欽明文思安安, 允恭克讓, 光被四表, 格於上下. 克明 俊德, 以親九族, 九族既睦, 平章百姓, 百姓昭明, 協和萬邦, 黎民于變時雍."

이것을 구어체의 문장으로 번역하면 다음과 같다.

옛날의 전설을 살펴보면, 임금인 요의 이름은 방훈放勳이라 했는데 그는 나라의 관리업무를 예의 바르게 처리하고, 절약에 주의하며, 시비를 똑똑히 조사하고, 태도가 온화하고 성실하고 공손하며, 현자를 천거하고 유능한 사람에게 직위를 양보하니, 사방을 비추는 그 찬란한 빛이 위의 하늘과 아래의 땅에까지 이르렀다. 그가 동족 중에서 덕과 재능을 겸비한 사람을 뽑아 쓰니 동일 종족의 사람들이 단결되었고, 또 높고 낮은 모든 벼슬아치들 가운데서 착하고 어진 행실이 있는 사람을 살펴서 드러내어 밝히고 격려했다. 이렇게 모든 관리의 사무를 다 잘 처리하게 되자 또한 이방민족들이 모두 단결하고 한집안처럼 친밀하기에 애썼기에 천하의 백성들은 요의 가르침대로 모두 화목하게 지내게 되었다.[33]

이 말 가운데서 특히 주의해야 할 것은 "능히 큰 덕을 밝히시어 구족을 친케 하신즉 구족이 이미 친목하게 되었고, 백성을 고르게 밝히신즉 백성이 밝게 드러나게 되었고 만방을 화하게 했다"라는 몇 구절이다. '구족九族'은 자기를 기준으로 해서 위로 4대(父·祖·曾祖·高祖)와 아래로 4대(子·孫·曾孫·玄孫)를 가리키므로 '구족을 친케 하다'(親九族)란 우선 자기의 가족 또는 종족을 잘 관리한다는 뜻이고, 백성百姓은 백관의 족성族姓을 가리키는데 한 나라의 많은 종족 중의 귀족을 백성이라 하기에 '백성이 소명하다'(百姓昭明)란 말은 계속하여 자기가 있는 나라를 잘 다스린다는 뜻이 된다. 나라를 잘 다스리면 나아가 각국이 모두 단결되므로 곧 '온 세상이 화합하게 되는'(協和萬邦) 것이다. 이것을 유가에서 흔히 쓰는 말로 표현하자면 곧 수신修身·제가齊家·치국治國·평천하平天下이다. 은·주시기의 중국은 나라가 즐비했는데, 그 속에는

---

33) 王世舜, 『尙書譯註』(제1판, 成都: 四川人民出版社, 1982), 4쪽.

아주 많은 화하족 나라들(옛날에는 '중국의 제후들'이라 했음)들이 있을 뿐만 아니라 많은 오랑캐의 부족과 나라들도 있었다. 위 「요전堯典」의 몇 구절은 바로 그러한 시대의 나라와 나라 간의 관계를 처리하는 원칙과 이상을 반영하고 있다. 그 원칙은 곧 도덕수양과 교화를 근본으로 하는 것으로서, 자기의 울타리를 잘 다스리는 것을 전제로 하여 다른 나라들을 감화시킴으로써 결국 '온 세상이 화합되는'(協和萬邦) 이상에 이르는 것이다. 이것이 또한 『주역대전』에서 말하는 이른바 "성인이 민심을 감응시켜 천하가 화평하다" (聖人感人心而天下和平)라는 것이다.

「우공禹貢」에서는 우禹왕이 치수治水를 끝마치고 나서 사해지내四海之內 즉 '천하'를 왕성王城과의 멀고 가까움에 따라 '오복五服'으로 구분한 뒤 각 복服의 상황에 비추어 서로 다른 관리방법을 취했다고 적고 있다. 왕기王畿로부터 5백 리 안의 땅을 전복甸服으로, 즉 국왕의 영지領地로 삼았는데 전복의 백성들은 국왕에게 세금을 내야 했다. 전복의 다음 5백 리 안의 땅을 후복侯服이라 하는데, 후복은 국왕의 경위를 담당하는 구역이다. 후복의 백성은 국왕을 위하여 부역을 하거나 수비 직책을 다해야 한다. 후복의 다음 5백 리 안의 땅을 수복綏服이라 하니, 수복은 천자의 정치교화를 조용히 잘 따르는 구역이다. 수복의 백성들은 교화를 받으면서 무예를 익히고 천자를 보호해야 한다. 수복의 다음 5백 리 안의 땅을 요복要服이라 하는데, 요복은 동맹의 서약으로 복종시키는 곳이다. 요복의 인민들에 대해서는 일반적인 가르침을 지킬 것만 요구하고 부역도 경감해 준다. 요복의 다음 5백 리 안의 땅을 황복荒服이라 하는데, 황복은 정치와 가르침이 황폐하여 그 풍속에 따라 다스릴 수밖에 없는 곳으로서 예의가 간단하고 백성들이 자주 옮겨 다니기에 한 곳에만 자리 잡고 살지 않는다. 「우공禹貢」은 이러한 방식으로 "동쪽으로는 바다에 다다르고, 서쪽으로는 유사流砂에 미치며, 북쪽으로부터 남쪽까지

명성과 교화가 온 세상에 퍼지게 될 것"을 희망했다. 즉 온 천하가 모두 국왕의 도덕교화를 받도록 한 것이다.

「우공」의 이러한 오복이론은 오복을 깔끔하고 기계적으로 구분한 것으로, 비록 공상적인 성분이 뚜렷하지만 그래도 이상화된 형식으로 민족 관계를 처리하는 주나라의 역사적 경험을 총정리한 것이다. 서주 초기의 주周왕은 은왕조의 옛 지역과 오랑캐들이 살고 있던 지방을 나누어 자제들에게 봉하면서 풍속에 따라 교화를 실시하는 통치방식을 취하도록 했다. 이를테면 은나라의 옛 지역은 모두 "상商나라의 정치로 나라를 열고 주나라의 법도로 토지의 구획을 정했으며",[34] 융족戎族의 지역은 "하夏나라의 정치제도로 나라를 열고 경계를 다스리는 데는 융족의 법률을 사용했다."[35] 서주의 통치자들은 상나라의 유민遺民들을 위로하고 그들의 종족감정을 만족시키기 위하여 한편으로는 주왕紂王의 아들인 녹보祿父를 상나라의 옛 고장에 봉하여 상의 종사宗祀를 보존케 하고, 다른 한편으로는 상나라의 귀족들로 하여금 "주공周公의 혈통으로 본가本家를 삼고 문왕으로부터 갈라져 나간 일족을 다스리며 따르는 무리들을 이끌어 주공을 본받아 주나라의 명령을 받들도록 했다."[36] 그 밖에도 상을 멸망시키는 데 참여한 공신과 동맹자, 상나라 귀족들을 책봉의 방식으로 '종주국 주나라'(宗周)의 통치 밑에 두었다. 오복五服 제도는 바로 이때 상나라의 제도를 채용하여 발전시킨 것이었다. 『상서』 「강고康誥・주고酒誥」 중에 이른바 '후국・전국・남국・위국'(侯・甸・男・衛)이란 것이 있고, 『사기史記』 「주본기周本紀」에도 "무릇 선왕의 제도에 따르면 나라 안은 전복甸服, 나라 밖은 후복侯服, 후위候衛는 빈복賓服, 만이蠻夷는 요복要

---

34) 『左傳』, 定公 4년, "啓以商政, 疆以周索."
35) 『左傳』, 定公 4년, "啓以夏政, 疆以戎索."
36) 『左傳』, 定公 4년, "帥其宗氏, 輯其分族, 將其類醜, 以法則周公."

服, 융적戎狄은 황복荒服이다"37)라는 기록이 있다. 주나라 통치자들은 한편으로는 자제들을 분봉하는 방식으로 전국 각지에 자기들의 발판을 만들었는가 하면, 다른 한편으로는 각 부락과 나라들을 책봉의 방식으로 자기들의 통제 밑으로 끌어들였다. 이러한 방식은 그 이후 수백 년 동안에 걸친 화하족과 오랑캐민족의 동화와 융합에 매우 큰 작용을 했다.

『상서』는 훗날 유가의 경전으로 받들어졌다. 이 때문에 이 책의 「요전」과 「우공」 등에 기록되어 있는 각 나라 및 부족들 간의 관계를 처리하는 데 관한 원칙과 정책 및 이상은 자연적으로 역대의 봉건통치자들이 민족 관계를 처리하는 데 있어서의 기준이 되었다. 중국 고대 사상가들은 「요전」과 「우공」의 사상을 바탕으로 점차 자기들의 민족이론을 형성하였는데, 그 요점은 아래와 같다.

첫째, 화이華夷의 차이는 문화의 높고 낮음의 차이이고, 특히 도덕과 예교가 있고 없음의 차이다.

화이의 차이를 언급함에 있어서 중국 고대 사상가들은 흔히 지역38), 언어, 생산과 생활방식, 문화와 심리39) 등의 측면에서 자기들의 관점을 밝혔지 종족을 따져서 말하지는 않았다. 화하족華夏族은 원래 문화적으로 가장 선진적인 중원지역의 사람들을 가리켰는데, 그 속에는 융족戎族과 이족夷族으로부터 온 사람들도 있었다. 고대 사람들은 융적戎狄과 만이蠻夷도 중화민족의 후손들이고, 전국시기와 진나라 및 한나라 시기에 변방의 우환거리였던 흉노匈奴 또한 하후씨夏后氏의 후예라고 여겼다. 이런 사상은 비교적 사실에 가깝고 민족의 동화와 융합에도 유익하다. 왜냐하면 이러한 이론에 근거하면

---

37) 『史記』, 「周本紀」, "夫先王之制, 邦內甸服, 邦外侯服, 侯衛賓服, 蠻夷要服, 戎狄荒服."

38) 예를 들면, 中國과 四夷, 蠻夷要服, 戎狄荒服.

39) 예를 들면 "중국의 제후들은 친근하고"(諸夏親昵) "우리와 同族이 아니면 그 마음도 반드시 다르다"(非我族類, 其心必異)고 여기는 경우.

각 민족 간의 언어, 문화, 생산과 생활방식 측면에서의 차이가 사라지고 영토의 한계도 없어지며, 따라서 민족 차이도 사라지게 되기 때문이다. 중국의 주체민족인 한족이 역사적으로 다른 많은 민족들을 끊임없이 동화하고 융합시킬 수 있었던 것은 바로 이러한 전통과 밀접한 관계가 있다. 예를 들어 말하자면, 남북조시기에 남방의 한족정권은 북조北朝를 이적夷狄으로 보았는데, 다시 북방만 해도 통치지위에 있는 소수민족과 한족 간의 모순이 대단히 첨예했다. 그러나 북위北魏의 효문제孝文帝는 한족화漢族化 정책을 추진하여 낙양으로 천도하고 한족 성씨로 바꾸어 쓰며 "북어北語(鮮卑語)를 금하고 정음正音(漢語)을 통용어로 하는"40) 개혁정책을 실시하고 관복을 바꿈으로써 북조의 한족 지주계급들의 옹호를 받았을 뿐만 아니라 남조의 인사들로 하여금 북조를 새로운 안목으로 보게 만들었다. 이와 관련하여 극적인 이야기가 하나 전해지고 있는데, 남조의 진경지陳慶之가 사절로 북위에 갔을 때 연회석상에서 정통을 의미하는 "정삭正朔은 계승되는 것인바 당연히 강좌江左(東晉)에 있다"(正朔相承,當在江左)라는 말을 하자 북조의 양원신楊元愼이 남조를 비판하고 북위를 칭송하면서 "낡은 풍속·습관을 고치는 일을 맡아함이 오제五帝와 그 업적이 같고, 예악禮樂과 전장典章 제도의 성대함이 백왕百王을 능가하여 우뚝 솟았다"라고 말했다고 한다. 이로부터 북방의 한족 사대부들이 남조를 이미 정통이 아니라고 보고 있었음을 알 수 있다. 남조로 돌아간 진경지는 사람들에게 다음과 같이 말했다.

진晉나라와 송宋나라 이래로 낙양을 삭막한 땅이라 하여 장강 이북은 온통 이적夷狄이라고 여겼는데, 지난날 낙양에 가보고서야 비로소 문벌이 좋은 선비 집안의 모양새가 중원과 다름이 없었음 알았다. 예의가 성대하고

---

40) 『魏書』,「咸陽王禧傳」, "斷諸北語(鮮卑語), 一從正音(漢語)."

인물人物 또한 풍성하여 참으로 눈으로 보지 않고서는 입으로 말할 것이 아니다.[41]

그러나 중국 고대 사상가들의 민족이론에도 중화중심주의라는 심각한 문제가 존재한다. 그들은 화이의 차이는 문화의 높낮음의 차이로서, 화하족의 문화가 가장 높고 천하의 중심에 있기에 "오랑캐로써 중국을 변화시키면"(用夷變夏) 안 되고 오랑캐들은 반드시 화하족 천자의 교화를 받아야 한다고 했다. 예컨대, 전국시기 조趙나라 무령왕武靈王이 군사개혁을 실시하여 백성들에게 호복胡服을 입게 하고 기마와 활쏘기를 익히게 하자 당시의 많은 지식인들이 이에 반대하였다. 공자성公子成은 이렇게 말했다.

신이 들은 바에 의하면, 중국이라는 나라는 총명하고 기지가 넘치는 사람들이 모이는 곳이고 천하의 재물이 집중되는 곳이며 성현들이 교화를 펴는 곳이고 인의도덕이 실행되는 곳이며 『시詩』·『서書』·『예禮』·『악樂』이 응용되는 곳이고 정교한 기능을 실험해 보는 곳이며 먼 곳으로부터 와서 견학하는 곳이고 오랑캐들이 의로움을 배우는 곳입니다. 그런데 지금 임금께서 이러한 소중한 것들을 다 버리고 먼 곳의 복장을 입게 하고 성현들의 가르침과 기존의 규칙을 바꾸기에 이르니, 민심에 위반되고 지식인들이 어찌할 바를 모르게 하여 결국 중국을 버리게 할 지경입니다. 삼가 염려하시기를 바랍니다.[42]

화하족은 가장 총명하고 부유하며 도덕문화가 높아서 모든 면에서 오랑캐

---

41) 『洛陽伽藍記』, 「城東」, "自晉宋以來, 號洛陽爲荒土, 此中謂長江以北, 盡是夷狄, 昨至洛陽, 始知衣冠士族, 並在中原. 禮儀富盛, 人物殷阜, 目所不識, 口不能傳."
42) 『戰國策』, 「趙策」, "臣聞之, 中國者, 聰明叡智之所居也, 萬物財用之所聚也, 賢聖之所敎也, 仁義之所施也, 詩·書·禮·樂之所用也, 異敏技藝之所試也, 遠方之所觀赴也, 蠻夷之所義行也, 今王釋此, 而襲遠方之服, 變古之敎, 易古之道, 逆人之心, 畔學者, 離中國. 臣願圖之."

들보다 월등하기 때문에 오랑캐들이 보고 배우는 본보기로 됨이 마땅하다는 것이다. 이런 사상은 화하족이 다른 민족들과 문화교류를 함에 있어서 아주 큰 심리적 장애로 되었을 뿐만 아니라 화하족과 기타 민족들과의 내왕에서 해로운 요소가 되었다. 중원 정권은 자신을 천조天朝라고 자처하면서 다른 민족들과의 내왕에서 평등하기를 싫어했다. 스스로 위대하다는 이러한 심리와 정책은 각 민족들과의 우호적인 내왕에 많은 손실을 끼쳤다. 특히 근대의 청 왕조는 자신보다 강한 상대를 만나 부당하게 땅을 떼어주고 금전을 배상하면서도 외국 사절이 황제를 뵙는 예절과 외국 사절단이 수도에 체류하는 것과 같은 문제에 있어서는 여전히 천조天朝를 자처하였으니 어리석기 그지없다.

둘째, 자기 민족의 독립과 문화전통만을 소중히 여기고 다른 민족에 대해서는 '풍속에 따라 교화하는'(順俗施化) 정책을 실시했다.

한족은 자기 민족의 독립과 문화전통을 대단히 귀중하게 여기고 유목민족의 습격과 교란 그리고 침입에 대해 완강하게 저항했으며, 중원의 지배자가 된 소수민족 통치자들의 강제적인 동화정책에 대해서도 용감하게 맞서 비장한 반항을 했다. 이것은 '강건자강剛健自强' 정신의 중요한 표현이다. 중원의 한족은 예로부터 농업민족이었다. 그들은 춘추전국, 진나라, 한나라, 수나라, 당나라, 명나라 등의 시기에 유목민족들과 싸워 승리를 거두었고, 또한 송宋·요遼·금金·원元 시기와 청조 때에도 유목민족들의 통치에 완강히 맞서 저항했다. 한족을 위주로 하는 중원의 농업민족은 서북 초원지역의 유목민족의 교란과 침입에 대해 기본적으로 방어정책을 취했는데, 장성長城이 바로 그것을 생생하게 증명하고 있다. 물론 강토를 넓히기 위해 침략전쟁을 일삼은 제왕도 있었지만 사회여론의 지지를 얻지 못했고, 오히려 그로 인해 실패를 면치 못했다. 두보杜甫의 시가 이를 잘 설명해 준다.

활을 당길 때는 마땅히 강한 활을 당기고	(挽弓當挽強)
화살을 쓸 때에는 마땅히 긴 화살을 써야 하네.	(用箭當用長)
사람을 쏘려거든 먼저 말을 쏘고	(射人先射馬)
적을 사로잡으려면 먼저 적의 왕을 사로잡으라.	(擒賊先擒王)
사람을 죽임에 또한 한계가 있으니	(殺人亦有限)
나라를 세움에 국경이 있네.	(列國自有疆)
진실로 침략을 막을 수 있다면	(苟能制侵敵)
어찌 많은 살상이 있을까!	(豈在多殺傷)[43]

서북 초원지역 유목민족들과의 싸움에서 한족을 위주로 한 중원의 농업민족은 단호히 저항하면서도 동시에 화친和親과 회맹會盟을 병행하여, 많은 베와 비단, 차 등을 주는 방법으로 회유懷柔하고 어루만지기도 했다. 이런 정책의 이론근거가 바로 '요복要服', '황복荒服', '풍속에 따른 교화' 같은 『상서』의 원칙들이다. 서한시기에 흉노의 왕인 호한야선우呼韓邪單于가 알현을 요청해 왔을 때 소망지蕭望之는 다음과 같이 말했다.

선우單于에게는 우리의 정삭正朔(책력)이 더해지지 않으니 우리의 적국敵國이라 칭해집니다. 의당 신하의 예로 대접할 것이 아니라 그 위치를 제후·왕의 위에 두어야 합니다. 바깥 오랑캐들이 머리를 조아리며 신하가 되고자 해도 중국에서 이를 사양하며 신하로 여기지 않는 것은 곧 회유의 도리이며 겸손의 복福입니다. 『상서』에 이르기를 "융적을 길들이기 쉽지 않다"(戎狄荒服)라고 했는데, 이는 그들의 항복이 헛되고 수시로 변함을 뜻합니다. 그와 같이 하면 흉노가 후대에 끝내 달아나 숨어 알현하지 않더라도 배반한 신하가 되지는 않을 것입니다. 신의와 겸양을 오랑캐들에게 행하여 복福을 무궁토록 흐르게 하는 것이 만세萬世의 장책長策입니다.[44]

---

43) 「前出塞」 9首 중의 하나.
44) 『漢書』, 「宣帝本紀」, "單于非正朔所加, 故稱敵國. 宜待以不臣之禮, 位在諸侯王上. 外夷稽首稱

변덕스럽기 그지없는 유목민들에 대해 너그럽게 받아주고 우대해 줌으로써 우호적으로 왕래하게 하는 이런 정책은 분명 옳은 것이다. 침략에 실패하여 '다가와 붙는'(內附) 유목민족에 대해 한나라와 당나라는 수용정책을 취하여 그들을 장성 이내로 불러들여 지정된 지역에 거주하게 하고 그들 중의 고위층 인물로 하여금 그 부하들을 통솔하게 했는데, 이러한 정책도 옳은 것이다.

나라 안의 소수민족들에 대해서도 역대 왕조들은 "풍속에 따라 교화를 실시하는" 정책을 취했다. 당나라는 나라 안의 각 소수민족들에 대해 일반적으로 생산방식과 사회제도 및 풍속습관을 변화시키는 것이 아니라, 각 민족의 우두머리에게 도독都督, 칙사敕使 등의 벼슬을 주어 그들로 하여금 계속 자기 민족을 통솔하게 하고 또 기본적으로 세금을 징수하지 않을 뿐만 아니라 오히려 많은 상을 내렸다. 이러한 정책은 일찍이 은·주시기와 한대에 실시된 이래로 후대의 왕조들에 의해 계속 이어졌다. 명나라는 "안으로는 중국을 편안하게 하고 밖으로는 사이四夷에게 위임하며, 누구나 차별 없이 대함으로써 모두가 잘 살아가는"(內安諸夏, 外托四夷, 一視同仁, 咸期生遂) 정책을 폈다. 그래서 원나라가 멸망한 후에도 나라 안에 남아 있던 몽고인과 서역西域의 여러 민족들에 대해 차별 없이 대우하였고, 각 소수민족의 지역에서는 "현지의 관리와 한족 관리가 함께 관리하는" 방법으로써 "풍속에 따라 교화를 실시하고 사람에 따라 다스렸다."(順俗施化, 因人受政)

물론 "풍속에 따라 교화를 실시했다"고 하여 민족에 대한 차별대우나 압박이 전혀 없었다고 할 수는 없다. 왜냐하면 그러한 정책도 화하족의 도덕문화가 다른 민족에 비해 높고 천자는 온 세상의 민중들을 교화할

藩, 中國讓而不臣, 此則羈縻之誼, 謙亨之福也.『書』曰: 戎狄荒服, 言其來服, 荒忽無常. 如使匈奴後嗣, 卒有鳥竄鼠伏, 闕於朝享, 不爲畔臣. 信讓行乎蠻貉, 福祚流於無窮, 萬世之長策也."

책임이 있다는 이론 위에 건립되었기 때문이다. 그러나 이것은 폭력으로써 동화를 강요하는 정책에 비해 우월성이 뚜렷하고, 또한 각 민족이 서로 이해하고 다가감으로써 결국 자연적으로 융합되고 동화되는 과정을 촉진시킬 수 있었던 것이다. 자기 민족의 독립과 문화전통을 소중히 여기는 것을 '강건자강剛健自强'의 정신이 민족 관계 문제에서 표현된 것이라고 한다면, 회유懷柔하고 어루만져 주며 풍속에 따라 교화를 실시하는 것을 위주로 하는 정책은 '후덕재물厚德載物'의 정신이 민족 관계 문제에서 표현된 것이라 할 수 있다.

위 서술에서 알다시피, 중국의 고대 민족이론과 민족정책에는 봉건적 흔적이 뚜렷하다. 이는 주로 중국중심주의, 예컨대 중국을 중심으로 하여 사방 민족들이 복종해 오는 '사이빈복四夷賓服'의 이상을 추구하는 데서 잘 드러난다. 그런데 그 속에는 정복의 수단을 주로 쓰는 것이 아니라 도덕교화의 방법으로써 '온 세상을 화합시키려는'(協和萬邦) 뚜렷한 민족적 특색이 드러난다. 이런 의미에서 말하자면, 중국문화의 특징은 자기 민족의 독립을 주장하면서도 대외 확장을 의도하지 않고 평화를 사랑하는 우수한 전통이라 할 수 있다.

제3장 중·서 문화의 기본 차이(하)

1. 화합과 투쟁

앞 장(제2장)에서는 인간과 자연, 가정, 민족이라는 세 가지 측면에서 중·서 문화의 기본차이가 갖는 표현형식을 분석했다. 이 분석을 통해 우리는 이러한 문제에 있어서 중화민족과 서양 각 민족들의 요구, 태도, 인식 및 행동에 각각의 특징이 있고, 또한 이러한 특징을 연관시켜 보면 그 속에는 일관되는 것이 있음을 알 수 있었다. 중국의 전통문화는 인간과 자연, 인간과 인간 간의 화합과 통일을 중시하는 데 비해 서양의 근대문화는 인간과 자연, 인간과 인간의 구별과 대립을 중시하였던 것이다. 만약 한 민족의 공통된 문화가 바로 그 민족이 인간과 자연의 관계, 민족 관계, 가정 관계 등의 문제를 처리하는 방식의 총체적인 형태라고 한다면, 이러한 처리 방법에서 일관되는 것이 곧 그 민족의 공통된 사상이거나 심리이다. 여기서 말하는 심리란 곧 '심리상태의 습관'(心智)이라 할 수 있다. '공통의 심리 습관'이란 한편으로는 공통의 요구와 이상 또는 소원이고, 다른 한편으로는 공통의 인식 및 관념이다. 공통의 요구란 바로 그것의 가치관념이고, 공통의 인식은 주로 공통의 사유방식으로 표현된다. 이 모든 것을 문화모델이라 총칭할 수 있다. 문화모델은 사유방식, 지식구조, 가치지향, 심미취향을 함축한 종합체이다. 이러한 의미에서 중·서 민족의 기본적인 문화차이는 문화모델의 차이, 즉 중국의 전통문화는 화합과 통일을 중시하고 서양의 근대문화는 구별과 대립을 중시하는 것이라고 할 수 있다.

화합과 통일을 중시하는 문화적 특징에 상응하여 중국 전통철학의 가장 중요한 특징은 차이와 모순을 통일체의 고유한 내용으로 포착하고 아울러 통일과 화합을 차이와 모순의 본래근거로 이해할 것을 주장한다. 이러한 사유방식의 본체론적 근거는 모순의 동일성同一性과 투쟁성 가운데 보다 근본적인 것은 동일성이라는 것이어서, 대립과 차이는 통일과 화합에 내포된 것으로 인식된다. 즉 두 가지(대립)가 하나(통일)의 고유한 내용이고, 하나가 두 가지의 본래근거라는 것이다. 일찍이 변증법을 대단히 정교하게 연구했던 북송의 철학자 장재는 다음과 같이 말했다.

태화太和는 도道라고 한다. 그 가운데에 떴다 가라앉았다, 올라갔다 내려갔다, 움직였다 고요히 있다가 하여 서로 감응하는 성질이 있는데, 이것은 음양이 서로 화합하고 작용하여 이기고 지고, 늦추고 줄이고 하는 힘의 시초가 된다.[1]

'도道'는 중국 전통철학의 최고범주이다. 장재에 의하면 이른바 도란 바로 태화太和이고 태화는 기氣(물질)의 총체이다. 여기서 말하는 태화란 지고지상至高至上의 화합으로, 그 화합은 차이와 모순을 배제하는 것이 아니라 반대로 떴다 가라앉았다, 올라갔다 내려갔다, 움직였다 고요히 있다가 하는 등 대립과 대립면의 상호작용(서로 감응함)일 뿐 태화 자체는 고유한 것이다. 따라서 이러한 대립과 그 상호작용은 사물의 외재적 대항과 충돌의 근원이다.

---

1) 『正蒙』, 「太和」, "太和所謂道. 中含浮沉, 升降, 動靜, 相感之性, 是生絪縕, 相蕩, 勝負 屈伸 之始."

장재는 또 다음과 같이 말했다.

기의 본래 상태인 허虛는 맑아서 본래 형체가 없으나, 감응하여 곧 기가
모여서 형상을 갖게 된다. 형상이 있으면 곧 이러한 형상의 짝이 있게
되고, 짝은 반드시 그 작용에 있어서 반대되는 것이어야 한다. 반대되는
것이 있으면 곧 적이 있게 되며, 적의 관계는 반드시 화해하여 풀리게
된다.[2]

음양이 갈라지지 않고, 형상이 없어 보이지 않는 태허太虛의 기氣는 기의
본체 즉 기의 본연의 상태이다. 이러한 기 내부의 고유한 음양의 상호작용으로
부터 만들어지는 만물은 모두 형상이 있기에 볼 수 있고, 형상이 있으면
대립이 있고, 대립이 있으면 서로 간의 배척이 있고, 서로 간의 배척이
있으면 서로 간의 투쟁이 있다. 이러한 투쟁은 또 반드시 최종적으로 화해를
통해 음양이 갈라지지 않은 상태의 태허로 되돌아가게 된다.

동일성을 더욱 근본적인 것으로 보는 이러한 본체론에 근거하여 중국
전통철학은 중국적 특색이 있는 변증법적 사유방법을 발전시켰다. 이런
사유방법은 다양한 이름들로 드러난다. 노자는 '관복觀復'이라 했고 장자는
'이명以明'이라 했으며, 『역대전易大傳』에서는 이를 "낮과 밤의 도에 통하여
안다"(通乎晝夜之道而知)라고 표현하였다. 이른바 '관복觀復'이란 움직임은 반드
시 다시 고요함으로 돌아감에 근거하여 동·정動靜을 살피면서 정靜을 근본으
로 하고 또 정靜으로 통일되는 방법이다. 그 핵심은 "허虛의 극치에 도달하고
돈독히 정靜을 간직하라"(致虛極, 守靜篤)는 것으로서, 동·정의 통일 속에서
동·정의 대립을 포착하는 것이다. 이른바 '이명以明'이란 "반복적으로 서로

---

2) 『正蒙』, 「太和」, "氣本之虛則湛一無形, 感而生則聚而有象, 有象斯有對, 對必反其爲; 有反斯有
仇, 仇必和而解."

비추어 보는 것"(反復相明: 郭象의 주)이다. 즉 대립되는 것으로써 반복적으로 서로 밝혀, 대립의 상대성과 대립면의 상호전환·상호침투를 통해 대립의 '가지런함'(齊一)을 드러내는 것이다. 그 핵심은 "저것과 이것을 갈라놓을 수 없는" 그 '도추道樞'를 찾아서 "무궁無窮에 응하는 것", 즉 이것과 저것을 분별하지 않는 통일된 도道로써 대립을 포착하는 것이다. 이른바 "낮과 밤의 도에 통하여 안다"는 것은 대립면의 전환과 통일의 원리로써 대립면을 포착하는 방법인데, 낮과 밤은 가장 뚜렷한 대립현상이고 또한 가장 확연히 드러나는 대립면의 상호전화 현상이다.

장재는 또 둘(兩)과 하나(一) 간의 변증법적 범주를 다음과 같이 제시하였다.

둘이 있지 않으면 하나를 볼 수 없으며, 하나를 보지 못하면 둘의 작용이 그치게 된다. 둘이란 것은 곧 허虛와 실實, 움직임과 고요함, 모임과 흩어짐, 맑음과 흐림 등을 말하는데, 그 궁극은 하나이다.[3)

사물을 관찰할 때 반드시 하나 속의 둘과 둘 속의 하나를 보아야 한다. 하나에서 둘을 보고 둘에서 하나를 보는 이러한 방법은 차이와 모순을 통일체의 고유한 내용으로 보는 동시에 통일과 화합을 차이와 모순의 본래근거로 포착하는 것이다. 중국 전통철학의 이러한 사유방법은 화합과 통일을 추구하는 가치지향과 심미취향과도 일치한다.

서양의 고대철학은 상대적으로 분별과 대립을 중시한다. 서양 변증법의 기초를 놓은 헤라클레이토스는 통일은 투쟁으로부터 만들어진다고 했다. 그 또한 화합은 아름다운 것이라고 하면서 그것은 서로 배척하는 것들이 결합되어 형성된 것이라고 보았지만, 그는 대립과 투쟁의 의미를 특히 강조하

---

3)『正蒙』,「太和」, "兩不立則一不可見, 一不可見則兩之用息. 兩體者, 虛實也, 動靜也, 聚散也, 淸濁也, 其究一而已."

였다. 그는 "전쟁은 만물의 아버지이고 또 만물의 왕이다. 전쟁은 일부 사람들을 신으로, 일부 사람들을 사람으로, 일부 사람들을 노예로, 일부 사람들을 자유인으로 되게 한다", "전쟁은 보편적인 것으로, 정의가 곧 투쟁이고 모든 것이 다 투쟁과 필연성으로부터 도출된다"라고 하였다.[4] 서양 철학에서는 대립과 투쟁을 중시하는 이러한 헤라클레이토스의 전통이 일관되게 보존되어 왔다. 고대 그리스의 변증법은 논쟁의 기교였고, 그 목적은 제한적 주장으로 하여금 자기가 자기를 없애고 스스로가 스스로를 논박하는 것이다. 칸트에 있어서 변증법은 일련의 이율배반二律背反으로, 헤겔의 말로 표현하자면 모순은 사유 규정의 본성에 속하는 것임을 제시하는 것이었다. 이러한 전통은 헤겔에 이르러서야 변화되었다. 헤겔에 의하면 "변증법은 대립면의 통일에서 대립을 포착하는 것이거나 또는 부정적인 것에서 긍정적인 것을 포착하는 것이다."[5] 그렇지만 헤겔의 사상에도 역시 분별과 투쟁을 중시하는 서양 변증법의 전통이 뚜렷하게 포함되어 있다. 그는 모순은 모든 운동과 생명력의 근원이라는 명제를 해석하면서 다음과 같이 말했다.

> 내부의, 자체의 자기운동이나 일반적인 충동은…… 단지 동일관계에서 어떤 것의 그 자체와 그것의 무의미함(空無) 즉 그것의 부정적인 일면이 있기 때문일 뿐이다. 추상적인 자아동일自我同一이 아직 생명력은 아니지만 긍정적인 것 그 자체에 이미 부정적인 것이 있기 때문에 그것이 자신을 뛰어넘을 수 있고 또한 자신의 변화를 일으킬 수 있다.[6]

---

4) 『歐洲哲學史資料簡編』(北京: 北京大學哲學系 自編敎材), 6~7쪽.
5) 黑格爾, 『邏輯學』 上(제1판, 北京: 商務印書館, 1961), 39쪽.
6) 列寧, 『哲學筆記』(제1판, 北京: 人民出版社, 1956), 146~147쪽.

이 해석은 사물의 발전을 추진하는 데 있어서 모순의 투쟁성 역할을 분명히 더 강조하고 있다.

절대적으로 서로 용납할 수 없는 대립 속에서 사유하는 형이상학적인 사유방식은 서양 근대문화에서 주도적 지위를 차지했다. 이는 베이컨과 로크에 의하여 자연과학으로부터 철학에 옮겨진 것으로서 서양 고대의 변증법적 사유와는 본질적으로 대립되지만 그런 가운데서도 분별과 대립을 중시하는 점에 있어서는 서로 통하는 데가 있는데, 이러한 사유방식의 토대는 추상적인 동일성 관점이다. 이 관점은 모든 사물은 다 그 자체와 동일하고, 한 사물이 그 자체인 동시에 다른 무엇일 수 없다고 본다. 이는 중국의 '화이부동和而不同'의 전통과 매우 다르다. 중국 철학자들에 의하면 통일체의 내부에 그 자체로 차이와 대립, 변화가 포함되어 있지만, 서양의 사상가들은 추상적인 동일성의 관점으로부터 출발하여 서로 용납할 수 없는 일련의 대립에 빠지고 또한 그러한 대립 속에서 사유한다. 이런 사유방식은 기계적이고 형이상학적인 세계관을 형성할 수밖에 없다. 요약해 말하자면, 형이상학적인 사유방식의 치명적인 폐단은 원래 통일체 내부에 포함되어 있는 차이와 모순을 외재적인 대립 및 극복할 수 없는 모순으로 인해 생겨난 것으로 만들어 버리는 것이다.

이러한 중·서 변증법적 사유의 차이는 각자 장점과 단점을 갖고 있기 때문에 양측의 장점을 종합해야 한다. 각각이 모순의 동일성과 투쟁성의 두 측면 가운데 한 측면은 잘 밝혔지만 다른 한 측면을 다소 소홀히 하였기 때문이다. 형이상학적인 사유방식은 역사적으로 유익한 역할을 하기도 했지만, 중국 고대의 유가철학과 도가철학이 치밀한 분석을 중시하지 않았던 것은 아주 분명한 결점이었다.

2. 중·서 문화의 방향이 같지 않다는 주장에 대한 분석

양수명梁漱溟은 중국 현대의 유명한 사회 활동가이자 사상가이다. 그는 1921년 이래 문화 문제에 관한 전문 저서를 몇 권 내놓았는데, 그의 이론은 대단히 철저했고 견해는 매우 날카로웠다. 그에 따르면, 중국과 서양, 인도의 문화가 같지 않은 것은 방향이 다르거나 삶의 태도가 다르기 때문이며, 이러한 차이는 또 "의욕이 향하는 곳이 다르기" 때문이다. 그는 자신의 이러한 판단은 일백 세대가 지나도 변하지 않을 것이라고 자신했다. 양수명의 사상은 앞뒤에 적지 않은 변화가 있지만 기본적인 시선은 시종 일관하다. 여기서는 다만 그가 "큰 줄거리는 이미 세워졌다"고 자처한 『동·서 문화와 그 철학』이란 저서에 근거하여 분석해 보기로 하자.

중·서 문화의 차이에 대한 양수명의 상술한 판단을 이해하려면 반드시 이러한 입론의 전제를 먼저 알아야 한다. 이러한 입론을 위한 전제에는 문화에 대한 정의, 인류생활에 있을 수 있는 세 갈래 길의 양식, 생활 문제에 대한 분류와 정확한 해결방법이 포함된다. 그는 우선 문화를 '생활의 양식'이라고 정의하면서 다음과 같이 말했다.

문화란 무엇인가? 한 민족의 생활양식일 뿐이다. 생활은 또 무엇인가? 생활은 바로 다함이 없는 의욕(will) — 여기서 말하는 '의욕'은 쇼펜하우어가 말하는 '의지'에 가깝다 — 과, 그것의 부단한 충족과 불충족일 뿐이다. 전체 민족과 전체 생활이 표출해 낸 생활양식이 어떻게 서로 다른 색채를 띠게 되었는가? 생활양식의 최초의 근본 원인인 의욕이 서로 다른 방향으로 분출되어 다른 모습으로 발휘되었기 때문이다.[7]

---

7) 梁漱溟, 「東西文化及其哲學」, 『中國現代哲學史資料彙編』(遼寧大學哲學系 自編教材), 119~120쪽 참조.

여기에서 말하는 '생활의 양식'이란 다시 말하면 생활 문제를 해결하는 방법이다. 양수명은 문제를 해결하는 이러한 방법, 즉 생활양식에 세 가지가 있다고 보았다.

① 본래의 방향으로, 자신이 바라는 것을 얻으려고 애쓰고 자신의 욕구를 충족시키려 하는 것이다. 바꾸어 말하면 바로 분투의 태도이다. 문제에 부딪치면 늘 전진하여 착수하고, 그 결과 국면을 바꾸어 우리의 욕구를 충족시킬 수 있다. 이것이 생활의 본래 방향이다.
② 문제에 부딪치면 해결하려 하지 않고, 그 위치에서 곧장 자기만족을 구하는 것이다. 가령 집이 작고 비가 새는 경우, 본래의 방향에 따르면 집을 바꾸려고 하겠지만 두 번째의 태도를 취하면 집을 개조하려 하지 않고 그 상황에 맞추어 자신의 생각을 바꿈으로써 만족하며 그것이 일반적인 경향임을 주목한다. 이때 착수하는 곳은 앞이 아니다. 눈앞을 보지 않고 주변을 본다. 그는 결코 국면의 개조를 위해 분투하려 하지 않고, 생각을 돌려 상황에 따라 편안하게 여기려 한다. 그가 문제에 대응하는 방법은 단지 자기 의욕의 조화일 뿐이다.
③ 이 방향으로 가는 사람의 문제해결 방법은 앞의 두 가지 방향과는 다르다. 문제에 부딪치면 그는 이 문제 혹은 욕구를 근본적으로 취소하려 한다. 첫 번째 방향처럼 국면을 개조하려 하지도 않고 두 번째 방향처럼 자기의 생각을 바꾸려 하지도 않은 채, 문제를 근본적으로 취소하려 한다. 이것도 문제에 대응하는 하나의 방법이겠지만, 생활의 본성에는 가장 위배된다. 왜냐하면 생활의 본성은 욕구를 전진적으로 추구하려는 것이기 때문이다. 각종 욕망에 대한 금욕적인 태도는 모두 이 방향에 귀결된다.[8]

위 글의 표현방식에 따르면 첫 방향은 옳고 다른 두 방향은 잘못이라는 결론을 얻을 수 있을 것 같다. 그러나 그것은 양수명의 본뜻이 아니다.

---

8) 梁漱溟, 「東西文化及其哲學」, 『中國現代哲學史資料彙編』, 133쪽.

그에 의하면, 인류의 생활은 그다지 좋은 것도 없고 인류의 문화도 그다지 가치 있는 것이 아니기 때문에 인류는 아집我執과 법집法執이라는 두 가지 집착을 풀어 버리는 것 외에는 구제받을 희망이 전혀 없다. 생활의 본성에 부합되는지의 여부도 정확성 여부의 기준이 아니다. 더 나아가 양수명은 만족될 수 있는가 없는가에 따라 인생의 문제를 네 가지로 분류(또는 3대 항목)한 뒤, 위에서 말한 세 가지 방향은 이들 항목에 의해 각각 필요한 것과 적용되지 않는 것이 있게 된다고 주장하였다.

그는 우선 인생의 문제는 만족될 수 있는가 없는가에 따라 네 가지로 분류된다고 했다.

① 충족시킬 수 있는 것. 이것은 물질세계─기성의 나─에 대한 분투이다. 이 경우는 오직 지식이나 능력이 부족해서 충족시키지 못할 뿐, 본래 해결할 수 있는 문제이다. 가령 처음에 사람이 하늘을 날고자 했을 때에는 지식이 부족하여 그 욕구를 충족시킬 수 없었으나, 경기구(수소)나 비행기가 발명된 뒤로는 충족시킬 수 있었다. 이처럼 성질상 해결될 수 있는 욕구는 결국 방법을 찾아낼 수 있음을 알 수 있다.

② 충족 여부를 결정할 수 없는 것. 가령 어떤 의욕을 추구할 때 감정을 가진 '다른 사람의 마음'(他心) 같은 것이 장애가 되기도 하는데, 그것은 모두 나의 욕구 범위 밖에 있기 때문에 충족시킬 수 있는가의 여부를 파악할 수 없다. 예를 들면, 나는 주변사람들이 나를 미워하지 않기를 바라는데, 때로는 간절한 마음을 통해 다른 사람의 마음을 변하게 할 수도 있지만 어떤 경우에는 아무리 설득해도 여전히 나를 미워하기만 하는 경우가 있다. 이런 경우에 나의 욕구의 충족 여부는 일정하지 않고, 내가 주체적으로 조절할 수도 없다. 나는 단지 다른 사람의 신체만을 복종시킬 수 있을 뿐 그의 '마음'까지 복종시킬 수는 없기 때문이다. 다만 그의 결정에 따를 수 있을 뿐이다.

③ 절대로 충족시킬 수 없는 것. 이는 반드시 따라야 할 인과의 필연적인 법칙으로, 완전히 어쩔 수 없는 것이다. 가령 늙지도 죽지도 않고 영원히 살고자 하고 꽃이 피어 영원히 시들지 않게 하려는 것은 어떻게 하든 성취할 수 없고 절대로 불가능한 것이다. 그러므로 이런 욕구는 당연히 충족시킬 수 없다.

④ 이 조목은 위의 세 가지와는 다른 것으로, 욕구의 충족이나 성취 여부를 말할 수 없는 것이다. 이런 생활은 매우 특이하다. 가령 가무, 음악 및 온갖 자연스런 감정의 발휘는 완전한 충족 여부 혹은 성취 여부를 말할 수 없다.[9]

양수명은 이 네 가지 문제 가운데 앞의 3개 항목은 높고 낮음의 차례가 있기 때문에 적용되는 해결방법도 다양하다고 하면서 다음과 같이 말했다.

우리는 제3장에서 인류의 생활에 만족될 수 있는 것과 꼭 만족될 수 있다는 보장이 없는 것과 또는 절대 만족될 수 없는 세 차원의 문제를 열거했다. 인류는 우선 물질생활의 낮고 쉬운 문제부터 자연계에 요구하고, 그것을 점차적으로 해결하면서 다음 차례의 문제에로 옮겨 가며, 갈수록 높은 것으로 가서 절대 해결할 수 없는 세 번째 문제까지 묻게 된다.…… 세 번째 문제는 세 번째 방향을 이용해야 하고, 두 번째 문제는 두 번째 방향을 이용해야 하며, 첫 번째 문제는 첫 번째 방향을 이용해야 한다.[10]

이상에서 말한 전제에 근거하여 양수명은 중국, 서양, 인도의 문화 차이에 대해 다음과 같은 관점을 제시했다.

서양문화는 앞을 향해 요구하는 의욕을 그 근본정신으로 한다.[11]

---

9) 梁漱溟, 「東西文化及其哲學」, 『中國現代哲學史資料彙編』, 132쪽 참조.
10) 梁漱溟, 「東西文化及其哲學」, 『中國現代哲學史資料彙編』, 159쪽.

중국문화는 의욕의 자위自爲, 조화, 중도中道를 유지하는 것을 그 근본정신으로 하며, 인도문화는 몸을 돌이켜 뒤로 물러나기를 요구하는 것을 그 근본정신으로 한다.[12]

앞에서 말한 전제에 근거하여 양수명은 중국, 서양, 인도 문화에 대한 기본 평가와 세계 미래문화에 대한 전망도 제시했다. 그에 의하면 중국, 서양, 인도의 문화는 방향이 다르기 때문에 그 성과도 다르다. 서양문화는 자연계에 대한 물질생활의 요구측면에서 보다 큰 성과를 이루었고, 중국문화는 인간과 인간 간의 문제를 해결하는 측면에서 성과가 크며, 인도문화는 개인 스스로가 스스로에 대한 문제를 해결하는 측면에서 큰 성과를 거두었다. "그 성과를 놓고 말하자면 어느 것이 더 좋고 나쁨이 없이 모두 인류에 대한 위대한 공헌을 하였다."[13] 그러나 그 태도를 놓고 말하자면 적합한 것과 적합하지 않은 것이 있다.

서양문화의 승리는 오직 인류의 현재 문제에 적응했기 때문이고, 중국문화와 인도문화의 지금의 실패는 그 자체에 좋고 나쁨이 있어서가 아니라 시기에 적합하지 않았을 따름이다. 인류의 문화는 그 시초에는 모두 첫 방향으로 나아가지 않을 수 없는데, 중국 사람들도 마찬가지였다. 그러나 그들은 그 길을 끝까지 가지 않고 도중에서 두 번째 방향으로 돌려, 향후에 가야 할 길에 먼저 들어섰기 때문에 조숙한 문화가 된 것이다.[14]

양수명은 더 나아가 서양 사람들의 첫 방향은 이미 막바지에 이르렀기

---

11) 梁漱溟, 「東西文化及其哲學」, 『中國現代哲學史資料彙編』, 120쪽.
12) 梁漱溟, 「東西文化及其哲學」, 『中國現代哲學史資料彙編』, 133쪽.
13) 梁漱溟, 「東西文化及其哲學」, 『中國現代哲學史資料彙編』, 197쪽.
14) 梁漱溟, 「東西文化及其哲學」, 『中國現代哲學史資料彙編』, 197쪽.

때문에 멀지 않은 장래에 중국문화가 부흥할 것이고, 그 뒤를 이어 인도문화가 부흥할 것이라고 보았다. 이에 근거하여 그는 중국 사람들이 지금 취해야 할 태도는 다음과 같다고 주장하였다. 첫째, 인도의 태도를 배척하고, 둘째, 서양문화를 전면적으로 수용하면서 그 잘못된 것은 근본적으로 바로잡고 태도를 바꾸어 나가며, 셋째, 비판적인 입장에서 중국의 원래 태도를 다시 이끌어 내어야 한다는 것이다.

양수명의 주장은 체계적이고 엄정하고 철저하지만 다루는 문제가 지나치게 많고 그 범위가 넓으며 대단히 복잡하다. 그렇기 때문에 여기서는 가장 주요한 몇 가지 문제에 제한하여 분석할 수밖에 없다.

첫째, 문화에 대한 그의 견해는 분명 앞의 '이끄는 글'에서 제시한 독일의 전통에 속하는 것이기 때문에 그 전통의 장점과 단점을 다 가지고 있다. 구체적으로 말하자면 그의 문제는 두 가지에서 집중적으로 드러난다. 하나는 문화 동기의 유의지론唯意志論이다. 양수명은 문화에는 오직 주관적인 원인만 있고 객관적인 원인이 없다고 보았다. 그는 프랑스 전통에서 말하는 '원인'(지리환경결정론 같은 것)과 유물사관에서 말하는 '원인'(생산력)은 다만 원인의 유래(緣)일 뿐이지 원인 자체가 아니라고 보았다. 즉 그 주관적인 원인은 바로 의욕이므로, 문화가 다양한 것은 의욕의 방향이 다르기 때문이라고 했다. 이것은 전형적인 '유의지론'이다. 다른 하나는 생활의 양식(문화)과 생활의 성과물(문명)을 떼어놓고 대립시킨다는 점이다. 그는 "생활 속의 확실한 제작품은 문명이고, 생활의 추상적인 양식은 문화"15)라고 주장했는데, 사실 이 두 가지는 긴밀하게 연계되어 있다. 인류의 생활은 물론 의욕에 의해 추진되지만, 의욕이란 그 자체에서 근원되는 것이 아니라 인간의 생리, 심리에 의해 결정된다. 생리는 인간의 물질구조에 의해 결정되고, 심리는

---

15) 梁漱溟, 「東西文化及其哲學」, 『中國現代哲學史資料彙編』, 132쪽.

인간의 물질구조에 의하여 결정될 뿐만 아니라 또한 일정한 문화-넓은 의미에서의 문화-에 의해 결정된다.

마르크스는 다음과 같이 지적했다.

모든 인류 역사의 첫 번째 전제는 의심할 바 없이 생명을 가진 개인 존재이다. 그러므로 첫 번째로 확정되어야 할 구체적인 사실은 이러한 개인의 육체적 조직, 그리고 육체적 조직의 제약을 받는 것들과 자연계의 관계 문제이다.[16)

인류가 오직 자연계로부터 특정한 생활물자를 얻어서 생존할 수 있다는 것은 인류가 바로 일종의 특정한 소모적인 구조로서 끊임없이 바깥 세계와 물질 및 에너지를 교환하는 조건에서만 비로소 생존할 수 있기 때문이다. 식물 등에 대한 인류의 의욕이 바로 여기에서 근원한다. 마르크스는 또 다음과 같이 말했다.

인간들이 자신이 필요로 하는 생활물자를 생산하는 방식은 우선 그들이 얻은 기성적인 것과 재생산해야 할 생활물자 자체의 특성에 의해 결정된다. 이러한 생산방식은…… 더 큰 의미에서는 이러한 개인들의 일정한 활동방식 이고 그들의 생활을 표현하는 일정한 형식 즉 일정한 생활방식이다.[17)

인간의 육체적 조직은 특정한 생활물자에 대한 인간의 요구를 결정하고, 그 특정한 생활물자의 특성은 또 그것을 생산하는 방식 즉 생활방식을 결정한다. 양수명의 용어로 표현하자면 즉 '생활양식'이다. 야생동물을 먹이로 삼고자 하면 사냥하러 가야 하고, 곡식을 음식으로 삼고자 하면 농사를

---

16) 마르크스, 「德意志意識形態」, 『馬克思恩格斯選集』 제1권, 24쪽.
17) 마르크스, 「德意志意識形態」, 『馬克思恩格斯選集』 제1권, 25쪽.

지어야 한다. 여기서 의욕은 그 어떤 생활양식도 창조할 수 없고, 다만 생활물자 자체의 특성에 의해 끌려 다닐 뿐이다. 이러한 생활물자가 인간에 의해 가공된 것이라는 의미에서 말하자면, 일정한 문명이나 '생활의 성과물'이 인간의 생활양식을 제약하는 것이다. 물질적 욕구의 만족 여부는 인간들이 생산하는 물질조건에 의해 결정되기 때문에, 물질조건이 아직 갖추어지지 못했다면 (이솝우화에서) 여우가 포도송이를 먹으려다 먹지 못하자 "아직 덜 익었군" 했듯이 자위적인 말이 저절로 튀어나올 것이다. 바꿔 말하자면, 의욕이 장차 앞으로 향할 것인지 아니면 조화를 이루고 중도를 지킬 것인지는 역시 객관적인 물질조건의 제약을 받게 되는 것이다.

마르크스는 또 인간의 욕구와 욕망은 인간의 육체적 조직과 생리에 의해 결정될 뿐만 아니라, 더 큰 범위에서는 인류의 문화적 축적에 의해 결정된다고 지적했다. 인간이 요구하는 인간의 생활은 문화발전의 정도에 따라 아주 다양하게 나타난다. 의복은 추위를 막아야 할 뿐만 아니라 또 보기도 좋아야 한다. 당신이 누군가에게 걸레조각 같은 누더기 옷을 준다면 그는 "이것은 소나 말에게나 입힐 옷이야! 너는 나를 사람취급하지 않는구먼" 하면서 항의할 것이다. 게다가 인간의 육체적 조직도 변함이 없는 것이 아니다. 유인원은 옷을 입지 않아도 겨울을 날 수 있지만 사람은 안 된다. 태고의 사람들은 생고기를 먹고 자연의 물을 그대로 마실 수 있었지만 지금 사람들은 안 된다.

요점을 말하자면, 인간의 의욕은 인간의 육체적 조직의 산물일 뿐만 아니라 인류 자체의 문화적 성취의 산물이다. 그렇기 때문에 의욕은 문화의 동기이면서 동시에 문화적 성취의 변화에 따라 변화한다. 유물주의자들에게 이러한 도리는 자명한 것이지만, 양수명은 이를 거들떠보려고도 하지 않았다. 그 근본원인을 살펴보면, 양수명은 인간이란 무엇이고 인간의 생활이란 무엇인가의 문제에 대해 유심주의적 태도를 취하고 있었기 때문이다. 그에 의하면 '지금의 나' 즉 인간은 일종의 "보이지 않고, 들리지 않고, 만져지지 않는 비물질적인 것" 즉 사람들이 말하는 이른바 '마음'이거나 '정신'이다. 그의 말로 표현하면, 지금의 의욕이 바로 '지금의 나'이고 생활은 '그 전의 나'에 대한 '지금의 나'의 분투와 노력이다.[18] '그 전의 나'란 곧 인간 자체의 육체를 포함한 물질세계이다. 이러한 유심주의적 태도로 인간과 인간의 생활을 보게 되니 어찌 유의지주의唯意志主義적 결론을 얻지 않을 수 있겠는가? 이로써 보면, 우리와 그의 갈림길은 결국에 가서는 역시 물질과 의식, 자연과 정신의 관계라는 철학의 기본 문제에 있다.

의욕은 스스로를 근본으로 삼는 것이 아니라 인간 자체의 육체적 조직과 역사적 과정에서 인간 자체의 자연과 몸 밖의 자연에 대한 인간의 개조에 의해 결정된다. 그렇다면 다양한 문화의 근원을 단지 '의욕이 가는 방향이 다르다'라는 이론으로 귀결시킬 수는 없는 것이다.

둘째, 양수명은 인간의 삶에는 3대 문제, 즉 인간과 자연의 문제, 인간과 인간의 문제, 인간 스스로의 문제가 존재한다고 했다. 당연히 여기에는 합리적인 요소가 있다. 그러나 그는 이 세 가지의 문제가 해결의 선·후 측면에서 차례의 다름이 있고 해결하는 방법 또한 다르다고 했는데, 이러한 주장에 대해서는 동의하기 어렵다.

양수명은 "인류의 첫 번째 문제는 생존을 구하는 문제로서, 모든 의식주에 있어서의 갖가지 물질적 요구를 모두 자연계로부터 채워야 한다는 점"[19]을 인정한다. 그런데 인류가 자연계로부터 이러한 생활물자를 얻는 방법은 생산이다. 생산에 대해 언급하자면 두 가지의 관계, 즉 자연과 인간의 관계 및

---

18) 梁漱溟, 「東西文化及其哲學」, 『中國現代哲學史資料彙編』, 131쪽 참조.
19) 梁漱溟, 「東西文化及其哲學」, 『中國現代哲學史資料彙編』, 182~183쪽.

인간과 인간의 관계를 떠날 수 없다. 인간은 사회적인 동물이기 때문에 인류의 생산은 어디까지나 한 개인이 자연과 마주하는 것이 아니라, 일정한 방식으로 조직되어 자연과 마주한다. 조직된 인류가 사회생산에 종사하는 방식 및 이러한 방식에 의해 결정되는 인간과 인간의 물질관계 즉 생산관계는 생산력에 의해 결정되고, 인간과 인간 사이의 여타 관계 즉 정치관계, 윤리관계, 법률관계 등도 모두 생산관계라는 원시적 관계에 의해 결정된다. 따라서 인간의 삶에 있어서 앞의 두 가지 문제는 서로 연계되어 있기 때문에 갈라놓을 수 없고, 그것을 해결하는 것도 서로 연관되어 있거나 발걸음을 함께한다. 즉 자연과 인간의 관계 변화(생산력의 변화)는 인간과 인간 사이의 관계를 결정하고 또 그것에 의해 개변될 것을 요구하며, 인간과 인간의 관계 변화는 역으로 인간과 자연의 관계 변화에 대응되고 또 반작용을 일으킨다.

사람들이 사회생산에 종사하는 목적은 단지 생존을 위한 것일 뿐만 아니라 향락을 추구하고 발전을 추구하는 것이기도 하다. 생존은 생존물자를 필요로 하고, 향락과 발전은 향락과 발전의 물자를 필요로 한다. 인류가 발전하여 자본주의 단계에 이르면 생존물자를 기본적으로 해결했다고 말할 수 있다. 그러나 향락과 발전에 이용할 물자를 해결하기에는 아직 멀고도 멀며, 또한 본질적으로 영원히 모두 다 만족시킬 수 없다. 왜냐하면 물질에 대한 인류의 욕망은 끝이 없어서, 낡은 욕망이 만족되면 새로운 욕망이 잇따르기 때문이다. 그러므로 마르크스 사상은 생산력을 발전시키는 것을 사회주의의 가장 중요한 임무로 간주한다. 이로부터 자연과 인간, 인간과 인간 사이 문제의 해결은 본질적으로 나란히 전진하는 무한한 과정이기 때문에 절대 먼저 하나를 해결하고 다시 또 하나를 해결하는 방식의 순서가 있을 수 없고, 이것으로써 인류의 문화시기를 구분할 수 없으며, 다양한 문명을 물질문명과 정신문명으로 기계적으로 구분할 수 없음을 알려 준다.

우주는 영원히 변화 발전하는 하나의 과정으로서, 유한한 생명은 이 영원히 변화 발전하는 과정에 있으며 생로병사도 역시 마찬가지이다. 이것은 확실히 옛날부터 지금까지 수많은 사상가들이 끊임없이 생각해 왔던 큰 문제이다. 그러나 이 문제도 앞의 두 가지 문제와 완전히 갈라놓을 수 없다. 이는 본질적으로 역시 인간과 자연, 인간과 인간의 관계 문제로서, 다만 표현형식에서 상대적으로 특수할 뿐이기 때문이다. 생명 자체에는 이 문제를 해결하는 자연적인 방식이 있다. '종種의 번식'이 바로 그것이다. 이런 방식이 동물계에서는 살아가는 본능과 생식의 본능으로 표현되는데, 흔히 후자가 전자보다 더 강렬하게 표현된다. 그러나 동물이든 원시인류이든 간에 모두 다 자신을 자연계와 갈라놓지 않았고 개체를 타자와 갈라놓지 않았다. 그러나 계급사회에 이르러 인간은 타자와 나, 물物과 아我를 구분해서 보는 '자아의식'을 가지게 되었고, 또한 처음부터 그 '자아의식'에 사유私有 관념이라는 낙인을 찍었다. 마치 한 사유자私有者가 개인을 본위로 인간과 자연, 인간과 인간의 관계를 처리하는 것과 마찬가지로, 인간은 죽음의 문제를 처리함에 있어서도 개인을 본위로 한다. 그러므로 늙고 병들고 죽는 것을 두려워하고 장생할 것을 희망하는 의욕이 생기게 되었다. 이러한 의욕은 기독교에서는 영혼불멸, 도교에서는 육체가 신선이 되는 사상, 불교에서는 열반적정涅槃寂靜으로 표현되는데, 어떤 표현을 막론하고 그 본질은 모두 사사로운 의욕일 뿐이다. 송·명의 리학자들은 이 점을 일찍부터 지적했다. 이를테면 정호程顥는 다음과 같이 말했다.

불교철학은 생사生死의 두려움으로써 사람의 마음을 움직일 뿐인데 2천 년 이래 한 사람도 그것에 의해 두려운 마음이 생기게 되었음을 각성하지 못하니 참 괴상한 일이다. 성현들은 생사는 본분의 일로서 두려울 것이 없다고 여기기 때문에 생사를 논하지 않지만, 불교철학은 생사가 두려워쉴 새 없이 말한다. 평범한 사람들은 원래 두려움이 많고 이익에 쉽게 움직인다. 선학자禪學者들은 비록 이것과는 다르다고 자처하지만 그 핵심은 같은 생각일 뿐으로, 다 이기심에서 나온 것이다.[20]

이로부터 우리는 개체 생명의 유한함과 영원히 죽지 않고 장생하려는 생명욕구의 모순이 영원히 해결될 수 없는 것이 아님을 알 수 있다. 영원히 죽지 않고 장생하려는 의욕 자체가 일정한 시대의 산물이기 때문이다. 따라서 그것은 역사의 발전에 따라 자연스럽게 사라지게 될 것이다. 즉 인간과 자연, 인간과 인간의 관계가 점차 해결됨에 따라 그러한 모순은 해소될 것이다.

양수명이 제기한 인생의 3대 문제는 긴밀히 연결되어 있을 뿐만 아니라 해결하는 방법도 일치한다. 태도로부터 보면, 인간과 자연의 관계는 한편으로는 물론 국면을 개조하는 방식으로 해결해야 하지만, 다른 한편으로는 또 자연에 적응하고 인간의 행위가 자연에 미치는 영향을 조심스럽게 헤아려서 자연과 환경을 파괴하고 생태의 평형을 무너뜨리는 현상이 일어나지 않도록 막아야 한다. 그는 무턱대고 앞으로 나아가 자연을 정복하기만 하면 자연에 대한 문제를 해결할 수 있다고 여기는 것은 일방적인 편견이 분명하다고 생각하였다. 인간과 인간의 관계는 한편으로는 물론 "돌이켜 자신에게서 원인을 찾는"(反求諸己) 정신으로 해결해야 하지만, 다른 한편으로는 분투하는 정신이 있어야 한다. 어떤 개인이 강건자강剛健自强하지 못하고 각종 압박과 능욕에 대하여 일어나 반항하지 않으면 다른 사람들의 존중을 받을 수

---

20) 『二程遺書』, 권1, "佛學只是以生死恐動人, 可怪二千年來無一人覺此是被他恐動也. 聖賢以生死爲本分事, 無可懼, 故不論死生, 佛之學, 爲怕死生, 故只管說不休. 下俗之人, 固多懼, 易以利動. 至如禪學者, 雖自曰異此, 然要之, 只是此個意見, 皆利心也."

없고 평등과 자유를 얻을 수 없다. 사람이 사람을 착취하고 사람이 사람을 압박하는 현상이 계속 존재했던 계급사회에서는 후자의 측면이 더욱 중요하다. 양수명도 "데모크라시(democracy)는 각종 권위와 힘의 세력에 반항하고 투쟁하여 얻어온 것"[21]임을 인정했다. 중국의 고대 철인들은 병病·노老·사死와 같은 문제도 두 가지 정신을 함께 갖추어야 해결할 수 있다고 우리들에게 알려 주었다. 즉 한편으로는 인간의 분투정신으로써 질병과 늙음과 싸워 주어진 천수를 누리되, 다른 한편으로는 생명은 반드시 죽음이 있음을 이지적으로 대하고 그에 순응하는 것이다. 도연명陶淵明의 시(「形影神」)를 보자.

자연의 변화에 마음껏 흘러가면서　　　(縱浪大化中)
즐거움도 두려움도 없거늘　　　　　　(不喜亦不懼)
주어진 운명으로 해야 할 것 다하며　　(應盡便須盡)
홀로 자꾸 애태우고 걱정할 것 없어라.　(無復獨多慮)

우리는 중국 고대 철학자들이 생사의 문제로써 사람들을 겁주어 출세간出世間으로 이끄는 불교의 선전을 이토록 단호하게 배격했던 그 성공적인 경험을 거울로 삼아 발전시켜야 한다. 핵심을 말하자면, 인생의 3대 문제는 분투하는 정신과 순응하는 태도를 함께 갖추어야 점진적으로 해결할 수 있다는 것을 역사의 경험이 증명한다.

양수명이 인생의 3대 문제가 서로 고립되고, 나름대로의 해결방법이 있고, 그 해결에 선·후의 차례가 있다고 보았던 것은 그가 이러한 문제, 특히 인간과 인간 사이의 문제를 유심주의로 해석했기 때문이다.

그는 생활을 '그 전의 나'에 대한 '현재의 나'의 분투와 노력이라고 정의하였

---

21) 梁漱溟, 「東西文化及其哲學」, 『中國現代哲學史資料彙編』, 133쪽.

다가, 이에 대해 한 차례 수정을 가하였다. 그는 생활의 '장애'에는 물질세계가 있을 뿐만 아니라 '다른 유정有情'(생물)이 있고 또 '우주의 일정한 인과법칙' 특히 "무릇 살아 움직이는 것은 반드시 다 늙어죽게 된다"라는 규율이 있다고 주장했다. 이 세 가지 '장애'가 바로 그가 말한 이른바 인간과 자연, 인간과 인간, 인간 스스로에 대한 3대 문제이다. 그러나 이 모든 견해가 다 유심주의적이다.

양수명에 의하면, 물질세계는 기성의 나이고, 그 전의 나이며, 나 자신의 진이숙과眞異熟果이다. 이것은 불교 유식종唯識宗의 관점이다. 물질세계가 기성의 나이고 그 전의 나일뿐인 이상 이러한 '장애'는 지금의 나, 즉 의욕에 의해 극복되고 정복되고 개조되면 아무런 문제가 없다. 의욕이 앞으로 향하기만 하면 자연에 대한 인간의 문제를 해결할 수 있다고 보는 그의 결론도 바로 여기에 근거하고 있다. 그러나 유물주의적인 관점에 의하면 그렇게 간단한 문제가 아니다. 자연을 정복하려면 반드시 자연을 인식하고 자연에 복종해야 한다. 즉 자연의 법칙에 따라 자연을 이용해야 한다. 자연법칙의 측면에서 보자면 "무릇 살아 움직이는 것은 반드시 다 늙어죽게 된다"는 규율(이것도 자연법칙이다)과 같은 것은, 인류가 복종하고 순응하는 외에 참으로 다른 방법이 없다. 이 점이 바로 베이컨 등이 특히 강조한 부분이다. 이로부터 보면, 양수명이 서양의 태도를 "의욕이 앞을 향해 요구하는 것을 근본정신으로 한다"라고 개괄했을 때 이미 그 정신을 왜곡하여 유심주의로 이해했던 것이다.

유물주의에 의하면, 인간과 인간의 관계는 물질관계 즉 생산관계와 인류 자체의 재생산관계(부자관계, 부부관계 등)로서 여타 관계는 모두 이것을 토대로 한다. 생산관계는 오직 생산력에 의해서만 결정될 수 있다. 따라서 인간과 자연, 인간과 인간 사이의 문제는 본질적으로 한 가지 문제의 두 가지

146

측면일 뿐이어서, 선·후로 차례를 정할 수 없고 완전히 다른 두 가지 방법으로 해결하려는 것은 더욱 불가능하다. 그런데 이 두 가지 문제에 대한 양수명의 구분은 전적으로 유심주의적이다. 그의 말을 들어보자.

> 장애는 비단 물질세계- 기성의 나- 만이 아니고, 나 자신의 진이숙과眞異熟果 만도 아니다. 그 밖에 하나 즉 다른 유정有情이 더 있다. 예를 들면 나는 금수를 사냥하여 고기를 먹고 가죽을 벗긴다. 이때 다른 유정의 근신根身에 국면의 변화가 일어나는데, 그것도 '기성의 나'에 대한 분투이다. 왜냐하면 다른 유정의 근신은 실로 나의 기계器界 즉 기성의 나이기 때문이다. 따라서 이때 장애가 되는 것은 다른 유정이 아니라 바로 나 자신의 '진이숙과'이다. 진정으로 장애가 되는 것은 다른 유정의 마음이지 그 근신이 아니다. 가령 내가 다른 사람의 사랑을 받으려 하거나 그에게 동의를 구하고자 할 때, 장애가 되는 것은 '다른 유정의 마음'이다. 이것은 다른 유정이며, 나의 '기성의 나'가 아니며, 그 사람의 '현재의 나'이다. 이때에 그가 나에게 동의할지의 여부는 결국 알 수 없다. 내가 만약 모든 사람들에게 내 의견에 동의할 것을 구한다면, 반드시 나의 뜻을 진술하여 호소하고 '다른 사람의 마음'의 국면을 바꾸어야 비로소 나의 소망대로 될 수 있다.[22]

인간과 인간 사이의 관계는 단지 '나의 의욕'과 '타자의 의욕' 또는 나의 마음과 다른 사람의 마음 간의 관계일 뿐 다른 무엇이 아니라는 것이다. 양수명은 야생동물의 고기를 먹고 가죽을 벗기는 것, 타인의 육체에 압박을 가하는 것 모두가 '현재의 나'가 '그 이전의 나'와 싸우는 것이고, 심지어 나 자신의 근신根身인 육체도 그 이전의 기성의 나에 속한다고 보았다. 그의 이러한 구분은 아주 명확하다고 할 수 있지만 철저한 유심주의의 입장이다. 이러한 구분에 따르면, 인간과 자연 사이의 문제와 인간과 인간

---

22) 梁漱溟, 「東西文化及其哲學」, 『中國現代哲學史資料彙編』, 131~132쪽.

사이의 문제는 당연히 서로 고립되어 나름대로의 다양한 방법으로 해결해야 하거나 또는 선·후로 나뉘어 점차적으로 해결해야 한다. 그러나 유물주의의 관점에 의하면 이런 식의 구분은 엉터리에 불과하다. 정신－사유, 의지, 감정, 의식 등－은 인간의 육체적 기능과 객관세계에 대한 능동적인 반응이고, 인간과 인간의 관계는 우선 인간의 생산과 종의 번식에서 형성되는 물질적 관계이다. 인간의 의욕은 양수명이 상상한 것처럼 절대적으로 자유로운 것이 아니라는 것을 역사의 경험이 말해 주고 있다. 물질생산 자료를 독점한 계급이 정신생산도 아울러 독점하기 때문에, 역사상의 착취계급은 다른 사람의 몸을 정복할 수 있을 뿐만 아니라 그의 마음도 정복할 수 있다. 만약 그렇지 않다면 극소수의 착취자가 절대다수의 노동자를 통치하는 역사적 상황들은 그야말로 기적이 아닐 수 없다.

양수명은 인간이 물질세계에 대해 갖는 문제는 '이전의 나'에 대한 '현재의 나'의 문제이고 인간과 인간 사이의 문제는 '나의 마음'과 '다른 사람의 마음' 간의 문제이지만 유독 인간의 그 자신에 대한 문제만은 절대적으로 만족될 수 없는 문제로서 반드시 필연적인 인과의 추세를 따라야 한다고 보았는데, 이러한 구분에도 유심주의적 근거가 내재해 있다. 유물주의의 견해에 의하면, 자연계와 인류사회의 발전은 모두 객관적인 인과규율이 있기 때문에 인간에게는 자연에 대한 측면이나 인간에 대한 측면을 막론하고 모두 반드시 따라야 할 객관적 규율이 존재한다. "무릇 살아 움직이는 것은 반드시 다 늙어죽게 된다"는 것은 이 수많은 규율 중 하나일 뿐이다. 그렇기 때문에 세 가지 측면의 문제는 그 해결의 방법이나 해결하는 시간을 막론하고 모두 명확하게 구분할 수 없다. "무릇 살아 움직이는 것은 반드시 다 늙어죽게 된다"는 규율은 양수명의 유심주적 우주관으로부터 이끌어 낸 것이다. 그에 의하면 생명은 상속相續되고 우주도 상속된다. 생명에는 생물의 '근신根身'인 육체와 기계器界인 물질세계가 포함되기 때문에 우주가 바로 생명이다. "우주는 실로 생명에서 성립되고 생명에 의해 존재한다"[23]고 말할 수 있는 것이다. 생명과 우주가 모두 상속되고 "상속되는 것은 즉 무상無常"[24]이기 때문에, 살아 움직이는 것은 반드시 다 늙어죽게 된다는 것은 반드시 따라야 할 필연적인 인과因果의 흐름이다. 이렇기 때문에 양수명은 세 번째 문제를 첫 번째, 두 번째 문제와 분명하게 구분할 수 있었던 것이다.

인생의 3대 문제와 그 해결방법 및 순서에 대한 양수명의 명확한 구분은 중국·서양·인도 문화를 평가하고 세계 미래문화를 추측하는 이론적 기초이기도 했다. 따라서 그 기초가 무너지고 나면 중국·서양·인도 문화에 대한 평가와 세계 미래문화에 대한 추측도 성립될 수 없는 것이다.

셋째, 중국·서양·인도 문화의 기본정신에 대한 양수명의 분석은 성립될 수 없다.

생활의 길의 양식에 대한 양수명의 분석이 어느 정도 일리가 있음은 인정해야 한다. 어려움에 봉착할 경우, 사람마다 취하는 태도는 확실히 다르다. 어떤 사람은 분투하여 전진하고, 어떤 사람은 자기의 처지에 만족하여 안주하며, 어떤 사람은 '타조 정책'[25]을 취한다. 그러나 이런 분석은 중국·서양·인도의 3대 문화 계통에는 적용되지 않는다. 우리가 보기에 휘황찬란한 물질문명과 정신문명을 창조하고 또한 그것을 끊임없이 계승하고 발전시킬 수 있었던 것은 오직 적극적으로 향상하려는 마음 외에 다른 것이 있을 수 없다. 그렇기 때문에 두 번째와 세 번째 태도는 비록 취할 만한 것이

---

23) 梁漱溟, 「東西文化及其哲學」, 『中國現代哲學史資料彙編』, 130쪽.
24) 梁漱溟, 「東西文化及其哲學」, 『中國現代哲學史資料彙編』, 155쪽.
25) 역자주: 도피주의식 정책.

전혀 없는 것은 아니지만 첫 번째 태도의 보충적인 성격으로밖에 될 수 없다. 만약 이러한 태도를 삶의 근본적 태도로 한다면 아무런 성과도 있을 수 없다. 바꿔 말하면 중국·서양·인도의 3대 문화 계통은 본질에 있어서 다 같은 방향으로 나아갔다.

두 번째와 세 번째 태도가 취할 만한 것이 전혀 없는 것은 아니라고 한 것은 아래와 같은 생각에 근거한 것이다. 삶에 있어서의 요구는 아주 많지만 주관과 객관 조건의 제한으로 인해 모두 만족될 수는 결코 없다. 예를 들면, 나는 민족 압박을 반대할 뿐만 아니라 계급 압박도 반대하지만 민족 재난이 아주 심각하여 민족의 생존을 위협할 경우, 나는 계급 압박에 대해서는 잠시 조화를 이루고 중도를 지키는 태도를 취해야 한다. 이것이 그 하나이고, 다른 하나는 다음과 같다. 삶에서의 요구가 충족되지 못할 경우 고통이 생기게 되는데, 그 고통이 너무 크면 분투를 방애할 뿐만 아니라 몸도 상하게 되므로 다양한 고통에 대해서는 다양한 방법을 취해야 한다. 내가 혼신을 다하여 민족 압박에 대항하고 나섰을 경우에는 이런 압박의 고통을 과장함으로써 사람들로 하여금 무감각상태에서 깨어나 궐기하고 항쟁하도록 해야 한다. 그렇게 하기 위해서는 여타의 고통, 이를테면 계급 압박의 고통, 물질적 결핍의 고통, 전쟁에서 가족을 잃어버린 고통 등은 잠시 잊어버려야 한다. 요지를 말하자면, 내가 중요한 방향에서 분투하고 전진하는 데 유익하도록 나의 정력과 정서를 유지하기 위해서는 그 밖의 부차적인 방향에서는 그럭저럭 만족하거나 또는 어떤 요구를 취소해 버릴 필요도 있다. 그러나 이런 태도를 분투하는 태도의 보충으로 삼아야지, 그렇지 않을 경우는 취할 바가 못 된다.

사람들이 그 어떤 문제에 봉착하거나를 막론하고 모두 그에 적응하고 만족하거나 근본적으로 그 문제를 취소해 버리게 되면 아무런 성과도 거둘 수 없다. 한 사람이 그렇고, 한 민족도 마찬가지이다. 그렇기 때문에 문화에 대한 우리의 정의가 양수명과 다르고, 문화와 문명 관계에 대한 견해도 다양하다. 우리가 보기에 문화는 인간 자체의 자연과 몸 밖의 자연에 대한 개조로서, 활동방식과 활동성과의 변증법적 통일이다. 만약 사람이 무슨 문제를 대할 때에 모두 그 처한 환경에 만족하거나 그 문제를 근본적으로 취소해 버리면 그에게는 그 어떤 활동도, 그 어떤 창조도, 그 어떤 성과도 있을 수 없기 때문에 그 어떤 문화도 당연히 있을 수 없다. 하지만 양수명은 문화가 곧 생활의 양식이기에 처한 환경에 적응하고 만족하거나 또는 뒤로 돌아가려고 하는 것도 역시 생활의 양식인 이상, 그것도 바로 일종의 문화라고 했다.

마르크스주의에 의하면, 사람을 관찰할 때는 그의 선전을 볼 것이 아니라 그의 행동을 보아야 한다. 역사상에서 많은 사상가들이 처한 환경에 적응하고 만족하거나 또는 문제를 아예 취소해 버릴 것을 주장했지만 그들에게도 많은 문화성과가 있었다. 예를 들자면 장자의 사상과 문학적 성과가 아주 높은데, 이를 본질적으로 말하자면 말과 행동이 맞지 않은 결과이다. 장자는 "저 지극히 큰 덕이 펼쳐졌던 세상에서는 사람도 짐승이나 새와 함께 살았고, 사람이 또한 만물과 더불어 존재했다"라고 주장했다. 만약 그가 이러한 주장을 정말로 실천한다면 말을 하지 말고 글을 짓지 말아야 한다. 왜냐하면 말을 하고 글을 지으면 바로 "짐승이나 새와 함께 살고 만물과 더불어 존재하는 것"이 아니기 때문이다.

중국·서양·인도의 문화를 촉진시킨 것이 모두 분투정신이었다고 말하는 것은 단지 이론적인 분석에서가 아니라 충분한 사실적 근거가 있다. 중국문화를 놓고 말하자면, 중국문화에는 강건자강의 정신이 있는데 이러한 정신이 다시 인생 문제의 여러 측면에 광범하게 적용되어 중국문화의 발전과 중화민족의 진보에 중대한 작용을 했다.

천인天人관계의 측면에 있어서 중국문화의 주도사상은 천인의 화합이다. 이러한 천인의 화합은 단순히 "자연을 지배하고 정복하려 하지 않고 자연과 융합되고 자연과 함께 즐기려는" 데 그치는 것이 아니라, 인간의 능동성을 발휘해서 자연을 조절하고 인도하여 인간의 요구를 만족시키는 동시에 자연에 적응하고 자연을 보호하며 자연규율에 순응할 것을 주장하는 것이다. 이러한 태도가 비록 오로지 자연을 정복할 것만을 말하는 서양과는 다르지만 그 속에 분투정신이 내재되어 있음은 분명하다.

인간과 인간의 관계 문제에 있어서는 인간과 인간의 대립과 투쟁을 강조하는 법가法家의 주장만이 서양과 비슷할 뿐, 중국 고대의 여타 학설은 모두 통일과 화합을 중시하였다. 이러한 통일과 화합은 양수명이 추상적으로 말한 "서로 대립을 중시한다"거나 "예의를 차려 나라를 다스린다"고 하는 방식이 아니라, 그 속에는 적어도 3중의 규정성을 가지고 있다. 첫째는 등급과 명분, 즉 존비尊卑·귀천貴賤을 강조하는 것이다. 둘째는 각 개인마다 일정한 등급과 명분에 따라 의무를 다하는 것이다. 이를테면 다스림을 받는 사람은 다스리는 사람을 공경하게 섬겨야 하고, 다스리는 사람은 다스림을 받는 사람을 잘 돌보아야 한다. 또한 부모는 자녀를 사랑하고 자녀는 부모에게 효도를 다하며 형은 아우를 사랑하고 동생은 형을 공경하는 것이다. 셋째는 서로 상대방의 인격을 존중하는 것이다. 즉 군주는 신하를 쓰되 예를 지키는 것과 같은 것들이다. 그런데 인격의 존엄함은 등급에 따라 다양하게 나타난다. 군주가 신하를 쓰되 예를 지킨다는 것은 덕망이 높고 어진 사람을 예의와 겸손으로 대한다는 방식의 '경敬'이고 신하를 내 몸과 같이 여기는 것과 같은 '경'이지, 신하를 자기와 평등한 지위로 끌어올린다는 의미가 아니다. 요컨대 중국인들이 주장하는 화합과 통일은 불평등한 대등對等원칙을 바탕으로 하는 화합과 통일이다. 맹자는 다음과 같이 말했다.

> 만약 임금이 신하 보기를 자기의 손발같이 하여 지극히 사랑하면, 신하도 임금 보기를 자기의 배나 마음 같이 여겨 극력 아낄 것이다. 그러나 만약 임금이 신하 보기를 개나 말같이 하고 마구 부리기만 하면 신하도 임금 보기를 일반 사람과 같이 하여 조금도 높이지 않을 것이다. 더욱이 만약 임금이 신하 보기를 초개같이 하여 마구 짓밟으면 신하도 임금 보기를 도적이나 원수같이 하고 미워할 것이다.[26)]

> 만약 임금이 아무 죄도 없는 선비를 죽인다면 대부는 그런 임금으로부터 떠나게 될 것이다. 또 임금이 아무 죄도 없는 백성을 죽게 한다면 선비는 그런 임금으로부터 떠나는 것이 좋다.[27)]

이러한 말들은 불평등한 대등원칙을 명확히 밝히고 있다. 이러한 불평등한 대등원칙을 바탕으로 하는 화합과 통일을 실현하는 것은 쉬운 일이 아니다. 이는 한편으로는 신분이 높은 측의 자아단속 능력과 도덕적 모범 역할에 달려 있지만, 다른 한편으로는 신분이 낮은 측의 자중自重, 자강自强과 투쟁정신에 달려 있는 것이기도 하다. 예를 들자면, 지주계급과 농민계급 간에서는 농민들이 수없이 많은 봉기를 일으킴으로써 지주계급들로 하여금 비로소 "물이 배를 띄우기도 하고 뒤집기도 하는" 도리를 알게 하여 자신들을 잘 단속하게 한다. 또 예를 들자면, 전제군주제도가 확립된 이후 신하의 지위가 갈수록 약화되어 위와 같은 맹자의 주장이 거의 실현불가능하게

---

26) 『孟子』,「離婁下」, "君之視臣如手足, 則臣視君如腹心. 君之視臣如犬馬, 則臣視君如國人. 君之視臣如土芥, 則臣視君如寇仇."
27) 『孟子』,「離婁下」, "無罪而殺士, 則大夫可以去. 無罪而戮民, 則士可以徙."

되자 유가에서는 '천작天爵'과 '양귀良貴' 즉 천부적인 인격을 대단히 중요하게 여기면서 "부귀에 의해 마음이 타락되는 일이 없고 빈천에 의해 지조를 바꾸는 일이 없으며 어떠한 위세나 무력 앞에서도 굴하지 않는" 대장부의 기개를 특별히 강조함으로써 각종 계급과 명분, 권리와 의무를 규정한 '예禮'를 부각시켰다. 이로부터 우리는 인간 대 인간의 문제에 관한 중국 사람들의 태도는 덮어 놓고 처한 환경에 만족하거나 한사코 자신에게서만 원인을 찾는 것이 아니라, 오히려 분투정신을 대단히 중요하게 여기고 강건剛健과 자강自强의 측면 및 후덕재물厚德載物의 측면을 다함께 어우르는 화합과 통일을 주장하는 것이었음을 알 수 있다.

기독교에서는 인간이란 이미 나면서부터 죄를 지은 존재임을 강조하면서 세속의 즐거움을 버리고 천국에서의 영혼의 영생과 행복을 추구할 것을 가르친다. 불교는 "고생이 끝이 없음"이 인생임을 강조하면서 출가하여 수행하고 이를 통해 생사윤회를 끊은 무생無生의 대자재大自在를 추구할 것을 가르친다. 기독교가 곧 서양문화이고 불교가 곧 인도문화라는 말은 결코 아니지만, 이 두 사상이 서양과 인도에서 아주 큰 세력을 가졌던 것만은 사실이다. 이런 의미에서 말하자면, 기독교문화는 일종의 '죄감문화罪感文化'이고 불교문화는 일종의 '고감문화苦感文化'라 할 수 있다. 이에 비해 중국에서 주도적인 위치를 차지했던 유가는 삶을 즐거움(樂)으로 간주할 것을 주장한다. 유가와 도가는 모두 '생'과 '사'를 자연의 법칙이라고 보면서 이지적이고 활달한 태도로써 거기에 순응할 것을 주장한다. 특히 유가는 유한한 인생의 과정에서 인간의 가치를 충분히 실현할 것을 주장한다. 중국문화에도 인간과 그 자신에 관한 이론이 있지만, 그 이론은 생사 문제를 논의하는 것이 아니라 '대체大體와 소체小體' 또는 정신생활과 물질생활의 관계를 탐구한다. 전통적인 용어로 표현하자면 정덕正德·이용利用·후생厚生 간의 관계라고 할 수 있다.

춘추시기 '삼사三事'란 말이 있었다. 진晉나라의 귀족 도결都缺은 "정덕正德·이용利用·후생厚生을 삼사三事라고 합니다"[28]라고 말했다. '정덕'은 품행을 단정히 하는 것을 가리키고, '이용'은 기물을 편리하게 이용하는 것 즉 각종 도구와 기물을 발명하고 개선하는 것을 가리키며, '후생'은 생활을 풍요롭게 하는 것을 가리킨다. 정덕은 정신생활을 높이는 것이고, 이용과 후생은 물질생활을 향상시키는 것이다. 초나라 신숙시申叔時는 이 세 가지의 관계를 논하면서 "백성들의 생활이 풍부해지면 덕도 바르게 닦아지고, 백성들이 쓰는 것이 편리하게 되면 온갖 일이 절도에 맞게 된다"[29]라고 했고, 제나라 안영晏嬰은 "사람은 태어날 때부터 생업의 돈독함과 이로움을 추구하기 때문에 바른 덕으로써 욕망의 폭을 규제해야 한다"[30]라고 했다. 다시 말해, 이용과 후생은 정덕의 기초이고 정덕은 이용과 후생의 목적이다. 즉 덕행이 바르면 이용과 후생을 절도에 맞게 조절할 수 있다는 것이다. 물질생활과 정신생활을 함께 중시하는 '삼사三事'에 관한 이러한 주장은 전면적이고도 심각한 것이다.

『주역대전』의 「계사하전繫辭下傳」에도 '숭덕崇德'과 '이용利用'의 관계에 관한 멋진 논술이 있다. "의義를 정밀히 다듬어서 신神의 경지에 들어가고, 그것으로써 세상을 위한 쓰임을 지극하게 한다. 쓰는 것을 이롭게 하여 몸을 편안히 하고, 그것으로써 덕을 숭상한다. 이것을 지나쳐 가는 것은, 이것을 혹 알 수 없었기 때문이다. 신비로움을 다하여 변화하는 것을 아는 것은 덕의 성대함이다."[31] 여기서 '의義'는 사물의 법칙을 가리키고 '신神'은 미묘한

---

28) 『左傳』, 文公 7년조, "正德, 利用, 厚生, 謂之三事."

29) 『左傳』, 成公 16년조, "民生厚而德正, 用利而事節."

30) 『左傳』, 襄公 28년조, "夫民, 生厚而用利, 於是乎正德以幅之."

31) 『周易』, 「繫辭下傳」, "精義入神, 以致用也. 利用安身, 以崇德也. 過此以往, 未之或知也. 窮神知化, 德之盛也."

변화를 가리킨다. 사물의 법칙을 세밀하게 연구하여 깊고 미묘한 변화를 이해하는 것은 실용을 위한 것이고, 실제 운용에 편리하도록 하는 것은 도덕을 높이기 위함이다.

전국시대 이후 '정덕正德'과 '이용후생利用厚生'을 함께 중시하는 사상에 분열이 일어났다. 유가는 '정덕'과 '숭덕'을 특히 강조하면서 '이용후생'의 문제에 대해서는 크게 연구하지 않았다. 상앙商鞅이나 한비자韓非子 같은 법가는 부국강병을 특히 강조하였지만 도덕을 중시하지 않거나 심지어 무시하기까지 했고, 도가는 '이용'도 반대하고 '후생'도 찬성하지 않았다. 이러한 분화로 인해 '정덕·이용·후생'이라는 전면적인 사상은 더 이상 발전하지 못하게 되고, 명나라와 청나라의 교체기에 이르러서야 비로소 왕부지王夫之, 안원顔元 등의 학자들에 의해 다시 주목받게 되었다. 그렇지만 '이용후생'에 관한 실제 문제는 각 시대마다 일부 자연과학자들에 의해 꾸준히 주목받았기 때문에 그 사상은 여전히 중국문화사에 있어서 중요한 지도사상이었다고 말할 수 있다.

중국의 고대 문화는 여러 방면에서 휘황찬란한 성과를 거두었고 무려 10여 세기에 달하는 기나긴 세월 동안 세계문명의 선두를 차지했지만, 이러한 문화적 성취는 15, 6세기 이후부터 서양문화에 비해 상대적으로 점차 뒤떨어지게 된다. 이는 이미 중국과 외국의 학자들이 일반적으로 인정하는 사실이다. 여기서는 다만 중국의 고대 과학기술 상황만을 예로 들어 양수명의 언급과 비교해 보고자 한다. 양수명은 다음과 같이 말했다.

중국 사람들은 물질생활 방면에서 앞으로만 나아가려 하거나 좀 더 가지려 하는 욕구가 적다. 중국인들은 분수에 만족하고 눈앞에 차려진 것만을 누리며 과분한 욕망을 꾀하지 않기 때문에 물질생활이 항상 간단하고

소박하며, 그렇기 때문에 발명 창조물이 적다.[32]

그는 또 이 방면에 있어서, 중국의 고대문화와 서양의 근대문화는 절대로 선진과 후진의 차이 혹은 빨리 가고 늦게 가는 차이가 아니며, 다만 나아가는 방향이 달랐을 뿐이라고 하였다.

나는 중국이 서양문화와 접촉하지 않고 완전히 폐쇄되어 외부와 소통하지 않았다면 다시 300년, 500년, 아니 1000년이 지나도 결코 증기선, 기차, 비행기 및 과학적 방법과 '민주주의'의 정신을 낳을 수 없었을 것이라고 단언할 수 있다. 무슨 말이냐 하면, 중국인은 서양인과 똑같은 길을 걸어가지 않는다는 말이다. 느리게 나아갔기 때문에 남들보다 몇 십 리 뒤처진 것이 아니다. 만약 같은 길을 걸어가고 다만 조금 늦을 뿐이었다고 한다면 천천히 걸어가도 결국 언젠가는 따라잡을 수 있다. 그러나 만일 각자 다른 방향으로 길을 간다면 아무리 나아가도 서양인이 도달한 지점에 미칠 수 없을 것이다. 중국은 사실 후자의 경우이다. 다시 말하면 중국인은 서양인과 다른 방향과 태도를 갖고 있다. 즉 중국인이 걷는 길은 결코 전진적으로 추구하는 첫 번째의 방향과 태도가 아니다.[33]

만약 '5·4 시기'라면 그때의 역사연구 특히 중·서 과학기술사의 비교연구가 아직 낙후하였기 때문에 이렇게 말해도 정상을 참작해 줄만 하지만, 지금까지도 이러한 낡은 관점을 가지고 있다면 사실을 너무 무시하는 것이다. 왜냐하면 진秦·한漢으로부터 송宋·원元에 이르기까지의 천여 년 동안 중국의 과학기술이 선두에서 인류문명의 진보에 중대한 공헌을 했다는 사실을 중국과 외국 학자들의 비교연구가 이미 충분히 증명하고 있기 때문이다.

---

32) 梁漱溟, 「東西文化及其哲學」, 『中國現代哲學史資料彙編』, 176쪽.
33) 梁漱溟, 「東西文化及其哲學」, 『中國現代哲學史資料彙編』, 138쪽.

예를 들자면 영국의 과학사학자 조지프 니덤(Joseph Needham, 1990~1995)은 다음과 같이 지적했다.

> (중국 사람들은) 많은 중요한 측면에서 과학기술 발명품들이 '그리스의 기적'을 창조한 전설적인 인물들보다 앞섰고, 고대 서양 세계의 문화적인 재부財富를 소유했던 아랍인들과도 어깨를 나란히 하였으며, 또한 기원 3세기로부터 13세기에 이르는 기간에는 서양이 발밑에도 미치지 못하는 높은 수준의 과학지식 수준을 갖고 있었다.[34]

자연을 개조하는 측면에서 중국 사람이 서양 사람과 같은 길을 걸었을 뿐만 아니라 장기간 동안 선두에 섰었다는 사실은 아주 명백하다. 다만 근세 몇 백 년 동안 뒤떨어졌을 뿐이다.

넷째, 중·서의 문화방향이 같지 않다는 양수명의 주장은 그 전제로부터 결론에 이르기까지 모두 다시 써야 한다. 더욱이 그의 주장은 실천에 있어서도 많은 해로운 주장을 도출해 냈다.

중·서의 문화방향이 다르다는 그의 주장은 문화의 시대성이나 민족성을 모두 부인해 버렸다. 물론 양수명도 서양문화에 비해 중국과 인도의 문화는 시의時宜에 적합하지 않았다고 주장하기는 했지만, 그가 말하는 '시의'란 우리가 말하는 시대성과 같은 개념이 아니다. 또한 그의 말에 따르면, 서양문화가 제1기 문화인 데 비해 중국문화는 본성本性에 있어서 제2기 문화에 속한다. 왜냐하면 제1기 문화를 이루지 않고 제2기로 들어가 '조숙早熟한' 문화가 되었기 때문이다. 또 그 역시 '민족'과 같은 용어를 사용하고 있지만, 그는 유의지론의 관점에 근거하여 "문화란 하나하나가 모두 다 천재들의 창조물로서 우연적 발상으로부터 만들어진 것들일 뿐이어서 다만 앞뒤의 '연분'(緣)만

---

34) 李約瑟, 『中國科學技術史』(中譯本, 北京: 科學出版社, 1957) 제1권 제1分冊, 3쪽.

있고 '원안'(因)은 없다"[35]라고 단언함으로써 문화와 민족 간의 연계를 단절시키고 말았다. 결국 그의 주장은 중국 전통문화의 봉건적 독소를 철저히 비판하고 청산하는 데 불리하였을 뿐만 아니라, 그 중의 우수한 민족전통을 계승하고 발양하는 데에 있어서도 불리하게 작용하였다.

양수명은 중·서 문화의 각기 다른 방향과 문화 분기分期에 관한 자신의 관점에 의거하여, 멀지 않은 장래에 세계적인 중국문화의 부흥이 일어날 것이라고 단언했다. 하지만 이러한 희망은 그가 말하는 의미에서는 절대 현실로 될 수 없고, 다만 완고한 보수파들에게나마 어느 정도 입김을 불어넣는 효과가 있을 뿐이다. 이것은 5·4 시기의 시대조류에도 역행하는, 그러한 방식의 사고이다. 그는 당시 선진적인 인사들 사이에서 유행하던 중서문화융합론을 반대하면서, 중국과 서양은 욕구가 지향하는 바가 다르고 나아가는 방향이 다르므로 절대 융합될 수 없다고 주장하였던 것이다.

마지막으로 양수명은 중국은 "수정되고 변화된 서양의 태도",[36] 즉 용감하게 앞으로 나아가되 외재적 물질만을 추구하고 주변 환경에 휩쓸리는 것을 배척하는 태도를 지녀야 한다고 하면서 다음과 같이 말했다.

현재 먼저 근본적으로 일종의 인생사상을 계발하여 개인의 이기주의, 물질적 선망, 도처의 이해타산, 작위적인 행위를 완전히 초탈하여 바로 내면에서부터 솟아나는 활기-러셀의 이른바 창조충동 같은- 를 앞을 향하는 태도와 융합시켜서, 관계에 따라 적절하게 대응하고……. 오직 앞을 향하는 이러한 활동만이 중국인의 오래된 결점을 보완해 줄 수 있고 현재의 고통을 해결할 수 있으며 서양의 폐해를 피하고 세계의 요구에 부응할 수 있다.[37]

---

35) 梁漱溟, 「東西文化及其哲學」, 『中國現代哲學史資料彙編』, 128쪽.
36) 梁漱溟, 「東西文化及其哲學」, 『中國現代哲學史資料彙編』, 199쪽.
37) 梁漱溟, 「東西文化及其哲學」, 『中國現代哲學史資料彙編』, 202~203쪽.

논리적으로 보자면, 중국의 태도로써 서양의 태도를 '융합'시키려는 이러한 주장은 세 가지 방향 중에서 단 하나만을 선택할 수 있다는 그의 당초 주장과 모순된다.

3. 문화에 "고금古今이 있고 중외中外가 없다"는 주장에 대한 분석

5 · 4시기 이래의 문화 연구에서는 서로 대립되는 두 주장이 나타나게 되는데, 이 두 가지 주장은 모두 편파적인 내용이었다. 하나는 중 · 서 문화의 차이는 순전히 시대성에서 비롯된 것이라는 견해로서 "고금이 있고 중외가 없다"는 주장이며, 다른 하나는 중 · 서 문화의 차이는 순전히 민족성에서 비롯된 것이라는 견해로서 "중외가 있지만 고금은 없다"는 주장이다. 전자의 경우에는 지금까지도 그 영향을 미치고 있기 때문에 좀 더 자세히 분석해 볼 필요가 있다.

대체적으로 두 부류의 사람들이 "고금이 있고 중외가 없다"는 주장을 하는데, 그 하나는 역사유물주의적 관점을 가지고 있기는 하지만 그 이해가 깊지 못한 사람들이고 다른 하나는 문화사회학적 관점을 지닌 사람들이다. 전자는 구추백瞿秋白을 대표로 하고, 후자는 호적胡適과 진서경陳序經을 대표로 한다.

구추백은 1923년에 굴유타屈維它라는 필명으로 「동양문화와 세계혁명」이라는 글을 발표했다. 이 글에서 그는 "서양문화는 지금 자본주의를 거쳐 제국주의로 이르렀으나 동양문화는 아직도 종법사회와 봉건제도 사이에서 머물고 있다. 하지만 양자 모두가 이미 '잡초가 우거진 주인 없는 무덤 위에 떠도는 유혼遊魂처럼 되었기에' 서양의 무산계급과 동양의 약소민족들은 일제히 일어나 제국주의에 반항하고 종법사회와 봉건제도 및 세계의 자본주의를 뒤엎어야 한다. 그래야만 비로소 신문화에로 매진할 수 있다"라고 하였다.[38] 이러한 주장은 분명 선진적이고 혁명적이지만, 이 글은 아주 심각한 편견을 드러내고 있다. 그는 "동·서 문화의 차이는 사실 시간상의 차이일 뿐" "문화에는 본래 동양과 서양의 차이가 없다"라고 했다.[39] 이렇게 고금만 인정하고 중국과 서양을 인정하지 않는 관점은 분명 일방적이다. 그는 또 다음과 같이 말했다.

> 동·서 문화의 차이는 사실 시간상의 차이일 뿐이다. 인류사회의 발전은 자연적인 조건의 제한으로 인하여 생산력의 발전 속도가 다르다. 그렇기 때문에 마땅히 거쳐야 하는 각종 경제적 단계의 과정은 비록 일치하나, 서로를 비교해 보면 각각의 국가와 각각의 민족의 문화양상이 같은 시대라 하더라도 앞뒤가 가지런하지 않다. 그것을 세밀하게 분석해 보면 그 속의 인과관계가 아주 복잡하다. 그런데 일체의 '특성'과 '특징'에는 모두 경제적 원인만이 존재할 뿐, 동양과 서양 간에는 불가사의한 장벽이 없다. 인류사회의 발전에 공동으로 인정하는 규율이 있고, 동양문화와 서양문화에 서로 다른 점이 있는 것이다. 피차 동일한 주요 원인을 공유하고 있는데도 단지 이러한 원인으로 인해 발전 정도가 같지 않아서 차이가 나는 것이지, 각자의 발전 동력이 다르기 때문에 다른 결과에 이른 것은 아니다. 여기에서의 다른 점은 바로 그러한 점을 표시하고 있으니, 시간상의 빠름과 늦음이지 질적인 차이가 아님을 분명하게 나타낸다.[40]

여기에서 문제의 관건은 문화의 모든 특성과 특징에 경제적인 원인이 있다는 점인데, 이는 역사유물주의에 대한 기계적이고 형이상학적인 오해에

---

38) 瞿秋白, 「東西文化與世界革命」, 『新靑年』 1923년 제1기.
39) 瞿秋白, 「東西文化與世界革命」, 『新靑年』 1923년 제1기.
40) 瞿秋白, 「東西文化與世界革命」, 『新靑年』 1923년 제1기.

서 비롯된 것이다. 엥겔스는 만년에 일련의 서신을 통해 이러한 착오를
바로잡았다. 여기서 몇 단락을 인용해 보기로 하자.

프로이센이란 나라도 역사적인 원인, 결국은 경제적인 원인으로 말미암아
탄생되고 발전되었다. 그러나 아마 책벌레들은 북부 독일의 많은 작은
나라들 가운데서 브란덴부르크만이 북부와 남부 간의 경제적 차이와 언어
차이를 드러내고 종교개혁 이후로는 다시 종교적 차이를 드러내며 강국으로
된 것이 오직 경제적인 필연성에 의해 그렇게 된 것이지, 다른 요인에
의해 결정된 것은 아니라고 단정할 것이다.…… 경제적인 원인으로부터
모든 독일의 작은 나라들의 과거와 현재 존재를 설명하려 하거나, 또는
경제적인 원인으로부터 말미암은 수데티산맥에서 타우누스산맥에 이르는
지리적 구분을 독일 전체를 갈라놓은 고지대 독일어 음운변화의 기원으로
확대하여 설명하려 한다면, 웃음거리가 되기 십상이다.[41]

가정의 동일한 발전단계를 전제로 하는 계승권의 기초는 바로 경제이다.
그럼에도 불구하고 이를테면 유언장을 쓰는 영국의 절대적인 자유와 이런
자유에 대한 프랑스의 엄격한 제한이 모든 세목에 있어서 다 경제적인
원인에서만 나온 것이라는 것을 증명하기가 쉽지 않다.…… 더 높게 공중에
떠 있는 사상영역 즉 종교, 철학 등으로 말하면, 그것들에는 모두 역사시기에
발견되고 수용된 역사시기 이전의 내용 즉 지금 우리가 잘못된 이론이라고
말하지 않을 수 없는 내용들이 있다. 이러한 자연계에 관한, 인간 자체의
본질에 관한, 영혼, 마력魔力에 관한 가지각색의 허위 관념은 대부분 다
부정적인 경제기초를 가지고 있다.…… 비록 경제적인 욕구가 자연계에
대한 인식을 밀어 주는 주요한 동력이었고 또 갈수록 더 그러하지만, 이
모든 원시적인 잘못된 이론에 경제적인 원인을 찾아 주려고 한다면 정말로
너무나 고지식하다 하겠다.[42]

---

41) 「恩格斯致約・布洛赫」(1890. 9. 21~22), 『馬克思恩格斯選集』 제4권, 478쪽.
42) 「恩格斯致康・施米特」(1890. 10. 27), 『馬克思恩格斯選集』 제4권, 484~485쪽.

엥겔스에 의하면 경제상황은 기초이고 결국 결정적인 요소이긴 하지만 이를 왜곡하여 "경제적 요인만이 유일하고 결정적인 요인이라고 한다면, 이 명제를 아무런 내용도 없는 추상적이고 황당무계한 빈말로 만들어 버리는 것이다."[43] 따라서 구추백이 중·서 문화의 모든 차이를 경제적인 원인으로만 귀결시킨 것은 분명 방법론적으로 잘못된 것이었다. 이로 인해 많은 문제들에 대한 그의 구체적인 설명들은 모두 엥겔스가 말한 '고지식함'에 빠지고 말았다. 예를 들어 그는 중국문화가 "평화롭고 양보하기를 좋아하는" 것은 종법사회의 경제발전이 박약하여 다투어도 얻지 못하기 때문이었고, 동양 사람들이 고요함을 익히고(習靜) 마음을 닦고(養心) 욕망을 단절하고(絶欲) 뜻을 성실하게 하는(誠意) 것은 위엄 있는 군주정치제도 아래에 놓인 조용한 농촌생활에서는 '외물'(物)을 구할 수 없기 때문에 마음을 닦을 수밖에 없었다고 했다.

문화에 고·금이 있고 중·외가 없다는 구추백의 편파적인 관점은 유년시기의 중국공산당인들과 기타 선진 인사들 사이에서 대단히 큰 대표성을 띠게 되었다. 호승胡繩은 1948년에 다음과 같이 말했다.

20여 년래, 5·4운동 이후로부터 중국의 신문화운동은 줄곧 민주와 과학이란 주류적 방향으로 나아갔다. 그러나 신문화인 이상 그 어떤 민족적 색채도 띨 수 없다는 잘못이 있었기 때문에 모든 민족 문화전통을 말살하고 심지어 중국민족의 생활 특징까지도 말살하였다. 그러므로 신문화는 민족적 토양에 깊이 뿌리박히기 어려웠다. 항일전쟁시기의 문화운동은 한편으로는 항전抗戰 초기에 있었던 일시적인 편향성을 극복하고 아울러 후퇴한 민족사상과 군건히 대립하였으며, 다른 한편으로는 민족적 특징을 말살한 지난날 문화운동의 잘못을 바로잡았다.…… 더욱 더 빛나게 될 중국의 신문화는

---

43) 「恩格斯致約·布洛赫」(1890. 9. 21~22), 『馬克思恩格斯選集』 제4권, 477쪽.

반드시 민족적 형식을 갖춘 것이 될 것이고, 반드시 민주와 과학의 내용일 것임을 사람들은 알게 되었다.[44]

호승의 이러한 회고는 문화에 "고금이 있고 중외가 없다"는 주장이 신문화 운동의 주류에 어떤 영향을 미쳤는가를 잘 설명해 준다. 지적해야 할 것은 만약 민족성을 단지 형식 문제로만 본다면 여전히 문화에 "고금이 있고 중외가 없다"는 주장을 참으로 극복한 것이 아니라는 점이다. 같은 시기의 학자 풍계馮契가 이 점을 아주 정확하게 지적했는데, 그의 말을 살펴보기로 하자.

이른바 지역적 특색 또는 민족적 풍격이란 절대 형식 측면의 문제만이 아니다. 일반적으로 중국의 풍채를 말하면 늘 민족적 형식만을 제시한다. 사실 형식과 내용은 절대 둘로 갈라놓을 수 없는 것으로, 풍격은 내용과 형식의 통일에 있다.[45]

그러나 지금까지도 적지 않은 사람들이 문화의 민족성을 말할 때 여전히 민족적 형식만을 거론하고 있다.

호적胡適은 중·서 문화의 방향이 같지 않다는 양수명의 주장을 비판하는 글에서 그의 문화관을 제시했다. 그는 비록 공간적 즉 지역적인 문화 개성의 구별을 완전히 부정하지는 않았지만, 그것은 아주 부차적인 의미만을 가지며 근본에 있어서 문화의 차이는 시대적인 것이라고 보았다. 그는 다음과 같이 말했다.

---

44) 「新文化的方向和途徑」, 『中國建設』 제2권(1948년 제4기).
45) 『時與文』 제1권(1947년 제2기).

우리의 출발점은 다만 문화는 민족의 생활양식이고 민족의 생활양식은 근본적으로 대동소이大同小異하다는 것이다. 왜냐하면 생활은 단지 생물이 환경에 적응하는 것이기 때문이다. 인류의 생리구조가 근본적으로 거의 같기 때문에 문제 또한 대동소이하며, 문제를 해결하는 방법도 비슷한 몇 가지를 벗어나지 않는다. 이러한 도리를 '유한한 가능'의 설이라 한다. 예를 들자면 굶주림의 문제는 '먹는 것'으로만 해결할 수 있다. 그런데 먹는 것에는 밥이거나 빵이거나 옥수수가루거나…… 아무튼 식물과 동물이 두 가지를 벗어날 수 없으니, 돌을 먹을 수는 없는 것이다. 우리는 '유한한 가능'의 설을 인정하기 때문에 각 민족의 문화에 대해 감히 두리뭉실한 공식을 내리지 못한다. 우리는 어느 한 시대의 민족문화에 표현되는 특징이 모두 환경과 시간의 관계에 불과하다는 것을 인정하기 때문에 감히 '이지理智', '직감' 등 간단하고 추상적인 명사로써 어떤 문화를 개괄하지 못한다. 우리가 역사적인 시선으로 문화를 관찰할 때, 민족마다 모두 그 "생활의 원래의 길"에서 가고 있음을 볼 수 있다. 다만 환경의 난이도, 문제의 완급이 있기 때문에 가는 길에 늦고 빠름이 다르고 도착하는 시간에 선·후 차이가 있을 뿐이다.[46)]

호적은 모든 민족이 "생활의 원래의 길"에서 걸어가고 있고 문화는 모두 앞으로 발전한다는 것을 인정하면서, 각 민족문화의 차이에는 일정한 한계가 있는데 그것은 가능한 일정한 범위 내의 차이일 뿐이라고 보았다. 이는 식견이 높은 관점이다. 그런데 그는 이것을 이유로 문화의 고·금의 차이만을 인정하고 중·외의 다름을 기본적으로 인정하지 않았다. 이것이 문제이다. 문화는 모두 앞으로 발전하고 각 민족문화 간의 차이에는 일정한 한계가 있다는 전제로부터 곧바로 문화에는 민족적 차이가 없거나 차이가 있다 해도 그리 문제 삼을 것이 못 된다는 결론을 이끌어 낼 수는 없다. 예를

46)「讀梁漱溟先生的『東西文化及其哲學』」,『胡適文存』제2집 제2권(上海亞東圖書館, 1925版).

들면, 비록 "말(言)을 조직하는 데는 몇 가지 기본적인 배합을 벗어나지 않지만", 언어가 다르면 사람들이 자유롭게 사상을 교류할 수 없게 만든다. 또 예를 들면, 옷으로 꾸미는 것도 제한된 가능성 밖에 없지만, 어떤 방식이 일단 어떤 민족의 상징이 되면 그 원래의 의미를 훨씬 뛰어넘는다. 청나라 초기에 머리를 땋는 것과 민국 초기에 머리를 자르는 사실이 바로 문화에서 민족 차이가 존재하고 또 중요한 의미를 가지고 있음을 아주 잘 보여 주고 있다.

호적의 관점과 구추백의 견해는 비록 둘 다 문화에는 "고금이 있고 중외가 없다"는 주장에 속하지만 또한 중요한 차이가 있다. 구추백은 유물사관의 방법으로 문화를 보기 때문에 그의 견해는 비록 단편성이 있기는 하지만 큰 방향은 정확하다. 반면 호적은 이른바 "역사적인 정신과 방법"으로 문화를 관찰하기 때문에 중국문화를 전면적으로 부정하고 서양문화를 전면적으로 긍정했는데, 이것은 비록 '전면적인 서양화' 주장의 이론기초의 하나가 되었고 5·4 시기에 일정한 긍정적인 작용을 일으키기도 했지만 신문화운동의 주류와 곧 결별할 수밖에 없었다.

문화에 "고금이 있고 중외가 없다"는 주장의 근본적인 잘못은, 인류사회는 민족의 형식으로 존재한다는 역사적 사실을 소홀히 했거나 말살한 데 있다. 인간은 사회적인 동물로서 개인은 언제나 일정한 사회집단 속에 존재한다. 원시시대 사회의 기본형식은 씨족과 부락이고, 계급사회 사회의 기본형식은 민족이다. 원시사회에서는 부락의 바깥 즉 법률의 바깥에는 씨족 내부의 자유·평등·우애의 관계가 존재하지 않았고, 계급사회에서의 민족은 같은 언어, 같은 지역, 동일한 경제생활을 가지고 있었고 같은 문화의 공통 심리를 나타내는 공동체였다. 민족과 민족 사이에는 간격과 모순, 심지어 대항이 존재한다. 인류사회가 일정한 역사 단계에 민족이란 형식으로 존재하는 이상, 인류문화도 이 단계에서는 반드시 민족문화의 형식으로 존재해야 한다. 문화의 민족적 차이는 민족을 단위로 생활하는 인류의 자연적인 결과일 뿐만 아니라, 또한 이런 생활의 전제와 조건이다. 같은 지역, 같은 언어, 동일한 경제생활, 동일한 문화와 동일한 심리는 일정 숫자의 사람들을 하나로 뭉치게 할 뿐만 아니라 또한 이 사람들을 여타와 구별시키기도 한다. 만약 문화에 민족적 차이가 전혀 없다면 일찍이 민족이라는 인류사회의 역사도 존재하지 않았을 것이고 민족차별도 존재하지 않았을 것이다. 인류사회가 민족을 기본형식으로 한다는 사실은 또, 구체적인 문화는 언제나 다양한 민족문화이고 일반적인 인류문화는 이러한 구체적인 민족문화에 존재할 수밖에 없다는 것을 우리에게 알려 주고 있다. 다양하고 구체적인 민족문화를 떠나서는 이른바 일반적인 인류문화란 하나의 허구에 불과하다. 그러므로 문화에 '고금이 있고 중외가 없다'는 주장은 실사구시의 기본원칙에 위반될 뿐 아니라 일반은 특수에 의해 존재한다는 변증법에도 어긋난다.

문화의 측면에서 민족 차이가 형성되는 원인은 여러 가지이고 대단히 복잡하다.

첫째, 지리적인 단절 체제가 민족 차이를 형성하는 기본조건이 된다.

문화사적으로 이른바 '일원설'과 '다원설'의 논쟁이 있다. 사실, 다원多元은 민족 차이가 형성되는 필요조건이 아니다. '다원설'이 비록 문화에 민족성이 있다는 결론을 아주 자연스럽게 얻어낼 수는 있지만, '일원설'도 이러한 결론을 방해하지 않는다. 인류의 문화기원이 완전이 일원적이라 할지라도 인류가 하나의 중심으로부터 세계 각지로 확산되고 나면 지역이 드넓거나 좁고 또 산과 바다가 가로막는 등의 요소로 인해 각자의 생존방식이 달라지기 때문에 문화적 차이의 발생을 면할 수 없는 것이다. 예를 들어, 지리적인 단절에 의해 같은 언어가 다양한 방언으로 분화되어 사람들이 서로 이야기를 나눌 수 없을 정도에 이르게 되면 이러한 방언은 독립적인 어종이 된다. 언어는 사상의 물질적 수단과 형식이고, 또한 인류의 가장 중요한 정보매체이다. 기원을 함께하는 사람들을 서로 같지 않은 언어로 격리시키면 의사소통이 어려워진다. 또 예를 들자면, 지리적인 단절에 의해 상대적으로 독립된 경제생활 네트워크와 다양한 '시민사회'가 형성된다. 이 네트워크에는 특정한 도량형, 특정한 화폐, 특정한 거래방식 또는 장기적인 무역에서 형성된 다양한 가격이 있다. 상대적으로 독립된 이러한 네트워크의 형성은 사실상의 내·외 구별을 형성할 뿐만 아니라, 다양한 경제이익 간의 모순도 빚어낸다. 또 이를테면, 사람들 간의 사상 감정은 서로 내왕하는 데서 생성되고 유지되는데, 지리와 언어가 차단되고 경제적인 내왕이 대단히 적을 경우 사람들의 사상 감정도 멀어지고 장벽이 생기기 마련이다.

둘째, 지리환경의 차이는 민족 차이를 발생시키는 가장 큰 자연적 근원이다.

문화는 인류의 활동방식과 자연을 개조한 성과물의 통일이다. 여기에서의 자연은 인간 자체의 자연과 몸 밖의 자연을 포함한다. 그러므로 문화의 민족 차이를 묻자면 자연히 종족의 자연차이와 지리환경의 자연차이로 거슬러 올라가 탐구하게 된다. 양자를 비교해 보면 지리환경의 차이가 더욱 중요하다. 마르크스는 자연이란 "인간의 무기無機적 몸"이라고 했다. 자연은 자연과학이나 예술의 대상으로서 "모두 인간 의식의 일부분이고 인간 정신의 무기계無機界이며 인간이 반드시 사전에 가공하여 누리고 소화시키는 정신양식이다." 실천에 있어서도 자연은 "인간의 생활과 활동의 일부분이며" "인간의 생활 활동의 물자이고 대상이며 도구이다."[47] 그렇기 때문에 지리환경의 차이는 다양한 지리환경 속에서 생활하는 인간들의 생산력, 생산방식에 직접적인 영향을 미칠 뿐만 아니라 그들의 과학, 예술, 종교

---

47) 馬克思, 「1844年 經濟學哲學 手稿」, 『馬克思恩格斯全集』 제42권, 95쪽.

등에도 직접적인 영향을 미친다. 전자를 예를 들자면 일찍이 고대에 서로 다른 지리환경에서 각기 농경부족과 유목부족 및 상공업을 위주로 하는 소수의 부족이 형성되었고, 후자를 예로 들자면 일부 활화산이 있는 나라들에서는 분화구를 지옥의 입구로 여기는 관념이 생겼지만 활화산이 없는 나라들에서는 이러한 관념이 이루어질 수 없었다.

셋째, 일정한 범위에서 자유창조의 가능성은 민족 차이를 형성하는 중요한 시스템이 된다.

문화발생학에서 영·미 전통의 문화사 연구자들은 문화와 종족 및 지리환경 간의 필연적인 연계성을 특별히 중시하는 데 반해, 독일 전통에서는 인간의 자유의지와 자유창조를 특별히 중시한다. 하지만 양쪽 모두가 편파적이다. 종족, 지리환경, 문화전통 등은 사람들이 문화창조에 종사하는 기초임과 동시에 또한 문화창조에 대한 제한이기에, 자유창조는 다만 일정한 범위 안에서의 자유창조일 뿐이다. 그렇기 때문에 문화의 발전은 절대적 필연이나 완전한 자유가 아니라 자유와 필연 즉 우연과 필연의 통일이다. 문화의 창조에는 일정한 자유도와 우연성이 있기 때문에, 우리는 지역, 경제, 종족, 문화전통만으로는 그 원인을 완전하게 찾아 낼 수 없다.

넷째, 인류 자체의 다양한 개조에 대한 다양한 문화의 발전성과는 민족적 차이의 최고 표현이다.

문화는 인간이 창조해 낸 것이지만 문화의 발전성과는 다시 끊임없이 인간 자체에 대해 반작용하여 인간 자체를 개조한다. 마르크스는 다음과 같이 말했다.

오로지 음악만이 사람들의 음악 감각을 불러일으킬 수 있지만, 음악 감각이 없는 귀를 놓고 말하면 가장 아름다운 음악도 아무런 의미가 없다.……

오관의 감각뿐만 아니라 이른바 정신적 감각, 실천적 감각(의지, 사랑 등등) 등은, 한마디로 말해 인간의 감각과 감각의 인성人性은 모두 그 대상 즉 인화人化한 자연계로 인해 비로소 생겨나게 된다. 오관 감각의 형성은 과거의 전체 세계역사의 산물이다.[48]

동물과 다른 인간의 감각은 자연적으로 생긴 것이 아니라 역사의 산물이고, 인간이 자연계를 개조하는 과정에서 함께 형성된 것이다. 인류는 음악과 예술을 창조하는 동시에 자신의 감각을 개조해서 음감과 미감을 키운다. 또 사람들은 자연과학을 발전시키는 동시에 자기의 과학적인 관찰능력을 배양한다. 각 민족은 다양한 풍격의 음악과 미술을 창조하는 동시에 다양한 심미취향을 발전시켰다. "듣는 것을 좋아하고 보는 것을 즐기는" 민족의 기풍은 바로 문화성과가 인간주체에 장기간 작용한 결과이다. 심미취향이 그러하고, 사유방식과 가치관념 등도 다 그렇지 않은 것이 없다. 이러한 의미에서 말하자면, 한 민족의 동일한 문화는 그 민족의 같은 심리를 표현할 뿐만 아니라 또한 그 민족의 같은 심리를 창조하기도 한다.

마지막으로, 민족투쟁은 민족 차이의 강화제이다.

예부터 지금까지 민족 간에는 모순, 투쟁, 충돌이 빈번했으며 이는 역사기록에도 잘 나타나 있다. 인류사회가 민족이란 형식으로 존재할 수 있었던 데에는 산이나 물 같은 천연적인 격리 메커니즘이 작용한 것 외에도, 각 민족 간의 투쟁의 역할이 대단히 크게 작용하였다. 민족문화는 자기 민족을 하나로 뭉치게 할 뿐만 아니라 다양한 민족을 갈라놓기도 하기 때문에, 각 민족의 사상가들과 지도자들이 이것을 중시하는 것은 자연스런 현상이다. 예로부터 많은 정복민족들이 강제적인 동화정책을 실시하였는데, 이를테면

---

48) 馬克思, 「1844年 經濟學哲學 手稿」, 『馬克思恩格斯全集』 제42권, 126쪽.

피정복민족의 언어와 문자를 폐지하고 역사를 말살하며 풍속습관을 개변시키는 것이 그것이다. 반대로 피정복민족은 온갖 방법으로 자신들의 민족적 특성을 유지하기 위해 싸웠다. 이러한 동화同化와 반동화反同化 간의 투쟁에서는 작은 지엽적인 차이라 하더라도 유달리 깊은 의미를 가진다. 예를 들면, 청나라 말기에 머리를 자르는 것은 청나라 통치와의 공개적인 결별을 의미했고, 근대 중국의 진보적인 인사들로 하여금 민족 특성을 유지하는 중요성을 보편적으로 의식하게끔 한 것은 바로 제국주의를 반대하는 투쟁이었다. 이로써도 알 수 있듯이 문화의 민족적 차이는 인류가 민족을 단위로 장기간 생활한 자연적인 소산물일 뿐만 아니라 민족투쟁 가운데서 사람들에 의해 의식적으로 공고화되고 강화된 것이므로, 민족투쟁은 민족 차이의 강화제인 것이다.

그런데 여기서 지적해 두어야 할 것은, 비록 문화적 방면의 민족 차이를 오로지 경제적 원인으로만 귀속시킬 수는 없지만 그 또한 결국은 역시 인류의 생산력이 일정한 발전 정도에 이른 결과로 보아야 한다는 점이다. 인류의 생산력의 발전 정도는 사회 단위의 크고 작음을 최종 결정하는 요소이다. 근현대의 생산력은 엄격한 의미에서 민족형성의 선결조건일 뿐만 아니라, 인류로 하여금 민족을 기본적인 사회단위로 하는 시대를 뛰어넘게 하는 선결조건이기도 하다. 전자에 대해 마르크스와 엥겔스는 다음과 같이 말했다.

자산계급이 갈수록 더 심하게 생산물자와 재산, 인구의 분산상태를 소멸시키고 있다. 그로 인해 인구가 밀집되고, 생산물자가 집중되며, 재산이 소수 사람들의 수중에 쌓여지게 된다. 이로부터 필연적으로 도출되는 결과는 바로 정치의 집중이다. 각각 독립하여 동맹관계만 유지하고 있고 각각 다른 이익, 다른 법률, 다른 정부, 다른 관세제도를 소유했던 지역들이 지금은 이미 결합되어 통일된 정부, 통일된 법률, 통일된 민족계급의 이익과 통일된 관세를 가진 국가가 되었다.[49)

또 후자에 관해서는 다음과 같이 지적했다.

자산계급이 세계시장을 개척하였기 때문에 모든 나라들의 생산과 소비가 다 세계적인 것이 되었다. 반동파들이 제아무리 아쉬워해도 자산계급은 공업의 발밑에 있었던 민족적 기초를 파버림으로써 오래된 민족공업이 소멸되고 또한 매일같이 소멸되고 있다. 그것들(민족공업)은 새로운 공업에 의해 배제당하고, 새로운 공업의 건립은 이미 모든 문명민족의 생명과 관계되는 문제가 되었다. 이러한 공업은 이미 현지의 원료가 아니라 아주 먼 곳에서 들여오는 원료를 가공하고, 그 제품은 본국의 소비를 공급할 뿐만 아니라 동시에 세계 각지의 소비도 공급한다. 본국의 제품에 의해 만족되던 낡은 욕망은 아주 먼 나라와 지역의 제품에 의해 만족되는 새로운 욕망으로 대체되었고, 지방과 민족적인 자급자족과 쇄국을 고집하던 지난날의 상태는 여러 측면에서 각 민족의 상호 내왕과 상호 의존성으로 대체되었다. 물질적 생산이 그럴 뿐만 아니라 정신적 생산도 마찬가지이다. 각 민족의 정신적 제품은 공공의 재산이 되었고, 민족적인 편파성과 국한성은 갈수록 불가능해졌으며, 많은 민족과 지방의 문학이 일종의 세계적인 문학이 되었다.[50)

이러한 서술에서 우리는 생산력이 민족 문제에서 지니는 최종적이고 결정적인 의의를 찾아볼 수 있다. 역사적으로 볼 때, 생산력이 발달되지 못했기 때문에 지리적인 자연경계는 인간사회를 다양한 민족으로 갈라놓는 격리시스템의 역할을 하였고, 보편적인 내왕이 생산력 발전 정도에 따라

49) 馬克思・恩格斯, 「共産黨宣言」, 『馬克思恩格斯選集』 제1권, 255~256쪽.
50) 馬克思・恩格斯, 「共産黨宣言」, 『馬克思恩格斯選集』 제1권, 254~255쪽.

대단히 큰 제한을 받기 때문에 방언의 차이와 어종語種의 분별이 생겨났다. 또한 지리의 단절과 언어의 장애로 말미암은 지리환경의 차이와 자유창조의 가능성에 의해서 형성된 문화의 차이는 민족문화의 차이로 존재하게 되었는데, 생산력이 발달하지 못한 곳의 사람들은 부득불 크고 작은 제한적인 공동경제생활을 형성하여 다양한 경제이익을 추구하게 되었다. 요컨대, 문화적인 민족 차이가 형성되는 원인들은 모두 생산력의 일정한 발전 정도에서만 작용할 수 있다는 것이다. 그러므로 민족은 역사적인 범주로서 역사를 초월하는 존재가 아니고, 순수한 자연적인 존재도 아니다. 그러므로 문화에서의 민족 차이도 역사적인 것이고, 변화될 수 있는 것이며, 상대적인 것이라 할 수 있다.

제4장 중국 전통문화의 체계

1. 중국 전통문화의 상반상성相反相成

5·4 이래로 중국 전통문화 연구에 있어서 유가사상과 유가문화를 특별히 주목하는 성문화成文化되지 않은 관습이 있었다. 그 중 중국 전통문화를 맹렬히 공격하는 사람들은 그 공격의 시초를 유가사상에 두었는데, 5·4 시기 '공가점孔家店 타도'의 구호가 바로 그 명백한 증거이다. 또 중국 전통문화를 극력 옹호하는 사람들이 지키려 한 전통의 핵심도 유학이었고, 중국 전통문화를 분석하여 찌꺼기는 버리고 정수를 골라 취하자는 사람들에 있어서도 분석 대상은 주로 유가였다. 이러한 관습은 요즘의 학자들로부터 많은 의심과 비판을 받고 있다. 어떤 학자들은 선진시대부터 중국문화가 다원적으로 구성되었던 만큼 중국문화는 유가사상이 통치하는 단일한 전통이 아니라고 비판한다. 또 어떤 학자들은 중국 전통문화의 근간이 유가가 아니라 도가라고 주장하며, 그렇기 때문에 중국 전통문화를 표층구조에서 보면 유가를 대표로 하는 정치 윤리학설로 보이지만 심층구조에서 보면 도가의 철학구조라고 한다. 심지어 어떤 사람은 중국 국민의 진실한 마음은 사상가들의 언론과 저작에 있는 것이 아니라 속담과 속어 같은 것들에 내재되어 있다고 주장한다. 그러나 이러한 견해들이 모두 검토해 볼만한

가치가 있고 또 비록 유가사상과 유가문화를 중국 전통문화의 전부와 동일시할 수는 없지만, 그것들이 중국 전통문화를 가장 잘 대표한다는 것은 사실이다. 앞의 몇 장의 분석에서도 알 수 있듯이 중국 전통문화의 기본정신은 주로 유가의 학설에서 체현되고, 중국문화와 서양문화의 기본 차이도 주로 유가의 학설에서 드러난다. 그러므로 아래에서 토론할 중국 전통문화의 유형도 주로 유가사상과 유가문화를 중심으로 이루어지게 될 것이다.

유가문화가 중국 전통문화를 가장 잘 대표할 수 있다는 문제를 설명하기 위해서는 중국 전통문화의 상반상성相反相成을 간략하게 분석해 볼 필요가 있다.

중국은 예로부터 다민족국가이고 각 민족의 문화가 스스로 고유한 체계를 이루기 때문에, 중국의 전통문화는 다민족문화를 포함한 커다란 통일체이다. 이러한 커다란 통일체를 이루는 문화 요인들 중에서도 화하족華夏族 또는 한족漢族의 문화 계통은 가장 완전하고 발전 수준도 높았기 때문에 줄곧 주도적인 지위를 차지해 왔다. 이는 우선 그것이 민족문화의 대융합에 있어서 핵심이 되었다는 사실로 잘 드러난다. 화하문화의 기본구조는 춘추전국시기에 이미 형성되어 있었다. 이후 진·한시기에 이르러 중앙집권국가가 건립되고 사상, 문자, 화폐, 도량형이 통일되었다. '다른 여러 사상을 배척하고 유가만을 중시하는' 등의 조치가 실시됨에 따라 '천하의 수레가 동일한 궤도를 따르게 되고, 사용하는 문자가 통일되었으며, 같은 윤리를 실천하여' '천하가 하나로 되고 세상에 같은 바람이 부는' 국면이 형성되었다. 그 이후 민족융합과 민족문화 융합의 고조가 몇 차례 일어났는데, 제1차는 위진남북조시대로부터 수당시대까지이고, 제2차는 송·요·금·원 시기이고, 제3차는 청대였다. 이 몇 차례의 민족융합과 민족문화 융합은 어떤 때에는 한족정권의 영도 아래에서 진행되었고 또 어떤 때에는 소수 민족정권의 지도로 진행되었으나 융합된 결과는 모두 비슷하였다. 즉 융합이 진행될 때마다 형성의 주체는 번번이 한족이고 한족문화였다. 다시 말하자면 매번 한족에게 새로운 혈액을 주입하고 한족문화에 새로운 색채를 추가하기는 했지만, 한족과 그 문화의 기본구조는 본질적으로 바뀌지 않았던 것이다. 이는 춘추전국과 진·한시기에 확립된 한족의 문화가 역대 문화대통합의 핵심이었다는 점을 말해 준다.

중국 전통문화의 커다란 체계에 있어서 한족문화 계통의 주도적 지위는 각 소수민족 문화에 대한 강대한 영향력과 흡인력에서 구체적으로 표현된다. 그 영향력과 흡인력은 한족문화로 하여금 많은 민족문화를 하나의 커다란 체계로 뭉치게 하는 핵심이 되었다. 중국 역사에 있어서 잠시 두각을 나타냈던 소수민족들은 발전의 과정에서 물질문화, 제도문화, 정신문화를 포함한 한족문화 전반을 대량적으로 흡수했다. 그들은 솜씨 좋은 한족 장인匠人들과 지식인들을 받아들여서 그들의 도움으로 농업과 수공업을 발전시키고 궁실과 성곽을 쌓았으며 각종 정치·군사제도를 창건하였다. 일부 민족의 문자, 이를테면 서하문西夏文, 거란문(契丹文), 여진문女眞文은 한자를 모방해 만들어진 것이었다. 그들은 중원지역에 정권을 건립한 후, 갈수록 한족 지식인들과 유가를 대표로 하는 사회이데올로기에 의지할 수밖에 없었다. 이를 통해 볼 때 역사상 수많은 민족의 문화들이 비록 스스로 하나의 계통을 이루기는 했더라도 모두 한족문화의 강대한 영향력에 의해 형성된 계통이었음을 알 수 있다. 이런 문화는 한족문화와 서로 갈등관계(주로 민족압박, 민족차별, 강제적인 민족동화정책으로 표현됨)에 있기도 했고, 또 서로 영향을 주고받으며 긴밀한 연관을 맺기도 했다. 이런 상황은 일부 소수민족이 중원지역으로 들어온 후에 결국은 한족문화와 일체로 융합되게 하였을 뿐만 아니라, 새로운 역사적 조건과 민족평등의 전제에서 각 민족문화로 하여금 한족문화를 핵심으로 하는 중화민족 문화의 계통으로 뭉치게 만들었다.

한족문화는 이처럼 중화민족 문화 계통의 형성에 주도적·핵심적 지위를 차지하였지만, 그 과정에서 있었던 각 민족문화의 교류는 상호적이었다. 한족문화 역시도 역사적으로 각 소수민족 문화를 대량으로 수용하고 소화하였으며, 수많은 소수민족 인사들이 한문화의 발전에 위대한 공헌을 했던 것이다. 이런 의미에서 말하자면 한족문화 또한 중화민족이 공동으로 창조한 것이라고 할 수 있다.

또 지적해야 할 것은 화하문화와 각 소수민족 문화와의 관계는 역사적으로 매우 복잡하다는 점이다. 그 속에는 서로 간의 격렬한 충돌, 대치가 있었는가 하면 또 우호적인 교류와 융합도 있었다. 다시 말하자면 그것은 상반상성相反相成의 관계이다. 화하민족의 문화와 여타 각 민족 문화 간의 상반상성에서 가장 주목해야 할 것은 두 문화 사이의 관계이다. 화하민족 문화는 발전 수준이 가장 높은 농업문화이고 서북지역의 유목민족 문화는 전형적인 목축업문화로서, 양자는 생활의 방식이나 제도, 습관에서부터 사유방식, 가치관에 이르기까지 모든 면에서 뚜렷한 차이를 드러낸다. 이러한 양자의 투쟁은 당연히 중국 역사상 민족투쟁의 주요한 맥락이지만, 양자의 상호의존, 상호흡인, 상호융합 또한 중국 역사상 민족단결과 융합의 주요한 실마리가 된다. 중국 전통문화에는 화하의 농업문화와 서북지역 목축업문화의 상반상성 관계로 이루어진 계통이 존재했는데, 다만 그 계통에서 화하의 농업문화가 주도적 위치를 차지하고 있었던 것이다.

중국은 진·한 이래로 통일국가를 이루어 진나라 때 이미 문자와 도량형, 화폐 등을 통일했고 한나라 때에는 사상적 측면에서 유가학설의 통치적 지위를 확립했다. 이런 의미에서 말하자면, 중국 전통문화는 '대일통大一統'이 라는 유구한 역사적 특성을 가지고 있다. 그런데 이러한 '대일통'의 의미는 단순히 한결같다는 뜻만이 아니다. 중국은 영토가 광활하고 지리환경의 차이와 기타 여러 가지 역사적인 요소로 인해 문화의 지역적 특색이 강하다. 이것은 언어와 풍속, 문학예술의 풍격과 형식 같은 측면뿐만 아니라 심리적 습관에까지 영향을 끼쳤다. 예를 들자면 남북조시기 북방의 악부樂府가 거칠고 호방한 데 반해 남방의 악부는 몹시 애절하고 슬프다. 그리고 북방의 종교는 '참선'(禪定)을 중시하였으나 남방의 종교는 '의리'를 중시하였다. 문학예술과 종교에서의 이러한 차이는 다양한 심리적 습관을 반영하였다. 지역적 문화차이의 집중적 표현은 사상과 학술유파의 지역적 배경이 된다. 선진시기의 화하문화는 지역적 차이에 따라 삼진三晉문화, 제로齊魯문화, 관중關中문화, 형초荊楚문화, 파촉巴蜀문화, 오월吳越문화 등으로 나뉘는데, 유가와 법가는 각기 제로문화와 삼진문화의 모태에서 탄생되었다. 수나라와 당나라 시기의 선학禪學은 남과 북의 두 종류로 갈라졌고, 송대에는 리학理學이 염濂·락洛·관關·민閩의 4대 학파로 나뉘었다. 그리고 청대의 경학에는 이른바 '오파吳派'와 '환파皖派'의 분기가 있었다. 장태염章太炎은 중국문화에 유파가 많은 원인을 분석하면서 "지리적 여건 및 정치와 풍속, 인재의 특성에 따라 각각의 일파를 이루었다"[1]라고 지적했다. 즉 각종 학술유파의 차이는 지리적 여건 및 정치와 풍속, 인재의 특성을 배경으로 하고 있다는 주장인데 이는 대단히 높은 식견이다.

중국 전통문화는 뚜렷한 지역적 특성을 띠고 있음에도 불구하고 다양한 민족문화로 분열되지는 않았는데, 그 원인은 대개 네 가지로 살펴볼 수 있다. 첫째, 중국의 북방은 평원지대로서 인구가 많고 왕래가 빈번하며 문화적 차이도 상대적으로 적기 때문에(방언의 분화가 뚜렷하지 않다는 점이 구체적 사례가 됨) 분열된 국면을 유지하기가 어려운 데 반해, 남방은 지역적인 차이가

---

1) 章太炎, 『原學』, "各因地齊, 政俗, 材性發舒, 而名一家"; 『訄書』(重訂本) 참조.

상대적으로 크기 때문에 북방과 맞설 정치세력을 형성하기가 쉽지 않았다. 중국 역사상 몇 차례의 남북대치는 결국 북방정권이 천하를 통일하는 것으로 끝났다는 것은 지리·환경적 요소가 중국문화의 장기적인 통일에 유리했음을 말해 준다. 둘째, 장성長城 이남의 농업문화는 항상 서북지역 유목문화의 위협에 직면했는데 그 중에서도 북방지역이 가장 먼저 공격의 대상이 되었다. 이러한 문화적 충돌태세로 말미암아 한족은 반드시 통일과 단결을 유지해야 함을 각성했다. 일찍이 춘추시기에 여러 패주들이 왕실을 높이고 오랑캐를 물리치자는 '존왕양이尊王攘夷'의 구호로써 제후의 나라들을 연합시키는 데 이용할 수 있었던 것도 그 때문이었다. 셋째, 중국의 글자인 한자漢字는 글자형태에 의해 뜻을 나타내기 때문에 방언이 독립적인 어종으로 변화하는 데 대단히 큰 장애가 되었다. 넷째, "천하의 일을 자신의 소임으로 삼는" 중국의 유생儒生 계층은 문화를 장악했을 뿐만 아니라 일정한 정치권력도 장악했고, '천하가 하나이고' '중국 사람들은 모두 친척과 같다'는 유가의 의식 즉 통일체의 인식과 애국주의 의식은 유생들의 말과 행동을 통해 군중들의 마음속에 깊이 뿌리내렸다. 이러한 의식은 내부의 분열을 극복하고 통일을 유지하는 강대한 정신적 힘이 되었을 뿐만 아니라 주변 소수민족의 침입과 한족의 분열을 막아내는 강대한 정신적 힘이 되기도 했다. 그렇기 때문에 중국 전통문화의 통일성과 지역적 다양성의 상반상성 관계에서는 통일성 측면이 언제나 주도적 지위를 차지했던 것이다.

중국 전통문화에는 예로부터 아·속雅俗의 구분이 있었다. 아雅의 문화는 사대부문화 또는 엘리트문화이고, 속俗의 문화는 통속문화 또는 대중문화이다. 이러한 구분에는 다양한 계급문화의 차별적 시각이 포함되어 있지만 단순히 계급적 구분만으로 볼 수 없는 측면도 있다. 아雅의 문화는 비록 인원수는 매우 적지만 정치·경제적으로 대단히 중요한 지위를 차지했던 사대부계층의 문화로, 이 문화는 사상가, 문학가, 예술가, 과학자들의 언론과 저작에 집중적으로 구현되었다. 이 문화는 지주계급의 이익을 반영하고 있지만 동시에 민족의 공통문화, 공통심리에도 반영되어 있다. 반면 속俗의 문화는 체계적인 문화교육을 받을 조건을 갖추지 못한 수많은 인민대중 속에서 유행되었는데, 또한 업무에 바쁜 통치계급 내부의 사람들 간에도 유행되기도 했다. 속俗의 문화에도 역시 농민문화와 시민문화가 포함되어 있으면서 동시에 지주계급의 이익을 반영한 많은 요소들이 포함되어 있는 것이다. 이처럼 문화의 아雅·속俗 관계도 상반상성의 관계를 이루고 있으며, 여러 가지 대립이 존재한다. 예를 들면 아雅의 문화에는 매우 강한 힘과 유구한 역사를 가진 유물론과 무신론의 전통이 있음에 반해, 속俗의 문화는 종교·미신적 세력이 대단히 강대하다. 아雅의 문화는 의리를 중시하고 이익을 경시하며 덕을 숭상하고 힘을 천히 여기는 가치관념이 주도적 지위를 차지한다. 반면 속俗의 문화는 부귀영달을 최고의 가치로 여기고, 어질고 슬기로움을 겸한 성현보다는 용력勇力이 뛰어나고 불공평한 일에 의연히 나서서 억눌린 자의 편을 들어주는 '사내대장부'를 더 우러르고 추앙한다. 아雅의 문화에서는 '인仁'이 최고의 도덕이지만, 속俗의 문화에서는 묵가사상에서 변화 발전된 '협의俠義'를 가장 높은 도덕적 가치로 여기기 때문에 억울함을 당하는 사람을 보면 서슴없이 칼을 뽑아 도와주는 것과 같은 행위가 민간결사의 도덕적 유대관계가 되었다. 그리고 시를 읊고 그림을 그리며 칼을 휘두르고 거문고를 타는 것은 명사들의 풍류 정도로만 간주되었으며, 소설과 연극은 일반 서민들의 오락으로서 고상한 지위에 오를 수 없다고 여겨졌다.

아雅와 속俗의 문화가 이렇게 대립되는 원인은 대단히 복잡하다. 교양 수준의 높고 낮음, 시선의 좁고 넓음, 계급의 같지 않음 등이 그 원인이다.

그 중에서도 특히 주의해야 할 점이 있다. 아雅의 문화는 일반적으로 지주계급의 이익을 반영한 것으로서 의리를 중시하고 이익을 경시하며 덕을 숭상하고 힘을 천히 여기는 가치관념을 지니고 있는데, 이러한 관념에는 물질생활을 향상시키려는 노동대중의 정당한 소원을 억압하는 측면이 함축되어 있을 뿐만 아니라 개인의 이익 추구에 반대하고 가혹한 법령으로 인민들을 통치하고자 하는 법가적인 사상을 반대하는 의미도 포함되어 있다. 반면, 부귀영달을 최고의 가치로 삼는 속俗의 문화는 주로 속되고 부패한 통치계급의 심리를 반영하고 있다. 아·속의 문화는 서로 대립될 뿐만 아니라 서로 영향을 주기도 한다. 양한兩漢시기에 종교적 미신이 창궐하였고 위진시기에 「양주楊朱」편과 같은 썩은 인생관이 유행했던 것은 '속' 문화가 '아' 문화에 침투된 대표적 사례로 볼 수 있고, 송·원·명·청 시기에 '속' 문화에서 천리天理, 양심, 충효, 절의와 같은 사상이 자주 발견되었던 것은 '아' 문화가 '속' 문화에 폭넓게 유입된 결과로 볼 수 있다.

'아' 문화와 '속' 문화는 각각 장점과 단점이 있다. 사대부들은 체계적인 문화교육을 받았고 역사전통을 상대적으로 잘 계승했기 때문에 그들의 사상문화는 비교적 체계적이고 정교하며 심오하나, 일반 민중들은 지식이 많지 않고 심지어 문맹이기도 하여 그들의 사상문화는 자잘하고 소박하고 꾸밈이 없으며 깊지 못하다. 사대부는 책과 많이 접하여 상대적으로 실제에서 벗어나기 때문에 그들의 사상문화는 보수적이고 경직되기 쉬우며 공상적 이상주의의 요소를 가지고 있는데, 일반 민중들은 실천 경험이 풍부한바 이를테면 농·공·상은 풍부한 생산경험을 가지고 있고 정치가, 군사 전문가는 풍부한 치국治國과 치군治軍의 경험이 있기 때문에 창조성이 풍부하고 실제적인 측면에 가깝다. 이러한 상황은 문학사에서 매우 두드러지게 표현된다. 허다한 문학예술형식(四言詩, 五言詩, 七言詩, 詞, 曲, 戱曲, 小說 등)이 처음에는 민간에서 시작되었지만 이후 문인학사들의 정제와 가공을 거쳐 비로소 문학사에서 크게 빛을 발할 수 있었다.

만약 '아' 문화의 가장 큰 문제가 보수적이고 경직되고 진부하며 심지어 위선에 빠지는 것이라 한다면, '속' 문화의 가장 큰 문제는 범속하고 부패한 것이다. 이것은 지주계급문화의 두 가지 측면이다. 지주계급은 착취자, 통치자, 소유자로서 그 본성이 이기적이고, 욕심이 끝이 없고, 사치하고, 음란하고, 흉악하고, 잔혹하다. 그렇지만 그들은 정권을 장악하여 사회를 이끌어가는 계급으로서 자신들의 근본적이고 원대한 이익을 위해 통치자와 피통치자 그리고 통치자들 간의 일정한 질서를 세우고자 이러한 본성을 단속하고 자제하지 않을 수 없었다. 그렇기 때문에 '속' 문화에서 흔히 적나라하게 표현되는 지주계급의 본성이 '아' 문화에서는 반드시 극복되어야 할 악惡으로 간주되었다. 『관자管子』는 예禮·의義·염廉·치恥가 나라의 '사유四維'라고 했고 왕충王充은 유생이 예의禮義의 제방堤防이라고 했는데, 이렇게 말한 도리가 바로 여기에 있다.

사상가들이 제창한 인생관, 가치관, 도덕규범을 가볍게 보아서는 곤란하다. 바로 그러한 것들이 상대적으로 지주계급의 개인적 이익의 한계를 넘어선 고상한 도덕을 지닌 수많은 인물들을 육성해 냈다. 그리고 이러한 인생관, 가치관, 도덕규범은 사람들로 하여금 개인의 영욕과 안위를 고려하지 않고 나라의 독립을 수호하고, 정치적 청렴을 유지하고, 개혁을 추진하며, 사회질서의 안정을 수호하는 등 다방면에서 대단한 기여를 하도록 했고, 철학, 문학, 예술, 과학 등의 방면에서 크나큰 공헌을 하도록 했다. 또한 이러한 인생관, 가치관, 도덕규범은 역대 왕조가 추앙하고 받들어 온 이데올로기로서 모두에게 강한 구속력을 주었기 때문에 사람들이 스스로 자제하면서 제멋대로 행동하지 못하게 하였다. 바로 이러한 작용이 있었기 때문에 몇 천 년의 봉건정치와 경제제도가 상대적으로 안정을 유지할 수 있었던 것이다. 그렇지만 '속' 문화 중의 범속하고 부패한 인생관과 가치관은 일반적으로 공개되지 않은 비합법적인 형식으로만 작용할 뿐이어서, 일단 공개적으로 드러나고 거리낌 없이 제멋대로 행동하게 되면(많은 왕조 말기에 이러한 상황이 나타났는데, 터무니없이 무거운 세금, 매관매직, 공공연하게 뇌물을 주고받는 현상 등이 그러하다.) 사회에 큰 혼란을 초래하게 된다. 이로부터 우리는 오로지 '속' 문화 가운데 부패하고 저속한 냄새를 풍기는 격언·속어만이 전통문화의 참 정신을 구현했다는 관점은 옳지 않고, '아' 문화가 그래도 주도적인 지위를 차지해 왔다는 것을 알 수 있다.

중국 전통문화는 진·한 이후로 숨음(隱)과 드러남(顯)의 구분이 있었다. 춘추전국시기의 '백가쟁명'에는 주로 유가, 묵가, 도가, 법가, 명가, 음양가 등이 참여했는데, 한무제漢武帝가 동중서董仲舒의 건의에 따라 '백가百家를 배척하고 유가(儒術)만을 중시한' 이후로는 상황이 대단히 크게 변화되었다. 묵가와 명가의 전통이 단절되었고, 음양가의 사상은 유가사상에 귀속되어 독립적인 지위를 잃었으며, 법가는 호된 비판을 받고 넘어진 뒤로 다시 일어나지 못했다. 오직 도가만이 계속 꿋꿋하게 살아남았다. 여기서 특히 주의해야 할 것은 유가와 법가의 관계이다. 유가는 비록 한나라 때부터 법가의 지위를 대체하여 정통적인 이데올로기로 되었지만 법가에 의해 건립된 일련의 정치경제제도에 대해서는 어떻게 할 수 없었다. 명전제名田制(토지사유제), 군현제郡縣制, 전제군주의 중앙집권제 같은 것들은 모두 법가에 의해 건립된 것이고, 전국시기와 진나라 시기의 법률도 법가에 의해 창립된 것들이다. 만약 한나라 이후 이러한 정치, 법률, 경제제도만을 물려받고 그것을 창립한 법가의 사상을 완전히 포기했다고 하면 말이 되지 않는다. 왜냐하면 전제군주집권의 방대한 국가기구를 정상적으로 돌아가게 하려면 법가가 제시한 법法·술術·세勢라는 임금의 치술治術을 완전히 외면할 수 없기 때문이다. 그러나 법가에 의해 만들어진 제도가 지속되었다고 해서 후세의 유가를 두고 진정한 유가가 아니라 '겉은 유가지만 속은 법가'인 '순자학荀子學'에 불과하다거나, 단지 '큰 도둑에게 아첨하는 위선'이라고 여기거나, 또는 한대 이후의 유가는 통치적 지위를 차지한 '타락된 유가'와 언제나 실패하지만 끊임없이 전해지는 '순수한 유가'의 둘로 나뉜다고 주장하는 것은 모두 타당하지 않다. 사실 '유가만을 중시'한 이후 유가와 법가의 관계는 일종의 '드러난 문화'(顯文化)와 '숨은 문화'(隱文化)의 관계가 되었다. 즉 유학은 지극히 존숭받으며 정통적 이데올로기의 역할을 했지만, 법가는 온갖 비난을 다 받으면서도 이심전심以心傳心의 방식 또는 '날마다 쓰면서도 알지 못하는' 방식으로 작용했다. 이 두 가지의 사상은 서로 배척하고 서로 반대하고 서로 제약하면서도 다른 한편으로 서로 보충하고 의지해 왔다. 한마디로 말하자면 바로 상반상성의 관계이다.

유가의 사상체계와 법가의 사상체계 사이에는 근본적인 충돌이 존재하기 때문에 서로 용납할 수 없다. 일본인 학자 오카다 다케히코(岡田武彦)는 중국 고대의 인생철학은 세 가지 즉 현실주의, 초월주의, 이상주의로 나뉜다고 했다. 현실주의에는 법가, 병가兵家, 종횡가縱橫家가 포함되고, 이상주의의 대표는 유가이다.[2] 그는 이 세 가지의 인생관, 사회관, 세계관이 각기 다르며 인생이상과, 인생이상에 도달하는 방법과 경로에도 현저한 차이가 있다고 보았다. 그에 따르면, 현실주의는 실익에 입각한 인생관, 사회관, 자연관으로서 인간이 조직한 사회, 민족, 국가는 개인의 경우와 마찬가지로 반드시 다른 한쪽과 대립對立·상극相剋·투쟁鬪爭하는 관계에 있으며, 타인과 나, 물物과 아我, 군신·부자·형제·부부 사이는 모두 이해타산으로 유지되는

---

2) 岡田武彦, 「中國哲學的課題及其意義」, 『日本學者論中國哲學史』(北京: 中華書局, 1986).

실익관계이다. 인간은 편한 것만 꾀하고 일하기를 싫어하며, 유리한 것만 좇고 해로운 것은 피하며, 살기를 원하고 죽기를 싫어하는 등 철두철미하게 실익을 따지기 때문에 그 어떤 환경에서든 모두 이해득실에 따라 행동하여, 사사로운 이익을 위해서라면 간계, 편녕便佞, 간사, 권술을 제멋대로 부리며 심지어 죽음마저 불사할 정도에까지도 이른다. 이에 근거하여 현실주의는 '힘'(力)과 '술術'을 수단으로 삼아 대립되는 상대를 절대적으로 지배하고 통제함으로써 타인과 나, 물物과 아我 간의 여러 가지 모순을 제거하고 극복할 것을 주장한다. 반면, 이상주의는 인간이 원래 가지고 있는 도의성道義性이라는 도덕적 인생관을 토대로 하여 인간과 인간, 인간과 사회, 인간과 우주만물이 본래 혈맥이 서로 통하는 일심동체의 존재라고 간주하기 때문에 자아실현과 인격형성을 이상적인 사회건설과 갈라놓을 수 없는 것으로 본다. 다만 여기서 근본이 되는 것은 전자이다. 이상주의에서 말하는 '도道'는 공존共存의 도이고, '대동大同'이고, '중화中和'이고, '화和'이다. 즉 타인과 나, 물物과 아我의 화합적 공존을 의미한다.

오카다 다케히코의 분석은 아주 정확하고 심오하다. 그의 분석에 의하면 유가와 법가의 사상은 세계관과 인생관의 토대로서든 인생이상과 그 달성방법의 경로로서든을 막론하고 모두 대립되기 때문에 서로 융합할 수 없고, 서로 융합할 수 없기 때문에 병립할 수도 없다. 법가가 통치지위를 차지했을 경우에는 유가의 합법적 지위가 없었고, 반대로 유가가 통치적 지위를 차지했을 경우에는 법가가 합법적 지위를 가지지 못했다. 그럼에도 불구하고 유가와 법가는 많은 구체적인 주장들이 다 함께 통치계급에게 필요했기 때문에 본질적으로는 서로 어울리고 보충되어 어깨를 나란히 해도 서로 충돌되지 않는다. 예를 들자면, 유가는 의리를 중시하고 이익을 경시하며 덕을 숭상하고 힘을 천히 여기는 반면에 법가는 이익을 중시하고 의義를 경시하며 힘을 숭상하고 덕을 천히 여기지만, 사실 의리와 이익, 덕과 힘은 모두 통치계급이 요구하는 것들로서 어느 한 방면도 경시해서는 안 된다. 인민의 통치에는 도덕의 교화와 법률의 처벌이 모두 필요하며, 생산도 발전시켜야 하고 부국강병도 해야 하며 문화교육사업도 번영시켜야 하는 것이다. 토지사유제는 중국 봉건사회의 근본 제도로서 역사적인 필연성이 있다. 법가에서 정전을 버리고 천맥阡陌을 정비하도록 한 것은 이러한 필연적인 역사발전에 순응한 것일 뿐이다. 그러나 과도한 토지겸병은 농민들의 처지를 더욱 비참하게 만들 뿐만 아니라 봉건국가의 재정, 병역, 요역徭役 자원을 고갈시켜 사회의 생존을 위태롭게 하기 때문에 일정한 제한을 가하지 않을 수 없다. 전제군주의 중앙집권도 역사적인 필연성을 가지지만, 법가처럼 아무런 제한도 없이 군주가 절대적인 권력을 가지고 완전히 제멋대로 하게 되면 역시 심각한 문제를 초래하게 되기 때문에 일정한 제한과 단속을 하지 않으면 안 된다. 이러한 의미에서 유가와 법가는 상보상성相補相成의 관계를 이룬다.

유가와 법가의 사상체계는 서로 용납될 수 없기 때문에 한무제가 '유학만을 중시한' 이후 법가는 독립적인 일가一家 또는 하나의 완전한 사상체계로서의 모습을 잃어버렸다. 그러므로 유가와 법가의 투쟁이 중국 봉건사회를 관통했다는 관점은 역사적 사실에 부합되지 않는다. 그렇지만 숨은 문화로서는 법가의 적지 않은 사상과 준칙이 여전히 작용했다. 유가는 그 이후의 발전과정에서 법가의 일부 주장을 조건부로 소화하고 흡수했다. 이를테면 '덕을 높이고 형벌을 낮추는' 방식으로써 법률의 지위를 주고 '인민의 의지를 억압하여 임금의 의지를 펴고, 임금의 의지를 억압하여 하늘의 의지를 펴는' 방법으로써 전제군주를 인정하는 동시에 일정하게 제한한 것이 바로 그러한 사례이다. 또한 유가는 법가를 거세게 비판하는 형식으로써 법가가 만들어

낸 일련의 제도와 그 제도가 운행되는 사상적 작용범위와 그 힘을 제한했다. 예를 들면 '임금의 의지를 억압하여 하늘의 의지를 펴는' 것과 민본주의의 이론으로써 전제군주제도를 제약하고 제한했으며, 실천에 있어서는 직간直諫을 하고, 신하가 군주를 평가하여 시호를 달고(諡法), 왕세자를 위하여 스승을 두어 유가교육을 진행하는 등의 방법을 이용했다. 명전제名田制에 대해 유가는 이론적으로는 줄곧 비판적 태도를 취했지만 실천에 있어서는 토지겸병을 완화시키는 일부 정책을 실시했다. 군현제郡縣制에 대해서도 일부 유가들은 유보적인 태도를 취했는데, 이를테면 군현제를 실시한 법가의 주관적 의도는 군주의 사사로운 이익을 위한 것이었지만 객관적으로는 역사의 흐름에 순응한 것이었다고 본 사례가 그렇다. 가장 중요한 점은, 유가의 경우에 인간과 인간, 인간과 사회의 관계를 처리하는 행위준칙인 군신·부자·형제·부부·붕우 등 '오륜五倫'의 윤리적 원칙을 현실적 정치와 경제제도에 관철시킴으로써 법가의 원칙을 완전히 대체했다는 것이다. 이러한 노력이 완전히 성공한 것도 아니고 또한 완전히 성공할 수도 없었지만, 그래도 유가의 준칙은 사회의 공인을 얻어 역대 왕조의 지지를 받으면서 법률화하여 지도사상이 되었다. 반면 법가의 준칙은 숨은 형식으로만 작용할 수밖에 없었고, 구체적으로 모습을 드러내게 되면 여론의 외면을 당했다. 이로부터 '유학만 중시한' 시대 이후의 유가는 변질되지 않았고, 유가와 법가의 상반상성에 있어서 유가가 주도적 위치를 차지했음을 알 수 있다.

중국문화에는 또한 '묘당문화廟堂文化'와 '산림문화山林文化'의 구분이 있는데, 산림문화는 은일문화隱逸文化라고도 한다. 유가문화와 법가문화는 전형적인 묘당문화이고 도가문화는 은일문화이다. 도교와 불교는 언제나 뜻을 이루지 못한 많은 지식인들을 수용했고 그들은 높은 수준의 교양을 갖추고서 매우 정교한 사상체계와 문학예술을 발전시켰는데, 그들의 문화도 역시 은일문화이다. 묘당문화와 산림문화는 어떤 의미에서 보자면 상반상성의 관계를 이루는 '아' 문화 계열의 두 가지 전통으로서 중국 전통문화에 있어서 대단히 중요하다. 선진시기에는 도가가 유가, 묵가, 명가, 법가들과 대립했고, 위진남북조·수당 시기에는 도가, 도교, 불교의 명성과 위세가 드높았기 때문에 유·불·도 세 사상이 거의 정족지세鼎足之勢를 이루었다. 그 중 불교는 많은 지식인 엘리트들을 끌어들인 데 반해 유학은 오히려 그 존재가 희미해져 인재를 끌어들일 수 없는 위기를 맞았다. 그러나 중국문화사를 개관해 보면 유가와 도가의 학설이 중국 고대철학의 핵심이고 또한 중국 고유문화의 중요한 사상적 기초를 이룬다.

묘당문화와 산림문화의 대립은 전면적이고 심각하였다. 오카다 다케히코는 도가와 중국불교의 인생철학을 초월주의로 보면서 다음과 같이 말했다.

초월주의는 인간이 본래부터 가지고 있는 종교적인, 이른바 종교적 인생관을 기초로 한다. 초월주의에 근거하면 인간은 상대적인 존재로서 필연적으로 모순과 갈등 및 번뇌를 함께 가지고 있고, 그 누구도 이러한 운명을 벗어날 수 없다. 그렇지만 인간은 현실을 초월하라는 가르침에 잘 따르기만 하면 운명의 속박에서 벗어나 안락한 절대세계에 영원토록 자유롭게 머물 수 있다. 세간의 속된 견해와 욕망은 말할 것도 없고, 심지어 인류의 공동생활에서의 불가결한 인륜도덕으로서의 이상주의도 상대적인 모순성을 면치 못한다. 그러므로 초월주의가 인위적인 모든 것을 부정하고 극복할 것을 추구하고, 대자연의 무위자연한 본성에 따르고 철저한 비판정신으로써 자신을 극복하고 주관을 인식하며, 초월적 실재의 명제에 따른 상대성과 모순성을 꿰뚫어 보는 것은 모두 다 절대적인 극복을 취지로 한다고 말할 수 있다.[3]

---

3) 岡田武彦, 「中國哲學的課題及其意義」, 『日本學者論中國哲學史』.

이것은 산림문화와 묘당문화가 사상체계에 있어서 서로 용납될 수 없는 성격을 지녔음을 말한다. 선진도가는 '유위有爲'에 반대하고 '무위無爲'를 주장하면서 현실적인 정치경제제도와 도덕관념을 공격하고, 또한 일반적으로 유·법·묵·명가의 학설과 주장을 공격할 뿐만 아니라 모든 문명(물질, 제도, 정신)의 가치를 근본적으로 부정한다. 그들이 추구하는 것은 모든 상대적인 것을 초월한 절대적인 '도道'이다. 그런데 이러한 절대덕인 도는 상대적인 것을 떠나지 않는다고 한다. 그렇기 때문에 유학자들은 불교와 도교를 가장 큰 이단으로 여겼고, 수많은 유가사상가들은 '불교와 도교의 교리를 반박하여 인간의 마음을 바로잡는 것'을 자신들의 중요한 사명으로 여겼다.

묘당문화와 산림문화는 상반相反하기도 하고 상성相成의 관계를 이루기도 한다. 중국에는 엄격한 귀족제도가 없기 때문에 지식인들은 과거를 통해 벼슬길에 오른다. 그렇지만 변화무쌍한 관료사회에서는 부침浮沈, 승진, 진퇴를 예측하기 어려운 까닭에, 유가와 같이 적극적으로 노력하는 인생철학을 필요로 하면서도 동시에 뜻대로 되지 않을 경우 불교와 도가와 같이 모든 것을 내려놓고 물러나는 소극적인 인생철학도 필요하였다. 한편 은사隱士라 하여 결코 벼슬길과 동떨어진 존재이기만 한 것은 아니어서, 그들 또한 명성이 커지면 단번에 높은 지위에 오를 수 있었다. 어떤 경우에는 황제의 '스승과 벗'이라는 자부심을 가질 수도 있었고, '산속의 재상' 노릇을 할 수도 있었다. 노신魯迅은 중국 전통문화에서의 이러한 불교와 도가의 오묘한 역할에 대하여 대단히 심오한 분석을 한 바 있다. 그는 『출관出關』에서 윤희지尹喜之의 입을 빌려, 벼슬을 하지 않거나 벼슬자리를 잃은 선비들이 필요로 하는 것이 바로 노자의 사상이라고 주장하였다. 그는 또 다음과 같은 시를 짓기도 했다.

20년 동안 상해에서 살며	(廿年居上海)
매일처럼 중국 현실을 살펴보니	(每日見中華)
병이 들어도 약을 쓸 줄 모르고	(有病不求藥)
무료해야 책을 읽는구나.	(無聊才讀書)
득세하여 얼굴빛을 바꾸게 되면	(一闊臉就變)
목을 자르는 것이 늘어만 가고	(所砍頭漸多)
갑자기 실각하게 되면	(忽而又下野)
나무아미타불 염불이나 외는구나.	(南無阿彌陀)

이것은 비록 근대적 상황을 묘사한 것이지만 고대의 상황과도 상당 부분 일치한다.

개괄적으로 말하면, 중국 전통문화는 방대하고 복잡한 계통을 갖고 있는데 그 속에는 일련의 상반상성의 요소와 작은 계통이 있다. 그렇기 때문에 중국 전통문화를 비판적으로 계승하고자 할 때에는 부분으로써 전체를 판단하는 것을 방지해야 할 뿐만 아니라 주된 것과 부차적인 것을 뒤섞는 것도 막아야 한다. 중국 전통문화의 방대한 계통에서 유가문화가 주도적인 위치를 차지했음을 인정하되, 그 속에는 유가문화와 상반상성하는 많은 요소들이 섞여 있기 때문에 상황이 대단히 복잡하다는 점도 인정해야 한다. 만약 주된 것과 부차적인 것을 뒤섞어 놓는다면 중국 전통문화의 기본정신을 귀납적으로 추리하고 중·서 문화의 기본차이를 구분하며 중국 전통문화를 분류하고 규격화하는 작업을 제대로 추진할 수 없다. 왜냐하면 중국 전통문화 가 너무나 복잡한 만큼 주된 것과 부차적인 것을 가리지 않고서 제멋대로 괴상한 이론을 내놓아도 손쉽게 많은 '근거'를 찾아낼 수 있기 때문이다. 만약 부분으로써 전체를 판단하게 되면 여러 가지 폐단이 발생하기 쉽다. 예를 들자면, '아' 문화만 보고 '속' 문화를 무시하게 되면 중국 전통문화를 이상화하기 쉽고, 만약 '속' 문화만 보면서 특히 그 중의 속되고 퇴폐적인 면만 보게 되면 중국 전통문화에는 취할 만한 것이 하나도 없다고 폄하하게 될 것이다. 또한 주도적인 지위에 있는 유가문화의 가치관 중에는 힘(力)을 천하게 여기고 이익(利)을 가볍게 여기는 대단히 편파적인 측면이 있는데, 이것만을 보고서 부분으로써 전체를 판단하고 그것과 상반상성되는 다른 일면이 있다는 것을 소홀히 하여 중국 역사는 도덕만을 말할 뿐 힘을 키우고 물질생활을 향상시키는 것을 말하지 않는다고 간주한다면 그야말로 완전히 현실에서 벗어난 주관적인 억측이 되고 만다.

문화학에는 이른바 주문화主文化, 아문화亞文化, 반문화反文化라는 용어가 있다. 일반적으로 근본적인 가치지향성이 서로 다르거나 대립되는 작은 계통을 포함한 문화는 일종의 다문화이다. 모든 다문화의 내부에는 주도적 지위를 차지하는 하나의 가치지향적인 성분이 있는데 이것이 바로 주문화이고, 주문화의 가치지향성과는 다르지만 대립되지 않는 문화가 아문화이며, 주문화의 가치지향성과 서로 대립되는 문화성분은 반문화이다. 그런데 이러한 이론은 그다지 과학적이지 않다. 첫째, 가치지향성이 문화를 구분하는 중요한 기준이기는 하지만 유일한 기준은 아니다. 이를테면 유가문화와 법가문화가 서로 용납될 수 없는 것은 전체적인 사상체계에 의해 결정되는 것일 뿐이고 양자는 그 가치지향성이 대립되더라도 상반상성할 수 있기 때문에, 법가문화를 반문화라고 할 수는 없는 것이다. 둘째, 주문화에 대해 전면적으로 부정하는 태도 또한 반드시 반문화인 것은 아니다. 왜냐하면 부정에도 적극적인 부정과 소극적인 부정이 있기 때문이다. 주문화에 대해 부정적인 태도를 취할 뿐만 아니라 또한 적극적이고 실행가능한 정면적인 주장을 제시하는 것만이 비로소 진정한 반문화이다. 왜냐하면 그 발전이 강대해지면 낡은 문화의 죽음과 새 문화의 탄생을 초래하기 때문이다.

만약 주문화에 대하여 무조건 'No'만 하거나, 또는 비록 긍정적인 주장은 있지만 그것이 도저히 실행될 수 없으면 진정한 반문화라 할 수 없고, 여전히 주문화와 상반상성하는 일종의 아문화라 할 수 있다. 예를 들어 중국의 도가 및 도교, 중국화한 불교, 특히 장자莊子를 보면 그것들의 가치지향성은 주문화(유가문화)에 대해 부정적인 태도를 취하고 있지만 그 주장은 실행가능성이 없기 때문에 여전히 주문화의 보충으로밖에 될 수 없었다. 중국 고대에는 진정한 반문화 요소들이 일부 존재했고 또 그 발전이 강대해지는 추세이긴 했지만 반문화 계통이라 부를 수 있는 것은 나타나지 못했던 것이다. 그러므로 중국 전통문화는 근원이 오직 하나(一元)이면서 여러 가지 상반상성하는 현상을 포함한 문화이거나, 또는 하나의 근원에 바탕한 다양한 문화라고 할 수 있다. 그렇지만 다양한 상반상성의 관계에 있어서도 유가문화가 항시 주도적인 지위를 차지했기 때문에 중국 전통문화의 주문화가 유가문화임은 의심할 바 없는 사실이다.

2. 유가문화의 구조

대부분의 사람들은 유가를 중국 전통문화의 대표로 간주하는 데 동의하지만 무엇이 유가의 참된 정신인가 하는 문제에 있어서는 일치된 결론을 내리지 못한다. 이 문제는 사실 새로운 문제가 아니라 오래된 문제이다. 예를 들자면 송명 리학자들이 도통道統을 주장한 속셈은 유학의 진정한 정신을 대표하는 인물들과 그들이 보기에 순수하지 못하거나 이단에 물든 인물들을 구별하려는 데에 있었다. 근대에 이르러 이 문제는 더욱 복잡해졌다. 강유위康有爲는 「예운禮運」편의 사상만이 공자의 진정한 사상이라고 주장했고, 담사동譚嗣同은

한대 이후의 유학은 기실 모두 순자학荀子學이지 진정한 유학이 아니라고
했으며, '공가점孔家店 타도'를 외쳤던 5·4 시기에는 마치 봉건사회의 모든
문제점을 공자에게 따지고 드는 듯했다. 그리고 유가에 시종일관하는 기본
사상이 있는가의 여부는 오늘날에도 역시 문제가 되는 것 같다.

이 문제에 대해서 송·명 유학자들처럼 자신들의 이해를 기준으로 도통道統
과 비도통非道統을 구분해서는 안 된다. 또 강유위와 담사동 같이 현실적인
요구로써 역사를 재단하는 방법을 취해서도 안 되고, 남의 어록이나 말의
일부를 잘라내어 제멋대로 유가사상의 표본으로 사용해서도 더더욱 안
된다. 유가는 순수하고도 순수한 하나의 철판덩어리와도 같이 모든 문제에
있어서 시종일관한 그러한 계통이 아니고, 또한 아무런 맥락도 없이 명목상으
로만 통일된 잡화점과 같은 것도 아니다. 유가는 비교적 안정된 구조를
이루고 있으면서 풍부하고 복잡한 내용을 가지고 있기 때문에 역사의 진행
과정에서 끊임없이 발전 변화된 계통이다. 그러므로 우리의 소임은 냉정하게
그 안정된 구조를 객관적으로 찾아내는 것이다.

유가문화는 기나긴 역사적 발전과정에서 다양한 파별이 형성되었고 또
아주 풍부하고도 복잡한 내용을 지니고 있는데, 이러한 유가문화에는 일련의
상반상성의 복잡한 체계가 존재한다.

우선, 중국 전통문화의 큰 계통에 나타나는 형형색색의 상반상성은 유가학
파의 내부에 모두 반영되어 있다. 유가학파 내부에서 전개된 인성의 선악,
동動과 정靜, 왕王과 패覇, 의義와 리利, 리理와 욕慾, 정情과 무정無情 등의
문제를 둘러싼 논쟁은 결국 중국 전통문화의 큰 계통에서의 상반상성이
유학 내부에 반영된 것들이다. 예를 들어 남송南宋의 진량陳亮과 섭적葉適은
왕패王覇와 의리義利 등의 문제를 가지고 정주학파程朱學派와 격렬한 논쟁을
벌였는데, 사공事功과 공리功利를 중시한 그들의 언론에는 상공업자들의 이익

을 수호하려는 내용들이 포함되어 있다. 이는 시민문화가 유학 내부에 반영된 것이다. 유학자들은 유학전통에 바탕을 두지 않은 사상에 대해서는 매우 민감했는데, 그 경중에 따라 잡된 것이 많고 불순하다고 비꼬거나 또는 도리에 크게 어긋나고 정도正道와 맞지 않는다고 질책하기를 일삼았다. 우리는 이러한 평가에 대해 분석해야 한다. 일반적으로 유학의 기본 사상에 위반되지 않으면 유학의 궤도를 벗어났다고 할 수 없고, 유학의 기본 사상에 위반되어야만 비로소 유학이 아니라고 할 수 있다. 그렇지만 후자의 경우는 지극히 적다는 사실을 유념해야 한다.

그 다음으로, 유학문화 자체에도 일련의 상반상성이 존재한다. 경학 분야에서는 고문경학古文經學과 금문경학今文經學의 논쟁, 한학漢學과 송학宋學의 논쟁 등이 있고, 철학에는 유물론과 유심론, 객관유심주의와 주관유심주의, 유신론有神論과 무신론無神論의 논쟁 등이 있다. 유학에는 또 경서주석과 역사연구에 능한 '고거학考據學'과 문학예술에 능한 '사장학詞章學', 이론사유에 능한 '의리학義理學' 간에도 많은 모순과 논쟁이 있었다. 여기에서 밝히고 분석해야 할 문제들이 대단히 많다. 예를 들자면 사유와 존재의 관계 문제는 철학의 최고 문제로서 이 방면에서 유학자들이 다양한 철학학파로 뚜렷하게 분화되지만, 이것이 유儒와 비유非儒의 분계선은 아니기 때문에 철학의 기본노선이 서로 다른 철학자들끼리도 서로 간에 대유大儒로 인정할 수 있다. 장재張載와 정호程顥, 정이程頤의 관계가 바로 명백한 사례이다. 정호와 정이는 장재의 유물론을 비판하면서도 그를 뜻이 맞는 사람으로 보았다. 정이에 의하면 장재의 유물론은 '실수'에 불과하다. 또, 유가는 귀신이 있고 없고의 문제에 있어서도 매우 심각한 차이가 존재하지만 이러한 주장의 차이 역시 유儒와 비유非儒의 분계선이 될 수는 없다. 장재는 유물론자였지만 동중서董仲舒에 대한 평가가 대단히 높았다. 그는 동중서가 양웅揚雄보다 우수하다고 평가하면서 "다만 공양참위公羊讖緯에 빠졌을 뿐이다"라고 하였다. 이러한 실례는 유학 자체가 신축성이 대단히 크기 때문에 기본 사상과 상반되지 않는 전제에서는 서로 다른 관점이 공존할 수 있음을 말해 준다.

유가의 기본 사상은 정상적인 현실생활에서 숭고한 도덕적 이상을 실현할 것을 주장한다. 이러한 기본 사상에는 서로 긴밀히 연계되는 몇 가지 측면이 포함되어 있다.

첫째는 강건자강剛健自强하는 인생태도이다. 생활 자체는 움직이는 것이기 때문에 강건자강하는 인생태도는 유가의 기본 사상이 꼭 필요로 하는 바이다. 송나라 시기의 일부 유학자들이 정靜을 주장하거나 혹은 동정합일動靜合一을 주장하면서도 정靜을 근본으로 했지만, 그들이 말하는 '정靜'은 대체로 도덕적 수양에 국한되었지 인간사를 폐기할 것을 주장한 것이 아니므로 노장老莊의 '허정무위虛靜無爲'와는 다르다. 이런 의미에서 볼 때, 일부 송유宋儒들이 주장한 주정론主靜論은 일종의 '빗나감'이라고 할 수 있다.

둘째는 '의義를 으뜸으로 하는' 가치관이다. 유가는 인간이 금수와 다르고 인간을 인간이라 할 수 있는 것은 바로 인간에게 도덕이 있기 때문이라고 보는데, 인간이 동물보다 귀한 점이 바로 의義를 지녔기 때문이라는 것을 인정하는 전제에서 인성론 문제를 둘러싸고 많은 다양한 학설이 있게 된다. 성선론性善論, 성악론性惡論, 성선악혼합론性善惡混合論, 성이원론性二元論 등이 그것이다. 유가의 입장에서는 인성이 악하고 개변될 수 없다는 주장을 용납할 수 없고, 인간의 본성이 이기적이기 때문에 이기적인 것은 나무랄 바가 아니라는 주장 또한 용납할 수 없다. 거의 모두가 이지李贄(1527~1602)를 이단으로 보는 까닭은 "사욕이 사람의 마음이다"(私乃人之心)라고 한 그의 주장과 관계가 있다. 의리義利, 리욕理慾 등의 문제에 있어서 도덕을 최고 가치로 여기는 것을 위반하지 않는 전제에서 유가 또한 여러 가지 다른

196

관점을 가질 수 있다. 의리 문제에 있어서 "그 의리를 바로 하여 이익을 꾀하지 말고, 그 도리를 밝히되 그 공을 헤아리지 말라"라는 것이 유가의 전형적인 태도이다. 유가는 의리를 숭상하면서도 이익을 배척하지 않으며, 의義와 이利를 함께 중시하기도 하지만 사사로운 이익을 주장하는 것은 절대 용납하지 않는다.

셋째는 현세를 중시하고 현실생활의 문제를 해결할 것을 요구하며, 내세를 말하지 않고 사후의 '극락세계'를 추구하지 않는다. 현세를 중시하는 전제에서 귀신의 유무에 관한 문제에 대해 유가는 몇 가지 관점을 가진다. 사실 귀신이 있다고 주장하는 이도 있고 귀신이 없다고 주장하는 이도 있으며 귀신의 유무에 대해 '인정은 하면서도 거론하지 않는' 태도를 취하는 이도 있지만, 인생 자체가 싫어서 내세를 추구하는 '유귀론有鬼論'에 대해서는 그들 모두 단호히 반대하는 태도를 취한다. 예를 들어 장재는 불교를 비판하면서 다음과 같이 말했다.

> 불교에서는 말하기를, 의식을 가진 존재가 죽으면 다시 생명으로 태어나 순환(윤회)하게 되니 이를 귀신이라고 하는데, 급기야 이러한 괴로움을 싫어하여 이를 피하고자 하니 어찌 귀신을 안다고 할 수 있겠는가? 또한 인생을 허망한 것으로만 여기니 어찌 사람을 안다고 하겠는가?[4]

장재는 바로 이러한 태도, 즉 '인생을 허망한 것으로만 여기고' '괴로움을 싫어하여 이를 피하고자 하는' 유신론적 입장을 특히 반대하였다.

넷째는 수신을 근본으로 하고 도덕으로써 다스리는 것이다. '수신修身, 제가齊家, 치국治國, 평천하平天下'는 유가의 정치 노선에 대한 전형적인 개괄이

---

4) 『正蒙』, 「乾稱」, "浮屠明鬼, 謂有識之死受生循環, 遂厭苦求免, 可謂知鬼乎? 以人生爲妄見, 可謂知人乎?"

라 할 수 있다. 여기에는 두 가지 기본 원칙이 함축되어 있는데, 하나는 개인의 도덕수양과 정치를 동시에 진행하되 수신을 근본으로 하는 것이고, 다른 하나는 '덕으로 이끌고 예로써 가지런히 하는 것' 즉 도덕으로 교화하고 예의로써 다스림을 기본적인 통치 방침으로 삼는 것이다. 큰 전제는 '수신을 근본으로 하고' '덕으로써 다스리는' 것이지만, 유가의 구체적인 정치 주장에는 각양각색의 많은 다양한 것들이 있다.

　우선, '수신을 근본으로 하고' '덕으로써 다스리는' 기본맥락에 따르면 개인의 도덕수양과 경세제민經世濟民의 사업은 어느 한쪽을 경시하지 말고 양자를 다 같이 중시하여 수신이라는 '근본'에 통일시켜야 한다. 만약 경세제민의 방책만 말하고 치국안민治國安民의 업무에만 치중하게 되면 자칫 '형명도수刑名度數'의 법률제도에 빠질 수 있다. 그래서 진량陳亮은 "유자들이 공자의 가법家法을 대대로 지킨다고 하지만 얻은 것이란 거친 것일 뿐이어서, 진실한 것은 다 빼먹고 그 가르침이 '법률제도'로만 유포되었다. 그리고 영웅호걸들은 성인의 묘용妙用을 표절하여 그 흐름만 좇고 그 근원을 잊어버려 가로세로 임기응변하는 계략만 남게 되었다"5)라고 지적했다. 반면, 개인의 도덕수양만 따져서 경세제민의 '실학'을 중시하지 않고 치국안민의 실제 업무에 종사하지 않으면 세상 물정에 어두워져서 일을 잘 처리하지 못하고 심지어 불교와 도교 비슷한 '이단異端'이 되고 말 것이다. 그래서 선진시기의 유가는 도덕수양과 경세제민 이 두 가지를 갈라놓을 수 없는 것으로 간주했으나, 후대에 와서는 상황이 달라졌다. 송명의 리학자들은 마음을 편안히 하고 천명天命을 좇는 안신입명安身立命의 도덕수양학에 치우쳤고, 왕안석王安石, 진량陳亮, 섭적 葉適, 안원顔元 등은 경세제민의 사공학事功學을 중시했다. 이런 차이는 유자들

---

5) 『陳亮集』, 「祭呂東萊文」, "孔氏之家法, 儒者世守之, 得其粗而遺其精, 則流而爲度數刑名. 聖人之妙用, 英豪竊聞之, 循其流而忘其源, 則變而爲權橋縱橫."

내부에서 서로 간에 격렬하게 비난하는 이유가 되었다.

유가가 꿈꾸는 이상사회는 다양하다. 어떤 이는 '대동大同사회'를 말하였고, 어떤 이는 '하·은·주 삼대를 회복'하려 했으며, 어떤 이는 현실사회에 대한 일련의 개량을 시도하였다. 이러한 분기分岐가 구체적인 정치적 주장에 반영되어 '왕패王霸'에 관한 논쟁이 되었다. 정주학파程朱學派는 왕도王道와 패도霸道의 구별이 '도덕으로써 천하를 다스릴 것이냐', '지력知力으로써 천하를 움켜쥘 것이냐'에 달려 있으며 이것은 군주의 마음이 '천리天理로 가득 차 있느냐', '사리사욕에 정신이 팔려 있느냐'에 달려 있다고 보았다. 왕안석은 왕패王霸는 '쓰임은 같지만 마음이 다르다'(用同心異)고 하였다. 즉 정치적 조치는 같지만 동기가 달라서 "패자의 마음은 이익을 위해 왕자王者의 도를 이용해서 그 욕심을 이룬다"[6]라고 하였다. 진량은 한漢과 당唐 또한 삼대三代처럼 완벽하지는 않지만 그래도 왕도정치를 실현한 시대였다고 하면서, 다만 진시황과 조조曹操만이 지력으로써 천하를 병탄하고 '천하를 사사로운 것으로 삼을 마음이 있었던 것'이라 보았다. 이러한 생각의 차이 또한 이상사회에 대한 생각이 다양하기 때문에 생겨난 것이다.

다섯째는 천天·인人의 관계이다. 유가가 꿈꾸는 이상사회는 여러 가지이지만 두 가지 점은 공통된다. 하나는 거기에는 군신君臣·상하上下·귀천貴賤·친소親疎의 등급 차별이 존재한다는 점이고, 다른 하나는 이 사회는 각 등급들이 한집안처럼 화목하고 통일된 사회이라는 것이다. 유가는 각 등급 간의 화합과 통일을 추구할 뿐만 아니라 천·인 간의 화합과 통일도 추구한다. 유가적 이상사회의 이러한 특징을 가장 명확하고 전형적으로 표현한 것이 바로 장재의 『서명西銘』이다. 이러한 이상을 논증하기 위해 송·명 리학은 특히 천지만물이 일체라는 우주관과 사회관을 분명히 밝히면서, 남(人)과

---

6) 「王霸論」.

나(己), 물物과 인간(我)은 본래 서로 통하고 함께 일체를 이루는 존재로서 천도天道(자연계의 근본원리)와 인성人性(도덕적 원칙)이 통일되며 지식을 구하는 방법과 수양의 방법도 일치한다고 보았다. 이러한 '천인합일'의 관념은 선진 유학자들에게서는 다만 단서만 나타났고 양한兩漢의 유학자들에게서도 거친 수준의 논리로 드러날 뿐이었지만, 어쨌든 유가 학설의 근본 특징의 하나였다는 점만은 분명하다. 이러한 사실에 비추어 보면 순자가 주장한 '성악론'과 '자연정복론' 같은 이론은 정통 유학에서 밀려날 수밖에 없었다.

이상의 분석은 기본 사상에 위반되지 않는 큰 전제에서 유가의 학설이 서로 다른 많은 관점과 다양한 구조체계를 가질 수 있고 다양한 학파로 분화될 수 있으며 또 필연적으로 분화되지만, 서로 다른 관점과 다양한 구조체계가 일률적으로 평등한 것은 아니라는 사실을 말해 준다. 기본 사상과 기본 구조에 대한 충실 정도에 따라 비교적 순수한 것과 상대적으로 잡박한 차이가 있고, 기본 사상과 기본 구조에 대한 전개 정도의 전면성全面性 여부에 따라 비교적 완벽한 것과 상대적으로 편협한 것의 차이가 있으며, 기본 사상과 기본 구조에 대한 논증이 정밀하고 심각하고 세밀한 정도에 따라 비교적 넓고 심오한 것과 상대적으로 얕고 거친 것의 차이가 있다. 물론 정치사상의 성격에 따라 진보와 보수의 차이도 있지만, 그것은 앞의 구분 기준과 다르기 때문에 병렬시키기는 힘들다.

역사적으로 유가는 하나의 큰 학파로서 여타 학파들과 통치적 지위를 다투었을 뿐만 아니라 그 내부의 각 학파 간에도 경쟁이 존재했다. 양한시기에는 금문경학今文經學과 고문경학古文經學의 경쟁이 있었는데, 금문경학에는 또 공양학公羊學과 곡량학穀梁學의 경쟁이 있었다가 공양학이 결국 주도적 지위를 차지했다. 북송시기에는 형공신학荊公新學, 관학關學, 낙학洛學, 촉학蜀學, 삭학朔學의 경쟁이 있었는데 그 중에서 형공신학이 주도적 지위를 차지했다.

남송시기에는 리학 내부에 주朱·육陸논쟁과 아울러 리학과 반리학의 다툼이 있었지만 리학이 우세한 지위를 차지했고, 원명시기에는 정주리학이 정부 당국으로부터 정통성을 인정받았다. 명나라 중엽에 이르러 정주학파와 육왕학파의 싸움이 일어났고, 육왕심학이 한때 범람하여 실제적인 통치사상이 되었다. 명청교체기에는 많은 사상가들이 송명리학 특히 왕학王學의 잘못을 반성하면서 잠시 '백가쟁명'의 국면을 형성하게 되었다. 청대에는 정주리학이 정부의 지지를 받아 계속 주도적 지위에 있었으나 아무런 생기도 없었고, 민간학술 영역에서는 이른바 '박학樸學'의 세상이었다. 이러한 각 시기의 유학을 주도적 지위를 차지했는가의 여부와 주도적 지위에 있는 학파와의 관계에 따라 주류파主流派와 비주류파非主流派 및 반주류파反主流派로 구분할 수 있다.

역사적인 상황은 비록 복잡다변하지만 그 속에는 어떤 일정한 규칙이 있다. 대체적으로 말하자면, 많은 역사시대 당시의 각 학파들 중에서 주도적 지위를 차지한 사상은 비교적 순수하고 완벽하고 넓고 심오한 학파들이었는데, 그것들을 연계해 보면 유학이 발전되어 온 주요 맥락을 그려 낼 수 있다. 공자, 맹자, 순자, 동중서, 한유, 주돈이, 장재, 정호, 정이, 주희, 육구연, 왕수인, 왕부지, 안원, 대진 등이 바로 그 주요한 맥락에서의 대표적 인물들이다. 유가문화를 연구하려면 이 주요한 맥락을 특히 유념해야 한다.

3. 중국 봉건사회와 유가문화

제1절에서 우리는 중국 전통문화 계통에 있어서의 일련의 상반상성相反相成을 분석하였다. 그 중 한족문화와 기타 민족문화에 있어서의 상반상성,

통일성과 지역 다양성에 있어서의 상반상성은 넓은 의미에서의 문화적 시각으로부터 말한 것이고, 아雅 문화와 속俗 문화, 드러난 문화와 숨은 문화, 묘당문화와 산림문화의 상반상성은 좁은 의미 즉 정신문화(사상문화와 예술문화)의 시각에서 말한 것이다. 이러한 정신문화의 상반상성에 있어서 유가문화가 항상 주도적인 지위에 있을 수 있었던 것은, 그 구조와 기능이 중국 봉건사회의 물질적 문화와 제도적 문화에 가장 적합했거나 그것이 중국 봉건사회의 최우수 관념적 상층건축이었기 때문이다. 그러나 가장 적합했다고 해서 완전히 적합하다는 것은 아니므로 주도적인 지위에 있었던 유가문화 외에도 여타 문화의 보충이 필요했다.

풍천유馮天瑜는 중국 고대 정신문화의 '토양'을 분석하면서 다음과 같이 말했다.

> 중국의 고대문화를 형성하고 성장시킨 토양은 개방적인 해양환경과는 다른 반半 폐쇄적인 대륙환경이며, 유목경제와 다를 뿐만 아니라 상공업경제와도 다른 농업형 자연경제이며, 고대 그리스와 로마의 도시국가공화국, 원수공화제, 군사독재제도 및 인도의 카스트제도와는 다른 '가家—국國' 일체의 종법사회이다.[7]

이러한 분석은 대체로 옳지만 구체적인 해석에서나 이 분석에 근거하여 중국문화의 특징을 설명하는 데에 있어서 논의해야 할 점들이 적지 않다.

중국의 지리환경에는 세 가지 특징이 있다고 할 수 있다. 첫째는 대하大河·대륙大陸형과 대막大漠·대륙大陸형 환경이 공존하고 대치한다는 점이다. 이는 농업문화와 축산업문화가 중국역사에 있어서 장기간 공존하면서 서로 의지하고 서로 충돌하는 패턴을 이루었음을 말해 준다. 둘째는 영토가 광활하다는

---

7) 馮天瑜·周積明, 『中國古代文化的奧秘』.

점이다. 특히 장성長城 이남 지역에 있는, 농업을 발전시키기에 적합한 매우 넓은 평원은 중국 고대 2천 년의 통일을 위해 대단히 좋은 지리적 토대를 마련해 주었다. 셋째는 다른 문명의 발상지와 아득히 멀거나, 또는 그렇게 멀지는 않더라도 높은 산과 넓은 사막에 의해 가로막혔기 때문에 오랜 시기 동안 상대적인 폐쇄상태에 머물러 있었다는 점이다.

지리환경이 중국문화에 미친 영향은 대단히 많다. 첫째는 생산력을 통해 경제관계와 정치관계에 영향을 미친 측면이다. 중국의 황하유역은 철기를 사용하기 전부터 이미 상당히 높은 농업문명을 배태하였는데, 이는 상당부분 자연의 선물이다. 둘째, 정치에 대한 영향이다. 농업문화와 축산문화의 장기간의 대치와 중원 대평원의 존재는 통일된 제국을 필요로 했고 또한 가능하게 했다. 셋째, 반 폐쇄적인 조건과 충분한 변화 여지는 중국문화로 하여금 끊임없이 이어져 가는 대륙연면형大陸連綿型 문화로 발전되게 했는데, 바로 이 점이 매우 중요하다. 세계의 다른 지방에는 하나의 문명이 소멸되는 경우가 대단히 많지만 중국문명은 옛날부터 지금까지 끊임없이 발전되었다. 끊임없이 이어져간 연면형連綿型 문화는 장점이 있는가 하면 또한 단점도 있다. 그 장점은 문화의 우수한 성과가 덜 파괴된다는 점이다. 중국 봉건사회에 있어서 여타 국가의 중세기와 같이 전 민족이 종교에 몰두하는 그런 현상이 나타나지 않은 것은, 중국 봉건사회가 노예사회시대의 우수한 문화성과를 완전하게 계승한 것과 명확한 인과관계를 가진다. 연면형 문화의 단점은 낙후하고 시대에 뒤떨어진 것들이 철저히 청산되기 어렵다는 점이다. 한 예로 종족 귀족주의 세력이 중국 노예사회를 통치하던 고대의 전통이 이어져서 중국 봉건사회에 노예제, 종법제가 장기적으로 존재했던 것은 모두 중국문화의 연면성과 관계가 있다. 서양의 사회형태 변화는 흔히 민족의 정복과 연계된다. 이를테면 고대 그리스사회는 야만민족이 문명한 크레타를 정복한 후 발전된 것이다. 정복된 크레타문명은 보다 높은 생산력을 남겨 놓았기 때문에, 고대 그리스가 원시사회와 작별하고 계급사회로 진출할 때 원시사회의 문화유산에 대한 청산도 비교적 철저했다. 또 서양 중세기는 게르만인이 서로마제국을 정복하는 때로부터 시작되는 것으로, 이런 정복은 노예제의 독성을 철저하게 청산했을 뿐만 아니라 고대사회의 가족제도 형태도 혁신했다. 네 번째는 정신문화에 대한 직접적인 영향이다. 이를테면 지리환경의 폐쇄성으로 인해 중국문화는 수준이 비슷하거나 심지어 더 높은 문화와 직접적인 충돌이 없었다. 이 점은 분명 중국중심주의가 형성된 중요한 요소이다.

중국 봉건사회의 경제는 농업형 자연경제라는 특징 외에 적어도 세 가지 큰 특징이 더 있다. 첫째, 토지를 자유롭게 매매할 수 있는 사유재산제도이다. 북위北魏로부터 수隋·당唐까지 균전제均田制의 방식으로써 토지의 자유매매 를 한때 제한하기는 했어도 철저하게 제한하지는 않았다. 둘째, 봉건정권의 재정, 병역, 요역의 유래가 일부분은 전답의 면적에 따라 세금을 징수하는 전조田租제도에서 나오고 일부분은 가구별, 사람 수로 받아들이는 인두세 같은 제도에서 나왔다. 셋째, 위와 같은 두 가지 특징으로 인해 농민과 지주가 토지 문제에 있어 첨예하게 대립하였고, 또 토지의 전매轉賣에 따라 그 성분이 끊임없이 변화되었다. 즉 토지를 잃은 지주는 농민이 되고, 농민이 토지를 사들이면 지주로 상승된다. 아울러 재정기반의 확보를 위해 봉건정권 은 국가의 호적에 들어간(編戶齊民) 농민들의 지위와 작은 덩어리의 토지를 백방으로 보호하려 했다. 다시 말하자면 봉건정권에는 지주계급과 다르고 또 모순되는 특수한 이익이 있었고, 그 이익은 또한 그들로 하여금 농민과 토지에 대한 통제권을 지주계급과 쟁탈하게 하였기 때문에 귀족제와 인신의 부제人身依附制가 제대로 건립될 수 없었다.

중국 봉건사회의 위와 같은 경제적 특징은 정치와 관념적 상층건축에 특수한 요구를 제시하였다. 첫째, 자연경제는 경제적인 연계가 부족한 농민들에게 비경제적인 유대로써 그들의 연계를 강화시킬 것을 요구하였다. 중국인들은 전국시기와 진나라 때 이미 심각한 충격을 받았지만 아직 완전히 사라지지는 않은 종족형식을 자연스럽게 찾게 되었고, 이러한 형식은 또 특수한 도덕적 규범을 필요로 했다. 둘째, 봉건정권의 관료기구는 기본적으로 지주계급과 지식인들로 구성되었는데, 이 정권의 특수한 이익(그것은 또 지주계급의 근본적이고 원대한 전체 이익이다)은 그들로 하여금 지주로서의 자기들의 탐욕을 통제함과 동시에 지주계급의 전체 이익을 위태롭게 하는 개체 이익과 투쟁할 것을 요구했다. 토지겸병을 억제하고, 막강한 세력을 공격하고, 과도한 인신노예화를 반대하는 것 등이 구체적인 사례이다. 이는 또 천하의 일을 자신의 소임으로 삼고 자신들의 열정을 위대한 역사적 비극의 높이에서 유지하려는 이상 또는 환상을 품도록 사대부들에게 요구했다. 셋째, 봉건사회는 자본주의사회와 달리 존비귀천을 구분하는 등급제도를 필요로 하는데, 중국의 경제정치체제는 또 서양과 같은 귀족제와 인신의부제人身依附制를 특징으로 하는 등급제가 가능하지도 않았을 뿐만 아니라 또한 용납하지도 않았다. 넷째, 농민, 지주, 국가의 경제이익이라는 이 삼각관계에서 농민은 대단히 취약하고 무력한 지위에 있었다. 농민들은 지주계급의 토지겸병이라는 거센 파도를 이겨 낼 수 없었을 뿐만 아니라 봉건국가로부터 오는 터무니없는 무거운 세금도 감당하기 어려웠기 때문에 부득불 대규모의 봉기로써 자신들의 힘을 과시하고 삼자의 균형을 되찾고자 했다. 하지만 이는 봉건정치 경제구조의 붕괴와 재편성을 의미하는 것으로, 이 때문에 봉건국가는 세금 거둬들이는 일을 조심스럽게 하고 자신을 단속해야 했으며, 또한 이러한 일을 위해 일정한 사상이론의 역할도 필요했다.

중국의 노예사회는 가정과 나라가 확실히 일체一體가 되었지만 봉건사회는 그렇지 못했다. 중국 봉건사회에서 종법제도는 대체로 사회의 양극인 기층과 황실에 국한되었을 뿐이고, 그들 사이를 연결시켜 주는, 위로는 재상에서 아래로는 향삼로鄕三老에 이르는 방대한 관료기구에서 통행되는 것은 종법제 원칙이 아니었다. 군신관계와 군민관계는 본질적으로 종법적 관계가 아니다. 그러므로 중국 봉건사회에서의 통치지위는 '가-국' 일체라는 사회제도가 자연적으로 반영된 결과가 아니라 복잡한 원인이 따로 있는 것이다. 사상문화에 대한 중국 봉건사회의 정치구조의 역할을 고찰할 때 전제군주의 중앙집권제, 군현제, 과거제 등의 특징을 잊어서는 안 되고, 매우 이색적인 사대부계층을 망각해서도 안 된다. 그렇지 않으면 중국 전통문화의 여러 가지 특징을 제대로 이해할 수 없다.

중국 봉건사회의 정치경제제도와 유가문화의 관계를 토론할 때 우리는 지리·환경적 특징과 정치경제제도의 특징을 똑바로 인식해야 할 뿐만 아니라, 유가문화는 봉건경제정치제도가 확립되는 과정에서 혹은 그것이 확립됨으로써 형성된 것이 아님을 유념해야 한다. 유가문화의 통치적 지위는 봉건경제정치제도가 공고히 된 후 각종 학파 간의 경쟁으로 이루진 결과이고, 봉건통치자들이 선택한 결과이다. 그러나 유가문화의 기본 사상과 기본 구조는 그러한 선택에 앞서 이미 형성되어 있었고, 이후 2천여 년 동안 근본적인 변화는 없었다. 이러한 사실은 중국 봉건정치제도와 유가문화의 관계가 기계적이고 직선적이 아니라 대단히 복잡하기 때문에 변증적이고도 실사구시적인 분석을 필요로 한다는 것을 알려 준다.

중국 봉건사회의 근본적인 경제정치제도는 토지사유제(국가세금수입의 일부분은 토지에 따라, 일부분은 사람 수에 따라 징수하는 부역제도가 그것과 결합된다), 군현제郡縣制(인재를 물색하여 관리로 등용하는 察擧制와 과거를 통해 정부관원을 배출하는 관료제가 그것과 결합된다), 군주전제의 중앙집권제, 사회의 기층과 국가 건축의 정점에 있는 종법제이다. 춘추전국시기에 형태를 기본적으로 갖춘 유가의 이러한 사상체계는 종법제를 제외하고는 경제정치제도와 모순되는 점이 있다. 한· 당시기, 송·원·명·청기를 막론하고 다수의 유자들, 특히 주류파 유자들이 꿈꾸었던 이상사회는 여전히 정전제井田制, 봉건제, 봉군등급분권제封君等級分權制인 '삼대三代' 사회였다. 현실의 봉건제도에 대해 그들은 많은 비판적인 언론을 발표했고 개혁에 관한 많은 생각들을 제시했다. 그들은 또 이러한 제도를 건립한 법가사상을 호되게 비판했다. 이것은 유가학파가 기본적으로 봉건경제정치제도의 창설자와 변호인의 신분으로 무조건 봉건사회를 위해 봉사한 것이 아니었음을 말해 준다. 봉건경제정치제도와 유가의 결합은 상당 부분에 걸쳐 일종의 상반상성의 결합이었으며, 봉건경제정치제도를 위한 유가의 봉사적 기능은 많은 경우 현행제도와 모순되고 저촉되는 형식으로 실현되었던 것이다.

유가의 사회이상과 봉건경제정치제도 사이에는 모순되는 점 못지않게 서로 맞는 점 또한 많다. 유가는 군신, 상하, 귀천, 친소의 등급제도가 당연한 이치라고 생각하여 꾸준히 선전하였으며, 이러한 등급 간의 관계를 조화시키는 도덕적 준칙은 천리天理에 근거하고 양심良心에서 발원된다고 주장하였다. 이는 현실 봉건경제정치제도와 일치하는 부분이다. 아울러 유가는 또 이러한 등급 간에 격렬한 충돌과 대항 상태에 있으면 옳지 않고, 이상적인 사회는 각 등급 간에 화합하고 통일되어야 한다고 보았다. 그리하여 이러한 화합통일을 실현하기 위해 현실의 많은 제도, 이를테면 명전제名田制, 군현제 등은 개변되어야 하며 적어도 어떠한 규제(개인이 토지를 점유하는 수량을 제한하는 限民名田 등과 같은)를 받아야 한다고 주장하였다. 현실사회에 대한 유가의 이러한 이중적인 태도는 적극적인 역할을 일으켰다. 우선, 현행제도에 대한 유가의 '잠정적인' 지지는 바로 가장 효과적인 지지가 되었다. 왜냐하면 '잠정적인' 지지인 만큼 현실정치와 가깝지도 않고 멀지도 않은 관계를 유지할 수 있었기에, 지지하는 어떤 왕조가 부패하더라도 악명이 높아갈 정도에까지는 이르지 않았고 또 그 왕조가 붕괴하더라도 주도적 지위가 흔들릴 정도에까지도 이르지 않았다. 다음으로, 현행제도에 대한 유가의 비판은 아주 날카로웠지만 그 대책은 대단히 부드러웠다. 유가는 자기가 직접 손을 대거나 또는 군중을 발동하는 적극적인 행동으로써 이러한 제도를 개변시킬 것을 주장하지 않고, 현명한 성군과 재상을 통해 개변시키고자 하였다. 왜냐하면 '수신, 제가, 치국, 평천하'의 정치적 노선에 따르면 이른바 '아름다운 정치'란 자기를 바르게 하고 남도 바르게 하는 일이며 '예악과 정벌의 대권이 천자로부터 발동되는 것'이란 천하에 도가 있다는 중요한 표지이기 때문이다. 게다가 정전제井田制를 회복하려는 유가의 방안은 근본적으로 불가능하였기 때문에 유가 이상에 따라 현실제도를 어느 정도 개변시킨다 하더라도 개량적 수준에 지나지 않았다. 즉 현행제도에 대한 유가의 비판이 현행제도를 위협할 만큼에는 미치지 않았던 것이다. 이와 비교해 보면 법가와 도가는 그러한 이점을 갖추지 못했다. 법가는 현행의 일체 제도를 무조건 지지하고 나섰기 때문에 이 제도가 빚어낸 모든 나쁜 결과를 다 책임져야 했고, 결국 진秦왕조의 붕괴와 함께 무너진 후 다시 일어나지 못하였다. 그리고 도가의 경우는 현행의 일체 제도를 무조건 비판만 하기 때문에 근본적으로 통치이데올로기가 될 수 없었다.

유가는 일상생활 속에서 숭고한 도덕적 이상을 실현할 것을 주장하는데, 이러한 이상은 군신, 부자, 부부, 형제, 붕우를 포함한 '오륜五倫'의 '인륜을 다하는 것'이다. 군신관계는 본질적으로는 종법관계가 아니지만 유가는 그것을 종법관계에 포함시켜 선전했고, 그 결과 또한 대단히 효과적이었다.

첫째, 종법관계는 사람들의 종種의 번식에서 형성된 관계임과 동시에 일종의 생산관계이기도 한데, 후자는 전자에 의존한다. 종법제도에서 생활하는 사람(지주와 농민)들은 이러한 관계 속에 어떤 부자연스러운 것이 있는지 알기 어렵기 때문에 윤리관계가 일종의 자연관계라는 유가의 선전을 아주 쉽게 받아들인다. 혈연친족 간의 친밀한 관계는 인간에게 특유한 현상이 아니라, 생물이 번식하는 메커니즘의 하나로서 동물에게도 본능적 형식으로 존재한다. 유가는 "호랑이가 잔인하다고 해도 제 자식은 해치지 않는다"는 점을 충분히 이용하여 강상윤리의 자연성과 영구성을 논증하였는데, 고대의 지식수준으로는 이러한 논증을 반박하기 쉽지 않다. 둘째, 순전히 자연상태로부터 나왔다고 유가가 선전하는 이러한 등급제도는 봉건사회 등급제도의 실제 상황에 대단히 적합하였다. 토지사유제와 왕조의 빈번한 교체, 그리고 찰거察擧, 과거科擧 등과 같은 제도의 존재는 중국 봉건사회의 등급을 고정시키지 않았다. 방대한 국가기구는 세금수입, 병역, 요역의 뒷받침을 필요로 했기 때문에 서양과 같은 그러한 인신의존제도가 불가능했고 문벌사족제도 또한 끊임없이 변동되는 등급구분 상황에 적응할 수 없었던 데 비해 "군군신신君君臣臣, 부부자자父父子子"와 같은 유가의 등급제도는 고정된 등급제도의 폐단이 없기 때문에 등급구분의 변화에 완전히 적응할 수 있었다. 유가의 말대로 한다면 "구체적인 적용은 변할 수 있어도 도道는 변할 수 없다"(器可變而道不可變)라는 것이 바로 이것이다. 왕조가 뒤엎어질 수 있고 관료기구도 사람을 바꿀 수 있으며 군신, 귀천, 상하도 그 위치가 변할 수 있지만 군신, 귀천, 상하의 등급질서는 영원히 변할 수 없다는 것이다.

유가는 '수신'을 근본으로 하고, 덕으로 교화하고, 예로 다스리는 방식을 통하여 제가, 치국, 평천하를 이룰 것, 즉 각 등급 간의 화합과 통일이라는 이상을 실현할 것을 주장했다. 이는 공상적인 이상주의적 성격이 대단히

뚜렷하기는 했지만 지극히 큰 실제적 기능을 가지고 있었다. 중국 봉건사회의
경제정치제도는 항시 각 계급, 각 등급 심지어 개개인까지도 격렬한 충돌과
갈등상황에로 자발적으로 밀고 나갔다. 무제한적인 토지겸병, 전제군주권리
의 남용, 끊임없이 늘어나는 부역, 관료기구의 부패, 관료들의 밥그릇 싸움,
황제의 권력을 엿보는 권신 등이 모두 여기에 포함된다. 이러한 것들을
정상적으로 기능하게 하고 빈번한 충돌과 갈등으로 인해 붕괴되지 않도록
하기 위해서는 어떤 완충 시스템을 가동할 필요가 있었는데, 유가의 이상주의
정치사상이 바로 그 완충기 역할을 했던 것이다. 이는 봉건정치제도의
중요한 계층에 있는 사대부들이 기본적으로 유가사상에 의해 배출되었다는
데서 분명하게 드러난다. 유가는 자기들의 정치적 노선으로부터 많은 구체적
인 정치주장을 도출해 냈다. 명전제名田制를 반대함으로써 토지겸병의 억제를
꾀하였으며, 군주전제를 잠정적으로 지지하면서도 '천天'을 들어 전제군주를
제약하고 '직간直諫', '시법諡法' 등의 방법을 통해 군주의 권리남용을 비판했던
것이다. 그들은 또 재물을 아껴 쓰고 백성을 사랑할 것을 주장하면서 가렴주구
苛斂誅求와 가혹한 형벌을 반대하였고, 사군자의 도덕수양을 중시하여 이른바
'공公과 사私, 의義와 리利의 구분'을 유가의 제일의第一義로 높였는데, 사실
이러한 것들은 모두 통치계급의 전체적이고 근본적이며 원대한 이익을
우선으로 하고 있었다.

　위와 같은 사상으로 무장된 사대부들은 봉건경제정치제도의 정상적인
운행에 대단히 큰 역할을 담당했다. 역사가 증명하는바 유가의 주장이
상대적으로 잘 실현된 시대는, 즉 조화와 완충의 방향에 주력한 시대는
사회가 안정되고 생산력이 증대하였으며 그 왕조도 안정되고 태평스러웠다.
반면 그러한 조치가 일단 취소되거나 유명무실해지면 그 왕조도 운명을
다해 갔다. 이로부터 각 계급이 화합과 통일을 이루고 한집안처럼 친밀하게

210

지내려는 유가의 이상은 위에서 언급한 정치적 주장의 총체적 근거로서 적어도 봉건정치의 지도사상 역할을 충분히 수행했다는 것을 알 수 있다. 또한 그것은 충돌과 대치의 국면을 조절하고 완화시키는 데 있어서 이상과 예술의 형식 및 환상을 제공하는 역할도 했다. 그러나 사대부들은 자신들이 그러한 투쟁에 종사할 때 초계급적인 '확연대공郭然大公'을 위해 참으로 싸우고 있다고 여겼을 뿐, 이러한 투쟁의 협애성은 인식하지 못했다. 그리고 자신들의 투쟁이 필연적으로 '천하가 한집안처럼, 온 나라의 사람들이 한 사람처럼' 되는 이상사회의 실현을 가져올 것으로만 여겼지, 이러한 투쟁의 비극적 성격은 제대로 인식하지 못했다. 유가사상이 주로 현실적인 봉건경제정치와 모순되고 저촉되면서도 오히려 봉건경제 정치제도를 위해 봉사하는 역할을 수행하게 된 까닭도 바로 여기에 있다.

유가사상이 중국봉건사회의 가장 적합한 관념적 이데올로기였다는 점을 인정하면서도, 동시에 중국 봉건사회 정치경제제도에 대한 유가의 봉사가 완전무결한 것이 아니었음을 반드시 유념해야 한다. 우선, 유가의 정치적 이상은 공상적인 이상주의 성격이 뚜렷했던바, 비록 그로부터 파생된 일부 구체적인 정치적 주장들이 매우 큰 실제적 기능을 갖고 있다고는 하지만 일부 주장은 또 대단히 큰 폐단을 자아낼 수 있다. 이를테면 유가는 의리를 중시하고 이익을 경시하며 왕실을 높이고 패도를 억제할 것을 주장함으로써 부국강병을 단호히 반대하고 부국강병을 목적으로 한 정치경제제도를 반대 하였는데, 이것은 폐단이 아닐 수 없다. 또 종법제도를 극력 수호하고 제창한 까닭에 농촌에서는 대호족들이 기층정권을 독차지하기에 이르렀고, 대량의 토지를 점유하고 농민들에게 의존하면서도 관리가 되는 권리를 독점한 문벌사족계급을 육성해 냄으로써 위진남북조시기의 봉건국가는 분열되고 할거된 국면에 빠지게 된다. 천자의 지위를 적장자가 계승하고 나머지

자식들은 분봉되는 제도는 통치계급 내부에서 동란이 일어나는 근원(이를테면 漢과 晉나라)이 되었고, 대량의 토지 재부를 점유하고서도 하는 일은 전혀 없는 기생충 계층(이를테면 明나라)이 수없이 배출되기도 했다. 이 방면에서 만약 봉건통치자들이 법가의 주장대로 했다면 많은 문제들을 해결할 수 있었을 것이다. 그 다음으로 지적할 것은, 유가가 봉건경제정치제도를 조화하고 완충하는 방식으로 기능을 발휘했던 것은 그러한 제도의 존재와 자발적인 운행시스템을 전제로 했다는 점이다. 즉 그것은 법가의 사상과 그들이 만들어 낸 제도를 완전히 대체할 수 없었지만 적어도 그것과 상반상성할 수는 있었던 것이다. 마지막으로, 이상사회에 대한 유가의 선전은 통치자로 하여금 잘못된 길로 들어서게 할 수 있었다. 이를테면 서한 말기에 일어난 왕망王莽의 고색창연한 '체제개혁'이란 익살극은 가뜩이나 혼란스러웠던 사회를 더욱 혼란에 빠뜨림으로써 그 정권의 멸망을 가속화했다.

이러한 분석은 중국 봉건경제정치제도와 그 지배이데올로기 간의 관계가 대단히 복잡하다는 점을 잘 설명해 준다. 여기에는 이데올로기에 대한 경제 기초의 결정적 작용이 나타날 뿐만 아니라, 또한 이데올로기의 상대적인 독립성과 자유적 창조성도 드러난다. 바꿔 말하자면 중국 봉건경제정치제도는 유가를 그 지배이데올로기로 할 것을 필연적으로 요구하지는 않는다. 경쟁에서 유가가 이기게 된 것은 경제적 기초라는 원인 외에 이데올로기 자체에도 원인이 있다. 춘추전국시기에는 제자백가가 봉건제도에 앞서 존재했고, 이러한 상황은 봉건통치자들에게 제한되나마 선택의 여지를 주었다. 만약 봉건경제정치제도를 실제적으로 창립한 법가가 전제군주집권을 그토록 절대적으로 추켜세우지만 않았더라면, 엄격하고 가혹한 형벌과 법령을 그토록 절대적으로 주장하지만 않았더라면, 도덕과 문화와 교육을 그토록 절대적으로 배척하지만 않았더라면, 인간 본성이 이기적임을 그토록 노골적으로 선전하지만 않았더라면, 봉건경제정치제도를 세울 때 책략(術)과 권세(勢)에만 의지하지 않고 조화와 완충을 이루어 내는 어떤 시스템을 도입할 것을 고려해 보았더라면 유가가 집권이데올로기의 왕좌에 오르기는 어려웠을 것이다. 또한 진왕조가 그토록 단명短命이 아니었고, 정권을 잡은 법가에게 경험과 교훈을 총결하여 자신들의 이론을 부분적으로 수정하고 선진先秦 백가의 성과를 종합할 수 있는 충분한 시간적 여유가 있었더라면 유가는 이데올로기의 왕좌에 오르기 어려웠을 것이다.

4. 중국 전통문화의 유형

문화 분류에 관한 문제에 대해서는 현재 다양한 이론들이 있다. 이 문제는 본질적으로 문화비교학의 과제라고 본다. '유형'은 비교한 결과이고 또한 비교하는 도구이기도 하다. 이 방면에 있어서 유행되고 있는 견해에 대해 좀 검토해 보자.

어떤 학자는 서로 다른 지리 구역의 문화를 대륙大陸문화와 해양海洋문화로 구분하면서, 대륙문화는 독립적이고 일관된 발전계통을 유지하였고 상대적으로 폐쇄되고 편협한 데 반해 해양문화는 동태적動態的이고 개방적인 것을 특징으로 한다고 주장한다. 물론 지리적 환경이 문화에 대해 확실히 무시할 수 없는 커다란 영향력을 미치기 때문에 지리적 환경에 따라 문화적 유형을 구분하는 것은 충분히 가능하다. 그러나 폐쇄적이고 편협한 것과 동태적이고 개방적인 것으로 두 문화의 차이를 개괄하는 것은 다시 한 번 생각해 보아야 한다.

고대 그리스인은 전형적인 해양민족으로서 그들의 문화에 대한 해양의 영향은 막대했다. 그러나 고대 그리스문화의 성취와 특징이 단순히 그들이 해양민족이라는 데만 있지 않다. 그들은 많은 고대 문명국가의 인근에서 생활한 해양민족이고, 내륙문명의 심각한 침투는 있었지만 내륙국가의 직접적인 통치는 받지 않은 민족으로서 '행운의 민족'이었다. 그렇기 때문에 그들은 이집트와 양하兩河(티그리스 및 유프라테스 강) 유역 등 내륙문명의 성과를 대량적으로 수용한 토대 위에서 자신들의 창조력을 충분히 발휘하여 휘황찬란한 고대 그리스문화를 창조할 수 있었다. 이러한 의미에서 그리스문화는 해양문화일 뿐만 아니라, 동東지중해문명권 내의 각종 문화를 종합하여 창조한 결정체라고 할 수 있다. 그러나 서양 중세문화 전체를 '해양형'이라고 말하기는 어렵다. 서로마제국을 정복한 게르만족도 어떤 의미에서는 행운의 민족이라고 할 수 있다. 그리스의 과학전통, 로마의 법치전통, 히브리의 종교전통이 로마제국 시기에 이미 한데 모여 중세와 근대에 있어서의 그들의 문화발전을 위한 광활한 문화적 배경을 제공하였다. 서양 근대의 문화는 물론 '해양형'이지만, 그 성취는 세계 각지의 문화성과를 광범위하게 수용한 기초 위에 건립되었기 때문에 그들의 문화가 동태적이고 개방적이라고 말하기보다는 세계에 대한 약탈과 착취를 토대로 건립되었다고 하는 편이 낫다. 문화의 측면에서 그들은 '유럽중심주의'라는 거만한 태도를 취했는데, 사실 그것도 역시 폐쇄적이고 편협한 태도이다.

중국을 놓고 말하자면, 그 문화는 대륙적 환경의 영향을 받았을 뿐만 아니라 특히 여타 고대 문명의 중심과 단절된 여건을 지니고 있었다. 중국도 바다와 인접했고 또한 해양활동도 있었지만 드넓은 태평양은 중국 사람들에게는 대지의 끝이라는 인상을 주었다. 중국의 전통문화는 본질적으로 폐쇄적이 아니다. 중국은 주변 민족의 우수한 문화성과를 많이 수용하였고, 아득히 먼 여타 문명의 중심에 대해서도 많은 사람들이 위험을 무릅쓰고 찾아가서 고찰하고 좋은 경험을 배워 왔다. 근대에 이르러 중국의 적지 않은 사람들이 외래문화에 대해 공포를 느끼고 배척하는 심리를 보여 주었던 것은, 폐쇄적이고 내향적인 심리가 작용했다기보다는 그 외래문화와 더불어 침략과 압박, 영토분할에 대한 요구가 함께 들어왔기 때문이다. 중국의 지리적 환경이 중국문화에 끼친 가장 큰 영향은 중국문화로 하여금 고립적이고 연면連綿하는 문화가 되게 한 것이다. 고립되었기 때문에 여타 주요 문명과의 교류와 경쟁이 결핍되었고, 연면하였기 때문에 전통적인 힘이 특히 강하였다. 서양문화는 몇 개의 큰 고대문명이 융합된 토대 위에서 발전수준이 비슷한 많은 민족과의 치열한 경쟁 속에서 형성된 문화이다. 반면 중국문화는 고립적이고, 독자적으로 이루어지고, 강력한 문화적 상대와 부딪히지 않은 상황에서 형성된 문화이다. 만약 이러한 특징에 근거하여 중국문화와 서양문화를 대륙문화와 해양문화로 구분한다면 이 두 용어는 그래도 받아들일 수 있을 것이다.

어떤 학자들은 관념문화와 일정한 생산방식의 내재적 연계에 따라 분류할 것을 주장하였다. 즉 농업문화와 공상工商문화, 유목문화 등으로 문화를 구분하는 것이다. 관념문화는 분명 일정한 생산방식과 내재적 연계가 있기 때문에 이에 근거하여 중국의 전통문화는 농업문화를 주도로 하는 문화라고 해도 정확하다. 문제는 문화와 일정한 생산방식의 연계를 어떻게 이해하고 분석할 것인가 하는 점이다. 예를 들자면 풍천유馮天瑜는 중국 사람들의 실용정신, 비종교적인 태도, 동양 전제주의의 정치관념, 민본주의, "중용을 중시하여 그다지 극단적이지 않고" "현세와 인간사를 중시하고 내세와 인간사 밖의 자연에는 큰 관심을 두지 않으며", 더 나아가 "사방의 오랑캐들이 따르도록 하는" 방식으로 "만방의 화합을 이루는" 것은 모두 농업경제에서 파생된 특징이라고 하였는데, 이러한 주장은 잘 검토해야 한다.

중국의 전통문화, 고대 이집트문화, 고대 양하兩河 유역의 문화, 고대 인도문화와 서양 중세문화는 모두 농업문화이지만 그 관념문화는 가지각색이다. 이를테면 중국은 비종교적 정신이 돋보이고, 또 전제주의 정치 관념이 선명하다. ─ 동양의 전제주의 정치 관념에 대해서는 일찍이 마르크스와 엥겔스가 지리적 환경으로부터 설명한 바 있다. ─ 관념문화와 생산방식 그리고 경제정치제도와의 관계는 대단히 복잡하다. 생산방식과 경제정치제도가 완전히 같을 경우라 하더라도 단지 사상가들의 자유적인 창조라는 원인만으로 관념문화가 매우 달라질 수 있다. 그렇기 때문에 여기서는 단순화와 주관적 임의성을 절대 삼가야 한다.

다양한 생산방식은 다양한 생활방식을 도출해 낸다. 이를테면 농업은 고향땅에 편안히 살 것을 요구하기 때문에 오랜 시일이 지나면 원래 살던 곳에 익숙해져 쉽게 떠나려 하지 않게 되고, 또한 시야가 좁은 폐단이 생기게 된다. 반면 목축업은 물과 풀을 찾아다니면서 살 것을 요구하고 상공업은 원료와 시장개척을 위해 뛰어다닐 것을 요구하므로 고향을 그리워 하는 관념이 상대적으로 약하고 시야도 상대적으로 넓다. 다양한 생산방식은 또한 다양한 지식을 필요로 한다. 이를테면 수공업자는 역학, 기하학의 지식, 농민과 유목민은 동식물에 관한 지식을 더욱 필요로 한다. 서양 근대교육이 수학, 물리, 화학을 가장 중요한 자리에 놓았던 것도 상공업의 발달과 직접적인 관계가 있다. 다양한 생산방식은 노동자의 소질에 대한 요구도 각기 다르다. 이를테면 농업은 고통과 어려움을 참고 견뎌야 하고 목축업은 용감하고 사나워야 하며 상공업은 언변이 좋고 계산에 밝아야 하는 등이 그러하다. 이 밖에도 다양한 생산방식은 사람들의 도덕관념, 가치표준, 심미취향에도 영향을 미치고, 또 인구의 밀도, 교제의 빈도, 인간관계의 성질, 정치적 통치의 방법 등에도 영향을 미친다. 총체적으로 말하자면,

생산방식은 문화의 각 차원, 각 방면에 모두 심각한 영향을 미친다. 만약 생산방식과 내재적인 연계가 있는 위에서 언급한 특징들을 제대로 귀납하여 농업문화, 유목문화, 상공업문화와 같은 이름을 붙인다면 말은 간결하나 뜻이 잘 드러나는 효과를 거둘 수 있다.

중국 사람들의 민족 성격, 습관, 관념 등은 소농小農생산방식과 많은 내재적인 연계가 있는데, 그 속에는 좋은 것과 나쁜 것이 함께 포함되어 있다. 부지런하고, 소박하고, 검소하고, 남을 즐겨 도우며, 인간관계의 화합을 중시하는 등 중국 사람들의 미덕은 장기간의 농업생활의 영향으로 이루어진 결과이다. 또 산만하고, 느리고, 원래 살던 곳에 익숙해져 쉽게 떠나려 하지 않고, 작아도 완벽해야 하고 커도 완벽해야 한다는 의식(小而全, 大而全)[8], 경쟁의식이 약하고, 지력을 가볍게 보는 등과 같은 좋지 못한 습관도 소농생산방식과 관계된다. 중국의 오랜 봉건사회에서 농업만을 중시하고 상공업을 경시하여 수공업자들과 상인을 업신여겼던 것도 농업사회의 심리적 습관의 중요한 표현이다.

관념문화는 경제정치제도와 가장 밀접한 내재적 연계가 있고, 시기별로 생산수단을 독점함으로써 정신적 생산도 독점한 계급과도 가장 밀접한 내재적 연계를 가진다. 그렇기 때문에 사회형태와 계급속성에 따라 분류하는 것은 여전히 가장 기본적인 방법이다. 그런데 이러한 분류가 문화의 시대성을 표현하고 문화의 민족성도 표현할 수 있도록 하기 위해 분류의 표준에 일부 내용들을 더할 수 있다. 이를테면 중국의 상고시대 문화와 고대 그리스· 로마문화는 같은 노예제문화이지만, 중국 노예사회의 경제정치제도는 가· 국家國 일체라는 종법적 특성이 있기 때문에 종법노예제宗法奴隸制 문화라고

---

8) 역자주: 기업의 경우에 규모에 관계없이 모든 업무를 다 포괄해야 한다는 백화점식 관념을 말함.

할 수 있다. 조상을 숭배하고 아랫사람을 사랑하고 부모님께 효도하고 형제간에 우애하고 윗사람을 공경하는 종법도덕을 중시하며 또 예의로써 다스리고 대부 이상의 계급에는 형벌(刑)을 가하지 않고 서인에게까지 예禮를 적용하지는 않는다고 하는 문화현상은 모두 이 개념 아래에 귀결시킬 수 있다. 또 이를테면, 중국 전통문화와 서양 중세문화는 같은 봉건제 문화이지만 구체적인 경제정치제도의 측면에서 보면 양자는 많은 다른 특징이 있다. 중국은 통일된 대제국이고 명전제名田制, 군현제郡縣制, 전제군주의 중앙집권제 등을 실행하였기 때문에 종법제도가 대단히 많이 남아 있는데, 그것에서 파생된 문화의 특징을 '종법적 봉건'이라는 용어로써 모두 개괄할 수 없기 때문에 아예 중국봉건제문화라거나 혹은 중국 특색의 봉건제문화라고 하는 편이 더 낫다.

종합하여 말하자면 중국 전통문화는 대륙연면형大陸連綿型 문화, 농업문화, 중국봉건제문화로 규정할 수 있다.

지적해야 할 것은, 위에서 언급한 분류는 중국 전통문화의 다양한 특징들 및 그것과 내재적으로 연관되는 요소에 근거하여 구분한 것들이다. 이러한 특징들은 서로 연계되어 있고 서로 작용하기 때문에 그 구분 또한 상대적이다. 그러나 그것은 각각 다른 중국 전통문화의 특징들을 묘사한 것이기 때문에 서로 혼동해서는 안 된다. 엥겔스는 다음과 같이 지적하였다.

중세는 조야한 원시상태로부터 발전된 것이다. 중세는 고대문명, 고대철학, 정치와 법률을 깨끗이 쓸어버림으로써 모든 것을 처음부터 다시 시작할 수 있도록 하였다. 몰락된 고대의 세계로부터 중세가 물려받은 유일한 것은 바로 기독교와, 파괴되어 황폐하고 문명을 잃어버린 일부 도시들이다. 결국 모든 원시적 발전단계의 경우와 마찬가지로 성직자들이 지식과 교육에서 독점적 지위를 차지했기 때문에 교육 자체에도 신학적인 성격이 포함되었다. 정치와 법률 또한 성직자들의 수중에 있었기 때문에 모든 여타 과학과 마찬가지로 신학의 지류가 되었고, 일체는 신학의 원칙에 따라 처리되었다.…… 지식활동의 전반적인 영역에서의 신학의 이러한 최상의 권위는 그 당시 봉건제도에서 모든 것들이 결국은 교회의 지위 아래에 놓여 있었던 것의 필연적인 결과이다.[9]

다시 말하자면, 중세 서양에서 종교가 모든 것을 통치하는 지위를 차지했던 것은 봉건사회로 진입한 서양의 특수한 방식에 의해 결정된 것으로서 일종의 환원유전還元遺傳현상[10]이다. 어떤 사람들은 다른 나라의 봉건사회에서 종교가 주도적 지위를 차지한 것을 보고 그것을 하나의 보편적 규율이라고 간주하면서 송명 리학도 종교라고 주장하는데, 이것은 잘못된 생각이다. 또 어떤 사람들은 다양한 특색의 주문화主文化를 시대와 억지로 연계시켜 현대화 이전의 문화는 윤리 본위이고, 현대화 문화는 지식 본위이며, 현대화 이후의 문화는 아마도 심미 본위의 문화일 것이라고 생각한다. 이것 역시 잘못된 생각이다.

---

9) 恩格斯, 「德國農民戰爭」, 『馬克思恩格斯全集』, 400쪽.
10) 역자주: 현재는 보이지 않는 조상의 형질이 어떤 개체에서 우연히 출현하는 현상 또는 그와 같은 형질을 갖는 개체. 사람에게 꼬리가 생기거나, 털이 많이 나거나, 말의 다리에 과잉의 발가락뼈가 생기는 것이 그 예이다.

제5장 중국문화의 발전

중국문화는 유구한 역사를 가지고 끊임없이 변화되었기 때문에 이 하나의 장만으로 그 발전과 변화를 분명하게 밝힌다는 것은 사실상 불가능하다. 그러므로 우리가 여기에서 할 수 있는 것이란, 그 발전과 변화의 대체적인 윤곽을 그려 내고 그것을 토대로 해서 지금의 문화 연구에서 밝혀볼 만한 몇 가지를 검토하는 것일 뿐이다.

1. 화하華夏문화의 탄생과 초기의 특징

고대의 역사전설과 발굴된 유물의 증거에 따르면, 중국문명은 이미 5천 년의 역사를 가지고 있고 처음부터 뚜렷한 특징을 지녔다.

첫째, 중국문화의 주체와 핵심인 화하華夏문화는 화華·융戎·적狄·이夷 등 여러 부족의 융합에서 탄생되어 나왔다.

출토된 유물을 살펴보면, 기원전 3천 년에서 2천 년 사이에 산서山西 남부, 하남河南 동부, 그리고 섬서陝西·하남河南·산서山西 3성의 접경지역을 중심으로 하는 광활한 지역에서 중원中原의 용산문화龍山文化가 형성되었다. 이 문화의 분포 지역은 전설에서 전해지는 황제 요堯·순舜·우禹의 활동범위와 상응한다. 고대의 역사전설에 따르면, 황제黃帝로부터 요堯·순舜·우禹에 이르기까지 화華·융戎·적狄·이夷·강羌·묘苗·만蠻 등 부족들이 중원지역에서 활약하였는데, 그 중 묘족과 만족은 쫓겨났거나 또는 정복되어 노예가 되었다.

화하華夏문화는 중요한 몇 가지 특징을 드러낸다. 그 하나는, 통일된 왕조가 형성되기 전에 이미 흔히 중국의 정치 중심이라 칭하는 '중원'의 대평원에 초기 화하華夏문화가 형성되어 있었다. 이 화하문화는 하夏·상商·주周 등 노예제 국가가 건립되는 기초가 되었을 뿐만 아니라 그 뒤로 중앙집권제국의 건립에도 크나큰 영향을 미쳤다. 다음 하나는, 화하문화에 있어서 화이華夷의 구분은 문화의 구분이지 종족 또는 부족의 구분이 아니다. '하夏'란 '중국사람' 즉 '중원지역의 사람'이라는 의미이다. 하대夏代의 통치자들이 중원 용산문화의 통일을 이루었기 때문에 화하華夏가 통일문화의 명칭이 되었던 것이다. 그 후 화하민족과 여타 민족은 끊임없이 융합되었는데, 어떤 종족이든 간에 문화의 차이만 사라지면 그 경계선도 저절로 없어지게 된다.

둘째, 중국은 쟁기로 경작하는 농업을 바탕으로 하여 문명사회로 진입하였는데, 춘추전국시대에 이르러서 쟁기갈이의 농업이 등장하게 된다. 쟁기갈이로 하는 농업은 아직 원시적인 형태로서 적어도 두 사람이 협력하거나(耦耕: 두 사람이 쟁기를 나란히 하여 함께 땅을 갊), 더 많은 경우는 여러 사람들이 집단적으로 함께 경작하는(千耦其耘: 많은 사람들이 짝을 지어 밭 갈고 김을 맴) 방식이었는데, 원시적인 협력방식에 의해 생산하기 때문에 개체 생산력의 성숙과 계급·국가의 출현을 불러올 수는 없었다. 개체 생산력이 성숙되지 못하였기에 중국의 노예사회는 소유제와 국가형식 등의 측면에서 많은 특징이 형성되었다. 토지사유제가 아직 나타나지 않았고, 가정은 여전히 같이 살고 함께 쓰는 '동거공재同居共財'의 가장제 가족제도였으며, 그 결과로 종족귀족들이 주도적인 지위를 차지했다. 중국 고대문명의 이러한 특징은 자연조건과 관계가 있다.

셋째, 중국은 부계씨족제도가 상당히 잘 유지된 상황에서 계급사회로 진입했다.

계급사회로 진입할 때에도 부계씨족제도가 완전하게 보존된 상황이었기 때문에 노예제 국가의 형성과 형식에 일련의 특징을 가져다주었다. 그 하나는 두드러진 가장제 가족이 가장 먼저 노예주 귀족으로 성장하였다는 점이고, 다른 하나는 각각의 귀족 가족들이 씨족의 밖에서 연맹을 결성하여 원래의 부락을 기초로 해서 수많은 작은 나라들을 구성하였다는 점이다. 다양한 씨족으로부터 귀족들이 모였기 때문에 '백성百姓'이라 하였고, 이러한 연맹 중에서 최강자인 수령으로 추대된 가족을 '왕족王族'이라 하였으며, 왕족이 소속된 씨족의 이름(姓)이 바로 그 나라의 '성姓'으로 되었다.—하대夏代 이전에는 이러한 작은 나라가 대단히 많았다.— 그리고 각각의 작은 나라의 통치자들은 보다 넓은 범위 안에서, 즉 초기 화하문화의 범위 내에서 연맹을 결성하였고, 전설에 나오는 요堯·순舜·우禹와 같은 맹주가 나타났다. 연맹은 관습법이나 연맹의 협의를 준수하지 않는 내부 국가에 대해 정벌할 권한이 있었고, 또한 멸망한 나라를 통치하도록 귀족을 위임하여 파견할 권한도 있었다. 맹주의 직위는 선양禪讓이라는 공동추천의 관습으로부터 하나라 우왕禹王 이후 '세습'으로 변했고, 중국 고대 노예제 통일국가의 초보적 규칙도 이로부터 자리를 잡게 되었다. 그리고 맹주의 직위를 세습한 귀족은 수중의 권력을 이용하여 귀족연맹 방식의 국가를 점차적으로 가국家國일체의 종법노예제 국가로 만들어 갔다.

가국일체 방식의 종법노예제 국가의 가장 전형적인 형태가 바로 '서주西周' 이다. 서주는 상商을 멸망시킨 뒤에 왕의 지차之次 아들, 동복同腹 아우, 숙질叔姪

들을 분봉하여 전국적인 종족통치망을 형성하였다.(전하는 기록에 따르면, 武王, 周公, 成王이 앞뒤로 71개국을 세웠는데 그 중 무왕의 형제가 15인이고 동족이 40인이다.) 이후 종주국인 주나라와 각 제후국 내에서는 백성百姓인 왕족이 함께 정권을 잡았던 제도가 거의 다 파괴되고 군주의 혈족들이 각종 관직을 독점함으로써 천자로부터 삼공구경三公九卿·제후·대부에 이르는 종족통치망과 가국일체의 종법노예제 국가가 형성되었다.

2. 은殷·주周 사이의 문화 변천

중국문화의 첫 번째 거대한 변화가 은殷·주周 사이에 일어났다. 왕국유王國維는 다음과 같이 말했다.

> 하夏나라와 상商나라 사이에서의 정치문물의 변화는 상나라와 주周나라처럼 격렬하지 않았다. 상나라와 주나라 사이의 대변혁은…… 낡은 제도가 버려지고 새로운 제도가 일어나고, 낡은 문화가 쇠퇴하고 새로운 문화가 시작되는 변혁이었다.[1]

이 말은 과장한 측면이 없지 않지만, 이러한 문화의 대변혁을 지적한 측면에서는 기여한 부분이 있다.

앞에서 언급한 요堯·순舜·우禹와 같은 고대 '제왕'들은 사실 화하華夏 제후국 연맹의 맹주였을 뿐이다. 이러한 연맹을 통일된 나라로 만들기는 대단히 어려운 일이다. 맹주들은 각 가맹국加盟國의 배반과 반항에 대처해야

---

1) 『觀堂集林』(北京: 中華書局, 1959년판), 453쪽, "夏商間政治文物的變革, 不像商周那樣劇烈. 商周間大變革……舊文化廢而新文化興."

했을 뿐만 아니라 왕위쟁탈을 위한 동족 귀족들 간의 분규와 동란에도 대처해야 했고, 또한 높은 위엄과 권세를 가진 제사장 집단 및 나라 안에서 자신들과 함께 정권을 누리는 '백성百姓'들에 대해서도 대처해야 했다. 이러한 여러 세력의 성쇠盛衰는 정치제도 변화의 방향이 여러 가지 가능성을 띠게 하였다. 하대夏代 4백 년간의 분규를 거치면서, 특히 상나라가 하나라의 통치권을 빼앗는 전쟁의 와중에서 수많은 작은 나라들이 멸망한 덕에 상나라는 수도를 중심으로 사방 천리에 달하는 대국이 됨으로써 가맹국들의 배반 위협으로부터 벗어나게 되었고, 왕위계승제도의 확립에 따라 왕족 내부의 동란도 점차 해결되었다. 반경盤庚이 마침내 은殷에 도읍을 성공적으로 옮겼다는 역사적인 사실은 '백성'들의 힘이 이미 상왕商王의 의사결정에 대항할 수 없게 되었음을 말해 준다.

상商·주周 사이의 문화변천은 주로 종법제도를 발전시켰다. 종법제도의 핵심은 적장자가 계승하고 나머지 자식은 분봉을 받는 제도이다. 이러한 제도에 따르기 위해서는 적서嫡庶의 구분을 분명히 해야 하고, 직계와 방계에 따라 조상을 따로 제사지내야 하며, 갈라져 나온 종족과 원종족의 권리 및 의무 관계를 명확히 해야 하고, 종족 통치망의 여러 관계를 조화시키는 법칙 및 그에 상응한 도덕과 종교관념 등을 확립해야 한다. 이러한 측면에서 주나라는 상나라보다 한 걸음 크게 발전했다. 여기에서 특히 지적해야 할 점은 세 가지가 있다.

첫째는 예악禮樂제도, 즉 노예제의 등급명분 제도이다. 예악제도는 노예주 귀족의 계급적 지위와 등급의 특권을 나타내고, 군신·부자·형제·부부·붕우 간의 관계를 규정하였다. 주나라 시기의 예에는 다섯 가지 종류가 있다. 길례吉禮는 제사를 말하는 것으로서 나라의 조상신을 높인다. 흉례凶禮는 우환을 가슴아파하는 예식으로서 대부분 장례와 흉년에 관한 것들이다.

빈례賓禮는 회동會同을 말하는 것으로서 대부분 조현朝見과 교빙交聘에 관한 것이다. 군례軍禮는 많은 군사를 동원하여 복종하지 않는 자를 징벌하는 것을 말한다. 가례嘉禮는 연회, 관례冠禮, 혼례婚禮에 관한 것으로서 경사스러운 활동을 가리킨다. 이처럼 주나라 시기에는 귀족들의 모든 행동에 일정한 '예'가 규정되어 있었던 것이다.

둘째는 경덕敬德사상이다. 은殷나라 사람들은 덕을 말하지 않았다. 그들 마음속의 상제上帝는 자연을 주재할 뿐만 아니라 사회도 주재하였지만 도덕적 속성은 띠지 않았다. 그래서 그들은 선왕先王을 칭송할 때에도 용력勇力과 업적만 칭송할 뿐 '덕'에 대해서는 말하지 않았다. 이를테면 "위엄 있고 용맹하신 상토相土께서는 멀리 나라 밖까지 평정하셨다"; "용맹하신 탕왕湯王 깃발 나부끼시며 위무도 당당하게 큰 도끼 잡으시니, 열화烈火 같은 그 모습 아무도 감히 우릴 당할 자 없었다"2) 같은 것들이 바로 그러한 사례이다. 이는 은나라 사람들의 가치관에 힘을 숭상하는 경향이 뚜렷하였음을 설명해 준다. 주나라 사람들은 이와 반대로 덕을 크게 공경하였다. 주나라 사람들에 의하면 황천의 상제는 덕을 보살펴주는 자로서 "착한 사람에게는 복을 주고 나쁜 자에게는 화를 내리며" "착한 일을 하면 온갖 상서로움을 내리고, 악한 일을 하면 온갖 재앙을 내린다." "하늘은 친한 사람이 없으시고 오로지 덕망이 있는 사람이면 도와준다." 그러므로 주나라 시대에는 경덕敬德이 통치를 수호하는 중심 문제가 되었다. '덕'의 내용은 비록 여러 방면이지만 그 핵심은 자慈·효孝·우友·제悌 등 종법도덕이다. 다시 말하자면, 이러한 '덕'은 '예'와 안과 밖의 관계를 이룬다. 주나라 통치자들은 치국·평천하의 희망을 가국일체의 제도에 의뢰했기 때문에 자연히 예악을 중시하지 않을 수 없었고, 예악제도를 유지하려면 또한 반드시 도덕을 중시해야 했다.

---

2)『詩經』,「商頌·長發」, "相土烈烈, 海外有截", "武王載旆, 有虔秉鉞, 如火烈烈, 則莫我敢曷."

왜냐하면 각 등급의 귀족들은 서로가 혈연적 친족관계였기 때문에 문제가 대단히 엄중하지 않고서는 징벌의 수단을 쓸 수 없었다.

셋째는 천명 관념이다. 서주의 통치자들은 자신들이 황천皇天 상제의 아들로서 천명을 받잡고 은나라 정권을 인수하여 관할하게 되었다고 믿었다. 이러한 관념은 우선 귀신을 깊게 믿고 있던 은나라 사람들을 위협하는 역할을 하였다. 그리고 종족 귀족의 통치형식인 가국일체의 종법제 국가를 지상신至上神과 연계시켰으며, 제사장 집단의 손에서 종교권을 빼앗았다. 서주의 통치자들은 천명을 선양하였지만, 통치집단 내부에서는 동시에 천명 또한 믿을 수 없음을 간곡하게 경고함으로써 제사장 집단의 세력에 타격을 가하고 지나치게 미신에 빠지지 않게 해서 통치계급 상층의 이성의식을 키워냈던 것이다.

은나라와 주나라 사이의 문화 변천은 중국 전통문화의 기본 판도 형성에 중요한 의의를 가진다. 주나라 초기에 다져진 가국일체의 종법제도는 예악제도, 경덕敬德사상, 천명 관념 등에 깊은 영향을 미쳤다는 점에서 매우 중요하지만, 이 제도는 중국 노예제의 운명에도 심각한 영향을 미쳤다. 작은 나라가 즐비하고 귀족들이 등급을 나눠 분권하는 제도는 대외팽창과 대내탄압의 능력을 약화시키고 노예 자원을 감소시킴으로써 노예의 관리방식에도 영향을 미쳤다.(예를 들어, 殷의 유민들에 대해서는 주로 은나라 상위층의 인물들을 통한 간접통치를 실시했는데, 그로 인해 그 상층 인물들의 '귀족' 신분과 그 무리들의 '國人' 신분을 인정하지 않을 수 없었다.) 또한 종법제 국가가 생존할 수 있는 기본 전제는 종주국의 강대함에 있는데, 그러므로 종주국이 일단 쇠락해지면 체제 전반이 필연적으로 무너지고 만다. 다시 말하면 종법제 국가제도는 어떤 면에서는 운명적으로 노예제도의 퇴조를 수반하게 된다.

3. 서주시기에서 춘추전국시기까지의 문화

서주西周에서 서한西漢 중기까지의 중국문화는 두 번째 큰 변화를 맞게
된다. 생산력의 측면에서는 보습농경이 쟁기농경으로 전환되었고, 생산관계
의 측면에서는 토지를 마음대로 양도하거나 매매할 수 없었던 정전제井田制로
부터 명전제名田制로 바뀌었으며, 정치제도의 측면에서는 가국 일체의 종법제
국가가 붕괴되고 군현제, 전제군주 중앙집권제가 확립되었으며, 사상문화의
측면에서는 중국 고대역사에 있어서 유일한 백가쟁명의 황금시대를 맞이하
여 이 시기에 이룩한 성과들로써 중국 고대 사상문화의 기본 틀을 구성하였던
것이다.

서주 정치제도의 가장 두드러진 특징은 종족 귀족의 등급분권제도이다.
위로는 천자로부터 아래로는 대부에 이르기까지 모두 세습된 봉강封疆 채읍采
邑 내의 종교·정치·군사·경제 등의 권력을 잡은 자들이 주체가 되었는데,
가국일체이기 때문에 종법적인 예악제도와 윤리도덕이 가장 중요한 정치제
도와 정치도덕이 되었다. 그러나 서주의 정치경제제도에도 씨족민주제와
원시공산제의 잔여가 남아 있었다. 각급 통치자들의 권력이 무한했던 것이
아니라 여러 가지 제한과 제약을 받았던 것이다. 무엇보다도, 그들의 권력은
군주와 친척관계를 맺고 있는 '귀척지경貴戚之卿'의 제약을 받았다. 맹자는
필요한 때에 '귀척지경'은 임금의 권력을 파면할 수 있는 권한이 있다고
보아서 "임금이 크게 잘못하면 간언을 하고, 반복해서 간언해도 듣지 않으면
그때에는 임금을 바꿀 수 있다"[3]라고 하였는데, 이것은 완전히 허구적인
이론만은 아니었다. 춘추시기에 일부 작은 나라들에서 경卿들이 국왕의
명령을 거부한 경우가 있었는데, 이는 원시사회의 유산이다. 군주의 권력이

---

3) 『孟子』, 「萬章下」, "君有大過則諫, 反復之而不聽, 則易位."

삼공과 구경 및 대부의 제약을 받기도 했다는 것은 곧 백성과 왕이 정권을 공유한 흔적이다. 끝으로 지적해야 할 가장 중요한 것은, 이러한 제도에서 자유민(國人)이 일부 중요한 민주적 권리를 가지고 있었다는 점이다. 이것은 다음과 같은 사례들을 통해 확인할 수 있다.

첫째, 조회朝會에 참여하여 국가의 대사를 결정하는 권리인데, 그 실례가 역사서에서 흔히 보인다. 한 예가 바로 주경왕周敬王이 왕자와 더불어 왕위를 다투다가 조회를 통해 문제를 해결하였던 사실이다.[4] 이러한 조회는 원시씨족부락사회의 유산일 것이다. 둘째, 여론을 이용하여 국왕과 집권자 그리고 귀족들의 권리에 대하여 좋고 나쁨을 평가하였는데, 만약 '비방'이 있을 경우 통치자들은 그것을 허심탄회하게 받아들여야 했다. 만약 그것을 대수롭지 않게 여기거나 압박한다면 국인國人[5]들의 폭력적인 저항을 맞을 수도 있었다. 셋째, 특수한 경우, 국인들은 독립적인 정치집단이 되어 귀족 또는 국왕과 더불어 맹세할 수도 있었다. 예를 들면 정鄭나라의 국왕과 상인들 간에 맺었던 "너희는 나를 배반하지 말라. 나는 너희들의 물건을 억지로 사지도 않고 결코 빌리거나 빼앗지도 아니하며, 너희들이 이익을 남기기 위해 행하는 일들에 대해서도 간여하지 않겠다"[6]라는 '맹세'가 있다. 넷째, 경제 곤란에 봉착하였을 경우, 국인들은 나라와 귀족들의 구제를 받을 권리가 있었다. 서주시기와 춘추시기에 이른바 '공전公田'이 있었는데, 서인庶人들의 노역에 의해 경작하는 것으로서 그 수입은 제사와 전쟁준비 이외의 경우 주로 백성들의 구제에 썼다. 이것은 분명 원시공산제의 유산이다. 국인에

---

4) 『左傳』, 昭公 20년조.
5) 역자주: 『孟子』「公孫丑下」에 "내성이 3리에 외곽이 7리"(三里之城, 七里之郭)라고 했는데, 사방 7리의 작은 면적이 곧 고대의 나라 '國'이다. 성곽 안에 있는 사람들을 '國人'이라 함으로써 郊外의 '野人' 또는 '鄙人' 즉 '庶人'들과 구별하였다.
6) 『左傳』, 昭公 16년조, "爾無我叛, 我無強賈, 毋或匄奪, 爾有利市寶賄, 我勿與知."

대한 구제는 서주의 예제禮制 중에서도 대단히 중요한 조목의 하나였다. 노나라 장공莊公은 "생활에 필요한 의류나 식물은 결코 독점하지 않고 반드시 사람들에게 나누어 주고자 하네"[7]라고 하였고, 수회隨會는 초나라 군주에 대해 "노인에게 특혜를 주고, 다른 나라에서 온 자에게 혜택을 주어 편안하게 해 주었는데…… 이는 예의가 문란하지 않은 증거"[8]라고 칭찬하였다. 이 시기에는 많은 귀족들이 '국인들에게 은혜를 베푸는' 방식으로 민심을 쟁취하여 정치투쟁 또는 패권쟁탈의 투쟁에서 승리를 거두었다. "생활에 필요한 의류나 식물을 독점하지 않고 다른 사람들에게 나누어 주는" 예禮 또한 원시공산사회의 유산으로 볼 수 있다.

국인의 민주적인 권리가 이데올로기에 반영된 것이 바로 민본사상이다. 이러한 사상은 서주시기와 춘추시기에 대단히 유행하였다. 맹자는 "하늘에서 보실 때에는 우리 백성들을 통해 보시고, 하늘에서 들으실 때에는 우리 백성들을 통해 들으실 것이오"[9]라는 『태서泰誓』의 내용을 인용하여 말했고, 춘추시기의 사은史嚚, 사광師曠, 계량季梁, 주문공邾文公, 안영晏嬰 등도 이와 비슷한 사상을 드러냈다.

서주 말기에 들어 주나라 초기의 정치경제제도와 사상체계가 무너지면서 여러 계급과 정치세력이 활발하게 일어났고, 이들은 모두 자신들의 목적에 맞게 사회질서를 다시 세우기 위하여 치열하게 싸웠다. 여기에서 가장 유념해야 할 점은 두 가지 대립된 경향 즉 전제군주집권주의의 경향과 민본주의의 민주적 경향이다. 전자의 대표는 실제 생활에서 과감하게 개혁하려는 군주이고 사상적인 대표는 법가이며, 후자의 대표는 평민을 위주로

7) 『左傳』, 莊公 10년조, "衣食所安, 弗敢專也, 必以分人."
8) 『左傳』, 宣公 12년조, "老有加惠, 旅有施捨……禮不逆矣."
9) 『尚書』, 「泰誓」, "天視自我民視, 天聽自我民聽."

하는 국인國人이고 사상 영역에서의 대표는 묵가를 비롯하여 유가의 맹자, 도가의 장자, 농가農家의 허행許行 등이다.

중국 역사의 운명을 결정하는 그 지루한 투쟁 속에서 과감하게 개혁한 군주들이 승자가 되었다. 그들은 수중의 권력을 이용하여 종법노예제도에 대해 일련의 개혁을 실시했다. 경제적으로는 정전제井田制를 취소하고 명전제名田制를 실행하며, 정치적으로는 귀족제貴族制를 대신하여 관료제官僚制를, 분봉제分封制를 대신하여 군현제郡縣制를, 귀족등급분권제貴族等級分權制를 대신하여 전제군주집권제君主專制集權制를, 예치禮治를 대신하여 법치法治를 채택하였다. 그들은 낡은 예악禮樂제도를 허물어 버리는 것에 대해 망설임이 없었다. 대내적으로는 동성동족의 귀족들을 사정없이 섬멸하였고, 대외적으로는 병탄을 일삼았다. 이러한 군주들은 본질적으로 자기 가족 또는 개인의 이익을 위해 수단과 방법을 가리지 않는 종족귀족들이었다. 그들은 주동적으로 노예를 해방시키거나 지주계급의 이익을 수호하려 하지 않고, 병탄한 토지와 인민들을 자신들 일족一族의 사유재산으로 간주하였다. 그들이 실행한 관료제도도 사실은 낡은 가신家臣제도로부터 파생된 것이었다. 그들은 자신들 일족의 종족귀족을 대표하였기 때문에 대부분 개혁을 끝까지 밀고 나아갈 수 없었다. 이를테면 '전국칠웅戰國七雄' 가운데서 진秦나라를 제외한 육국六國이 바로 그러한 경우이다. 그러므로 종법노예제의 붕괴에도 불구하고 노예제 경제요소, 특히 상공업 중의 노예제 요소는 제거되지 않았고, 그 결과 진나라, 한나라 시기에는 황실 소속의 많은 노예들이 존재했다. 그들이 사업에서 승리할 수 있었던 근본 원인은 비록 자각적이지는 않았지만 그래도 경제발전과 정치제도발전의 자연적인 추세에 순응했기 때문이다.

사상 영역에 있어서 과감하게 개혁한 군주들을 충직하게 대표한 것은 법가이다. 개혁의 설계자와 추진자로서, 또 사상가로서의 법가의 기여는 대단히 크다. 그 품성이 개혁군주들과 비슷하였기 때문에 그들 대부분은 부귀영달을 꿈꾸며 기쁨과 분노의 감정이 수시로 변하는 전제군주들을 따라다녔다. 그래서 그들의 행위는 사람들의 존경을 받기 어려웠고, 그들의 이론도 군주들의 행위와 마찬가지로 극단적이고 편파적이었다. 당연히 그들 중에는 비극적인 인물이 많았다. 이를테면 상앙商鞅, 오기吳起, 한비韓非, 이사李斯 등이 바로 그러하다. 그들은 오직 전제군주의 지지를 얻었을 때에만 성과를 올릴 수 있었고, 일단 군주의 마음이 바뀌거나 지지해 주는 군주가 죽게 되면 재앙을 피하기 어려웠다. 이러한 사실은 그들의 사상체계가 봉건경제정치제도의 확립 이후에도 계속하여 주도적인 지위에 머물러 있을 수 없다는 것을 말해 준다. 일단 종법노예제의 모든 토대가 제거되고 나면 그들 또한 개혁군주들과 마찬가지로 망할 수밖에 없었다.

서주 말기를 지나면서 국인들은 줄곧 활발한 정치세력을 형성하였다. 그들은 여러 차례 봉기를 일으켜 종족귀족의 통치에 반항하였다. 그들의 인심은 많은 종족귀족들의 정치적 운명을 좌지우지하였는데, 심지어 일부 나라들의 존망을 결정하기까지 하였다. 그러나 그들도 종법노예제 속의 한 등급으로서 대단히 큰 제한성을 가지고 있었다. 그들은 종족귀족의 통치를 반대하면서도 동시에 낡은 제도와 대단히 복잡하게 연관되어 있었다. 그들의 투쟁은 직간접적으로 개혁군주들을 도왔지만, 그들의 지위는 전제군주 정치체제의 형성에 따라 점차 악화되어 가다가 마지막에는 봉건전제제도에서 '아부 호적에 편입되는 평민'으로까지 하강하였다. 그들의 이러한 운명은 중국 노예제의 발육부진 및 조기퇴조와 직접적인 관계가 있다. 그들은 고대 그리스와 고대 로마 노예제에서의 자유민과 같은 그러한 역할을 하지 못했다.

국인國人 계층의 어떤 정서와 이익 또는 희망은 유가와 도가의 사상체계에 복잡하게 반영되었는데, 큰 범위에서 말하자면 이는 춘추전국시기 사士 문화의 특징에 의해 결정된 것이었다. '사士' 계층은 낡은 체제가 해체되는 과정에서 유리遊離되어 나와 관리가 되거나 학생을 가르치는 것으로 살아가는 지식인들로서, 서인보다 한 등급 높은 국인國人 중의 상층인물들이었다. 그들의 이러한 정치·경제적 지위는 그들의 사상체계에 영향을 미치지 않을 수 없었다. 정치·경제적 권력을 쟁취하는 국인 계층의 투쟁은 비록 실패하였으나, 그들이 이룩한 사상문화의 성과는 대단히 크고 귀중하였다. 이것은 주로 다음과 같은 측면들에서 드러난다.

① "천지의 본성을 구현한 만물 중에서 사람보다 더 귀한 존재는 없다"라는 사상과 도덕지상道德至上의 가치관념: 이러한 가치관념은 사士의 자유인 신분과 그들의 정치 경제적 지위와 밀접한 관계가 있다. 사士는 '재부와 권력으로써 교만할 수 없는' 존재로서, 귀족들이 빼앗아 갈 수 없는 '천작天爵'과 '양귀良貴' 즉 독립적인 인격과 도덕으로써 자신들의 존재를 자랑스럽게 여겼다. 이러한 가치관념은 또한 그들의 민본주의와 민주사상의 이론적 기초가 되었다.

② 민본주의 또는 민주적 사상요소가 함축된 정치사상: 유가는 확고한 민본주의자들로서 서주西周와 춘추春秋 이래의 민본의식을 계승 발전시켜서 "백성들에게 널리 베풀고, 많은 사람을 구제해 줄 수 있는" 최고 이상을 제시하였다. 그들은 "백성이 귀중하고, 사직社稷은 그 다음이고, 임금은 가볍다"는 주장을 제시하였으며, "물은 배를 띄울 수도 있지만 뒤집을 수도 있다"는 역사적 경험을 종합하였다. 특히 맹자는 국인이 정치에 참여하여 논의할 수 있는 권리를 여러 차례나 강조하였다. 이를테면 그는 요堯와 순舜이 양위讓位한 것이나 하·우夏禹가 아들에게 왕위를 물려준 것이 모두 민심 향배의 자연적인 결과라고 보았다. 그리고 군주는 관리를 임면任免하거

나 대신을 벌할 때 측근들과 여러 대부들의 의견을 청취해야 할 뿐만 아니라 국인들의 의견도 들어야 한다고 보았다. 맹자의 저서에서 폭정에 반항하는 인민들을 지지하는 언론을 많이 볼 수 있는데, 이러한 것들은 모두 뚜렷한 민주적인 사상요소들이다.

③ 인도주의人道主義 사상: 서주의 통치자들은 백성을 보호할 것을 주장했지만 백성을 사랑하라고는 말하지 않았다. 이에 비해 공자는 '인仁'을 말하고 '사람을 사랑할 것'(愛人)을 말하며 '넓은 마음으로 타인을 사랑할 것'(汎愛衆)을 말하면서, "군자가 정사政事를 행함에 있어서는 예절과 법도를 상고하고, 베푸는 데는 후하게 하고, 사정事情에 맞추어 적절하게 세금을 부과하고, 거두어들이는 데는 박하게 해야 한다"10)라고 주장하였다. 묵가는 '의義'를 말하고 사람들이 서로서로 사랑해야 한다는 '겸애兼愛'를 말하면서 "힘 있는 사람은 재빨리 남을 돕고, 돈 있는 사람은 힘써 나누어 주고, 도를 깨우친 사람은 남을 가르쳐야 한다"11)고 주장하였다. 맹자는 '인정仁政'의 실시를 주장하였고, '친친親親, 인민仁民, 애물愛物'을 말하였으며, '백성을 보양하는 것으로써 천하의 왕이 될 것'을 강조하였다. 이 모든 것들이 다 국인國人들의 소망을 반영한 인도주의 사상이다.

④ 착취와 압박 및 침략을 반대하고 자유를 추구하는 사상: 이러한 사상은 주로 묵가와 도가의 저서에서 반영되었고 또한 농가農家의 사상과 실천에서도 반영되었다.

⑤ '대동大同'의 사회이상: 당시의 유가·묵가·도가·농가들은 모두 다양한 수준에서 국인들의 정서와 이익 그리고 소망을 반영한 사회이상을 제시하였다. 노자의 '소국과민小國寡民', 장자의 '지덕지세至德之世', 맹자의 '왕도王道'

---

10) 『左傳』, 哀公 11년조, "君子之行也, 度于禮, 施,取其厚, 事, 舉其中, 斂, 從其薄."
11) 『墨子』, "有力者疾以助人, 有財者勉以分人, 有道者勸以教人."

등이 바로 그것이다. 그 중 가장 눈에 띄는 것은 『예기』「예운禮運」편의 '대동大同'이상이다.

⑥ 천하의 일을 자신의 소임으로 삼는 사군자士君子 의식: 춘추전국시기의 '사士'는 종법노예제가 붕괴되면서 유리되어 나온 계층으로, 자신의 이상을 실현하기 위해 그리고 생존을 위해 각국을 돌아다니면서 많은 나라에서 벼슬을 하였다. 이러한 지위는 그들로 하여금 천하의 일을 자신의 소임으로 삼는 심리적 특징을 형성하게 하였다.

춘추전국시기는 또한 이성주의가 고양된 시대이다. 당시는 각 학파들의 정치적 견해가 서로 충돌하였지만, 귀신과 미신을 반대하는 측면에서는 대체적으로 일치하였다. 그들 대부분은 서주시기에 이미 나타난 이성주의적 경향을 계승하고 발전시켜 현세적인 인생을 중시하였고, 귀신과 미신에 대해서는 회의적이거나 부정적인 태도를 취했다. 그들은 또한 무신론과 유물론에 있어서도 많은 실적을 쌓았다.

춘추전국시기의 백가쟁명은 열국이 패권을 다투는 정치적 국면, 특히 종족노예제의 붕괴 과정에서 출현한 사士 계층과 국인 계층의 활약에 의존했는데, 봉건적 정치경제제도의 확립에 따라 이 두 가지 조건이 사라졌다. 진秦·한漢의 통치자들은 사상을 통일시키기 위하여 한 학파만을 숭상하고 여타 학파에 대해서는 공격하였으며, 심지어 '분서갱유焚書坑儒'와 같은 폭력적 수단으로써 '우민愚民정책'을 실시했다. 그 결과 묵가, 명가名家, 농가農家 같은 학파들이 소멸되면서 전례 없이 사상문화가 왕성했던 '제자백가의 시대'가 종말을 고하고 상대적으로 적막한 '경학의 시대'로 진입하게 되었다. 진나라 시기, 금지 서적을 간직하지 못한다는 '협서挾書'의 법령은 민간의 문화교육을 크게 위축시켰으며, 서한시대에는 신학神學의 냄새가 진하게 나는 공양公羊학파와 참위신학이 크게 유행하기도 했다. 이것은 모두 '우민정책'과 직접적인 연관이 있는데, 왕충王充의 『논형論衡』에서 많은 증거들을 찾아볼 수 있다. 우민정책의 결과 그 당시 저작 활동을 했던 사람들의 사학적史學的 소질은 대단히 낮을 수밖에 없었고, 이들은 춘추전국시대나 자기 시대의 인물들에 대한 기이하고 이치에 맞지 않는 황당한 이야기들이 많이 꾸며 내었기 때문에 박식한 사람들의 비판을 받지 않을 수 없었다.

중국 전통문화의 기본 구성은 춘추전국시기의 백가쟁명을 토대로 하고 진秦·한漢 통치자들의 선택에 의해 이루어진 것이라 할 수 있다.

4. 중국 전통문화의 변천

중국 봉건정치경제제도와 사상문화체계의 기본 구성은 진秦·한漢 시기에 확립되어 아편전쟁 이전까지 아무런 질적인 변화가 일어나지 않았다. 그러나 그동안 양적인 변화와 부분적인 질적 변화조차 없었던 것은 아니다.

봉건생산관계의 실질은 생산수단의 사유제도에 있는 것이 아니라, 사유제도를 토대로 하는 인신의부人身依附관계에 있다. 중국의 봉건사회에서 인신의 부관계는 다양한 발전단계를 거쳤다.

먼저 지주와 농민 사이의 관계이다. 봉건전제제도가 확립됨에 따라 국인國人과 야인野人들은 모두 정부 호적에 편입되는 평민이 되었고, 명전제를 실시함에 따라 토지병탄이 잇달아 일어났다. 종족귀족의 멸망은 지주계급의 궐기에 아주 좋은 기회를 주었다. 진나라와 한나라 시기, 귀족신분도 아니고 관직과 작위도 없는 '호민豪民' 지주계급이 급속히 일어나 '고을마다 임금 같은 존귀한 자가 있고, 마을마다 공후公侯 같은 부유한 자들이 있는' 현상이 생겨났다. 그리고 '호민의 토지를 임대하여 경작하면 소득의 10분의 5를 토지세로 내야 하는 착취제도가 생겨났고, 노예 및 도부徒附들을 부려 경작하는 장원莊園도 나타났다. 옛날에 자유민이었던 농민들 가운데 부림을 받는 자가 되기 싫어 땅을 잃고 정처 없이 떠돌아다니는 이가 많았으며, 이것을 서한의 통치자들은 대단히 골치 아파하였다. 서한의 정권은 호민계급의 번영을 못마땅하게 여겼기 때문에 대대적인 타격을 가하였다. 한무제 때의 양가楊可의 고민告緡 안건12)만 하더라도 "이를 통해 얻은 백성들의 재산이 억 단위였고, 노예는 수만을 헤아렸다. 땅은 큰 현에서는 수백 헥타르, 작은 현에서는 백여 헥타르에 달했으며, 가옥도 그 정도 되었다. 결국 중간 수준 이상의 상인들이 크게 망했다."13) 그러나 이렇게 해도 문제를 근본적으로 해결하지는 못했다. 토지겸병에 참여하여 농민을 노비, 도부로 만든 이들 중에는 상인 출신의 지주들뿐만 아니라 관료들도 있었기 때문이다. 동한東漢 이후, 정권은 점점 호민계급의 손에 들어갔다. 대량의 토지와 의부농민을 소유한 그들은 대대로 관리가 되어 귀족신분인 '문벌세족門閥世族'이 되었다. 위魏·진晉·남북조南北朝에 이르러 그들은 관리가 될 수 있는 특권을 조정으로부터 공식적으로 인정받기까지 하였다. 이러한 문벌세족들은 수나라, 당나라 시기부터 쇠미해지기 시작해서 송대 이후로는 주로 지주계급이 자유로운 소작과 고용방식에 의해 농민들을 부렸고, 이로써 농민에 대한 속박은 점차 완화되어 갔다.

다음은 봉건국가와 농민 사이의 관계이다. 세금과 요역을 징수함에 있어서 봉건국가는 토지 결수에 따라 징수하는 것과 인구수에 따라 징수하는 두

---

12) 역자주: 西漢의 武帝가 元狩 4년(기원전 119)에 상인과 수공업자들의 재산세 및 차와 선박세를 징수하는 것에 관한 算緡令을 반포하였는데, 많은 사람들이 백방으로 재산을 숨기고 탈세를 일삼았다. 이에 元鼎 3년(기원전 114) 11월에 이들을 고발하는 것에 관한 告緡令을 반포하고 楊可에게 이 일을 주관하게 하였다.

13) 『史記』, 「平準書」, "得民財以億計, 奴婢以千萬數. 田大縣數百頃, 小縣百餘頃, 宅亦如之. 於是, 商賈中家以上大率破."

가지 방식을 취하였는데, 초기에는 인구수에 따라 징수하는 것을 기본으로 하였기 때문에 농민에 대한 인신人身 속박의 성격이 상대적으로 강하였다. 북위北魏 이후, 토지 및 농민에 대한 문벌세족의 통제권을 뺏어 오기 위해 균전제均田制를 실행하여 고유 토지에서 경작하도록 농민을 고정시킴으로써 인신 속박이 최고조에 이르렀다. 이러한 균전제가 수·당 이후로 점차 무너져 가다가 북송 이후로는 일련의 부역제도개혁을 통해 인구세 본위의 제도가 점차 토지세 위주로 바뀌어 갔고, 마침내 기존의 인구세를 폐지하고 보유한 토지 수에 따라 세금을 받는 '탄정입무攤丁入畝'를 실시함으로써 농민에 대한 인신 속박을 포기하기에 이르렀다.

상공인을 모두 관청에 소속시키는 서주西周의 '공상식관工商食官' 제도가 붕괴하고 나자 전국시기 이후 자유로운 상공업이 상당히 발전하게 되었다. 그러나 진秦·한漢 시대에 들어 국가는 농업을 중시하고 상업을 억누르며 소금과 철을 국가에서 독점 판매하는 정책을 실시하였다. 국가는 또 대량의 수공업 노예를 두었고, 민간 상공업자들로 하여금 관리가 되지 못하게 하고 무거운 세금을 안겼으며 또한 수시로 국가의 부름에 따라 부역을 하도록 했다. 더구나 그 신분도 농민의 아래에 두었다. 특권을 누렸던 일부 부유한 계층에서도 노예 생산을 광범위하게 사용하였다. 이러한 진·한 시기의 노예제도와 준准 노예제 상공업생산관계는 당唐나라 시기에 이르러 많은 변화를 맞게 되는데, 이는 주로 상공업조합(商工業行會)의 탄생과 공영公營 수공업의 '화고제和雇制'14)의 출현에서 두드러지게 표현된다. 이후 송나라 시기에는 공영 상공업 및 대관료·대지주들이 통제하는 상공업, 상공업조합

---

14) 역자주: 宋나라 때 공영 수공업에서 많이 실행했던 고용제도이다. '和雇'란 고용주인 정부와 피고용인인 장인이 서로 평등하고 자유로운 관계를 맺은 가운데 인력시장에서 장인을 초빙하는 것을 가리킨다.

이외의 자유상인(시민)이 등장한다. 그리고 명나라·청나라 시기에 자본주의 생산관계가 형성됨으로써 시민계급이 일종의 정치세력으로서 역사의 무대에 등장하기 시작한다. 이상을 요약하면, 인신 속박의 성격이 점차 변질되거나 또는 속박하는 정도가 점차 완화되는 과정이라 할 수 있다.

위에서 언급한 봉건경제관계의 변천에는 공통된 하나의 근원이 있다. 즉 생산력의 발전에 따라 초경제적인 강제가 필요 없어지거나 가능하지도 않게 되면서 경제 자체의 힘에 의해 강제를 실시하는 조건이 점차 마련되었다는 점이다. 이러한 추세, 특히 명·청 시기의 자본주의 맹아의 출현은 서양문화의 유입 없이도 중국이 조만간 봉건제도를 벗어나 자본주의제도로 나아갈 것임을 보여 준다.

봉건정치제도도 일련의 변화를 겪었다. 전제군주제도는 진·한, 수·당, 송·명·청의 몇 단계를 거쳐 점점 완벽해지고 강화되었으며, 군현제는 진·한 이후 수·당 또는 원·명에 이르러 많은 변화가 있었는데 그 중에서도 행성行省을 설치한 것이 가장 두드러진 변화이다. 채용제도에 있어서는 진·한 시기에 각급 관리들이 추천하는 '찰거察擧'제도를 실시하였고, 위진남북조시기에는 문벌세족의 등급을 규정하여 등급에 따라 관직을 수여하는 '구품중정제九品中正制'를 실시하였으며, 당唐 이후로는 '과거제'를 실시하여 신분이 낮은 상공업자를 제외하고는 모든 사람이 원칙적으로 시험을 통해 벼슬길에 들어갈 수 있도록 했다. 여기에서 특히 주의해야 할 것은 정권 성격의 변화이다. 진과 서한 시기에 국가는 종족귀족과 같은 거만한 태도로 민간에서 궐기한 호민豪民계급을 대했고, 동한 이후부터 수·당에 이르러 정권은 문벌세족들의 수중에 들어갔으며, 송대 이후로는 독서와 시험을 통해 벼슬에 오른 관료지주계급이 정권을 독점했다. 명나라 중엽 이후에 사대부집단과 전제군주 간의 모순이 점점 격화되면서 사대부 중에서 동림당東林黨이라는 집단이 형성되어 '결당結黨'을 변호하는 언론들이 생겨났고, 명나라 청나라 사이에는 군주전제를 맹렬히 공격하고 민주를 요구하는 언론들도 나타났다. 이는 관료지주들의 출신이 복잡하였기 때문으로(그 속에는 중소지주 출신이 적지 않았고, 심지어 농민가정 출신도 있었다), 만약 만주족 정권으로 인한 일시적인 역사적 단절이 없었더라면 분명 사대부들이 다양한 지역과 계층의 이익을 대표하는 당파로 분화되는 상황이 나타나게 되었을 것이다.

사상문화 영역에서의 변화는 더욱 복잡하다. 여기에는 봉건 경제정치제도의 변천을 반영한 변화가 있는가 하면 여러 차례의 민족 대융합과 중·외 문화교류로 인한 변화도 있었으며, 또한 철학·종교·문학·예술·과학기술 같은 일련의 영역들 자체가 거친 데로부터 정밀한 것으로, 간단한 데로부터 복잡한 것으로 나아가는 발전도 있었다.

봉건 경제정치제도의 변천을 반영했다는 의미에서 전통 사상문화의 변천은 대체적으로 초기, 중기, 말기의 3단계로 구분할 수 있다. 전국시기에서부터 서한 무제까지의 '제자백가의 시대'는 봉건 경제정치제도가 형성되는 과정에서의 여러 가지 모순과 충돌을 반영한 것으로서, 이는 '초기'에 해당한다. 서한에서부터 명나라 중기까지는 봉건 경제정치제도가 상대적으로 안정되고 경제가 번영하는 '중기'에 해당된다. 명나라 후기로부터 시작하여 1840년 아편전쟁이 터지기까지는 봉건 경제정치제도가 점차 쇠퇴하여 각종 모순과 문제들이 갈수록 첨예해지는 '말기'에 해당된다. 명나라 후기에는 사람들이 모여드는 시장에서 문학 영역에서의 희곡과 소설이 등장하여 시민들의 정서와 이익, 소망 등을 어느 정도 반영하였는데, 이들 장르는 사대부들에 의해 경시받던 '속' 문화로서 갈수록 예술적 감화력을 보여 주었다. 철학 영역에서는 자본주의의 계몽적 성격을 띤 사상관념들이 많이 나타났는바, 이를테면 민주사상, 당파의식, 상공업자들의 이익을 수호하는 관념, 시민의 심리를 반영한 '인간의 본성은 이기적'이라는 주장 등이 그러하다.

중국 봉건사회는 농민과 지주계급 및 국가 간에 경제이익을 둘러싸고 서로 모순되고 제약하는 관계가 존재하였다. 평화적인 발전시기에도 지주와 국가는 서로 투쟁하면서 토지에 대한 통제권을 쟁탈하기 위해 더 무거운 부담을 힘없는 농민들에게 안겼다. 농민들이 더 이상 생존을 유지할 수 없을 정도로 부담이 심각해질 경우, 특히 천재天災를 만났을 경우에 그들은 대규모의 무장봉기를 일으킬 수밖에 없었다. 농민봉기는 봉건왕조를 무너뜨리고 대량의 지주들을 소멸시키며 썩을 때로 썩어 어찌 할 방법이 없는 관료조직을 부숨으로써 "물은 배를 띄우기도 하지만 또한 전복시키기도 한다"는 도리를 새로운 왕조들에게 가르치고 또 가르쳤다. 이러한 농민봉기는 농민·지주·국가의 3자 이익을 생산력의 발전 수준에 맞추도록 조절하는 역할을 하는 동시에 봉건 경제정치제도의 개혁을 위한 계기를 마련해 주었다. 낡은 왕조가 엎어지고 새로운 왕조가 건립되는 과정은 모두 하나의 정치경제 시스템이 재편성되는 과정이다. 중국 봉건사회의 이러한 주기적인 진동현상은 물질문명과 정신문명의 발전에도 강대한 영향을 미쳤다. 사상문화 영역에서의 어떠한 뚜렷한 계급적 변화도 이러한 계기를 틈타서 생겨났는데, 이를테면 법가의 통치가 진왕조의 멸망과 함께 종결되었고 서한의 참위讖緯학설이 동한왕조의 멸망과 함께 종식되었으며, 명청교체기의 사회적 동란은 사상가들을 깊이 사색하게 함으로써 사상문화에서의 중요한 발전을 이끌어 내었다. 그러므로 농민봉기는 복구 메커니즘인 동시에 또한 물질, 제도, 사상문화의 발전을 추진하는 동력이기도 했던 것이다.

여러 차례의 민족 대융합과 중·외 문화교류는 중국 전통문화에 크나큰 변화를 가져와서, 크게는 문화구조와 철학·종교 관념으로부터 작게는 의·식·주와 실천에 이르기까지 곳곳에 많은 흔적을 남겼다. 문화구조로부터 보자면, 불교가 유입됨에 따라 유교가 홀로 유행하던 국면이 깨어지고 유교·불교·도교가 병립하는 구조로 발전하게 되었다. 불교철학은 송명 리학에 특히 깊은 영향을 미쳤다. 또한 소수 민족과 외래의 문학예술, 생활도구, 의상차림 등은 한족漢族의 제도와 문물이 원래 어떠했는지를 지금은 상상조차 하지 못하게 만들 정도로 중국 전통문화에 커다란 변화를 가져왔다. 이를테면, 수·당 이전의 중국 한족들은 방안에서 탁자, 의자, 침대가 없이 지금의 일본 사람들처럼 맨땅에 앉아서 생활했다. 또 당나라 시기의 '10부 악춤'(十部樂舞) 중에서 '9부'가 외국 소수민족으로부터 온 것이었다. 그리고 당나라 시기의 한족 여성들은 다투어 호복胡服 차림을 하였는데, 머리에 호모胡帽를 쓰고 상의로는 열린 깃의 좁은 소매 옷을 입었으며 하의로는 줄무늬 팬츠를 입은 것이 그러한 예였다. 한편 송宋·요遼·금金·원元 시기에는 중원지구에 '오랑캐 악곡'(胡樂番曲)이 대량으로 유입되어 "거리마다 비천한 사람들이 오랑캐 노래를 부르고 다닐" 정도였다.

경학시대 중국의 사상문화를 보면 질적으로는 특별한 변화가 없었지만 양적인 발전은 대단했다. 실제로 철학 방면에서 선진의 사상가들은 확실히 송명의 리학자들에 미치지 못하고, 문학예술의 방면에서 보더라도 춘추·전국·진·한 시기의 문학예술은 당시唐詩·송사宋詞, 원元의 잡극雜劇, 명·청의 소설小說에 비교가 되지 않는다.

중국 전통문화의 구조 또한 변화를 겪었다. 각 시대의 주도적인 사상을 살펴보면 각각의 사상은 그 자체 및 작은 계통과의 상반상성相反相成의 관계로 인해 끊임없는 변동을 겪었다. 양한兩漢 시기에는 유학이 쇠퇴하고 위진 현학이 일어났으며, 위·진 시기에는 현학이 쇠퇴하고 불교와 도교가 흥성했으며, 수·당 시기에는 유교·불교·도교가 병립했다. 송·원·명의 시기에는 '신유학'이 주도적 지위에 오르면서 불교와 도교는 다시 쇠퇴하였으며, 청대에는 주도적 지위에 있던 정주리학이 경직된 반면 박학樸學이 크게 성행했다. 이러한 상황들은 중국 전통문화의 구조가 기본적으로 끊임없는 변화를 겪어 왔으며, 유가사상은 다만 각종 사조와의 투쟁과 갈등 속에서 주도적인 지위를 차지했을 뿐임을 말해 준다.

5. 중국 전통문화와 근·현대문화

중국문화의 세 번째 큰 변화는 1840년 아편전쟁으로부터 시작된 근현대시기에 일어났다. 이것은 유가 주도의 봉건적인 전통문화가 마르크스주의 주도의 사회주의 신문화로 변화된 것이다. 이러한 변화의 성격이 심각하고 규모가 광대하며 충돌이 격렬하였음은 모두 전례가 없었다. 그것은 사회 형태의 변화와 계급 및 착취를 소멸하는 사회주의 사회가 계급사회를 대체하는 변화와 맞물려 있었을 뿐만 아니라, 사회의 진보와 혁명, 민족의 자강에 의한 생존과 부흥이라는 임무가 한데 뒤얽혀 있는 것이었고, 또한 선진적인 서양문화와의 충돌·융합에서 진행되는 과정이기도 했다.

근현대 문화의 변천을 하나의 통일된 연속의 과정으로 간주하는 것은 다음과 같은 생각에 바탕하고 있다. 첫째, 아편전쟁 이후 형성된 반식민지·반봉건사회는 원래 독립된 사회가 아니다. 둘째, 그런 사회에는 주도적 역할을 확고히 하는 경제제도가 없기 때문에 다양한 경제요소(봉건적, 제국주의적, 매판관료적, 민족자산계급적인 요소)가 병존하면서 서로 격렬하게 충돌한다. 셋째, 관념문화 영역에서도 다양한 사상체계들이 서로 경쟁하는데, 계급적 속성으로부터 구분하자면 봉건지주계급, 자산계급, 무산계급적인 것이 있었고, 중국과 서양의 문화에 대한 태도와 사상적 유래에서 구분하자면 '국수주의國粹

主義', '전면적 서양화'(全盤西化), '중체서용+體西用' 등이 있었다. 그런데 신민주주의 혁명의 승리에 따라 사회주의 길을 걷게 되면서부터 중국은 비로소 마르크스주의의 주도 아래 초보적인 규모를 갖춘 새로운 문화체계를 형성하였다. 다시 말하자면 상대적으로 안정된 중국의 전통문화 시스템의 해체에 이어 신민주주의혁명이 승리하고 나서야 비로소 상대적으로 안정된 다른 문화 시스템이 새로 형성되었는데, 그 중간의 백여 년은 낡은 시스템이 해체되고 새로운 시스템이 재건되는 변화의 과정에 있었다.

근현대 중국문화의 큰 변화 과정은 본질적으로 문화의 종합적인 창조의 과정이라 할 수 있다.

현대 대공업생산에서의 스팀 엔진, 전기, 화공용품, 컴퓨터 및 그것을 생산하는 각종 과학기술, 경영관리제도 등은 비록 서양으로부터 온 것이지만 사회적 경제구조나 경제기초, 즉 일반적으로 가리키는 생산력과 생산관계의 총화는 일방적으로 밖으로부터 '전파'되거나 도입될 수 없다. 그런데 그러한 것들이 없다면 도입한 공업생산설비 등은 도저히 현실적인 생산력이 될 수 없을 것이다. 마르크스는 『자본론資本論』에서 아주 재미있는 한 가지 예화를 들고 있다.

피일(Peel) 씨는 5만 파운드에 달하는 생활필수품과 생산재료를 영국에서 신-네덜란드(오스트레일리아)의 스완 강으로 가져갔다. 피일 씨는 아주 멀리 내다보고 그 밖에도 또 노동자 계급의 3천 명의 남성 근로자와 여성 근로자, 소년 노동자를 함께 데려갔다. 그런데 목적지에 이른 후 '피일 씨에게는 그를 위하여 잠자리를 마련하거나 강변에 가서 물을 길어 올 하인이 한 사람도 없었다.' 불행하게도 피일 씨는 모든 것을 다 예견하였으나 영국의 생산관계를 스완 강으로 수출하는 것에 대해서는 잊고 있었던 것이다.[15]

---

15) 마르크스, 『資本論』 제1권, 834~835쪽.

서양에서 유입된 생산재료, 과학기술, 경영관리방법 등은 어떻게 중국에 정착해서 자본주의, 더 나아가서는 사회주의적 생산관계를 탄생시킬 수 있었을까? 문제의 관건은 일단 무산계급층의 충분한 발전에 있다. 명·청 이래의 중국에서 농민들은 이미 인신人身의 자유를 얻었고, 자유로운 토지소작이나 고용관계가 통용되는 착취관계가 이루어졌으며, 파산한 농민들이 도시를 떠돌아다니다가 쉽게 새로 들어온 현대적 생산재료와 결합됨으로써 자본주의 성격의 생산관계와 생산력이 형성될 수 있었지만, 그로부터 더 나아가 사회주의 생산관계로 전환하기 위해서는 무산계급의 힘이 일정한 정도로 발전되어야만 한다. 물론 자본주의 제국들의 침략과 약탈, 상품덤핑 등이 농촌의 파산을 가속화시키고 특히 농업과 수공업이 결합된 소농생산방식을 붕괴시키는 데 상당한 역할을 하였음은 부인할 수 없다. 그러나 이것만으로는 중국의 사회발전 자체가 자본주의와 사회주의 생산관계가 중국의 근현대 탄생을 위한 토대를 마련하였다는 문제의 본질을 바꾸지는 못한다. 만약 서양의 공업생산재료 등을 도입하지 않았더라도 중국은 어느 시점에선가 자본주의로 발전할 수 있었을 것이지만, 중국의 사회발전 정도라는 이러한 조건이 없었다면 아무것도 생산해 낼 수 없었을 것이다. 예를 들면, 서양의 식민주의가 남북 아메리카대륙을 침입하였을 때 그곳의 토착 인디언들은 아직 원시사회에 있었다. 그곳에 현대의 생산재료 등이 도입되었지만, 인디언들 사회에는 자본주의 생산방식이 탄생되지 않았을 뿐만 아니라 아주 오랜 시기 동안 서양 이민자들 중에서도 자본주의 생산관계가 확립되지 않았다. 이로부터도 중국의 근대적 생산방식은 서양에서 전파된 것이 아니라 서양 물질문명의 촉매작용을 얻은 상황에서 중국 사회 내부로부터 생장한 것임을 알 수 있다.

서양 문화의 충격은 중국 전통문화의 해체에 촉매작용을 일으켰으나,

중국 전통문화를 해체시킨 직접적 동력은 주로 중국 내부의 계급투쟁 및 전통문화 내부의 고유한 모순투쟁으로부터 온 것이었다. 중국 전통문화는 원래 유학을 주류로 하면서 다양한 상반상성의 요소를 포함하고 있는 시스템이다. 외래의 침략과 망국멸종亡國滅種의 위협은 잠들어 있던 중화민족의 자강정신을 깨우쳐 주었고, 아울러 중국 전통문화 속의 다양한 정문화正文化와 반문화反文化적인 요소들을 활성화시켰다. 예를 들면, 비록 정통유학의 반공리주의反功利主義와 어딘가 어울리지 않는 듯한 면모도 있기는 했지만, 양무파兩務派들이 호소했던 '부국강병'과 같은 주장이 그러하다. 대표적으로 엄복嚴復은 '자강보종自强保種'을 부르짖음으로써 순자, 유우석劉禹錫, 유종원柳宗元의 '천인관계학설'을 다시 불러내었던 것이다. 서양의 과학과 민주 관념이 도입됨에 따라 아주 오랫동안 잊고 있었던 묵자, 맹자, 황종희黃宗羲 등의 과학적 관념과 민주사상이 사람들의 높은 평가를 받게 된 것 또한 그러한 사례의 하나이다. 만약 전통문화 중의 이러한 '정正'문화의 도움이 없이 단지 서학의 충격에만 의존했다면 중국 전통문화 시스템의 붕괴에는 어려움이 많았을 것이다. 엄복은 대단히 총명한 사람이었는데, 그는 서양의 진화론을 도입하면서 용어를 그대로 번역하지 않고 그것을 중국의 고유사상과 혼합시켰다. 그는 또한 아주 아름다운 문언체文言體를 사용하여 동성파桐城派 문인들 같은 수구파들도 읽을 수 있도록 함으로써 그들로 하여금 기꺼이 서언까지 짓게 만들었다. 임칙서林則徐, 위원魏源으로부터 '5·4' 이전까지만 해도 단순히 서학만으로 중국의 전통문화 시스템을 공격한 사람은 없었다. 엄복, 강유위康有爲, 양계초梁啓超, 담사동譚嗣同을 막론하고 그들이 더 많이 의존했던 것은 그래도 중국 전통문화 속에 내재한 고유한 적극적인 요소들이었다. 만약 중국 사람들을 위해 심리적 준비를 마련해 준 이들이 없었더라면 5·4신문화운동도 상상하기 어려웠을 것이다. 이로부터 우리는 중국 전통문화 시스템의 붕괴가 서양문화와 중국 전통문화 속의 적극적인 요소들이 함께 작용한 결과였다는 것을 알 수 있다. 이것은 또한 앞서 들었던 인디언의 예를 통해서도 반증할 수 있다. 북미의 인디언들은 유럽과 미국의 충격을 중국보다 훨씬 더 심각하게 받았으나 지금도 여전히 자신들의 고유문화를 고집하고 있는 것이다.

신문화시스템의 재건 과정에서 중국 전통문화와 서양문화는 모두 대단히 큰 역할을 하였다.

1840년 이래, 특히 5·4 이래로 중국문화에는 이미 서양에서 들어온 문화적 요소가 많이 포함되어 있었다. 만약 이러한 요소들이 없었더라면 신문화는 상상하기 어렵다. 그러나 중국의 전통문화는 어떤 것들을 수용하고 어떤 것들은 수용하지 말아야 할 것인가의 문제에 있어서 선택적 역할을 했다. 예를 들자면, 서양 사람들은 자신들의 기독교를 중국에 전파하려고 무진 애를 썼음에도 성과가 대단히 미약하였으나 엄복의 『천연론天演論』은 진화론이 중국에서 사람들로부터 칭송받도록 만들었다. 이러한 현상은 이해하기 어렵지 않은바, 기독교의 사상체계는 중국의 전통문화와 서로 용납되지 않으므로 중국 문화시스템에 편입되기 어렵다. 다른 큰 것들은 제쳐놓고, 단지 조상에게 제사를 지내지 않는다는 것만으로도 그것은 중국 사람들에게 받아들여지기 힘들다. 강희康熙 말년에 청나라 조정에서 선교사들을 모두 추방하는 결정을 내리게 된 직접적인 원인도 바로 로마 교황청이 1704년에 반포한 교령敎令이 여야의 공분公憤을 자아낸 까닭이었다. 교령의 내용은 바로 중국 기독교신자들의 조상 섬기는 행위를 금지하는 것이었다. 반대로 진화론은 중국 전통문화의 정신과 일맥상통했다. 중국 전통문화에 있어서, 무기적인 물과 불의 기氣는 생물로 전환할 수 있고 생물진화의 최고 성취가 바로 인류라는 관념은 예로부터 중국인들의 사고 속에 가장 기본적인 관념을 이루어 왔다. 또 중국인들이, 특히 지식인들이 마르크스주의를 수용할 수 있었던 것도 중국 전통문화와 밀접한 관계가 있다. 원래부터 중국문화에는 유구한 유물론, 무신론, 변증법의 전통이 있었고, 민주주의, 인도주의의 사상전통이 있었으며, 많은 역사유물주의적 사상요소들과 대동사회의 이상이 있었다. 그렇기 때문에 마르크스주의가 아주 쉽게 중국 땅에 뿌리내릴 수 있었던 것이다.

외래문화의 도입에는 '번역' 작업이 빠질 수 없고, 번역 소개된 후에는 또 소화하고 흡수하는 과정과 본국 문화시스템에서의 지위와 역할을 확정하는 과정이 필요하다. 이러한 측면에서 중국 전통문화가 일으킨 역할은 결코 소홀히 생각할 수 없다. 중·서 문화시스템이 아주 다르기 때문에 번역은 절대 쉬운 일이 아니다. 때로는 '명사하나 때문에 열흘도 더 망설인다.' 그러나 이러한 과정이 어떤 의미에서는 일종의 재창조의 과정이다. 초기 번역가들 중에 중국 전통문화에 조예가 깊었던 인물들이 많았던 이유가 바로 여기에 있다. 중국 사람들이 서양의 문화요소들을 소화하고 수용하기는 쉽지 않았기 때문에 처음에는 언제나 중국 고유문화라는 '지팡이'를 던져버릴 수 없었다. 그것이 때로는 오해를 일으키기도 했지만, 그것을 완전히 떠날 수가 없었다.

중·서 문화시스템이 아주 다르기 때문에 도입한 외래문화의 요소가 차지하는 지위와 일으키는 역할도 다양했다. 진화론을 놓고 말하자면, 사회다 원주의는 서양의 사회과학 영역에서는 그다지 현저한 지위에 있지 않았고 항시 침략하고 압박하고 나아가 종족을 멸종시키기는 데 대한 변호에 이용되었지만, 중국에 있어서는 강국보종強國保種의 이론적 근거로 개조되어 널리 전파되었고 급기야 근대사상사에 있어서 '진화유물주의進化唯物主義'라는 거센 사조로 발전해 가기에 이르렀다. 중국 사람들이 외래문화의 요소를 도입하고 흡수하고 소화하는 과정은 또한 그것을 중국화하는 과정이기도 했다. 이를테면 지금 자주 일컫는 '모든 것은 실제로부터 출발하고' '실사구시實事求是'한다는 말 중의 핵심적인 개념(실제, 사물 등)들은 바로 중국 전통문화로부터 온 것이었다.

중국 현재의 문화시스템 중에서 많은 것들이 중국 전통문화요소에서 왔다. 그 중 상당히 온전하게 원래 모습을 유지하고 있는 것들도 있다. 이를테면 중의中醫나 중약中藥, 다양한 문학예술형식과 같은 것들이다. 이런 것들은 서의西醫나 서약西藥, 서양의 문학예술형식 같은 것들과 병행하면서 서로 참고하고 발전했다. 그리하여 많은 것들이 서양에서 들어온 문화요소와 혼연일체가 되어 더 이상 중국적 요소, 서양적 요소를 구분하기 힘들 정도가 되었다. 서양 문화는 중국의 전통문화에 비해 한층 더 선진적이었기 때문에, 근대의 중국학자들은 전통문화를 분석하고 정리하는 데 있어 서양의 사상과 방법을 대량으로 채용하였다. 만약 서양의 방법을 도입하지 않았더라면 중국 고대의 논리학과 묵학墨學은 아마 지금까지도 화석 같은 존재로 남아 있었을 것이다. 심지어 중국 근현대의 과학사도 서양의 방법을 도입하고서야 비로소 체계를 갖추게 되었다.

지금의 중국 문화시스템은 원래의 문화체계가 해체된 후 중국과 서양에서 온 양쪽의 문화적 요소를 재구성하여 이루어진 것임을 이상의 분석으로부터 알 수 있다. 바로 이러한 의미에서 새로운 중국 문화시스템의 형성 과정은 본질적으로 하나의 종합적인 창조 과정이라고 할 수 있다. 새로운 중국 문화시스템의 재구성 과정은 아직 많은 문제들이 존재한다.

도입 과정에서의 선택의식과 창조의식이 강하지 못했기 때문에 좋은 것과 나쁜 것이 함께 섞이고 무비판적으로 받아들이는 심각한 폐단이 존재했다. 신 중국이 성립되기 이전에는 선택의 권리가 중국에 있지 않았고 또한 일부 사람들이 '전면적 서양화'를 주장했기 때문에, 서양의 많은 부패한 문화가 마구 쏟아져 들어왔다. 이를테면 아편, 극단적인 이기주의, 파시즘과 같은 것들은 가뜩이나 엄중한 병적 상태를 드러내고 있던 중국문화에 또 다른 문제점들을 더해 주었는데, 그 중에서도 가장 심각한 것은 '매사가 남보다 못하다'(事事不如人)는 병적인 심리였다. 개혁개방 이래 어떤 사람들은 다급하게 뭐든지 잡히는 대로 마구 도입하여 역시 이러저러한 문제들을 만들어 내었다. 서양의 학술을 잘 소화하지도 못한 채 활용하기만 서둘러서 결국에는 이해하기 어려운 명사와 술어들을 나열하기만 하는 사람들도 있었고, 또 서양에서나 지난날의 중국에서 모두 옳지 못하다는 것이 증명되었는데도 여전히 새로운 것으로 간주하여 수용하는 사람들도 있었다. 신민주주의혁명시기에 혁명사업에 큰 손실을 안겨 주었던 교조주의나 양팔고(洋八股16) 같은 것들이 바로 무비판적인 수용의 결과이며, 사회주의 건설에서 우리의 실제 상황을 고려하지 않고 기계적으로 소련의 모델을 적용한 부정적인 결과도 대단히 심각했다.

어떤 문제들은 깊이 반성해야 한다. 예를 들자면, 중국 사람들이 마르크스주의를 수용하고 흡수하고 소화시키는 면에서 적지 않은 창조와 발전이 있었다는 것은 당연한 사실이지만, 그것을 어떻게 정확하게 이해하느냐의 문제는 여전히 남아 있다. 어떤 사람들은 경학經學의 습성과 성인숭배를 들여와서, 책에 있는 것이면 모두 불변의 진리라 하고 책에 없는 것이면 감히 말도 하지 못하게 했다. 이러한 교조주의는 사실 마르크스주의와 아무런 공통점이 없는 것이다.

또 지적해야 할 것은, 새로운 사회주의 문화 시스템은 지금 이미 초보적으로

---

16) 역자주: 새로운 형식으로 나타나는 공허하고 융통성이 없는 글과 연설 등을 비유적으로 이르는 말.

기본적인 체계와 내용을 갖추었으나 그것을 완성시키자면 그 길이 아직 멀고도 멀었다. 이 문화에서의 새로운 지도사상인 마르크스주의의 주도적 위치가 이미 확립되었기 때문에, 시스템의 구조나 함축된 문화요소에 있어서 지금의 중국문화는 이미 중국의 전통문화와는 질적으로 구분된다. 이는 새로운 문화가 이미 초보적으로 기본적인 체계와 내용을 갖추었다는 표지이다. 이 점을 인정하지 않고서, 중국 전통문화는 여전히 완전하고 손상이 없기 때문에 그것을 철저하게 재건해야 한다는 관점은 근거가 없는 것이다. 물론 이미 취득한 성취를 과장하여 말하는 것도 옳지 않다. 문화 시스템의 교체와 사회형태의 교체가 완전히 발걸음을 같이하지는 않는다. 중국은 생산력과 과학 및 민주의 수준이 아직 낮고 사회주의도 초급단계에 머물러 있으며, 봉건주의, 소농의식, 반식민지·반봉건사회의 병적인 심리가 여전히 상당한 무게를 지니고 있다. 그러므로 대량의 외래문화를 계속하여 수입하는 임무는 여전히 어렵고 막중하며, 백화제방·백가쟁명의 국면도 계속적으로 개척할 필요가 있다.

제6장 중국 전통문화의 핵심: 중국의 전통철학

문화는 다차원, 다방면의 내용을 포함한 통일적인 시스템인데, 그 중에서 가장 핵심적인 차원에 있는 것은 사상, 의식, 관념 등이다. 그리고 사상과 의식에서 가장 중요한 것은 가치관념과 사유방식이다. 이것은 세계관과 마찬가지로 언제나 철학의 기본 내용이 된다. 인간들의 세계관, 가치관, 사유방식은 문화를 창조하는 그들의 실천과정에서 쌓여지고 귀납된 것들이며, 다시 문화의 핵심이 되어 문화를 창조하는 실천적 활동을 지도하고 제약한다. 이 장에서는 중국 전통문화의 핵심인 중국 전통철학의 세계관과 가치관 그리고 사유방식에 대해 간략하게 논해 보고자 한다.

1. 중국 전통철학의 체계 구조

중국 고대사회에서 '철인哲人'이라는 이름은 있었지만 '철학哲學'이라는 개념은 없었다. '철학'이란 단어는 일본인 학자가 영어에서 번역해 온 것이다. 중국 고대에 '철학'이란 단어와 비슷한 뜻의 용어로는 '도술지학道術之學', '의리지학義理之學'과 같은 것들도 있었지만 중국철학의 범위, 내용, 임무를 가장 잘 개괄하는 말로는 '천인지학天人之學'을 들 수 있다. 중국 고대의 사상가들은 항시 '하늘과 인간의 때를 깊이 탐구하는 것'(究天人之際)을 자기 학설의 최고 목표와 기본 내용으로 간주했다. 사마천은 자신이 쓴 『사기史記』를 평하여 '하늘과 인간의 때를 깊이 탐구하는 책'이라고 했고, 동중서는 자기의 학문에 대해 '하늘과 인간이 서로 감응하는 때'를 연구하는 것이라고 했으며, 하안何晏은 왕필을 칭송하여 '비로소 하늘과 인간의 때를 더불어 말할 수 있다'고 하였다. 하늘과 인간의 사이를 논하지 않는 학문은 학문이라 할 수 없다는 것이다. 이런 의미에서 중국철학은 '하늘과 인간에 관한 학문'(天人之學)이다.

중국 고대철학의 최고 범주는 '도道'이며, 도는 천도天道와 인도人道로 나뉜다. 천도에 관한 학문은 우주의 근본문제에 관한 학문으로서 서양철학에서의 이른바 본체론, 우주론, 자연관에 해당한다. 인도에 관한 학문은 인생의 근본문제에 관한 학문으로서 그 내용은 주로 도덕의 기원과 도덕의 표준에 관한 것이다. 즉 인생의 가치와 인생의 이상에 관한 문제로서 보통 말하는 윤리학 또는 도덕학설이고, 인생철학이라고도 일컫는다. 중국 고대철학의 중심이 바로 이러한 내용들이다. 중국 고대의 철학가들은 항시 천도를 인도의 근본으로, 인도를 천도의 귀결로 삼아 천도와 인도의 관계를 '근본에서 출발하여'(發本) '귀착점으로 되돌아가는'(要歸) 관계로 간주했다. 다시 말해 천도와 인도에 관한 이론은 우주와 인생의 근본적인 원리에 대한 연구이고, 중국 고대철학의 주요한 내용이라는 것이다.

중국 고대철학자들에 의하면 천도와 인도는 서로 구별되면서도 서로 연계된다. 많은 철학자들은 도덕적인 원칙을 우주의 최고 근원과 연계시키려고 하였고, 우주의 최고 본체가 바로 도덕의 최고 준칙 또는 기본적인 근원이라고 보았다. 그리하여 그들은 지식을 구하는 방법과 수양하는 방법이 일치한다고 주장하면서, 지식을 구하는 방법이 바로 도덕을 수양하는 방법이라고 보았다. 중국 고대철학은 이처럼 본체론, 인식론, 도덕론 3자를 합쳐 하나로 하였는데, 이러한 특징은 그 철학적 구조로 하여금 천도天道, 인도人道, 지천지인知天知人의 도道라는 세 가지 부분을 이루게 하였다.

천도와 인도에 대한 연구는 결국 치도治道인 정치학설로 귀결된다. 천도, 인도, 치도에 대한 연구는 또 필연적으로 인류 역사에 관한 많은 문제들을 취급하게 된다. 그렇기 때문에 정치학설과 역사관도 중국 전통철학의 중요한 내용이 되었다.

중국철학의 목표는 '도리를 깨닫는 것'(聞道)이고, 서양철학은 '지혜를 사랑하고'(愛智) 진리를 추구하는 것을 목적으로 한다. 중국철학에서 말하는 '도道'에는 진실과 선善이 포함되었기 때문에, '도리를 깨닫는 것'에 뜻이 있다는 말에는 진실과 선의 추구를 목적으로 한다는 의미가 포함되어 있다.

중국 전통철학이 윤리를 중심으로 하는 문제에 대해서는 실사구시적인 분석과 평가를 해야지 과장해서는 안 되고, 왜곡해서는 더더욱 안 된다. 과장과 왜곡은 중국 전통철학, 더 나아가서 중국 전통문화에 대한 심각한 오해를 초래할 수 있다. 안타까운 것은 과장되고 왜곡된 여러 가지 견해들이 상당히 유행되고 있다는 사실이다.

중국 전통철학은 그 구조나 기능 등의 면에서 이른바 윤리를 중심으로 한다. 구조로부터 보자면, 중국의 전통철학은 천도天道, 인도人道, 지천지인知天知人의 도道라는 세 가지 큰 부분으로 구분될 수 있다. 철학자들이 천도를 논하고 지천지인의 도를 논하지만 결국은 모두 윤리도덕의 문제로 귀결되었고, 철학자들의 정치적 주장도 항상 윤리도덕적 학설을 그 입론의 근거로 삼았다. 기능으로부터 보자면, 천도와 지천지인의 도는 모두 인도의 학설을 논증하기 위한 것으로서 중국 고대사회와 전통문화에 대한 그 체계 전체가 가져온 실제 기능도 주로 윤리도덕적인 측면이다.

어떤 사람들은 중국의 고대철학은 서양의 존재론과 달리 어디까지나 인간을 떠나서 존재의 본질을 논하지 않는다고 보았다. 그렇기 때문에 우주에 대해 중국 고대철학은 그것을 정적靜的인 물질적 실체로 본 것이 아니라 인류의 정신과 분간할 수 없는 총체로 보았는데, 이러한 우주관을 서양의 존재론과 비교해 보면 사실 세계 역사에 있어서의 인간의 주체성을 더 두드러지게 드러내었다고 할 수 있다. 물론 이러한 분석에는 과장되고 왜곡된 측면이 있다. 중국의 전통철학은 항시 천인天人의 문제를 함께 놓고 논하면서 흔히 앞에서 하늘을 말하고 뒤에서 인간을 말하기 때문이다. 중국의 고대 철학가들은 인간이 자연계의 진화의 산물이고 만물 중의 일물一物임을 공인했다. 이로부터 필연적으로 인간은 하늘에 의존한다는 결론과 하늘이 근본이고 인간은 말末이라는 결론을 얻게 된다. 그러므로 천인문제를 함께 놓고 말하는 것은 하늘을 떠나지 않고 사람을 논한다는 의미이지, 인간을 떠나지 않고 하늘을 논한다는 의미가 아니다. 인간과 인류의 정신에 의존하지 않은 물질적 실체로 우주를 이해하는 것은 유물론의 공통된 의미로서, 중국의 고대 유물론도 자연의 세계는 독립적인 객관적 실체라는 점을 인정했다.

또 어떤 사람들은 중국철학이 서양철학과는 사뭇 다른 짜임새를 보여주는바, 서양처럼 자연 자체로부터 출발하여 자연과 객관 자체의 규율을 연구함으로써 세계를 파악하는 것이 아니라, 인간으로부터, 인류 자체로부터 출발해서 인간 및 인류사회로부터 자연을 체험하고 관찰하며 더 나아가 자연을 인간화人化한다고 주장한다. 이렇게 추리한 결과 하늘의 세계는 자연히 인간의 세계에 빠지게 되기 때문에 중국 고대철학이 추구하는 '근본'本은 그 무슨 자연의 '근본'인 것이 아니라 인간의 본성일 뿐이라고 했다. 그러나 이것은 역사적 진실과 동떨어진 관점이다. 물론 중국 고대에 인간으로부터 자연을 체험하고 관찰하며 인심을 미루어 천도에 이를 것을 주장한 사람도 있기는 하지만 그것은 단지 정호程顥, 육구연陸九淵, 왕수인王守仁 등과 같은 일부 주관유심주의자 혹은 그런 경향이 있는 사람들에 한정될 뿐이고, 그 외 대부분의 철학자들은 우러러 하늘을 바라보고(仰觀) 구부려 땅을 살피며 (俯察) "가까이는 자기 몸에서 취하고 멀리는 다른 존재에게서 취할"(近取諸身, 遠取諸物) 것을 주장했다. 즉 인간을 포함한 객관적 실제의 전체로부터 출발하여 세계를 연구했던 것이다. 또한 철학자 자신이 어떤 주장을 하든 중국 고대의 자연관이나 천도관은 항상 자연과학적 지식을 토대로 하여 건립되었다. 중국 고대 철학가들 중의 일부는 아울러 과학자이기도 했는데, 예를 들면 후기의 묵가墨家, 하승천何承天, 왕정상王廷相, 송응성宋應星, 방이지方以智 등이 그러하다. 그 밖에 순자, 왕충, 배위裵頠, 유종원柳宗元, 유우석劉禹錫, 장재, 주희, 왕부지 같은 대다수 사람들도 자연과학에 통달했다.

요약하여 말하자면, 중국과 서양을 물론하고 철학은 모두 체계적인 세계관 이고 자연과학과 사회과학에 대한 개괄이자 총결이다. 우리는 중국 전통철학 의 개성을 과장하거나 외곡해서도 안 될 뿐만 아니라 철학의 공통성을 부인해서도 안 된다.

2. '천지일체天地一體'와 '나날이 새로워짐'(變化日新)의 세계관

고대의 서양에서는 '천도天道'에 관학 학설을 '자연학 다음 순서의 학문'(後物 理學)이라고 했는데 그것을 중국어로 '형이상학形而上學'이라고 번역했다.[1] 서양의 전통적 형이상학은 또 본체론과 우주론으로 나뉘는데, 본체론은

---

1) 역자주: 형이상학의 어원 'metaphysika'는 meta(後)+physika(자연학)를 의미한다.

만물의 존재적 근거를 탐구하고 우주론은 천지의 기원과 우주의 변화 과정을 탐구한다. 중국 전통철학의 천도관에도 본체론과 우주론에 관한 학설이 병존하고 있다.

천도에 관한 중국 고대의 학설에는 뚜렷한 특징들이 매우 많다.

첫째, 중국 고대의 다수 철학자들은 천지만물의 본체가 동시에 천지만물의 시원이라고 보았다. 천지만물은 같은 하나의 기원을 가지고 있고, 이 기원이 또한 천지만물의 존재적 근거라는 것이다. 선진시기의 노자로부터 북송의 장재張載에 이르기까지 모두 그렇다. 장자莊子, 정호程顥, 왕부지王夫之 같은 고대의 사상가들은 비록 우주의 기원을 말하지 않았지만, 그들은 다만 천지 기원의 절대성을 부인한 것이지 구체적인 만사만물의 변화과정을 부인한 것이 아니다.

둘째, 중국의 고대 철학자들은 천지만물의 본체가 동시에 천지만물의 능동성의 근원이라고 보았다. 이를테면 장재 철학에 있어서 '본체本體' 또는 '체體'에는 두 가지 함의가 있다. 하나는 기氣의 본연의 내용을 가리키고 다른 하나는 기의 영원한 본성을 가리키는데, 이 본성이 바로 '신神' 즉 운동변화의 능력이다. 정이程頤와 주희朱熹는 '리理'를 본체로 보고 동정動靜을 초월한 것으로 보지만, 또한 그것을 기의 운동의 근원으로 보기도 한다. 즉 '음양의 시작도 없고 동정의 단서도 없는' 기의 영원한 운동의 근거가 동정의 '리理'에 있다는 것이다. 이에 근거하여 정이와 주희는 '도체설道體說'을 제기하였다. 주희는 『논어집주論語集注』의 "공자께서 흐르는 냇가에서"(子在川上)라는 장에서 정이의 말을 인용하였다.

이것이 바로 도체道體이다. 하늘의 운행은 멈춤이 없으니, 해가 지면 달이 뜨고 겨울이 가면 여름이 오는 법이다. 물이 쉼 없이 흐르고 만물이 끝이

없이 일어남에 있어서 모두 도道를 체體로 하여 밤낮없이 운행하며 결코 그침이 없다.[2]

주희는 정이의 말을 해석하여 이르기를 "천지의 변화에 있어서 이전 것은 지나가고 새로운 것이 계속되어 한시도 멈춤이 없는 것이 바로 도체의 본연이다"라고 하였다. 여기서의 이른바 '도체'는 '이치'(理)와 '변화'(化)라는 두 가지 측면을 함께 가리켜 말한 것이다.

셋째, 중국의 고대 철학자들은 천지만물의 본체를 인정하는 동시에 천지만물을 보편적으로 한데 연결시켰다. 그러므로 천지만물은 유기적인 하나의 총체이다.

넷째, 중국의 고대 철학자들은 인류가 자연계의 진화의 산물 또는 만물 중의 일물—物임을 한결같이 공인하였다.

이상의 특징을 귀납하면, 우주는 인류 자체를 포함한 통일적인 총체이고 자기운동의 과정이라고 보는 것이다. 이러한 세계관은 중국문화의 많은 특징을 집중적으로 반영하는 한편 그것을 제약하기도 했는데, 그 중에서도 가장 중요한 것은 사士문화의 반종교적 경향이다. 왜냐하면 이러한 세계관에 근거하면 조물주와 주재主宰의 신, 제1의 추동력과 같은 관념은 필요로 하지 않을 뿐만 아니라 또한 존재할 수도 없기 때문이다. 역사적으로 유태교, 기독교, 이슬람교 등이 모두 중국에 전파되었고 기독교는 전후 네 차례(당대·원대·명청대·근대)에 걸쳐 중국에 들어왔지만, 기독교가 중국문화에 끼친 영향은 대단히 미약했다. 이는 중국 전통철학의 세계관적 특징으로 설명될 수 있다. 이택후李澤厚는 중국의 '실용이성實用理性'은 사람들로 하여금 정신적인

---

2) 朱熹, 『論語集注』, "此道體也. 天運而無已, 日往則月來, 寒往則暑來. 水流而不息, 物生而不窮, 皆與道爲體, 運乎晝夜, 未嘗已也."

'천국天國'을 그다지 추구하지 않게 했다고 말했는데, 이러한 견해는 검토해 볼 만하다. 중국 사람들은 확실히 인간세상의 실용적 탐구에 집착하는 경향이 있고 반종교적 경향이 강한데, 이를 뒷받침해준 것은 '실용이성'과 더불어 현세에 집착하고 내세를 불문하는 삶의 태도, 그리고 위에서 말한 세계관이었다. 조물주와 주재의 신, 제1의 추동력 등과 같은 세계관은 '사변이 성思辨理性'의 산물이라 할 수 있다.

중국의 천도관에는 상술한 특징이 있을 뿐만 아니라, 그 속의 다양한 학파들에는 또한 일부 개별적인 특징도 있다. 이는 주로 세계의 진실성과 허망함에 관한 것, 세계에서의 인간의 지위, 역할, 가치 및 운동변화의 성격 등의 문제에 반영된다. 이러한 문제에 대한 차이는 유교, 법가, 도교, 불교 등 사상유파 간에 차별적 천도관의 근거를 제공하였다.

불교가 중국으로 유입되기 전, 중국 철학자들은 모두 우리가 직면하고 있는 세계가 진실하고 유일한 세계임을 인정했다. 이러한 사상의 본체론적 근거가 바로 '체용일원體用一原', '현미무간顯微無間'이다. 즉 본체와 현상은 통일되고 실재와 환상의 구분이 없다는 것이다. 그런데 불교철학은 현실세계 가 허황하고 진실하지 않음을 애써 논증하려 한다. 만약 전자를 인간세상에 집착하는 세계관적 근거라고 한다면(이를 통해 이른바 '실용이성' 자체도 다른 '사변이 성'의 지지를 필요로 한다는 것을 알 수 있다), 후자는 생사의 변화를 초월한 현실적 세계를 추구하는 불교 세계관의 근거이다. 그렇기 때문에 불교철학은 중국에 유입된 후 중국 전통철학과 격렬한 충돌을 가져왔다. 중국 전통철학은 불교철학으로부터 많은 사상적 요소들을 수용했지만, 현실세계가 허황하고 진실하지 않다는 관념만은 강력하게 거부하고 맹렬히 규탄했다. 그러므로 불교철학도 중국에 진출한 후 자신들의 이 방면의 이론을 거듭 수정하여 적어도 겉으로는 현실세계를 수용하지 않으면 안 되었다.

세계에서의 인간의 지위, 작용, 가치의 문제에 관해 유교, 법가, 도교, 불교의 이론은 각기 다양하다.

유가는 우주에서의 인간의 지위, 역할, 가치를 높이 평가했다. 유가는 인간이 비록 그 형체는 미세하지만 성질이 우수하고 자연계 진화의 최고 산물이라고 보았다. 인간은 아래로는 만물을 자라게 하고 위로는 하늘과 땅의 화육化育에 참여하는 '삼재三才'의 하나로서, 만물의 생성을 기능으로 하는 자연의 시스템에 있어서 없어서는 안 되는 요소이다. 만약 우주를 수레 한 대 또는 선박 한 척에 비유한다면, 인간은 바로 그 수레의 마부이고 선박의 뱃사공이기 때문에 우주의 진행 방향을 결정할 수 있다.(王符는 『潛夫論』에서 "사람이 행하여 천지를 움직이는 것은 마치 駟馬의 수레를 모는 것과 같고 돛단배를 부리는 것과도 같다. 잘 가느냐 뒤집히느냐 하는 것은 오직 내가 어떻게 하느냐에 달려 있다"[3]라고 하였다.) 유가는 인간의 지위가 숭고하고 작용이 큰 까닭에 대해, 인간에게는 '의義' 즉 도덕적 관념이 있고 마땅한 것과 마땅하지 않은 것을 판별하는 능력이 있으며 그 생활과 행동에 자각적인 규율이 있기 때문이라고 보았다. 이를테면 순자는 다음과 같이 말했다.

> 물과 불은 기氣가 있으나 생명이 없고, 초목은 생명은 있으나 알지 못하며, 금수는 알기는 하지만 바름이 없다. 그러나 사람은 기가 있고 생명이 있으며 알기도 하고 바름도 있기 때문에, 하늘 아래에서 가장 귀중한 존재이다.[4]

유가의 이러한 견해는 도덕지상道德至上의 가치관 및 진취적인 인생태도와 서로 표리表裏를 이룬다.

---

3) 王符, 『潛夫論』, "人行之動天地, 譬猶車上禦駟馬, 蓬中擢舟船矣. 雖爲所覆載, 然亦在我何所之可."

4) 『荀子』, 「王制」, "水火有氣而無生, 草木有生而無知, 禽獸有知而無義. 人有氣有生有知亦且有義, 故最爲天下貴也."

도가의 경우, 노자는 우주에서의 인간의 탁월한 지위를 인정했지만 장자학파는 반대로 인간은 보잘것없는 존재로서 우주에서 중요한 위치를 갖지 못한다고 보았다. 장자학파의 이러한 견해는 모든 인위적인 것을 부인하는 가치관 및 소극적인 인생태도와 표리를 이룬다. 이러한 관점은 중국철학사에 미친 영향이 그리 크지 않다.

중국철학사에는 또 "하늘과 땅에서 받은 만물의 성품 중에서 사람이 가장 귀하다"라고 하는 견해와 완전히 상반되는 논조를 부르짖는 언론도 있었다. 『음부경陰符經』에서는 다음과 같이 말하고 있다.

> 하늘이 살리고 하늘이 죽이는 것은 자연의 고유한 운행규율이다. 천지는 만물의 도적이요, 만물은 사람의 도적이요, 사람은 만물의 도적이다. 세 도적이 이미 적당히 도적질을 했다면 삼재가 이미 편안할 것이다.[5]

이는 천지, 만물, 인간 삼자가 서로 해치고 서로 도적질 한다는 것이다. 진晉나라 시기에 중장오仲長敖라는 사람이 있었는데, 그는 『복성부覆性賦』라는 글을 지어 인성人性의 악함을 극력 주장하면서 '수많은 동물 가운데서 사람이 가장 나쁘다'고 하였다. 당나라 때 한유韓愈가 투덜대며 한 말도 이와 비슷하다. 그는 사람이 만물의 부패를 가속시키는 벌레와 마찬가지로 원기元氣와 음양陰陽의 부패 과정에서 생겨났다고 하면서, 그 어떤 벌레보다도 더 원기와 음양에 해롭다고 보았다.

불교는 인류가 다만 '유정有情'의 존재 중에서 보다 고급스런 일종일 뿐이라고 하면서, 모든 유정의 생사윤회의 근원은 '무명無明'과 '탐애貪愛'이며 인생은 고통스럽기 그지없다고 주장했다. 이러한 관점도 역시 우주에서의 인간의

---

5) 『陰符經』, "天生天殺之理. 天地萬物之盜, 萬物人之盜, 人萬物之盜. 三盜旣宜, 三才旣實."

숭고한 지위와 가치를 부인한 것이다.

중국의 고대철학자들은 우주는 변화하는 하나의 큰 흐름임을 한결같이 인정했으나, 이 큰 흐름의 성격에 대한 인식과 태도는 다양했다.

유가는 우주 변화의 큰 흐름을 화합하고 질서정연하며 끊임없이 생장하고 번성하는 과정으로 이해했다. 이렇게 이해할 수 있는 것은 유가에 의하면 우주 자체가 바로 화합하고 질서정연하며 '생生'을 기능으로 하는 시스템이기 때문이다. 이러한 관점은 『주역대전周易大傳』에서 시작되어 동중서董仲舒의 발휘를 거쳐 송명리학에 이르러 성숙된 유가의 시종일관한 중요한 관점이었다. 유가는 원시적인 소박한 계통론으로써 '생'을 기능으로 하는 우주에 대한 관점을 논증하였다. 이를테면 『곡량전穀梁傳』에서는 "음 혼자만으로는 생기지 않고, 양 혼자만으로도 생기지 않으며, 하늘만으로도 생기지 않는다. 오직 음, 양, 하늘 삼자가 모두 갖춰진 뒤에라야 비로소 만물이 생겨난다"라고 하였고, 동중서는 '하늘'은 천·지·음·양·목·화·토·금·수 및 사람이라는 열 가지 '단서'(端) 즉 10개 부분을 포함한 계통이라고 주장했다. 간단하게 말하면 우주는 천·지·인 "삼자가 서로 손발이 되고 모두 합하여 전체를 이룸으로써 어느 하나도 없어서는 안 되는" 시스템이다. 하늘이 "만물을 양육하여 생성하게 하고 자라게 하며 성숙시켜 부단히 성취하도록 하고, 또한 그것을 끊임없이 순환시킬 수 있는 것"6)은 이러한 시스템의 각 요소들이 '서로 힘을 합쳐 일을 아우른'(相與一力而並功) 결과이다. 천지가 만물을 낳아 기르는 것을 업으로 하는 현상에 대해 유학에서는 "천지의 큰 덕을 생生이라 한다"라거나 "천지는 만물을 낳아 기르는 것을 그 마음으로 한다"라고 표현했다. 대덕大德은 곧 근본 성질이고 '심心'은 곧 목적이다. 동중서는 '천'을 인격화했는데 그의 이른바 '천심天心'이란 하늘의 의지를 가리킨다.

---

6) 董仲舒, 『春秋繁露』, "天覆育萬物, 既化而生之, 有養而成之, 事功無已, 終而復始."

송유宋儒들은 하늘에 의지와 감정이 있다는 설법을 포기하고 '천심天心'이라는 말을 계속하여 사용했는데, 이것이 곧 자연의 목적이라 할 수 있다. 현대의 시스템이론에 따르면, 무릇 피드백과 '자아조절' 계통이 존재하는 자연계의 모든 곳에는 일종의 목적과 비슷한 것이 작용하고 있음을 볼 수 있다. 송유의 이른바 '천심'이란 바로 이러한 것을 가리킨다. 이에 근거하여 우리는 "천지는 만물을 낳아 기르는 것을 그 마음으로 한다"라는 학설을 '자연목적론'이라고 부를 수 있다.[7]

자연목적론은 유가학설에서 대단히 중요한 작용을 한다.

우선, 그것은 우주의 본체와 봉건적 도덕관념을 통일시키는 주요 근거가 되었다.

공자는 "오직 하늘만이 그토록 클 수 있나니! 요임금은 큰 하늘을 따라 본받았도다!"[8]라고 하면서 하늘을 인류 생활의 최고 준칙으로 삼았고, 동중서는 "봉건사회의 최고원칙은 하늘로부터 나온 것"이라고 했으니 곧 인생의 도리는 하늘로부터 나온 것이라는 의미이다. '하늘을 본받아 노력하다'는 것은 원래 유학의 전통이다. 그러나 서한의 참위지학讖緯之學과 공양춘추학파公羊春秋學派가 쇠미해지고 '천도자연天道自然'의 관념이 크게 성행하게 된 이후 이러한 전통을 어떻게 논증할 것인가 하는 것이 큰 문제가 되었는데, 송명리학이 대단히 교묘하게 이 문제를 해결했다. 그들은 동중서의 목적론을 자연목적론으로 개조해서 '생生하고 또 생하는'(生生) 이치를 함축한 자연목적의 현상으로부터 봉건적 도덕원칙과 등급질서를 도출해 내었다. 이를테면, 주돈이周敦頤는 '성誠'을 '오륜의 근본이고 온갖 행실의 근원'(五常之本, 百行之源)이며 천도의

---

7) 金春峰은 이에 대하여 아주 상세하게 논술했다. 「月令圖式與中國古代思維方式的特點及其 對科學的影響」, 『中國文化與中國哲學』(北京: 東方出版社, 1986年版) 참고. .

8) 『論語』, 「泰伯」, "唯天爲大, 唯堯則之."

표현으로 하여 "건도乾道가 변화해서 각각 성명性命을 바르게 하면 성誠이 이루어진다"(乾道變化, 各正性命, 誠斯立焉)라고 주장했다. 성은 바로 실재와 이치의 통일이다. 자연의 변화에는 이치가 있는바 이것은 천도의 진실함이고, 인간의 행위는 도덕에 부합되어야 하는바 이것은 인도의 진실함이다. 장재는 다음과 같이 말했다.

생겨나는 것에도 선·후가 있으니 이것을 '하늘의 순서'(天序)라고 하며, 크고 작고 높고 낮은 것이 서로 어울려 나란히 형체를 드러내니 이것을 '하늘의 차례'(天秩)라고 한다. 하늘이 만물을 낳으니 순서(序)가 있게 되고, 만물이 형체를 이루니 차례(秩)가 있게 된다. 순서를 알아야 도리가 바르게 되고, 차례를 알아야 예禮가 행해지게 된다.[9]

인간세상의 등급질서와 이러한 질서를 나타내는 예는 자연의 질서에서 근원된 것이다. 정호는 우주란 끊임없이 생성하는 변화의 큰 흐름이고, 끊임없이 생성하는 것은 우주의 근본 원리이며, 이 원리가 생활에 표현된 것이 바로 인仁이라고 보았다. 그는 다음과 같이 말했다.

천지의 큰 덕을 생生이라 한다. 천지의 기운이 서로 감응하고 화합하여 만물이 만들어지고 번성한다. 타고난 것(生)이 본성(性)이다. 만물을 낳은 하늘의 뜻을 잘 살펴야 한다. 원元이라는 것은 선善 중에서 가장 뛰어나다. 소위 인仁이라고 말하는 것이다.[10]

그리고 주희는 다음과 같이 말했다.

---

9) 『正蒙』, 「動物」, "生有先後, 所以爲天序, 小大高下, 相並而相形焉, 是謂天秩. 天之生物也有序, 物之既形也有秩, 知序然後經正, 知秩而後禮行."
10) 『遺書』, 권11, "天地之大德曰生. 天地絪縕, 萬物化醇. 生之謂性, 萬物之生意最可觀. 此元者善之長也. 斯所謂仁也."

인仁의 도道는 천지가 만물을 낳는 마음이 사물에 내재되어 있는 것으로, 정감이 아직 발현되지 않았을 때에도 그 본체는 이미 구비되어 있으며, 정감이 발현되고 나서는 그 작용이 무궁하다. 진실로 이것을 체득하여 보존한다면 온갖 선들의 근원과 온갖 행실의 근본이 여기에 있지 않음이 없을 것이다.[11]

주희는 진일보하여 천지가 만물을 낳아 기르는 마음인 원元·형亨·이利· 정貞과 인仁·의義·예禮·지智를 명확하게 통일시킴으로써 봉건도덕을 천리天 理의 높이에까지 끌어올렸다. 정이와 주희를 반대한 대진戴震도 다음과 같이 말했다.

인도人道로부터 천도天道에로 소급하고 인간의 덕성德性으로부터 하늘의 덕을 소급해 보면, 기화유행氣化流行하고 생생불식生生不息하는 것이 바로 인仁이다. 낳고 또 낳는 것으로부터 자연에 조리가 있으니 그 조리의 차례에 서 그 순서를 보아 예禮를 알 수 있고, 그 질서가 절대 혼잡하지 않는 것에서 의義를 알 수 있다. 하늘에 있어서 기화氣化의 낳고 또 낳음과 인간에게 있어서 그 낳고 또 낳는 마음이 바로 인仁의 덕이다. 그리고 하늘에서 기화가 추진되는 조리와 인간에게 있어서 그 마음을 조리에 맞춰 어지럽히 지 않음을 아는 것이 바로 지智의 덕이다.[12]

인仁은 천도의 생생生生에 근원한 것이고, 의義·예禮·지智는 모두 천도의 조리에 근원한다.

---

11) 『仁說』, "蓋仁之爲道, 乃天地生物之心, 卽物而在, 情之未發而此體已具, 情之既發而其用不窮. 誠能體而存之, 則衆善之源, 萬行之本, 莫不在是."
12) 『孟子字義疏証』, "自人道溯之天道, 自人之德性溯之天德, 則氣化流行, 生生不息, 仁也. 由其生生, 有自然之條理, 觀於條理之秩然有序, 可以知禮矣, 觀於條理之截然不可亂, 可以知義矣. 在天爲氣化之生生, 在人爲其生生之心, 是乃仁之爲德也. 在天爲氣化推行之條理, 在人爲其心知之通乎條理而不紊, 是乃智之爲德也."

266

다음으로, 자연목적론은 유가의 의義를 으뜸으로 하는 가치관과 적극적인 인생관에 세계관적 근거를 제공하였다.

유가에서는 '리理'에 따라 생생生生하는 우주의 과정은 자연적이고 자발적이며, 천도의 계승으로서의 인도는 자각적이고 적극적으로 진취하는 과정이라고 생각한다. 사람은 '천지의 마음'이다. 즉 인간은 자연의 큰 시스템 안에서 슬기(知)와 감각(覺)이 있는 자로서 천지의 조화로운 기를 타고났기에, 천지의 덕을 품었거나 천지의 덕을 식별하는 능력을 가지고 있어서 천지의 덕에 따라 자각적으로 행동할 수 있는 것이다. 긍정적인 의미에서 말하자면 도덕적인 인간의 적극적인 진취 활동은 '하늘을 돕고'(相天) '도를 넓힘'(弘道)으로써 자연과정의 부족함을 보완할 수 있다. 다시 말하자면 도덕적인 인간의 적극적인 진취 활동은 자연의 큰 시스템을 조절하고 제어하여 더욱 조화롭고 조리 있는 질서로 나아가도록 함으로써 천지의 생생生生의 덕을 발휘할 수 있게 한다. 유가에서는 우주를 유기적인 총체라고 보아서, 영원히 변화 발전하는 과정일 뿐만 아니라 또한 간단한 데서부터 복잡한 데로 끊임없이 창조되어 나날이 새로워지는 과정이라고 이해한다. 그리고 인류는 그러한 과정에서 적극적인 역할을 하는 존재라고 보았다.

도가에서도 우주가 영원히 변화 발전하는 과정이라는 점을 인정하면서 우주의 최고 본체로부터 인생의 최고 원칙을 이끌어낼 것을 주장했다. 노자 철학의 최고 개념은 '도'이다. 노자는 '도를 법도로 삼고'(法道) '도를 따르는'(從道) 것이 인생의 이상이라고 보면서 "사람은 땅을 법도로 삼아 따르고, 땅은 하늘을 법도로 삼아 따르며, 하늘은 도를 법도로 삼아 따른다"(人法地, 地法天, 天法道)라고 했고, 또 "대덕大德의 양상은 도를 따라서 변한다"(孔德之容, 惟道是從)라고 했다. 그러나 우주의 변화 발전 과정에 대한 도가의 인식은 유가와 다르다. 그들은 우주의 변화 발전에 목적이 있다는 견해에 반대하고 그것은 순전히 자연무위의 과정일 뿐이라고 보았다. 우주의 변화 발전은 창조적인 진화의 과정이 아니라는 것이다. 또한 그들에게는 변화의 절대성을 강조하고 사물의 상대적인 안정성을 홀시하는 경향이 있다. 이를테면『장자』에서는 "사물이 생겨나 변화하는 것은 마치 말이 달리듯이 빨라서, 움직여 변화하지 않는 것이 없고 일순간이라도 옮겨가지 않는 것이 없다"13)라고 하였다. 그들은 변화에 일정한 법칙이 있다는 점을 인정하면서도 그 변화에 돌이킬 수 없는 방향이 있다는 사실은 인정하지 않았다. 심지어 도교사상에서는 '도의 기밀을 역으로 활용'(逆用道機)하는 방법을 찾아내고자 하였다. 즉 그들은 자연의 변화와 상반되는 방향에 따라 단약을 만들어 먹고 신선이 될 수 있다고 보았다. 유가는 '생生'을 우주가 변화하고 발전하는 근본 원리로 삼지만, 도가는 '근원으로 돌아가고 본성에로 복귀하는 것'(歸根復命)이야말로 변화 발전의 영원한 법칙이라고 하였다. 그래서『노자』에서는 다음과 같이 말한다.

> 만물이 다 같이 생육화성生育化成하지만 (허정한 도를 터득하고 지키는) 나는 만물이 근원으로 되돌아감을 볼 수가 있다. 만물이 무성하게 자라고 있으나 결국은 모두가 다 근원으로 되돌아가게 마련이다. 근원으로 돌아가는 것을 정靜이라 하고, 그것을 복명復命 즉 본성으로 복귀한다고 말한다. 복명 즉 본성으로 복귀하는 것을 상도常道라 한다.14)

우주의 변화 발전을 이해하는 도가의 태도는 일관되게 부정적이고 심지어 비관적이기까지 하다. 그들은 모든 것을 다 자연에 맡기고 인위적인 노력을

---

13)『莊子』,「秋水」, "物之生也, 若聚若馳, 無動而不變, 無時而不移."
14)『老子』,「歸根」, "萬物並作, 吾以觀復. 夫物芸芸, 各復歸其根. 歸根曰靜, 是謂復命. 覆命曰常."

하지 말 것을 주장함으로써 변화에 직면하여 권태와 슬픔에 지친 정서를 드러내었다.

> 황홀하고 적막해서 형체가 없고, 만물과 함께 변화해서 일정하게 있는 곳이 없다. 생사를 초월해서 천지와 더불어 짝하고 신명과 함께 존재한다. 아득히 어디로 가는가? 홀연히 어디로 가는가? 만물을 포용하고 있어 귀의할 곳이 없다.15)

그들은 생사존망을 마음에 두지 않는 방법으로 변화에 구애받지 않음으로써 속박으로부터 벗어난 '현해懸解'에 이를 것을 희망했다. 즉 모든 얽매임이 없는 최대의 자유를 얻어 상상 속에서 우주 본체(道)와 하나로 합하고 "사물의 변화에 명命을 맡겨 중심의 도를 지키려"(命物之化而守其宗) 했다. 도가의 이러한 천도관은 모든 문명을 부정하는 자연가치관 및 소극적이고 인위적으로 작위하지 않는 인생태도와 표리를 이룬다.

우주의 변화 발전에 대한 불교의 견해에는 크게 세 가지 특징이 있다. 첫째는 변화를 거짓되고 망령된 것으로 보아서, 이로부터 인류의 생사윤회의 근원은 '무명無明'과 '탐애貪愛'이고 끊임없이 변화되는 세계와 인생은 가공적이고 실속이 없는 것이라고 주장한다. 둘째는 변화의 절대성을 과장하고 사물의 상대적인 안정성을 부인하여 특히 '무상無常'을 강조하는 것이다. 셋째는 인생의 여러 가지 고통, 특히 생·노·병·사의 고통을 극력 과장하여 묘사하는 것이다. 불교의 이러한 세계관은 인생의 가치를 부정하고 생사를 초월할 것을 추구하는 인생태도와 표리를 이룬다.

이상의 서술에서 보았듯이 유교, 도교, 불교의 세계관에는 공통점이 있고

---

15) 『莊子』, 「天下」, "芴漠無形, 變化無常. 死與? 生與? 天地並與? 神明往與? 芒乎何之? 忽乎何適? 萬物畢羅, 莫足以歸."

또 서로 수용하고 침투되는 측면도 있지만, 서로 용납할 수 없는 일련의 충돌과 모순점도 있다. 과거에 어떤 사람들은 송명 리학이 불교의 철학사상 자료들을 대량적으로 수용한 사실에 비추어 송명 리학은 형식만 유교이지 내용은 불교라고 했는데, 사실 이런 평가는 옳지 않다. 유교와 불교의 다름은 윤리·정치적 측면에서뿐만 아니라 본체론과 천도관에서도 드러난다. 어떤 사람들은 중국의 전통문화에 있어서 도가사상이 '핵심적 지위'를 차지한다고 했는데, 그 이유의 하나는 도가가 유가의 정치윤리에 철학적 토대를 제공했다는 데 있었다. 이 역시 천박하고 표면적인 견해이다. 송대의 유학이 천도관을 건립에 불교와 도교의 사상적 내용을 많이 수용했지만, 유교 천도관의 핵심적 관념인 '생生'과 '성誠'은 일찍이 선진시기에 이미 확립된 것이었다. 유학의 천도관의 중심사상은 선진유학으로부터 온 것으로, 그들은 이러한 사상의 바탕 위에 불교와 도교로부터 수용한 사상적 사료들을 종합하여 독자적인 천도관을 창조해 내었던 것이다.

중국 고대 천도관의 발전과정에는 유신론과 무신론, 유물주의와 유심주의의 투쟁이 일관되어 있고, 이러한 투쟁은 또한 우리들에게 깊은 교훈과 귀중한 정신적 유산을 남겨 놓았다.

유신론과 무신론의 충돌은 본체론과 우주론의 범위에서 주로 '천지론天志論'과 '자연론'의 대립이라는 형식으로 나타났다. 선진시기의 묵자와 한대의 동중서는 유신론의 관점을 지니고 있었다. 그들은 우주의 본체는 의식과 목적이 있어서, 자연계의 모든 변화와 발전은 모두 우주 본체의 이러한 의지와 목적을 드러낸 것이라고 보았다. 반면 도가는 자연론의 입장에서 천지는 본래 의식과 목적이 없다고 보아서, 만물의 생사 및 변화는 모두 자연적인 것으로서 천지가 의식적으로 그렇게 만든 것이 아니라고 하였다. 심지어 장자 일파는 사물의 변화는 모두 사물의 변화를 추진하는 힘이 있어 어쩔 수 없기 때문이라고 하여 기계론적 경향성을 띠었다. 이러한 두 관점이 충돌하고 융합된 마지막 결과가 바로 원시적이고 소박한 계통론의 토대 위에 건립된 자연목적론이다. 이 이론은 자연의 큰 계통의 각 요소들의 상호 작용이 자연 진화로 하여금 '끊임없이 낳고 또 낳아가는'(生生不已) 방향, 즉 창조와 진화의 방향으로 전진하도록 했다고 간주한다. 자연계의 무의식, 무목적을 인정하는 무주재無主宰의 측면에서는 자연론과 입장을 같이하지만, 그러나 이 이론은 또한 목적론의 합리적인 요소까지도 수용하여 자연의 진화에는 그 방향과 목표를 결정하고 동력을 제공하는 어떤 내재적 핵심이 있다고 보았다.

천도관 측면에서의 유심주의와 유물주의의 투쟁은 유교, 도교, 불교 각각의 사이에서뿐만 아니라 각파의 내부에서도 다양하게 전개되었다. 이러한 측면에서 특히 주의해야 할 것은 송명 리학 내부의 세 학파 간의 투쟁이다. 넓은 의미에서의 송명 리학은 '기氣일원론', '리理일원론', '심心일원론'의 세 학파가 대표적이다. 기일원론은 장재, 왕정상王廷相, 왕부지王夫之를 대표로 하고, 리일원론은 정이, 주희를 대표로 하며, 심일원론은 육구연, 왕수인을 대표로 한다. '기'일원론은 유물주의이고, '이'일원론은 객관유심주의이며, '심'일원론은 주관유심주의이다. 이들 세 학파 간의 철학논쟁은 '리사理事', '심물心物', '심리心理' 등의 관계를 둘러싸고 전개되었다. 이 투쟁의 긍정적인 성과는, 봉건사회 후기에 등장한 특색 있고 진보적인 정치윤리사상과 밀접하게 연계되어 있는 유물주의적 세계관을 탄생시켰다는 점이다. 이 학파는 비록 주도적 지위에 있지 않았고 이론 자체도 그다지 성숙하지 못했지만 중국철학의 발전 방향을 예시해 주었다고 할 수 있다.

기일원론의 천도관은 대체로 다음과 같은 기본 사상을 지니고 있다.

첫째, 우주의 본체는 자체의 모순에 의해 끊임없이 운동하는 일종의 연속적이고 물질적인 '기'이다.

'기'는 일종의 연속적인 물질로서 내부에 음양 두 부분이 포함되어 교대로 떴다 가라앉았다, 올라갔다 내려갔다, 움직였다 고요히 있다가 하면서 서로 감응한다(서로 작용한다). 즉 대립적인 쌍방이 서로 작용하는 본성을 갖고 있다. 이러한 본성 때문에 기는 끊임없이 형질이 있는 천지만물을 탄생시키는 필연성을 가지고 있고, 이러한 과정에는 또한 고유한 조리와 질서가 있는 것이다. 장재는 다음과 같이 말한다.

> 태화太和는 도道라고 한다. 그 가운데에 떴다 가라앉았다, 올라갔다 내려갔다, 움직였다 고요히 있다가 하면서 서로 감응하는 성질이 있는데, 이것은 음양이 서로 화합하고 작용하여 이기고 지고, 늦추고 줄이고 하는 힘의 시초가 된다. 처음에는 그 기미가 쉽고도 간단하지만, 그 궁극에 이르면 넓고 크고 견고하다.16)

장재의 이 말은 기일원론의 대체적인 윤곽을 그려내고 있다. 태화란 기의 총제이고, 또한 그것이 변화하고 운행하는 과정이다.

둘째, 기氣, 리理, 사물事物은 모두 실재하면서 인간의 의식과 감각에 의존하지 않는 객관적 존재이다.

'기'는 우주의 본체이고 '리'는 기가 운동하고 변화하는 고유한 조리나 질서, 규율이며 물物은 많은 일들이 서로 이어지고 또한 일정한 리를 담고 있는 과정이기 때문에, 이 삼자는 실제로 있고 또한 기를 근본으로 한다. 왕부지는 "성誠은 실제로 존재하는 것이다"(誠者實有者也)라고 하는 명제를 제시했다. 이른바 실제로 존재하는 것(實有)에는, 객관적으로 존재하는 기와

---

16) 『正蒙』, 「太和」, "太和所謂道. 中涵浮沉, 升降, 動靜, 相感之性, 是生氤氳, 相蕩, 勝負, 屈伸之始. 其來也幾微易簡, 其究也廣大堅固."

사물을 비롯하여 기와 사물에 고유한 리 또한 포함된다. 다시 말하자면, 왕부지가 말하는 '성誠'은 내재적 규율을 포함한 객관적인 실재이다.

셋째, 심지心知는 혈기에서 근원하는데, 사물이 리를 담고 있기 때문에 마음은 그것을 알 수 있다.

심心과 리理, 심心과 물物의 관계에 대하여 장재는 일부 유물주의적 관점을 지니고 있었다. 그는 물질세계가 '크고' '근본적'이며 사람의 마음은 '작고' '부차적'이라고 보아서 "사람에게 원래 (주관적) 인식이 있는 것이 아니라 (객관적) 사물에 의하여 인식이 생긴다"[17]라고 했다. 그는 또 "리가 사람에게 있는 것이 아니라 모두 사물에 있으며, 사람은 사물 중의 일물—物일 뿐이다"[18]라고 했다. 다만 그는 이런 말에 대해 상세하게 설명하지는 않았다. 청대의 대진戴震은 '성이 곧 리'(性卽理)라거나 '마음이 곧 리'(心卽理)라는 주장을 비판하면서 사람의 심지心知는 혈기에서 근원된다고 하였다. 즉 인간의 육체에 근원한 혈기가 있은 뒤에라야 심지가 있고, 그러한 마음에 의해 사물에 있는 리를 알아볼 수 있는 것이라고 했다.

이상의 내용을 종합하면, 중국의 전통적 천도天道 학설은 주도적 지위를 차지한 유가 학설로부터 귀납해 보자면 일종의 '천지일체天地—體'의 학설이고 '변화일신變化日新'의 학설이다. 이 학설은, 우주는 조화롭고 질서가 있으며 서로 상관되는 총체로서 끊임없이 새롭게 창조되고 진화하는 과정이라고 주장한다. 이러한 학설에는 여러 가지 심각한 결함과 착오가 있다. 이를테면 만물이 서로 충돌하고 조화롭지 못하고 무질서한 측면을 소홀히 한 것, 우주의 조화로운 질서로부터 봉건적 도덕원칙과 등급질서를 도출해 냄으로써 시대적이고 계급적인 낙인을 찍고 있는 점 등이다. 하지만 그 기본적인

---

17) 『語錄』, "人本無心, 因物爲心."
18) 『語錄』, "理不在人, 皆在物, 人但物中一物耳."

사상은 정확하였기 때문에 중국 전통문화에 대하여 기본적으로 긍정적인
역할을 하였다.

3. 화합을 최고의 가치원칙으로 하는 가치관

가치관과 문화의 관계는 대단히 밀접하다. 가치관은 기성 문화성과의
취사선택에 영향을 미칠 뿐만 아니라 새로운 문화창조의 방향과 용력用力의
크기에도 영향을 준다. 그렇기 때문에 한 문화시스템의 가치체계는 그
시스템의 체계적 구조를 반영할 뿐만 아니라 그 시스템의 특질과 변화·발전
의 방향도 규정한다.

중국의 전통문화는 대단히 많은 상반상성相反相成의 작은 계통을 포함하고
있는 복잡한 체계이다. 이러한 여러 가지 상반상성의 관계에서는 유가문화가
주도적 위치를 차지함에 따라 중국 전통문화의 서로 대립하고 충돌하는
많은 가치관념들 중에서도 유가의 가치관념이 주도적 위치를 차지하게
되었지만, 각종의 가치관념들은 속俗문화에 해당하는 세속적 가치관을 제외
하고는 모두 각 학파의 철학에 보존되어 있다.

중국의 각 학파 철학자들의 가치학설은 크게 유가, 묵가, 법가, 도가
네 학파로 나눌 수 있다.

유가의 가치학설은 내재적 가치론 또는 도덕지상론이라고 할 수 있다.
공자는 '의義를 가장 으뜸으로 할 것[19]'을 주장했다. 즉 도덕을 최고의 가치로
삼았던 것이다. 공자는 또 "인자仁者는 인仁에 안주하고, 지자智者는 인을
이용한다"[20]라고 하면서 도덕실천에는 두 가지 경지가 있다고 했다. 하나는

---

19) 『論語』, 「陽貨」, "義以爲上."

도덕을 위하여 도덕을 실행하는 것이고, 다른 하나는 도덕이 이롭기 때문에 도덕을 실행하는 것인데, 전자는 후자보다 경지가 높다. 맹자는 더 나아가 '천작天爵과 양귀良貴'의 학설을 주장했다. 이른바 천작과 양귀란 곧 천부적인 도덕의식을 가리키고, 사람들의 도덕적 실천은 바로 이러한 천부적인 내재적 가치를 실현하는 것을 의미한다.

묵가의 가치학설은 공리적인 가치론이라고 할 수 있다. 묵가는 이익(利)을 기본적 가치로 여기고 인민들의 큰 이익 즉 공리公利를 유일한 가치표준으로 삼았다. 묵가는 이익을 중시하는 한편 '의義'도 귀하게 여겼다. 도덕적 가치 또한 중시했던 것이다. 그러나 묵가의 '의義'는 사람들에게 이롭기 때문에 실행하는 것이지, "인자仁者는 인仁에 안주한다"는 유자들의 주장과는 다르다. 인민들의 공리公利를 가치의 유일한 표준으로 간주한 묵가의 가치학설은 공리가치론이라고 할 수 있다.

법가의 가치학설도 공리주의이지만 그들의 주장은 묵가와 매우 다르다. 묵가는 '상동尙同', '겸애兼愛', '비공非攻'을 주장했지만, 법가는 경쟁과 실력을 숭상하고 부국강병을 주장하며 도덕과 문화교육의 가치를 부정했다. 법가의 이러한 가치론은 세계관적 배경과 가치표준에 있어서 묵가 및 유가와 모두 대립된다. 법가의 세계관적 배경은 천지와 만물, 인간과 자연, 인간과 인간 간에는 영원한 경쟁과 충돌이 존재한다는 것으로, 때문에 그들은 사사로운 이익, 즉 한 가족이나 한 개인, 더 정확하게는 통치자의 사사로운 이익만을 가치표준으로 본다.

도가의 가치학설은 절대적인 가치론이라고 할 수 있다. 도가는 유가, 묵가, 법가가 말하는 이른바 가치라고 하는 것들은 모두 상대적이고 우연적이 며 허황할 뿐이라고 하면서 오직 우주의 근원인 '도道'와 일물一物을 생성케

---

20) 『論語』, 「里仁」, "仁者安仁, 知者利仁."

하는 '덕德'이야말로 비로소 진정한 가치가 있는 것이라고 보았다. 모든 상대적인 가치를 초월하여 절대적인 가치를 실현할 것을 요구하는 이러한 이론을 절대가치론이라고 할 수 있다.

유가는 비록 내재적인 가치를 주장하지만, 그렇다고 하여 그들에게 최고의 가치표준이 없는 것은 아니다. 유가의 최고 가치표준은 '화합'(和諧)이다. 공자의 제자인 유약有若은 "예를 시행하는 데는 조화가 귀중하다"21)라고 했고, 『주역대전』에서는 "성인이 인심을 느껴서 천하가 화평하다"라고 했으며, 『예기禮記』「예운禮運」에서는 "성인은 능히 천하를 한 집안으로 삼고 온 중국을 한 사람처럼 되게 한다"라고 하였고, 『중용中庸』에서는 "중中과 화和를 이루면 하늘과 땅이 제자리를 잡고 만물이 길러진다"라고 하였다. 유가에 의하면, 도덕은 비록 초공리적인 것이지만 사실 타인과 자기, 사물과 나의 화합을 이룰 수 있는 대단한 공효가 있다. 그렇기 때문에 공자는 '중용'을 최고의 도덕으로 간주했다. 공자가 가리키는 '중용'은 바로 지나침과 미치지 못함을 반대함으로써 사물의 균형과 조화를 유지하는 것이다. 그러나 도가에서 '다투지 말 것'(不爭)을 강조하는 것이나 묵가가 '공격하지 말고'(非攻) '같음을 숭상'(尙同)하는 것도 모두 유가에서 강조하는 '화합'과 통하는 데가 있다는 점을 유의해 보아야 한다. 반면 경쟁을 숭상하는 법가는 유가, 도가, 묵가와 다르다. 한비자韓非子는 "아주 옛날에는 도道와 덕德으로 서로 견주었고, 그 다음 중세에는 지혜와 모략으로 힘을 겨루었으며, 지금은 기력으로 서로 다투게 되었다"22)라는 유명한 말을 남겼다. 법가에 의하면 도덕조차 일종의 경쟁수단에 불과했던 것이다.

이상을 통해 볼 때 유가, 법가, 도가, 묵가의 네 학파가 주장한 가치학설의

---

21) 『論語』,「學而」, "禮之用, 和爲貴."
22) 『韓非子』,「五蠹」, "上古競于道德, 中世逐于智謀, 當今爭於氣力."

차이는 결국 화합과 경쟁의 문제로 정리될 수 있다. 그런데 한무제 이후 묵가 학설은 단절되고 법가는 버림을 받았으며 도가는 끊임없이 전해졌지만 주도적 지위를 유가에게 넘겨주고 말았다. 그 결과 화합의 원칙이 중국 전통문화의 최고의 가치원칙이 됨으로써 이 원칙은 우주를 조화로운 총체로 보는 세계관과 함께 중국 전통문화에 심대한 영향을 미쳤고, 중·서 문화의 기본차이를 규정하는 요소가 되었다. 화합을 최고의 가치원칙으로 하여 다양성의 통일을 강조하는 방향은 옳다. 그러나 유가가 말하는 '화和'의 함의는 이후 '융합', '조화'의 의미만 강조되었고, 그러다보니 '투쟁'은 가치 없는 것으로 간주되게 말았다.

유가, 묵가, 도가는 가치관에서 서로 비판했지만 세속적 가치관에 대해서는 모두 비판적인 태도를 취했다. 세속적 가치관이란 간단하게 말하자면 권세와 이익 즉 승진하고 부자가 되는 것을 추구하는 것이다. 저속한 사람들은 이 두 가지를 가치추구의 목표로 삼을 뿐만 아니라 타인의 가치를 평가하는 표준으로 삼지만, 그런 가치관은 착취계급의 비열한 사상일 뿐이다. 먼저, 도가는 자신들의 입장에 기초하여 이러한 비열한 사상 자체를 날카롭게 비판했다. 장자는 권세나 재물에 빌붙는 자들에 대해 최대한 풍자하고 조롱하면서 그들을 '치질을 핥는 자'(舐痔者)들이라고 했다. 이에 비해 유가는 부귀를 추구하는 것 자체를 반대한 것이 아니라, 인격의 가치를 팔아 부귀를 사는 행실을 비판했다. 공자는 다음과 같이 말하였다.

> 부귀는 누구나 탐내는 바이지만 정도正道로써 얻은 것이 아니면 누리지 말고, 빈천은 누구나 싫어하는 바이지만 세상이 나빠 빈천에 처하게 되었다면 구태여 버리려고 하지 말라.[23]

---

23) 『論語』, 「里仁」, "富與貴人之所欲也, 不以其道得之不處也, 貧與賤是人之所惡也, 不以其道得之, 不去也."

거친 밥을 먹고 물을 마시며 팔을 굽혀 베개 삼아도 즐거움은 그 가운데 있다. 의롭지 못하게 부富하고 귀貴하게 됨은 내게는 뜬구름과 같으니라.[24]

맹자도 다음과 같이 말했다.

하늘이 내려준 작위 즉 천작天爵이 있고 또 임금이 준 작위 즉 인작人爵이 있다. 인의충신仁義忠信이나 선행善行을 즐기며 물리지 않는 덕성은 천작이고, 공경대부 같은 관직은 인작이다. 옛사람들은 먼저 덕행인 자연히 천작을 닦아서 인작이 뒤따르게 했으나, 오늘의 사람들은 힘써 천작을 닦아서 인작을 구하려 하고는 일단 인작을 얻으면 천작인 덕행을 버리니, 참으로 크게 미혹된 것이다. 종말에는 인작마저도 잃고 만다.[25]

순자도 다음과 같이 말했다.

뜻이 닦이면 부유하거나 지위 높은 사람 앞에서도 교만할 수 있고, 도의道義가 중후해지면 임금이나 장관도 가볍게 보게 된다. 안으로 반성을 해 보아도 밖의 사물이란 경미한 것들이기 때문이다.[26]

유가의 관점은 도덕적 가치와 인격적 가치가 세간의 부귀보다 훨씬 높다는 것이다. 그러므로 사람들은 천작을 닦음으로써 인작이 뒤따르게 해야지 도덕적 인격을 부귀를 추구하는 수단으로 해서는 안 되고, 부귀를 사기 위하여 자기의 도덕과 인격을 팔아서는 더더욱 안 된다. 유가가 말하는

---

24) 『論語』, 「述而」, "飯疏食飮水, 曲肱而枕之, 樂亦在其中矣! 不義而富且貴, 於我如浮雲."
25) 『孟子』, 「告子上」, "有天爵者, 有人爵者. 仁義忠信, 樂善不倦, 此天爵也, 公卿大夫, 此人爵也. 古之人, 脩其天爵而人爵從之, 今之人, 脩其天爵以要人爵, 旣得人爵, 而棄其天爵, 則惑之甚者也. 終亦必亡而已矣."
26) 『荀子』, 「修身」, "志意修則驕富貴, 道義重則輕王公. 內省而外物輕矣."

278

도덕과 인격에는 모두 특정한 시대성과 계급적 함의가 있지만, 일반적 의미에서 말하자면 이러한 관점은 긍정적 의의가 있다.

유·도·묵 삼가의 태도와 비교할 때 세속적 가치관에 대한 법가의 태도는 주목할 만하다. 그들은 세속적 가치관을 비판하지 않을 뿐만 아니라 거꾸로 그것을 '권세를 추앙하고 관리를 존중하는' 방법으로 조장하고, 이로써 통치자들의 목적에 도달할 것을 주장한다. 한비자는 다음과 같이 말했다.

> 무릇 임금이 좋은 논밭과 큰집을 갖추어 마련해 주고 벼슬자리와 봉록(俸祿)을 베푸는 것은 민중들에게 충성을 강요하여 생명과 바꾸자고 하는 것이다.[27]

부귀를 최고의 가치로 여기는 용속한 세계관은 비록 착취자들의 비열한 심리를 그대로 드러낸 것이었지만, 정권을 장악한 그 어떤 착취계급도 자신들의 전체적이고 근본적이며 영구한 이익을 위해서는 그것과 싸우지 않을 수 없었고, 더구나 이러한 가치관을 공개적으로 자신들의 얼굴에 써 놓을 수도 없었다. 그럼에도 법가가 이러한 비속적 세계관을 인정했다는 것은 결국 한 번 넘어지면 다시 일어나지 못할 그들의 역사적 운명을 예고한 것이었다고도 할 수 있다.

중국 고대의 가치관에 다양한 파별이 있을 뿐만 아니라 이러한 파별 간에 또 장기간 논쟁이 존재했다. 가치관의 논쟁은 두 가지 문제에 집중되었는데, 하나는 의(義)와 이(利)의 문제이고 다른 하나는 힘과 덕의 문제였다. 여기에 약간의 상황들을 주의해야 한다.

첫째, 장기적인 논쟁에서 주도적 위치를 차지한 유가의 가치관이 갈수록 일방적으로 발전했기 때문에 의(義)를 중시하고 이(利)를 경시하며 덕을 숭상하고

---

27) 『韓非子』, 「顯學」, "夫上所以陳良田大宅, 設爵位, 所以易民死命也."

힘을 천시하는 전통이 점차적으로 형성되었다.

유가 가치관의 특징이 의리를 중시하고 덕을 높이는 것이지만, 그렇다고 해서 처음부터 반드시 이익을 경시하고 힘을 낮게만 본 것은 아니었다. 공자와 맹자도 '공로'(功)에 대해서는 긍정적으로 말했다. 공자는 다음과 같이 말했다.

> 크도다, 요의 임금 됨이여! 위대하도다, 오직 하늘만이 그토록 클 수 있나니, 요는 큰 하늘을 따라 본받았도다! 넓도다, 백성들이 이름 짓지 못할 만큼! 위대하도다, 요의 공로! 빛나도다, 그의 문물제도!(28)

맹자도 다음과 같이 말했다.

> 오늘과 같은 때에 전차 만 대를 가진 큰 제나라가 오직 인정(仁政)을 베풀기만 한다면, 백성들은 마치 거꾸로 매달렸다가 해방된 듯이 기뻐할 것이다. 그러므로 오늘의 제나라가 옛사람보다 수고를 반만 하여도 반드시 배의 공로를 얻게 될 것이다.(29)

이는 이익을 완전히 배척한 것이 아니라 '이익을 보면 도의를 생각하고'(30) '백성들이 저마다 이익을 얻을 수 있는 곳에서 이익을 얻게끔 할 것'(31)을 강조한 것이다. 『주역대전』도 '도덕을 숭상할 것'을 말하고 '이용후생(利用厚生)'도 중시하면서 옛 성현들이 각종 기물을 발명해 낸 성과를 높이 평가하여 "모든 기물을 세우고 성취하여 천하를 이롭게 하는 것은 성인보다 큰 것이

---

28) 『論語』, 「泰伯」, "大哉, 堯之爲君也! 巍巍乎, 唯天爲大, 唯堯則之, 蕩蕩乎, 民無能名焉. 巍巍乎其有成功也, 煥乎其有文章."
29) 『孟子』, 「公孫丑上」, "萬乘之國, 行仁政, 民之悅之, 猶解倒懸也. 故事半古之人, 功必倍之."
30) 『論語』, 「憲問」, "見利思義."
31) 『論語』, 「堯曰」, "因民之所利而利之."

없다"[32]라고 했다. 다만 공자와 맹자는 힘을 천시하였으나, 순자는 힘 또한 중시하여 다음과 같이 말했다.

의리로 분업을 하므로 조화를 이루고, 조화가 이루어지므로 통합이 되고, 통합이 되므로 힘이 많아지고, 힘이 많아지므로 강해지고, 강해지므로 동물을 이길 수 있다. 그래서 인위적인 건물을 지어서 살 수 있다. 인간은 계절의 질서를 부여하고 사물의 질서를 안배하여, 천하 모든 존재에게 골고루 혜택을 준다.[33]

의義를 중시하고 덕을 숭상한다는 전제 하에서 이익과 힘에 일정한 지위를 부여하는 것도 가능하다는 의미이다. 그러나 여타 학파, 특히 법가와의 논쟁에서 세속적 가치관을 힘써 반대하다 보니 유가는 갈수록 이익과 도의, 덕과 힘을 갈라놓고 대립시킴으로써 심각한 편파성을 드러내게 된다. 이를테면, 맹자는 '이익'(利)과 '인의仁義', '이익을 위하는 것'(爲利)과 '선행을 하는 것'을 대립시켜서 '힘을 가지고 인仁에 가탁하는(以力假仁) 패도覇道'와 '덕으로써 사람을 복종시키는(以德服人) 왕도王道'에 비추어 보이고, 생산력을 발전시키고 농경과 전쟁의 병행을 장려하는 법가에 대해 '극형'(服上刑)을 내릴 것을 주장했다. 이것은 매우 문제가 크다. 한대의 동중서는 "그 도를 바로 하고 이익을 꾀하지 말며, 그 이치를 닦되 공로에 조급해하지 말라"라고 했는데, 『한서』에서는 이 두 마디를 "그 옳음을 바로 하되 이익을 꾀하지 말고, 그 도리를 밝히되 공로를 헤아리지 말라"라고 수정함으로써 문제를 더욱 심화시켰다. 송명 리학, 특히 정주·육왕의 학파는 이 "그 옳음을 바로

---

32) 『周易』, 「繫辭上傳」, "備物致用, 立成器以爲天下利, 莫大乎聖人."
33) 『荀子』, 「王制」, "故義以分則和, 和則一, 一則多力, 多力則強, 強則勝物. 故宮室可得而居也. 故序四時, 載萬物, 兼利天下."

하되 이익을 꾀하지 말고 그 도리를 밝히되 공로를 헤아리지 말라"라는 사상을 극력 선전하여 대단히 심각한 결과를 초래하였다.

　의리를 중히 여기고 이익을 가볍게 보며 덕을 숭상하고 힘을 천시하는 유가의 전통에는 심대한 결함이 있다. 다만 그것을 평가할 때에는 여전히 왜곡되거나 과장하지 않도록 주의해야 한다. 유가에서 반대하는 '이利'는 사사로운 이익을 가리킨다. '이'라는 개념에는 원래 공적인 이익과 개인의 사사로운 이익이라는 두 가지 의미가 있기 때문에, 의義와 이利의 문제에는 개인의 이익과 사회의 이익, 물질적 요구와 정신적 요구의 관계 문제가 포함된다. 맹자는 "위아래가 서로 자신의 이익만을 다투어 찾는다면 나라가 위태롭게 될 것"34)이라고 했다. 사실 국가의 안정도 큰 이익이고 사회의 공적인 이익도 큰 이익이지만, 유가는 '개인의 사사로운 이익'을 반대하는 의미에서 '이익'을 막연하게 반대하고 용어상에서도 명확하게 분간하지 않는 폐단이 있다. 따라서 그것을 평가하고 서술할 때에는 분명한 분석이 뒤따라야 한다. 이理와 욕欲의 문제도 마찬가지이다. 유가의 이른바 '인욕'이란 사욕을 가리키는 것이지, 기본적인 물질생활의 욕망과 봉건등급제도에 맞는 물질적 향수를 말하는 것이 아니다. 그러므로 '존천리存天理, 멸인욕滅人慾'을 '금욕주의'로 개괄하여 종교적 금욕주의와 동일시하는 것은 옳지 않다. '력力'자 또한 고대에는 다양한 의미가 있었다. 이 글자는 군사적 힘, 형벌과 같은 '폭력'의 의미뿐만 아니라 육체적인 힘이나 정신노동의 의미도 포함하고 있지만, 유가는 폭력의 반대만을 외치다가 신체를 단련하고 생산능력을 향상시키는 측면에 대해서도 소홀하게 여겨 버리는 경향이 있었다.

　둘째, 장기간의 논쟁 가운데 비교적 전면적인 관점들도 일부 나타났다. 유가가 의리를 중히 여기고 이익을 가볍게 보며 덕을 숭상하고 힘을

---

34) 『孟子』, 「梁惠王上」, "上下交征利而國危矣."

천시하는 것도 편파성이라 할 수 있지만, 법가가 공리를 중시하고 도덕을 배척하며 형벌을 중시하고 교화를 배척하는 것도 일종의 편파성이라 할 수 있다. 그런데 논쟁의 과정에서 그러한 편파성을 극복하기 위해 비교적 전체적인 입장을 드러낸 관점도 일부 형성되었다. 이를테면 묵가는 의義와 이利가 통일되고 힘과 덕도 통일되어야 한다는 점을 인정했고, 장재는 "의義는 천하의 이익을 공평하게 한다"35)라고 했으며, 안원顔元은 "그 옳음을 바로 하여 이익을 꾀하고 그 도리를 밝혀 공로를 헤아릴 것"을 주장하면서 의義와 이利를 함께 중시할 것을 강조했다. 왕충 또한 '덕'과 '힘'을 똑같이 중시할 것을 주장하면서 다음과 같이 말했다.

> 나라를 다스리는 방법에는 두 가지가 있는데, 하나는 덕을 키우는 것이고 다른 하나는 힘을 키우는 것이다. 덕을 키운다는 것은 명성이 높은 사람을 두어 현자를 높이 받듦을 나타내고, 힘을 키운다는 것은 힘이 센 사람을 두어 군사를 쓸 수 있음을 말한다. 이것을 일러 문무를 겸비하고 덕과 힘을 모두 갖추었다고 한다. 일을 덕으로써 풀 수도 있고 힘으로써 완파시킬 수도 있다. 밖으로는 덕으로써 자립하고 안으로는 힘으로써 스스로 준비해야 한다…… 무릇 덕만으로써 나라를 다스릴 임무를 맡을 수 없고 힘만으로써 바로 적을 막아 내도록 맡길 수도 없다.36)

안원은 또 '체육體育'을 강조하기도 했다. 이러한 관점들이 중국 고대에 그다지 중요한 역할을 했던 것은 결코 아니지만 정신적 유산으로서는 대단히 귀중하다.

---

35) 『正蒙』, 「大易」, "義公天下之利."
36) 『論衡』, 「非韓」, "治國之道所養有二, 一曰養德, 二曰養力. 養德者, 養名高之人以示能敬賢, 養力者, 養氣力之士以明能用兵. 此所謂文武能設, 德力其足者也. 事或可以德懷, 或可以力摧. 外以德自立, 內以力自備.……夫德不可獨任以治國, 力不可直任以禦敵."

가치론은 중국 전통철학에 있어서 중요한 지위를 차지하고 문화발전에도 큰 영향을 미쳤다. 그러나 지난날에는 이 방면의 문제에 대한 연구가 아주 적었고, 최근 몇 년간의 문화토론에 이르러서야 비로소 사람들의 관심을 받게 되었다. 문화에 대한 가치론의 영향을 분석하고 평가함에 있어서 다음과 같은 일부 문제들을 주의해야 한다.

첫째, 중국의 전통문화는 다양한 가치관, 주로 유가 가치관의 영향에 의해 형성되었다.

앞에서 말한 바와 같이 가치관이 문화에 영향을 미치는 방식은 두 가지인데, 하나는 기존의 문화성과에 대한 취사선택에 영향을 주었고, 다른 하나는 새로운 문화를 창조하는 방향과 힘의 크기에 영향을 주었다는 점이다. 여기에는 특히 유가의 가치관이 주요한 역할을 했음은 물론이지만, 두 가지 측면에서 각 학파들의 가치관 및 세속적 가치관은 크거나 작거나 간에 모두 자신의 역할을 담당하였다. 그렇기 때문에 중국 전통문화는 다양한 가치관의 종합적 영향의 산물이다.

유가, 묵가, 법가, 도가는 각각 자신들의 가치학설과 가치체계로써 기존의 문화성과에 대해 취사선택을 하려 했고 새로운 문화를 창조하는 방향과 힘의 크기를 결정하려 했다. 주도권을 장악하지 못했을 경우, 그들의 주장은 대체적으로 자기들 학파에만 영향을 미침으로써 그 문화로 하여금 다양한 특징을 드러나게 했다. 이를테면 유가는, 주도적 지위를 얻기 이전에는 도덕을 중시하고, 예악을 중시하고, 문화교육을 중시하고, 문헌정리를 중시하고, 사학을 중시하고, 농사일을 가볍게 보는 등의 특징을 형성했는데, 주도적 지위를 획득한 이후에는 자신들의 주장을 문화창조 활동의 전반에 관통시키려고 노력했다. 법가는 역사의 무대에 오르자마자 "책에 의지하지 않고 법에 의해 교화하며 선왕의 말 대신 관리의 지침을 스승으로 삼을 것"[37)]을 주장하며 책을 불태우고 선비를 구덩이에 묻었는데, 유가는 역사의 무대에 오르자마자 군사 활동을 멈추게 하고 문치와 교화에 힘쓰며 시와 음악을 즐겼다. 이러한 시도들은 매우 큰 결과를 초래하여 문화발전에 깊은 영향을 남겨 놓았다. 이를테면 진秦왕조 때의 '분서갱유焚書坑儒'가 그러했는바, 개인이 사사로이 책을 간직하지 못하게 하여 고전 문헌이 산실되고 민족문화의 자질이 급속히 떨어지는 심각한 결과를 초래했으며, 그로 인한 일부 손실은 영원히 메울 수 없게 되었다. 반대로 도덕이 최상이라는 유가의 가치관은 중국 전통문화의 발전에 지극히 중요한 기여를 했지만 우리는 이러한 역할을 과대평가해서는 안 된다.

한 학파가 주도적 지위에 있었다 해도 하고 싶은 대로 다 할 수는 없고, 모든 사람들로 하여금 그 주장대로 처신하게 할 수는 더욱 없는 법이다. 진왕조가 '분서갱유'를 일으켰지만 많은 고대 서적이 그래도 보존되었고, 법가가 무너지지 않았더라도 그들의 그러한 극단적인 정책은 조만간에 개변될 것이었다. 또 한무제가 '유가의 독존'을 실시한 후에도 '귀한 이를 귀하게 여기고 관리를 존중하며'(貴貴而尊官) '농업을 중시하고 상업을 억압하는'(重農抑末) 법가사상의 많은 요소들이 여전히 보존될 수 있었다. 이러한 복잡한 상황을 알지 못한 채 어떤 사람들은 단지 '덕을 귀하게 여기고 형벌을 천하게 여기는'(貴德賤刑) 것에만 근거하여 중국의 고대에는 법치가 전혀 없고 법이 있어도 따르지 않았다고 단언하는데, 이것은 분명 부분으로 전체를 판단하는 오류를 범하는 것이다. 사실, 도의를 중시하고 이익을 경시하며 덕을 숭상하고 힘을 경시하는 유가사상과, 이익을 중시하고 도의를 경시하며 힘을 높이고 덕을 버리는 법가사상은 날카롭게 충돌했지만, 실제 생활에 있어서는 항시 서로 제약하고 보완함으로써 결국은 누구도 예측하지

---

37) 『韓非子』, 「五蠹」, "無書簡之文, 以法爲教, 無先生之語, 以吏爲師."

못하고 만족하지 못하는 상황이 나타나게 되었다. 예를 들자면 한나라 통치자들은 그들의 제도가 '패도와 왕도를 함께 이용한 것'(霸王道雜用之)이라고 거리낌 없이 솔직하게 말했던 것이다.

둘째, 각 학파들의 가치관은 각자 보는 바가 있고 또 각자 보지 못한 바가 있기 때문에 문화에 대한 영향도 항상 긍정적인 일면과 부정적인 일면이 함께 존재했다.

유가는 화합을 최고의 가치원칙으로 여기는데, 이는 이론적 가치가 크다는 장점이 있기도 하지만 동시에 투쟁의 중요성에 대한 인식이 부족하다는 단점이 있다. 중국 전통문화의 독자적인 공로와 근본적인 단점이 모두 이것과 연관된다. 유가는 인류의 가치와 인위적인 가치를 높이 평가하여 '천지의 생명 중에서 사람이 가장 귀하다'고 여기고, 덕행을 쌓고(立德) 공을 세우며(立功) 가르침을 남기는(立言) 것을 영원히 썩지 않는 세 가지의 것(三不朽)으로 간주함으로써 중국 전통문화의 발전에 긍정적인 추진 역할을 했다. 구체적으로 말하자면, 유가는 도덕을 중시하고 예악을 중시하고 문화교육을 중시하고 문헌정리를 중시하고 역사학을 중시함으로써 사상문화의 영역에서, 특히 인문·사회과학의 측면에서 긍정적인 역할이 컸지만, 의리를 중시하고 이익을 경시하며 덕을 숭상하고 힘을 천시하며 정무를 중시하고 자연을 경시하며 기술을 배척함으로써 법치와 군비건설, 물질문명의 발전과 과학기술의 발전에 부정적인 역할을 했다. 인품의 가치를 높게 평가하는 유가의 가치관은 세속적 가치관의 범람을 억제하면서 '살신성인殺身成仁'하고 '정의를 위해 목숨을 바치며'(舍生取義) 지조를 중시하는 민족성과 애국주의 정신을 수립하는 데에 중요한 역할을 했다. 그러나 군신君臣·부자父子·부부夫婦 사이의 '삼강三綱'을 적극적으로 부추기면서 개인의 권리를 소홀히 하고 개성의 자유를 부정한 것은 사회발전을 가로막는 반동적인 작용을 일으켰다.

다만, 엄격하고 가혹한 형벌과 법령, 무거운 세금 등에 반대함으로써 법가가 만든 봉건전제주의 정치제도의 폐단을 어느 정도 제어하고 완화시키는 역할을 하여 생산의 발전과 사회의 안정에 일부 적극적인 역할을 하였다고 할 수 있다.

의義와 이利, 힘과 덕을 통일시키는 묵가사상은 대단히 높은 이론적 가치가 있다. 묵가는 "노동을 해야만 살아갈 수 있고 노동을 하지 않으면 살아갈 수 없는 것"[38]이 인류 생활의 특징이라고 보면서 생산노동의 가치를 높게 평가했고, 생산력의 향상에 실제적인 이익을 가져다 줄 수 있는 과학기술을 매우 중시했다. 이 점은 기타 학파들이 미치지 못하는 부분으로, 묵가학파의 단절은 기실 중국문화사에 있어서 대단히 큰 손실로 여겨진다. 그러나 묵가의 가치관에도 편파성이 있다. 첫째, 묵가가 말하는 '이利'에는 편협함이 있다. 묵가는 소생산자의 입장에서 이익을 보면서 '민중의 옷과 음식을 수탈한다'[39]는 이유로 '음악을 폐지할 것'(非樂)을 주장했다. 그들이 말하는 '악樂'의 의미에는 "눈의 아름다움, 귀의 즐거움, 입의 감미로움, 몸의 편안함"[40] 즉 미술, 음악, 맛난 음식, 호화로운 주택 등 모든 것이 포함된다. 그들은 이 모든 것을 만민에게 베푼다 해도 해롭기만 하지 이익이 없다고 여겼는데, 이러한 생각은 너무 편협한 것이다. 묵가의 서적은 꾸밈이 없고 질박한데-특히 『묵경』이 그러하다-, 이는 묵학墨學의 유전遺傳에 나쁜 영향을 미쳤다. 둘째, 묵가가 중히 여기는 '의義'에도 한계가 있다. 의義의 기본내용은 서로 돕는 것, 즉 "힘 있고 강한 자는 재빨리 행동하여 다른 사람을 돕고, 재물이 있고 부유한 자는 애써 남에게 그 재물을 나눠 주며, 도덕이 있는

---

38) 『墨子』, 「非樂上」, "賴其力者生, 不賴其力者不生."
39) 『墨子』, 「非樂上」, "虧奪民食之財."
40) 『墨子』, 「非樂上」, "目之所美, 耳之所樂, 口之所甘, 身體之所安."

자는 권면하여 남을 가르쳐야 한다"[41]는 것인데, 이러한 도덕적 원칙은 일정한 정치적 원칙을 떠날 경우 반대쪽으로 나아가기 쉽다. 묵학이 나중에 농민봉기에 이용되거나 '의협심'(俠義) 또는 '강호의기江湖義氣'라는 미명 아래 다양한 범죄 조직들에 의해 이용될 수 있었던 것도 바로 이러한 한계점과 관계가 있다.

경쟁을 숭상하고 실력을 중시하며 법치를 추구하는 법가의 관념도 매우 이론적 가치가 있다. 그런데 법가 가치론의 치명적인 약점은 덕과 힘을 분열시키고 대립시키면서 도덕적 가치를 완전히 부인하고, 법치와 가혹한 형벌 및 법률을 한데 연계시킨다는 점이다. 법가 가치론의 또 다른 치명적 약점은 인민을 얕본다는 점인데, 이를테면 『관자管子』는 '육축六畜을 부리듯 사람을 쓸 것'을 주장했다. 법가의 이 두 가지 치명적인 약점은 그들로 하여금 한번 넘어진 후에는 다시 일어나지 못할 운명이 되게 만들었다. 법가는 '귀한 자를 귀하게 여기고 관리를 존중하며'(貴貴而尊官) 농업을 중시하고 상공업을 억제할 것을 주장하여 그 이후의 중국문화 발전에 매우 나쁜 영향을 끼쳤다.

도가가 추구하는 절대적 가치는 공허하고 진실이 없다. 도가는 인위적인 모든 가치를 부인하고 자연이연自然而然을 최고의 가치로 여겼다. 그럼에도 불구하고 인의仁義·예악禮樂·형정刑政을 반대하는 그 언론에는 계급제도를 반대하는 내용이 있고 또 자연으로 돌아가려는 언론에는 자유에 대한 열망과 추구도 포함되었던바, 이러한 점들 속에서 일정한 진보적 의의를 찾아볼 수 있다.

역사적 가치관과 문화에 대한 영향을 분석하려는 태도는 과학적인 문화 연구를 위해 필요할 뿐만 아니라 새로운 가치관념 체계를 구축하는 데에도

---

41) 『墨子』, 「非樂上」, "有力者疾以助人, 有財者勉以分人, 有道者勸以教人."

중요한 의의를 지닌다. 시대가 이미 달라졌고 사람들의 도덕관념에도 근본적인 변화가 있었지만 의義와 이利, 도덕과 힘의 관계와 같은 문제는 여전히 해결해야 할 중요할 문제들이다. 화합을 최고의 가치원칙으로 여기는 중국 전통문화의 전통은 앞으로도 계속 이어져야 하되, 투쟁의 가치를 가볍게 본다거나 의와 이, 도덕과 힘을 분열시키는 나쁜 경향은 반드시 개변되어야 한다. 즉 의리를 중시하고 이익을 가볍게 보며 도덕을 숭상하고 힘을 천시하는 극단적인 태도는 반드시 의義와 이利, 도덕과 힘의 통일을 견지하는 태도로 바뀌어야 한다.

4. 화합·전체·직각·관계·실용을 중시하는 사유방법

세계관과 가치론 측면에서의 경우와 마찬가지로 중국의 전통적 사유방식도 복잡하고 다양하다. 대체로 말해 보자면, 선진시기는 다양한 사유방식이 서로 패권을 다투었는데 가장 기본적인 차이는 전체적인 사유와 분석 방법의 대립, 실측實測과 반관反觀·직각直覺의 대립이었다. 이러한 대립은 주로 유가 및 도가 그리고 명가 및 묵가의 대립으로 표현되었는데, 한대 이후 명가와 묵가가 단절되어 전해지지 못하게 되면서 유가와 도가의 사유방식이 주도적 지위를 차지했다. 유가와 도가의 사유방식은 화합·전체·직각·관계·실용을 중시하는 것을 특징으로 하지만, 유가 내부에서는 또 명가와 묵가가 주로 제창했던 관찰과 분석의 방법도 일정하게 발전되었다. 그리하여 청대에 이르러서는 '실사구시實事求是'의 방법이 주도적인 사유방식으로 부상하게 된다.

선진 제자들의 사유방법은 대체로 세 갈래로 나눌 수 있다. 직각直覺을 중시하는 노자, 장자, 맹자의 갈래, 관찰과 분석을 중시하는 묵가와 명가의 갈래, 직각과 관찰 및 분석을 함께 중시하는 『주역대전』, 순자, 『대학』 등의 갈래가 그것이다.

노장의 사유방법의 핵심은 무지無知·무욕無慾·무사려無思慮의 마음으로써 만물의 근본인 도를 직접 감지하는 것이다. 노자는 '위학爲學'과 '위도爲道'를 대립시키면서 "학문을 배우면 지식이나 욕구가 나날이 늘고, 도를 닦으면 지식이나 욕구나 나날이 줄어든다"라고 했고, 지식은 가치가 없기 때문에 '배움을 끊고'(絶學) "줄이고 또 줄여 결국에는 무위無爲의 경지에 도달하게 해야 한다"고 했다. 이 '줄이기'(損)의 공부가 바로 '마음속의 거울을 말끔히 씻어 닦고 흠이 없게 하는' 공부이다. 때가 묻지 않은 마음속의 '거울'(玄覽: 馬王堆帛書에서는 玄監이라고 했다)이 있으면 문밖을 나서지 않아도 천하를 알 수 있다. 즉 만물의 본원인 도를 직각할 수 있다는 것이다. 노자의 이러한 주장은 장자에 이르러 더욱 발전하였다. 장자는 '천하를 도외시하고'(外天下) '사물을 도외시하며'(外事物) '삶을 도외시하는'(外生) 방법으로써 견독見獨하고 체도體道하며 도도睹道할 것을 주장하면서,[42] "생각함도 없고 헤아림도 없어야 비로소 도를 알 수 있다"[43]라고 했다. 모든 지식, 감정, 욕망, 사려를 버림으로써 만물의 본원인 도를 직접 감각한다는 뜻이다.

맹자의 사유방법의 정수는 '마음을 다하는 것'(盡心)이다. 이른바 마음을 다한다는 것은 최대한 마음을 밝혀 본성을 발휘하는 것을 의미한다. 맹자는 다음과 같이 말했다.

자기의 영명한 본심을 끝까지 발휘하여 깊이 생각할 수 있는 사람은 하늘이

---

42) 역자주: 見獨은 '절대유일의 진리에 눈을 뜬 경지'를, 體道는 '道를 체득한 경지'를, 睹道 는 '道를 몸으로 보고 느끼는 경지'를 의미한다.

43) 『莊子』, 「知北遊」, "無思無慮始知道."

부여해 준 자기의 본성을 알 수가 있다. 하늘로부터 주어진 본성을 알면 곧 하늘의 도리를 알 수 있다.[44]

이것도 일종의 직각적直覺的 방법인데, 이 방법은 노장의 방식과는 다르다. 맹자의 직각적 방법은 돌이켜 살펴서 안으로부터 구하는 것이지, 가만히 곧바로 나아가(冥而直往) 바깥에서 구하는 것이 아니다. 그리고 그것은 생각을 버리지도 않고 박학博學을 반대하는 것도 아니며, 다만 '생각'의 공부를 통해 '자신을 돌이켜 살펴볼' 뿐이다.

노장과 맹자 등이 제시한 직각 중시의 방법이 후대에 끼친 영향은 대단히 크다. 육구연과 왕수인의 '명심진성明心盡性'은 바로 맹자를 본받아 서술한 것이고, 소옹邵雍, 장재, 정이, 주희의 방법 중에는 노장의 방법을 채용한 요소들이 있다.

묵가는 사물에 대한 관찰과 분석에 힘썼다. '작은 구멍을 통해서 본 형상은 거꾸로 서 있다'라는 그들의 언설을 통해서도 그들이 실험을 중시했음을 알 수 있다. 그러나 그들은 어떻게 관찰하고 분석하고 실험하는지에 대한 구체적인 방법을 말하지는 않았다. 아마 그러한 방법을 신비한 기술로 여겨 공개하지 않았기 때문일 것이다. 명가名家의 혜시惠施도 외물에 대한 관찰과 분석을 대단히 중시했다. 장자는 그에 대해 "두루 천하만물에 대해 이론을 세웠다. 그런 것들을 쉬지 않고 논하여, 한없이 많은 말을 하였는데도 아직도 모자란다고 생각한다.…… 만물에 대해 관심을 분산시켜 만족할 줄 모른다"[45]라고 했다. 명가의 공손룡公孫龍은 특히 분석을 중시했다. 그는 '이견백離堅白'이라는 명제를 주장하여, 흰 돌이 있다고 할 때 '군음'(堅)과

---

44) 『孟子』, 「盡心上」, "盡其心者, 知其性也. 知其性, 則知天矣."
45) 『莊子』, 「天下」, "遍爲萬物說. 說而不休, 多而無已.……散於萬物而不厭."

'흼'(白)은 서로 분리될 수 있다고 보았다. 사물은 모두 그 사물의 '속성'(指)에 의해 구성되어 있는데, 사물의 '속성'과 '속성'은 서로 분리되어 각기 존재할 수 있다는 것이다. 객관유심주의적 다원론의 입장이다.

묵가와 명가의 학설이 단절되어 전해지지 못하게 되면서 중국의 전통 사유방식은 중요한 학파를 잃게 되었다. 물론 후대의 일부 과학자들, 이를테면 장형張衡, 승려 일행一行(682~727), 심괄沈括 등은 실측實測을 비교적 중시했고 과학적으로도 큰 성과를 거두었으며, "자연과학(質測)은 철학(通幾)의 기초이다"라는 명제를 제시하여 철학의 기초가 실증적 자연과학에 있다고 보았던 명대 철학자 방이지方以智의 경우처럼 일부 철학자들은 관찰과 분석을 중시하는 이론을 제시하기도 했다. 그러나 전반적으로 보면 중국 전통철학에는 관찰에 관한 체계적인 이론이 부족하고, 분석에 대해서도 비교적 경시하는 편이었다.

노자, 장자, 맹자처럼 직각을 강조하면서 관찰과 분석을 부정한 것도 하나의 치우침이고, 묵가와 명가처럼 관찰과 분석만을 중시한 것 역시 또 다른 치우침이다. 이에 비해 『주역대전』, 순자, 『중용』, 『대학』은 양자를 함께 중시하는 경향성이 있기에 비교적 전체적이다. 예를 들어 『주역대전』은 한편으로는 관찰과 분석을 강조하여 "천문天文을 보아 시대의 변화를 살피고, 인문人文을 보아 천하를 감화시켜 완성한다"46), "우러러 하늘에서 상象을 보았고 구부려 땅에서 법을 보았으며 새·짐승들의 무늬와 땅의 마땅한 것을 보았다. 가까이는 이것을 자기 몸에서 취했고, 멀리는 이것을 사물에서 취했다"47)라고 하면서도, 다른 한편으로는 '의리를 정밀히 하고 신묘한 경지에 들어감'(精義入神)이나 '신묘함을 다하여 변화를 앎'(窮神知化)을 강조하

---

46) 『周易大傳』, "觀乎天文以察時變, 觀乎人文以化成天下."
47) 『周易大傳』, "仰則觀象於天, 俯則觀法於地, 觀鳥獸之文, 與地之宜. 近取諸身, 遠取諸物."

기도 했다. '들어가다'(入)라는 말은 곧 '직감'을 의미한다. 그리고 "신묘함을 다하여 변화를 아는 것은 덕의 성대함이다"(窮神知化, 德之盛也)라고도 말했는데, 이처럼 신화神化에 대한 지식이 도덕적 수양을 토대로 건립되는 것도 직감에 속한다. 『주역대전』의 이러한 방법은 후세에 많은 영향을 끼쳤다. 소옹, 장재, 정이, 주희 등의 사유방법이 모두 이러한 유형에 속한다.

중국 전통철학에 있어서 주도적 지위를 차지한 사유방식은 화합·전체·직각·관계·실용을 중시하는 것으로서, 여기에 관찰하고 분석하는 방법도 어느 정도 취하고 있다. 화합·전체·직각·관계·실용의 다섯 가지는 서로 연계되기도 하고 서로 구별되기도 한다.

이른바 화합을 중시한다는 것은 대립과 통일이라는 우주의 근본 규율에 대한 이해에 있어서 대립면의 통일과 협력에 치중하고 대립면의 투쟁을 홀시한 것이다.

이른바 전체를 중시한다는 것은 통일적인 시각으로 사물을 관찰할 것을 강조한 것이다. 우주의 전체와 과정을 강조하는 것은 중국 전통철학의 천도관의 중요한 특징으로, 이러한 관점을 방법론에 적용하면 바로 전체적인 사유가 된다.

『주역대전』은 "성인은 천하의 움직임을 알고, 그것이 모두 하나로 모여 통하는 것을 본다"48)라고 했다. '그것이 모두 하나로 모여 통하는 것을 본다'라는 말은 통일적인 시각에서 사물의 다양성과 모순을 관찰해야 함을 강조한 것이다. 왕필의 해석을 활용해서 말하자면 "다름에서 그 유類를 알고, 보이는 것에서 그 통함을 안다"(異而知其類, 睽而知其通)는 것이다.

장자는 다음과 같이 말했다.

---

48) 『周易』, 「繫辭上傳」, "聖人有以見天下之動而觀其會通."

모든 것을 다른 각도에서 보면 간肝과 담膽도 초나라와 월나라와의 거리만큼 떨어져 있지만, 모든 것을 같은 입장에서 보면 만물이 모두 하나이다.[49]

여기서 장자는 '모든 것을 다른 각도에서 보면'이라는 입장도 인정하지만, 더 강조하려 했던 것은 '모든 것을 같은 입장에서 보는 것'이다.

장자는 또 다음과 같이 말했다.

옛사람은 그 지혜가 지극한 바가 있었다. 그 지극함은 어떠했던가? 처음에는 만물이 없다고 여겼으니, 지극하고 극진하여 더할 수가 없었다. 그 다음으로 는 만물이 있다고 여겼으나 아직 경계는 없었고, 그 다음으로는 만물에 경계가 있다고 여겼으나 아직 시비是非는 없었다. 시비가 생겨나게 되자 도가 허물어졌다.[50]

이것은 '모든 것을 같은 입장에서 보는' 전체적인 사유는 옳고 '모든 것을 다른 각도에서 보는' 분석적인 방법은 가치가 없다는 것이다.

위의 예들을 통해 전체적인 사유 자체에는 또한 직관적 사유와 변증적 사유 두 가지가 포함되어 있음을 알 수 있다. 유가와 도가는 한편으로는 직관적 방법으로써 만물의 본원 또는 우주의 전체를 인식할 것을 강조하면서 도, 다른 한편으로는 변증적 방법으로써 다양성 속에서의 화합과 대립면의 통일을 인식할 것을 주장한다. 직관적 방법과 변증적 방법을 함께 이용하는 전체적 사유는 『주역대전』, 노자, 장자에서 볼 수 있을 뿐만 아니라 송명 리학에서 더욱 발전되었다. 이를테면 장재, 정호, 정이, 주희는 모두 직관과

---

49) 『莊子』, 「德充符」, "自其異者視之, 肝膽楚越也, 自其同者視之, 萬物皆一也."
50) 『莊子』, 「齊物論」, "古之人, 其知有所至矣. 惡乎至? 有以爲未始有物者, 至矣! 盡矣! 不可以加 矣! 其次以爲有物矣, 而未始有封也, 其次以爲有封焉, 而未始有是非也. 是非之彰也, 道之所以 虧也."

변증적 방법을 함께 사용한 사상가들이다.

전체적 및 과정적인 관점으로써 사물을 보는 것은 본질적으로 옳고 변증적인 방법이다. 사물의 다양성과 모순에 대한 분석을 통하여 우주의 전체성과 과정성을 인식하는 것도 정확한 것이다. 그러나 중국의 전통적인 변증적 방법에는 중대한 결점이 있다. 일반적으로 거기서는 모순의 보편성과 절대성에 대한 분석만을 중시하고 모순의 특수성에 대한 분석을 중시하지 않는다. 예를 들자면 장재는 이렇게 말하였다.

> 조화가 만들어 낸 것에는 서로 닮은 것이 하나도 없으니, 이로써 만물이 비록 많기는 하지만 그 실상은 한 가지임을 알 수 있다. 만물 중에 어느 한 가지라도 음과 양을 갖추지 않은 것이 없으니, 이로써 천지의 변화란 음과 양 두 가지의 단서뿐임을 알 수가 있다.[51]

모든 사물에 다 그 특수성이 있고, 모든 사물에 다 음양이 포함되어 있음을 긍정했다. 이로부터 우리는 그 어떤 일물一物의 음양에도 모두 다 그 특수성이 있다는 결론을 얻어내야 한다. 그러나 장재는 이러한 결론을 얻어내지 않았기 때문에 그가 말하는 음양은 일반적이고 추상적 수준에 머물 수밖에 없었다. 총괄적으로 말하자면 중국 전통에 있어서의 전체적 사유는 분석적 방법이 제대로 보충되지 않았기 때문에 명확하지 않다는 중대한 단점을 갖고 있다. 이러한 단점이 범주에 드러나 중국의 철학범주는 종합성과 융통성의 특징을 드러낸다. 많은 범주들은 본체론적 의의를 가지는가 하면 또한 윤리학적 의미도 가지고 있으며, 두 가지 의미를 구분할 수도 있고 구분할 수 없기도 하다.

---

51) 『正蒙』, 「太和」, "造化所成, 無一物相肖者, 以是知萬物雖多, 其實一. 物無無陰陽者, 以是知天地變化, 二端而已."

중국의 전통철학은 직각을 많이 말하는데 그 의미는 대단히 복잡하다. 직각의 방향에 따라 체도體道, 체물體物, 진심盡心이라는 세 가지 유형으로 나눌 수 있고, 인식에서의 직각의 작용에 따라 순전히 직각에 맡기는 것(純任直覺)과 직각을 겸용해 쓰는(參用直覺) 두 가지 유형으로 나눌 수 있다.

노자와 장자는 사려와 학문을 폐기하고 무지無知·무사無思·무욕無慾의 마음으로써 만물의 본원本原인 도를 직접 느낄 것을 주장했다. 이것은 순전히 직각에 맡기는 것으로서, 그 직각의 대상은 객관적 만물의 본체이다. 이것은 일종의 직각신비주의로서 마땅히 부정해야 한다.

맹자, 정호, 육구연, 왕수인은 생각과 학문을 완전히 부정하지는 않지만, 그들이 말하는 이른바 생각은 '돌이켜서 생각하는 것'(反而思之), 즉 내심으로 돌이켜 구하는 것을 의미한다. 이것도 역시 순전히 직각에 맡기는 태도인데, 노·장 사상의 차이점이라면 노·장이 '가만히 곧바로 나아가는'(冥而直往) 외향적 추구인 데 비해 '항상 내 자신을 반성해 살피고 성실하게 하는'(反身而誠) 내향적 추구라는 점이다. 이러한 방법은 반反과학적이다.

『대학』은 "앎을 이루는 것은 사물을 구명하는 데 있다"(致知在格物)라는 명제를 제시했다. 『문선文選』에 수록된 이소원李蕭遠의 「운명론運命論」에 대한 이선李善의 '주'에서 "「창힐倉頡」편에 의하면, 격格은 측량하는 것(格, 量度之也)이다"라고 했다. 이로부터 우리는 '격물格物'이 곧 사물을 측정하여 그 본말과 선후를 분별하는 것임을 알 수 있다. 『대학』은 송·명 시기에 영향이 대단히 커서, 거의 모든 학자들이 『대학』의 형식을 빌려 인식론 문제를 토론했다. 정이와 주희는 '격格'을 '지至'로 해석하면서 『대학』을 토대로 하여 '즉물卽物하여 그 이치를 궁구한다'(卽物而窮其理)는 방법을 제시했다. 이 방법은 직각과 사변思辨을 함께 쓰는 것을 특징으로 한다. 주희는 다음과 같이 말했다.

무릇 천하의 사물은 자신이 이미 알고 있는 이치에 근거하여 더욱 궁구함을 더해 그 궁극에까지 이르게 하는 것이다. 오랫동안 힘쓰고 나서 하루아침에 갑자기 깨닫는 '활연관통豁然貫通'의 경지에 이르게 되면 모든 사물의 겉과 속, 정밀함과 조박함이 모두 드러나게 되며, 내 마음의 온전한 본체와 커다란 작용이 모두 밝혀지는 경지에 도달하게 되는 것이다.[52]

이것은 곧 사물의 이치를 하나하나 따져서 밝히는 일을 오랫동안 계속하다 보면 어느 날 갑자기 깨닫게 될 수 있으니, 궁리를 위해서는 격물부터 해야 한다는 말이다. 여기서 말하는 격물格物이란 곧 사물에 대해 사고하고 분별한다는 것이며, 갑자기 깨닫게 된다는 것은 돈오頓悟 방식의 직각을 가리킨다. 정이와 주희의 방법에는 내재적인 모순이 있다. 그들은 일면으로는 천하의 만물을 모두 연구할 것을 주장한다. 정이는 다음과 같이 말했다.

궁리窮理에도 여러 갈래가 있다. 독서하여 의리를 밝히거나, 고금의 인물들을 논하여 그 시비를 가리거나, 일에 응하고 사물에 접함에 마땅한 것들이 모두가 다 궁리이다.[53]

주희도 다음과 같이 말했다.

격물에 있어서 힘써 노력하는 방법을 말하자면, 혹은 일에 뚜렷이 드러난 면을 견주어 보고(考), 혹은 심리의 은미한 면을 살피며(察), 혹은 문자 가운데 서 구하고(求), 혹은 강론의 때에도 탐색하는(索) 것이다. 신身·심心·성性·정情의 덕과 일상생활의 떳떳한 인륜으로부터 천지귀신의 변화와 금수초목의

---

52) 『大學章句』, 「補格物傳」, "即凡天下之物, 莫不因其已知之理而益窮之, 以求至乎其極. 至於用力之久, 而一旦豁然貫通焉, 則衆物之表裡精粗無不到, 而吾心之全體大用無不明矣."

53) 『二程遺書』, 권18, "窮理亦多端. 或讀書講明義理, 或論古今人物別其是非, 或應事接物而處其當, 皆窮理也."

마땅한 바에 이르기까지, 제각기 하나의 사물 가운데 그만둘 수 없는 당연성
과 다시 바뀔 수 없는 까닭을 찾아보아야 한다.[54]

이러한 주장에는 격물궁리의 학문을 자연에 대한 관찰과 분석으로 이끌어
갈 수 있는 가능성이 있다. 그러나 정·주程朱와 그 후학들은 누구를 막론하고
모두 독서와 담론에만 힘썼다. 그러므로 정·주의 방법은 과학과 비슷하게
보이지만 사실 과학적인 것이 아니다.

장재 또한 학문의 방법으로 직각과 사변을 함께 사용했다. 하지만 장재는
외물에 대한 관찰을 대단히 중시했다. 장재에게는 천문현상 및 생물현상에
관한 연구가 아주 많은데, 그것들은 모두 관찰에 의해 얻어진 것이다. 천문학에
관한 그의 일부 견해, 이를테면 항성은 태허太虛에 따라 운동한다는 견해,
지동설, 천체天體는 서로 감응한다는 견해 등은 과학사적으로 대단히 가치가
높다. 장재 이후로는 왕정상王廷相, 방이지方以智, 왕부지王夫之 등이 모두 외물에
대한 관찰을 비교적 중시했다. 왕정상은 정밀한 관찰을 통하여 땅벌(土蜂)이
뽕나무벌레를 새끼로 한다는 그릇된 주장을 뒤집었고, 방이지는 '자연과학(質
測)은 철학(通幾)의 기초'라는 명제를 제시했으며, 왕부지는 방이지의 '질측지
학質測之學'을 찬양하고 '작용으로부터 그 체를 얻고'(由用以得體) '일에 임하여
이치를 밝힐 것'(卽事以窮理)을 강조하면서 일에 임하여 이치를 밝히는 것이
곧 질측質測과 같은 것이라고 주장하였다. 송명 리학 중의 유물주의학파가
『주역대전』의 과학적 전통을 비교적 잘 계승했음을 알 수 있다.

러셀은 서양의 사유는 '실체實體'를 중시해 온바 파멸될 수 없는 '실체'가
2천 년 동안 줄곧 철학, 심리학, 물리학, 신학의 기본개념이 되었다고 보았다.

---

54) 『大學或問』, "若其用力之方, 則或考之事爲之著, 或察之念慮之微, 或求之文字之中, 或索之講
論之際. 使於身心性情之德, 人倫日用之常, 以至天地鬼神之變, 鳥獸草木之宜, 自其一物之中,
莫不有見其所當然而不容己, 與其所以然而不可易者."

이에 대비되는 것으로서, 중국의 전통적 사유방식은 관계를 중시하는 특징을 드러내고 있다. 미국인 유리탐(Uritam)은 "우주 유기체의 통일성, 자연성, 질서성, 화합성, 상관성을 완전하게 이해하는 것이 중국의 자연철학과 과학이 천 년간 탐색해 온 목표였다"[55]라고 주장했다. 여기서 말하는 '상관성相關性'은 바로 관계를 중시하는 특징을 의미한다. 중국철학에서는, 천지만물은 무형의 연속적 기氣로 연결되어 있는 밀접한 관계의 통일체라고 본다. 이를테면 『회남자淮南子』에서는 "만물은 서로 연계되어 있으니, 정기精氣의 침투에 의해 서로 움직이게 된다"라고 했다. 만물 속에 침투된 정기精氣가 허공 속에 존재하는 기와 한데 연계되어 끊임없이 운동하기 때문에, 만물 또한 이러한 기의 바다에서 서로 출렁거리게 된다. 만물 간의 이러한 보편적인 연계, 보편적인 상호작용을 중국철학에서는 '감응感應'이라고 표현한다. 중국 사람들은 일찍이 악기가 함께 진동하고 울리며, 오목거울(陽隧)이 햇빛을 집중시키고, 자석이 쇠를 빨아들이며, 호박琥珀이 티끌을 끌어 모으고, 바다에 사는 동물이 달이 차고 이지러짐에 따라 불었다 줄었다 하며, 해와 달이 땅을 빨아들여 바다가 밀물을 이루는 것을 발견했는데, 중국철학은 이러한 현상들을 모두 감응론感應論으로 해석하였다.

이러한 자연관을 토대로 중국철학은 '연계' 속에서 사물을 파악할 것을 주장했다. 『대학』은 "모든 사물에는 근본과 말단이 있고, 일에는 끝과 시작이 있다. 먼저하고 뒤에 할 바를 알면 도道에 가까워질 것이다"라고 했다. 장재는 이러한 사상을 발휘하여 다음과 같이 말하였다.

사물에 있어서 고립된 이치란 없으니, 같고 다르고 굽고 펴고 시작하고 끝나는 것으로써 그것을 밝혀내지 못하면 비록 사물이라 하여도 참된

---

55) R. A. Uritam, 「中國傳統的物理學和自然觀」, 『美國物理雜誌』 제43권 제2기.

사물이 아니다. 일은 처음과 끝이 있어야 이루어지니, 같고 다름, 있고 없음이 서로 감응하지 않으면 그 이룸을 얻을 수 없다.[56]

이것은 곧 사물들이 서로 고립되고 정지되어 있는 것이 아님을 말한다. 물物에 대해서 말하자면, 일물一物은 타물他物과 같음과 다름의 관계가 있고, 서로 영향을 주어 굽히거나 펴는 관계가 있으며, 앞 사물의 끝을 이어가고 뒤 사물의 시작을 여는 끝과 시작의 관계가 있다. 일(事)을 놓고 말하자면, 이 일은 저 일과 같음과 다름의 관계가 있고 한 가지 일에는 반드시 시작과 끝이 있기에, 시작되면 앞의 일은 있던 데로부터 없어지고 뒤의 일은 없던 데로부터 있게 된다. 그러므로 사물을 파악하는 방법은 근본과 말단, 앞과 뒤를 판별하여 분석하는 것, 즉 사물간의 다양한 관계를 파악하는 데에 있다.

사물을 파악하는 중국철학의 이러한 사유방식은 개념범주에 아주 깊은 영향을 주었다. 중국철학의 많은 범주, 이를테면, 음양陰陽, 오행五行, 본말本末, 체용體用은 근대 대수식의 X, Y 등의 기호와 비슷하여, 지시적 의미가 고정되어 있는 것이 아니라 사물 내부의 각 부분 혹은 사물 간의 관계를 드러내는 작용을 한다. 예를 들어 음양은 대립면의 대립통일관계를 나타내는데, 양이 강剛일 경우 음은 대립면의 유柔를 대표하고 양이 '해'를 대표할 때 음은 그 대립면인 '달'을 대표하는 것 등이 그러하다. 또 금·수·목·화·토는 사실 사물 간의 상생相生하고 상극相剋하는 관계를 나타내는 기호이다. 이 금·수·목·화·토는 금·수·목·화·토라는 다섯 가지 물질을 가리키기도 하고, 심心·간肝·비脾·위胃·폐肺 오장五臟을 가리킬 수도 있으며, 여타 사물

---

56) 『正蒙』, 「動物」, "物無孤立之理, 非同異, 屈伸, 終始以發明之, 則雖物非物也. 事有始卒乃成, 非同異, 有無相感, 則不見其成."

을 가리킬 수도 있다. 사물들 사이에 비상생比相生(서로 인접한 사물 간의 파생과 촉진 관계)과 간상극間相剋(상호 간의 배척과 억제의 관계)의 관계만 존재한다면 이 '오행식五行式'을 대신 넣을 수 있는 것이다.

관계에 대한 연구를 중시하는 중국의 철학과 과학은 많은 중요한 성과를 거두었다. 원시적이고 소박한 계통론 사상이 바로 음양오행의 틀에서 배태된 것이다. 관계를 중시하는 이런 사유방식은 변증적이고 현대과학의 흐름과도 맞물린다. 그러나 중국의 철학과 과학은 실체에 대한 연구를 중시하지 않았다. 중국철학은 장기간 실체적 개념과 비실체적 개념의 구별을 소홀히 하여 종종 상식적인 실수를 범했다. 예를 들어 방이지는 '기氣·형形·빛·소리'를 사기四幾(네 가지 존재상태 또는 운동형식)라고 했는데, 기실 '기氣·형形·빛'은 실체이지만 '소리'는 실체가 아니기 때문에 이렇게 병렬시키는 것은 타당하지 않다. 실체를 중시하지 않았던 만큼 중국의 철학과 과학은 물질의 구조적 측면에서의 발명이 별로 없다. 이는 중국 근대과학의 탄생에도 중요한 장애요소가 되었다.

중국의 철학자들은 철학을 연구함에 있어서 '매우 넓고 높은 이치라 하더라도 일상일용을 떠나지 않는다'(廣大高明而不離乎日用)는 공통된 기본 태도를 취하였고, 철학과 현실생활의 일치를 강조했다.

중국의 사유방식이 실용을 중시한다는 것은 근본적으로 말하여 틀렸다고 할 수 없고, 이러한 전통은 중국 고대 철학과 과학의 발전에 긍정적인 역할을 했다. 그리하여 고대에는 천문수학, 의학, 농학, 병학兵學이라는 4대 응용과학과 사학史學(옛사람들은 역사학이 좋은 정치를 이룩하는 중요한 '資治'의 가치가 있다고 보았다)이 고도로 발달할 수 있었다. 또한 예로부터 지금까지 많은 사람들이 병兵·농農·전錢·곡谷과 수水·화火·공工·우虞 및 제도와 문물 등 '경세치용'의 학문에 관한 연구에 노력하였으며, '현묘하고 심원한 학문을 숭상하는' 위진현학魏晉玄學과 송명 리학의 '성명性命'에 관한 공리공담적 경향에 대해 날카로운 비판을 가하였다. 이 모든 것은 실용을 중시하는 전통의 기여이다. 그러나 실용을 중시하는 중국 고대의 전통은 다음과 같은 결함이 있었기 때문에 중국 철학과 과학의 발전에 끼친 영향이 대단히 소극적이었다.

첫째, 실용 가치가 아직 보이지 않는 과학기술에 대한 발명창조를 경시하거나 심지어 반대했다.

국가경제와 국민생활에 유리한 과학기술의 발명에 대해서는 각 학파 사상가들의 태도가 일치하지 않았다. 묵가와 각 시대 과학자들은 이러한 것들을 대단히 중시했고, 『주역대전』에서도 대단히 긍정적으로 평가하였다. 그렇지만 도가에서는 반대했는데, 이를테면 장자는 '항아리를 안은 노인'(抱甕老人)을 비유로 들며 물을 끌어올리는 방식을 개선한 새로운 발명인 길고桔槹를 반대했다. 유가 또한 이런 것들은 모두 소인배인 노동 인민들이나 할 일이지 군자의 일이 아니라고 보았다. 이에 비해 실용 가치가 아직 없는 과학기술 발명에 대해서는 모든 학파들이 다 반대하는 태도를 취했다. 전설에 의하면 묵자(어떤 기록에서는 魯班이라고 했다)는 날 수 있는 '목연木鳶'을 발명하고서도 굴대빗장을 만들기보다 못하다고 여겼다. 굴대빗장은 사용가치가 있지만 목연은 없기 때문이다. 또한 유가는 이른바 '사악하고 음험한 기교'(奇技淫巧)를 격렬하게 반대했는데, 즉 실용적 가치가 없는 과학기술 발명을 반대한 것이다. 이러한 태도는 분명히 매우 바람직하지 않다.

둘째, 형식논리를 경시하고 이론체계와 논리적 논증을 소홀히 했다.

공자는 '정명正名'을 강조했다. 그가 말한 정명은 정치적 의의뿐만 아니라 논리적 의의도 있다. 논리적으로 말하자면 정명은 명사 개념의 의미를 확정하는 것인데, 이 주장은 후세에 대단히 큰 영향을 미쳤다. 전국시기,

형식논리를 연구하는 붐이 일어나서 형식논리에 대한 순수한 이론연구에 관심을 갖는 학파들이 나타났다. 명가와 후기 묵가가 바로 그들이다. 그들은 '백마비마白馬非馬', '이견백離堅白', '계삼족鷄三足'과 같은 명제를 논의했는데, 이론적 색채가 대단히 농후한 데 비해 정치·윤리적 색채는 약했다. 논리학과 정치윤리학설이 한데 뒤엉키면 논리학 문제를 분명히 하는 데 불리할 뿐만 아니라 독립적인 논리학 이론 발전에도 불리하다. 그런데 바로 이때 철학자들 사이에 '유용무용有用無用'에 관한 변론이 터졌다. 혜시惠施는 장자의 학설은 '크기만 하지 쓸모가 없다'(大而無用)고 했다. 이에 장자는 도리어 혜시를 명변지학名辨之學에만 빠져 노심초사한다고 비판하면서, 모든 변론을 부정하고 만물을 제일齊一하는 자신의 학설과 같은 것만이 비로소 무용에 유용을 함축시키는 크게 유용한 학문이라고 했다. 이러한 변론들은 직각적 신비주의와 관찰 및 분석을 중시하고 논리적인 논증방법을 중시하는 투쟁이라는 점에 의의가 있다. 논리학에 있어서 순자의 성과는 대단히 크지만, 그는 명가와 묵가가 논리학과 정치·윤리 문제를 갈라놓고 논리학만을 단독으로 연구하는 것에 대해 격렬하게 비판하면서 이것은 '쓸모가 없는 논변이고 급하지 않은 용무'(無用之辨, 不急之察)로서 '군자가 할 일이 아니다'(君子不道)라고 했다. 법가는 더욱 극단적으로 주장했는데, 부국강병을 불리하게 하는 경전耕戰(농업과 전쟁의 병행)정책에 관한 학설과 행위를 모두 '좀벌레'(蠹)로 간주하여 강제로 금지할 것을 주장했다. 명변지학名辨之學은 그들에게 있어서 '그 명목에 따라 실적을 따지는'(循名責實) '형명지술刑名之術'일 뿐이었고, 더욱이 법가에 의해 실천에 응용되었기 때문에 그 악명만 높아만 갔다. 논리학은 진秦·한漢 이후에도 얼마간 발전되었지만 시종 정치윤리 문제와 한데 뒤엉켜 독립적인 발전을 이룰 수 없었다. 이러한 특징은 철학과 과학의 발전에 매우 불리하게 적용되었다.

직각과 실용을 중시한 중국의 사상가들은 오래도록 경험에서 관통되고 실천에서 부합되는 것이 바로 참된 지식의 증명이라고 보았다. 그러므로 문자를 꼼꼼히 따지거나 논리적으로 논증하거나 형식적 조리條理 체계를 건립하는 것을 중시하지 않았다. 게다가 '어록語錄' 형태의 글이 성행했고, 심지어 어떤 사람들은 불립문자不立文字를 고집했다. 이러한 학풍은 철학과 과학의 발전에 좋지 않은 영향을 미쳤다. 중국의 고대 수학은 기본적으로 연습문제집과 같은 형식으로 존재했고, 문제와 답안만 있고 체계가 없으며, 연산하고 도출해 내는 과정도 항상 간략했다. 중국의 농학, 의학도 단지 '농農'과 '의醫'의 시각에서 동식물과 광물을 연구했기 때문에 그 높은 성과에 비해 이론체계가 부족한 것은 마찬가지였다.

중국의 전통 사유방식에는 또 하나의 중요한 특징이 있다. 인식주체의 수양, 특히 도덕적 수양을 대단히 중시하는 것인데, 이것을 '심술心術'이라 한다. 『관자管子』에서는 이렇게 적고 있다.

사람들은 모두 알려고 하지만 그 알게 된 이유를 묻지 않는다. 인식의 대상은 외부의 사물이고, 인식하는 주체는 사람들의 마음이다. 이것(마음)을 잘 닦지 않고서야 어찌 저것(외부의 사물)을 제대로 알 수 있겠는가?[57]

'이것을 닦다'(修此)라는 말은 인식주체의 수양을 가리킨다. 중국 고대에는 '심술心術'에 관한 학문이 아주 발달했고, 이에 관한 각 학파들의 논술도 대단히 많다. 『관자』에서 제시한 '정인지도靜因之道', 노자의 '척제현람滌除玄覽', 장자의 '심재좌망心齋坐忘', 맹자의 '과욕설寡慾說', 순자의 '허일이정虛一而靜', 소옹의 '이물관물以物觀物', 장재의 '대심체물大心體物' 등이 모두 심술에 관한

---

57) 『管子』, 「心術」, "人皆欲知而莫索其所以知. 其所知, 彼也, 其所以知, 此也. 不修之此, 焉能知彼?"

이론들이다. 중국 고대 사상가들의 '심술' 학설에는 정확하고 투철한 견해들이 많이 함축되어 있다.

총괄적으로 말하자면, 마음 수양에 관한 이러한 방법에서는 두 가지를 유념해야 한다.

하나는 주관적인 고정관념 및 그러한 고정관념을 조성하는 각종 요소들, 이를테면 선입견, 희노애락喜怒哀樂과 같은 정서적인 요소들을 배제하고 객관적으로 문제를 보라는 것이다. 『관자』에서는 "비움이라는 것은 저장해 두는 것이 없음이다"(虛者無藏也)라고 했는데, 이는 고정된 관념이 없음을 말한다. 또 "자기를 버리고 사물을 법도로 삼는다"(舍己而以物爲法)라고 했는데, 이는 객관적이고 사실대로 외물을 반영한다는 뜻이다.

다른 하나는 사심과 잡념을 제거하고 문제를 공정하게 보라는 것이다. 이를테면, 소옹邵雍은 다음과 같이 말했다.

> 사물의 입장에서 사물을 보는 것은 본성에 의한 것이고, 자기의 입장에서 사물을 보는 것은 감정에 의한 것이다. 본성은 어느 쪽으로도 치우치지 않아 밝지만, 감정은 치우침이 있어 어둡다.[58]

그러나 고대의 '심술'에는 또한 중대한 잘못이 있는바, 주체적 수양으로써 객체에 대한 인식을 대체한 것이 그 하나이다. 예를 들자면 장재는 다음과 같이 말했다.

> '신神을 궁구하고 화化를 아는 것'은 곧 수양이 많아져서 저절로 그렇게 되는 것이지, 생각하고 힘써서 억지로 되는 것이 아니다. 그러므로 덕을 높이는 이외에 군자는 잠시라도 알려하지 않는다.[59]

---

58) 『觀物外篇』, "以物觀物, 性也, 以我觀物, 情也. 性公而明, 情偏而暗."

이는 신화神化에 관한 지식은 도덕적 수양에서 온다는 말이다. 이러한 경향은 노자와 장자에게서 특히 심각하게 표현된다. 그들은 무지無知, 무욕無慾, 무사려無思慮의 마음으로써 우주의 본체를 직접 감지할 것을 주장했는데, 이는 기실 객체에 대한 지식을 취소하는 것이다. 일부 주관유심주의자들은 반성反省하고 내관內觀하는 정신적인 수양방법을 우주본체에 대한 인식과 혼동하였다.

다른 하나는 주체적인 수양을 통해 각종 치우침과 폐단에서 완전히 벗어날 수 있다고 본 점인데, 이것은 사실상 불가능하다. 이를테면 소옹은 '사물의 입장에서 사물을 볼 것'(以物觀物)을 주장했다. 그는 외물에 대하여 눈으로 보아도 안 되고 마음으로 보아도 안 되며, 오직 리理로써 사물을 보아야 한다고 했다. 즉 사물의 이치에 따라 사물을 보게 하는 것으로, 객관적인 리理로써 객관적인 사물을 보아야 한다는 주장이다. 소옹은 이러한 방법을 통하여 인식의 한계성 즉 유한성과 주관성을 완전히 벗어날 수 있다고 보았다. 하지만 이것은 불가능한 일이다. 왜냐하면 우선 인식의 주체를 없앴고, 인식과정에서의 주체와 객체의 대립을 없앴는데, 이러한 대립은 없앨 수 있는 것이 아니기 때문이다.

중국 전통철학의 화합·전체·직감·관계·실용을 중시하는 사유방식은 명나라 말기부터 의심을 받기 시작해서 명청교체기의 반성을 거쳐 청대에 크게 변화되었다. 양계초梁啓超는 명나라 천계天啓 연간부터 근 3백 년간의 중국 학술의 주된 흐름에 대해 "주관적인 명상에 권태를 느끼고 객관적인 고찰에 치우쳤으며"[60] 그 지류는 "이론을 배척하고 실천을 제창했다"[61]라고

---

59) 『正蒙』, 「神化」, "窮神知化, 乃養盛自致, 非思勉之能强. 故崇德而外, 君子未或致知也."

60) 梁啓超, 『中國近三百年學術史』(北京: 中國書店, 1985年版), 1쪽, "厭倦主觀冥想而傾向於客觀的考察."

61) 梁啓超, 『中國近三百年學術史』, 2쪽, "排斥理論提倡實踐."

지적했는데, 대체로 옳은 지적이다.

송·원·명 시기의 철학자들은 리기理氣, 심물心物, 심리心理 등의 문제를 둘러싸고 크게 논쟁했다. 그 논쟁의 긍정적인 결과의 하나는 유물주의적 학술사조가 일어났다는 점이다. 이러한 유물주의는 리理와 기氣가 실제로 존재하며 리는 기에 깃들어 있다고 보았다. 리는 사물의 조리이자 질서로서 마음에 있는 것이 아니라 사물에 있기 때문에, 리를 구하려면 반드시 사물에 대한 관찰과 분석이 있어야만 한다. 이러한 인식은 직각주의를 완전히 부정하는 '실사구시實事求是'의 사유방식이다. 청대의 박학樸學이 바로 이러한 사유방식에서 전개된 것이었다. 이를테면 청대 박학파들 중 대진戴震을 중심으로 하는 환파皖派는 공개적으로 '실사구시'의 명분을 내걸었다.

청대의 학자들은 '실사구시'의 정신으로 경학, 사학, 제자학諸子學과 자연과학을 포함한 중국의 전통 학술을 대대적으로 정리하기에 이르렀고, 전례가 없는 커다란 성과를 거두었다. 특히 소중한 것은, 낡은 학문을 정리하는 가운데서 청대 학자들은 실사구시의 원칙을 실증적 색채가 짙은 일련의 과학적 방법으로 발전시킨 것이다. 그들은 경서를 주석하고, 사료를 감별하고, 고적을 교감하고, 위서僞書를 판별하는 등의 작업에서 증거를 대단히 중시했을 뿐만 아니라 통례通例의 법칙을 귀납하고 총결하였다. 이러한 방법은 지금까지도 사람들에게 계속적으로 사용되고 있다. 비록 청대학자들이 수행한 주요 작업은 중국의 낡은 학문을 정리하는 것이었지만, 그들이 사용한 방법은 같은 시기 서양의 자연과학자들이 사용한 경험주의적이고 실증적인 방법과 비슷하였다. 이러한 방법은 자연현상에 대한 연구에 있어서도 역시 효과적이었다. 이를테면 청대의 천문학자인 왕석천王錫闡은 그 방법에 대해 다음과 같이 말했다.

하늘의 이치를 따라 그 합당함을 구할 것이지, 합당함을 가지고 하늘을 검증할 것이 아니다. 방법이 어긋나는 까닭은 반드시 그 어긋나게 된 이유가 있을 것이고, 방법이 꼭 들어맞다 해도 여전히 우연히 들어맞게 된 원인이 있지 않나 해서 두려운 것이다. 오래 측정할수록 데이터가 정밀해지고, 생각이 정밀할수록 원리가 더 많이 나온다.[62]

맞는지의 여부는 미리 믿을 수 있지만 그 상세한 것은 반드시 실제로 누차 측량해 보아야만 알 수 있다. 맞으면 우연히 들어맞은 것인지 확실히 맞은 것인지를 살펴야 하고, 어긋나면 이치에서 어긋난 것인지 차수次數에서 어긋난 것인지를 따져 보아야 하지, 감히 함부로 하여 스스로를 속일 수는 없다.[63]

호적胡適은 중국과 서양이 17, 18세기의 과학에 있어서 성과가 달랐던 원인은 '방법'에 있는 것이 아니라 '자재'의 다름에 있었는데, 서양은 자연을 재료로 했기 때문에 자연과학이 크게 발전한 데 비하여 중국은 고대 문헌을 재료로 했기 때문에 자연과학 영역에서 진전이 빠르지 못했다고 했다. 이러한 분석은 일리가 있다.

최근, 많은 문장들이 중국의 전통 사유방식에 대해 언급하고 있다. 그런데 중국의 전통적인 사유방식을 분석함에 있어서 세 가지 원칙을 반드시 견지해야 함을 지적할 필요가 있다.

첫째, 중국 고대에 있어서 주도적 위치를 차지한 유가와 도가의 사유방식 외에도 그것과 상반되는 명가와 묵가의 사유방식이 있었고, 구체적인 경우 또한 대단히 복잡하다. 그러므로 주요한 것과 부차적인 것을 구분하지

---

62) 『歷測』, "當順天以求合, 不當爲合以驗天. 法所以差, 故必有致差之故, 法所以合, 猶恐有偶合之緣. 測愈久則數愈密, 思愈精則理愈出."
63) 『測日小記敍』, "其合其違, 雖可預信, 而分杪遠近之細, 必屢經實測而後可知. 合則審其偶合與確合, 違則求其理違與數違, 不敢苟焉以自欺而已."

않으면 안 되고, 단순화하여 하나만을 쥐고 나머지를 고려하지 않는 것도 안 된다.

둘째, 유가와 도가의 사유방식은 일련의 특징을 가지고 있다. 또한 그것은 다양한 방법으로 형성된 사유방식의 체계로서, 그 중에는 각양각색의 직각적 사유가 중요한 위치를 차지하고 있다고 말할 수 있다. 그렇기 때문에 이 문제에 있어서도 주된 것과 부차적인 것을 구분해야지 부분으로 전체를 판단해서는 안 된다.

셋째, 중국의 전통적인 사유방식은 발전되고 변화하기 때문에 결코 어떤 폐쇄적이고 견고한 것이 아니다. 이러한 점을 고려하면 중국의 전통적인 사유방식에 대해 분석적인 태도를 취해야지, 전면적으로 긍정하거나 전면적으로 부정하는 태도는 옳지 않다. 이를테면 변증법적 사고의 전통은 계승하고 발전시켜야 하지만 직각적 신비주의와 막연한 사고방식은 부정되어야 한다.

제7장 중국 전통문화의 성취

1. 세계문화사의 한 봉우리

문화는 민족적인 동시에 세계적인 것이다. 중국문화는 세계문화사에 있어서 중요한 위치를 자치하고 있다.

인류문명은 상고시대에 다양한 지역에서 독립적으로 탄생하였다. 이러한 문명을 최초의 문명 또는 제1대 문명이라고 말할 수 있다. 이러한 제1대 문명의 토대 위에서 각 민족 간의 계승과 교류 및 참고(借鑒)를 통해 크고 작은 다양한 문화권과 겹겹이 포개어진 문명세대가 형성되었다. 영국의 고고학자 대니얼(Daniel)의 연구에 따르면, '독립적으로 기원이 되는 문명' 또는 제1대 문명에 속하는 문명은 전 세계에 모두 아홉 개가 있다. 즉 고대 이집트, 중동의 두 강(유프라테스강과 티그리스강) 유역, 중국, 인도, 에게-미노스, 남러시아, 아메리카대륙의 올멕, 마야, 차빈 문명이다. 이 아홉 개 문명의 역사적인 운명은 매우 다르다. 고대 이집트문화는 이미 단절되었고, 아메리카대륙의 올멕·마야·차빈은 유럽식 민주의 물결의 충격을 이겨내지 못하고 이미 멸종의 위기에 몰렸으며, 중동의 두 강 유역 및 에게-미노스문명, 인도문명은 타민족의 여러 차례의 침입으로 인해 뒤에 일어난 문명세대의 밑바닥에 깔려 거의 고고학의 연구대상이 되고 말았다. 그러나 중국의 문명만은 지속적으로 이어져 계승되고 발전되었는데, 문자가 이를 가장 웅변적으로 증명하고 있다. 한자의 역사는 기원전 2500년에서 기원전 2000년까지의 대문구大汶口문화 말기로까지 거슬러 올라간다. 일반적인 규율에 따르면 어족語族이 다른 한 민족이 지나간 세대 문명의 문자체계를 계승하거나 수용한 직접적인 결과물이 바로 병음문자 또는 준准병음문자이다. 그렇지만 한자체계는 이러한 변화과정을 겪지 않았다. 중국문명은 세계문명의 발원지의 하나이고, 그 가운데서도 계승과 발전을 가장 일관성 있게 이루어 온 문명이기도 하다.

중국문화는 중국 본토에만 국한된 것이 아니라 동아시아 여러 나라 즉 한국, 일본, 베트남 등지로 확산되어 동아시아 문화권을 형성했다. 기원전 4세기부터 19세기 중기에 이르기까지 중국은 줄곧 이 문화권의 중심이었다. 한자는 기원전 4세기 이후 한국, 베트남, 일본 등의 나라들에 잇달아 전해져서 각국의 유일한 공용문자가 되었으며, 또한 국제적 교류에 활용되는 통용문자가 되었다. 물론 동아시아 각국은 이후 한자를 참조하여 본국의 문자를 창제하기도 했지만, 한자가 동아시아 지역에서 여전히 권위를 가진 문자임은 틀림없다. 한자가 여러 나라에 전래될 때 중국의 전장제도와 학문, 과학기술, 문학예술도 함께 흘러들어가 공통적인 문화요소를 가진 중국문화권을 형성했다. 이 문화권은 서양의 기독교문화권, 동방정교東方正敎문화권, 이슬람교문화권, 인도문화권과 더불어 세계 5대 문화권으로 일컬어진다.

여러 민족의 문화와 여러 문화권의 문화발전은 불균형적이고, 세계문명에 대한 기여도 또한 크고 작음이 있다. 이런 의미에서 말하자면 이른바 문명의 중심과 문명중심의 전이가 존재한다. 세계문화사에서 문명중심은 크게 세 차례의 전이를 거쳤다. 문명발전 수준이 가장 높고 세계문명에 대한 기여가 가장 컸던 나라를 보면, 노예제시대에는 고대 그리스와 고대 로마이고,

봉건제시대에는 중국이었으며, 자본주의시대에는 서양의 기독교문화권인 서유럽과 미국이다. 그러므로 중국의 전통문화는 세계문화발전사에서의 한 봉우리라고 할 만하다.

중국 전통문화가 인류 문화의 봉건시대에 그 발전 수준이 가장 높고 공헌이 가장 컸다는 것은 다음과 같은 몇 가지 사실에 근거한다. 첫째, 중국 전통문화는 봉건시대의 문화들 가운데 종교적인 성향이 가장 적고 이성주의와 인문정신이 가장 강하다. 둘째, 중국 봉건시대의 과학기술은 장기간 세계의 선두를 달렸다. 셋째, 중국 봉건시대의 문학예술은 한 시대를 풍미했다. 넷째, 중국은 근 2천 년 동안 중앙집권의 통일국가를 건설하여 많은 경험과 교훈을 축적함으로써 지금도 참고로 삼을 수 있는 제도를 마련했고 또한 높은 정치적 지혜를 보여 주었다. 다섯째, 인류의 봉건시대에 중국에는 발달한 농업과 수공업이 있었고 물질문명의 수준도 세계의 일류였다. 본 장에서는 이러한 여러 가지 측면들 중 앞의 네 가지에 대해 요약하여 검토해 보고자 한다.

2. 독창적인 이성주의와 인문정신

사람들은 이성주의와 휴머니즘을 말하면 아주 자연스럽게 유럽의 르네상스운동, 계몽운동을 연계시킨다. 어떤 사람들은 심지어 유럽 르네상스운동 중의 휴머니즘이 진정한 인문주의이고, 유럽 계몽운동 중의 이성주의야말로 참다운 이성주의라고 말한다. 휴머니즘이나 이성주의는 모두 근대적인 자산계급의 사조로서 봉건시대의 중국에는 있을 수 없다. 사실 이는 학술적인 사조 자체의 성격과, 그것이 일정한 시대에서 지니는 계급적 속성 및 시대적 특징이라는 두 가지 의미가 있다. 휴머니즘이나 이성주의 사이에는 연관성도 있지만 결국은 서로 다르기 때문에 동일시해서는 안 된다.

유럽의 르네상스운동 중의 '휴머니즘'이라는 표현이 나온 데에는 두 가지 이유가 있다. 하나는 그 시대적 사조의 대표적인 인물들이 활동했던 영역과 그 연구대상이 인문학이었기 때문이고, 다른 하나는 그들의 기본적인 사상이 인간에 속한 것으로서 인간을 중심으로 할 것을 주장했기 때문이다. 휴머니즘은 현세의 의미를 인정하고 인간세상에서의 즐거움을 누릴 것을 추구하며, 개성의 해방과 개성의 자유를 내세우며, 인간의 위대함을 믿고 인간성의 완벽함과 숭고함을 찬미하며, 인간의 감성적인 경험과 이성적인 사유를 중시하고 지식을 활용하여 삶을 행복하게 만들어 갈 것을 주장한다. 휴머니즘이라는 표현과 그 내용으로 보면 그것은 반드시 근대에 이르러서야 일어날 수 있었던 것이 아니라, 종교적 권위가 흔들리고 무너지는 시대와 그런 곳에서는 얼마든지 탄생할 수 있는 것이었다. 이를테면 중국의 춘추전국시대가 바로 그러하다. 유럽의 르네상스 중의 휴머니즘이 반봉건적인 자산계급 사조가 될 수 있었던 결정적인 요소는 휴머니즘의 내용 자체에 있는 것이 아니라, 그 내용이 교회문화를 대표로 하는 서양의 봉건이데올로기와 갈등을 빚었다는 사실에 있다.

인류의 봉건시대에는 거의 모든 나라와 민족이 다 종교의 전면적인 지배 아래 있었지만 중국만은 예외였다. 물론 그렇다고 해서 중국의 봉건시대에 종교가 중요한 역할을 하지 않았다는 것은 아니다. 중국에서도 불교나 도교 그리고 여러 가지 봉건적 미신 신앙이 널리 퍼져서 봉건적 이데올로기의 옥좌에까지 오르려 한 적도 몇 번이나 되지만, 지배적 위치에 있던 것은 종교적이지 않은 이성주의와 인문정신이 강한 유교문화였다. 이것이 바로 다른 나라와 민족들과 뚜렷이 대조되는 특징으로, 중국 전통문화가 다른 나라의 봉건시대 문화를 훨씬 뛰어넘었다는 두드러진 징표이다.

중국 전통문화에서의 이성주의와 인문정신은 유구한 역사를 가지고 있다. 그것은 서주시대에까지 거슬러 올라 갈 수 있다.

은상殷商시대의 노예주 계층은 종교적 신앙에 철저하여 모든 일에 대해 신에게 빌거나 점을 쳐서 해답을 구했기 때문에 제사장 집단이 정치 생활에서 대단히 중요한 자리를 차지했다. 『상서尙書』 「홍범洪範」에서는 은殷나라 사람들은 중대한 정치적 결단을 내릴 때면 반드시 "자신의 마음에다 물어 보고, 귀족이나 관리에게 물어 보고, 거북점과 시초점으로 물어 본다"[1]라고 했다. 여기서 아래와 같은 다섯 가지 경우를 유념해야 한다.

> 당신이 따르고 거북이 따르고 시초가 따르면, 귀족과 관리들이 거역하고 뭇 백성들이 거역할지라도 길할 것이다. 귀족과 관리들이 따르고 거북이 따르며 시초가 따르면, 임금이 거역하고 뭇 백성이 거역할지라도 길할 것이다. 백성들이 따르고 거북이 따르며 시초가 따르면, 임금이 거역하고 귀족과 관리들이 거역할지라도 길할 것이다. 당신이 따르고 거북이 따르되 시초가 거역하고 귀족과 관리들이 거역하며 또 뭇 백성들이 거역한다면, 안에서 하는 일은 길하고 밖에서 하는 일은 흉할 것이다. 거북과 시초가 함께 사람을 어기면, 조용하면 길하고 움직이면 흉할 것이다.[2]

이로부터 은나라 사람들이 결단을 내리는 과정에서 거북점이나 시초점에 의한 결과, 즉 신의 뜻(제사장 집단의 의지)이 거역할 수 없는 최고의 권위를 지니고 있었음을 알 수 있다.

---

1) 『尙書』, 「洪範」, "謀及乃心, 謀及卿士, 謀及庶人, 謀及卜筮."
2) 『尙書』, 「洪範」, "汝則從, 龜從, 筮從, 卿士逆, 庶民逆, 吉. 卿士從, 龜從, 筮從, 汝則逆, 庶民逆, 吉. 庶民從, 龜從, 筮從, 汝則逆, 卿士逆, 吉. 汝則從, 龜從, 筮逆, 卿士逆, 庶民逆, 作內吉, 作外凶. 龜筮共違於人, 用靜吉, 用作凶."

이러한 상황이 서주시대에 이르러서는 크게 변했다. 서주의 통치자들은 은나라의 종교를 계승하여 그것으로써 백성들을 우롱하고 겁주었지만 그들 자신은 종교를 진심으로 믿지 않았다. 그들은 하늘을 받들고 백성을 보호하는 '경천보민敬天保民'과 덕을 밝히고 벌을 신중히 하는 '명덕신벌明德愼罰'을 굳게 믿었다. "백성들이 하고자 하는 바를 하늘이 반드시 따라서 행하고"[3] "하늘에서 보실 때에는 우리 백성들을 통하여 보시고, 하늘에서 들으실 때에는 우리 백성들을 통하여 들으신다."[4] 종교의 껍데기 속에 분명 이성주의와 인문정신을 잉태하고 있는 것이다. 『예기』에서는 "은나라 사람들은 신神을 높여서 백성을 거느려 신을 심기고, 귀신을 먼저하고 예를 뒤에 하지만" "주나라 사람들은 예를 높이며 은혜를 베풀어 주는 것을 숭상하고, 귀신을 섬기며 신을 공경하되 멀리하며, 사람을 가깝게 해서 충성스러움이 있다"[5]라고 하였다. 여기에서 종교적 측면에서의 은나라와 주나라의 차이를 알 수 있다.

서주 말기에 종법 노예제의 위기가 갈수록 심각해짐에 따라 '하늘'의 권위도 더는 유지해 나갈 수 없게 되었다. 춘추전국시대에 이르러 이성주의와 인문정신은 외각을 깨고 나와 독자적으로 발전하기 시작하여 이윽고 토착문화에서의 지배적 지위를 확립했다. 춘추전국시대의 인문주의와 이성주의는 서양 근대의 휴머니즘 및 이성주의와 그 이론형식이 매우 비슷한바, 활동 영역과 연구 대상을 인문적 측면에 집결시키고 귀신이나 생사와 같은 종교적인 문제는 도외시했다. 이를테면 공자는 "사람이 지켜 나갈 도의道義에 힘을 쓰고 귀신을 공손히 다루되 멀리하면 지혜롭다"[6]라고 했고, 그 뒤의 많은

---

3) 『尚書』, 「泰誓」, "民之所欲, 天必從之."
4) 『尚書』, 「泰誓」, "天視自我民視, 天聽自我民聽."
5) 『禮記』, 「表記」, "殷人尊神, 率民以事神, 先鬼而後禮……周人尊禮尙施, 事鬼敬神而遠之, 近人而忠焉."

사상가들도 더 나아가 무신론적 입장을 취했다. 이 역시 서양의 휴머니즘 및 이성주의와 마찬가지로 현세의 의의를 중시하고 우주에서의 인류의 위상과 역할을 높이 평가하며 인간성의 완벽함과 숭고함을 칭송하고 인간의 감성적 경험과 이성적 사유를 내세운 것이다. 춘추전국시대의 많은 사상가들에 의하면 인류는 우주에 있어서 탁월한 지위를 가지고 있어서, "하늘과 땅에서 받은 만물의 성품 중에서 사람이 (가장) 귀하며"(天地之性人爲貴) 우주의 '사대四大'의 하나이고 '삼재三才'의 하나이다. 인간에게 있는 도덕은 '천지의 덕德'이고 인간에게 있는 지각知覺은 '천지의 마음'이어서, 인간은 그 도덕과 지각에 의해 "천지의 도를 재단하여 이루고 천지의 마땅함을 도우며" "천지와 더불어 만물을 화육할 수 있다." 어떤 철학자들, 이를테면 노자와 장자는 '천도天道', '지도地道', '인도人道'의 '도道'를 추상해 내어 우주본체의 차원에 올려놓았는데, 그들이 말하는 '도'는 사실 실체화한 보편적인 규율 또는 최고의 원리이다. 또 순자는 '도'를 '형衡'으로 간주할 것을 주장했는데, 그가 말하는 도는 총체적인 원칙, 규율 등과 같은 뜻으로, 인간이 인식한 법칙, 규율로써 모든 것을 판단하고 평가하는 잣대로 삼을 것을 주장하는 것이다. 또 한비자는 "사람들이 모든 일을 자연의 도리에 따라 처리한다면 이루지 못할 일이 없다"[7]라고 했는데, 곧 사람의 모든 행동은 객관적인 법칙에 따라야 한다는 주장이다. 무릇 이러한 것들은 모두 휴머니즘과 이성주의의 견해이다.

그러나 중국 전통문화의 이러한 인문정신과 이성주의의 전통은 양한시대와 남북조시대에 이르러 심각한 도전에 직면했다. 양한시대에는 괴상한 이론들이 가득 찬 춘추공양설과 종교적 미신에 푹 젖은 참위설讖緯說이 크게

---

6) 『論語』, 「雍也」, "務民之義, 敬鬼神而遠之, 可謂知矣."
7) 『韓非子』, 「解老」, "緣道, 理以從事者, 無不能成."

성행했고, 남북조시대에는 불교와 도교가 범람했다. 그러나 이 두 차례의 도전은 인문주의와 이성주의의 단호하고도 효과적인 반격을 받았다. 송·명 이후 유교는 사상문화 영역에서의 통치력이 크게 강화되었고 종교 세력은 갈수록 쇠퇴해졌다.

요컨대 인문정신은 신(신의 세계, 신의 권위 등)을 반대하고 인간을 중심으로 할 것을 내세우는 사조이고, 이성주의는 "모든 현상을 기적에 귀속시키는 것이 아니라 자연의 원인에 귀속시키는 성향"8)이다. 이러한 사조와 성향은 일정한 이론적 기반이 있어야만 비로소 종교적 미신, 비이성주의 및 반이성주의 등과의 항쟁에서 확고한 입장을 취할 수 있다. 중국의 인문주의와 이성주의도 다음과 같은 몇 가지의 자체적인 이론 기초가 있었다. 이것은 당시의 이론사유 수준에서 보면 특히 신도神道주의, 몽매주의의 이론기초와 비교하는 의미에서 그 의의가 대단히 크다.

첫째, 중국은 예로부터 유물론과 무신론의 전통이 있었다. 『관자』는 "천지의 운행에는 변하지 않는 법칙이 있다"(天不變其常)라고 했고, 순자는 "자연의 운행과 변화에는 고유한 규율이 있다"(天行有常)라고 했으며, 왕충은 "사물의 변화 발전은 자연스러운 것"(天道自然)이라고 했다. 배위裵頠는 숭유론崇有論을 주장하면서 만물은 모두 자체의 운동으로 일어나는 것이라고 했고, 장재는 "이치는 모두 사물에 존재한다"(理皆在物)라고 했으며, 왕정상은 "리는 기에 고유한 것"(理載於氣)이라고 했고, 왕부지는 "세상에는 객관적으로 존재하는 사물 외에 다른 어떤 것도 없다"(天下唯器)라고 했으며, 이공李塨은 "이치는 사물 가운데에 있다"(理在事中)라고 했다. 이들 사상가들은 이로써 유물주의의 전통을 이루었다. 더구나 왕충의 「논사論死」와 범진范縝의 「신멸神滅」이라는

8) 漢默頓, 『西方名著提要』(北京: 商務印書館, 1963), 394쪽, "把一切現象都歸因於自然而不歸因於奇跡的傾向."

무신론에 관한 빛나는 글도 있다. 유물론과 무신론의 이러한 전통은 각 시기의 유심주의와 유신론을 호되게 비판함으로써 인문주의와 이성주의를 크게 뒷받침했다. 이를테면, "자연의 운행과 변화에는 고유한 규율이 있다"(天行有常)는 선진시대의 유물론은 은주殷周시대의 주재적인 천天이라는 종교적 관념을 무너뜨리는 데 큰 역할을 했고, 왕충의 '천도자연론天道自然論'은 한대 유학의 유신론을 제거하는 데 결정적인 작용을 일으켰으며, 범진의 '신멸론神滅論'은 황제의 지지를 믿고 함부로 행동하는 많은 유신론자들을 여지없이 깨뜨렸다. 그 밖에도 송명시대 철학의 관념론은 무신론과 어느 정도 결부된 모습으로 나타났다. 서양 철학사에서 대부분의 관념론자들이 '하느님이 존재하고' '영혼이 죽지 않음'을 논증하는 것을 철학의 중요한 과제로 여겼던 것과 대조되는 모습이다. 서양의 관념론 철학은 종교를 위한 것이었지만, 중국의 전통철학에서는, 즉 공자, 노자, 장자, 양웅揚雄, 정이, 정호, 주희, 육구연, 왕수인 등의 관념론 철학자들은 모두 정도의 차이는 있지만 무신론을 주장하고 종교를 배척했다. 이는 중국철학의 유물주의와 무신론의 깊은 영향을 드러낸 것이다. 이를테면 '천도자연天道自然'의 관념은 송명시대의 관념론 철학에 대단히 큰 영향을 미쳤다. 주희는 리는 '의지와 감정이 없고(無情意), 생각과 계획이 없으며(無計度), 행동과 운동이 없는(無造作) 것'9)이라고 했는데, 이러한 유심주의는 관념론에 속하지만 정신을 우주의 본원으로 보는 서양의 관념론과는 뚜렷한 차이를 보여 준다. 송명시대의 관념론이 일정한 범위에서 무신론과 결부될 수 있는 것은 '천도자연관'의 깊은 영향과 갈라놓을 수 없다.

둘째, 중국의 전통철학에는 변증적 사유의 전통이 있다. 『주역대전』, 『노자』, 양웅, 장재, 주희, 왕부지 등은 모두 심오하고 풍부한 변증적 사유의

---

9) 『朱子語類』 1, "无情意, 無計度, 無造作."

명제를 제시했고, 공자, 맹자, 순자, 장자 등의 사상에도 변증적 요소들이 함축되어 있다. 중국 전통철학의 변증적 사유의 주요한 내용은 전체적이고 과정적인 관점이고 대립통일의 관점이다. 중국의 전통적 변증법은 이런저런 결함과 부족함이 있지만 종교를 비판함에 있어서는 대단히 웅변적이다. 중국의 고대철학은 사물 내부의 음양의 대치를 사물의 자기운동의 동력으로 간주하기 때문에 '제일 추진력과 같은 관념이 생기거나 그런 것을 받아들이기 힘들다. 중국의 고대철학은 우주는 하나의 전체이고 과정이라는 입장을 견지하기 때문에 영원히 불멸하는 정신적 실체, 또는 피안彼岸의 세계와 같은 관념을 수용하기 어렵다. 중국의 고대철학은 '체용일원體用一原, 현미무간 顯微無間, 즉 본질과 현상의 통일을 주장하기 때문에 불교처럼 세계를 허황되고 진실하지 않은 것으로 보는 관념을 철저히 배척한다.

셋째, 중국의 전통철학은 윤리도덕의 학설과 정치사상을 성공적으로 자기의 통제 밑에 두었다. 중국 전통철학의 기본적인 특징의 하나는 본체론, 인식론, 도덕론의 통일인데, 이는 주로 두 가지 측면에서 드러난다. 하나는 우주의 최고 본체가 곧 도덕의 최고 준칙 또는 기본적인 근원이라고 보는 것이고, 다른 하나는 지식탐구의 방법과 수양방법의 일치를 강조하는 것이다. 선진시대로부터 송·명에 이르기까지 도덕원칙과 실제 생활의 통일을 강조하면서 도덕적 원칙은 반드시 일상생활에서 구현되어야 한다고 여기는 것이 유가사상의 뚜렷한 특징이었다. 물론 이러한 두 가지 특징이 모두 정답이었다고는 할 수 없다. 송명 리학은 우주의 보편적인 규율을 인류사회의 도덕적 원칙과 통일시킴으로써 영원한 도덕을 표방했는데, 이는 분명 잘못된 것이다. 그러나 이것은 윤리도덕학설과 정치사상을 철학의 통제 밑에 두는 것에 있어서는 결정적인 의미를 가지게 되었고, 또한 그로 인해 두 가지 중요한 결과가 초래되었다. 하나는 종교적인 힘에 의하지 않고서 도덕을 추진하였다는 점이다. 서양의 봉건시대에는 도덕을 추진하는 것이 종교의 중요한 사회적 기능으로 작용했기에 도덕의 추진은 종교의 위상을 높이는 일이었다. 그러나 중국에서는 문화교양이 부족한 서민 가운데서 도덕을 추진할 때만이 종교가 비로소 허용되고 얼마간의 지지를 얻을 수 있을 뿐, 유교의 교양이 있는 사대부들 사이에서는 종교가 그러한 기능을 할 수는 없었다. 다른 하나는, 종교로써 정치를 논증할 필요가 없었다는 점이다. 이를테면, 송명 리학은 군신, 부자, 부부의 윤리를 영원한 진리로 보고 봉건사회의 등급질서를 하늘의 질서로 간주함으로써 정교합일政教合一의 구도나 정권이 교권教權에 의존하는 구도의 출현을 모면할 수 있었다. 현실생활과 도덕이상의 통일을 견지하는 유교의 관념 자체가 바로 휴머니즘과 이성주의의 관념이다.

중국의 전통철학은 계급과 시대의 제한성으로 인해 유물론을 역사관에 관철시키는 데 성공하지는 못했지만, 유물사관의 맹아 또는 단편적인 판단이라고 할 수 있는 사상들을 남겨 놓았다. 예를 들면 『관자』에서 제시하고 한비자와 왕충에 의해 설명된 "곡식 창고가 넉넉하면 예절을 알게 되고, 먹고 입을 걱정이 없으면 영예와 치욕을 알 수 있다"는 관점, 경제적 조건이 교육에 앞서야 한다는 공자의 관점, "백성들의 생산을 안정시키는 것"이 도덕교육의 선결조건이라는 맹자의 관점, 국가 기원에 관한 유종원柳宗元의 이성적 정신을 지닌 가설 등이 바로 그러하다. 이러한 관점은 인문정신과 이성주의를 어느 정도 뒷받침하는 역할도 했다.

물론 중국 고대의 인문주의와 이성주의는 기본적으로 봉건 지주계급의 사상이었기 때문에 그것을 근대화할 수는 없음을 인정해야 한다. 그러나 이러한 인문주의와 이성주의는 이론적 형태에 있어서 서양의 휴머니즘과 이성주의와 서로 통한다는 것을 역시 부인할 수 없다. 이 때문에 중국의 철학과 문화는 17세기 유럽에 전파된 후 계몽운동을 추진하고 계몽사상가들의 이성적 성향을 선도하는 역할을 했으며 "낡은 유럽을 호되게 매질하는 곤장"10)이 되기도 하였다.

서양 근대철학에 대한 중국철학의 영향은 프랑스 근대철학의 아버지라고 일컬어지는 데카르트에까지 거슬러 올라갈 수 있다. 미국의 선교사 윌리엄 마틴은 데카르트의 '소용돌이 이론'(Vortex Theory)11)이 氣에 관한 송명 학설과 놀라울 정도로 비슷하다고 하여 중국의 기론氣論을 데카르트 이전의 데카르트 철학이라고 하면서, 데카르트가 송명철학의 영향을 받았을 것이라고 추측했다.12) 독일에서의 중국철학의 영향은 독일 고전철학의 선구자인 라이프니츠까지 거슬러 올라갈 수 있다. 라이프니츠는 중국의 문화와 철학을 높이 평가했고, 그의 '단자론單子論'(Monad Theory)은 상당 부분 송명 리학의 사상을 수용한 것이었다. 라이프니츠는 실천철학의 측면에서 유럽인들이 중국인들보다 못하며, 중국인들의 윤리가 더욱 완벽하고 사회생활에서의 원칙이 선진적이라고 보았다. 이런 견해는 훗날 계몽사상가들이 중국문명에 힘입어 낡은 유럽전통을 규탄하는 효시가 되었다.

18세기 서양의 계몽 사상가들이 가장 흥미를 가진 부분은 중국 철학과 문화에서의 이성주의와 인문정신이다.

프랑스 계몽사상가인 볼테르의 정치이상은 현존하는 기본적인 미신인 '신적 계시의 종교'(神示宗敎)를 청산하고 이성과 자연 및 도덕을 숭상하는 '이성종교'를 건립하는 것이었다. 그는 중국의 유학이 바로 이러한 '이성종교'의 귀감이고 중국인들은 "모든 사람들 가운데서 가장 이성을 가진 사람들"이라고 생각했다.13) 그는 공자를 칭송하면서 말하기를, 공자는 "절대 선지자로

---

10) 王德昭, 「服爾德著作中所見之中國」, 『新亞學報』 1970년 제2기.
11) 중력을 설명하기 위해 공간은 태양에 대해 소용돌이치고 있는 다양한 상태의 에테르로 가득 차 있다고 설명하는 이론이다.
12) 丁豔良, 「笛卡爾的'乙太' '漩渦'說與張載的"太虛卽氣"說」, 『陝西師大學報』 1982년 제4기.

자처하지 않았고 신의 계시를 받았다고 생각하지 않았으며 근본적으로 새로운 종교를 전파하지 않았고 이상야릇한 힘에 도움을 구하지 않았다"[14]고 하였다. 그는 또 서재에 공자의 초상화를 모셔 놓고 그 아래에 찬미하는 시를 붙였다.

> 당신의 말씀은 오직 이성이나니
> 고로 당신은 현자일 뿐 선지자는 아니시더라.
> 천하가 미혹되지 않고 오직 마음만 밝아지니
> 나라사람 세상사람 모두가 독실히 의지하더라.[15]

볼테르는 또 원곡元曲인 『조씨고아趙氏孤兒』를 모방하여 시극 『중국고아中國 孤兒』(부제: 공자학설 5막극)를 엮었다. 극에서는 무예를 숭상하고 폭력으로써 이기려 했던 칭기즈칸이 결국 숭고한 도의 앞에 무릎 꿇고 만다. 볼테르는 이 시극의 서언에 "이것은 위대한 증명인바, 이성과 재지才智는 맹목과 야만의 힘에 대해 자연적 우월성이 있음을 보여 준다"[16]라고 썼다.

볼테르의 중국 이성주의 찬미는 다른 계몽사상가들의 공감을 얻었다. 몽테스키외는 『법의 정신』에서 "공자의 가르침은 영혼이 죽지 않음을 부인한 다"라고 말했고, 드니 디드로는 그의 『백과전서』에서 중국철학의 기본 개념이 '이성'이라 하면서 특히 유학을 칭찬하여 "이성 또는 진리만으로도 치국평천 하를 할 수 있다"라고 했다. 헤겔도 "중국이 인정하는 기본 원칙은 이성이다" 라고 보았다. 라이프니츠는 동양의 중국이 그들에게 큰 '각성'을 주었다고

---

13) 『伏爾泰小說選』(北京: 人民文學出版社, 1980年版), 31쪽.
14) 『伏爾泰全集』 제7집, 330~331쪽.
15) 『伏爾泰全集』 제7집, 330~331쪽, "子所言者唯理性, 實乃賢者非先知. 天下不惑心則明, 國人 世人皆篤信."
16) 『伏爾泰全集』 제1집, 680쪽.

했고, 볼테르는 철학자들이 동양으로부터 새로운 정신과 물질의 세계를 발견했다고 했으며, 드미에빌(P. Demiéville)은 중국의 발견이라는 사건은 16세기에 이미 시작된 유럽의 문예비판운동을 크게 촉진시켰다고 보았다. 이러한 평론들은 모두 중국의 이성주의와 인문정신이 서양의 근대 계몽운동에 대해 중요한 역할을 수행했음을 설명해 준다. 이러한 사실은 같은 이론이라 할지라도 같지 않은 문화배경에서, 서로 다른 시대와 지역에서 서로 다른 사회정치적 의미를 지닐 수 있음을 말해 준다.

중국 고대의 이성주의와 인문정신은 세계문명에 중요한 기여를 했을 뿐만 아니라 중화민족의 발전에 대해서도 간과할 수 없는 중요한 작용을 일으켰다. 근현대의 중화민족은 세계상에서 종교적 부담이 가장 적은 민족이다. 이는 고대 이성주의와 인문정신에 의해 얻어진 빛나는 결실이다. 서양에서는 "봉건제도를 반대하는 모든 투쟁은 반드시 종교라는 허울을 써야 했고 필연코 먼저 화살을 교회에 겨누었다." 그러나 중국의 경우는 아주 달랐다. 중국에서 봉건제도를 반대하는 투쟁의 예봉은 먼저 교회로 향한 것이 아니라 봉건전제주의, 봉건예교封建禮敎, 봉건토지제도에 향했는데, 농민들의 자발적인 반봉건 투쟁을 제외하고 이런 투쟁은 모두 공개적인 정치투쟁과 경제투쟁이라는 형식으로 드러났다. 중화민족에게 종교적 부담이 적다고 하는 사실은 앞으로의 진흥과 도약에 깊고도 큰 의미를 가진다.

3. 근대문명의 개시를 알리는 과학기술

중국 고대의 과학기술은 중국 전통문화의 중요한 구성 부분이지만, 짧은 글 속에서 중국 고대 과학기술 면에서의 빛나는 성과와 세계문명에 대한 거대한 기여를 분명하게 설명한다는 것은 불가능한 일이다. 그러므로 여기서는 다만 중국 고대 과학기술의 세계문명사에서의 위상과 역할 및 특징, 그리고 그것이 지닌 현대적 의미에 대해서만 일반적인 검토를 시도해 보도록 하겠다.

중국의 고대 과학기술은 세계의 문명사와 과학기술사에서 대단히 중요한 지위를 차지한다. 영국의 유명한 과학사가인 조지프 니덤은 중국 고대 과학기술에 대한 자세한 조사연구를 통하여 7권에 달하는 거작인 『중국과학기술사』를 펴냈다. 그는 중국 고대 과학기술이 세계과학기술에서 차지하는 위치에 대해 다음과 같이 평가했다.

많은 중요한 측면에서 (중국인들의) 일련의 과학기술 발명은 저 유명한 '그리스 문화의 기적을 이룩한 위인들보다 앞서고, 고대 서양 세계의 문화적 재부를 전부 가지고 있던 아랍인들과도 어깨를 나란히 했다. 3세기에서부터 13세기에 이르는 시대에는 서양이 바라볼 수도 없는 정도의 과학지식 수준을 지니고 있었다.[17]

다시 말하자면 중국의 고대 과학기술은 동한 말에서 원대에 이르는 천여 년 동안 세계의 선두적인 지위를 차지했다는 것이다. 비록 그 성과를 여기서 일일이 다 열거할 수는 없지만, 한두 가지 사례를 통해 전체를 엿볼 필요가 있다.

봉건시대 중국 과학의 주요한 성과는 주로 천문학, 수학, 지리학, 생물학, 의학 등의 방면에서 드러난다. 천문학 방면을 보면, 중국 고대의 천문학은

---

17) 李約瑟, 『中國科學技術史』(北京: 科學出版社, 1957年版) 第1卷 第1分冊, 3쪽, "在許多重要方面有一些科學技術發明走在那些創造出著名希臘奇跡的傳奇式人物的前面, 和擁有古代西方世界全部文化財富的阿拉伯人並駕齊驅. 並在公元3世紀到13世紀之間保持一個西方所望塵莫及的科學知識水平."

여러 가지 천체현상을 가장 일찍 관측하여 기록한 것으로 유명하다. 그 연속성과 완벽함 그리고 정확성은 세계적으로도 보기 드물다. 중국은 세계에서 가장 선진적인 역법이 있었고, 설계와 제조기술에 있어서 훨씬 앞선 천문계측기가 있었으며, 천체 측량의 면에서 가장 선진적인 성과도 여러 가지가 있다. 수학 방면을 놓고 보면, 중국은 가장 먼저 십진기수법十進記數法을 발명하여 그것을 토대로 일련의 간편한 연산방법을 마련했기 때문에 원주율圓周律과 '천원술天元術'(즉 문제에서 주어진 이미 알고 있는 조건을 바탕으로 설정한 미지수를 포함한 방정식을 배열하는 보편적 방법) 같은 많은 면에서 대단히 앞선 성과를 이룩하였으며, 또 가장 먼저 음수(負數)의 개념과 양음수(正負數)의 덧셈과 뺄셈에 대한 연산법칙을 제시하였다. 지리학 방면을 보면, 중국 지도학의 발달은 고대 그리스보다도 빨라서, 지도 제작의 정확도는 고대 그리스를 크게 능가했다. 지형학에 관한 중국 고대의 연구, 이를테면 명나라 말기에 석회암 지형에 관한 고찰을 남겼던 서하객徐霞客의 기록은 세계 지리학사에서 전례가 없는 일이다. 중국은 세계에서 가장 먼저 석유를 발견한 나라이기도 하다. 지진 관측에 있어서도 그 역사가 유구하고 기록이 풍부하며, 장형張衡의 지동의地動儀는 서양보다 무려 1700년을 앞섰다. 또한 중국은 세계적으로 독특한 중의학中醫學이 있고, 농학과 중약학中藥學을 토대로 하여 생물학 방면에서 세계적 의의를 가지는 일련의 중대한 성과를 거두었다. 이를테면 이시진李時珍의 『본초강목』이 그러하다. 중국은 화학의 원시적 형식인 연단술煉丹術의 발원지이기도 한데, 중국의 4대 발명품 중 하나인 화약이 바로 연단술의 산물이다. 물리학 방면을 보면, 비록 역학力學의 성과는 미미하지만 전기학(電學), 전자기학(磁學), 음성학(聲學) 등의 방면에서는 서양보다 앞섰는데, 가장 뛰어난 예는 지남침(나침반)의 발명이다.

　봉건시대에 있어서 중국의 기술성과는 과학보다 더 크고, 세계에서 가장 앞선 것이 더욱 두드러진다. 조지프 니덤은『중국과학기술사』에서 기계와 기술의 면에서 중국이 차지하는 26가지 방면의 세계 제1위 사례를 열거하면서 "나는 여기까지 적고는 종지부를 찍었다. 26개 자모를 다 썼기 때문이다. 그러나 아직도 많은 예를 들 수 있다"[18]라고 했다.

일반적으로 문화의 교류는 언제나 상호적이지만, 고대에는 서양이 중국으로부터 배운 것이 중국에 준 것들보다 훨씬 많았다. 미국의 학자 더크 보드(Derk Bodde)는 「중국물품서전고中國物品西傳考」에서 "기원전 200년에서 기원후 1800년에 이르는 2000년 동안에 중국이 서양에게 준 것은 중국이 서양으로부터 얻은 것을 훨씬 능가한다"[19]라고 기술하였다. 과학기술 방면에서 세계문명에 대한 중국의 공헌은 참으로 대단하다. 여기서 특히 지적해야 할 것은, 중국 고대의 '4대 발명품'인 나침반, 종이, 화약, 인쇄술이 서양에 전해진 후 그것들은 서양 근대문명을 열어 가는 위대한 혁명적 역할을 수행했다는 점이다.

종이의 발명은 특히 중국 고대 노동자들의 탁월한 발명품이다. 2세기 초에 채륜蔡倫이 식물섬유 종이를 발명한 이래로 6세기부터 제지술이 한국, 베트남, 일본에 전파되었으며, 751년 중앙아시아의 사마르칸트에 전해졌다가 이후 서아시아의 다마스쿠스를 거쳐 12세기에 유럽에까지 전파되었다. 그리하여 16세기에는 유럽에서도 종이가 유행하게 되었다. "종이가 그 이후의 서양문명에 미친 영향은 어떻게 과장해서 평가해도 지나치지 않을 것이다."[20] 중세기의 유럽에서『성경』한 권에 300쪽의 양피지를 사용했던 것으로

---

18) 李約瑟,『中國科學技術史』(北京: 科學出版社, 1957年版), 第1卷 第2分冊, 547~549쪽, "我寫到這裡用了句點. 因爲26個字母都已經用完了. 可是還有許多例子可以列擧."
19) 德克 卜德, 「中國物品西傳考」, "從公元前200年到公元後1800年這2000年間, 中國給予西方的東西超過了她從西方所得到的東西."『中國文化』第2集에서 재인용.
20) 德克 卜德, 「中國物品西傳考」, "紙對後來西方文明整個進程的影響無論怎樣估計都不會過分."『中國文化』第2集에서 재인용.

제7장 중국 전통문화의 성취   327

보아, 종이를 널리 사용할 수 있게 된 것이 교육, 정치, 상업 등의 발전에 얼마나 큰 의의가 있었는가를 충분히 상상할 수 있다.

중국의 조판 인쇄술은 7세기에 생겼고, 활자 인쇄술은 11세기 중기에 발명되어 13세기에 유럽으로 전해져서 14~15세기 유럽에서 유행되기 시작했다. 인쇄술은 서양 근대문명의 생성과 발전에 직접적인 영향을 끼쳤다. 그래서 엥겔스는 다음과 같이 지적했다.

> 인쇄술의 발명과 상업발전의 절박한 요구는 사제들만이 글을 읽고 쓰는 상황을 개변시켰을 뿐만 아니라 사제들만이 보다 고급적인 교육을 받을 수 있었던 상황을 바꿔 놓았다.[21]

이로 인한 가장 직접적인 의미의 변화는 중세기에 지식과 교육의 독점적인 지위를 누림으로써 가장 필요한 계급으로 부각되었던 사제들 태반이 쓸데없는 인간으로 전락하게 된 것으로,[22] 이는 또한 교회를 우두머리로 하는 봉건통치계급의 멸망이라는 역사적 운명을 의미했다. 그리고 문화교육이 해방됨에 따라 갈수록 강대해진 신흥 자산계급에게 의존하는 세속적인 지식인 계층, 특히 법학자들이 형성됨으로써 자산계급이 사회의 지도계급으로 상승하는 조건이 만들어졌다.

화약은 연단술의 산물이다. 그 발명은 당나라 초기, 심지어 더 이른 시기까지 거슬러 올라갈 수 있다. 당나라 말기에 화약을 이미 군사적인 방면에서 '날아가는 불'(飛火)로 사용했고, 송대에는 화포와 화전火箭을 더 보편적으로 전쟁에 사용했다. 화약과 화약 활용 기술은 몽골인, 아랍인을 거쳐 유럽에

---

21) 恩格斯, 「德國農民戰爭」, 『馬克思恩格斯全集』 第7권, 391쪽, "印刷術的發明以及商業發展的 迫切需要, 不僅改變了只有僧侶才能讀書寫字的狀況, 而且也改變了只有僧侶才能受較高級教育 的狀況."
22) 恩格斯, 「德國農民戰爭」, 『馬克思恩格斯全集』 第7권, 391쪽.

전해졌는데, 그 시기는 13세기말 14세기 초이다. 화약의 사용은 서양 중세기의 또 다른 봉건통치계급인 귀족계급이 필요한 계급에서 쓸데없는 계급으로 전락하게 되는 계기가 되었고, 또한 귀족의 지배를 종결지었다. 엥겔스는 이러한 점을 다음과 같이 지적했다.

화기火器는 처음부터 도시와 도시에 의존하는 신흥 군주정치체제가 봉건귀
족을 반대하는 무기였다. 예전에는 줄곧 난공불락이었던 귀족 성채의 돌담
이 시민들의 대포를 당하지 못했고, 시민들의 총탄은 기사들의 갑옷을
꿰뚫었다. 귀족들의 지배는 갑옷을 걸친 귀족들의 기병대와 함께 망하고
말았다.[23]

일찍이 전국시대에 중국 사람들은 천연 자석이 쇠를 끌어당기고 남북을 가리키는 현상을 발견하여 최초의 나침반인 사남司南을 만들었다. 송대의 심괄沈括은 자편각磁偏角을 발견했고, 중국인들은 아무리 늦게 잡아도 북송 말년에는 이미 나침반을 항해에 활용했다. 1180년 무렵, 나침반은 아랍인들에 의해 유럽인들의 손에 전해졌다. 나침반의 발명은 항해의 역사에 획기적인 사건이다. 15, 16세기에 포르투갈의 바스쿠 다 가마가 아프리카를 돌아 인도에 도착했고 콜럼버스가 미주 신대륙을 발견했으며 마젤란이 세계를 일주하는 등 많은 사건들이 일어났는데, 모두 나침반이 없었더라면 상상도 할 수 없는 일들이다. 신항로가 개척되고 식민지가 건립됨으로써 세계시장이 열리게 되고 유럽의 공업생산을 자극하게 되었다.

'4대 발명'의 문화적 가치는 세계가 공인하는 바이다. 이러한 '4대 발명'의

---

23) 恩格斯, 「反杜林論」, 『馬克思恩格斯選集』 제3권, 207쪽, "火器一開始就是城市和以城市爲依
靠的新興君主政體反對封建貴族的武器. 以前一直攻不破的貴族城堡的石牆抵不住市民的大炮,
市民的槍彈射穿了騎士的盔甲. 貴族的統治跟身披盔甲的貴族騎兵隊同歸於盡了."

사회 역사적 의미에 대해 마르크스가 가장 완벽하게 평가했다. 그는 화약, 나침반, 인쇄술은 자산계급 사회가 열리게 될 조짐을 보이는 세 가지 위대한 발명품이라고 지적했다. 화약은 기사騎士층을 산산조각 내었고, 나침반은 세계시장을 열어 가고 식민지를 만들었으며, 인쇄술은 개신교의 도구로 변하는 동시에 또 과학부흥의 수단이 되어 정신적 발전의 강대한 추진력이 되었다. 바로 이러한 의미에서 중국 고대의 과학기술은 근대문명을 열어 가는 위대한 혁명적 역할을 했다고 할 수 있다.

'4대 발명'은 중국에서 기원된 것이지만 중국이 아닌 유럽에서 위대한 혁명적인 역할을 수행했다. 이것은 곧 같은 문화적 요소가 서로 다른 문화 시스템에서 같지 않은 성격과 의미를 지닌다는 예증이기도 하다. 중국은 독점적인 지식과 교육에 의해 모든 것이 결국은 하나로 모이게 되는 교회가 없고, 갑옷과 성채를 배경으로 하여 제멋대로 날뛰는 귀족계급이 없으며, 공상업의 발전이 아직 세계적인 시장을 필요로 하는 정도에까지 이르지 못했다. 그렇기 때문에 중국의 봉건제도 또한 이러한 발명과 그 발명품의 광범위한 실제적인 활용에 인해 맞게 되는 위기가 없었다.

중국 고대의 과학기술은 실용성과 경험적 특징을 지니고 있어서 아직 근현대적 형태를 갖추지 못했지만, 중국 고대에 뛰어난 과학사상이 없었던 것은 결코 아니다. 세계문명에 대한 중국 고대 과학기술의 기여가 일부 과학 자료의 축적과 기술의 발명에 그칠 뿐 과학사상은 포함되지 않는다고는 말할 수 없다. 과학사에 대한 연구가 깊어 가고 20세기 이래의 과학혁명이 사람들의 과학사상을 크게 변화시키면서 중국 고대 과학사상의 가치와 그 현대적 의미는 갈수록 사람들의 중시를 받게 되었다.

과학사에 대한 연구를 통해 사람들은 점점 더 중국 고대 과학사상이 서양 근대 과학사상의 형성에 이바지한 공헌을 발견하게 되었다. 이를테면,

조지프 니덤은 중국의 과학기술과 과학사상이 근대 유럽 과학기술의 형성과 발전에 대한 기여를 인정하면서, 대자연에 대한 도가의 사고와 탐구는 중국 고대과학의 토대를 다져 주었고 중국 고대인들의 실험정신은 고대 그리스인들보다 훨씬 강하다고 하였다. 많은 사람들은 데카르트의 우주소용돌이 이론과 로버트 훅(Robert Hooke)의 빛의 '파동설'이 중국의 과학사상을 수용한 것과 밀접한 연관이 있을 것이라고 보았다.

20세기의 자연과학은 과학사상 방면에 있어서 고전적인 자연과학과는 많이 다르다. 이 시대의 수많은 과학자들은 그들의 중대한 과학적 발명을 발견하기 전에 이미 중국 과학사상의 영향을 받았던 것이다. 예를 들면 일본의 유카와 히데키(湯川秀樹)는 자신이 당나라 시인 이백李白을 통해 노장사상의 영향을 받았다고 인정했다. 또 다른 일부 과학자들도 어떤 위대한 성과를 이룩한 후 중국 과학사상에 대해 어디선가 접해 보았다는 느낌이 든다고 말했다. 예를 들면 양자역학의 주요 창시자인 보어(N. Bohr)는 1930년대에 중국을 방문하면서 자기의 '상보성 원리'(principle of complementarity)가 이미 중국 고대문명 속에 들어 있던 내용이라는 사실을 발견했고, 또 산일구조론散逸構造論(dissipative structure)의 창시자인 프리고지네(I. Prigogine)는 자신의 이론이 주로 전체성과 자발성, 조화와 화합을 연구하는 중국의 전통적인 학술사상과 일치한다고 보았다. 이러한 두 가지 사실에 근거하여 사람들은 "현대 자연과학사상이라는 이 거대한 건물은 서양의 사유재산이 아니고, 아리스토텔레스, 유클리드, 코페르니쿠스, 뉴턴만의 영지도 아니다. 찬란한 영예를 지니고 있는 이 건물은 노자, 추연鄒衍, 심괄沈括, 주희에게도 속하는 것이다"[24]라는

---

24) R. A. 尤利坦, 「中國傳統的物理學和自然觀」, 『美國物理學雜誌』 제43권 제2기, "現代的自然科學思想大廈不是西方的私産, 也不只是亞裡斯多德, 歐幾裡得, 哥白尼和牛頓的領地. 這座盛譽的建築物也屬於老子, 鄒衍, 沈括和朱熹."

결론을 내리지 않을 수 없었다.

다만 우리는 중국 고대와 서양 고대의 과학사상이 모두 원시형태에 속하지만 양자 사이에는 뚜렷한 차이가 나타난다는 점을 유념해야 한다. 사유방식으로부터 보면, 고대의 서양은 분석과 실증에 뛰어났고 중국은 전체적인 파악과 직관적인 인식이 뛰어났다. 자연관으로부터 보면, 고대 서양 원자론자들의 눈에 드러난 세계에서는 절대적인 허공 속에 무한한 수량의 나뉠 수 없고 훼멸될 수 없는 원자들이 다양한 형태로 존재하는데, 이러한 원자들은 영원히 끊임없이 기계적인 운동을 하며 만물의 생성과 소멸은 곧 원자의 결집과 소산으로 보인다. 그러나 중국 고대의 기일원론자들에 의하면, 유형의 만물은 무형의 연속인 기氣의 응집으로 인해 생성되는데, 이 원기元氣 또는 기는 모든 허공에 가득 차 있을 뿐만 아니라 허공과 동일한 것으로서 유형의 만물의 내부에 침투하여 모든 물질세계를 하나로 연결하고, 물질세계는 기를 매개로 하여 보편적으로 서로 연계되고 서로 작용한다.[25]

중국과 서양의 고대 과학사상의 이러한 큰 차이는 연구자들에 따라 이해가 다르고 해석이 같지 않다. 이를테면, 조지프 니덤은 중국 고대의 자연관은 '유기론'이고 서양의 자연관은 '기계론'이라고 했다. 과학사상과 과학성과의 차이로 인해 조지프 니덤은 심지어 중국의 과학기술이 자체의 궤도에 따라 발전했더라면 그 발견과 발명의 순서가 서양과 크게 달라졌을 것으로 추측했다. 이것은 물론 어디까지나 추측일 뿐이지만, 분명한 것은 중국과 서양의 고대 과학사상에도 각자의 소견과 각자의 폐단이 있으며 그 영향으로 인해 발전된 근·현대 과학사상 또한 서로 배척하기도 하고 서로 보완하기도 하는 두 가지 경향성을 함축하고 있다는 점이다. 이를테면 근대에는 뉴턴학파와 데카르트학파의 대립이 있었고 또 빛의 파동설과 미립자설의 대립이

---

25) 程宜山, 『中國古代元氣學說』(武漢: 湖北人民出版社, 1986年版) 참고.

있었다. 언젠가는 사람들이 중국 고대의 과학사상도 고대 그리스의 과학사상과 마찬가지로 자연과학의 발전을 위해 여러 관점의 씨앗과 맹아를 제공해 주었다는 사실을 인정할 수 있을 것이다.

4. 풍부하고 다채로운 문학예술

중국의 전통적인 문학예술은 고도의 발전을 이룬 중국의 전통문화 중에서도 대단히 중요한 부분이다. 그러나 문학예술이 이룩한 성과와 세계문명에 대한 공헌 및 현대적 가치에 대한 평가를 내리는 것은 어려운 일일 수밖에 없다. 왜냐하면 문학예술은 다른 문화와는 다른 독특한 특징이 있고, 따라서 그에 대한 평가에는 다른 문화에 대한 평가와는 다른 기준이 있어야 하기 때문이다. 이 점을 먼저 밝혀 두어야 할 것이다.

문학예술활동은 세계를 인식하고 개조하는 인류의 활동에서 분화되어 나온 상대적으로 독립된 활동으로서, 심신의 향락을 목적으로 하는 창조적인 활동이고 소비적인 활동이다. 문학예술의 이러한 특징은 낡은 것을 버리고 새로운 것을 발전시키는 특수한 규율을 결정했다. 심신의 향락에 대한 인류의 요구는 각양각색이고, 이러한 요구는 또한 끊임없이 갱신된다. 문학예술에 대한 인류의 끊임없는 각양각색의 요구에 부응하기 위해서는 먼저 문학예술 자체가 반드시 풍부하고 다채로워야 하며, 찌꺼기는 버리고 알맹이만 취하여 새로운 방향으로 발전시켜야 한다. 그러므로 한 민족의 문학예술이 얼마나 다채롭게 끊임없이 변화되었는지의 여부는 그것이 거둔 성취를 평가하는 기준이 될 수 있다.

문학예술과 물질문화, 사상문화는 관련이 있으면서도 서로 구별된다.

철학, 종교, 과학과 같은 정신문화 작품을 놓고 말하자면 물론 문채文采가 대단히 중요하지만, 그것은 어디까지나 도리를 확실하게 밝히는(載道) 수단에 지나지 않는다. 그러나 시와 산문 같은 문학작품은 문채야말로 예술적 생명으로서, 예술형식과 사상내용은 갈라놓을 수 없는 혼연일체의 관계를 이룬다. 궁실, 그릇, 음식과 같은 물질문화를 놓고 말하자면 물론 예술성이 대단히 중요하지만, 그 근본적인 가치는 실용성 즉 물질생활의 요구를 만족시키는 데 있다. 그러나 조각이나 회화 그리고 공원에 있는 누각과 정자와 같은 건물들은 감상하는데 그 근본적인 가치가 있는 것이다. 이에 근거하여 구 소련의 미학자 모이세이 카간(Моисéй С. КаУáн)은 문화를 물질문화·정신문화·예술문화라는 세 가지 단계로 구분한 뒤, 예술문화의 특징은 정신적 요소와 물질적 요소가 유기적으로 융합되어 일체를 이룸으로써 어떤 제3자, 즉 모종의 성격상 독특한 현상인 −'예술'의 정신이라고 하는− 물질적 가치를 만들어 내는 데 있다고 보았다. 이는 대단히 식견이 높은 견해이다. 문학예술의 이러한 특징으로부터 문학예술은 인류 생활의 풍요로움에서 생겨난 것이고 또한 그 구체적 표현임을 알 수 있다. 이로부터 우리는 문학예술의 발전정도를 가늠하는 객관적인 잣대를 도출해낼 수 있는데, 그것은 즉 순수한 예술문화와 복합기능을 가진 각종 실용·예술의 분화정도 및 이미 분화되어 나온 순수한 예술문화가 전체 문화에서 차지하는 비중이다.

예술문화는 사상내용과 예술형식의 통일이고, 예술가치는 사상가치(도덕가치·정치가치·종교또는 반종교가치)와 심미가치의 통일이다. 사상은 국경선이 없지만 예술형식은 강한 민족성과 시대성을 지닌다. 예술형식이 강한 민족성과 시대성을 지니는 까닭은 예술문화의 물질적 요소와 밀접히 연계되어 있기 때문이다. 예술문화의 물질적 요소란 소리, 색채, 형체, 동작 등을 가리킨다. 옛날과 지금 사이, 혹은 동과 서 사이에는 언어, 문자, 기물, 인종의 다름에 따라 예술형식의 차이도 클 수밖에 없고, 종종 소통할 수 없는 지경에 이르게 되기도 한다. 이를테면 중국의 서예예술은 한자를 바탕으로 발전하였기 때문에 그 자체는 한자를 사용하는 나라에서만 의미가 있고, 서예예술은 또 시·회화·원림 등의 예술형식과 아주 잘 조화되어 있기 때문에 중국의 문학예술이 형식과 스타일에 있어서 독자적인 풍격을 갖게 만들었다.

사상내용의 상통성과 예술형식의 특수성이라는 이중 품격品格은 문학예술로 하여금 같지 않은 시대에서의 계승과 같지 않은 민속 간의 교류에 있어서 일부 특수한 방식을 만들어 내게 했다. 한 측면으로는, 주축 민족의 현시대의 문학예술을 대체할 수 있는 것이 없다. 근 백 년 동안 중국의 문화는 천지개벽의 큰 변화를 맞아 물질문화·제도문화·정신문화의 제반 영역에서 중국 및 서양의 문화적인 요소가 서로 융합되어 구분하기 어렵게 되었지만, 중국 민족의 문학예술은 여전히 뚜렷한 민족성으로 꿋꿋이 독립적으로 존재하고 있다. 그러나 다른 한 측면으로는, 서로 다른 민족과 서로 다른 시대의 문학예술은 '상호포용성'(相容性)을 지니고 있기 때문에 『서경』, 『초사楚辭』, 당시唐詩, 송사宋詞, 원곡元曲, 명·청 소설은 현대 중국인들에게 여전히 대단한 예술적 가치가 있고, 서양으로부터 전해 온 음악, 미술, 무용, 희곡 등의 문학예술도 중국의 전통적인 문학예술과 서로 모순되지 않고 병행될 수 있다. 여기서 사상내용의 상통성은 서로 다른 시대와 서로 다른 민족 간의 문화예술의 계승과 교류를 가능케 하고, 예술형식의 특수성은 이러한 계승과 교류를 필연적인 것(물론 교류 자체가 불가능한 경우도 있다. 일부 예술문화 이를테면 서예와 시는 특이성이 너무나 크기 때문에 교류가 힘들고, 또 시와 산문 등 언어예술은 번역을 통해 교류하게 되는데 번역은 일종의 재창작으로서 사상적 맥락을 옮길 수는 있을지라도 언어의 아름다움은 옮겨 놓을 수 없다)으로 만든다. 이로부터 문학예술에 있어서의 한 민족과 한 시대의 공헌은 물질문화와 정신문화와 같지 않음으로 인한 그 특이성으로써 세계 문예의 백화원百花園에 다채로움을 선물하게 된다는 데 있음을 알 수 있다.

서로 다른 민족과 서로 다른 시대의 문학예술은 그 사상적 경지와 예술적 수준에 있어서 높고 낮음과 우열의 구분이 있을 수 있기 때문에 문학예술의 계승과 교류에는 비판적으로 계승하고 배우고 거울로 삼는 것이 따르게 된다. 한 시대와 한 민족의 문학예술의 성과와 공헌을 검토할 때 이 점 역시 무시할 수 없다.

위와 같은 논술에 근거하여 네 가지로 나누어 중국의 전통적인 문화예술의 특징에 대해 논의하기로 한다.

첫째, 중국 전통 문학예술은 풍부하고 다채로우면서도 변화가 많다. 그런 다채로움의 특징을 직간접적으로 표현한다면 다음 시구들과 같을 것이다.

한가로운 동풍을 얼굴에서 느끼니　　　　　　　等閒識得東風面
온갖 빛깔의 꽃들이 모두가 봄이로구나.　　　　萬紫千紅總是春.
　　　　　　　　　　　　　　　— 주희朱熹, 「춘일春日」

강산은 대대로 인재가 나오니　　　　　　　　江山代有才人出
제각기 수백 년간 문단을 주도해 갔다네.　　　各領風騷數百年.
　　　　　　　　　　　　　　　— 조익趙翼, 「논시論詩」

중국의 전통 문학예술의 형식은 매우 다양하다. 헤겔은 예술의 정신적 내용과 물질적 형식의 상호관계 변화를 예술체계를 세우는 토대로 간주하여 결과적으로 '건축－조각－회화－음악－시'라는 계통을 만들었는데, 구 소련의 미학자 카간은 이러한 맥락에 근거하여 예술문화를 다음 표와 같이 '스펙트럼 방식'의 계통으로 묘사했다.[26]

정신문화	
실용언어와 예술의 과도지대	
(연설예술)	(예술정치작품)
순수언어예술의 창작지대	
음音의 창작지대	
언어-조형 및 음악-조형 표현의 창작지대	
무언극과 무용의 창작지대	
순수한 예술로서의 대상-조형 창작지대	
수공업 토대 위의	(공업품 예술설계) 공업적 토대 위의
복합기능건축과 예술의 과도지대	
물질문화	

중국 전통 문화예술의 풍부함과 다채로움은 우선 카간이 열거한 각종 예술형식이 중국의 고대에 거의 다 있었고 예술적으로도 대단히 조예가 높았다는 것으로도 알 수 있다.

중국 전통 문화예술의 풍부함과 다채로움은 다양한 민족과 지역적 특징에도 표현된다.

중국은 예로부터 다민족국가이다. 언어학자들의 연구에 따르면 중국 내의 언어는 60~70여 종에 달하는데, 각기 중국-티베트어계, 알타이어계,

---

26) 卡岡, 「作爲系統的藝術文化」, 『多維視野中的文化理論』(浙江人民出版社, 1987年版), 286쪽 참고.

남아시아어계, 인도─유럽어계, 말레이시아·폴리네시아어계라는 5대 어계에 속한다. 각 민족들은 언어, 습관과 풍속, 신화, 물질, 사상문화 등이 서로 다르고 문학예술도 같지 않다. 고대에 중국은 외국에서 전해져 온 문물이나 각 민족의 문학예술에 대해 모두 수용적인 자세를 취했기 때문에, 중국의 전통 문화예술은 그 종류가 매우 다양하다는 특징이 있다. 예를 들면 당나라 때의 악무樂舞인 10부악 중에서 9부가 외국에서 온 것들이거나 소수민족의 것들이다. "서역의 음악과 기마술과 화장술이 / 50년 동안 당나라 천하를 휩쓸었네"(胡音胡騎與胡妝, 五十年來競紛泊), "연회석에서는 서로 다른 말들이 들려오고 / 서로 다른 나라의 음악이 흘러나오네"(座參殊俗語, 樂雜異四方)라는 시들이 바로 그에 대한 묘사이다. 이런 시구로부터 당나라 때 여러 민족의 문학예술이 중원에 모여든 상황을 충분히 상상할 수 있다.

중국은 영토가 넓은 나라로서 각 지방의 방언과 풍속이 서로 다르다. 이를테면 중국어에는 표준어, 오어吳語(蘇州지역 방언), 감어贛語(강서지역 방언), 객가어客家語, 호남지역 방언(湘語), 민어閩語(복건지역 방언), 광동어(粵語)라는 7대 방언이 있고, 이 7대 방언에는 또 많은 수많은 아류 방언들이 포함되어 있다. 방언과 민속이 각기 다르기 때문에 문학예술에는 짙은 지방색이 담겨 있는데, 이는 특히 연극 방면에서 두드러지게 나타난다. 중국은 세계에서 가장 풍부한 연극문화를 가지고 있으며, 특히 연극음악과 표현형식이 다양하여 더욱 독특하고 다채롭다. 크고 작은 지방의 희곡 종류가 수십 수백 가지에 달한다. 넓은 지역, 많은 인구, 풍부한 방언, 서로 다른 풍속습관, 독특한 민요가락 등은 가지각색의 지방 희곡 육성에 매우 유리한 조건을 제공한다.

중국 전통 문학예술의 풍부함과 다채로움은 또 창작방법과 유파의 다양성에서도 표현된다. 중국에는 일찍이 전국시대의 『초사楚辭』에서 시작된,

338

상고시대 신화들을 토대로 한 낭만주의적 전통이 있고 또 선진시대의 『시경』에서 비롯된, 사관史官문화와 인문정신에 기초한 현실주의적 전통이 있다. 춘추전국시대 이후 유학, 도가 및 불교의 사상, 특히 그들의 미학사상은 이러한 전통에 대단한 영향을 미쳐서, 낭만주의와 현실주의라는 2대 전통이 새의 두 날개, 수레의 두 바퀴마냥 함께 중국 전통 문학예술의 발전을 추진했다. 문학 면에서는 『좌전左傳』, 『사기』와 같은 생동감 넘치고 절박하며 문장이 아름다운 역사산문이 있는가 하면 또 『장자』와 같이 호방하고 낭만주의 색채가 짙으며 철학적 이치가 듬뿍 담긴 산문이 있으며, 호탕하고 분방한 '시선詩仙'으로 불리는 이백李白이 있는가 하면 속이 깊고 장중한 '시성詩聖' 두보杜甫가 있으며, 『서유기』와 같은 신이한 신화소설이 있는가 하면 『삼국연의』와 같이 거창한 역사소설도 있고 『유림외사儒林外史』나 『홍루몽紅樓夢』같이 세상인심과 물정을 남김없이 드러낸 세정世情소설도 있다. 낭만주의와 현실주의는 중국 전통문화의 각 영역 즉 시, 산문, 소설 등의 영역에서 서로 어깨를 나란히 하고 서로를 비추어 준다. 이러한 상황은 전통예술의 다른 많은 영역에서도 드러나는데, 이를테면 서예에 있어서는 전서篆書, 예서隸書, 해서楷書, 행서行書, 초서草書가 그러하고, 회화에 있어서는 공필화工筆畵와 사의화寫意畵가 그러하다. '세계 8대 기적'이라 불리는 진시황릉의 병마용兵馬俑에서는 동양 조각의 사실주의寫實主義의 전례를 볼 수 있고, 한대 곽거병霍去病 무덤 앞의 돌 조각은 매우 낭만적인 색채를 띠고 있다. 중국 전통문학예술의 소재, 풍격, 심미정취, 사상경향 또한 다양하다. 회화를 놓고 말하자면 종교, 신화, 일상의 생산과 생활, 산천, 건축, 화조충어花鳥蟲魚 등 그림으로 표현되지 않는 것이 없어서, 붓만 대면 작품이 되어 아름답고 그윽하다. 현실주의는 현실생활에 대한 반영과 반성에 뛰어나고 낭만주의는 현실생활을 새로운 단계로 끌어올리고 보완하

는 데에 장점이 있기 때문에, 양자는 서로를 빛내고 서로를 유익하게
만든다.

중국의 전통 문학예술은 풍부하고 다채로울 뿐만 아니라 변화도 대단히
많다. 문학을 놓고 말하자면, 선진시대의 『시경』, 『초사楚辭』 및 제자들의
산문, 한대의 부賦, 위진시기의 시문, 당시, 송사, 원곡, 명청소설 등, 몇
천 년 사이에 하나 또 하나의 문학양식이 꼬리에 꼬리를 물고 일어났다.
그야말로 "강산은 대대로 인재가 나오니, 제각기 수백 년간 문단을 주도해
갔던"(江山代有才人出, 各領風騷數百年) 것이다.

둘째, 중국의 전통 문학예술은 중국 전통문화의 큰 시스템에서 대단히
중요한 위치를 차지하며, 여기서는 다시 일찍이 각종 실용예술에서 분화되어
나온 순수문학예술이 상당한 비중을 차지한다.

중국 전통문학예술이 문화라는 큰 시스템에서 차지하는 중요한 위치는
우선 중국 고대의 도서분류와 학술분류에서 잘 드러난다. 서한 후기의
유향劉向과 유흠劉歆은 황실의 장서藏書를 정리하면서 모든 서적을 7개의
종류로 나누었는데, 그 중의 하나가 바로 시부詩賦이다. 이어 서진西晉의
순욱荀勖은 유향의 '칠략七略 분류법'에 토대하여 '4부 분류법'—그 중 정부丁部에
시부詩賦와 도찬圖贊, 급총서汲冢書가 포함되어 있다.—을 창설했는데, 이러한 4부 분류
법은 이후 '경經·사史·자子·집集'이라는 명칭으로 청대까지 계속 사용되었
다. 그 중의 집부가 바로 문예류이다. 문예작품이 4대 부류의 한 부류가
될 수 있었던 사실로부터 그 중요성을 알 수 있다. 청대의 학자들은 중국의
전통 학문을 고거학考據學, 의리학義理學, 사장학辭章學의 세 유형으로 나누었는
데, 사장辭章은 바로 시문의 총칭이며 사장학이란 곧 문학을 의미한다. 이러한
분류방식도 문화에서의 문학예술의 중요한 위치를 반영한다.

중국 전통문학예술이 문화라는 큰 시스템에서 차지하는 중요한 위치는

또 전통적인 교육사상과 교육제도에서도 드러난다. 중국의 전통교육에서는 공자 때부터 이미 문학예술을 대단히 중요한 과목으로 간주했다. 공자는 예禮·악樂·사射·어御·서書·수數라는 여섯 과목의 가르침을 제시하면서 그 중에서도 '예'와 '악'을 우선으로 했다. 여기서 '악'이란 바로 각 예술의 총칭으로, 성악과 기악이 제외되고 시, 무용, 전설이야기와 초기 형태의 연극이 포함된다. 유가에 의하면 문학예술은 정치교화, 사공事功, 수신 등 다방면의 역할이 있다. 예를 들어 「시대서詩大序」에서는 "득실을 바로잡고 천지를 움직이며 귀신을 감동시키는 데는 시詩 이상의 것이 없기 때문에, 선왕은 이것으로써 부부를 다스리고 효도를 이룩하고 인륜을 두텁게 하고 교화를 아름답게 하고 풍속을 변화시켰다"라고 했다. 이러한 교육제도와 사상의 영향으로 인해 수천 년 이래 중국의 사대부들은 모두 문학예술의 수양을 대단히 중시했다. 결국 시문, 회화, 서예, 음악 등의 조예가 지식인들의 수준을 평가하는 중요한 잣대가 되었던 것이다. 또한 이러한 교육제도와 사상의 영향으로 인해 문학예술을 과거시험의 중요한 내용으로 하는 제도가 형성되었다. 당나라 때에는 수재秀才, 명경明經, 진사進士, 명법明法, 명서明書, 명산明算, 동자童子, 박학굉사博學宏詞 등 과목에 따라 관리를 뽑았는데, 그 중에서도 진사과가 특히 사람들의 중시를 받았다. 진사는 주로 사부와 시무책을 다루고, 박학굉사과博學宏詞科는 특별히 박학다식하고 문장이 맑고 아름다운 수재들을 위해 세운 것이다. 다른 각 과목에서도 본 시험 전에 모두 잡문 2편 즉 시와 부를 시험했다. 송나라 희녕熙寧 연간에서 명대까지는 시와 부를 시험 치지 않았고 송·원·명·청 각 시대의 과거제도에도 많은 변화가 있었지만, 전체적으로 보면 시부는 과거시험의 중요한 내용의 하나였다. 시부로써 인재를 뽑는 방식은 거꾸로 학풍에도 영향을 주어 독서인으로 하여금 배움의 첫 시작에서부터 시부에 힘쓰도록 했다.

문학예술수양을 중시하는 중국의 전통은 긍정적인 면과 부정적인 면을 동시에 지니고 있다.

먼저 긍정적인 면을 들자면, 문학예술의 고도의 번영을 촉진시켰다는 점이다. 일반적으로 독서인과 사대부들은 모두 일정한 문학예술 수양을 갖추었고, 그 속에서 많은 문학가와 예술가들이 분화되어 나왔다. 중국의 전체 도서전적 중에서 전통문학예술 작품이 한 부류를 차지하고 있고 사장학이 고거학, 의리학과 더불어 정족삼분鼎足三分할 수 있었던 것은, 독서인과 사대부 중의 많은 사람들이 문학가와 예술가였던 사실과 갈라놓을 수 없다. 또 문학예술의 중시는 역대 왕조의 상류사회의 생활방식에도 영향을 미쳐, 제왕으로부터 각급 관리들에 이르기까지 모두 고상하고 우아한 격조를 좋아했다. 이를테면, 한무제는 사부를 매우 즐겼고 '문학시종' 같은 신하를 많이 두었다. 『한서』「예문지」에 수록된 서한시대의 '부' 700여 편 중에는 무제 때의 것이 400여 편에 달하는데, 이렇듯 부가 흥성했던 것은 한무제의 성향과 무관하지 않다. 또 위나라 때의 조曹씨 부자는 "낮에는 장사를 거느리고 견고한 진지를 격파했고 / 밤에는 집에서 문인들과 함께 시부를 즐겼네"(晝攜壯士破堅陣, 夜接詞人賦華屋)라고 읊었다. 그들은 뛰어난 시인인 동시에 문학예술의 열광적인 선도자이기도 해서, 그들의 궁정은 건안建安 시대 시가의 중심이 되었다. 이러한 상류사회의 요구를 만족시키기 위해 많은 전문직 문예 일꾼들이 생겨났다. 여악女樂, 기악伎樂, 창우倡優 등이 바로 그러하다. 그들은 비록 미천한 신분이었지만 음악, 무용, 연극 등 예술 영역에 있어서는 전문가였다. 이러한 전문직의 문학예술 대오에 의해 중국 고대에는 음악, 무용, 연극 등 예술이 번창하게 되었고 그 수준도 대단히 높았다.

그러나 다른 문제점도 존재한다. 중국 고대의 사대부는 본질적으로 정치참

어를 본업으로 하는 계층이고, 더구나 제왕帝王과 장상將相들은 천하의 흥망을 책임진 핵심 인물들이다. 그런데 시부로써 관리를 뽑는 제도와 시사가무詩詞歌舞에 도취되는 생활방식은 문학예술의 기형적인 발전을 초래하게 되었다. 그 결과 많은 독서인들은 사장辭章에만 정력을 소모하여 출세한 후에는 실제적인 정치업무 능력이 부족했고, 일부 문학예술 면에서 조예가 대단히 깊었던 황제, 이를테면 5대10국시대의 이후주李后主와 북송의 휘종徽宗 등은 정치상에서는 별 볼 일 없는 군주들이었다.

셋째, 중국의 전통적인 문학예술은 뚜렷한 민족적 특색을 가지고 있다. 이러한 민족적 특색은 중국의 전통적인 정신문화와 물질문화의 여러 특징의 종합적인 산물이다.

중국 문학의 민족적 특징의 하나가 바로 서정적 전통이다. 여러 가지 문학 유형에서 가장 일찍, 그리고 가장 번창했던 것이 시가이고 서정시이다. 문일다聞一多는 중국, 인도, 이스라엘, 그리스 등 4개 나라에서 노랫소리가 동시에 터졌지만 그 노래의 성질은 달랐다고 지적했다. 인도와 그리스는 노래 속에서 이야기를 했기에 그 노래는 소설과 희곡의 성격에 가깝고 편폭도 대단히 길지만, 중국과 이스라엘은 인생과 종교를 주제로 하는 서정시를 노래했다. 중국은 다른 세 민족과 마찬가지로 첫 가락의 노랫소리에서 차후 수천 년간의 문학발전의 길을 예고했다. 중국문화는 대개 발단이 되는 시기부터 형태가 이미 정해졌는데, 문화형태가 정해지자 문학도 따라서 정해졌던 것이다. 그리하여 이후 2천여 년 동안 시(서정시)는 중국문학의 정통유형이 되었고, 심지어 산문을 제외한 유일한 유형이 되었다. 이로 인해 소설, 연극, 산문, 서예, 회화, 원림園林 등 모든 문학예술장르는 시의 지배와 영향을 받았다. 시는 문학 영역 전체를 지배했을 뿐만 아니라 조형예술에도 영향을 미쳤고, 그림과 함께 작품을 이루었으며, 또한 건축예술(楹聯

혹은 春聯 같은)과 많은 공예미술품을 장식했다.

중국의 전통적인 문학예술은 전방위, 다각도에서 중국 전통문화의 특징을 반영했고 중화민족의 정신적 풍격과 면모를 재현했다. 중국의 전통 문학예술은 '불굴의 기개'를 중히 여기고 '강건한 기질'의 아름다움을 추구한바, 꿋꿋하고 힘찬 건안建安시대의 시가, 웅장하고 힘이 솟구치는 왕희지의 서예, 강건하면서도 소박하고 중후한 무릉茂陵의 석각, 고결하고 의연한 사군자의 그림에서 굴함 없이 스스로 노력하는 중화민족의 정신을 깨닫게 된다. 중국의 전통적인 문학예술은 '생동한 기운氣韻'을 중히 여긴다. 예를 들어 회화는 내재적인 정신을 살려 기운氣韻이 생동生動하고 외양과 정신을 겸비할 것을 요구하는데, 이런 예술적 가치관은 끊임없이 생장하고 번성하는 생생불식生生不息의 세계관과 일맥상통한다. 유가에서는 문학예술은 중화中和의 아름다움이 있어야 한다고 보아, 시는 '온유돈후溫柔敦厚'해서 "즐거우나 음란하지 않고 애처로우나 마음을 상하게 하지 않을 것"을 주장한다. 이러한 '온유돈후'의 시교詩教는 시뿐만 아니라 문학예술 전반에 심원한 영향을 미쳤다. 이를테면 중국의 소설과 연극은 모순과 대립으로 가득 찼지만 대부분이 아름답고 단란한 모습으로 결말을 이룬다. 중국의 전통적인 문학예술은 정情과 경景이 융합되고 하나로 되는 '경지'를 중히 여기는데, 이러한 미학적 함의는 사실 인간과 자연의 조화와 통일을 추구하는 천인합일의 사상이 예술영역에 표현된 것이다. 그 밖에도 『서경』에서 비롯된 우국우민의 전통과 『초사』에서 비롯된 애국주의 전통도 전통문학예술이 중화민족의 정신을 함축하고 있다는 확실한 증거이다.

중국 전통 문학예술의 뚜렷한 민족적 특징은 또한 예술적 가치를 실현하는 물질재료와 물질적 수단에서도 표현된다. 물질재료란 언어예술(시와 산문)에서의 언어, 서예예술에서의 문자와 같은 것이고, 물질적 수단이란 서예와

344

회화에서 사용하는 붓, 먹, 종이 또는 기악器樂에서의 악기 등을 가리킨다. 마르크스가 "색상과 대리석의 물질적 특성은 회화와 조각의 영역 밖에 있는 것이 아니다"[27]라고 했듯이, 위에서 말한 물질재료와 수단도 문학예술의 영역 밖에 있는 것이 아니다. 중국의 언어, 문자, 악기, 서사書寫, 회화 공구 등은 모두 그 자체의 특징이 있다. 중국어는 단음절이고, 글자 하나 혹은 단어 하나에 음이 하나이며, 사성四聲과 평측平仄의 구분이 있다. 이러한 특징은 격률시格律詩와 사詞가 만들어지고 발전하는 기초가 되었다. 한자는 세계에서 하나밖에 남아 있지 않은 상형문자인데, 건축조형의 추상미의 특징을 지닌 그 네모난 구조형태는 그 자체로 예술적 대비, 평형, 교차, 균일 등의 소질을 갖추었기 때문에 서예예술의 물질적 재료가 된다. 서예의 재료인 붓, 먹, 화선지 등도 역시 중국 특유의 것으로서, 이러한 재료를 토대로 서예와 회화는 독특한 기법과 독특한 표현방식을 형성할 수 있었다. 만약 붓과 먹, 화선지 등의 회화 공구가 없었다면 먹으로 색상을 대체할 수 있는 독특한 수묵화도 이루어질 수 없었을 것이다.

넷째, 중국의 전통 문학예술은 세계문명의 발전에 크게 공헌하였는데, 그것은 대체로 다음의 두 가지 측면으로 나타난다. 하나는 그 자체의 특수성으로써 세계의 문학과 예술의 대화원大花園에 빛을 더한 것이다. 이를테면 중국 특유의 서예예술은 세계예술의 전당에 홀로 섰고, 중국 고대의 회화, 특히 산수화와 화조화花鳥畵의 위상은 독일의 음악과도 비견할 만하며, 중국과 외국의 우수한 문화요소들을 융합한 중국의 불상조각은 그리스의 조각과 어깨를 나란히 한다. 중국의 훌륭한 시가, 산문, 소설, 희곡 작품은 세계 각국의 문자로 번역되어 높은 평가를 받고 세계적인 문학예술유산이 되었다.

---

27) 『馬克思恩格斯論藝術』(北京: 人民文學出版社, 1960年版), 118쪽, "顏色與大理石的物質特性 不是在繪畫與雕刻的領域之外."

다른 하나는, 특유의 사상 가치와 기법으로써 세계문명의 발전을 위해 추진
역할을 한 것이다. 이를테면 17~18세기 유럽에 알려진 중국의 희곡은 유럽
예술가들로 하여금 중국의 고전희곡으로부터 연출기교와 무대요소를 수용
함으로써 저들의 예술창작을 더욱 풍부하게 하였다.

마르크스는 일찍 다음과 같이 지적했다.

> 그리스의 예술과 서사시가 일정한 사회발전 형식과 결부되어 있다는 것은
> 이해하기 어렵지 않다. 어려운 것은 그것이 무엇 때문에 우리들로 하여금
> 여전히 예술적 향수를 누릴 수 있게 하고, 또 어떤 면에서 말하자면 하나의
> 규범과 쳐다볼 수도 없는 모델로 될 수 있는가 하는 것이다.[28]

마르크스가 제시한 이 문제와 그가 준 답안은 중국 전통 문학예술의
현대적 의미를 연구하는 데 있어서 대단히 큰 계시를 준다. 전통적인 문학예술
의 유산에 대해 지난날 우리는 주로 거울로 삼기에만 관심을 쏟았지, 유산
그 자체에 여전히 예술적 가치가 있다는 점에 대해서는 소홀히 했다. 그러나
이것은 제대로 된 접근법이 아니다. 중국의 전통 문학예술 유산은 새로운
문학예술 창조의 거울이 될 수 있을 뿐만 아니라, 그리스의 예술이나 서사시와
마찬가지로 여전히 우리에게 예술적 향수를 줄 수 있다. 여기에는 심오한
변증법이 존재한다. 마르크스는 다음과 같이 지적했다.

> (그리스의) 예술이 우리에게 주는 매력은, 그것이 그 속에서 성장한 발달되지
> 못한 사회적 단계와 결코 모순되지 않는다는 점이다. 그것은 오히려 그
> 사회적 단계의 결과물로서, 그 속에서 탄생하고 그 속에서 탄생될 수밖에

---

28) 馬克思, 「〈政治經濟學批判〉導言」, 『馬克思恩格斯選集』 제2권, 114쪽, "困難的不在於理解希
臘藝術和史詩同一定社會發展形式結合在一起. 困難的是, 它們何以仍然能夠給我們以藝術享受,
而且就某一方面說還是一種規範和高不可及的範本." 참고.

없는 그러한 성숙하지 못한 사회조건은 영원히 돌이킬 수 없다는 점과 갈라놓을 수 없다.[29)]

5. 음미해 볼만한 정치적 지혜

중국 봉건시대의 정치·법률제도는 봉건경제의 기초를 위해 복무하는 것으로서 봉건사회의 상부구조를 이룬다. 이러한 정치·법률제도는 서양 근대문화와의 충돌에서 크게 패배하여 봉건경제의 기초가 붕괴됨에 따라 덩달아 무너졌다. 근 백 년 이래로, 특히 '5·4' 이래로 중국의 의식 있는 사람들은 이러한 정치·법률제도에 대해 그 죄상을 들추어내어 비판하기만 할 뿐 그것을 긍정하는 사람은 별로 없었다. 사회혁명의 큰 흐름 속에서 이는 이상할 것 없다. 그러나 지금에 와서 2천 년 동안 앞 시대 사람들이 정치·법률 영역에서 이룩한 것들을 냉정하게 음미해 보면 이 방면에 있어서 도 음미할 만한 것들이 많다는 것을 인정해야 한다.

진·한시대 이래로 중국의 고대 정치체제는 줄곧 군주전제 중앙집권제도 였다. 이 제도에는 역사적인 필연성과 합리성이 있다. 일면으로 인구의 절대다수를 차지하는 농민이 경영하는 자급자족의 소농경제가 이러한 제도 를 위해 두터운 사회적 토대를 제공했고, 다른 일면으로 그것은 또 국가의 통일, 국방의 튼튼함, 사회의 안정과 경제문화의 발전에 요구되는 것이었다. 그러나 이러한 필연성과 합리성이 있다고 하여 군주전제 중앙집권제도가 자연적으로 건립되고 유지되었다는 것은 아니다. 국토가 광활하고, 산과

---

29) 馬克思, 「〈政治經濟學批判〉導言」, 『馬克思恩格斯選集』 제2권, 114쪽, "藝術對我們所産生的 魅力, 同它在其中生長的那個不發達的社會階段並不矛盾. 它倒是這個社會階段的結果, 並且是 同它在其中産生而且只能在其中産生的那些未成熟的社會條件永遠不能復返這一點分不開的."

물이 가로 막히고, 자연경제를 이루고, 민족이 많으며, 교통과 통신이 낙후한 점 등으로 인해 중국은 항상 분열과 할거의 위협을 받았다. 아울러 황제의 자리는 너무나 매혹적이었기 때문에 군주는 시시각각 신변에서 일어나는 재앙을 방비해야 했다. 군주전제 중앙집권제도 하에서 나라의 장기적인 안정을 위해 역대의 정치가들은 온갖 수를 다 써서 많은 대안을 구상했는데, 그 중 한 가지 방법이 바로 군주전제 중앙집권의 각 제도를 끊임없이 개선하는 것이었다. 군주전제 중앙집권제도 자체가 극복할 수 없는 내재적 모순이 존재하기 때문에 이 제도를 위협하는 각종 위험을 근본적으로 제거하는 일은 불가능했지만, 그러한 노력이 뚜렷한 효과를 거두었던 것만은 사실이다. 그 가운데서 가장 이목을 끄는 것이 바로 과거제도, 중앙정권과 지방정권에서의 분권제도, 감찰監察·간의諫議제도이다.

① 먼저 과거제도를 말해 보기로 한다. 영국의 유명한 철학가 러셀은 그의 저서 『중국의 문제』에서 중국 전통문화의 특징 3가지를 들면서, 나라를 다스리는 사람들은 시험에 의해 뽑혀 올라온 사람들로서 세습된 귀족이 아니었다는 점을 그 하나로 꼽았다. 이는 대단히 식견이 높은 견해이다. 과거제도 자체에는 비록 많은 폐단이 존재하지만 과거제도는 중국인들이 제도적 문화 측면에서 이룩한 일대 창조이다. 17~18세기 유럽인들은 과거제도를 높이 평가하여 모방하기도 했으니, 서양 각국의 문관제도가 바로 과거제도를 배우고 참조하여 만들어진 것이다. 이런 상황에 비추어 보면, 우리는 마땅히 과거제도에 대해 역사적인 분석을 해야 하고 그것들로부터 경험과 교훈을 받아들여야 한다.

과거제도는 중앙집권의 정치제도가 확립된 후 그것과 알맞은 관료제도를 구축하기 위해 천년을 더듬어 가면서 이룩한 결과물이다.

중국의 고대에 있어서 중앙집권제도와 군현제, 관료제는 상부상조의 관계를 이룬다. 관료제는 귀족제와 달리 관직을 세습하지 못하고 승진도 일정하지 않으며 녹봉에 의해 생계를 유지하고 귀족들과 같은 세습적인 영지가 없다. 관리를 선발하는 방법에 있어서는 진·한시대부터 청대에 이르기까지 전 시기에 걸쳐 일련의 변화가 있었는데, 대체로 찰거제察擧制와 과거제의 두 가지로 나눌 수 있다.

한대에는 관리를 선발할 때 학교와 선거를 병행했다. 중앙의 태학 및 '홍도문학鴻都門學'과 '사성소후학四姓小侯學'의 학생들은 학업을 마치면 상당한 관직을 얻을 수 있었다. 사성소후학은 귀족학교로서 학생들은 주로 공신 혹은 외척의 자제들이었다. 태학과 홍도문학 학생들은 태상太常과 주州와 군郡에서 선발하여 보냈다. 이 밖에도, 조정에서는 찰거察擧와 징집 등의 방식으로 인재를 물색했는데, 찰거는 군국郡國의 관원에 의해 추천되어 상경한 후 일정한 시험을 거쳐 관직을 얻는 방법을 가리킨다. 그리고 징집은 조정 혹은 각급 관료들이 현명한 자를 초빙하여 관리로 삼는 것이다. 한대의 이러한 관리 선발방법에는 뚜렷한 폐단이 존재했다. 태학太學을 비롯한 학교 학생의 대부분이 고관귀족의 자제였고, 찰거 또는 징집에 의해 뽑힌 사람들과 그들을 뽑은 사람들 사이에 '천거주와 문하생'이라는 특수한 관계가 형성되었 으며, 이러한 특수 관계를 중심으로 하는 특수한 이익집단이 형성되었는데 이는 중앙집권제도에 위협요소가 되었다. 예를 들면 동한 말년의 원소袁紹의 집안은 대를 이어 삼공三公이 되니 문생고리門生故吏가 천하에 널려있었기 때문에 황건봉기(黃巾起義)가 실패한 후에 대단히 큰 세력의 군벌집단으로 발전했다. 더욱 엄중한 것은 호족·지주계급의 실력이 크게 증가함에 따라 지방의 선거가 점점 그들의 통제에 들어가게 되었다는 점이다.

삼국시대의 조비曹丕는 유명무실한 한나라를 대체해 나아갈 길을 닦기 위해 '구품관인제九品官人制'를 설치하여 호족·지주계급의 비위를 맞추었다.

그 방법은, 조정에서 감식능력이 있는 관원을 뽑아 본군本郡의 '중정관中正官'을 겸하도록 해서, 그들과 같은 적籍으로서 각지에 널려 있는 인사들에 대한 조사를 담당케 하고, 그 결과를 상상하하上上下下의 9품으로 평가하여 이부吏部에서 관리를 임명하는 근거로 삼도록 했다. 위나라 말기에 사마의司馬懿가 집권하자 각 주에 대중정大中正을 설치하여 세족가문에서 그 관직을 맡도록 한 뒤 '가업家業'을 중시하는 것을 원칙으로 인재를 선발했는데, 결국 이런 9품중정제는 문벌세족들이 정권을 농단하는 도구가 되었다. 위진남북조시대에도 실시된 이 제도는 관리가 되는 것이 극소수 권문세족의 특권이 되어, 결국 "높은 관직에 있는 사람들은 못사는 집이 없고 낮은 관직에 있는 사람들 중에는 권문세족이 없는" 현상을 초래하게 된 것이다. 위진남북조시대에 관리가 부패하고 중앙정부가 무능력하며 내란외환이 빈번했던 것은 문벌세족들이 9품중정제를 이용하여 국정을 농단한 현실과 갈라놓을 수 없다.

북위北魏의 효문제孝文帝 때로부터 봉건국가는 중앙집권제를 진작시키는 투쟁을 전개하기 시작했는데, 그 조치의 하나가 바로 수나라 때부터 실시한 과거제도이다. 수문제隋文帝가 9품중정제를 폐지한 데 이어 수양제隋煬帝는 대업大業 2년에 정식으로 진사과를 설치하여 시험으로써 관리를 선발하는 방법을 실시했다. 그 방법은 주와 군에서 먼저 시험을 보고 다시 조정에 올라와 시험을 치는 것인데, 채용의 기준은 덕행과 명망이 아니라 주로 책문策問이었다. 이후 과거제도는 당·송·원·명·청대를 이르도록 줄곧 증감하고 개선되면서 관리 선발의 기본제도가 되었다.

찰거제가 추천과 시험을 결부하되 추천을 위주로 하는 제도인 데 비하여 과거제는 시험에만 의거하는 제도로서 다음과 같은 뚜렷한 우월성을 가지고 있다. 첫째, 찰거를 폐지하고 과거제를 일으켜 관원 선발의 대권을 국가가 회수함으로써 문벌세족들이 벼슬길을 독점하던 국면이 막을 내렸다. 수나라와 당나라가 과거제도를 실시한 결과 문벌세족들은 급격히 쇠퇴하여 점차 역사의 무대에서 물러났고, 그 대신 관료지주계급이 성장하여 중앙집권제도가 강화되기에 이르렀다. 둘째, 각 계층, 각 계급의 우수한 인재들이 과거제도를 통해 선발되어 봉건국가를 위해 봉사할 수 있게 되었다. 과거제의 규정에 의해 신분이 비천한 소수 사람을 제외하고는 원칙적으로 사람마다 다 시험에 참가할 수 있고 경쟁으로써 벼슬할 수 있는 기회를 가지게 되었다. 물론 종이에 펼쳐진 '사람마다 평등하다'는 이런 기회를 실천에 옮기는 것은 대단히 어렵다. 이를테면 농민들은 경제적 원인으로 인해 글을 읽을 수 없었고, 과거시험장에서 속출하는 부정행위 등이 있기도 했지만, 일단은 많은 중소지주 출신과 일부 부유한 농민 출신의 유능한 사람들의 출세의 길이 열린 것이다. 이는 봉건제도를 튼튼히 하는 데 대단히 큰 작용을 했다. 셋째, 비록 과거시험이 응시자의 재능과 학문을 제대로 반영하기에는 부족했지만 벼슬길에 들어선 인물들이 일정한 문화적 소양을 갖추었음을 담보함으로써 9품중정제 때처럼 "우수한 수재를 골라 놓았더니 책이 뭔지도 모르는" 형편은 확실히 개변되었으며, 관리들의 소양과 행정적 효율을 높이는데도 유리했다. 과거제도의 이러한 우월성은 모두 봉건 중앙집권제도에 유리한 면을 놓고 말하는 것이지만, 이러한 특수성에 보편성이 포함됨으로써 후대에 이르러 비판적으로 계승할 수 있게 되었다.

물론 과거제도에도 많은 폐단이 있고, 중국 사회와 문화의 발전에 매우 부정적인 작용을 하기도 했다. 이러한 폐단은, 일부는 시험으로써 관리를 뽑는다는 그 방식 자체와 연관되지만 더욱 많은 부분은 시험의 방법 및 내용과 관계된다.

과거제도의 첫 번째 폐단은 시험내용이 편협하고 실용적인 지식에 적합하지 않다는 점이다. 과거란 원래 분과分科하여 취사取士한다는 뜻에서 이름이 생겼는데, 이를테면 명경明經, 진사進士, 명법明法, 명서明書, 명산明算 등의 분과가 그렇다. 그러나 당시의 사람들은 명경과 진사 두 과목만 중시하였고, 명나라와 청나라 때에는 진사 한 과목만 남았다. 역대의 왕조들은 사부詞賦, 경의經義, 책론策論으로 인재를 뽑았고 명대와 청대에는 더구나 팔고문八股文으로써 인재를 선발했는데, 이것은 지식인들을 실용적이지 않은 형식적인 글에만 힘쓰는 잘못된 길로 인도함으로써 행정관이 필요로 하는 각종 학문은 오히려 방치되고 말았다.

과거제의 두 번째 폐단은 융통성이 없는 시험방법이다. 이를테면 첩경법帖經法은 덮어놓고 많은 경전을 외우게 했고, 첩시법帖詩法은 '푸른 술(酒綠) 대 붉은 등(燈紅)' 같은 대구형식인 배율격식排律格式을 고수하게 했으며, 책론策論은 천편일률적으로 케케묵은 말뿐이었다. 더 엉망이었던 것은 명청시기에 경의經義시험을 칠 때 쓰는 팔고문이다. 팔고문은 경직된 일련의 격식에 따르는 것으로, 경서의 뜻을 피력할 때면 반드시 주희의 『사서집주』를 따라야 하고 반드시 '성현을 대신하여 말을 해야지' 자기의 주장을 내세워서는 안 되었다.

과거제의 세 번째 폐단은 절차가 너무 번거로워서 청춘을 망치는 데까지 이르도록 할 정도였다는 점이다. 이를테면 명·청 두 시대의 독서인들은 현, 주, 부 3급의 시험을 거쳐야 '수재秀才'의 자격을 얻을 수 있었고, 이로부터 다시 성에서 '향시鄕試'를 보고 상경하여 '회시會試'를 보며, 다시 전시殿試, 조고朝考에 통과해야만 비로소 관직을 얻을 수 있었다. 이런 시험은 몇 년에 한 번 실시되었기 때문에, 시험마다 순조롭다 하더라도 최소한 7년은 걸리고 약간의 차질이라도 생기면 반평생이 흘러가게 된다. "태종황제의 묘한 책략에 천하 영웅들이 어느새 백발이 되누나"(太宗皇帝眞長策, 賺得英雄盡白

頭)라는 시구가 이러한 상황을 대단히 잘 묘사하고 있다.

과거제도의 네 번째 폐단은 방대한 기생계층을 형성하였다는 점이다. 과거제 아래에서는 공부한 사람은 많았으나 합격하는 사람은 적었고, 벼슬할 자격이 있는 사람은 많았으나 실제로 관직을 받는 사람은 매우 적었다. 공부한 사람들의 학문은 전적으로 시험을 위한 것이어서, 관리가 되어 가르치는 것 외에 달리 할 일이 없는 방대한 지식인 계층이 형성되었다. 할 수 있는 벼슬자리가 없고 가르칠 수 있는 교단이 없는 상황에서 그들은 놀고먹으며 얹혀살 수밖에 없었고, 가정 형편이 넉넉지 못한 사람은 '공을기孔乙己'[30] 같은 인물이 되기 십상이었다.

과거제에 위와 같은 여러 가지 폐단이 있었던 만큼 무술변법戊戌變法에 이르러 과거제를 폐지한 것이 일대 진보였던 것은 분명하다. 그러나 다시 말하자면, 내용과 방법 및 순서만 적절하다면 공개적인 경쟁과 시험으로써 행정관원을 선발하여 채용하는 것은 괜찮은 방법이다. 어쨌든 과거제는 찰거제에 비해 훨씬 우월한 제도이다.

② 이제 분권제分權制를 살펴보기로 하자. 군주집권과 각급 관리 간의 분권과 상호견제는 한 가지 문제의 두 가지 측면이다.

진秦나라 때에는 중앙에 '삼공구경三公九卿' 제도를 설치하여 승상으로 하여금 정무를, 태위太尉로 하여금 병권을, 어사대부로 하여금 규찰糾察을 관장하게 했으며, 지방정권에도 관직을 설치하여 직책을 나누고 각자의 책임을 구분했는데 그 핵심은 아래로는 분권하고 위로는 집권하는 것이었다. 그렇지만 당시의 분권제는 아직 완벽하지 못했다. 행정대권을 쥔 승상과 병권을

---

30) 역자주: 「孔乙己」는 魯迅의 단편소설로서 1919년 4월 『신청년』 제6권 제4호에 실렸다. 魯迅은 淸末 과거에 급제하지 못한 '孔乙己'라는 인물을 통해 봉건 과거제도의 폐단과 육체노동을 수치로 생각하여 굶어 죽을지언정 신분을 낮추어 막노동을 하려고 하지 않는 유교사상을 비판하였다.

쥔 태위나 대장군 같은 자리는 군권君權에 위협이 될 때가 많았다. 지방에서도 관직을 설치하여 직책을 나누었지만 역시 일장제—長制를 실시했기 때문에 분열하고 할거하는 세력의 온상이 되기 일쑤였다. 역대 왕조들에서는 이런 문제를 해결하기 위해 많은 방법을 생각했다.

한 예로, 진·한시대의 승상은 행정권을 총괄하고 뭇 관리들을 통솔하기 때문에 권력이 막강했다. 특히 한나라 때의 승상은 스스로 부하를 징집할 수 있는 권한과, 조령詔令과 주장奏章이 부당하게 여겨질 경우 봉환封還하거나 바로잡는 권한도 있었다. 이러한 승상의 권한을 약화시키기 위해 한무제는 궁정의 내신內臣인 문무시종을 중용했는데, 이들은 원래 황제의 숙위宿衛, 참모, 고문 집단이지 정규적인 행정기관의 관료들이 아니었다. 이로부터 외조外朝관료(승상이 통솔하는 조정의 정규적인 각급 관료)와 중조中朝관료(황제의 문무시종으로 구성된 신하) 간에 대치되는 국면이 형성되었고, 동한 이후로는 승상은 이름만 있고 실권이 없는 직무가 되고 실제로 재상의 직권을 행사하는 것은 황제의 문무시종신들이었다. 이를테면 동한시대의 상서령尚書令, 위진시대의 중서령中書令과 중서감中書監, 남북조시대의 문하성 장관인 시중侍中 등등이 그렇다. 이러한 직무는 원래 모두 황제의 사무실 주임에 지나지 않았다. 더 나아가 당나라 때에는 중서성에서 정책을 결정하고 문하성에서 재심하여 상서성에서 집행하는 제도가 있었는데, 상서성 밑에는 다시 병兵·이吏·형刑·호戶·공工·예禮 6부部를 설치하여 행정사무를 나누어 관장하도록 했다.

그러나 이러한 방법들은 문제를 근본적으로 해결하지 못했다. 재상의 직권을 행사하는 사람이 일단 대권을 장악하고 나면 그 지위가 순식간에 격상되어 여전히 군권君權에 대한 위협이 될 수 있었다. 황제는 끊임없이 지위가 낮고 권세가 가벼운 시종 관원들을 통해 재상의 권력을 견제했지만,

결국 재상의 명칭만 계속해서 바뀔 뿐 재상의 권력이 군권을 위협하는 상황을 바꿀 수는 없었다. 이러한 문제를 해결하기 위해 명태조 주원장은 아예 승상과 중서성을 폐지하고 상서성 6부와 도찰원都察院(감찰과 諫議를 주관), 통정사通政司(상향적 의사소통을 주관), 대리시大理寺(사법을 주관) 등의 부문을 황제에게 직속시킨 뒤 각 부에 상서尚書 1인, 시랑侍郎 1인을 두어 각 부 장관의 역할을 수행하도록 했다. 이 방법은 상권相權과 군권君權을 하나로 만들려는 것이었는데 효과가 아주 뚜렷했다. 명대에는 지난날의 재보宰輔와 비슷한 지위의 '내각'을 두었지만 사실은 철두철미한 황제의 비서진이었기 때문에 더 이상 군권에 위협이 될 수 없었다.

아래에서는 분권하고 위에서는 집권하는 방법은 임금의 권한과 재상의 권한 간의 모순을 해결하는 데 사용되었을 뿐만 아니라 군권君權과 군권軍權의 모순, 중앙집권과 지방의 분열·할거의 모순을 해결하는 데에도 적용되었다. 주원장은 승상과 중서성을 폐지하는 동시에 군대를 총괄하는 대도독부大都督府도 중中·좌左·우右·전前·후後 도독부로 나누어 관장하게 하고, 점차 황제가 추밀원樞密院이나 군기처軍機處를 통해 전국의 군대를 통솔하는 체제를 형성했다. 추밀원과 군기처도 내각과 마찬가지로 황제의 비서진이었기에 실권은 없었다. 명대에는 또 지방정권의 일장제一長制(관리의 단독책임제)를 바꾸어 포정사布政使, 안찰사按察使, 제학사提學使 등으로 하여금 각기 민정, 재정, 사법, 교육 등의 사무를 나누어 관리하도록 했다. 그러나 이 개혁은 끝까지 시행되지 못했고, 대신 이러한 분권병행의 기구 위에 지방의 군정 대권을 총괄하는 총독, 순무巡撫 같은 직무를 설치했는데 이는 신해혁명 이후 군벌혼전의 화근이 되었다.

군주전제에 대한 위협은 행정대권과 군사대권을 장악한 대신들뿐만 아니라 황실의 내부로부터, 또 외척으로부터도 가해졌다. 이를테면 당나라 때에는 황족을 행정 또는 군사의 수뇌로 임명했는데, 이는 흔히 궁정 정변을 초래하는 원인이 되었다. 그래서 명대에는 황태자를 비롯한 여러 황자들에게 행정과 군사 직무를 맡기지 않았고, 번왕藩王도 지방행정에 간여하지 못하게 했다. 또한 명대 이전의 왕조에서는 황실이 대부분 중신들과 혼인하였는데, 그 결과 외척과 태후들이 결탁하여 정권을 농단하는 경우가 자주 발생하였다. 이 때문에 명대에 들어서서는 대신들의 범위 밖에서 황후, 후궁, 부마를 선택하는 방법을 취하였고, 외척은 '훈관勳官'만 가질 수 있을 뿐 실권을 장악할 수 없었다.

군주전제 중앙집권제도를 공고히 하기 위해 역대 왕조에서는 또 임기제, 유동제流動制, 타지他地관직제를 실시했다. 이를테면 명대와 청대의 각급 관리들은 임기를 3년으로 하여 그 임기가 차면 승진하든지 임무를 바꾸든지 함으로써 장기간 같은 지역에서 같은 직위를 맡는 일을 예방하였으며, 또한 본인의 출신지역에서 관직생활을 하지 못하도록 했다. 이러한 방법도 실질은 역시 분권제에 있다.

봉건왕조가 아래에서는 분권하고 위로는 집권하는 제도를 실시한 결과 갈수록 거대 권력이 군주 한사람의 손에 집중되었다. 이는 군주에 대한 야심가들의 모반과 지방의 분열 할거를 불가능하게 만듦으로써 전제군주의 독재를 크게 강화했다.

오늘날 군주전제 중앙집권제도는 이미 지난 일이 되었지만 그러한 경험과 교훈이 참고할 만한 가치가 전혀 없는 것은 아니다. 중앙이든 지방이든 권력을 지나치게 한 사람에게 집중시키는 것은 취할 바가 아니지만, 단순한 분권과 권력이양도 역시 바람직하다고는 할 수 없다. 이는 정치가 통일적으로 이루어지지 않고 각자가 모두 자기주장만을 일삼게 되는 폐단을 일으킬 수 있다.

356

서양 자본주의 국가의 전형적인 정치체제는 입법, 사법, 행정의 '삼권분립'이다. 이 체제는 봉건사회 후기의 군주전제 중앙집권에서 탈피한 것이다. 일부 나라들에서는 삼권분립을 비교적 잘 견지하기도 했지만, 더 흔히 보이는 것은 행정 권력이 기형적으로 발전되고 의회가 공리공담의 장소가 되는 현상이다. 보나파르티즘과 파시즘이 바로 행정 권력이 지나치게 집중된 것을 빌미로 자신의 목적을 달성한 사례이다.

③ 끝으로 감찰監察 · 간의諫議제도이다. 중국은 고대에 유구한 역사의 감찰 간의제도가 있었는데, 이는 군주전제 중앙집권제도의 중요한 구성 부분이다.

감찰의 직무를 수행하는 기구는 어사대御史臺, 사예대司隸臺, 도찰원都察院 등으로, 이런 기구의 관원들은 중앙 및 지방의 각급 관원을 감찰하는 것을 직무로 삼았기 때문에 권세가 대단했다. 예를 들어 진나라 때 어사대부의 지위는 승상과 태위에 버금가는 자리로서 '3공'의 하나였다. 또 한대의 어사중승御使中丞과 사예교위司隸校尉, 상서령尙書令은 '3독좌獨坐'라 불릴 정도로 사람들이 공경하면서도 두려워했다. 감찰관원들은 수시로 지방에 파견되어 지방의 관원들을 살폈다. 그리고 간의諫議에 속하는 관원은 의랑議郎, 간의대부, 습유拾遺, 보궐補闕, 사간司諫, 정언正言 등이 있는데, 그들의 주요한 직무는 시중들고 충고하는 것이었다. 송대 이후 감찰관과 간관諫官이 하나로 통합됨으로써 그들은 백관을 감찰하고 군주를 완곡히 타이르는 이중의 임무를 맡았다. 나아가 청대는 도찰원에 장관과 부하의 구분을 없애고, 6부의 감찰을 맡은 과科의 급사중給事中과 도찰원의 감찰어사에게는 모두 독립적인 발언권을 주었다.

황제에 대한 감찰을 위해 역대의 왕조들은 독립적인 감찰 시스템 외에 또한 민간으로부터의 견제도 중시했다. 전문적인 간의諫議 관원을 설치하는 외에 다시 봉박제封駁制를 실시했는데, 이는 조정의 조령詔令과 주장奏章이

부당하게 여겨질 경우 봉환封還하거나 바로잡는 제도를 가리킨다. 이런 제도
는 조정의 정령政令을 실시하는 면에서 중요한 역할을 했고, 행정 관원들의
위법행위에 대해서도 상당한 억제작용을 했다.

감찰과 간의제도는 일부 관원 내지 신하와 백성들에게도 조정의 국정방침
에 대해 다른 의견을 발표할 수 있는 기회를 줌으로써 일정한 한도 내에서
군주전제제도의 부족함을 보완할 수 있었다. 감찰간의제도도 중국인들의
제도문화 면에서의 일대 창조이다.

중국 고대의 정치체제는 근현대 정치에 일정한 영향을 미쳤다. 손문孫文은
중국과 서양의 정치체제의 장점을 종합하여 '5권분립'의 구상을 제시했는데,
그 중 행정, 입법, 사법의 '3권분립'은 서양에서 취한 것이고 시험, 감찰이라는
2권은 중국의 고대에서 취한 것이다. 비록 그의 구상은 그 자체의 문제와
그 밖의 다른 원인들로 인해 실현에까지 이르지는 못했으나, 정치체제의
건설 면에서 중국과 서양의 장점을 널리 수용한 사고방식은 긍정적으로
평가해야 한다.

제8장 중국 전통문화의 나쁜 경향

1. 선두와 낙후에 대한 반성

중국 전통문화는 세계문명발전사에서의 높은 봉우리 중의 하나이다. 중국은 일찍이 물질문화·정신문화·제도문화·예술문화의 여러 분야에서 세계의 선두에 있었다. 그러나 15세기 이후부터 점차 낙후하기 시작하여 1840년 이후 백여 년간은 심지어 업신여김을 당하고 인권을 유린당하는 비참한 처지에까지 떨어졌다. 도대체 왜 그러했을까? 많은 사람들이 이 문제를 고심하면서 여러 가지 답안을 제시했다.

역사의 진행 과정은 중국 전통문화의 문제가 지엽적인 문제만은 아니었다는 사실을 증명하고 있다. 이를테면, 중국이 견고한 선박과 대포의 부족함을 메우자면 공업을 창설해야 하고, 공업을 창설하자면 자본주의의 생산관계를 발전시키고 고유한 경제제도와 정치제도를 변혁해야 하며, 낡은 정치경제제도를 변혁하자면 낡은 관념의 상층구조를 변혁해야 한다. 결국 중국 전통문화의 전반적인 체계를 모두 변혁해야 하는 것이다. 양무洋務운동으로부터 5·4운동에 이르기까지의 역사적인 경험이 바로 이러하다. 그래서 어떤 사람들은 '모든 면에서 남들보다 못하다'고 하면서 '전면적인 서양화'를 주장했다. 그들은 '전면적 서양화'가 바로 '세계화'와 '현대화'라고 보았다. 제국주의시대에 수시로 망국의 위험에 맞닥뜨렸던 중국으로서는 '국가를 멸망의 위기로부터 구하고 생존을 도모하는 것'이 가장 우선적인 문제였다. 그런데 중국의 전통문화를 전면적으로 말살하는 것은 민족의 구심력과 응집력을 소멸시키고 스스로 자기 목숨을 끊어버리는 일이 된다. 민족의 생존이 문제가 되는 판국에 세계화와 현대화가 다 무슨 필요가 있겠는가? 이 때문에 항일전쟁이 발발하자 '전면적 서양화'의 거센 주장은 곧장 외면당한 채 각 당파 단체들은 약속이나 한 듯이 모두 민족문화의 기치를 들고 나섰다.

문제를 한층 더 분명하게 설명하기 위해 중국 전통문화가 뒤떨어진 현상을 세계문명발전사의 배경에서 고찰해 볼 필요가 있다.

세계문명발전사를 개관해 보면 한때의 선두문명이 몰락하고 후진문명이 윗자리에 오른 사례가 자주 보인다. 그리스와 로마의 노예제문명은 세계문명발전사에서 우뚝한 한 봉우리였지만 이후 로마제국은 게르만 야만족의 발굽 아래 굴복하게 되었다. 중국 고대 봉건제문명 또한 높은 봉우리의 하나였지만 근대에 이르러 뒤떨어지고 말았고, 서양의 자본주의문명은 또 하나의 고봉이라 할 수 있지만 사회주의혁명이 먼저 성공한 곳은 오히려 상대적으로 낙후한 소련, 중국, 동유럽국가 등지였다. 이러한 교체는 각각의 거대 문명들 사이에서뿐만 아니라 동일한 문명 단계의 내부에서도 발생했다. 근현대사에서 대성공을 거두었던 서유럽 문명이 쇠미해지고 대신 미국이 일어선 것과 같은 경우가 그러하다. 세계문명발전사에서는 또 하나의 의미심장한 현상을 볼 수 있다. 즉 활력을 상실한 문명이라 할지라도 치명적인 충격을 받지 않은 상태에서는 오랜 기간 동안 그럭저럭 버텨 갈 수 있다는 사실이다. 동로마제국이 바로 전형적인 사례이다.

엥겔스는 고대 그리스·로마문화의 번영과 몰락의 원인에 대해 통찰력을 발휘하여 논술한 바 있다.

노예제는 이미 낡아빠진 공동체사회의 단계를 대단히 빨리 지나쳐서 모든 민족들 간에 주도적 지위를 차지하는 생산형식이 되었지만, 결국 이 제도는 고대사회가 몰락하는 주요 원인이 되기도 했다. 오직 노예제만이 농업과 공업 간의 더 큰 규모의 분업을 가능케 함으로써 고대문화의 번영과 그리스 문화가 발전하는 조건을 만들어냈다. 노예제가 없었더라면 그리스국가도 생겨나지 못했고, 그리스의 예술과 과학도 없었을 것이다. 또한 노예제가 없었더라면 로마제국도 존재하지 못했을 것이다.[1]

노예제는 그것이 생산의 주요한 형식이었던 곳에서 노동을 오로지 노예의 활동으로 대체하였다. 그리하여 노동은 곧 자유민들의 체면을 잃게 하는 일로 여겨졌다. 이러한 상황에서 노예제는 생산방식의 출로를 차단하는 원인이 되었다. 즉 더욱 발전된 생산체제가 노예제의 제한을 받게 되어 노예제의 소멸을 절박하게 요구하게 되었던 것이다. 노예제를 토대로 하는 모든 생산과, 이러한 생산을 기반으로 하는 공동체사회는 결국 이러한 모순 때문에 파멸되었다.[2]

(로마제국 말기에 이르러) 노예제는 이미 더 이상 유리한 조건이 되지 못했기 때문에 사라지게 되었다. 그러나 죽어 가는 노예제는 자유인들에게 생산노동을 멸시하는 그 독한 가시를 남겨놓음으로써 결국 로마제국을 절망적인 상태에 빠뜨려 놓았다. 즉 노예제가 경제적으로 이미 불가능하게 되었지만, 그것을 보완해야 할 자유인의 노동은 오히려 도덕적으로 멸시를

---

1) 恩格斯, 「反杜林論」, 『馬克思恩格斯選集』 第3卷, 290~291쪽, "奴隸制被發現了. 這種制度很 快就在一切已經發展得超過舊的公社的民族中成了占統治地位的生産形式, 但是歸根到底也成爲 他們衰落的主要原因之一. 只有奴隸制才使農業和工業之間的更大規模的分工成爲可能, 從而爲 古代文化的繁榮, 卽爲希臘文化創造了條件. 沒有奴隸制, 就沒有希臘國家, 就沒有希臘的藝術和 科學. 沒有奴隸制, 就沒有羅馬帝國." 참조.
2) 恩格斯, 「〈反杜林論〉材料」, 『馬克思恩格斯全集』 第20卷, 676쪽, "奴隸制, 在它是生産的主要 形式的地方, 使勞動成爲奴隸的活動. 卽成爲使自由民喪失體面的事情. 這樣就封鎖了這種生産 方式的出路. 而另一方面更加發展的生産受到了奴隸制的限制, 迫切要求消滅奴隸制. 一切以奴 隸制爲基礎的生産和以這種生産爲基礎的公社, 都是由於這種矛盾而毀滅的." 참조.

받았다. 노예제는 이미 사회생산의 기본형식이 될 수 없었고, 자유인들의 노동은 아직 노예제를 대체할 만한 형식이 될 수 없었다. 오직 한 차례의 철저한 혁명만이 이러한 절망에서 벗어날 수 있게 하였다.[3]

게르만족이 로마제국을 정복함으로써 죽어 가는 유럽은 다시 노인에서 소년으로 돌아갈 수 있었다. 이러한 현상에 대해 엥겔스는 역시 통찰력 있는 진술을 하였다.

유럽으로 하여금 노인에서 소년으로 돌아가게 한 것은 그들(게르만족)의 고유한 민족적 특징이 아니라 오로지 그들의 야만적인 상태와 씨족제도일 따름이었다.[4]

이를테면, 야만적인 고급 단계에서 씨족제도의 생활을 하던 게르만 민족은 그들 자신의 개인적인 재능과 용감성, 자유에 대한 사랑, 민주적인 본능 등을 바탕으로 로마제국의 진흙탕 속에서 새로운 국가를 일으켜 세울 수 있었고 새로운 민족을 육성해 낼 수 있었다. 그들의 모권제母權制의 유풍은 일부일처제의 고대형식을 개혁하게 하였고, 씨족에 따라 정착하는 그들의 거주 방식은 중세기 농민들로 하여금 지역적으로 단결하고 저항하게 하는 동인動因이 되었다. 그리고 비교적 온건한 그들의 예속형식(충분히 발전되지 않은 '노예제'의 형식)은 이후 노역자 계급층이 스스로 점차 해방을 추구하게

3) 恩格斯,「家庭, 私有制和國家的起源」,『馬克思恩格斯選集』第4卷, 146~147쪽, "奴隸制已不再有利, 因而滅亡了. 但是垂死的奴隸制卻留下了它那毒刺, 卽鄙視自由人的生產勞動, 於是羅馬世界便陷入了絶境. 奴隸制在經濟上已經不可能了, 而自由人的勞動卻在道德上受鄙視. 前者是已經不能成爲社會生産的基本形式, 後者是還不能成爲這種形式. 只有一次徹底的革命才能擺脫這種絶境." 참조.
4) 恩格斯,「家庭, 私有制和國家的起源」,『馬克思恩格斯選集』第4卷, 152쪽, "使歐洲返老還童的, 並不是他們的特殊的民族特點, 而只是他們的野蠻狀態, 他們的氏族制度而已." 참조.

되는 하나의 계기로 작용하였다.

우리는 엥겔스의 이러한 주장에서 다음과 같은 방법론적 계시들을 얻을 수 있다.

첫째는 번영과 쇠락의 변증법이다.

엥겔스는 고대 그리스와 로마문화가 고도로 번영하였다가 쇠퇴한 원인이 노예제의 충분한 발달, 더 엄격히 말하면 동일한 사물의 이중적 효과라고 지적했다. 여기서 특히 주목해야 할 것은 '충분한 발달'이란 단어이다. 노예제의 '충분한 발달' 없이는 농업과 공업 간의 더 큰 규모의 분업이 있을 수 없고, 고대 그리스와 로마의 번영이 있을 수 없다. 노예제의 '충분한 발달' 없이는 노동이 노예들만의 전유물이 되게 할 수 없고, 노동을 멸시하는 사회적 분위기가 형성될 수도 없으며, 노예제가 활력을 잃은 후에 사회를 궁지에 빠지게 할 수도 없다. 엥겔스가 여기서 구체적으로 논술한 것은 노예제 문명에 대한 것이지만 그것이 지닌 보편적 의의 또한 적지 않다. 지금까지 바야흐로 힘차게 발전하고 있는 사회주의 문명 이외의 여타 문명은 모두 착취제도를 토대로 하여 건립된 문명들이다. 이러한 문명들의 성과와 폐단은 서로 그림자처럼 따라다닌다. 문명의 성과가 높으면 높을수록 뒤따르는 문제도 클 것이고, 충분히 발전되면 될수록 문제점 또한 심각해져서 고치기 힘들 것이다. 그러므로 고도로 발달된 문명은 모두 쇠락을 면할 수 없으며, 궁지에서 벗어나는 길은 철저하게 자신을 개조하는 데 있다. 물론 이러한 철저한 개조는 낡은 문화의 모든 성과를 전면적으로 부정하는 것을 의미하는 것이 아니다. 중요한 것은 낡은 문화에 대한 개조를 통해 그 중의 적극적인 성과를 살려내는 것이다.

둘째는 선진과 낙후의 변증법이다.

로마제국을 정복한 게르만 야만족의 문화는 분명 고대 그리스와 로마인들보다 뒤떨어졌다. 로마제국은 이미 노예제 말기에 접어들었는데, 게르만인들은 이제 막 문명의 문턱을 밟고 있었다. 선진과 낙후는 상대적이다. 로마제국은 노예제 문명이 무르익었기 때문에 죽어 가고 있었고, 게르만족은 그 야만성과 씨족제도로 인해 혈기가 넘쳤다. 이로 인해 낙후한 게르만족은 로마문명의 선진적인 성과(당시는 주로 '생산력'이다)를 수용함으로써 하루아침에 후진상태에서 벗어나 문명의 윗자리에 오르게 되었다. 여기서 말하는 선진과 낙후의 변증법은 세계문명사에서 문명의 중심이 끊임없이 이동하는 현상을 해석하는 데에도 보편적 의의를 가진다. 이것은 곧 시대에 뒤떨어져 몰락한 문명에 대해서도 일단 분석적인 태도를 취해야지 전면적으로 부정하기만 해서는 곤란함을 말해 준다.

여기서 한 가지 지적해야 사실은, 중국이 근대화에 뒤떨어지게 된 원인은 주로 진·한 이래 끊임없이 견고해지고 강화된 봉건전제주의(정치적인 중앙집권적 전제군주제와 문화적 전제주의를 포함한) 때문이라는 점이다. 한편으로는 중국 전통문화의 각종 결함과 부정적인 요소들이 전제주의를 등에 업고 크게 유행하기도 했고, 다른 한편으로는 중국 전통문화의 여러 장점과 긍정적인 요인들이 전제주의에 의해 죽임을 당하거나 압제를 받아 확대·발전되지 못하기도 했던 것이다.

2. 중국 전통문화의 두 가지 결함

중국 전통문화에는 두 가지 큰 결함이 있다. 실증과학이 결여되었다는 점과 민주주의 전통이 부족하다는 점이 바로 그것이다.

중국의 과학기술은 오랫동안 세계의 선두에 있었고, 그 과학기술의 발명품들은 유럽에 전해져서 근대문명의 시대를 여는 중요한 역할을 했다. 그러나 중국에서는 코페르니쿠스, 갈릴레이, 베이컨이 태어나지 못했고 근대의 실증적인 자연과학이 생산되지 못했다. 이것은 대단히 큰 모순점인데, 그 원인을 깊이 반성해야 한다.

무엇 때문에 중국에서 근대의 실증적인 자연과학이 출현하지 못했는가에 대해서는 많은 사람들이 여러 가지 견해를 내놓았는데, 그 견해들은 대체로 몇 가지 유형으로 귀납될 수 있다. "할 수 없었던 것이 아니라 하지 않았던 것"이라는 주장과, "하지 않았던 것이 아니라 할 수 없었던 것"이라는 주장, 그리고 "할 수 없었던 것도 아니고 하지 않았던 것도 아니라 하지 못하게 했던 것"이라는 주장과, 이러한 여러 답안의 종합이라 할 만한 주장이 바로 그것이다.

중국 전통문화에 있어서 확실히 과학기술을 우습게 여겨 '하려고 하지 않은' 문제가 존재한다는 점을 인정해야 한다. 중국 고대 사상가들에게는 너무 협애한 실용적 관점이 있었기 때문에 그들은 나라를 평안하게 다스리고 국가경제 및 국민생활과 밀접한 분야가 아닌 불명확한 순수이론과 순수지식에 대해서는 열정이 부족했다. 예를 들면, 순자는 "쓸데없는 변론이나 급하지 않은 일에 대한 관찰은 버려 두어 다스리지 말라"(無用之辯, 不急之察, 棄而不治)라고 하였다. 또한 중국 고대 사상가들은 기예技藝는 소인들이나 할 일이고 군자는 상대하지 않는다고 보았다. 이를테면 『예기禮記』 「왕제王制」에는 "모든 기능을 가지고 위를 섬기는 자들은(凡執技以事上者)…… 사士와 함께히지 않는다(不與士齒)", "음란한 음악과 이상한 의복과 기이한 잡기雜技와 진기한 기물을 만들어서 여러 사람들을 의혹시키는 자는 죽인다"(作淫聲, 異服, 奇技, 奇器以疑衆, 殺)라고 했는데, 전자는 중국의 각종 실용과학(이를테면 曆算, 농학, 의학 등)이 근대 실증자연과학으로 발전하는 데에 불리한 요소로 작용했고 후자는 과학과 기술의 결합에 불리한 요소로 작용했다.

그러나 이 점에 대해서도 지나치게 과장해서는 안 된다. 선진시기 중국에도 과학기술을 경멸하지 않은 학파와 사상가들이 있었다. 이를테면 묵가墨家와 명가名家가 그러한데, 이들 학파의 전통이 불행하게도 중도에서 단절된 것을 단지 다른 학파의 반대만으로는 설명할 수 없다. 진·한 이후 유가를 포함한 각파 철학가들은 천天·인人을 관통하는 철학체계를 건립하기 위하여 자연과학 문제에 대해서도 상당히 많은 연구를 진행했고, 어떤 사람들은 상당한 실적을 쌓았다. 기예技藝가 사士 계층의 경멸을 받았다는 점을 가지고 근대 자연과학의 탄생이 방해받았다고 주장하기에는 부족하다. 서양에서도 17~18세기까지 기술발명에 종사한 사람들은 주로 뛰어난 장인匠人들이었지 과학자가 아니었다.

근대 실증과학이 탄생하기 어려웠던 요인들이 중국 전통문화에 확실히 존재했음 또한 인정해야 한다. 사유방식으로부터 보자면, 중국의 고대 사상가들은 전체를 중시하고 분석을 홀시하며, 직각直覺을 중시하고 지식의 힘으로 깨닫는 지해知解를 경시했다. 또 관계를 중시하고 실체를 경시하며, 실용을 중시하고 이론을 소홀히 여겼다. 이는 분석, 지해知解, 실체, 공리화公理化의 체계를 특징으로 하는 근대 자연과학의 탄생에 매우 불리한 요인이 될 수밖에 없다. 자연관으로부터 보자면, 중국 고대에는 특히 '천지일체天地一體', '변화일신變化日新'을 강조했기에 그에 따른 많은 결론들은 근대 자연과학을 지배한 '역학적力學的 자연관과 전혀 어울리지 않았고, 오히려 현대 자연과학과 일치하는 점이 많다. 만약 자연과학의 발전이 반드시 서양과 같은 길을 걸어야 한다면(이에 대해서는 아직 논란이 많다) 이러한 자연관은 실증적 자연과학의 탄생에 매우 불리하다. 자연과학으로부터 보자면, 고대에 서양은 천문학, 수학(기하학), 역학力學이 가장 먼저 발전하였지만 중국은 천문학, 수학(대수학), 전자기학(電磁

學)이 먼저 발전하였다. 중국에서 기하학과 역학이 발달되지 못한 것은 뉴턴 방식의 근대과학의 탄생에 상당히 불리했다. 이상과 같은 것들은 모두 "하지 않았던 것이 아니라 할 수 없었던" 요소들이다.

그러나 이러한 요소들에 대해서도 지나치게 과장해서는 안 된다. 인간의 사유방식은 연구의 대상이나 주제에 따라 변화될 수 있다. 청대 학자들은 고대 문헌전적을 정리하면서 새로운 방법을 발견하였는데, 호적胡適의 관점에 따르면 이 방법은 같은 시기의 서양 과학자들이 사용한 방법과 같았지만 취급한 자료가 달랐기 때문에 얻어진 결과도 크게 달랐다.[5] 다른 한편으로, 조지프 니덤의 관점에 따르면 자연과학 발전의 길은 반드시 하나만 있는 것이 아니다. 따라서 사회적 조건이 허락되기만 했다면 중국은 자신들의 자연관과 자연과학 방면에서의 장점에 근거하여 자력으로 새로운 길을 개척할 수 있었을 것이다. 니덤은 다음과 같이 말했다.

중국 사람들은 이 방면(磁氣學)에서 서양보다 이렇게도 앞섰으니, 그러므로 우리는 모험에 가까운 추측을 할 수 있다. 만약 사회적 조건이 현대과학의 발전에 유리했더라면 중국 사람들은 우선 자기학과 전기학의 연구를 통해 진자振子식의 단계를 거칠 필요 없이 일찍부터 장場 물리의 방면에로 관심을 돌렸을 것이다. 만약 르네상스가 유럽에서가 아니라 중국에서 발생했더라면 전반적인 발명의 순서가 완전히 달라질 수도 있었다.[6]

그러나 중국에서 근대 실증과학이 생겨나지 못한 근본적인 원인은 무엇보다도 봉건전제주의의 경제정책과 문화정책에 있었을 것이다.

중국의 후기 봉건사회와 서양의 후기 봉건사회 시기는 모두 전제군주

---

5) 胡適, 「治學的方法與材料」, 『胡適文存』 第3集 第2卷 참조.
6) *Science and Civilization in China* Vol.4 Sect 2, p.1.

중앙집권제를 실시했지만 양자 간에는 본질적인 차이가 있다. 서양 후기 봉건사회의 전제군주 중앙집권은 왕권이 시민계급의 지지에 의해 봉건귀족들의 할거세력을 평정하여 이루어진 것으로서, 시민계급과 귀족계급 세력이 서로 대치하여 승부가 나지 않는 상황에서 얻어진 결과이다. 이러한 제도는 자본주의 상공업의 맹아기로부터 자격을 제대로 갖춘 시기에 이르기까지 중요한 역할을 하였다. 그것은 국내의 무수한 관문들을 소멸시킴으로써 국내시장의 건립을 보증하고 폭력으로 해외 식민지를 개척하였으며 중상주의重商主義 경제정책을 실행함으로써 국내에서는 상공업을 육성하고 해외에서는 무력으로 자국의 상인들을 보호하였다. 이러한 제도는 몰락한 봉건적 생산관계를 보호하고 상공업을 압박하는 일면도 있었기 때문에 결국 시민계급과 왕권의 연맹이 결렬되어 혁명을 초래하였지만, 그것이 한동안은 자본주의 상공업 발전의 정치적 형식이었다는 사실을 부인할 수는 없다. 그러나 중국의 상황은 달랐다. 중국의 전제군주 중앙집권의 사회적 기초는 자급자족의 자연경제 소농小農들이었는데, 그들의 계급적 토대는 지주계급이었다. 또한 진·한 이래로 빈틈없이 다져져 온 과거제도, 관직제도와 감찰·간언제도는 사회이데올로기가 뿌리 깊이 내리도록 하는 데 유리했으므로 대규모의 농민봉기와 이민족의 침략을 제외하고는 그 어떤 힘도 사회를 뒤흔들 수 없었다. 결국 이 국가기구들이 부패하고 문란해지면서 황제로부터 각급 관리에 이르기까지 사치를 경쟁하듯 함으로써, 그들은 일정한 정도에서 사회적 재부를 짜내는 것을 능사로 삼게 되었다. 이 정권이 실행한 경제정책은 상공업의 발전을 심하게 방해하고 억제하여 자연과학으로 하여금 기술에 대한 사회의 요구라는 근본적인 동력을 잃게 만들었고, 문화정책은 또한 자연과학이 근대 형태로 발전되는 중요한 시기에 지식인들의 참여를 차단시킴으로써 그러한 발전을 불가능하게 만들었다.

중국은 농업과 수공업이 발달한 나라로 알려져 있지만, 송·원·명·청시기에 대량의 유민들이 도시로 흘러들어 감에 따라 상공업 또한 크게 발전하였다. 상공업의 발전에 따라 자유상인(도시인) 집단도 형성되었고, 이들이 점차 강대해짐에 따라 자본주의 생산관계가 움트기 시작하였다. 중국은 국토 면적이 넓고 통일된 대국이어서 국내시장이 매우 크다. 명대의 경우, 서북지역의 인민들은 방직을 하지 않고 옷감을 모두 외지를 통해 수입하였고, 남방의 여성들은 바느질을 하지 않고 옷감을 재봉사에 맡기는 상황이었다. 중국은 자원이 풍요롭고 수공업기술이 발전하였으며, 국제시장에서 명성이 자자한 인기상품들이 있었다. 비단, 자기, 찻잎, 철기, 동기銅器, 면포綿布 등이 그것이다. 대단히 긴 해안선이 있고 좋은 항구가 많아서 연해 일대에는 유구한 해외무역의 전통이 있었다. 명대의 항해술은 서태평양과 인도양을 지배했고, 중국의 조선기술과 선박적재량은 영국의 산업혁명 전까지만 해도 줄곧 세계의 선두에 있었다. 대외무역의 발전으로 인해 청대 건륭시기의 복건, 광동 연해는 이미 "10명 중 5명이 바다를 믿고 살아가는" 추세였다. 이러한 것들은 모두 중국이 자본주의 상공업을 발전시키는 자연 조건과 일반적 사회 조건이 이미 갖추어져 있었음을 말해 주는 사례이다. 하지만 중국은 봉건전제주의의 막강한 위세로 인해 자본주의 상공업이 발전할 수 있는 좋은 기회를 잃어버리게 되었다.

상공업에 대한 봉건전제주의의 압제와 박해는 여러 방면에서 행해졌다.

첫째는, 무거운 세금으로 가혹하게 착취하는 것이다. 통일국가는 원래 통일된 시장이 있어야 하는데 송·원·명·청 시기의 중국은 도리어 이르는 곳마다 세관이 즐비했고, 세관을 지날 때마다 세금을 내야 했다. 명대를 예로 들면, 장강長江에서 강물을 따라 내려가는 화물선들은 하루에 대여섯 번씩이나 세를 내야 했는데 의진儀眞과 경구京口는 강을 하나 사이에 두고

1, 2리에 지나지 않았지만 세관이 둘이나 되었다. 이처럼 즐비한 세관과 중첩된 징세는 상품경제의 발전을 크게 방해하였다. 송에서부터 명·청에 이르기까지 상공업의 세율은 끊임없이 높아졌다. 송대에는 세금납부액이 2/100였고 주세住稅는 3/100이었지만, 청대에는 상품거래세가 10~20%까지나 올랐다. 일부 시기, 이를테면 명대 후기에는 상공업에 관한 세율이 그야말로 파멸적인 약탈에까지 이르렀다. 조익趙翼은 『이십이사차기二十二史箚記』에서 명대 후기의 상황에 대해 "채광과 세금을 관리하는 감독들이 온 세상에 널리 퍼지고…… 이르는 곳마다 해를 끼쳐 백성들이 편안히 살 수가 없었기에 어디서나 격분하여 변란이 일어났다"라고 하였다.

둘째는, 관영 상업에 의한 독점이다. 관영 상공업 및 관료와 토호들을 배경으로 하는 거상巨商들은 원래 중국 봉건경제의 중요한 구성부분으로, 그들은 면세특권을 가지고 있었고 또 행정수단을 이용하여 독점적 경영을 진행할 수 있었다. 송·원·명·청 시기, 관영의 상공업도 엄청나게 발전하여 시민계급과 자본주의 상공업의 중요한 억제요소가 되었다.

셋째는, 행정적 통제이다. 해외무역의 금지와 같은 것이 한 예이다. 명나라는 목종穆宗에서 신종神宗에 이르는 시기에 왜구의 교란 때문에 해외무역을 금지하였다. 더 나아가 청대에 이르러서는 폐관·쇄국정책을 실행하여 복건, 광동 등 연해도시에서는 "백화百貨가 유통되지 않고 민생이 갈수록 곤궁해졌으며", 인민들의 개별적인 광산개발이 국책으로 금지되었다. 이 밖에도 청나라 정부는 철기, 동기銅器, 아연, 생사生絲 등의 수출을 금지하고 수공업공장의 경영규모를 제한했다(이를테면, 베틀은 백 대를 초과할 수 없었다). 이러한 정책으로 인해 중국의 자본주의 상공업과 상품경제는 여러 차례나 기복을 거듭했고 계속적인 발전을 할 수가 없었다.

상공업을 압제하는 후기 봉건사회의 경제정책은 봉건전제주의의 부패와 우둔함, 근시안적이고 비열한 태도에서 나온 것임을 주의해야 한다. 송대 이래로 봉건정부는 대지주, 대관료의 정부였다. 송대에는 관료지주가 70%의 토지를 점유하였고 면세의 특권이 있었다. 방대한 국가기구를 유지하기 위해 통치자들은 무거운 세금을 나머지 30%의 토지와 상공업에 가했다. 명대에 황실의 장원과 관청 소유의 땅이 온 세상에 널려 있었으며 명문호족들은 조세부담을 농민과 중소지주의 토지에 부담시켰는데, 이것은 농촌경제의 붕괴를 초래하고 국가재정을 심각한 궁지로 몰아넣었다. 그러나 명나라 조정은 개혁할 생각은 하지 않고 오히려 상공업에 대해 무거운 세금을 부과하여 파멸적인 착취를 했다. 이는 상공업에 대한 봉건전제주의의 압박 그 자체가 부패의 산물임을 말해 준다. 게다가 후기 봉건사회의 통치자들은 우둔하고 근시안적이기까지 했다. 예를 들자면, 명나라는 단지 나쁜 사람들이 왜구와 결탁하는 것을 방지하기 위하여 인민들이 해외무역을 하지 못하도록 금지했으며, 청나라는 인민들이 해외의 화교들과 연합하여 청과 맞서는 것을 방지하기 위해 해상진출을 금지하고 또 '사람들이 모여 일을 일으키는'(聚人生事) 것을 방지하기 위해 인민들의 광산개발을 금지했다. 이러한 조치들은 모두 작은 이익을 탐하다가 큰 것을 잃게 되는 일이었다.

비록 역대 왕조가 모두 농업을 중시하고 상업을 억누르는(重農抑商) 전통관념의 영향을 받았지만, 시민계급의 흥기가 봉건통치에 위협이 됨을 분명하게 인식하고 의도적으로 상공업을 박해한 것은 청대뿐이었다. 청대 통치자들은 명대 후기부터 시작된 시민들의 투쟁과 명청교체기에 동·남 연해안 도시들에서 일어난 항청抗淸투쟁 속에서 이러한 신흥계급의 힘을 보았기 때문에 일련의 반동정책을 채택했던 것이다. 이를테면 조세 면에서 청 정부는 명나라처럼 덮어놓고 가혹하게 착취한 것이 아니라 뚜렷한 정책성을 갖고 상품의 종류마다 다른 세율을 가했다. 건물, 토지와 같은 부동산 홍계紅契

(등기를 끝낸 부동산 매매 계약서)세는 3%만 받고, 상업세는 5%에서 20%까지 차별화했으며, 광업세는 20~30%에 달하는 높은 세를 거둬들였다.

엥겔스는 다음과 같이 지적했다.

> 기술이 상당 부분 과학의 상황에 의존한다고 할 수 있다면, 과학의 상황은 더 큰 폭으로 기술의 상황과 그에 대한 요구에 의존한다. 사회가 일단 기술에 대한 요구가 있게 되면 이러한 요구는 10개의 대학보다도 더욱더 과학을 앞으로 밀고 나아갈 수 있다.[7]

마르크스는 17세기 기계의 출현과 응용은 당시의 대수학자(代數學者)들에게 현대적 역학(力學) 창립의 실제적인 관건과 자극을 제공했다고 지적했다. 중국은 봉건전제주의가 크게 짓눌렀기 때문에 상공업이 충분히 발전하지 못하여 기계생산이 생겨나지 않았는데, 이것이 바로 중국에서 근대 자연과학이 출현하지 못한 주요 원인이었을 것이다. 과학이 발전하지 못하자 산업혁명 또한 가능할 수 없었으니, 공업과 과학이 모두 발전을 꾀할 수 없는 악순환에 빠지게 된 것이다.

고대로부터 근대에 이르기까지는 기술 발전에 지식인들의 참여가 필요치 않았지만 과학 특히 근대과학의 탄생과 발전에는 지식인들의 존재가 필수적이었다. 그러나 중국 고대의 문화전제주의는 절대다수의 지식인들을 과학과 단절시켰다. 이것 또한 중국에서 근대 자연과학이 생겨나지 못한 주요한 원인이다.

① 중국에서의 문화전제주의는 첫째로 한대의 '백가를 배척하고 유가만을 중시한'(罷黜百家, 獨尊儒術) 것과, 그에 따른 구체적 조치인 학관제도(學官制度)에서

---

7) 「恩格斯致符‧博爾吉烏斯」(1894. 1. 25), 『馬克思恩格斯選集』第4卷, 505쪽, "如果那麽科學狀況却在更多程度上依賴於技術的狀況和需要. 社會一旦有技術上的需要, 則這種需要就會比十所大學更能把科學推向前進."

드러난다. 한대에서 '유가만을 중시한' 목적은 바로 '춘추대일통春秋大一統'의 원칙을 관철하고 '다양한 학설과 주장'(百家殊方)을 제거함으로써 '백성들이 따를 바를 알도록 하는'(民知所從) 것, 즉 인민들의 사상을 통일하는 것이다. '백가를 배척하고 유가만을 중시한' 것에 대해서는 역사적 분석이 뒤따라야 하는데, 당시 공자를 존숭하고 공자학을 제창한 것은 문제될 것이 없지만 반드시 백가를 배타적인 태도로만 대할 필요는 없었다.

옛날부터 지금까지 어떠한 나라, 어떠한 계급, 어떠한 정당일지라도 모두 일종의 주도적 위치에 있는 사상 이데올로기를 필요로 했고, 그 통치적 사상 이데올로기를 위협하는 것과 싸우지 않을 수 없었다. 그러나 한 민족, 한 나라의 생기와 활력은 다양한 사상과 학술의 자유로운 경쟁에 의존한다. 한漢나라의 통치자들이 행정적인 힘으로써 여타의 사상 이데올로기를 강제적으로 금지한 것은 문화전제주의이다. 그리고 유가만을 중시한 구체적인 조치는 학관學官제도였다. 한무제는 '오경박사'라는 제도를 시행했다. 『한서』 「유림전儒林傳」에서는 다음과 같이 기록하고 있다.

무제武帝는 오경박사五經博士를 세우고, 제자원弟子員을 개설하고, 과사책科射策을 설치하여 관록官祿을 권장했다. 원시元始 연간에 끝난 그 백여 년 동안 학업을 계승하는 사람들이 점점 많아지고 그 갈래도 번창하여, 경전 하나에 백여 만 자에 달하는 글을 지어내었고 대사大師들은 천여 명에 달했으니, 관록의 길이 이러했던 것이다. 처음에는 『서書』에 구양생歐陽生의 학설만 있었고 『예禮』에 후창后蒼의 학설이 있었으며 『역易』에 양하楊何의 학설이 있었고 『춘추春秋』에는 공양학公羊學이 있었다. 그러다가 효선孝宣 시대에 이르러 대소하후大小夏侯 『상서尚書』, 대소대大小戴 『예禮』, 시施 · 맹孟 · 양구梁丘 『역易』, 『곡량춘추穀梁春秋』의 박사를 다시 세우고, 원제元帝 때에 이르러서는 『경씨역京氏易』 박사를 다시 세웠다. 평제平帝 때는 또 『좌씨춘추左氏春秋』,

『모시毛詩』, 전해지지 않은 『예禮』, 『고문상서古文尙書』 박사를 세움으로써 잃어버린 것을 다 망라해 함께 그 속에 있게 하였다.8)

관학은 시간이 갈수록 많아졌지만 모두 경학에만 국한되었기에, 관록으로써 사람을 유혹하여 학자들로 하여금 대부분 경학 한 길만 향해 학문하도록 만들었다. 다른 학문, 이를테면, 천문, 산학算學, 지리, 수리, 농학 등은 관학으로 세워질 수 없었다.

한대에 '백가를 배척하고 유가만을 중시한' 것은 중국문화사의 일대 사건이었다. 그것은 선진시기의 백가쟁명의 국면을 마감시키고 중국 전통문화의 다양한 발전 가능성을 끝내면서 중국문화의 발전 방향을 유가사상과 유가문화 주도의 방향으로 규정해 버렸다. 이로부터 명가와 묵가의 학문 전통이 단절되어 자연과학 이론을 중시한 중국의 학술 전통을 잃어버리게 됨으로써 중국 전통문화는 기형적으로 발전하게 되었다. 이는 유학만을 중시한 뚜렷한 부정적인 결과이다. 유학만을 중시하는 사상은 한대 이후의 봉건사회 전반, 특히 중국 후기 봉건사회를 지배했다. 예를 들자면, 청대의 학자들은 절대적인 정력을 경전 문헌의 정리와 연구에 쏟았을 뿐 자연에 대한 연구에 몰두하지 않았다. 이는 한 시대의 학풍을 일으킨 고염무顧炎武가 "경학이 곧 리학"(經學卽理學)임을 천명한 것과 매우 큰 관계가 있다. 이러한 학풍은 서양에서 브루노, 갈릴레이, 뉴턴이 탄생한 것과 때를 같이했지만, 중국은 근대 자연과학이 탄생될 수 있는 좋은 기회를 잃어버리고 말았다.

② 문화전제주의가 드러난 두 번째 지점은 유가의 '도통설道統說'에 대한

---

8) 『漢書』, 「儒林傳」, "自武帝立五經博士, 開弟子員, 設科射策, 勸以官祿, 訖於元始, 百有餘年, 傳業者寖盛, 支葉蕃滋, 一經說至百余萬言, 大師衆至千余人, 蓋利祿之路然也. 初, 『書』唯有歐陽, 『禮』後, 『易』楊, 『春秋』公羊而已. 至孝宣世, 復立『小夏侯尙書』, 『大小戴禮』, 『施』, 『孟』, 『梁丘易』, 『谷梁春秋』, 至元帝世, 復立『京氏易』. 平帝時又立『左氏春秋』, 『毛詩』, 逸『禮』, 古文『尙書』, 所以網羅遺失, 兼而存之, 是在其中矣."

봉건국가의 공식적 지지이다. 도통설은 당나라의 한유韓愈에서 시작되어 송·명에 이르러 크게 성행했다. 이 설은 유가학설이 하나의 정통적인 학파만으로 단전單傳된다고 귀결시켜서, 이 도통과 어울리지 않는 유가의 다른 학파들을 배척했다. 이러한 사조에 대해서도 우리는 역사적으로 분석해야 한다. 전국시기에는 유가가 여덟 갈래로 나누어졌고, 한대에는 공양학파와 참위학이 한때 성행했으며, 수당시기에는 또 적지 않은 사람들이 유·불·도 삼교의 융합을 주장함으로써 유학이 어지러운 국면에 처해 있었는데, 이러한 상황은 유학의 지위와 역할에 영향을 미쳤다. 당·송의 유학자들은 유학부흥을 위한 투쟁의 과정에서 도통설을 제창함으로써 유학의 이론 수준을 높이고 자체의 진영을 정돈했다는 측면에서 일정한 긍정적인 역할을 했다. 그러나 도통설은 또한 편협한 종파주의적 성격을 띠고 있는바, 유학사에서 중요한 역할을 담당했던 순자, 한대 유학, 수·당의 유학자들을 정통 밖으로 밀어내고 유학이 더욱 편협하게 발전하도록 만들었다.

송대에는 도통설도 많은 유학자들의 비판과 저지를 받았다. 만약 그렇게 해서 그것이 일부 유학자들의 일가지언一家之言으로 그치고 말았다면 지나치게 나쁜 영향을 미치지는 않았을 것이다. 그러나 원·명·청 시기의 봉건통치자들은 한결같이 도통설에 대해 공개적인 지지를 표명하였다. 그들은 유가의 도통에 부합되는 사상가의 위패를 공자 사당에 들이도록 했고, 과거시험에서 경전의 의미를 해석할 때에도 반드시 주희의 『사서집주四書集註』를 표준으로 하도록 규정하였다. 이로부터 도통설은 문화전제주의의 중요한 수단이 되어 사상을 속박하고 학술자유를 제한하게 되었다.

③ 중국의 문화전제주의는 셋째로 팔고문八股文(과거시험을 위한 문장으로서 문체가 무미건조하며, 내용에 실속이 없다)으로 인재를 뽑는 과거제도에서 드러난다. 과거제도는 시행 그 자체로만으로도 일단 합리적이고 진보적인 측면이

있었으나 시험의 내용, 방법, 절차에 있어서는 매우 불합리했다. 당과 송에서는 사辭와 부賦, 또는 경의經義로써 인재를 뽑았고 명과 청에서는 팔고문으로써 인재를 뽑았는데, 이것은 많은 지식인들로 하여금 쓸데없는 글에 정열을 소모하게 하여 문화진보의 길을 가로막는 계기가 되었다. 이러한 제도에 의해 자연과학의 발전이 심각한 영향을 받았는바, 이를테면 이시진李時珍의 대작인 『본초강목本草綱目』이 조정에 바쳐졌을 때 명의 신종은 "책을 보았음. 예부禮部에서 알도록 할 것"이라고만 비답하고는 방치해 두었다. 송응성宋應星의 대작 『천공개물天工開物』은 출판 후 아무도 관심을 보이지 않았던 더욱 비참한 운명이었는데, 만약 국외의 도서관에서 보관하지 않았더라면 현대 사람들이 이 책을 알 길이 없었을 것이다.

④ 문자옥文字獄에서도 문화전제주의의 흔적을 읽을 수 있다. 명대 후기부터 학술계에서는 심성心性에 관한 추상적인 사변에 권태를 느끼고 실사구시實事求 是의 방법으로써 객관적 고찰을 하기 시작하였다. 명나라가 망한 뒤 학자들은 지난날의 고통과 실패를 교훈으로 삼고 명대 학술의 공허함을 뼈저리게 반성하면서 경세치용經世致用의 학문 연구에 열중했다. 명말청초의 학자들은 현실정치 문제와 최근의 역사에 대한 연구(이를테면 黃宗羲의 『明夷待訪錄』이나 顧炎武의 『日知錄』 같은)를 중시했을 뿐만 아니라 자연과학에도 큰 흥미를 보였다. 방이지方以智, 서하객徐霞客, 송응성宋應星, 서광계徐光啟, 이지조李之藻, 왕석천王錫 闡, 매문정梅文鼎 등이 바로 이 시기에 배출된 학자들이다. 그러나 옹정雍正·건 륭乾隆 시기 이후, 학풍이 크게 변화되었다. 일부 학자들만 여전히 자연과학에 주목하였을 뿐, 많은 학자들은 헌 서적더미에 빠져들어 갔다. 이러한 변화의 가장 주요한 원인은 강희康熙, 옹정, 건륭의 시기, 특히 옹정과 건륭 연간에 발생한 문자옥文字獄이었다. 청대 통치자들은 이런저런 핑계를 대면서 지식인 들을 심하게 박해했다. 순치順治 18년에는 '강남주소안江南奏銷案' 사건이 일어

376

나 1300여 명이 연좌되었는데, 강소江蘇와 절강浙江 일대의 벼슬아치들은 모두 재난을 면하지 못했다. 건륭 39년부터 47년까지는 24차례나 책을 불살라 서 13862부에 달하는 책을 태우기도 했다. 이런 강압적인 정책 아래에서 학자들은 자칫하면 잘못을 저지르게 되므로 오직 헌 서적더미 속으로 파고들 수밖에 없었다.

⑤ 문화에서의 폐관쇄국閉關鎖國 정책에서도 중국의 문화전제주의를 읽어 낼 수 있다. 명나라 만력 연간부터 청나라 강희 연간까지 천주교 선교사들이 들어옴에 따라 중·서 문화교류의 붐이 일어났고, 유명한『기하원본幾何原本』 과 같은 많은 서양과학 학술저작이 번역되었다. 강희제는 청초 여러 황제들 중에서 사상이 비교적 개명한 인물이었는데, 그는 남회인南懷仁을 통해 서양 예수회 인사에게 편지를 보내어 "무릇 천문학, 광학, 정력학靜力學, 동력학 등 물질과학에 능숙한 예수회 인사들을 중국은 모두 환영한다"라고 했고, 또 단독으로 백진白晉을 '흠차欽差(황제의 명령으로 보낸 파견인)에 임명해서 프랑스 로 가서 과학자들을 초빙해 오도록 했으며, 선교사들을 궁으로 불러들여 기하, 측량, 대수, 천문, 물리, 악리樂理 및 해부학 지식을 강의하게 하였다. 이로써 궁궐은 한때 서학西學을 도입하는 중심이 되기도 했다. 그러나 이러한 호황은 오래가지 않았다. 강희 46년(1707), 로마 교황청의 '1704년 교령'[9]으로 인해 청나라 조정은 교황이 보내온 사신을 마카오에 감금했고, 옹정 원년(1723) 에는 서양 선교사들을 모두 추방해 버렸다. 봉건전제주의의 이러한 폐관쇄국 의 어리석은 정책은 중국 학계가 서양문화와 접촉할 수 있는 기회를 백 년 간이나 단절되게 했다.

왜 중국 전통문화 속에는 민주주의 전통이 없을까 하는 문제는 심사숙고해

---

9) 역자주: 1704년 11월 20일에 교황 클레멘스11세는 중국 儀禮 즉 '제사'의 결정을 교서로 반포하였다.

야 할 문제이다. 이에 대해 양계초梁啓超와 양수명梁漱溟이 일찍이 약간의 연구를 한 바 있다. 양계초는 중국에는 족민族民은 있지만 시민市民이 없고, 향자치鄕自治는 있지만 시자치市自治가 없으며, 서양인들의 시자치市自治는 그들의 정치적 능력의 근원인 데 비해 중국인들의 향자치는 정치적 능력을 용해시키는 부엌이라고 결론지었다. 양수명은 이에 대해 크게 칭찬하며 논지를 더 전개해 나갔다.

> 근본적으로 중국은 수많은 가문이 윤리적으로 연계되어 사회를 이루기 때문에, 설령 무력적 요소를 증가시키더라도 여전히 계급이 통치하는 지연국가地緣國家로 변할 수가 없다. 중국은 예교禮敎로써 서로 화목하게 지내는 부정적인 국면을 유지하는데, 바로 이 순간에 약간의 민주는 유지되지만 정치는 오히려 망치게 된다······ 결론적으로 말하여, 중국은 민주가 결핍된 것이 아니라 집단생활이 부족하고 정치와 법률이 부족하다.[10]

중국에 대량으로 남아 있는 봉건사회 종족제도의 요소가 민주제도 발전을 저해하는 요인으로 작용했으며 서양 중세기의 중·후기에 점차 성장된 시민자치제도가 그 이후의 민주정치체제의 형성에 대단히 큰 역할을 했다는 점은 확실히 부인할 수 없다. 그러나 양계초와 양수명은 중국 봉건사회에 대한 종족제도의 중요성을 너무 과장했다. 그들에 의하면 중국은 아직 계급이 형성되지 않았고 지역에 따라 주민에 대한 관리를 구획하는 국가도 형성되지 않았지만, 이러한 관점은 분명 편견이다. 사실 중국 봉건사회에서 종족 세력은 단지 기층에서만 존재했을 뿐 국가 전반은 지역에 따라 주민에

---

10) 梁漱溟, 『中國文化要義』(上海: 學林出版社, 1987年版), 253쪽, "根本上中國是無數家族借倫理聯鎖以成社會, 縱然增加武力成分, 亦還變不成階級統治之地緣國家. 它借禮敎維繫一消極相安之局, 就在這一瞬間, 一面有幾分民主, 一面卻斷送了政治.······歸結來說, 中國不是缺乏民主, 乃是缺乏集團生活, 缺乏政治和法律."

대한 관리를 구획했으며, 또한 농촌의 종족조직도 족민(族民)의 자치조직으로 보기 어렵다. 확대해서 말하자면, 중국은 지주계급이 농민을 통치하는 방식으로서 이것은 정권에 대한 일종의 보충 형식이었다. 그 외에도, 중국에 민주제도가 없는 것을 시민자치가 없거나 또는 집단생활이 없다는 점에 귀결시키는 것도 본원을 궁구하지 못한 것이다. '시자치'는 서양 민주정치제도의 초급적 형식인데, 이 형식 또한 애초에 농촌에서의 마르크 공사(March Community: 중세기 게르만족의 일종의 촌락조직) 제도를 모방하여 건립된 것이었다. 따라서 사람들은 양계초와 양수명에 대해, 서양에서는 마르크 공사를 모방하여 건립한 시자치가 근대 민주정치제도로 발전될 수 있었던 데 반해 중국은 왜 그렇게 될 수 없었던가를 캐묻게 될 수도 있는 것이다.

문제의 관건은 여전히 중국 봉건사회의 기형적인 발전에 있다. 이 점을 설명하기 위하여 먼저 서양의 경우를 살펴보자.

서양 고대 정치체제 변화의 일반적인 자취는 씨족귀족제 → 공민민주공화제(공민은 노예주와, 공민권을 향유한 자유민으로 구성되었다) → 과두제(寡頭制) 또는 군주전제이다. 고대 그리스 노예제의 결말은 그리스가 마케도니아제국에 의해 멸망을 맞이한 것이었고, 고대 로마 노예제의 결말은 로마제국이 로마공화국으로 대체된 것이었다. 고대 그리스와 고대 로마의 노예제 도시국가는 모두 부락연맹의 토대 위에서 변화 발전한 것이었고, 그들의 민주공화정체(民主共和政體)는 원시사회 후기의 군사민주제로부터 발전된 것이었다. 그들 나라의 전체 공민으로 조직된 군대는 국가의 버팀목이었고, 이러한 군사제도는 또한 공민민주정체(公民民主政體)의 버팀목이기도 했다. 그러나 노예제 발전이 극에 달함에 따라 자유민의 토지재산이 겸병당하고 자유민의 노동도 노예에 의해 대체되면서, 이후 군대에서의 그들의 지위도 고용병에 의해 대체되기에 이른다. 노예제의 발전이 극에 달하면서 공민민주정체의 사회적 기초가 몽땅 털리게 되자 공민의 민주정체도 따라서 무너져 내렸다. 군대를 장악한 사람들은 점차 전제군주로 변화하여 자유민뿐만 아니라 노예주들까지도 짓밟았고, 군주제는 노예주정권이 죽어가고 몰락하는 일종의 형식으로 되었다. 제국帝國의 통치는 민주적 본능과 자유를 사랑하는 각 계급, 각 민족의 천성을 파괴하고 사회자체의 발전력과 저항력 및 창조력을 때려 부수었으며, 이로 인해 생산력 또한 쇠퇴하게 되었다.

서양 중세 정치체제 변화의 일반적인 자취는 군주전제 중앙집권제 → 봉건귀족의 분열할거 → 군주전제 중앙집권제였고, 후기의 전제군주 중앙집권제가 붕괴된 후에 대신 일어난 것은 근대의 민주적 정치체제이다. 초기의 전제군주 중앙집권제는 게르만 자유민의 의무병역제의 토대 위에 건립되었다가 자유민이 농노農奴로 변화함에 따라 이러한 정체政體가 붕괴되고, 또 대량의 토지와 의부농민依附農民을 거느린 봉건귀족들의 분열할거에 의해 찢기고 말았다. 그러나 게르만족의 농촌자치의 전통은 완전히 파괴되지 않았다. 생산력의 발전에 따라 적지 않은 농노들은 달아나 수공업과 상업에 종사했고, 또한 '마르크 공사' 제도를 모방하여 도시자치제도를 건립했다. 이러한 도시들은 무장투쟁이나 돈으로 유상몰수하는 형식을 통해 귀족의 통치에서 해방되어 도시의 자치권을 얻어 내었고, 뒤이어 왕권과 연맹을 맺음으로써 봉건귀족들을 밀어내고 전제군주 중앙집권의 민족국가를 다시 세웠다. 이러한 나라들에서의 시민계급은 비록 지위가 매우 낮았지만 권한이 전혀 없는 것은 아니었다. 특히 그들은 돈주머니를 쥐고 있었기 때문에 전제군주들이 군사를 키워 싸우려면 그들에게 의지하지 않을 수 없었다. 그리하여 시민계급은 의회를 이용하여 왕권에 대항할 수 있었고, 또한 왕권을 타도한 뒤에 대의제의 민주정체를 건립할 수 있었던 것이다.

서양의 근대 민주정치체제의 건립이 일부 우월한 자연적 조건에 바탕하고 있었음은 역사가 말해 준다. 이를테면, 분열할거의 국면은 시민계급이 틈새에서 성장할 수 있는 기회를 주고 또 통치자들이 사회 밑바닥의 민주적 자유전통을 모두 다 파괴해 버릴 틈을 주지 않았기 때문에, 전제군주 중앙집권국가는 이미 할거시대에 취득한 시민계급의 정치적 권한을 완전히 무시할 수는 없었다. 그리고 가장 중요한 것은, 자본주의 생산관계와 자본주의 상공업이 기회를 틈타 빠르게 발전함으로써 자산계급은 자신들이 정권을 장악하기 전부터 이미 가장 큰 경제적 거인으로 성장해 있었다는 점이다. 이 모든 것은 봉건제도가 충분히 발전되지 못한 것에서 비롯되었다. 그 밖에, 자산계급 혁명과정에서는 고대 그리스 로마의 민주공화제 사상과 제도도 중요한 역할을 했는바, 그러한 사상과 제도는 자산계급의 투사들을 위해 이상과 예술형식 및 환상을 제공했다.

중국의 경우는 서양과 크게 다르다. 중국의 고대 봉건제도가 극도로 발전하였기 때문에 체계적인 관성慣性이 특히 컸고, 따라서 다음과 같은 이유들로 인해 민주주의로 가는 길이 유달리 험난하고 멀었다.

첫째, 진·한 시기에 건립된 전제군주 중앙집권제도는 위진남북조시기의 문벌세족들이 많은 토지와 농민을 통제하였기 때문에 한때 약화되었지만, 북위北魏 이후 균전제均田制를 이용하여 토지와 농민에 대한 통제권을 상당 부분 되찾아 옴으로써 다시 강화되었다. 봉건경제가 고도로 발전함에 따라 많은 왕조들은 화폐로써 세금을 징수하고 관리와 군대의 급료를 지불하였고, 이를 통해 병농합일兵農合一의 부병제府兵制가 무너진 후에도 고용병을 유지할 수 있었다. 든든한 경제기초는 방대한 국가기구를 위한 물질적 토대를 마련해 주었다. "아무리 깊은 산중으로 도망가도 세금과 부역을 피할 수는 없었다." 이렇게 되어 중국에서는 시민자치정치체제가 성장할 수 있는 빈틈이 하나도 없게 되었다.

둘째, 중국에서는 봉건 전제군주 중앙집권이 의지하는 두 가지 힘, 즉 군대, 법정, 관료기구 등의 물질적인 힘과 철학, 종교, 윤리도덕 등의 정신적인 힘이 고도로 통일되어 있었는데, 이는 민주적 힘의 형성과 발전에 매우 불리했다. 이러한 통일은 주로 사대부 계층에서 나타났다. 그들은 국가기구의 핵심인 동시에 봉건 이데올로기의 관리자이기도 하면서 농촌에서는 또한 지역의 권세가로서 기층정권조직과 종족조직 및 각종 문화교육기구를 통제했기 때문에, 봉건전제주의를 더욱 강하게 만들었다. 예를 들자면, 봉건사회 후기의 사대부들이 제창한 '천리天理', '양심良心' 및 봉건 예교가 사람들의 마음에 깊이 파고든 정도는 전례가 없을 정도였는데, '지방사지地方史志'들에 장황하게 열거되어 있는 '열부烈婦', '절부節婦' 같은 명단이 그 명백한 증거이다. 반면 서양에서는 왕권과 교권이 자주 마찰하고 충돌하였는데, 이는 종종 시민계급의 생존과 발전에 기회를 제공했다.

셋째, 봉건전제주의의 억센 통치와 무거운 착취가 시민계급의 경제적 성장을 가로막았다. 요컨대, 극도로 발전된 봉건제도는 봉건전제주의를 위하여 물질, 제도, 사상문화 각 방면의 유력한 지지를 제공함과 동시에 민주적 힘의 발전을 가로막았던 것이다.

넷째, 서양과 비교해서 중국은 상대적으로 '노예제민주'의 본보기가 부족했다. 아울러 중국은 노예사회가 봉건사회로 전환하는 과정에서 야만민족의 정복이라는 길을 걷지 않았기 때문에 그로부터 유래된 민주정체民主政體의 실행에 요구되는 많은 우수한 소질들이 부족했고, 이러한 소질은 또 기나긴 계급사회를 거치면서 더욱 심각한 손상을 입게 되었다.

실증과학과 민주전통의 부족이라는 이 두 가지의 큰 특징은 중국 전통문화의 전체적인 구조와 기능에 대해 결정적인 영향을 미쳤다. 15세기 이후의 중국문화가 점차 낙후하게 된 것도 주로 여기에 기인한다.

3. 농업사회와 봉건제도에 있어서의 '국민의 고질적 습관'(國民積習)

1920년대 이래로 '국민성' 문제는 중국문화 문제에 관한 토론에서 인기 과제가 되었고, 중국인들의 '국민성' 또는 '민족적 품성'을 논의하는 글들이 대단히 많이 쏟아졌다. 이 방면의 연구에 종사하는 사람들 중에는 외국 학자들도 일부 있었다. 이 문제는 심지어 침략자들의 관심을 불러일으키기도 했다. 항일전쟁시기 일본 침략자들은『중국인의 심리 연구』(支那人心理之研究)라 는 소책자를 간행하여 중국을 침략한 병사들과 교민들이 참조할 수 있도록 제공했다. 여기서는 중국인의 국민성에 관한 논의들 중 몇 가지만 간단하게 서술하여 전체를 짐작해 보도록 한다.

노신은 소설과 잡문의 형식을 통해 중국인의 열등성에 대해 폭로하고 규탄했다. 이를테면, 그가『아Q정전』을 구상한 목적은 바로 "현대 중국인들의 혼령을 그려내고자"[11] 하는 것이었다. 그가 묘사한 '아Q'라는 문학적 형상은 거대한 성공을 거두었다. 게으르고 비겁하고 산만하고 고루하고 낡은 세력에 굴복하는 등 온갖 나쁜 습관을 한 몸에 지닌 이 아Q라는 인물은 현대 중국인들의 전형적인 초상화가 되었다.

양수명은『중국문화요의(中國文化要義)』라는 책에서 중국 학자들과 외국 학자들의 연구를 종합하여 중국민족의 품성 열 가지 특징을 제시했다. 즉 지나치게 이기적이고, 근검하고, 예의를 중시하고, 평화적이지만 나약하고, 스스로 만족하고, 구습에 얽매이고, 건성건성 하고, 잘 참고 견디면서도 잔인하고, 강인하면서도 신축성이 있고, 노숙하다는 것이다. 그는 이러한 특징 대부분이 민족문화에 의해 이루어졌다고 보았다.

---

11) 魯迅,「俄文譯本〈阿Q正傳〉序」,『而已集外集』(北京: 人民文學出版社, 1976年版), 69쪽, "寫出一個現代的我們國人的魂靈來."

국민성 문제를 제기했다는 것은 중요한 역사적 의의를 가진다. 이는 중화민족에게 남겨진 수천 년 동안의 악습을 제거하는 데에 일정한 작용을 했다. 국민의 열등성을 개조하는 데에 관한 노신의 관점은 지금까지도 우리가 깊이 생각해 볼 만하다. 다만 이른바 국민성에 대해서는 반드시 과학적인 분석이 있어야만 한다.

첫째, 여기서 제시된 국민성, 열등성 같은 개념은 과학적인 개념이 아니다. 그것은 유전으로 전해지는 천성적인 것이 아니고 사람들의 본성도 아니며 근성根性도 아니다. 우리가 말하고자 하는 국민성이란 실은, 농업경제를 토대로 하는 봉건사회에서 형성된 나쁜 습관이며, 케케묵은 규범이나 낡은 관습이다. 과학적인 개념으로 이러한 현상들을 개괄하려면 '국민성'이라 할 것이 아니라 '국민의 고질적인 습관'(國民積習)이라 해야 한다. 이러한 고질적인 습관은 역사가 유구하고 뿌리가 깊어 개조하자면 큰 공을 들여야 하지만 전혀 바꿀 수 없는 것은 아니다.

둘째, 국민의 고질적인 습관이 형성된 원인에 대해 분석해야 한다. 이때 우리는 두 가지를 주의해야 한다. 하나는 계급적 대립의 토대 위에 건립된 문명이 본래부터 가지고 있는 이중성이다. 고대 그리스와 로마가 문화의 측면에서 이룩한 긍정적인 성과는 대단히 높았지만, 고대 그리스와 로마문명이 성숙됨에 따라 사람들의 마음이 공허해지는 정도 또한 끔찍했다. 엥겔스는 계급사회가 고대 씨족사회를 대체한 것은 위대한 역사의 진보인 동시에 순박한 도덕적 순수성의 타락이기 때문에, 문명의 진보는 도덕의 타락을 대가로 했다고 지적한 바 있다. 엥겔스의 이러한 관점은 중국 봉건사회의 경우를 분석하는 데에도 완벽하게 적용될 수 있다. 다른 하나는 문화체계 속의 다양한 요소나 성분이 갖는 국민의 고질적 습관에 대한 다양한 책임이다. 문명은 이중성을 갖고 있다. 계급사회에서의 과학, 예술 등의 진보는 착취와 압박을 토대로 하기 때문에 부정적인 역사의 침전물도 따라서 늘어날 수밖에 없다. 다시 말하자면, 국민의 고질적 습관에 대한 책임을 두루뭉술하게 중국 전통문화에게로만 물어서는 안 되고, 국민의 고질적 습관을 이유로 중국의 전통문화 전반을 부정해서는 더욱더 곤란하다.

셋째, 굳이 '근성根性'이라는 단어를 사용하려면 이른바 '국민성'에는 '열근성劣根性'도 있지만 '양근성良根性'도 있다는 점을 강조해야 한다. 이른바 '양근성'이란 중화민족의 우수한 전통과 좋은 습관이다. 중국 인민들에게는 언제나 폭정을 반대하고 전제專制를 반대하고 침략을 반대하는 좋은 전통이 있다. 이러한 전통은 역사가 진보하는 동력이자 중화민족의 진정한 장성長城이다. 그리고 열근성과 양근성은 개인에 있어서든, 계급이나 당파에 있어서든 그 분포가 균일하지 않다. 정신승리법(spiritual victory)[12]에 도취된 '아Q'가 있는가 하면 명석하고 냉정하게 정신승리법을 규탄하는 노신魯迅도 있고, '쟁반에 흩어진 모래'(一盘散沙)와 같은 산만한 국면을 극력 유지하려는 관료 군벌이 있는가 하면 통일과 부강을 위해 분투하는 손문孫文같은 인물도 있다. 이런 이중성에 대해 충분히 주의해야 한다.

1920년대에서부터 현대에 이르기까지 사람들이 말하는 중국 국민의 열근성은 대부분 두 가지 방면으로 귀납된다. 하나는 소농경제에서 비롯된 나쁜 습관이다. 이를테면 우매하고, 구습에 얽매이고, 비겁하고, 맹종하고, 산만하고, 느리고, 원래 살던 곳에 익숙해져 쉽게 떠나려 하지 않고, 시간관념이 없고, 효율성이 떨어진다는 것 등이다. 다른 하나는 봉건전제주의의

---

12) '精神勝利法'(spiritual victory)은 魯迅의 『阿Q正傳』에서 사용된 말로, 『阿Q正傳』의 주인공 阿Q는 동네 깡패들에게 얻어맞고는 "나는 아들한테 맞은 격이다. 아들뻘 되는 녀석과는 싸울 필요가 없으니, 나는 정신적으로 패배하지 않은 것이다"는 식으로 자위하면서, 자기보다 힘없는 사람에게는 힘을 행사하고 홧김에 비구니를 겁탈하려 한다. 魯迅은 이러한 민중 자신의 근성을 阿Q의 정신승리법에 빗대어 비평하였다.

압박에서 비롯된 나쁜 습관이다. 예를 들면 친족관계를 중시하고 친구끼리 관계 맺기를 강조하는 분위기, 관리를 존경하고 상관을 두려워하는 분위기, 가부장적 문화와 가장이 모든 것을 독단적으로 결정하는 분위기 등등이다. 이 두 가지는 서로 관련되어 있으면서도 구별된다. 전자는 주로 소농경제사회에 근본 원인이 있고 봉건전제주의에 의해 강화되었으며, 후자는 주로 봉건전제주의에 근본 원인이 있고 소농경제 사회에 의해 더욱 악화되었다. 이러한 국민의 고질적인 습관이 형성된 원인과 현대사회에 끼치는 위해성에 대해 좀 더 분석해야 한다.

우매하고, 구습에 얽매이고, 맹종하고, 산만하고, 느리고, 원래 살던 익숙한 곳을 쉽게 떠나려 하지 않는 등의 나쁜 습관은 대부분 자급자족하는 소농경제 사회의 산물이지만, 봉건통치자들이 2천여 년 동안 실행한 많은 정책들 또한 그런 나쁜 습관의 형성에 상당히 큰 책임이 있다. 춘추전국시기에는 종법노예제가 와해됨에 따라 자유민, 특히 그 상류층인 사士계층이 상당히 활약했다. 백가쟁명의 사상은 비록 사士계층을 위주로 전개되었지만 당시 자유민계급이 갖고 있던 문화적 소양, 민주정신, 혁신정신과 역사적 능동성, 창조성은 후세의 농민과 수공업자들의 수준을 크게 뛰어넘은 것이었다. 예를 들면, 선진시기 자유민을 주체로 하고 자유민의 이익을 대표했던 묵가와 농가는 일종의 학술파벌이면서도 동시에 정치투쟁에 필요한 조직을 갖추고 있었다. 이는 진·한 이후의 봉건사회에서는 보기 드문 현상이다. 또 예를 들면, 한비자는 전국 후기의 상황에 대해 다음과 같이 말했다.

지금 나라 안의 민중은 누구나 나라 다스림(政治)을 말하고 상앙商鞅·관중管仲의 법전을 갖추고 있는 집이 즐비하지만, 그럼에도 점차 나라가 가난함에 이르게 된 것은 농사를 말하는 사람은 많은 반면 쟁기나 호미를 들고 실제로 농사짓는 사람은 적기 때문이다. 또 나라 안의 모든 사람들이 군사를 말하고 누구나 손자孫子·오자吳子의 병서를 갖추어 놓고 읽는데도 군대가 점점 약화되는 것은, 군사에 관해 말하는 사람은 많은 반면 갑옷을 갖춰 입고 직접 전장에 나갈 사람은 적기 때문이다.[13]

당시의 생산력 수준에서라면 집집마다 책을 쌓아 둔 채 모든 사람들이 학문을 토론할 수는 없었을 것이기 때문에 이 말에는 분명 과장된 요소가 있겠지만, 당시 사민士民 중의 상당수가 비교적 높은 문화적 소양과 독서하고 정무를 논의하는 능력을 갖추고 있었음은 분명하다. 이것도 진·한 이후의 봉건사회에서는 보기 드문 현상이다. 정치적 적극성을 상실하고 문화적 소양이 떨어지게 된 것은 그 이후의 봉건전제주의의 통치 및 압박과 밀접한 관계가 있다. 진나라시기에는 "명석한 임금이 다스리는 나라에는 책에 적힌 글이 없고 법으로써 가르침을 삼으며, 선왕先王의 말씀은 없고 관리로써 스승을 삼는다"라는 한비자의 우민화愚民化 정책을 실행했다. 그리고 한무제는 '백가를 배척하고 유가만을 중시'했는데, 정책이 약간 바뀌기는 했지만 우민화의 취지는 여전했다. 예를 들면, 서한의 통치자들은 세상의 유서遺書들을 널리 구하여 유학을 표창하는 외에 여타 서적들은 모두 비밀히 수장하여 대신과 학자들도 허가를 받지 않고서는 접촉할 수 없게 하였고, 개인적으로는 비서秘書를 누설하면 면직되는 죄를 적용하였다. 동평사왕東平思王이 제자諸子와 태사공太史公의 책을 구한 이야기는 한나라 통치자들이 도서를 독점하려 했던 정치적 속셈을 대단히 잘 보여 준다. 동평사왕이 제자서와 태사공의 책을 구해 보려 하자 황제가 허락하지 않다가 내부적으로 의논을 모았는데, 대장군인 왕봉王鳳이 반대 근거로 제시한 이유는 다음과 같았다.

---

[13] 『韓非子』, 「五蠹」, "今境內之民皆言治, 藏商·管之法者家有之, 而國愈貧, 言耕者衆, 執耒者寡也. 境內皆言兵, 藏孫·吳之書者家有之, 而兵愈弱, 言戰者多, 被甲者少也."

제자의 책들 중 어떤 것은 경학을 반대하고 성인(공자)을 비방하며 또 어떤 것은 귀신을 기록하고 기이하고 괴상한 것들을 신봉합니다. 또한 태사공의 『사기』에는 전국시기 합종연횡合縱連橫의 간사한 계책이 있고 한나라가 막 일어날 무렵 책사들의 묘략, 천체현상과 변고, 지형의 곤궁함 등이 기록되어 있습니다. 모두 제후가 갖기에는 적합하지 않습니다.[14]

그러나 동평사왕에게 회답할 때는 "오경五經은 성인이 만든 것으로서 만사만물을 기록하지 않은 것이 없기 때문에 굳이 다른 책들을 읽을 필요가 없다"라고 할 뿐이었다. 이처럼 한나라는 수많은 민중들을 문화 학술과 단절시켰을 뿐만 아니라 통치의 핵심 권력 밖에 있던 제후들마저도 관심을 갖지 못하도록 했다. 이러한 정책으로 인해 동한에서는 한때 종교·미신이 범람하게 되었던 것이다. 여기서도 알 수 있듯이, 중국의 민중 특히 농민들에게 보이는 우매하고 구습에 얽매이고 맹종하는 등의 현상은 상당 부분 봉건전제주의가 장기적으로 통치한 결과이다.

중국은 친친親親(가까운 친척을 친하게 여김), 귀귀貴貴(지위가 높은 사람을 귀하게 여김)의 관념이 골수까지 침투되어 폐해가 대단히 크다. 캐어 보면 그 또한 봉건전제주의의 압박이 주요한 원인이다. 예를 들면, 벼슬이란 뜻의 '관官'은 춘추전국시기에는 그다지 존귀한 것이 아니었다. 당시 사람들이 '귀貴'하다고 여긴 것은 나라가 있고 집이 있는 귀족이었고, 관리를 직업으로 하는 지식인들은 모두 가난하고 천한 사람들이었다. 그래서 지식인들은 자신들의 독립적인 인격 즉 맹자가 말한 '천작天爵'과 '양귀良貴'를 매우 중시했고, '부귀를 가졌다 하여 남을 깔보는' 왕공귀족王公貴族을 대단히 경멸했다. 당시 지식인들의 이상은 벼슬하는 것이 아니라 제왕의 스승과 벗이 되는 것이었고, 귀족과

---

14) 『漢書』, 「宣元六王傳」, "諸子書或反經術, 非聖人, 或明鬼神, 信物怪. 太史公書有戰國縱橫權譎之謀, 漢興之初, 謀臣奇策, 天官災異, 地形阨塞. 皆不宜在諸侯王."

왕공들은 치열한 경쟁에서 기반을 확고히 하기 위해 덕망 높고 어진 사람을 예의와 겸손으로 대하지 않을 수 없었다. 그러나 전제군주의 중앙집권제도가 발전함에 따라 관료들의 지위가 갈수록 높아졌다. 위진남북조시기에는 선조의 관직의 높고 낮음이 문벌세족의 높고 낮음의 표지가 되어, 선조의 지위가 높은 사람들은 선조의 지위가 낮은 집안의 사람들을 대단히 무시했다. 송·원·명·청 시기의 통치자들은 높은 벼슬과 많은 녹봉 등의 온갖 방법을 사용하여 사회 각 방면의 인재들을 매수했다. 그래서 "책 속에 황금으로 만든 집이 있고, 책 속에 옥 같은 피부를 가진 미녀가 있다"(書中自有黃金屋, 書中自有顏如玉), "이 세상에 공부 외의 모든 것이 다 저속하고 볼품없는 것들이다"(萬般皆下品, 唯有讀書高) 같은 말들이 유행했는데, 모두 권세와 지위를 얻으려면 공부를 열심히 해야 한다는 의미이다. 후대에 이르러 사회적 지위가 높은 사람을 떠받드는 분위기는 사회 각 계층에 한층 더 깊이 파고들었다.

요컨대, 장기간의 농업경제와 봉건전제주의의 압박 아래 오랜 세월을 거쳐 형성된 중국민족의 '고질적인 습관'은 봉건시대 문명의 일종의 노인증후군이다. 이러한 노인증후군이 중국민족의 부흥에 미치는 거대한 폐해를 알지 못하면 곤란하다. 그렇지만 이러한 노인증후군이 있다고 하여 중국 전통문화에 대해 전면적인 부정의 태도를 취함으로써 중국민족의 광명한 전도에 대한 믿음을 잃게 되는 것 또한 옳지 못한 태도이다. 백여 년 동안 중국민족은 봉건제도의 폐해로 인해 쇠락했지만, 그래도 로마인들처럼 구제 불능의 상태에 이른 것은 아니다. 중국민족은 여전히 활기 넘치고, 낡은 것에 새로운 생기를 불어넣을 수 있으며, 또한 세계민족의 숲 속에 꿋꿋이 설 수 있는 능력을 지니고 있다.

4. 속문화俗文化 중의 미신적인 요소와 저속한 심리적 관습

속문화俗文化에 대한 전면적인 분석과 중국 전통문화 시스템에서의 속문화의 위치에 대한 설명은 이미 제4장에서 충분히 다루었기 때문에 여기서는 속문화 중의 부정적인 요소만을 분석하려 한다. 중국 고대 속문화 중의 부정적인 요소는 다양하지만 가장 피해를 끼쳤던 것은 두 가지 방면이다. 하나는 종교적 미신이고, 다른 하나는 저속한 가치관을 핵심으로 하는 처세술이다.

중국의 사士문화에서 무신론 사상이 우세를 차지했다고 한다면, 속문화에서는 종교적 미신이 주도적 지위를 차지했다. 중국의 고대 종교는 무척 다양한데, 그 중에는 우선 토착신앙이 있다. 황천상제皇天上帝를 숭배대상으로 하는 원시종교가 그 한 예이다. 원시종교는 비록 춘추전국시기 무신론 사상의 충격에 의해 산산조각이 났지만 서민들 층에서는 여전히 일정한 세력을 갖고 있었다. 이를테면 도교와 같은 것들이다. 토착신앙 외에 또 외부로부터 들어온 종교가 많다. 불교, 기독교(당나라 때의 景敎와 원나라 때의 也里可溫敎), 이슬람교, 유태교, 오교祆敎, 마니교摩尼敎(및 거기에서 변화되어 나온 明敎) 등이다. 중국 고대의 미신 풍속 또한 다양하다. 이를테면 조상숭배, 귀신숭배, 성명술星命術, 관상술, 탁자拆字(글자점), 기과起課(점치기), 풍수, 연금술鍊金術, 방중술房中術 등등이다. 종교·미신은 수많은 민중 노동자들에게 엄청난 영향을 끼쳤다. 이러한 사실은 역대 농민봉기 중의 많은 예들이 종교를 기치로 일어났다는 것(황건적의 난 및 태평천국의 난 등)과, 수많은 민간결사들이 종교·미신에 의탁하였다는 것(이른바 會道門)에서 잘 알 수 있다. 통치계급층에 끼친 종교·미신의 영향도 대단히 컸다. "남조南朝 시절 세워진 사백 팔십 개의 절 / 그 많은 누대가 자욱한 안개비 속에 묻혀 있네"(南朝四百八十寺,

多少樓臺煙雨中)[15]라는 시가 말해 주듯이, 전국에 널리 퍼진 궁관과 사찰, 석굴과 마애불상 등은 통치계급의 많은 돈과 재물의 지원이 없이는 이루어질 수 없었던 것들이다. 종교·미신은 심지어 사대부들에게도 대단히 강한 흡입력을 보였다. 송대 유물주의 철학자 장재는 다음과 같이 말했다.

(석가의) 학설이 중국에 불길같이 전파되자 유학자들은 '(중국) 성인들의 학문(聖學)을 맛도 보기 전에 스스로 (佛家의 학설을) 취하고 (佛學에) 빠져들어 이를 큰 도라고 여기게 되었다. 그 풍속이 천하에 퍼지니 선한 사람과 악한 사람, 지혜로운 자와 어리석은 자, 남자와 여자, 노비를 막론하고 사람마다 모두 착실히 믿었다. 비록 빼어난 재주가 있는 자라 하더라도 태어나자마자 곧 귀와 눈으로 안일하게 익힌 일에 빠져버리고, 자라나서는 '속된 선비'(世儒)들이 근본으로 삼는 것과 (그들이) 숭상하는 말들을 스승으로 삼게 되니, 급기야는 캄캄한 곳으로 몰려가게 되었다.…… 예로부터 내려오는 간사한 말들이 꼬리를 물고 일어나 한결같이 모두가 석가의 문하에서 나온 지 천오백 년이나 되었다. 스스로 홀로 서더라도 두려워하지 않고 정일(精一)하게 자신하면서 남보다 훨씬 뛰어난 재주가 있지 않고서야 어찌 그 사이에 바로서서 그들과 더불어 시비(是非)를 다투고 득실(得失)을 따질 수 있겠는가?[16]

이러한 말로부터 종교·미신이 송대의 사대부들에게 얼마나 심각하게 침투되었는가 하는 사실을 충분히 알 수 있다.

종교신앙에 대한 중국 사람들의 전통적인 태도는 '특별히 믿는 것이

---

15) 杜牧의 시 「江南春」에 나오는 구절이다.
16) 『正蒙』, 「乾稱」, "自其說熾傳中國, 儒者未容窺聖學門牆, 已爲引取, 淪胥其間, 指爲大道. 其俗達之天下, 致善惡, 知愚, 男女, 臧獲, 人人著信. 使英才間氣, 生則溺耳恬習之事, 長則師世儒宗尙之言, 遂冥然被驅.……自古詖淫邪遁之詞, 翕然並興, 一出於佛氏之門者千五百年. 自非獨立不懼, 精一自信, 有大過人之才, 何以正立其間, 與之較是非, 計得失!"

없다'는 것이 특색이다. '특별히 믿는 것이 없다'고 함은 모든 것을 다 받아들인다는 의미이기도 하다. 사람이 죽으면 한편으로는 중을 불러 경을 읽으면서 '제도濟度'하게 하고, 다른 한편으로는 도사를 불러 법술을 행하게 하여 '승선昇仙'을 빌며, 또 다른 한편에서는 풍수선생을 불러 묘지를 고르게 하면서 "죽은 사람 섬기기를 살았을 때 섬기는 것과 같이 하여" 재물을 땅에 파묻고서 죽은 자가 저승에서 복락을 누리도록 한다. 중국 사람들의 마음속 신령의 세계 또한 불교, 도교, 원시종교 등의 다양한 요소들이 뒤섞인 잡탕이다. 중국 사람들의 종교신앙에 대한 입장은, 믿기는 하지만 확고하지는 않은 것이다. 이른바 "평소에는 불공을 드리지 않다가 일이 닥쳐서야 부처님의 발을 잡는다"거나 "있다고 믿으면 믿었지, 없다고 믿으면 안 된다"거나 '지성至誠이면 감천感天'이라는 말들이 바로 그러한 종교적 태도를 반영하는 말들이다. 이러한 특징이 형성된 것은 역대 봉건통치자들의 종교정책과 관련이 있다. 우리는 속문화에 대한 종교·미신의 거대한 영향을 무시할 수 없지만, 또한 중국 전통문화에 있어서의 종교·미신의 지위와 역할을 과장해서도 안 된다.

속문화에서 종교·미신이 주도적 지위를 차지한 까닭은 물론 수많은 노동자들의 비참한 운명과 추악하고 험악한 계급사회의 현실 및 문화적·과학적 지식이 부족한 것들과도 관계가 있지만, 그것은 또한 역대 봉건통치자들이 부추기고 제창한 결과이기도 하다. 중국의 역대 통치자들 중에서 어떤 이들이 그 자신이 직접 종교를 조장하여 그 피해를 심각하게 입기도 했다. 진시황, 한무제, 양무제梁武帝 등이 그러한데, 그들은 수중의 권력과 재부를 이용하여 인위적으로 종교·미신의 범람을 조장하였다. 그런데 이와 달리, 어떤 통치자들은 스스로는 종교를 믿지 않으면서도 종교가 '교화를 돕는'(佐敎化) 역할 즉 봉건통치를 수호하는 역할이 있는 것을 보고서 관용의 태도를 취하였고, 더 나아가서는 의도적으로 종교를 보살필 것을 명령하기도 했다. 중국 고대에는 수많은 출중한 유물주의 사상가들과 무신론자들이 다양한 종교·미신에 대해 단호하고 심도 있는 비판을 쏟아냈지만, 그들의 주의력은 우선 사대부와 통치자들에게 있었다. 그들은 올바른 통치를 실행하는 데에 있어서의 종교·미신의 위해를 경고하면서도, 민중들이 지니고 있는 종교·미신의 행위를 경계하는 일에 대해서는 크게 노력하지 않았다. 예를 들면 순자는 다음과 같이 말했다.

> 일식이나 월식 때 해와 달을 구제하려는 것이나 가뭄에 기우제를 지내는 일, 점을 쳐서 큰일을 결정하는 것 등은 좋은 결과를 얻기 위해서 하는 것이 아니라 의례적으로 행하는 것이다. 그래서 군자는 그것을 꾸밈으로 생각하고, 백성은 그것을 신령스럽게 여긴다. 꾸밈으로 생각하면 길하게 되고, 신령스럽게 생각하면 흉이 된다.[17]

자신은 종교·미신을 믿지 않지만 정치를 미화하고 군중을 기만하려는 목적으로 여전히 종교·미신 형식을 유지하려는 생각은 이후 대다수 유물주의자와 무신론자들에게 수용되었다. 이는 고대 유물주의자와 무신론자들의 계급적 한계를 반영한 것이다.

중국의 고대 속문화에는 체계적인 철학이론이 없는 대신 지극히 천박한 처세술은 대단히 많다. 그 중 핵심적인 것은 저속하고 졸렬한 가치관이다. 이러한 처세술은 『증광현문增廣賢文』과 같은 통속 서적에 버젓이 씌어 아주 널리 퍼지고 전해졌다.

저속한 가치관이 추구하는 인생 가치는 부귀와 권세, 가무와 여색, 많은

---

17) 『荀子』, 「天論」, "日月食而救之, 天旱而雩, 卜筮然後決大事, 非以爲得求也, 以文之也. 故君子以爲文, 而百姓以爲神. 以爲文則吉, 以爲神則凶也."

자식들 같은 것들인데, 요약하여 말하자면 자신의 물질적인 이익을 벗어나지 않는다. 이러한 저속하고 졸렬한 가치관에는 일관된 이론체계가 없다. 비록 범인들이 추구하는 인생 가치가 물질적인 이익을 벗어나지 않는다는 면에서는 동일하지만, 사람마다 추구하는 구체적인 목표는 다양하다. 어떤 사람들은 부귀를 위해서는 큰 위험도 마다하지 않으면서 "사람은 재물을 위해 죽고 새는 먹이를 위해 죽는다"(人爲財死, 鳥爲食亡)라는 말을 신조로 삼는다. 어떤 사람들은 가무와 여색에 빠져서 죽더라도 이를 서슴지 않았으니, "술을 마주하고 노래하니 인생이란 과연 얼마인가"(對酒當歌, 人生幾何)라는 말이 그들의 신조이다. 또 어떤 사람들은 출세를 위해 사악하고 잔인하며 그 어떤 나쁜 일도 서슴지 않으면서 "도량이 작으면 군자가 아니요, 독하지 않으면 대장부가 아니다"(量小非君子, 無毒不丈夫)라는 말을 금과옥조로 여긴다. 또 어떤 사람들은 자신과 가족의 목숨을 보존하는 데만 급급해서 일에 부닥치면 책임지는 것을 두려워하고 감히 남 앞에 나서질 못하며 사람들의 미움을 살까 조심하면서 '명철보신明哲保身'을 신조로 삼는다. 이처럼 사람들은 추구하는 목표에 따라 처세술 또한 매우 다양하게 나타난다.

저속한 가치관과 처세술의 근원은 사유제이며, 착취하고 압박하는 사회제도가 존재하기 때문이다. 이것은 중국만의 전통이라기보다는 어느 나라 어느 민족에나 모두 존재하는 현상이다. 그러나 중국 고대의 저속하고 졸렬한 심리적 관습이 특히 심각하고 중국적 특색을 띠고 있는 것도 사실이다. 예를 들자면, 양수명梁漱溟이 주장한 중국 민족 품성의 10가지 특징 중에는 중국인 특유의 저속한 심리적 관습이 많다.

① 이기적이다. 자신과 그 가족에 대한 생각만 깊을 뿐 공적인 덕德을 말하지 않고, 모래알처럼 흩어지고 협력하지 않으며, 조직능력과 국가

및 공동체에 대한 책임감이 결여되었고, 사사로운 일을 따르고 공적인 일을 돌보지 않으며, 사적인 것에 욕심을 부리는 등의 관습을 가리킨다. ③ 예의를 중시한다. 번잡하고 불필요한 예절, 표면적인 호의와 인사치레 등의 관습을 가리킨다. 형식과 체면을 중시하여 허위에 이르기까지 하며, 실리를 희생시킬지언정 체면을 세우고자 하며, 허위의식을 채우기 위해 자신의 가산까지 탕진하기도 한다.

⑥ 구습에 얽매인다. 고대를 중시하고 현대를 경시하며, 잘못된 것을 답습하고 일시적인 안일을 탐한다. 또한 모험정신이 희박하여, 원래 살던 곳에 익숙해져서 쉽게 떠나려 하지 않고, 움직이는 것이 움직이지 않고 가만히 있는 것보다 못하다고 여긴다.

⑧ 참고 잘 견딤과 동시에 잔인하다. 잔인하다 함은 사람 또는 사물에 대하여 동정심이 부족한 것을 가리키는데, 이는 서양인들이 가장 비난하고 질책하는 바이다. 스스로 참고 견디는 일을 대단히 잘한다. 자제하고(克己), 스스로 힘쓰고(自勉), 치욕을 참고(忍辱), 손해를 달갑게 보는 것(吃虧) 등이 모두 여기에 속한다.……

⑩ 원숙하고 노련하다. 이는 중국 민족 품성의 총괄적인 특징이기 때문에 제일 마지막에 열거한다. 그 의미는 유유자적하고 조금도 당황하지 않으며, 듬직하고, 노련하고 신중하며, 속셈이 많고, 분수를 알고, 인정과 이치에 가깝고, 어느 쪽으로도 기울거나 치우치지 않으며, 능력이나 재능을 드러내지 않기에 최대의 적응력과 잠재력을 갖고 있음을 말한다.[18)]

중국 사람들이 사람을 대하고 일을 처리하는 방식에서 위와 같은 특징이

---

18) 梁漱溟, 『中國文化要義』(上海: 學林出版社, 1987年版), 22~23쪽, "(一) 自私自利. 此指身家念重, 不講公德, 一盤散沙, 不能合作, 缺乏組織能力, 對國家及共同團體缺乏責任感, 徇私廢公及貪私等. (三) 愛講禮貌. 此一面指繁文縟節, 虛情客套, 重形式, 愛面子以至於欺僞; 一面亦指寧犧牲實利而要面子, 爲爭一口氣而傾家蕩産. (六) 守舊. 此指好古薄今, 因襲苟安. 極少進取冒險精神, 安土重遷, 一動不如一靜等. (八) 堅忍及殘忍. 殘忍指對人或物缺乏同情, 此最爲西洋人所指斥譴責者. 堅忍則謂自己能忍耐至甚高之程度. 克己, 自勉, 忍辱, 吃虧等皆屬於此. (十) 圓熟老到. 此蓋爲中國民族品性之總括的特徵, 故列以爲殿. 其含義有, 悠悠然不慌不忙, 穩健, 老成持重, 心眼多, 有分寸, 近情近理, 不偏不倚, 不露圭角而其有最大之適應性及潛力."

형성된 원인은 다양하지만, 그 중에서 가장 주요한 것은 장기간의 봉건전제주의와 관료정치의 압박과 타락 때문이다.

양수명은 중국 사람들이 모래알처럼 흩어지는 것은 집단생활이 부족한 결과이고, 집단생활이 부족한 것은 또한 가족제도가 특별히 발달된 결과라고 보았다. 전자는 꽤 일리가 있지만 후자는 좀 더 논의해 보아야 할 것이다. 중국의 봉건전제주의는 사회에서 자연적으로 형성되는 집단생활에 대해 대단히 민감하게 반응하면서 온갖 방법을 다 써서 그것을 무너뜨리려고 한다. 예를 들면, 한대와 명대에 사대부들의 정치적 집단(이른바 '黨')에 대해 대대적인 탄압을 진행했는데, 주원장은 원시적인 민주사상을 드러냈던 맹자를 공자의 사당(文廟)에서 내쫓기도 했다. 또 청대의 건륭황제는 유가에서 줄곧 창도하던 '천하의 일을 자신의 소임으로 삼는' 사상을 혹독하게 비판했다. 그는 "네가 천하의 일을 자신의 소임으로 삼는다면 황제인 나는 무엇을 하는 사람인가? 천하의 일을 자신의 소임으로 삼는 자는 바로 대역무도한 놈일 뿐이다"라고 했다. 청대의 통치자들은 사대부들 가운데서 정치적 집단이 생기는 것을 막기 위해 윤가전尹嘉銓의 안건을 구실 삼아 '끓는 가마솥 밑에서 불붙은 나무를 끄집어내는' 방식으로 문제를 근원적으로 해결하고자 했다. 노신은 이것을 매우 심각하게 분석한 바 있다. 윤가전은 아들을 시켜 건륭황제에게 '우리 왕조'(我朝)의 명신인 당빈唐斌, 범문정范文程, 이광지李光地, 고팔대顧八代, 장백행張伯行과 자신을 공자의 사당에 배향하도록 허락해 줄 것을 상주했다가 건륭황제의 노여움을 사서 결국 목이 달아나게 되었다. 이를 노신은 다음과 같이 분석했다.

이 일의 화근은 비록 그가 '분수를 알지 못한 것'에서 비롯된 것이지만, 더 큰 원인은 그가 명유名儒로 자처했을 뿐만 아니라 또한 명신名臣들을 배향할 것을 요구했기 때문이다. 이러한 행위는 모두 '용서받지 못할'(不可恕) 점들이었다. 청나라는 비록 주자를 존숭(尊崇)했지만, '존숭'에 머물렀지 '따라하지는'(學樣) 못하게 했다. 왜냐하면, 따라하면 학술 강연을 하게 되고, 그렇게 되면 또한 학설이 있게 되고 문도들이 생기게 된다. 또한 그렇게 되면 문호(門戶)가 형성되고 문호의 논쟁이 있게 됨으로써 결국 '태평성세에 누(累)가 되기 때문이다.[19]

봉건전제주의자들은 '군자는 편당하지 않는다'(君子不黨)는 공자의 명언을 왜곡하여 결당(結黨)현상에 대해 옳고 그름을 따지지 않고 일률적으로 엄금했고, 앞장선 자를 공격하거나 벌하는 악랄한 수단으로써 자연적으로 형성된 사회의 지도 인물을 엄벌에 처했다. 봉건사회의 법률에는 또 구족(九族)을 연좌시키는 대단히 잔혹한 수단이 있었다. 즉 한 사람이 법을 어기면 처자식뿐만 아니라 동족과 친척, 심지어는 친구들까지도 연루된다. 이러한 것들은 모두 중국 고대에 집단생활이 발전되지 못한 근본 원인이다. 속문화 중의 많은 처세술, 이를테면 '국사를 논하지 말라'(莫談國事), '자신과 무관한 일이면 거들떠보지도 말라'(事不關己, 高高掛起), '사람은 유명해지면 화를 자초하기 쉽고, 돼지는 살찌면 도살당하기 쉽다'(人怕出名, 豬怕壯) 등과 같은 말은 봉건전제주의의 강압에서 장기간 살아온 경험담에서 생겨난 것이었다. 이러한 봉건전제주의의 강압에서는 필연적으로 단결력과 응집력이 결여됨으로 긴밀한 집단생활을 형성할 수 없다. 일단 권력의 진공상태가 벌어지게 되면(이를테면 민국 초기의 상황 같은) 나라 전체가 모래알마냥 흩어지는 상태에 빠질 수밖에 없다.

---

19) 魯迅, 『且介亭雜文』(北京: 人民出版社, 1973年版), 41쪽, "這回的禍機雖然發於他的不安分, 但大原因都在既以名儒自居, 又請將名臣從祀. 這都是大不可恕的地方. 淸朝雖然尊崇朱子, 但止于尊崇, 都不許學樣. 因爲一學樣, 就要講學, 於是而有學說, 於是而有門徒, 於是而有門戶, 於是而有門戶之爭, 這就足爲太平盛世之累."

빈부의 차별과 신분의 귀천이 존재하는 모든 사회에서 사람들에게 부귀롭게 되려는 마음이 있는 것은 불가피하다. 사회질서가 정상적인 시대에는 사람들이 되도록이면 광명정대한 경쟁을 통해 부귀를 추구한다. 각 왕조가 시작되는 때 또는 그 직후의 짧은 기간 내에는 확실히 그러했다. 그러나 봉건전제주의와 관료정치는 그 자체로 부패에로 나아가는 추세를 면치 못한다. 이는 한편으로는 금전과 권세 자체가 인간에 대한 엄청난 부패작용을 일으키기 때문이고, 다른 한편으로는 무한한 권력을 잡은 방대한 전제국가기구가 사회의 효과적인 감독을 받지 못하기 때문이다. 고대 중국에서는 짧게는 몇 십 년, 길게는 2, 3백 년 만에 한 번씩 정권이 바뀌었는데, 이는 전제국가기구의 자발적인 부패 추세가 주요한 원인의 하나였다. 정치가 부패함에 따라 정당한 경쟁의 길이 막혀서 "훌륭한 인재는 쓰이지 않고 그렇지 못한 사람들만 활개 치는 세상"이 되고, '성城 안의 여우와 사당의 쥐들'(城狐社鼠)처럼 나쁜 무리들이 요직을 차지함으로써 사회기풍 전반이 엉망진창이 되고 만다. 이런 혼탁한 세상에서 성장한 사람들의 품성은 자연히 왜곡되고 훼손될 수밖에 없다. 그러므로 시기하고, 잔인하고, 위선적이고, 교활하고, 탐욕스럽고, 아첨하고, 절제하지 못하는 등의 나쁘고 악한 품성이 갈수록 더해질 것은 당연한 사실이다.

중국 고대에도 과감하게 개혁하고 용감하게 나아가는 사람들은 적지 않았고, 정도正道를 지켜 아첨하지 않고 세속에 반항하는 사람들도 언제나 있었다. 그러나 봉건전제주의 및 관료정치의 부패와 수구적 추세는 만 마리의 소를 사용해도 끌어올 수 없는 힘을 가졌기 때문에 소수 사람들의 노력만으로는—비록 그 소수 사람들이 황제(이를테면 송나라 신종)나 재상(이를테면 왕안석)이라 할지라도— 변혁에 성공할 수 없었고, 그 운명은 항상 비참한 결과를 맺었다. 역사적인 심판은 결국 공정하기에 그들의 노력도 언젠가는 인정받게 되지만, 그것은 항상 일정 시간이 흐르고 상황이 변한 뒤라야만 한다. 그렇기 때문에 비록 영웅이라 할지라도 큰 뜻을 온전히 지켜 가기가 어려웠고, 일반 사람들의 경우에는 개혁하고 새롭게 시작하고 앞으로 나아가는 것을 더욱 두려워했다.

속문화 중의 저속한 심리적 관습은 한편으로는 봉건전제주의와 관료정치가 자생하는 중요한 온상이 되지만, 다른 한편으로는 애써 이룩한 사회구조와 국가기구를 흰개미 무리와도 같이 좀먹음으로써 한순간에 무너뜨리게 된다. 그러므로 봉건전제주의와 관료정치라는 화근을 제거하지 않고서는 이러한 악순환은 끝이 나지 않는다.

5. 전통문화와 현대화의 충돌

중국 전통문화에는 위의 여러 가지 결함과 부정적인 요소 외에도 가치관념이나 사유방식에서의 심각한 편향성이 존재한다. 이러한 편향성들에 대해서는 제1장에서 이미 분석한 바 있는데, 개괄해 보면 대체로 네 가지로 요약된다. 첫째는 이상을 중시하고 효용을 경시하는 것이다. 이는 윤리적으로는 의리를 무겁게 여기고 이익을 가볍게 보는 것으로, 직업관으로는 농업을 중시하고 상업을 경시하는 것으로 표현된다. 둘째는 협력을 중시하고 경쟁을 경시하는 것이다. 셋째는 계승을 중시하고 새롭게 시작함(創新)을 경시하는 것이다. 공자 또한 스스로 '서술하기만 하고 지어내지 않는다'(述而不作)고 하여, 전통을 특히 중시하고 남들과 다른 새롭고 기발한 주장을 내놓는 것을 비판했다. 넷째는 직각적直覺的 사유를 중시하고 '지식으로 깨닫는 것'(知解)을 경시하는 것이다. 이러한 심각한 편향성들은 중국 전통문화의 건전한 발전, 특히 근대 형태로의 발전에 대단히 큰 걸림돌이 되었다.

1840년부터의 일련의 거대한 역사적 변천을 거쳐 중국 전통문화의 시스템은 와해되고, 새로운 문화체계가 이미 초보적으로 기본적인 체계와 내용을 갖추게 되었다. 그러나 갖가지 역사적 원인으로 인해 전통문화에 대한 정리 작업은 아직 철저하지 못하다. 이는 한 방면으로는 그 중 긍정적이고 건전한 요소들을 계승하고 발전시키는 면이 매우 부족한 것으로 표현되고, 다른 한 방면으로는 그 중 부정적이고 진부한 것들을 비판하는 것이 철저하지 못하여 아직도 그러한 것들이 귀신이 몸을 누르듯 사람을 잡고 늘어지는 것으로 표현된다. 이러한 충돌은 주로 아래와 같은 여섯 가지 측면으로 드러난다.

① 관리를 귀하게 여기고 윗사람을 존경하는 낡은 전통과 민주정신의 충돌이다. 신해혁명은 봉건군주제도를 끝냄으로써 민주공화의 정치체제를 세웠고, 5·4운동은 '덕선생德先生'(民主)을 모셔 들였으며, 중국공산당은 28년 동안의 간고한 투쟁을 거쳐 인민민주독재제도를 창설하고 민주정치를 건설하는 측면에서 큰 성과를 올렸다. 그러나 관리를 귀하게 여기고 윗사람을 존경하는 낡은 전통과, 권력자 한 사람의 말에 따르는 '가장제' 및 '일언당一言堂'의 유풍이 여전히 민주정치 건설의 저해 요소로 잠복해 있었고, 심지어 어떤 때는 악질적으로 범람하여 민주정치를 텅 빈 형식으로 만들기까지 하였다. 북벌전쟁에서는 이른바 '군사는 북벌北伐이고 정치는 남침南侵'으로 되어 대혁명의 성과를 가짜 민주이자 진짜 독재인 장개석蔣介石 집단이 훔쳐 가고 말았으며, 신중국이 건립된 이후에는 또 '문화대혁명'이 일어나서 사회주의의 민주와 법치가 짓밟히고 말았다.

② 저속한 심리 관습과 혁명적 이상의 충돌이다. 백여 년간 요동친 풍파, 특히 중국공산당이 이끌어 간 간고한 투쟁은 청淸왕조 200여 년 간의 통치로

인해 형성된 속된 심리 관습과 충돌하게 되었다. 1950년대 초에 중국 인민들은 새로운 정신적 풍모로 세계의 무대 위에 등장했지만, 아쉽게도 건전하지 못한 민주정치와 고질화된 관료정치, 특히 '10년 동란'의 후유증으로 인해 저속한 심리 관습의 옛 모양이 되살아났다. 많은 사람들은 반면적인 경험과 교훈을 받아들이면서 한때는 삶의 정신적 지주였던 공산주의 이상을 공상空想으로 간주하고 이른바 '실익'을 추구하는 경향에로 되돌아갔다. 또한 높은 혁명적 열성과 참되게 원칙을 지키는 태도, 충성스럽고 성실한 처신을 고루하다고 보면서 몇 천 년 동안 봉건전제주의와 관료정치에 의해 형성되어 온 저속한 처세술을 다시 꺼내들고서 사회의 풍기를 문란하게 하는 심각한 문제를 초래했다.

③ 낡은 전통과 혁신정신의 충돌이다. 수십 년 동안의 사회주의 건설의 '정'과 '반' 양 방면의 경험은 개혁하지 않으면 출구가 없음을 증명하였는데, 낡은 방법을 답습하는 낡은 전통은 개혁의 과정에서 부딪치는 가장 큰 장애가 되었다. 오늘날 사람들이 지키려는 낡은 것은 비록 지난날과는 다르지만, 낡은 방법을 답습하려는 심리는 역시 조상 대대로 전해온 것이다.

④ 전통적 가치관념, 사유방식의 편파성과 새 시대 요구와의 충돌이다. 이를테면, 이상을 중시하고 효용을 가볍게 보는 전통적 가치관념은 사회적으로 아직도 대단히 큰 영향을 미치고 있다.

⑤ 가족 본위와 자유 개성의 충돌이다. 중국 고대의 가족 본위는 서로의 의무를 무겁게 하고 개인의 권리와 자유를 가볍게 보는데, 이는 자유 개성에 대한 심각한 장애물이 될 수 있다. 가족성원들 서로간의 의무에 조심하는 것 자체는 잘못이 아니지만, 의무의 내용은 시대에 따라 변화되어야 한다. 많은 부모들은 자식이 일자리를 구하지 못하고 결혼하여 자립하지 못하면 자신들이 의무를 다하지 못했다고 여긴다. 또 자녀교육의 임무에 대해서도

부모들은 숨이 붙어 있는 한 그 책임을 회피할 수 없다고 간주하고, 자녀와 사회도 부모에게 그렇게 요구한다. 이것은 분명 시대에 뒤떨어진 사고방식이다. 권리와 의무는 갈라놓을 수 없다. 어떤 부모들은 자녀들의 혼인과 직업의 선택에 간섭하고 심지어 성년 자녀들의 생활에도 간섭하는데, 이 또한 그러한 의무관과 갈라놓을 수 없다. 어떤 자녀들은 취직, 결혼 등의 일에서 지나치게 부모에 의존하고 심지어 부모의 생활에까지 간섭한다. 이러한 의무관에 가장제 유풍까지 더해지면 필연적으로 개성의 자유로운 발전에 엄청난 영향을 미치게 되고, 또한 그로 인해 민족 전체의 소질에도 나쁜 영향을 미치게 된다.

⑥ 여유롭고 산만한 습관과 기율과 효율성을 중시하는 관념의 충돌이다. 오랜 농업사회에서 중국 사람들은 여유롭고 산만한 습관이 길러졌다. 이러한 습관은 생산활동에서 표현될 뿐만 아니라 사회생활의 모든 영역에까지 널리 퍼져 있다. 이런 습관은 사회 각 계층에 감염되어 심각한 형태로 존재한다. '습관'이 갖는 힘은 대단하다. 생산과 사회생활에서 이미 엄청난 변화가 일어났지만 여전히 도처에서는 여유롭고 산만한 습관들을 찾아볼 수 있다. "8시에 회의를 소집하면 9시에 도착하고 10시부터 보고를 시작하며", 사소한 일을 가지고 끝이 없이 논의하고 질질 끌면서 결단을 내리지 않으며, 규율이 해이해지고 규범을 위반한 채로 작업을 진행하며, 시간을 낭비하고 효율성을 따지지 않는 등, 그 폐단이 대단히 많다. 이것은 현대화에 있어서 심각한 장애가 된다.

제9장 중국문화에 대한 논쟁(상)

　중국은 예로부터 문물文物이 빛나는 나라였다. 서양의 근대문화와 접촉하기 전까지의 중국은 줄곧 문화의 사출원射出源이었기 때문에 눈길이 닿는 '천하天下'에서는 자신과 지위가 대등한 다른 문화 중심을 찾아 볼 수 없었다. 이러한 사실은 중국 사람들에게 중국이 세계의 중심이고 하늘 아래에서 문화가 가장 발달한 나라라는 큰 착각을 안겨 주었다. 일찍이 전국시기부터 이러한 착각이 이미 사람들의 사상을 통치했는데, 이를테면 조趙나라 무령왕武靈王이 군사개혁을 위해 앞장서 '호복胡服'을 입으려 하자 이로 인해 큰 소란이 일어났다. 보수파의 대표인 공자성公子成은 다음과 같이 말했다.

　(신이 듣기로) '중국은 총명한 사람들이 사는 곳이며, 재화가 모이는 곳이며, 성현들이 가르치는 곳이며, 인의가 실행되는 곳이며, 시詩·서書·예禮·악樂이 쓰이는 곳이며, 특수한 재능과 기예를 실험하는 곳이며, 멀리서 와서 보고 배우는 곳이며, 오랑캐들에게 의義를 행하도록 하는 곳입니다.[1]

　이러한 중국중심주의는 2천 년 동안 중국 사람들의 사상을 지배해 왔다. 명나라 만력萬曆·천계天啓 연간에 예수회 선교사가 중국에 와서 금시초문이었

---

1) 『戰國策』, 「趙策二」, "中國者, 聰明睿智之所居也, 萬物財用之所聚也, 聖賢之所教也, 仁義之所施也, 詩書禮樂之所用也, 異敏技藝之所試也, 遠方之所觀赴也, 蠻夷之所義行也."

던 낯선 서양문화의 일부를 보여 주면서부터 중국중심주의는 도전에 직면했다. 중국문화에 관한 논쟁도 이로부터 서막이 올랐다.

16세기 이래의 문화논쟁은 대체로 네 단계로 나눌 수 있다. 제1단계는 예수회 선교사가 들어온 명나라 만력·천계 연간에서부터 청조의 옹정雍正 원년(1723)까지이고, 제2단계는 아편전쟁(1840)이 일어난 때로부터 5·4운동 전(1919)까지이며, 제3단계는 5·4운동으로부터 중화인민공화국의 성립(1949)까지이고, 제4단계는 1981년 이후부터 현재에 이르기까지이다.

이러한 문화논쟁들은 각 학파의 관점이 어지럽고 복잡하지만 대체로 네 가지 유형으로 정리될 수 있다. 첫째는 국수주의이고, 둘째는 전반적인 서양화 주장이고, 셋째는 앞의 두 극단에서 절충적인 입장을 취한 것이고, 넷째는 민족의 주체정신을 발양하고 중·서 문화의 장점을 종합하여 새로운 중국문화를 창조하려는 입장이다. 이 네 가지 유형의 주장에서 네 번째 주장만이 정확하다. 그러나 지금까지의 논의들은 대부분 앞의 세 가지에만 주목하고, 네 번째는 무시하거나 심지어 세 번째와 한데 섞어 같은 입장으로 논할 뿐이었다. 이는 참 안타까운 일이다.

1. '회통함으로써 따라잡고 이기자'(會通以求超勝)는 주장

중·서 문화의 직접적인 교류는 16세기 말부터 시작되었다. 당시 서양의 천주교는 종교개혁으로 인해 지위가 흔들리게 되자 해외 선교를 통한 세력 확장을 꾀하며 선교사를 중국에 보냈다. 그래서 마테오리치(Matteo Ricci, 1552~1610), 판토하(Diego de Pantoja, 1571~1618), 우르시스(Sabbatino de Ursis, 1575~1620), 롱고바르디(Nicolas Longobardi, 1559~1654), 슈렉(Johann Schreck, 1576~1630), 디아스

(Emmanuel Diaz, 1574~1659), 자크 로(Jacques Rho, 1593~1638), 알레니(Giulio Aleni, 1582~1649), 아담 샬(Johann Adam Schall von Bell, 1592~1666) 등이 만력萬曆 시기부터 천계天啓·숭정崇禎 연간까지(16세기 말에서 17세기 초) 차례로 중국에 와서 교묘한 방법으로 선교 활동을 펼쳤다. 그들은 중국 사람들이 지나치게 미신적인 종교는 싫어한다는 것을 알고 중국에 가장 부족하다고 느껴지는 과학지식을 미끼로 삼았는데, 대단히 효과적이었다. 그리하여 서광계徐光啓, 이지조李之藻 등 많은 중국학자들이 그들과의 내왕을 통해 서양의 자연과학, 주로 천문학과 수학을 받아들였으며 어떤 사람은 기독교도 믿게 되었다. 원래 명나라에서 실행한 『대통력大統曆』은 원나라의 곽수경郭守敬이 수정한 『수시력授時曆』에 근거했기 때문에 오류가 많았는데, 만력 말년에 주세육朱世堉과 형운로邢云路가 연이어 『대통력』의 오류를 지적하면서 역법을 다시 만들 것을 상소했다. 천계와 숭정 양대의 십여 년 동안 조정이 이를 큰일로 간주하여 결국 수차례의 논쟁을 거쳐 서광계와 이지조로 하여금 이 일을 주관하게 하고 마테오리치, 판토하, 우르시스를 '객경客卿'으로 함께 참여시킴으로써 서양의 천문학과 수학은 마침내 중국문화의 전당에 오르게 된다. 유명한 『숭정역서崇禎曆書』가 바로 서광계와 이천경李天經 등이 외국 선교사인 자크 로, 아담 샬 등과 협력하여 이루어 낸 것이다.

명나라 말기부터 시작된 중·서 문화교류는 청조 초기에 이르러서도 계속 확대되는 추세였다. 중국을 통치하게 된 청조는 선교사 아담 샬로 하여금 흠천감欽天監을 주관하도록 하였고, 또 명나라 숭정 연간에 완성된 『숭정역서』를 『서양신법역서西洋新法曆書』라는 이름으로 간행하였으며, 도르곤과 순치順治황제는 서양의 과학기술을 열심히 받아들였다. 이후 강희황제는 서학을 도입하는 데 혁혁한 공을 세웠다. 그는 과학 인재들을 끌어오기 위해 선교사인 페르디난트 페르비스트(Ferdinand Verbiest, 1623~1688)에게 특사의 자격을 주어 프랑스로 가도록 했고, 선교사들을 궁궐로 불러들여서 기하, 측량, 대수, 천문, 물리, 악리樂理, 해부학 지식 등을 강의하게 했다. 그러나 좋은 날은 오래가지 못했다. 1704년 로마 교황청은 중국에 있는 선교사들에게 중국의 신도들로 하여금 조상을 제사지내지 못하도록 하라고 명령을 내렸는데, 이러한 결정은 중국 사람들의 강력한 반발을 불러일으킬 수밖에 없었다. 1707년 교황이 파견한 공사가 마카오에 감금되었고, 옹정雍正 원년(1723)에는 중국 내의 선교사들을 모두 추방하였다. 백여 년 간 진행되어 오던 중·서 문화교류가 이로써 중단되고, 이후 백 년도 더 넘는 세월이 교류가 단절된 채 흘러갔다.

16세기 말부터 시작되어 18세기 초에 중단된 중·서 문화교류의 과정에서 중국 학자들 내부에서는 역법개혁 문제를 둘러싸고 장기간 논쟁이 벌어졌다. 이 논쟁은 비록 천문학과 수학 문제에 국한되었지만 각각의 입장은 그 이후의 각 단계에 있었던 입장들과 매우 비슷한 데가 있다.

역법 문제를 둘러싸고 벌인 논쟁은 간단하게 말하자면 서양 천문학과 수학의 성과를 수용하자는 사람들과 중국의 전통을 고수하자는 사람들 사이의 논쟁이었다. 그러나 서양의 성과를 수용하자는 사람들도 중국과 서양의 역산曆算 학문에 대한 태도가 완전히 일치하지 않았는데, 그것들을 세분화하면 네 파로 나눌 수 있다.

첫째는 서광계徐光啓와 이지조李之藻를 대표로 하는 분파이다. 그들은 일단 서양 학술이 뛰어난 데가 있음은 인정했다. 예를 들자면 서광계는 에우클레이데스의 『기하원본幾何原本』을 크게 칭찬하며 다음과 같이 말하였다.

드러난 것으로부터 드러나지 않은 것에 이르고, 의심으로부터 믿음을 얻으며, 쓸모없는 것을 가지고 쓸 수 있게 만들어 각종 용도의 기반이 되게

했다. 실로 만 가지 형상이 모이고 백 가지 학설이 일어나는 중심이라 할 수 있다.[2]

이지조李之藻는 마테오리치 등 선교사들이 가지고 온 물리, 기하 등과 같은 과학에는 "중국에서 여러 세대 동안 밝히지 못한 것들이 있다"라고 했다. 그러나 그들은 전반적인 서양화를 주장한 그 이후의 사람들처럼 맹목적으로 서양 학술을 숭배하지는 않았다. 서광계는 숭정 4년(1631)에 상소를 올려 '회통함으로써 따라잡고 이기자'는 주장을 제기했다. 그는 다음과 같이 말하였다.

> 따라잡고 이기려면 반드시 회통해야 하고, 회통하기 전에는 또 반드시 먼저 번역을 해야 한다.…… 번역작업은 하나의 단서가 될 수 있으니, 번역작업 후에는 그 뜻을 잘 아는 사람들에게 상세히 연구하여 결정하도록 해야 한다.[3]

중국이 서양을 따라잡고 이기려면 반드시 중·서를 회통하는 길, 즉 중국과 서양의 장점을 종합하는 길을 걸어야 하고, 또 그렇게 하기 위해서는 먼저 서학을 번역하고 소개해야 한다는 것이다. "서양의 방법을 아울러 받아들여도 무방하며, 여러 사상을 힘써 취해서 종합해야 한다"[4]는 것이 서광계와 이지조가 주장하고 힘써 실행한 학문의 태도였다.

둘째 분파는 황종희黃宗羲를 대표로 한다. 황종희는 중국·서양·이슬람의

---

2) 徐光啓, 『幾何原本』을 새기면서 쓴 서문, "由顯入微, 從疑得信, 蓋不用爲用, 衆用所基. 眞可謂萬象之形囿, 百家之學海."
3) 『明史』, 「徐光啓傳」, "欲求超勝, 必須會通, 會通之前, 先須翻譯.……翻譯旣有端緖, 然後令深知法意者參詳考定."
4) 『明史』, 「徐光啓傳」.

역법과 수학에 대하여 모두 연구했고 또한 여러 권의 천문天文과 역산曆算
저작을 완성했다. 그는 다음과 같이 말하였다.

주공周公과 상고商高의 학술이 중원에서 실전失傳되어 서양 사람들에게 빼앗
겼는데, 만약 서양의 학술을 힘써 구한다면 문양汶陽의 땅을 되돌려 받을
수 있을 것이다.5)

황종희의 관점이 서광계와 이지조와 다른 점은 천문학과 수학과 같은
구체적인 학문에 있는 것이 아니라 문화관에 있다. 비록 명확한 문화관을
제시하지는 않았지만 서학을 대단히 칭찬한 서광계와 이지조의 태도로
보아 그들은 문화 기원의 입장에 있어서 다원론으로 기울어진 것으로 보인다.
그러나 황종희는 문화 기원의 견해에서 일원론을 명확히 주장하고 또한
그 기원은 중국이라고 보았다. 이 역시 중국중심주의이다. 문화관이 다르기
때문에 서양의 학술에 대한 이해도 엇갈렸는데, 서광계와 이지조는 '회통하여
하나로 귀결하는'(會通歸一) 사업을 급무로 보았지만 황종희는 옛것을 되찾는
것을 급무로 간주했다.

셋째 분파는 왕석천王錫闡과 매문정梅文鼎을 대표로 한다. 왕석천과 매문정은
청대의 천문 역산학의 권위자들이다. 이들의 태도는 앞서의 두 가지 태도의
조화이다. 이들은 『숭정역서』가 반포되어 실행될 무렵, 서양 방법을 맹목적으
로 숭배하는 자들과 민족적 편견을 가지고 신법新法을 배척하는 수구파들에
대해 모두 옳다고 보지 않으면서 서광계의 주장을 거듭 표명했다. 왕석천은
다음과 같이 말하였다.

---

5) 梁啓超, 『中國近三百年學術史』(上海: 中華書局, 1936), 341쪽, "周公商高之術, 中原失傳而被
算於西人, 試按其言求之, 汶陽之田可歸也."

근대 서양의 신역법이 대체로 토반력土盤曆과 같은 계통이기는 하지만,
서양의 신법(書器)은 특히 완벽하여 천문·기상을 관측하는 것이 더욱 정밀하
다.…… 서광계徐光啟는 "중국이 서양을 따라잡고 이기려면 반드시 회통해야
하고, 회통하기 전에 반드시 먼저 번역해야 한다. 번역 작업은 하나의
단서가 될 수 있으니, 번역 작업 후에는 그 뜻을 잘 아는 사람들에게 상세히
연구하여 결정하도록 해야 한다"라고 했다. 그의 뜻은 서양의 방법으로써
발전을 추구하려는 것이지 기존의 법률과 규제를 더 완벽하게 하려는
것이 아니다. 서광계가 세상을 떠난 후 그 일을 계승한 사람들은 번역하는
단서는 이루었지만 회통하는 방법에는 아직 생각할 겨를이 없는 데다가
또한 스승의 주장을 지극히 공경하여 자기들과 견해가 다른 사람들을
배척하였기에 조정의 의견이 분분하다.…… 지금은 서양의 역법이 성행하여
원래 다른 주장을 가졌던 사람들도 말문이 막혀 논쟁을 되풀이하지 않는다.
그러나 서양의 역법이 오늘에 효과가 있다고 하는 것은 말이 되지만, 그것은
변할 수 없는 부동의 진리여서 더 이상 발전시킬 수 없다고 하면 말이
안 된다.[6]

그러나 이들은 서광계와 이지조의 주장을 그대로 계승하지 않고, 서양의
천문역산이 중국에서 근원되었다는 사상을 수용하였다. 이를테면 매문정은
서역의 역법을 연구한 저서에서 유럽 법은 중국의 주비유법周髀遺法이 서양으
로 흘러들어 간 결과라고 보았고, 매문정의 손자 매각성梅瑴成은 서양 대수학代
數學의 명칭이 algebra('東來法'이라는 뜻)라는 강희제의 제시에 근거하여 서양의
대수학은 중국의 천원술天元術에서 유래되었다고 주장했다. 그렇기 때문에
양계초는 왕석천과 매문정이 '회통함으로써 따라잡고 이기자'라고 말했던

---

6) 『歷說』1, "近代西洋新法, 大抵與土盤曆同原, 而書器尤備, 測候加精.……徐文定(徐光啟)以爲,
欲求超勝, 必須會通, 會通之前, 先須翻譯, 翻譯有緒, 然後令深知法意者參詳考定. 其意原欲因
西法求進, 非盡更成憲也. 文定既逝, 繼其事者僅能終翻譯之緒, 未遑及會通之法, 至矜其師說,
齗齗異己, 廷議紛紛.……今西法且盛行, 向之異議者亦詘而不復爭矣. 然以西法有驗於今可也,
如謂不易之法無事求進不可也."

배경에 황종희의 '문양汶陽의 땅을 되돌려 받는다'는 정서가 깔려 있다고 보았다. '회통함으로써 따라잡고 이기자'(會通以求超勝)는 서광계와 이지조의 관점은 왕석천, 매문정 등의 수정을 거쳐 청대 학계에 매우 큰 영향을 미쳤다.

서양을 따라 배우자는 사람들 중에서 상술한 세 가지 태도 외에 또 한 가지 태도가 더 있는데, 바로 왕석천이 비평한 '스승의 주장만을 공경하고 자기들과 견해가 다른 사람들을 배척하는' 태도이다. 그들은 서양의 역법을 '변할 수 없는 법' 즉 절대적인 진리라고 간주하면서 중국의 고유한 역법을 말살하였다. 이러한 사람들은 그 수가 적지 않았고, 자발적이든 아니든 예수교회 선교사들이 고취한 서양중심주의 신도가 되고 말았다.

중국의 낡은 법을 고수하려는 일부 사람들은 서양의 역법을 따라 배우자는 상술한 몇 가지 주장과 대립했다. 대표 인물들은 형운로邢云路, 위문괴魏文魁, 냉수충冷守忠, 양광선楊光先 등이다. 형운로와 위문괴는 구파舊派의 천문학자이고, 냉수충과 양광선은 생각이 낡고 완고한 유생이었다. 그들이 낸 반대 의견은 대체로 두 가지 측면을 포함했는데, 하나는 정치와 사회적인 측면이고 다른 하나는 학술적인 측면이다. 그런데 조지프 니덤이 말한 바와 같이 그들의 서양 역법 반대가 완전히 잘못된 것은 아니었다. 조지프 니덤은 다음과 같이 말했다.

> 예수교 선교사들이 스스로 당시의 유럽 과학이 우월하다고 여겼지만, 사실은 지나치게 과장했고 또한 많은 착오도 있었기 때문에 강력한 반작용이 일어날 수밖에 없었다.[7]

---

7) 李約瑟, 『中國科學技術史』(北京: 科學出版社, 1957년年版) 第4卷 第2分冊, 1091쪽.

그러나 반대론자들은 적극적인 공적을 쌓아가는 측면에서 너무나 한심했다. 냉수충과 같은 사람은 소옹邵雍의 『황극경세皇極經世』에 근거하여 역법을 수정하자고 할 정도였다. 그들의 서양 역법 반대에는 '경서經書의 뜻에 얽매여 함부로 의논하는' 비과학적 태도뿐만 아니라 맹목적인 배타 심리도 강하게 반영되어 있었다.

상술한 다섯 가지 관점 중에서 가장 정확한 것은 서광계와 이지조 일파이다. 그들이 제시한 '회통함으로써 따라잡고 이기자'는 주장은 문화학에서뿐만 아니라 천문·역산학에서도 대단히 식견이 높은 견해였다. 천문역산의 측면에서 예수교 선교사들이 소개한 학문 내용은 대체로 중국보다 선진적인 것들이었지만 중국보다 못한 것들 또한 많았다.

조지프 니덤의 연구에 따르면 서구의 과학지식이 중국보다 선진적인 측면은 여섯 가지이다. ① 일식日食과 월식月食을 예보하는 방법, ② 기하학적 분석 방법으로 행성운동을 해석한 것과 이러한 방법을 적용하기 위해 필요한 유클리드 기하학, ③ 해시계의 시간 표시, 아스트롤라베(astrolabe)의 입체시투영 및 측량 방면에서의 기하학의 응용, ④ 땅이 둥글다는 학설(地圓說)과 경위선經緯線으로 지구를 약간의 장방형 기준(方格)으로 구분한 것, ⑤ 16세기의 새로운 대수학과 계산 방법들 및 계산척計算尺[8] 같은 기계, ⑥ 의기儀器 제조, (용기·기구의) 눈금, 나선형 마이크로미터 및 각종 신기술 특히 망원경과 같은 것들이다.

그러나 예수회 선구사들은 또한 일부 잘못된 것, 시대에 뒤떨어진 것 심지어 종교적 미신도 가져왔다. ① 프톨레마이오스-아리스토텔레스 방식의 폐쇄적인 지구중심설이다. 이 학설은 우주가 지구를 중심으로 하는

---

8) 역자주: 로그의 원리를 이용하여 곱셈과 나눗셈, 제곱근풀이, 세제곱근풀이 등의 복잡한 계산을 간단하고 근사하게 할 수 있도록 만든 계산 기구.

많은 동심형同心型 고체수정구固體水晶球로 구성되었다고 하면서, 하늘은 열두 겹으로 되어 있는데 그 열두 번째가 천당이고 열한 번째는 원동천原動天이며 지구의 중심은 지옥이라고 보았다. 그들은 이러한 종교적인 우주 이론을 열심히 전파하면서 이를 근거로 중국의 선야설宣夜說과 혼천설渾天說을 비판했다. 그렇지만 중국의 우주학설은 분명 프톨레마이오스-아리스토텔레스의 체계보다 정확하다. ② 코페르니쿠스의 태양중심설이 중국에 전파되는 것을 방해하였다. 이 때문에 중국 사람들은 18세기 말에야 비로소 코페르니쿠스의 태양중심설을 접하게 되었는데, 이때는 코페르니쿠스의 학설이 알려진 지 이미 두 세기 반이나 지난 뒤였다. ③ 세차歲差 문제9)에 있어서 잘못된 이론을 주장함으로써 아무 이론도 제시하지 않는 중국인들의 신중한 태도를 대체해 버렸다. ④ 중국의 전통 천문학의 적도 좌표와 천극天極의 특징을 전혀 이해할 수 없었기 때문에 이십팔수二十八宿와 황도대黃道帶를 혼동하고, 전혀 필요 없는 십이궁十二宮을 끌어들였다. ⑤ 적도 좌표를 사용하고 있던 중국 천문학에 그다지 만족스럽지 않은 그리스 방식의 황도 좌표를 강요하였다.10) 만약 예수교 선교사들이 전수한 지식을 무조건 흡수하기만 한다면 중국 사람들은 자신들이 쌓아 온 많은 학문적 성과를 잃어버리게 될 뿐만 아니라 선교사들이 꾸며 놓은 미궁에 빠져 서양 천문학의 진정한 성과를 배우고 따라잡지 못하게 될 것이 뻔하다. 그러므로 '회통함으로써 따라잡고 이기는' 노력만이 근대과학으로 나아가는 희망찬 길이 될 것이다.

상술한 다섯 학파들의 관점 중에서 왕석천과 매문정 일파의 영향이 가장 크고 성과도 가장 풍부했다. 원래 서광계와 이지조 일파의 실제적인 문화다원

---

9) 역자주: 黃道와 赤道의 교차점이 매년 황도를 따라 서쪽으로 이동하는 것을 말함.
10) 李約瑟, 『中國科學技術史』 第4卷(北京: 科學出版社, 1957年版) 참조.

론은 본질적으로 정확했지만 그 당시의 중국에서는 공인받기 어려웠다. 한편으로는 중국중심주의의 사상이 방해하고 있었고, 다른 한편으로는 유럽 중심주의라는 예수교 선교사들의 거만한 태도가 중국 사람들의 반감과 비판을 불러일으켰기 때문이다. 그런데 왕석천과 매문정은 중국중심주의라는 감정에 휩싸이지 않았다. 이 점은 참 쉽지 않다. 그들은 실사구시의 태도로써 '회통함으로써 따라잡고 이기자'는 서광계와 이지조의 사업을 계승하였기 때문에 이러한 성과를 거둘 수 있었다.

왕석천과 매문정 일파 학자들의 학문 방향은 대체로 두 가지이다. 하나는 중국의 고유한 학술 성과를 발굴하고 정리하는 것이고, 다른 하나는 중국과 서양을 융합함으로써 예수교 선교사들이 가지고 온 서양 학술을 애써 능가해 보려는 것이다.

서광계가 비록 '회통함으로써 따라잡고 이기자'는 주장을 내놓았지만 그는 주로 서양 학술을 번역하고 소개했을 뿐이고 회통하는 방면에서는 큰 성적을 거두지 못했다. 그 중요한 원인의 하나는 중국의 전통 역산학이 명대明代에 커다란 균열이 생겼기 때문이다. 중국 고대의 천문학과 수학(아울러서 曆算이라고 칭함)은 성과가 대단히 컸고 송宋 · 원元 양대兩代에는 우뚝한 인물들이 배출되어 역산학이 가장 융성하게 발전되었다. 그러나 역산학은 명대에 접어들면서부터 급격히 쇠약해졌다. 전적과 문헌들이 대량으로 산실되었으며, 다행히 보전된 것들마저도 틀린 것이 많아 제대로 읽을 수가 없었다. 그래서 매문정 등은 '문양의 땅을 되돌려 받는다'는 신념 아래 중국의 전통 천문수학을 대규모로 발굴하고 정리하는 사업을 시작하였다. 매문정은 고역법古曆法에 관한 간단명료한 여러 가지 책들을 펴냈는데, 그 중 중국 역학사曆學史의 중요한 저서인 『고금역법통고古今曆法通考』에서 언급한 학설만도 무려 70여 개에 달한다. 대진戴震은 『산경算經』 10책을 편집하고 교정하였다. 가경嘉

慶·도광道光 연간에는 송·원시기 천문수학의 최고 성취를 대표하는 진구소秦 九紹의『수학구장數學九章』, 이치李治의『측원해경測圓海鏡』,『익고연단益古演段』, 주세걸朱世杰의『사원옥감四元玉鑒』 등이 대진, 전대흔錢大昕 등 여러 사람들의 발굴과 정리를 거쳐 세상에 크게 알려졌다. 이러한 사업들은 중국 고유의 천문과 역산학을 새롭게 해석하여 근대과학의 흐름에 합류시킴으로써 중·서 학술 회통의 추진에 중요한 역할을 하였다.

청대 학자들은 모든 과학이 다 서양사상에서 기원했다는 예수교 선교사들의 선전을 반대하고 중국중심주의를 논증하기 위해 중국의 고대 과학기술 사료의 발굴에 노력하였다. 진원룡陳元龍의『격치경원格致鏡原』(1735),『자사정 화子史精華』(1727) 등이 바로 그러한 성과들이다. 사상 경향의 편파성으로 인해 이러한 책들은 사료적인 해석에 있어서 억지로 만들어 붙인 측면도 없지 않지만, 중국 고유의 과학기술 성과를 새롭게 발견하는 측면에서 기여를 했던 부분도 있다.

왕석천·매문정 일파는 '회통함으로써 따라잡고 이기는' 실제 사업에서 눈에 띄는 성과를 거두었다. 천문학 방면에서 왕석천은『효암신법曉庵新法』을 발표했는데, 이는 중·서 천문학의 융합을 시도한 작품이다. 설봉조薛鳳祚도 중·서 학설의 융합을 시도한『천학회통天學會通』을 발표했다. 왕석천은 브라 헤(Tycho Brahe, 1546~1601) 체계의 토대 위에서 행성 위치를 계산하는 공식을 스스로 유도해 냈는데, 그 정확도가 이전 사람들보다 높았기 때문에[11] 확실히 회통을 통해 '발전을 추구하는' 목적에 달성했다고 할 수 있다.

그러나 예수교 선교사들이 소개한 천문학은 당시 서양의 가장 선진적인 지식이 아니었다. 더욱이 그들은 코페르니쿠스의 태양중심설을 장기간 숨겨 왔다. 때문에 회통으로써 발전을 추구하는 사업은 총체적으로 말하자면

---

11) 席澤宗,「試論王錫闡的天文工作」,『科學史集刊』第6期(1963).

애초에 서양을 따라잡고 능가할 수가 없었다. 예수교 선교사들의 출현은 '다만 명말청초라는 오리무중의 시대상황을 벗어나게'[12] 해 주고 중국 천문학으로 하여금 '세계적인 천문학과 합류하도록 하는'[13] 역할을 수행하였을 뿐이다.

수학 방면의 경우도 대체로 이러했다. 중국 수학자들은 서양의 수학을 배우고 수용하고, 또 명나라 이전의 중국 전통 수학을 새롭게 발견하는 것을 통해 건륭乾隆, 도광道光, 함풍咸豊 연간에 이르러 일련의 새로운 성과를 이룩하였다. 그러나 그들은 자신들의 힘으로 뉴턴과 라이프니츠의 수준에 이르지는 못했다. 이러한 상황은 옹정擁正 원년(1723)부터 시작된 쇄국정책과 밀접한 관계가 있다.

명말청초의 중·서 문화교류는 중국이 여전히 독립자주의 지위를 유지하고 있는 상황에서 진행되었다. 이러한 상황에서 비록 외세를 맹목적으로 배척하거나 맹목적으로 숭배하는 두 가지 편향성이 존재했지만 주류적 지위를 차지했던 것은 그래도 기본적으로 정확한 태도를 취한 입장들이었다. 이러한 사실은 중국 전통문화의 본성이 결코 폐쇄적인 것이 아니었음을 웅변적으로 증명하고 있다. 서광계 등이 창도하고 왕석천과 매문정 등이 추진한 '회통함으로써 따라잡고 이기자'는 사업은 비록 의도한 목적에는 도달하지 못했지만, 중국의 전통적 천문학과 수학이 비약적으로 발전할 수 있는 계기를 마련하였고 또한 세계적인 천문학과 수학의 대열에 합류할 수 있도록 분위기를 조성했다는 점은 높이 평가해야 한다.

---

12) 李約瑟, 『中國科學技術史』(北京: 科學出版社, 1957年版) 第4卷 第2分冊, 690~691쪽.
13) 李約瑟, 『中國科學技術史』(北京: 科學出版社, 1957年版) 第4卷 第2分冊, 690~691쪽.

2. '중학위체中學爲體, 서학위용西學爲用'

"중학위체中學爲體, 서학위용西學爲用"14)이라는 용어는 1896년 4월 심수강沈壽康이 『만국공보萬國公報』를 통해 발표한 「광시책匡時策」이라는 글에서 가장 먼저 보인다. 심수강은 "중국과 서양의 학술은 원래 각기 서로의 득실得失이 있기 때문에, 중국 사람을 놓고 말하자면 중학을 본체로 삼고(中學爲體) 서학을 응용하는 것(西學爲用)이 옳을 것이다"15)라고 하였다. 같은 해 8월, 손가정孫家鼎도 같은 표현법을 쓰면서 다음과 같이 말했다.

마땅히 중학中學을 위주로 하고 서학西學을 보조로 하며, 중학을 본체로 하고 서학을 응용해야 한다. 중학에 충분하지 못한 것이 있으면 서학으로써 보충하고, 중학에 잃어버린 것이 있으면 서학을 이용해서 도로 찾도록 해야 한다. 중학으로써 서학을 포괄해야지 서학으로써 중학을 압도해서는 안 된다.16)

2년 뒤, 유명한 양무파의 장지동張之洞이 『권학편勸學篇』에서 양무파의 관점에서 "중학위체中學爲體, 서학위용西學爲用" 사상에 대해 해석하고 논증하였고, 이로부터 "중학위체, 서학위용"이라는 관점은 양무파의 특허품이 된 듯했다. 그러나 사실 이 관점은 19세기 후반기의 전반적인 시대사조로서, 당시 서학과 시무時務를 논하는 사람이라면 거의 모두가 이 주장을 찬성하거나 그 영향을

---

14) 역자주: 여기에서 中學은 유교 經學과 그것에 기초한 봉건 禮敎를 가리키고, 西學은 과학기술→정치제도→사상의식의 순차적이고 층위적인 단계를 거치는 서양문화를 가리킨다. 그것은 중국의 전통을 본체로 삼되 이전에는 업신여겼던 서양의 정신적·물질적 문화를 부분적으로 수용하겠다는 태도이다.

15) 沈壽康, "夫中西學問, 本自互有得失, 爲華人計, 宜以中學爲體, 西學爲用."

16) 孫家鼎, 「議復開辦京師大學堂折」, "應以中學爲主, 西學爲輔, 中學爲體, 西學爲用. 中學有未備者, 以西學補之, 中學有失傳者, 以西學還之, 以中學包羅西學, 不能以西學凌駕中學."

받았던 것이다. 양계초가 회상했듯이 "중학위체中學爲體, 서학위용西學爲用이라
는 구호는 그 당시 유신파維新派들의 유행어였기 때문에" "온 나라가 모두
이것을 지극히 당연한 말이라고 여겼다."[17]

이 학설의 연원은 위원魏原까지 거슬러 올라갈 수 있다. 위원은 『해국도지海
國圖志』에서 '서양의 기술을 배워서 서양 오랑캐들을 제압한다'(師師夷長技以制夷)
라는 주장을 제시하였다. 그가 말하는 기술이란 '군함', '화기火器'와 '군대를
훈련시키고 키우는 방법'을 가리킨다. 그러나 그는 이것만으로써 외적을
제압할 수 있다고 보지는 않았다. 위원에 의하면 '오랑캐로써 오랑캐를
제압하든' '서양의 기술을 이용해서 서양 오랑캐들을 제압하든' 모두 '병장기'
(兵機)에 불과하지 '군대의 근본'(兵本)은 아니다. 그는 명대 사람의 말을 빌려
"바다에서의 왜환倭患을 없애려면 먼저 사람 마음의 오랜 질환부터 없애야
한다"라고 했다. 이를 다시 말하면, 군대의 근본은 사람의 마음에 있다는
것이다. 이러한 위원의 사상은 후대 학자들에 의해 두 가지 다른 방향으로
발전되었다.

초기 양무파들은 "중국의 문물제도는 어느 것 할 것 없이 모두 서양
사람들을 능가하지만 유독 화기火器만은 미치지 못 한다"(李鴻章의 말)라고
했다. 그러므로 그들은 서양의 '견고한 배와 대포'를 만드는 법을 배움으로써
'자강自强'할 것을 주장했다. 물론 양무파들도 견고한 배와 대포를 만드는
법을 배우는 것만으로 만사대길하리라 믿을 정도로 어리석지는 않았다.
이홍장은 다음과 같이 말했다.

나라를 다스리는 전략을 보면, 전체가 있는가 하면 편단偏端도 있고 근본이
있는가 하면 지엽적인 것도 있다. 문제가 생기면 조급해져서 어쩔 수 없이

---

17) 梁啓超, 『淸代學術槪論』(上海: 商務印書館, 1923年版) 참조.

겉만 일시적으로 해결하지만, 이것이 본질적으로 국력을 기르고 보양하는 방법인 것은 아니다.[18]

다시 말하자면, 중국이 위험한 고비를 넘기고 나약함을 벗어나 강대해지자면 우선 문물제도의 정비에 힘써야 하는데 이른바 양무洋務운동은 지엽적인 것에 힘써 겉만 일시적으로 해결하는 방법이라는 사실을 그들 스스로도 인정했던 것이다. 그러므로 초기 양무파들에게는 중국 고유의 문물제도와 이데올로기가 중요하고 서양의 기물은 부차적이라는 사상이 있었다. 주부朱孚는 다음과 같이 말했다.

지금의 세상에서 외환外患을 멈추려면 반드시 자강自强해야 함을 사람들이 잘 알지만, 자강해야 하는 중점과 근본에 대해서는 잘 알지 못한다. 장비 선택을 잘하고 배를 만들고 육지와 바다를 방위하는 것은 지엽적인 것이고, 군인을 훈련시키고 장군을 뽑고 재물을 풍부하게 하고 군중을 단결시키는 것은 지엽적인 것 중에서 비교적 근본된 일이다. 정무를 익히고 구폐를 혁신하고 유능한 인재를 등용하고 성실함을 숭상하는 것은 근본된 일이고, 인심을 바로잡고 풍속을 변화시키고 백성의 도덕을 새롭게 하고 정성스럽게 자립하는 일에 애쓰는 것은 근본된 것 중에서도 근본된 일이다……. 인심을 어떻게 바로잡을 것인가? 몸소 교화하고 명교名教를 숭상하는 것이 그 중점이다. 풍속을 어떻게 변화시킬 것인가? 스승을 모시고 학술을 분별하는 것이 그 요지이다.[19]

---

18) 「同治四年八月初一日奏摺」, 『李文忠公全集』 奏稿, 卷九, "顧經國之略, 有全體, 有偏端, 有本有末. 如病方亟, 不得不治標, 非謂培補修養之方卽在是也."
19) 『復許竹篔書』, "今之天下, 欲弭外患, 非自强不可, 人能知之, 而自强之本, 人固不能盡知也. 簡器, 造船, 防陸, 防海, 末也, 練兵, 選將, 豐財, 和衆, 方爲末中之本. 修政事, 革弊法, 用才能, 崇樸實, 本也, 正人心, 移風俗, 新民德, 精爱立, 方爲本中之本.……. 人心何以正? 躬教化, 尊名教, 其大綱也. 風俗何以變? 崇師儒, 辨學術, 其大要也."

여기서는 이른바 본말本末을 네 개의 차원으로 구분하고 있는데, 주목할
필요가 있다.

이홍장보다 조금 앞선 시기(1861)에 임칙서林則徐의 제자 풍계분馮桂芬 역시
"중국의 윤상명교倫常名教를 본원으로 하고 제국諸國의 부강지술富强之術을 보조
로 하자"[20]라는 주장을 제시한 바 있다. 어떤 사람들은 이것을 초기 양무파의
중체서용中體西用 이론에 대한 개괄이라고 하는데, 사실 정확하지 않다. 풍계분
은 이홍장처럼 서양 문물제도의 장점을 완전히 무시하지 않고 오히려 중국도
이러한 측면에서 그들에게 뒤지는 면이 있음을 인정했다. 그는 중국은
"사람들의 재능을 활용하는 것이 오랑캐만 못하고, 땅의 이익을 남김없이
이용하는 것이 오랑캐만 못하고, 군민君民이 화합하는 것이 오랑캐만 못하고,
명실이 부합됨이 오랑캐만 못하다"[21]라고 주장하였다. 그렇기 때문에 그는
과거제도를 개혁할 것을 주장하면서 과학기술 인재를 장려하고 신사紳士들의
정치권력을 확대하며 인민들이 시가詩歌로써 자신의 의견을 표현하는 것을
허락해야 한다고 강조했다. 이것은 정치제도 측면의 일부 문제들과 관련되어
있다. 그리고 이것은 풍계분이 초기 양무파들과 관점을 같이하는 부분도
있지만 다른 면도 있음을 보여 준다. 즉 유가의 윤리도덕을 근본으로 하는
부분은 같지만, 부국강병의 방법에 대한 이해는 다른 것이다. 초기 양무파에
의하면 중국이 서양을 따라 배우는 것이 견고한 선박과 대포의 이로움에
국한되지만, 풍계분에 의하면 부강의 방법에는 정치제도 측면의 개혁도
일부 포함된다.

1870년대, 양무파들의 사상에 일부 변화가 일어났다. 그들은 대포와 선박을
제조하고 군대를 훈련시키는 것만으로는 자강하기에 부족하다는 것을 인식

---

20) 『校邠廬抗議』, "以中國之倫常名教爲原本, 輔以諸國富强之術."
21) 『校邠廬抗議』, "人無棄才不如夷, 地無遺利不如夷, 君民不隔不如夷, 名實必符不如夷."

하고 강대해지기 위해서는 먼저 부유해져야 한다고 하면서, '부유함에다 강함을 곁들이자'(寓强於富)는 구호를 제시하고 군사공업 외의 기업을 많이 꾸렸다. 이 시기에 왕도王韜, 마건충馬建忠, 설복성薛福成, 정관응鄭觀應 등과 같은 초기 개량파 인물들이 양무파에서 분화되어 나왔다. 그들은 서양이 부강할 수 있는 근본 원인은 그들의 정치경제제도에 있다고 보았다. 정관응은 다음과 같이 말했다.

> 혼란한 세상을 잘 다스리고 나라를 부강하게 할 수 있는 근본 원인은 견고한 선박과 대포가 주는 이익에만 있는 것이 아니라, 국회에서 상·하 의원이 마음을 같이하고 교양 방법이 적절한 데 있음을 알 수 있다. 학교를 꾸리고 서원을 넓히며 기예를 중시하고 심사를 공정하게 함으로써 모든 사람들이 재능을 다하도록 하고, 농학農學을 강의하고 수로를 편리하게 설치하며 메마른 땅을 옥토로 만듦으로써 땅이 스스로 모든 이득을 다 내놓도록 하게 해야 한다. 철도를 깔고 전선을 늘이며 세금을 적게 거둬들이고 상무商務를 보호하여 물적 유통이 막힘없게 해야 한다……. 인재는 학교에서 양성하고 정치는 의원에서 의논하며 군민이 일체가 되고 상·하가 한마음이 되는…… 이것이 체體이고 증기선, 화포, 총, 수뢰水雷, 철도, 전선電線과 같은 것들은 용用이다.[22)]

어떤 사람들은 여기에서 '중체서용中體西用'의 취지가 이미 흔들리고 있다고 보았다. 그러나 이것은 오해이다. 정관응과 기타 초기 개량파들은 모두 중체서용론자들이다. 왕도王韜는 다음과 같이 말했다.

---

22) 『盛世危言』, 「自序」, "乃知其治亂之源, 富强之本, 不盡在船堅炮利, 而在議院上下同心, 教養得法. 興學校, 廣書院, 重技藝, 別考課, 使人盡其才, 講農學, 利水道, 化瘠土爲良田, 使地盡其利, 造鐵路, 設電線, 薄稅斂, 保商務, 使物暢其流……育才於學校, 論政於議院, 君民一體, 上下同心……此其體也, 輪船, 火炮, 洋槍, 水雷, 鐵路, 電線, 此其用也."

기물은 서양으로부터 취하고 사람이 지켜야 할 도리는 자기 스스로에게서 구하여 몸소 실천해야 한다. 영원히 변치 않는 것은 공자의 도이다.[23)]

설복성薛福成도 다음과 같이 말했다.

서양 사람들의 기물과 수학에 관한 학문을 취하여 우리의 요堯·순舜·우禹·탕湯·문文·무武·주周·공孔의 도를 지키리라.[24)]

또 정관응은 다음과 같이 말했다.

무형의 법칙인 도道가 근본이고 유형의 사물인 기器가 말末이니, 기器는 변할 수 있어도 도는 변할 수 없다. 변하는 것은 부강의 권술이지 영원한 공맹의 도道가 아님을 알아야 한다.[25)]

중국의 전통문화가 근본이고 서학이 말末이다. 중국의 전통문화를 위주로 하고 서학을 보조로 삼아야 한다.[26)]

초기 개량파들에 의하면, 자본주의 경제제도와 군주입헌의 정치제도는 부강의 근본이기 때문에 만약 중국 사람들이 이러한 것을 배우지 않고 견고한 선박과 대포의 이익만을 추구한다면 '그 본체를 잊고 작용만 구하는 것'이어서 결국 부강하게 될 수 없지만, 이러한 '근본'과 '본체'도 지엽적인 것에서의 근본, 즉 '부강의 권술이지 근본에서의 근본이 아니다. 근본의 근본은 그래도 '영원히 변치 않는 공맹의 도'이다. 이러한 사상의 본질은 풍계분과 비슷하나

---

23) 『弢園文錄外編』, 권11, "器則取諸西國, 道則備自當躬. 蓋萬世不變者, 孔子之道."
24) 『籌洋芻議』, 「變法」, "取西人器數之學, 以衛吾堯舜禹湯文武周孔之道."
25) 『盛世危言新編』, 「凡例」, "道爲本, 器爲末, 器可變, 道不可變. 庶知所變者, 富强之權術而非孔孟之常經也."
26) 『盛世危言』, 「西學」, "中學其本也, 西學其末也. 主以中學, 輔以西學."

더욱 발전된 것이다. 다시 말하자면 그들은 핵심적 문제인 윤리도덕의 최고 차원과 군주정체君主政體의 의미에서만 '중학위본中學爲本'을 말하고 있다. 이들이 단지 '말末'과 '말末 중의 근본'이라는 두 차원에서만 '서용西用'을 논한 것은 초기 양무파들의 중체서용中體西用론과 구별된다.

1890년 중·일 갑오전쟁에서의 중국의 실패는 양무운동의 실패를 선고했고, 잇달아 개량파가 두각을 나타내기 시작하여 정치무대에서 양무파를 대체하는 세력이 되었다. 강유위康有爲, 양계초梁啓超 등을 대표로 하는 개량파는 초기 개량파와 변별되는 차이점이 있었다. 그들은 봉건전제제도를 개혁하는 것과 자본주의 법률을 제정하는 것을 변법의 핵심과 관건으로 간주했고, 자유·민권·평등 등 자산계급 관념을 긍정적으로 평가하면서 그것을 변법의 이론 기초로 간주했다. 이러한 입장은 그들로 하여금 '중체서용中體西用'이라는 간판을 계속 사용할 수 없게 했기 때문에, 강유위 같은 사람은 부득불 '서학중원설西學中源說'의 도움에 더 많이 의지했으며 민권 관념을 공자에게 억지로 끌어다 붙여서 여전히 '중체서용설'을 따르는 듯한 태도를 취했다. 이를테면 강유위는 "공자학, 불학, 송명 리학을 본체로 하고 사학史學과 서학西學을 응용으로 한다"27)라고 하였고, 양계초도 『경사대학당장정京師大學堂章程』 초안에 참여하여 "중학中學이 체體이고 서학이 용用이기 때문에 양자가 서로를 필요로 하여 어느 하나도 없어서는 안 된다"라고 하였다. 그렇지만 엄복嚴復, 담사동譚嗣同 같은 사람들은 중체서용론을 비판했다. 이미 기울어진 대세에도 불구하고 여전히 완강하게 저항 중이던 양무파들은 중체서용론을 개량파에 맞서는 간판으로 내세우고 있었기 때문이다.

무술변법 전후, 중체서용론을 둘러싼 양무파와 일부 개량파들 간의 논쟁을 자세히 분석해 보면 매우 재미있다.

---

27) 康有爲, 『梁啓超傳』, "以孔學佛學宋明理學爲體, 以史學西學爲用."

양무파의 대표 인물인 장지동張之洞은 1898년에 유명한 『권학편勸學篇』을 내놓았는데, 여기서 그는 '중체서용론'을 다음과 같이 설명하고 있다.

변할 수 없는 것은 윤리와 기강이지 법제가 아니다. 성인의 도道는 기계가 아니고 심술心術은 공예가 아니다…… 법은 변화에 적응하는 것이기에 모두 같을 수 없고, 도는 근본을 세우는 것이기에 같지 않으면 안 된다…… 이른바 도道가 근본이라 함은 삼강사유三綱四維를 가리키는 것이다.[28]

중학中學은 내학內學이고 서학은 외학外學이며, 중학은 심신을 다스리고 서학은 세상사에 호응한다. 모든 것을 경문에서 찾을 필요는 없지만 반드시 경의經義에 어그러지지 말아야 한다. 성인의 마음으로 성인의 행동을 행하며 효제와 충신을 덕으로 삼고 군주에 대한 존중과 백성 보호를 정政으로 삼는다면, 아침에 자동차를 운전하고 저녁에 철로를 달리더라도 성인의 제자가 됨에 해가 없을 것이다.[29]

장지동이 여기에서 수호하려는 '중체中體'는 초기 양무파들의 '문물제도'와는 달리 '삼강三綱·사유四維(군신·부자·부부 사이에 지켜야 할 세 가지 덕목과 禮·義·廉·恥), 즉 봉건적 윤리도덕과 사회질서 및 그것에 상응하는 봉건군주 정치제도(군주를 높이고 백성을 보호하는 정치), 즉 이른바 '윤리·기강', '성도聖道', '심술心術'이다. 그리고 그가 말하는 '서용西用'에는 '법제', '기계', '공예' 등이 포함되어 있다. 이러한 입장은 초기 개량파와 매우 비슷하지만 일으킨 작용은 정반대이다. 왜냐하면 초기 개량파들의 주장은 앞으로 나아가기 위한 탐색이었지만,

---

28) 『勸學篇外篇』, 「變法」, "不可變者, 倫紀也, 非法制也. 聖道也, 非器械也, 心術也, 非工藝也……法者, 所以適變也, 不可盡同, 道者, 所以立本也, 不可不一.……夫所謂道本者, 三綱四維是也."

29) 『勸學篇外篇』, 「會通」, "中學爲內學, 西學爲外學, 中學治心, 西學應世事. 不必盡索於經文, 而必不悖乎經義. 如其心聖人之心, 行聖人之行, 以孝弟忠信爲德, 以尊主庇民爲政, 雖朝運汽機, 夕馳鐵路, 無害爲聖人之徒也."

장지동의 주장은 개량파들의 민주·민권사상에 대한 반격이었고 군주입헌에 관한 개량파들의 실제적인 정치주장에 대한 방해였다. 그렇기 때문에 변법유신 문제에 있어서 그가 유신파에 동조하여 행했던 일부 언론들은 속임수에 지나지 않는다.

장지동의 '중체서용론'에 대하여 여러 사람이 정면으로 반박하였는데, 그 중에서도 엄복의 반박이 특히 심각했기 때문에 자세히 분석해 볼 필요가 있다. 엄복은 「외교신문 주간과 교육을 논한 글」(與外交報主人論敎育書)에서 '중학위체中學爲體, 서학위용西學爲用', '서양 정치를 근본으로 하고(西政爲本) 서양 과학을 지엽으로 하며(西藝爲末)', '중학을 위주로 하고(主于中學) 서학으로써 부족함을 보충함(以西學輔以不足) 등의 여러 가지 주장에 대해 체용일원설體用一原說을 기본적 근거로 하여 체계적으로 분석하고 비판했다. 그는 다음과 같이 말하였다.

저 금궤金匱(자금의 강소성 無錫)의 학자 구가부裘可桴(1857~1943)는, "체용體用은 한 사물에 대해 말하는 것이다. 소(牛)의 본체가 있으면 무거운 짐을 지는 작용이 있으며, 말(馬)의 본체가 있으면 멀리 달리는 작용이 있다. 소를 본체로 삼고 말을 작용으로 삼는다는 말을 들어보지 못했다"라고 했다. 중학中學과 서학西學의 다름은 중국인과 서양인의 얼굴만큼이나 다르기에 억지로 비슷하다고 할 수 없다. 그러므로 중학에는 중학의 체용이 있고 서학에는 서학의 체용이 있다. 그것을 분별하면 함께 설 수 있지만, 그것을 합치면 둘 다 망한다. 논자들은 그것을 합쳐 한 사물로 하고 또 한 본체의 한 가지 작용으로 간주하는데, 이는 그 글 뜻에 어긋나는 것이다. 이미 그렇게 말할 수 없다고 하였거늘 어찌 말한 것을 실행할 수 있다고 바랄 수 있겠는가30)

---

30) 嚴復, 「與外交報主人論敎育書」, "善夫金匱裘可桴孝廉之言曰, '體用者, 卽一物而言之也. 有牛
之體, 則有負重之用, 有馬之體, 則有致遠之用. 未聞以牛爲體, 以馬爲用者也.' 中西學之爲異也,

이는 '중학위체中學爲體, 서학위용西學爲用'의 이론에 대한 반박이다. 엄복은
중·서 문화를 서로 다른 두 개의 개체로 보면서 각기 체용이 있기 때문에
중체中體와 서용西用을 억지로 합치면 안 된다고 했다. 이러한 반박의 의미는
대단히 중요하다. 중체서용中體西用 이론의 정곡은 서양의 과학기술과 경제·
정치제도를 봉건적인 윤리도덕과 사회질서 또는 군주정체에 접목시키려
하는 데에 있다. 그러나 엄복의 이른바 '체용'은 '중체서용론자'들이 말하는
'체용'의 함의와 같지 않다. 엄복이 말하는 체용은 실체와 그 기능 및 작용을
의미하는 것으로서 중국 전통철학의 체용 범주에 해당하는 데 비해 '중체서용
론자'들이 말하는 체용은 이런 뜻이 아니다.

중국 전통철학에 있어서의 '체용'의 범주는 일련의 변화를 거쳤다. 송대의
철학에서 체용의 의미는 비교적 추상적인바, 체體는 영원하고 근본적이며
깊고 미묘한 것을 가리키고, 용用은 유동적이고 종속적이며 바깥으로 드러나
는 것을 가리키며, 체는 영원한 기초이고 용은 외적인 표현을 의미한다.
정이程頤가 말했듯이 "지극히 은미한 것은 리理이고 지극히 현저한 것은
상象이다. 체용은 일원一源이고 현미顯微는 무간無間하다."[31] 즉 '리理'를 체로
하고 '상象'을 용으로 하는데, 상은 바로 밖으로 나타나는 구체적 사물의
현상이다. 유동流動하고 종속적이며 밖으로 드러나는 것은 모두 '용'이라
할 수 있기 때문에 용은 기능, 작용이라는 뜻에만 국한되는 것이 아니다.
유심주의자들에 의하면 리理로부터 생산되거나 리를 근거로 하는 만사만물은
모두 '용'이라 할 수 있다. 이렇게 되면 체용은 또 본말本末, 주보主輔, 상변常變
등의 뜻도 함축하고 있다. 이러한 이론을 문화관에 적용하면 체體는 문화

如其種人之面目然, 不可强謂似也. 故中學有中學之體用, 西學有西學之體用. 分之則並立, 合之
則兩亡, 議者必欲合之而以爲一物, 且一體而一用之, 斯其文義違舛. 固已名之不可言矣, 烏望言
之而可行乎!"

31) 「易傳序」, "至微者理也, 至著者象也. 體用一源, 顯微無間."

계통의 주도적인 사상, 기본적인 원리로 전의轉義되고, 용用은 이러한 주도적 사상과 기본적 원리의 통제와 지배를 받는 구체적인 문화로 전의될 수 있다. 예를 들자면 송나라 초기에 호원胡瑗(정이의 스승)은 '명체달용明體達用'의 이론을 주장하면서, 성인의 도는 '체體'와 '문文'과 '용用'이라는 세 가지 차원으로 나뉠 수 있다고 하였다.

임금과 신하, 아버지와 자식, 인의예악처럼 세월이 흘러도 변치 않는 것이 곧 '체'이고, 『시경』, 『서경』, 사史, 전傳, 자子, 집集 등과 같이 후세에 길이 전해져 내려오는 것이 '문'이며, 그것들을 들어서 천하에 시행하여 백성들을 윤택하게 함으로써 황극皇極으로 이끄는 것이 곧 '용'이다.[32]

여기에서 '체'는 세월이 흘러도 변치 않는 원리를 가리키고, '문'은 여러 가지 문화 전적典籍을 가리키며, '용'은 '백성들을 윤택하게 하는' 기능이 있는 것을 가리킨다. 호원의 교육 방법은 다음과 같다.

경의經義와 치사治事라는 이재二齋를 세워, 경의經義는 심성이 통하고 큰일을 맡길 수 있는 도량과 재능이 있는 사람을 뽑아 육경을 밝히도록 하고, 치사治事는 한 사람이 한 가지 일을 전공하면서 다른 한 가지 일을 겸하도록 하는 것이다. 예를 들자면 관리로서 백성을 편하게 살 수 있게 하고, 무예를 닦아 적을 물리칠 수 있으며, 물을 막아 밭을 이롭게 하고, 역법을 잘하여 수학을 밝히는 것이다.[33]

---

32) 『宋元學案』, 「安定學案」, "君臣父子, 仁義禮樂, 曆世不可變者, 其體也, 詩書史傳子集, 垂法後世者, 其文也, 舉而措之天下, 能潤澤其民歸於皇極者, 其用也."
33) 『宋元學案』, 「安定學案」, "立經義治事二齋, 經義則選擇其心性疏通, 有器局, 可任大事者, 使之講明六經, 治事則一人各治一事, 又兼攝一事. 如治民以安其生, 講武以禦其寇, 堰水以利田, 算曆以明數是也."

여기서 말하는 경의經義는 '명체明體'의 학문이고 '치사治事'는 '달용達用'의 학문이다. 또 예를 들면 청나라 초기의 이옹李顒은 '명체적용明體適用'의 학문에 대해 논하면서 다음과 같이 말하였다.

궁리치지窮理致知하여 안으로 반성하면 마음을 인식하고 본성을 깨달으며 실속 있게 수양하고 실증하게 되며, 밖으로 이르면 사물을 처리하고 일을 이룩하며 중생을 위로하고 구제할 수 있다. 이것이 명체적용明體適用이다.[34]

밝히는 것을 마음에 두어 '체'로 하고 세상을 다스리고 사물을 주재하는 것을 '용'으로 하면, '체'는 '진실한 체'가 되고 '용'은 '실속 있는 용'이 된다.…… 만약 안으로 도를 밝혀 마음에 두지 못하고 밖으로 세상 물정을 다스리지 못하면, '체' 또한 허체虛體일 뿐이고 '용' 또한 무용無用일 뿐이다.[35]

이로부터 문화관에서의 체용과 본체론에서의 체용은 같지 않음을 알 수 있다. 본체론에서의 체용은 영원한 기초와 외재적인 표현을 가리키지만, 문화관에서의 체용은 기본적인 원리와 원리의 실제적인 적용을 가리킨다. 전자는 철학이고 윤리학이며, 후자는 정치, 군사, 농지수리農地水利, 천문역산 등등이다. 이옹은 또 다음과 같이 말하였다.

체體를 밝히되 적용하지 않으면 썩어 빠져 아무 쓸모없게 되는(腐) 실수에 이르고, 적용은 하되 체를 밝히지 않으면 무력과 권모술수를 부리는(霸) 실수에 이른다. 이는 모두 배운 사람들이 할 만한 바가 아니다.[36]

---

34) 『二曲集』, 권14, "窮理致知, 反之於內, 則識心悟性, 實修實證, 達之於外, 則開物成務, 康濟群生. 夫是之謂明體達用."
35) 『二曲集』, 권16, "明存在心以爲體, 經世宰物以爲用, 則體爲眞體, 用爲實用.……苟內不足以明道存心, 外不足以經世宰物, 則體爲虛體, 用爲無用."
36) 「體用全學序」, "明體而不適用, 失之腐, 適用而不明體, 失之霸. 腐與霸, 非所以言學也."

여기서 부腐는 진陳腐하다는 뜻이고, 패霸는 패도霸道를 가리킨다. 위의 말은 명체지학明體之學과 적용지학適用之學이 서로 통일되면서도 구별되는 관계임을 말해 준다. 적용지학은 명체지학의 지도를 받아야 하는데, 왕도王道의 원칙을 벗어나 패술霸術로 나가서는 안 된다는 점에서 둘은 공통되지만 적용지학은 명체지학이 허용하는 범위 내에서는 고정불변하는 것이 아니기 때문에 원칙에 구애되어 고루함의 실수를 범해서는 안 된다는 점에서 차이점이 있다.

'중체서용中體西用'을 주장하는 사람들이 말하는 '체용'은 중국의 전통적인 문화체용론을 계승한 것이다. 이를테면 정관응은 도道를 본本으로 하고 기器를 말末로 여겼다. 그가 말하는 이른바 도道란 만물과 인성의 본원本原을 가리키고, 하나의 학문으로서는 '성명性命의 본원을 모두 포함하여 하늘과 인간의 이치를 통하는' 원리의 학문을 가리킨다. 그리고 그가 말하는 이른바 기器란 만물을 가리키고, 하나의 학문으로서는 모든 기학汽學 · 광학光學 · 화학化學 · 수학數學 · 역학力學 · 천학天學 · 지학地學 · 전기학 등 '후천적인 형기지학形器之學'을 가리킨다. 또 장지동은 "학교에서 배워야 할 것에는 다섯 가지 요점이 있는데, 첫째는 새로운 것과 낡은 것을 함께 배워야 한다는 것이다. 『사서』, 『오경』, 중국의 역사사건(史事), 정치서적(政書), 지도地圖는 낡은 학문이고, 서양의 정치, 서양의 기예, 서양의 역사는 새로운 학문이다. 낡은 학문을 체體로 하고 새로운 학문을 용用으로 하여 똑같이 중시해야 한다"[37)라고 하였다.

요약하여 말하자면, 중체서용을 주장하는 사람들이 말하는 '체용'이란 단일한 개체와 그 기능 및 작용의 관계를 가리키는 것이 아니라 문화 계통의

---

37) 『勸學篇』, 「設學」, "其學堂之法約有五要, 一曰新舊兼學. 四書五經, 中國史事, 政書, 地圖爲舊學; 西政, 西藝, 西史爲新學. 舊學爲體, 新學爲用, 不使偏廢."

지도사상, 근본원칙과 그 지도를 받는 각각의 문화요소 및 그 기능과 작용의 관계를 가리킨다. 그러나 엄복은 이와 같은 본래의 의미에 있어서 '중체서용론'을 날카롭게 반박하지 못했고 그 비판은 핵심을 찌르지 못했다. 그래서 이후로도 천박한 체용론이 대단히 큰 영향을 미쳤고 지금까지도 적지 않은 사람들이 그것을 정론定論으로 믿고 있는데, 이러한 점을 상당히 주목해 보아야 할 것이다.

엄복은 또 다음과 같이 말했다.

정치가 근본이고 기예가 지엽적인 것이라고 하는 것은 전도되고 혼란스런 말이다. 이른바 기예란 과학을 가리키는 것이 아닌가? 명학名學(논리학)·수학數學·질학質學(화학)·역학力學(물리학) 이 네 가지가 모두 과학인데, 과학의 통상적 이치와 통칙은 갈래가 대단히 많다. 서양 정치의 좋은 점도 바로 거기에서 나온다.…… 중국의 정치가 갈수록 그 부족함을 드러내고 생존경쟁을 할 수 없는 것도 과학에 근거하지 않고 통상적 이치와 통칙에 어긋나기 때문이다. 그러므로 과학을 기예라고 한다면 서양의 기예가 사실 서양 정치의 근본이라 할 수 있는 것이다. 정치와 기예가 함께 과학에서 나왔고 마치 왼손과 오른손과도 같은데, 기예를 과학이 아니라고 할 수 있겠는가? 좌·우의 모습을 본·말이라고 한다는 말은 들어보지 못했다.[38]

여기서 엄복이 비판하는 '정치가 본本이고 기예가 말末'이라는 입장 또한 장지동의 주장이다. 엄복은 서양의 정치와 기예가 모두 과학에 근거했다고 보았다. 엄복이 말하는 과학에는 자연과학뿐만 아니라 자산계급의 사회정치 이론도 포함되었기 때문에 의미가 상당히 컸다. 왜냐하면 이는 자유, 민주와

---

38) 嚴復, 「與外交報主人論教育書」, "其曰政本而藝末也, 滋所謂顚倒錯亂者矣. 且其所謂藝者, 非指科學乎? 名·數·質·力四者皆科學也, 其通理公例, 經緯萬端. 而西政之善, 卽本斯而起……中國之政所以日形其絀, 不足爭存者, 亦坐不本科學, 而與通理公例違行故耳. 是故以科學爲藝, 則西藝實西政之本. 設謂藝非科學, 則政藝二者並出於科學, 若左右手然. 未聞左右相爲本末也."

같은 서양 자산계급의 정치 관념을 수용하고 그것으로써 정치를 이끌어 갈 필요성을 이론적으로 논증했기 때문이다. 이는 전통적 중체서용론에 대한 실질적인 돌파구 역할을 하였다.

엄복은 또 다음과 같이 말했다.

오늘날 우리나라의 큰 환란 중에서 사람들의 생각에 이른바 잘못되었다고 생각하는 것은 그렇게 심각한 우환이 아니나, 사람들의 생각에 옳다고 여기는 것은 대단히 심각한 우환이다. 만족하지 못함을 얻고자 하는 것은 쉬운 일이나 스스로 만족하다고 여기는 것의 잘못됨을 구제하는 일은 쉽지 않다. 한 나라의 정치·교육·학술은 마치 여러 기관을 갖춘 물체와도 같다. 머리·등·가슴이 있은 뒤에 육부六府와 사지가 있게 되고, 줄기와 뿌리가 있은 뒤에 가지와 잎이 무성해진다. 취하려는 보조적인 것이 주된 것과 절대로 같지 않다면 천리마의 사지를 소의 목덜미에 붙여 놓고 천리를 달리라고 하는 것과 다름이 없게 되기 때문에, 이렇게 되면 얻음이 없음은 물론이거니와 그렇게 하느라 들인 공도 없어지고 만다. 근세에 변법을 말하는 자들이 대체로 그 근본을 헤아리지 않고 부차적인 것을 가지고 일을 도모하려다가 성과가 없으면 이상하다고 생각하는데, 그 책략 자체가 이미 잘될 리 만무함을 모르고 그런 꼴을 당하고 나서야 알게 되니 참 한심한 일이다.[39]

이 말은 "중학위주中學爲主, 서학위보西學爲輔"의 이론에 대한 비판이다. 엄복은 문화를 유기적인 생명체로 비유하면서, 근본적인 것과 지엽적인

---

39) 嚴復, 「與外交報主人論教育書」, "嘗謂吾國今日之大患, 其存于人意之所謂非者淺, 而存于人意之所謂是者深. 圖其所謂不足者易, 而救其所自以爲足者難. 一國之政·敎·學術, 其如其官之物歟? 有其元首脊腹, 而后有其六腑四肢, 有其質于根, 而后有其枝葉華實. 使所取以輔者與所主者絶不同物, 將无異取驥之四蹄, 以附牛之項領, 從而責千里焉, 固不可得, 而田隴之功又以廢也. 晚近世言變法者, 大抵不揣其本, 而欲支節爲之, 及其无功, 輒自詑怪, 不知方其造謀, 其无成之理固已具矣, 尙何待及之而后知乎?"

것, 주요한 것과 보조적인 것이 서로 조화되어야만 비로소 스스로의 기능과 작용을 발휘할 수 있고, 만약 주요한 것과 보조적인 것이 완전히 다른 사물이라면 그 들인 공도 없어진다고 보았다. 엄복은 또 양무파들이 실패한 근본적인 문제가 '근본을 헤아리지 않고 부차적인 것으로 하려 해서' 소에게 말의 사지를 붙여 놓고 천리를 달리라고 한 데에 있다고 보았다. 이러한 비판도 대단히 정확하게 문제의 핵심을 찌른 것이었다.

중체서용은 일종의 이론으로서 나름대로의 도리道理가 전혀 없는 것은 아니다. 어떤 문화시스템이든 모두 세계관, 가치관, 사유방식과 같은 자기의 주도적 사상과 근본적인 원칙이 있고, 또 그것과 어울리는 정치경제제도가 있다. 이러한 것들이 건전하다면 충분히 외래문화의 일부 요소들을 도입하여 사용할 수 있다. 이것과 관련하여 중국 역사에 많은 성공적인 사례가 있다. 전국시대의 조나라 무령왕武靈王이 호복을 입고 말을 타고 활쏘기를 익힌 유명한 사례가 바로 그것이다. 오늘날 마르크스주의가 주도적 지위를 차지하고 사회주의 경제정치제도를 확립한 상황에서도 구체적인 경제·정치·과학기술·교육체제 방면에서 개혁을 진행할 수 있고 외래의 선진적인 과학기술과 경영관리방법도 도입할 수 있으며 더 나아가 부분적으로 자본주의적 경제요소도 받아들일 수 있는 것이다. 이것도 일종의 중체서용이다. 도를 담는 그릇은 변했으나 도는 변하지 않았기 때문이다. 그럼에도 '중체서용'의 이론이 통하지 못했던 근본 원인은, '삼강三綱'·'사유四維' 같은 '도道' 및 그와 어울리는 봉건경제정체제도가 이미 시대에 뒤떨어졌기 때문에 그 '체體'와 '서용西用'이 서로 용납할 수 없었다는 점에 있다. 예를 들면, 정치문화에서의 전제주의는 과학 발전과 어울릴 수 없었고, 민주적인 정치제도는 '삼강'과 어울릴 수 없었으며, 봉건적인 정치제도는 자본주의 상공업과 어울릴 수 없었던 것이다. 이러한 비非포용성은 중국 전통문화라는 이 '체體'는

'서용西用'의 도입에 따라 필연적으로 격렬한 충돌을 일으키고, 이후 후퇴를 일삼다가 결국 없어지게 될 것이었음을 말해 준다.

'중체서용'의 이론적 잘못의 하나는 역사적인 경험을 외래문화 도입의 보편적 규율과 원칙으로 끌어올린 것이다. 사실 그것은 선진적인 문화 계통이 낙후한 문화 계통의 문화적 요소를 섭취할 때나 동등한 수준의 두 개의 문화 계통이 서로 배우고자 할 때에나 통할 수 있는 것이고, 흡수되는 문화적 요소가 원래의 계통을 분리할 수 있고 수용 계통에 대한 포용성을 지니고 있다는 전제 하에서만이 될 수 있으며, 수용하는 계통 자체가 아직 건전할 때에나 실행 가능한 것이다. 두 번째의 잘못은, 각각의 민족문화가 필연코 통일된 세계문화(물론 각각의 민족문화는 여전히 민족적 특색을 유지하고 있는 상태이다)로 융합되는 근대에 오직 자기 민족문화만을 '체'로 하고 근본으로 삼고 위주로 했다는 데 있다. 중·서대립, 체용이원이라는 경직된 사유방식은 시대의 흐름과 맞지 않다. 문화주장에 관한 네 가지 유형 중에서 '중체서용론'은 조화·절충의 유형에 속하는 것으로서, 총체적으로 잘못된 입장이다.

문화주장으로서의 '중체서용론'은 근본부터 잘못된 것이지만, 이러한 이론이 형성된 원인과 역사적 잘잘못에 대해서는 전면적인 분석과 실사구시적인 평가를 해야 한다.

'중체서용론'은 대단히 오랜 기간 동안 경세파經世派, 양무파, 개량파 등이 광범위하게 수용하는 사회적 사조가 되었다. 이렇게 된 데는 중국중심주의라는 전통적인 편견, 중국에 대한 서구 열강들의 침략과 약탈, 이데올로기 측면에서의 태평천국 농민봉기, 민족자산계급이 일어난 후의 지주계급의 통치적 지위에 대한 위협, 서양문화에 대한 중국인들의 인식 수준 같은 여러 가지 원인들이 작용하였다. 그러므로 '중체서용론'은 이러한 여러 가지 요소들이 중국의 전통적인 문화체용관에 작용한 결과이다.

일찍이 명말청초의 중서 문화교류에서 중국중심주의가 매우 강렬하게 표현되었다. 그 구체적인 형식의 하나는 맹목적으로 외세를 배척하는 수구파의 대두이고, 다른 하나는 서학중원설西學中源說(서양의 기술이 원래 중국에서 발원한 것이라는 학설)이었는데, 후자는 서양 과학기술을 처음 접촉한 일부 지식인들 사이에서 그 영향력이 대단히 컸다. 그런데 중국이 여전히 독립자주를 유지하고 있는 상황에서는 '서학중원설'이 수구파를 반박하고 또 서학을 수용하는 사람들의 심리적 균형을 유지하기에 충분했다면, 1840년 이후로 상황은 점점 그렇지 않게 되어 갔다. 우선, 서양을 배운다는 것은 적에게 배우는 것이었기에 상당한 용기를 필요로 했고, 또한 '서학중원설'보다 더 나은 여론 수단이 있어야 했다.

이 당시 극단적인 수구파들은 '오랑캐로써 중국을 개변시키려 한다'(用夷變夏)는 모자를 양무파들에게 씌웠을 뿐만 아니라, '술수術數에만 의존하고……쇠약衰弱을 불어오며' '중국의 공급과 백성들의 재물을 끌어다 서양인들한테 바친다'는 이유로 양무파들을 질책했다. 그들은 다만 수천 년 동안 내려온 중국의 예의염치禮義廉恥라는 '사유四維'만 굳게 지키면 백성들의 인심을 얻고 사기를 북돋울 수 있으며 외적을 물리치는 투쟁에서 불패의 자리에 설 수 있다고 유치하게 생각했던 것이다. 그들은 또한 서양의 기계와 선박을 만들려면 서양의 학술을 배우지 않을 수 없는데, 그렇게 되면 '세상의 모든 예의염치가 쓸모없고 서양의 학문만이 좋다고 하게 되어 결국은 인심마저 해체되고 말 것'이라고 걱정했다. 이러한 문제들은 '서학중원설'로써는 해결될 수 없음이 분명했는데, 중체서용론은 경세파, 양무파, 초기 개량파들을 도와 그들로 하여금 확고한 위치에 서게 하고 또한 극단적인 보수파들과 맞설 수 있게 하였다. 이를테면 극단적인 수구파들의 공격에 대해 이홍장李鴻章은 다음과 같이 변명하였다.

경국經國의 큰 전략을 보면 전체도 있고 부분도 있고 근본도 있고 지엽적인 것도 있다. 마치 급한 병이 나면 먼저 응급처리부터 해야 하듯이, 기르고 보충하고 수양하는 방법 이것이 전부인 것은 아니다.[40]

왕도王韜도 다음과 같이 말하였다.

풍속이 두텁고 인심이 좋으면 몽둥이만 들고서도 진이나 초나라의 견고하고 예리한 무력을 쳐부술 수 있는 것이다. 서양 학문이 이렇다 저렇다 하지만 그것이 다 나에게 쓰이지 않음이 없다. 이는 근본으로부터 지엽적인 것을 이루는 것으로서 양무를 하는 강령이고, 양무를 밝히려면 반드시 이것으로부터 시작해야 한다. [41]

문제가 대단히 분명한바, 양무파들이 서양을 따라 배우자는 것은 확실히 '견고하고 예리한 무력' 같은 것에만 국한되었다. 즉 그것은 오직 '지엽적인 것'(末)들이었는데, 그들은 중체서용이라는 무기를 들고 나오지 않으면 극단적인 수구파들의 공격과 질책에 맞설 수 없었다. 이에 비해 초기 개량파들은 서양의 기술뿐만 아니라 서양의 정치제도도 배울 것을 주장했기에 '중체서용론'의 보호로부터 벗어날 수밖에 없었다.

1840~60년대의 중국 사회의 계급적 대항은 여전히 전통적인 지주와 농민 간의 대항이었다. 태평천국 농민봉기는 배상제회拜上帝會를 종교적 간판으로 삼아 지주계급의 통치체제와 장기간 지주계급이 떠받들어 온 이데올로기에 도전하였다. 이는 농민봉기를 진압함으로써 출세한 양무파들에게도 심각한

---

40) 李鴻章, 「同治四年八月初一日奏摺」, "顧經國大略, 有全體, 有偏端, 有本有末. 如病方亟, 不得不治標, 非謂培補修養之方, 卽在是也."
41) 王韜, 『弢園文錄外編』, 「洋務下」, "風俗厚, 人心正, 可使制挺以撻秦楚之堅甲利兵矣! 西法云乎哉, 而西法自無不爲我用矣! 此由本以治末, 洋務之綱領也, 欲明洋務必自此始."

영향을 주지 않을 수 없었다. 이를테면 중국번曾國藩은 「토월비격討粵匪檄」 이라는 글에서 "광동의 비적들은 오랑캐의 행동을 흉내 내고 천주교를 받들며…… 수천 년 동안 이어져 온 중국의 예의인륜과 시서전적詩書典籍을 하루아침에 땅에 떨어뜨렸다"[42]라고 질책했다. 그는 이러한 일이 "우리 청나라의 큰 사변이고 천지개벽 이래 명교名教의 느닷없는 변화"(我大淸之變, 乃開闢以來名教之奇變)라고 하면서 농민봉기를 진압하는 행동이야말로 '도道를 수호하는 것'이라고 했다. 재미있는 것은, 이러한 '도를 수호하는'(衛道) 전쟁에서 양무파들은 바로 서양의 '기器'로써 그들이 보기에는 서양의 '도'와 같은 것들을 타도했던 것이다. "서양의 문물은 쓰기에 좋아서 크게 드러나게 된다"(洋法宜用, 於是大明)는 것은 '중체서용론'이 일어나게 된 중요한 배경이다. 초기의 '중체서용론자'들은 '서체西體'가 '중체中體'에 위험이 될 수 있다는 점을 얼마간은 알고 있었다. 그리고 '서체'의 잠재적 위협에 대한 인식과 '서용'의 실용적 가치에 토대하여 "물物에 관한 서양인들의 학문으로써 우리의 요堯·순舜·우禹·탕湯·문文·무武·주周·공孔의 도를 수호하자"[43]는 주장을 제시하였던 것이다.

1840년 이래, 중서 문화교류의 매개 역할을 한 것은 예수교 선교사와 같은 종교가 겸 학자들이 아니라 아편 장수, 상인, 병사 그리고 굴욕적인 조약에 의해 중국으로 들어올 수 있게 된 선교사들이었다. 그들 중 상당수는 서양 사회의 쓰레기들이었고, 살인과 약탈을 통해 돈벌이를 하러 중국에 온 모험가들이었다. 중국에서 행한 그들의 짓거리(이를테면 圓明園을 불태운 사건 등)는 중국 사람들에게 대단히 나쁜 인상을 주었다. 이 역시 '중체서용론'이

---

42) 曾國藩, 「討粵匪檄」, "粵匪竊外夷之緒, 崇天主之教……擧中國數千年禮儀人倫, 詩書典則, 一旦掃地蕩盡."
43) 薛福成, 『籌洋芻議』, 「變法」, "取西人器數之學, 以爲堯舜禹湯文武周孔之道."

크게 유행한 중요한 원인이다. 그 당시의 사람들에게 서양 사람들은 예의와 교양이 없고 전장典章과 문물도 없는 것으로 비쳤다. 이러한 시각은 서양에 대한 이해가 깊어짐에 따라 점차 개변되었으나, 서학에 대한 평가가 대단히 높은 정관응마저도 여전히 "지금 서양인들이 쓰고 있는 것은 다 패술霸術의 찌꺼기다"[44]라고 하였다. 중국 유가의 사회이상은 왕도王道이다. 왕도사상에 장기간 물든 중국 사람들은 침략자와 압박자로서 나타난 서양 사람들의 문화를 전반적으로 긍정하고 받아들이기 어려웠던 것이다.

1840년 이래로 서양을 따라 배우려는 중국 사람들은 처음에는 기술을 논하고, 그 다음으로는 정치체제를 논하고, 더 나아가 관념(敎)을 논하는 과정을 겪었다. 이른바 관념을 논함이란 서양의 자유, 민주, 평등 등 자산계급의 관념을 따라 배우자는 주장이다. 어떤 사람들은 이러한 과정이 "이질적 문화에 대한 접근은 물질로부터 시작된다"라는 규율에 부합된다고 하였는데, 이러한 견해는 더 논의해 보아야 한다.

현상으로부터 보면 이질적 문화에 대한 상호 수용은 어떤 차원에서든지 모두 시작될 수 있다. 예를 들면 중국 역사에서 인도문화에 대한 수용은 불교로부터 시작되었고, 음악, 미술, 무용, 의약, 논리학 같은 여타의 것은 불교를 따라 수입된 부산물이다. 아울러 이질적 문화에 대한 수용은 일반적으로 말하자면 반드시 전체적으로 수용해야 하는 것은 아니다. 조나라 무영왕이 호복을 입고 활쏘기를 한 것도 그 장점 한 가지만을 취했을 뿐이다. 근대에 기술적인 측면으로부터 서양을 따라 배우자는 말이 나오기 시작한 근본적인 원인은 중국이 서양의 침략을 받았기 때문이다. 하지만 기술을 논하는 데서부터 정치체제를 논하고 관념을 논하는 연쇄반응을 일으키게 된 것은, 한편으로는 이러한 기술과 정치체제 및 관념이 서로

---

44) 鄭觀應, 『盛世危言』, 「道器」, "今西人所用, 皆霸術之緒餘耳."

떨어질 수 없는 관계이기 때문이고, 다른 한편으로는 서양의 기술과 중국의 정치제도 및 관념 사이, 서양의 정치제도와 중국의 관념 사이에 서로 용납될 수 없는 어떤 것이 있었기 때문이다. 만약 견고하고 예리한 무력을 갖추려면 근대의 군사공업이나 기타 공업·교통·운수업 등이 있어야 하고, 근대 공업을 건립하자면 근대 경제제도와 그에 상응하는 정치제도가 있어야 하며, 근대 경제제도와 정치제도를 건립하려면 근대적 사상관념이 있어야 하는 것이다.

그런데 이러한 '불가분'과 '비非포용성'의 이중관계가 갖는 가장 심각한 근원은 중·서 문화의 민족적 특징과 체계에 있는 것이 아니라 중·서 문화의 '시대적 차이'에 있다. 그러므로 기술을 논한 연후에 정치체제를 논하는 것이 가능하였던 것은, 기술을 논한 뒤의 중국 사회에 민족자산계급이라는 새로운 경제세력이 형성되었기 때문이다. 이 때문에 정치체제를 논하는 단계에서는 개량파들의 주장이 그나마 '중체서용'이라는 강령 속에 수용될 수 있었던 것이다. 그러나 관념을 논하는 단계에 이르러서는 다시 그럴 수 없게 되었다. 역사는 이미 '중체서용론'을 포기해야 하는 시대에로 발전되었기 때문이다. 그럼에도 불구하고 양무파들은 계속 그 구호를 고수하고 있었다. 이는 분명 지주계급이 자신들에 대한 민족자산계급의 위협에 효율적으로 대응하기 위한 것이었다.

한 시대의 사조로서 '중체서용론'의 역사적 공과功過는 상당히 복잡하다. 사람에 따라 다르고, 시기에 따라 다르며, 논쟁의 대상이 다르기 때문에 이를 단순하게 생각해서는 안 된다.

사람들은 오랫동안 "중학위체中學爲體, 서학위용西學爲用"을 양무파의 사상 원칙 또는 강령이라고 간주하면서 이를 완전히 부정하는 태도를 취해 왔는데, 이는 분석을 제대로 하지 못한 탓이다. 최근 몇 년간 많은 연구자들이 대량의 역사적 사실에 근거하여 '중체서용'은 한 시대의 사회적 사조였다고 지적하고 있다. 이는 큰 진보이다.

근대 중국의 중·서 문화충돌은 본질적으로 세 개의 차원 즉 중서논쟁, 고금논쟁, 계급논쟁을 포함하고 있고, 또 이 삼자는 긴밀하게 얽혀 있다. 그렇지만 이론적으로는 분명하게 분석할 수 있기 때문에 서로 갈라 보아야 한다.

1870년대 이전, 즉 자산계급이 역사 무대에 등장하기 전에는 중서 문화충돌이 고금논쟁의 성격을 띠지 않았다. 왜냐하면 이 시기에는 내부이든 외부이든 간에 '오늘'(今)을 대표할 수 있는 세력이 존재하지 않았기 때문이다. 당시의 서구 열강들은 중국에 대한 침략과 압박을 실시하였고, 중국에서 자본주의를 발전시키는 것이 아니라 상품을 덤핑 판매하였다. 태평천국의 봉기 또한 서양 기독교의 일부 사상을 그대로 가져다 자신들의 기치로 삼았기 때문에 '오늘'을 대표할 자격이 없다. 당시 '중체서용론'의 논쟁 대상은 극단적인 수구파와 농민봉기였다. 후자에 대한 논쟁은 정치적으로는 반동이었으나, 극단적인 수구파에 대한 논쟁은 진보적이었다.

극단적인 수구파들은 양무파와 초기 개량파들에 대해 '오랑캐로써 중국을 변화시킨다'고 공격했고, 양무파들은 '중체서용론'으로써 이에 맞서면서 약간의 서양 신문화를 도입하고 수용할 것을 주장했다. 이로써 그들은 중국에서의 서학의 전파와 발전에 일정한 합법적 지위를 쟁취했다. 당시의 양무파들이 대권을 쥔 실력파들이었다는 점을 고려한다면 이러한 역할을 과소평가할 수가 없다. 극단적인 수구파들은 또한 양무파와 초기 개량파들이 근본을 버리고 지엽적인 것을 좇아간다고 공격하였다. 그들에 의하면 서양의 기술과 기예들은 모두 '지엽적인 것'일 뿐이고 추구하지 않아도 손해될 바가 없는 것들이었다. 그러나 이것은 심신心身의 성명지학性命之學만을 연구하고 경국치민經國治民에 관한 실학을 배척하는 리학理學 말류末流의 진부한 주장들이었다. 이에 대하여 양무파와 초기 개량파들은 역시 '중체서용론'으로 반격했다. 그들은 근본이 중요한 것은 당연하지만 지엽적인 것도 연구하지 않으면 안 된다고 주장하였다. 이러한 의미에서 '중체서용론'은 공자진龔自珍, 위원魏源 같은 경세사상가들의 사상을 한층 발전시킨 진보적인 사상으로 볼 수 있다.

1870~80년대, 자산계급의 이익을 대표하는 초기 개량파들이 양무파 중의 급진적인 일파로서 역사의 무대에 등장하기 시작했다. 그들은 '중체서용론' 자체가 갖는 신축성을 이용하여 자본주의 경제정치제도를 발전시킬 내용을 그 속에 집어넣었다. 이 시기에 '중체서용'의 논의와 논쟁 대상은 여전히 극단적인 수구파들이었는데, 당시는 아직 중체서용론보다 더 급진적인 이론이 나타나지 않았다. 그렇기 때문에 이 시기의 중체서용론은 초기 개량파들에게 있어서 '오늘'을 대표하여 '지난 것'과 근거지를 쟁탈하는 의미를 가졌기 때문에 진보적 의미가 있었다. 그러나 1890년대 이후 개량파가 양무파와 결별하여 기술과 정치가 아닌 교육을 논하는 단계에로 발전하게 되면서 일부 사람들은 중체서용론을 비판하기 시작했다. 중체서용론은 이제 더욱 급진적인 이론과 대립하게 됨으로써 보수적이고 반동적인 사상으로 전락하게 되었던 것이다.

'중체서용론'의 실질과 역사적 작용은 시간의 흐름에 따라 다르고, 그것을 주장하는 파별과 그 체용體用에 대한 구체적 이해의 다름에 따라 다양하다. 예를 들면, 초기 개량파들은 서용西用의 범위를 끊임없이 넓혀 나가고 중체中體의 범위를 계속 축소했지만, 양무파들은 불리한 형세에서도 자신들의 입장을 조금씩 후퇴해 나갔다. 이러한 면에서 볼 때 초기 개량파들의 입장은 진보적이고 양무파들의 입장을 보수적이다. 또 일부 개량파들의 이른바 '중체'는 상당히 추상적인 성격을 띠고 있었는데 예를 들자면, 정관응은 '중체'의 '도道'는 '중中'이라고 했다. 그는 다음과 같이 말했다.

인간은 천지의 '중中'을 받아 태어났기 때문에 천지에 중中이 있듯이 사람 또한 중中이 있다.……『대학』에서 "지극히 착한 데에 머무른다"라고 하였는데, 이 말은 바로 중中에 머문다는 뜻이다.『중용』에서 "한 가지 좋은 것을 얻으면 가슴 속에 꼭 품고서 놓치지 않는다"라고 했는데, 이 말 또한 중中을 놓치지 않는 것을 의미한다.『주역』「계사전」에서 "성품을 이루고 보존해야 할 것을 잘 간직하는 것이 곧 도의道義의 문門이다"라고 했는데, 이것도 중中을 보존하는 것을 강조한 것이다. (또한『중용』에서는) "중中과 화和를 이루면 하늘과 땅이 제 자리를 잡게 되며, 만물이 제 삶을 가질 수 있다"라고 하였다. 이것들이 바로 중국에서 복희, 신농, 황제, 요堯·순舜·우禹·탕湯·문文·무武이래로 여러 성인들이 전해 온 대도大道이다. 이 '대도'를 공자가 이어받아 천하만세에 가르친 것이다.[45]

공자와 맹자의 도는 '중中'과 '화和'(아직 발하지 않은 것이 '中'이고, 이미 발하여 절도에 맞는 것이 '和'이다)이다. 정관응은 이러한 '중체'로써 기독교를 반대하고 서양의 '패술霸術'을 낮게 보면서, 중국은 "강함으로부터 패도霸道를 기약하고, 패도로부터 왕도王道를 도모해야 하며, 이를 통해 온 세상이 인仁으로 돌아가고 만물이 제자리를 잡도록 해야 한다"[46]라고 주장하였다. 이는 삼강사유三綱四維를 '중체'로 본 장지동의 주장과 뚜렷한 차이가 난다. 장지동은 봉건적 윤리도덕과 사회질서를 수호할 것을 강조하였기에 그의 '중체'는 강한 정치적

---

45) 鄭觀應,『盛世危言』,「道器」, "蓋人受天地之中以生, 天地有中, 人亦同具.……『大學』云, 止至善, 止此中也.『中庸』云, 得一善則拳拳服膺, 服此中也.『易』「繫辭」云, 成性存存, 道義之門, 存此中也. 致中和, 天地位, 萬物育焉. 此中國自伏羲, 神農, 黃帝, 堯舜禹湯文武以來列聖相傳之大道. 而孔子述之以敎天下萬世者也."
46) 鄭觀應,『盛世危言』,「道器」, "由強企霸, 由霸圖王, 四海歸仁, 萬物得所."

색채를 띠고 있지만, 정관응은 유가를 대표로 하는 중국 전통문화의 특징(中和) 및 인생과 사회이상을 강조하였다. 바로 여기에 그들 두 사람의 실질적인 차이가 있다. 다시 말하자면, 장지동의 '중체서용'은 수구적인 측면에 치우친 데 반해, 정관응의 '중체서용'은 중국 전통문화의 민족적 특색에 편중되고 '중'을 수호하는 측면에 치우쳤다. 자산계급 개량파에 맞서서 봉건윤리도덕과 사회질서를 수호할 것을 주장하는 것은 보수적이지만, 서양문화에 맞서서 중국 전통문화의 특색을 주장하는 것을 보수적이라고 간단하게 꾸짖어서는 곤란하다. 요약하여 말하자면, '중체서용론'은 시대와 학파, 논쟁 대상 등에 따라 그 실질과 역사적 작용도 다양하기 때문에 구체적인 문제를 구체적으로 분석해야 한다.

원래 의미에서의 중체서용론은 이미 '철이 지난 물건'(明日黃花)이 되었지만, 그 본래의 정신을 실사구시로 평가하게 되면 여전히 현실적 의미를 갖는다. 20세기 이래로 일부 사람들은 여전히 변질된 의미에서 '중체서용론'을 말하고 있으며, 또 일부 사람들은 '중체서용론'이 문화보수주의의 구호라는 판단에 근거해서 그러한 새로운 중체서용론을 비판하고 있다. 이러한 태도는 자신도 의식하지 못하는 사이에 잘못을 저지르는 일이 된다. 본래의 의미든 변질된 의미든 일단 여기서는 중체서용론을 찬성하지 않는다. 왜냐하면 그것은 본질적으로 중국중심주의로서 이론적으로 성립될 수 없기 때문이며, 동시에 모든 중체서용론을 모두 보수적이라고 질책하는 것 또한 인정할 수 없기 때문이다. 다른 한편으로, 어떤 사람들은 개혁·개방 이래의 변화를 근대사에서 기술-정치체제-관념을 논하는 과정과 억지로 비교하는데, 중체서용론에 대해서 총체적으로 인식하지 못한 채로 행해지는 이러한 억지스런 비교또한 잘못된 결론을 이끌어내기 쉽다.

3. '서학중원설西學中源說'과 중서문화조화론

'중학위체中學爲體, 서학위용西學爲用'의 이론과 마찬가지로 '서학중원西學中源'의 이론도 19세기 중·후기의 시대적 사조인데, 그 연원은 청나라 초기의 황종희黃宗羲와 강희康熙황제에게까지 거슬러 올라갈 수 있다. 아편전쟁 이후 추백기鄒伯奇와 풍계분馮桂芬이 창도하고 양무파들이 호응한 '서학중원설'은 1870~80년대에 크게 일어나서 1890년대에 대성황을 이루었다. 곽숭도郭嵩燾, 증기택曾紀澤, 장자목張自牧, 정관응鄭觀應, 진치陳熾, 설복성薛福成 등 '중학위체, 서학위용'을 말하는 사람들은 거의 모두 '서학중원설'의 입장도 함께 취하였다. 그 사상은 개량파와 양무파의 결별로 인해 비판을 받은 것이 아니라 오히려 개량파들의 주목을 많이 받았다.

'서학중원설' 자체는 일종의 문화관적 견해이지 문화이론은 아니다. 경세파와 양무파, 초기 개량파 등에게 그것은 다만 '중학위체, 서학위용'에 대한 보충으로, 논증의 수단으로 여겨졌을 뿐이었다. 그 당시의 사람들의 말에 따르면, 서양의 과학기술은 중국으로부터 전해진 것이기 때문에 서양을 따라 배우는 것은 '오랑캐로써 중국을 개변시키는'(用夷變夏) 것이 아니라 '중국의 원래 학술을 중국에게 되돌려 주는'(以中國本有之學, 還之於中國) 것으로서 '마치 바깥 마구간에서 취하여 안쪽 마구간으로 거두어들이는'(猶取之外廐, 納之內廐) 것과 같다. 개량파들에게 있어서 그것은 중국과 서양의 학술을 아울러 제련해 내는 문화주장에 대한 논증의 수단이 되었다.

문화학적 의미에서 보자면, '서학중원설'은 중국중심주의의 변태적變態的 형식으로서 일종의 잘못된 관점이다. 그러나 그것이 근대사에 일으킨 작용에 대해서는 구체적인 분석을 해야 한다. '서학중원설'은 중국중심주의라는 완고한 민족 심리가 근본적으로 부수어지기 전까지는 서양문화를 도입하는 하나의 필요한 단계이고, 복고적인 보수 심리가 철저히 청산되기 전까지는 '낡은 형식에 새 내용을 담는' 교묘한 책략이라 할 수 있다. 그러나 이러한 사상에 의해 도입된 서양문화는 심하게 왜곡되고, 심지어 원래 모습을 전혀 찾아 볼 수 없게 된다.

'서학중원설'은 아주 오랫동안 '중학위체, 서학위용'의 보충과 논증 수단에 불과했음에도 불구하고 오히려 '중학위체, 서학위용'이 미치지 없었던 장점이 있는데, 바로 문화의 도입에서 민족적 한계를 타파할 수 있었다는 점이다. '중학위체, 서학위용'은 서양문화의 도입에 있어서 한계를 정해 놓기 때문에, 이른바 '중체'를 아무리 작은 범위에 제한시켜 놓더라도 서학이 발을 들여 놓을 수 없는 금지구역이 있게 마련이다. 그러나 '서학중원설'은 그 어떤 금지구역도 만들 필요가 없기 때문에 자유, 평등, 민주 같은 사상을 모두 중국 '고대에 이미 있었다'라는 간판 아래서 등장시킬 수 있었다. 그러므로 '중학위체, 서학위용'이라는 주장이 개량파들에게 어떤 구속감으로 느껴졌을 때, 그들은 '서학중원설'을 특별히 사랑하게 되었다.

개량파들이 '서학중원설'을 치켜세운 것은 "중中도 아니고 서西도 아니며 중中이기도 하고 서西이기도 한 새로운 학파를 구성하려는 데에"[47] 목적이 있었다. 즉 이른바 '신학新學'의 필요성에서이다. 이러한 '신학'의 성격에 대해 엄복嚴復은 대단히 멋진 착상을 하여 다음과 같이 말했다.

오늘의 교육은 우리나라의 낡은 것을 전부 버리고 서양 사람들의 새것을 취하려는 것일까? 대답은 그렇기도 하고 또한 그렇지 않기도 하다. 영국의 존 몰리(John Morley)는 "낡은 습성을 버리고 원래의 좋은 것을 골라 보존하는 것이 변법의 어려운 점이다"라고 하였다. 외세의 기세가 거세게 들이닥칠

---

47) 梁啓超, 『淸代學術槪論』, "構成一種'不中不西卽中卽西'之新學派."

때면 종종 전통적인 것들은 좋은 것이든 나쁜 것이든 모두 함께 버려진다. 그런데 아주 오랜 시기 동안 성현들이 만들어 내고 여러 세대의 변화를 거쳐 이루어진 것임을 무시한 채 무조건 버리려고만 한다면, 민족적 특색도 잃게 되고 이른바 새것도 굳건히 세워질 수 없게 된다. 제대로 구별하여 선택하는 일은 자기 주관이 없이 남의 학설에만 매여 있는 자들이나 습성에 얽매인 자들은 능히 감당할 수 없다. 반드시 멀리 바라보고 생각하여, 새것과 낡은 것을 통합해서 그 통함을 살피고, 중中·외外를 함께하여 그 전체를 아우른 뒤에야 비로소 제대로 구별하여 선택할 수 있기 때문에 그 일이 그토록 어려운 것이다.[48]

이 단락의 깊고 오묘한 이치는 "새것과 낡은 것을 통합해서 그 통함을 살피고, 중·외를 함께 하여 그 전체를 아우르다"라는 말에 있다. 엄복은 중국 전통문화 전부를 부정할 것이 아니라 좋은 것은 골라 선택해야 한다고 하면서, 그렇지 않으면 민족적 특색을 상실하게 되어 새로운 것도 공고히 할 수 없다는 점을 분명하게 했다. 엄복은 또 신문화는 새로운 것과 낡은 것을 통합하고 중·외를 아울러서 새로운 것과 낡은 것이 소통되고 중·서가 겸비된 것이어야 한다고 주장했다. 이것은 곧 '회통함으로써 따라잡고 이기자'는 주장에 대한 새로운 발전이다. 만약 선언 자체만 본다면 이러한 주장은 흠잡을 데가 없는 듯하다.

그러나 개량파들이 건립한 '신학新學'은 이러한 아름다운 구상에 이르지 못했다. 그들이 이루어 낸 것은 기껏해야 새것과 낡은 것이 뒤섞이고 중·서가 서로 엉켜서 중中도 아니고 서西도 아닌 기형아와 같은 모습이다. 비록

---

48) 嚴復, 「與外交報主人論教育書」, "然則今之教育, 將盡去吾國之舊以謀西人之新歟? 曰, 是又不然. 英人摩利之言曰, '變法之難, 在去其舊染矣, 而能擇其故所善者葆而存之.' 方其淘淘, 往往俱去. 不知是乃經百世聖哲所創垂, 累朝變動所淘汰, 設其去之, 則其民之特性亡, 而所謂新者從而不固. 獨別擇之功, 非曖姝苟習者之所能任耳. 必將闊視遠想, 統新故而視其通, 苞中外而計其全, 而後得之. 其爲事之難如此."

이러한 기형아가 근대사상사에 있어서 대단히 큰 진보적 작용을 하기는
했지만 학술적으로는 발을 붙일 수 없었기 때문에 순식간에 사라져 버렸고,
개량파 자신들마저도 후에 포기하지 않을 수 없었다.

먼저 강유위康有爲의 경우를 살펴보기로 하자. 그는 중·서 문화를 한데
아울러 '삼세설三世說'을 기본적 단서로 하는 사상체계를 구축하려 했다.
강유위는 인류의 사회역사는 앞으로 진화하는데, 진화의 궤도는 '거난세據亂
世'로부터 '승평세升平世'로, '승평세'에서 다시 '태평세太平世'로 나아간다고
주장했다. 그에 의하면, 승평이란 '소강小康'이고 태평이란 '대동大同'을 의미한
다. 공자는 비록 난세에 태어났지만 그의 뜻은 대동을 실현하는 것이었다.
다만 역사의 진행과정을 초월할 수 없음을 고려하여 '소강지도小康之道'를
많이 말하고 '대동지도大同之道'를 크게 말하지 않았을 뿐이다.

> (공자 이후의 유학자들은) 처음에는 순자학荀子學의 옹졸하고 초라함에
> 구애되는 잘못을 저지르다가, 중간에는 유흠劉歆의 허위에 미혹되는 착오를
> 범하였고, 끝으로는 주자의 분석하는 폐단에 안주하였다. 이로써 결국
> 공자의 대도大道가 어두워져 보이지 않게 되고 침몰하여 빛을 내지 못하게
> 되기에 이르러, 2천 년간 중국은 소강小康에만 안주해서 대동大同의 은혜를
> 입을 수 없게 되었다.[49]

이러한 기본적인 사상의 틀에서 강유위는 다방면의 학술과 실천 활동을
진행하였다. 한 방면으로, 그는 당시의 정치·경제·군사 및 사회풍습에
있어서의 여러 가지 절박한 문제에 근거하여 일련의 구체적인 개혁의 주장,
건의, 조치 및 방법을 제시하였다. 정권을 개방하고 입헌제로써 봉건군주전제

---

49) 康有爲, 『禮運注敍』, "始誤于荀學之拘陋, 中亂于劉歆之僞謬, 末割于朱子之偏安, 於是素王之
大道, 暗而不明, 鬱而不發, 令二千年之中國, 安于小康, 不得蒙大同之澤."

를 대체하며, 느슨한 개량을 통하여 위로부터 아래로의 자산계급 민주개혁을 실시하며, 자본주의 상공업을 발전시킬 것을 주장하고, 이러한 주장에 근거하여 적극적으로 변법을 성사시키고자 노력했다. 다른 한 방면으로, 그는 『신학위경고新學僞經考』, 『공자개제고孔子改制考』 등의 학술서를 펴내고 고증학을 무기로 삼아서 한漢·당唐 이후의 2천 년의 유학을 모두 '거난세据亂世의 법法'으로 선포하였고, 인권·민주와 같은 자산계급사상을 공자에게 연결시킴으로써 공자를 자산계급 유신운동의 창시자로 묘사하였다. 그는 이러한 공개적인 정치·학술 활동에 종사하는 동시에 또 『대동서大同書』를 비밀리에 작성하여, 아득히 먼 장래에 비로소 실현될 수 있는 대동사회의 이상을 구축하고자 하였다. 여기에서 그는 자유·민주·평등·박애의 자산계급원칙과 노동과 재산을 사회에 공유公有시키는 공상적空想的 사회주의 원칙을 이상사회 구축의 기본 사상으로 삼았다.

이러한 강유위의 사상은 새것과 낡은 것을 뒤섞고 중국과 서양을 서로 뒤섞어 놓은, 중국도 아니고 서양도 아닌 전형적인 기형아의 모습이다. 이러한 체계 안에서 공자는 어느 정도 현대화, 서양화되기는 하지만 역사의 진실과 멀어지게 되었고, 자유·민주·평등·박애와 같은 자산계급의 사상원칙은 유학화儒學化, 고물화古物化되어 고풍 냄새 물씬한 '대동大同'의 틀에 갇히게 되었다. 원래 강유위는 이러한 주장들과 봉건윤리도덕 및 봉건지주계급의 '천인합일'의 사회이상 간에 존재했던 첨예한 대립을 없애고, 나아가 끊임없이 변화하는 개량파들의 각종 현실적 정치주장을 변호하려는 데 목적이 있었다. 그러나 그는 변혁을 주장할 때에는 그 당시의 중국이 '소강세小康世'에 있다거나 자본주의의 '승평세升平世'에로 들어갈 것이라고 했고, 황제의 보위를 주장할 때에는 그전에 한 말들이 모두 국정을 살피지 못한 '큰 잘못'이라고 하면서 사실 중국은 여전히 '거난세据亂世'에 있다고 하였으며, 다시 혁명당

사람들을 비판할 때에는 '순차적으로 진행하자'는 간판을 내세웠고, '보수 ·
'반동'이라 공격을 받을 때에는 또 『대동서大同書』를 내들고 자신의 사상이
이런저런 이유로 '선진적'이라 주장하였다.

강유위가 사상체계의 중점을 사회 · 역사 방면에 두었던 데 비해 담사동譚嗣
同은 고금과 중외의 철학을 아울러 연구하려 한 사상가이다. 그의 『인학仁學』은
바로 그 구체적인 성과물이다. 『인학』의 사상 자료의 유래는 대단히 복잡하다.
담사동은 다음과 같이 말했다.

> 무릇 인학仁學을 연구하려는 사람들은, 불교의 책에서는 화엄華嚴과 심종心宗,
> 상종相宗의 책에 정통해야 하고, 서양의 책에서는 『신약新約』과 산학算學,
> 격치格致, 사회학의 책에 정통해야 하며, 중국의 책에서는 『역易』, 『춘추공양
> 전』, 『논어』, 『예기』, 『맹자』, 『장자』, 『묵자』, 『사기』 및 도연명陶淵明, 주무숙周
> 茂叔, 장횡거張橫渠, 육자정陸子靜, 왕양명王陽明, 왕선산王船山, 황이주黃梨洲의
> 책에 정통해야 한다.[50]

이 도서 명단에는 정주학파를 제외하고는 그 당시 중시했던 중국과 서양의
철학, 종교, 과학 자료가 거의 다 망라되어 있다. 『인학』의 기본 범주는
'인仁'이지만, 담사동의 해석에 따르면 묵가의 '겸애', 불교의 '성해性海', '자비慈
悲', 기독교의 '영혼靈魂', 물리학자들의 이른바 '에테르'(에너지), '화합력'(愛力),
'인력引力(吸力)이 모두 '인仁'의 범주에 포함된다. 그런데 '인'의 제일의第一義는
'통함'(通)이고, 통하는 상象은 '평등'이라고 하였다. 이렇게 견강부회하고
이리저리 뒤섞어 놓은 결과 온통 모순투성이고 앞뒤가 맞지 않았다. 그의
이론 안에서는 종교와 과학이 서로 충돌될 뿐만 아니라 유물주의 경향과

---

50) 譚嗣同, 『仁學』, 「仁學界說」, "凡爲仁學者, 于佛書當通『華嚴』及心宗, 相宗之書, 于西學當通『新
約』及算學, 格致, 社會學之書, 于中國書當通『易』, 『春秋公羊傳』, 『論語』, 『禮記』, 『孟子』, 『莊
子』, 『墨子』, 『史記』及陶淵明, 周茂叔, 張橫渠, 陸子靜, 王陽明, 王船山, 黃梨洲之書."

유심주의 경향, 변증법 사상과 형이상학 사상이 서로 충돌하였고, 주관유심주의와 객관유심주의, 범신론과 물활론物活論도 서로 충돌하였으며, 또한 사회와 인생의 측면에서도 첨예한 갈등과 충돌이 존재하였다. 담사동은 봉건적 윤상예교倫常禮敎와 군주전제의 속박에서 빠져 나올 것을 호소하면서도, 다른 한편으로는 종교 신비주의 앞에서 이마가 땅에 닿도록 몸을 구부려 절하는 태도를 취하기도 했다. 그리하여 사람들에게 자비를 베풀고, 집착을 제거하고(除我相), 의식을 단절하고(斷意識), 간교한 심보를 없애고(泯滅機心), 적을 친구처럼 대하고(視敵如友), 남을 사랑하기를 자신처럼 하여(愛人如己) 마음이 서로 통하고 남과 내가 합일하도록 해야 한다고 호소했다. 그는 또 다음과 같이 말하였다.

첩첩이 쌓인 그물이 끝없는 허공을 이루고 있다. 먼저 이익과 관록이라는 그물을 떨쳐 버리고, 다음으로 고증·사장詞章과 같은 속학俗學의 그물을 떨쳐 버리고, 그 다음으로 세계의 여러 학문이라는 그물을 떨쳐 버리고, 또 그 다음으로 군주라는 그물을 떨쳐 버리고, 다음으로 윤리라는 그물을 떨쳐 버리고, 다음으로 하늘이라는 그물을 떨쳐 버리고, 다음으로 세계의 여러 종교라는 그물을 떨쳐 버리고, 마지막에는 불법佛法이라는 그물을 떨쳐 버린다. 하지만 정말 떨쳐 버릴 수 있다면 그물이 원래 없는 것이고, 진실로 그물이 없어야 떨쳐 버린다고 말할 수 있다. 그러므로 그물을 떨쳐 버리는 것은 또한 그물을 떨쳐 버림이 없는 것과 같다.[51]

담사동은 이렇게 이리저리 반나절이나 말하다가도 마지막에는 결국 다시

---

51) 譚嗣同, 『仁學』, 「自敍」, "網羅重重, 與虛空而無極. 初當沖決利祿之網羅, 次沖決俗學之若考據, 若詞章之網羅, 次沖決全球群學之網羅, 次沖決君主之網羅, 次沖決倫常之網羅, 次沖決天之網羅, 次沖決全球群敎之網羅, 終將沖決佛法之網羅. 然眞能沖決網羅, 亦自無網羅, 眞無網羅, 乃可言沖決. 故沖決網羅者, 卽是未嘗沖決網羅."

"마음이 생기면 갖가지 법이 생기고 마음이 소멸되면 갖가지 법이 소멸된다" (心生種種法生, 心滅種種法滅)라는 유심주의의 올가미에 빠지고 만다. 이 체계도 역시 새로운 것과 낡은 것이 뒤섞여 있고 중국도 아니고 서양도 아닌 체계인 데다가 기본적으로 관념적인 철학체계였기 때문에 강유위의 체계보다도 더 모순되고 어수선했다.

개량파들이 중국도 아니고 서양도 아니면서 중국이기도 하고 서양이기도 한 사상체계를 구축하려다가 결국에는 그들 스스로도 부끄러워하는 결과를 낳고 만 데에는 계급적 제한성 및 서양학 지식의 부족 같은 원인들 외에도, 그들이 문화의 시대적·민족적 차이를 인정하지 않았다는 것이 매주 중요한 원인으로 작용하였다. 문화의 시대적 차이를 인정하지 않으면 진정으로 무엇이 낡은 것이고 무엇이 새것인지를 분간할 수 없고, 고·금을 정통한다는 것은 더욱 말할 나위도 없다. 또 문화의 민족적 차이를 인정하지 않으면 무엇이 중국의 것이고 무엇이 외국의 것인지를 확실하게 분간할 수 없고, 중·외를 망라한다는 것은 더욱 말할 것도 없다. 마지못해 한 결과는 새것과 낡은 것을 뒤섞고, 중국과 서양을 억지로 갖다 붙일 수밖에 없다. 이러한 것들을 모두 '서학중원설'이 빚어낸 나쁜 결과로 귀결시킬 수 있다.

문화학에 있어서의 '서학중원설'의 허점은 그 주장이 크게 성행하기 전에 이미 드러났다. 곽숭도郭嵩燾와 양계초 등은 일찍이 '서학중원설'을 일종의 책략적 수단, 즉 '당시 사람들의 주목을 얻고'(以是邀時譽) '중등인 수준의 사람들을 위해 설명하는'(爲中等人說法) 수단으로 간주했다. 하지만 엄복은 '서학중원설'에 대해 매우 신중한 형식을 취했다. 그는 중국 고대에 서학의 단서가 이미 있었다고만 말했지, 서학이 본래 중국으로부터 전해졌다고는 말하지 않았다.

최근 2백여 년간 유럽의 학술이 성대하여 고대의 수준을 훨씬 능가했다.……
우리의 옛사람들이 얻은 바를 보면 종종 (유럽보다) 먼저였다.…… 그렇지만
이로부터 유추하여 유럽인들이 밝힌 바가 모두 우리 중국에 이전에 있었던
것이라고 하거나, 심지어 그들의 학술이 모두 중국으로부터 얻어간 것이라
고 하면 사실에 맞지 않고, 스스로가 폐단에 빠지게 된다. 옛사람들이
일을 시작했지만 후세 사람들이 그것을 제대로 이어가지 못하고, 옛사람들
이 대강大綱을 확립했으나 후세 사람들이 그것을 정밀하게 발전시키지
못했다면 학식도 재능도 없고 개화도 되지 못한 사람과 마찬가지일 뿐이다.
조상이 아무리 걸출하다 한들 후손의 어리석고 무지함을 어떻게 구할
수 있겠는가?52)

엄복은 또한 중국과 서양 문화의 민족적 차이 문제에 주목하여 다음과
같이 말했다.

중학中學과 서학西學의 다름은 중국인과 서양인의 얼굴과도 같기에 억지로
비슷하다고 할 수 없다.53)

그렇기 때문에 개량운동이 실패함에 따라서 '서학중원설' 또한 쇠퇴의
운명을 피해 갈 수는 없었다. 대체적으로 정리해 보자면, 무술변법 이후
'서학중원설'은 국수파들만의 주장이 되었을 뿐 시대의 보편적인 사조가
되지는 못했다.

무술변법이 실패한 후 의화단운동과 8개국 연합군의 중국침략사건이

---

52) 嚴復, 「譯天演論自序」, "近二百年歐洲學術之盛, 遠邁古初.……顧吾古人之所得, 往往先之.……
雖然, 由斯之說, 必謂彼之所明皆吾中土所前有, 甚者或謂其學皆得於東來, 則又不關事實, 適用
自蔽之說也. 夫個人發其端, 而後人莫能竟其緖, 古人擬其大, 而後人未能議其精, 則猶之不學無
術未化之民而已. 祖父雖聖, 何救子孫之童婚也哉?"
53) 嚴復, 「與外交報主人論教育書」, "中西學之爲異也, 如其種人之面目然, 不可強謂似也."

곧바로 일어났다. 한사코 제국주의의 꼭두각시 노릇을 하는 청나라 정부의 추악한 행위와 중국을 분할하려는 제국주의자들의 음모는 중국민족의 민족주의적 정서를 크게 불러일으켰다. 민족주의를 중요한 기치의 하나로 삼은 혁명당 사람들은 시대의 부름에 따라 개량파들을 대체하여 정치무대의 주역이 되었다. 시대사조의 변화가 문화 연구에 반영되어 문화의 민족성 문제가 갈수록 중시되었다. 특히 신해혁명의 실패는 문화적인 근원을 찾도록 사람들의 관심을 불러일으켰기 때문에 이른바 국민성 문제, 중국의 특수 국정國情 문제가 신해혁명 이후부터 신문화운동이 시작되기 몇 년 전까지의 문화 연구의 주제가 되었다.

중국 사람들에게 특수한 국민성이 있고 특수한 국민정서가 있다는 것을 인정함에 있어서는 이 시기 각파의 사상가들이 이구동성이었지만, 구체적인 해석에 들어가서는 각양각색이었다.

손중산을 대표로 하는 혁명당 사람들에 의하면, 국민성은 한 나라의 풍속·지리·역사적 특징에 의해 형성된 국민의 심리 조직으로서 나라마다 특수한 국민성이 있고 또한 특수한 제도로 발전된다. 그리고 신해혁명의 실패는 국민성이 잘못되었기 때문이므로 반드시 국민성을 개조해야 하고, 국민성을 개조하는 길은 도덕을 제창하고 국민 심리의 약점을 극복하는 것이라고 주장하였다. 손중산은 민생주의民生主義를 설명할 때 양지良知와 학문이 사회진화를 결정한다는 관점을 제시하면서, 계급의식이 없이 사회주의를 실행하는 전통을 갖고 있는 것이 중국 국민성의 매우 특수한 점이기 때문에 중국은 자본주의를 통하지 않고서도 직접 사회주의를 실현할 가능성이 있으며, 그 구체적인 방법은 박애·평등·자유 등의 도덕으로써 경쟁을 해소하는 것이라고 했다.

양계초를 대표로 하는 진보당 사람들은 서양문화는 개인 본위이고 중국이

나 동양의 문화는 사회 본위인데, 민권사상의 근원은 개인주의이기 때문에 중국에 적합하지 않으므로 중국은 '개명한 전제專制'를 실행할 수밖에 없다고 주장했다. 그들은 또 윤리도덕은 사회가 존재하고 발전하는 결정적 요소이기 때문에 중국의 전통적 도덕을 수호하고 발휘하는 것을 나라 세우는 기반과 세상을 구하는 수단으로 간주할 것을 주장했다.

강유위를 대표로 하는 보황당保皇黨 사람들은 공자의 도는 '중국의 본성'(國性)이고 '중국의 혼'(中國之魂)이라고 하면서 그 가르침을 수호할 것을 강조했다. 그리고 문화 문제에 있어서는 중체서용론으로 후퇴했다. 그들은 또한 중국이 뒤집힐 만한 위험은 '전적으로 유럽과 미국을 본받으면서 국수國粹를 모두 버리는 것'에 있고, 서구의 '형이하의 물질'과 중국의 '형이상의 도덕교화'를 결합시키는 것이 그러한 위험에서 벗어나는 대책이라고 하였다.

혁명당 사람들 중에서 장태염章太炎을 대표로 하는 일부 사람들은 신해혁명 이전에는 '종교로써 신심을 불러일으키고 국민의 도덕을 증진하며' '국수國粹로써 민족성을 분발시키고 애국열정을 증진시키는 것'을 중요한 일로 간주했지만, 신해혁명 후에는 태도변화가 있었다. 이를테면 장태염은 불교를 떠나 노장을 거쳐서 유학에 주목하여, 중국의 전통적 사상, 문화, 전장제도와 풍속을 나라의 근본(國本)과 나라의 본성(國性)으로 보면서 자신을 전통문화의 화신으로 간주했다.

문화의 민족성 문제가 한때의 주요한 화제가 되었기 때문에 중국도 아니고 서양도 아니면서 중국이기도 하고 서양이기도 한 학문을 건립하자고 한 개량파들의 주장은 분명 시대에 맞지 않았다. 이러한 상황에서 양계초 등이 주장한 '중서조화론'이 등장하였다. 양계초는 다음과 같이 말했다.

대체로 보면, 한 사회의 진화는 반드시 다른 사회와 접촉해서 그 문명을

수용하고, 이를 자기의 고유한 문명과 조화시키는 것에 있다. 바로 여기서 새로운 문명이 탄생한다.[54]

일찍이 엄복이 문화의 민족성 문제에 대해 말한 바 있었지만, 그것은 이 시기에 이르러서야 사상가들의 공인과 주목을 받게 되었다. 이는 중국문화 연구에 있어서의 커다란 진보라 할 수 있다. 다만 당시의 사람들은 문화의 민족성만 말했지 문화의 시대성은 말하지 않았을 뿐만 아니라 심지어 중·서 문화의 시대적 차이도 민족성으로 이해함으로써 심각한 편파성에 빠지게 되었다. 그러므로 이러한 인식에서 제기된 '중서조화론'도 새로운 것과 낡은 것이 뒤엉키지 않을 수 없었다.

---

54) 梁啓超, 『飮氷室合集』 29, 「蒞廣東同鄉茶話會演說辭」, "大抵一社會之進化, 必與他社會相接觸, 吸收其文明而與己之固有文明相調和, 於是新文明乃出焉." 참조.

제10장 중국문화에 대한 논쟁(중)

1915년 9월, 진독수陳獨秀의 『청년잡지靑年雜誌』(1년 후 『新靑年』으로 개칭) 창간을 계기로 신문화운동의 서막이 열렸다. 이때부터 시작하여 1949년 새로운 중국이 성립되기까지를 문화논쟁의 세 번째 시기로 분류한다.

이 시기 문화논쟁의 배경은 대단히 복잡하고 변화무쌍하였다. 원세개袁世凱의 등장과 장훈張勳의 복벽復辟(퇴위한 임금이 복위함)운동, 제1차 세계대전, 소련의 10월혁명, 제1차 국내혁명전쟁, 제2차 국내혁명전쟁, 제2차 세계대전과 항일전쟁, 해방전쟁 등 국제·국내에서 큰 변화가 잇달아 일어났다. 이러한 변화는 모두 문화논쟁에 막대한 영향을 미쳤다.

이 시기 문화논쟁의 강도는 그 전의 두 시기와는 비교가 안 된다. 그것을 요약하여 말하자면 네 개 단서와 5대 주장으로 개괄할 수 있다. 신문화운동의 참가자들은 봉건문화를 반대하는 점에서는 공통적이었지만, 문화 문제에 대해서는 처음부터 일치를 보지 못하다가 1921년 이후에는 대분화가 일어났다. 양수명梁漱溟과 장군매張君勸 등을 대표로 하는 일부 사람들은 '동방문화東方文化'의 기치를 들었고, 호적胡適 등은 '전면적 서양화'(全盤西化)를 주장했으며, 국민당 학자들 일부는 '중국 본위의 문화'를 건설하자고 하였고, 중국공산당 사람들과 노신은 '민족적이고 과학적인 대중문화'를 주장했다. 이 4대 주장 가운데서 '동방문화'와 '중국 본위의 문화'를 강조하는 주장은 '조화론'에

속하고 '민족적이고 과학적인 대중문화'를 강조하는 주장은 '변증적 종합론'
에 속한다.

1. 동양문화론

자본주의제도가 봉건제도를 대체한 것은 대단히 큰 역사적 진보이다.
그러나 엥겔스가 지적한 바와 같이 "문명시대의 토대는 한 계급의 다른
한 계급에 대한 착취에서 이루어지기 때문에 그 전체적인 발전은 일상적인
모순 속에서 진행된다. 생산에 있어 하나의 진보는 동시에 피압박계급
즉 대다수 사람들의 생활 상황의 퇴보이기도 하다."[1] 이러한 진보와 퇴보의
변증법은 문화에도 표현된다. 『공산당선언』에서는 다음과 같이 말했다.

> 자산계급(부르주아지)은 이미 그들의 통치를 실현한 모든 곳에서 일체의
> 봉건적이고 종법적이며 전원시田園詩 같은 관계를 모두 파괴했다. 자산계급
> 은 사람을 그의 '타고난 상전들'에게 묶어 놓았던 잡다한 봉건적 끈을
> 갈기갈기 찢어 버린 채 사람들과 사람 사이에 적나라한 이해관계 및 냉혹한
> '현금 계산' 이외에는 다른 어떤 연줄도 남지 않게 했다. 자산계급은 종교적
> 열광, 기사도적 열정, 속물적 감상 등의 성스러운 황홀경을 이기적인 타산이
> 라는 차디찬 물속에 집어 던졌다. 부르주아지는 사람의 인격적 가치를
> 교환가치로 해소시켰으며, 특허를 통해 얻은 취소될 수 없는 무수한 자유
> 대신에 단 하나의 파렴치한 자유, 즉 상거래의 자유를 내세웠다. 한마디로
> 부르주아지는 종교적, 정치적 환상에 가려져 있던 착취를 벌거벗고 후안무
> 치하며 직접적이고 잔인한 착취로 대체하였다.[2]

---

1) 恩格斯, 「家庭, 私有制和國家的起源」, 『馬克思恩格斯選集』 제4권, 173쪽, "由於文明時代的基
   礎是一個階級對另一個階級的剝削, 所以它的全部發展都是在經常的矛盾中進行的. 生產的每一
   進步, 同時也就是被壓迫階級卽大多數人的生活狀況的一個退步." 참조.

자본주의에 대해 비판적 태도를 취한 사상가들은 어느 시대, 어느 곳에나 있었다. 이를테면 루소, 바이에른, 톨스토이, 타고르 등이 바로 그러하다. 그들 또한 생산을 발전시키고 경제를 번영케 하며 물질생활을 풍부하게 하는 측면에서는 자본주의가 봉건제도보다 유리하다는 것을 모르는 바 아니었지만, 이러한 목적을 위해 인간의 존엄과 가치, 인간관계의 조화, 생활의 평온함을 희생시키는 것은 의미가 없다고 생각하였다. 사람들이 그리워하는 이 모든 것을 지키거나 회복하기 위하여 그들은 차라리 물질생활의 풍요로움을 거절했던 것이다. 그들의 이런 사상은 종종 지주계급, 농민, 소자산계급과 같은 일부 낡은 계급의 이익을 반영한 것으로 간주되지만, 그들 중에서 적지 않은 사람들이 개인적으로는 고상한 도덕을 지닌 존경스러운 사람들이었다. 그들은 어떤 숭고한 인생의 이상에 근거하여 추악한 자본주의 현실에 대해 비판적이고 부정적인 태도를 취하였다. 이런 태도는 자본주의가 왕성하게 발전하는 시대에는 크게 영향을 미치지 않았지만, 인류가 서로를 잔인하게 살해 하는 유례없는 제1차 세계대전의 참극을 목격한 후부터 유행하기 시작했다. 제1차 세계대전 이후 점차 발전된 '동양문화 구세론救世論'이 바로 이러한 사상의 전형적인 형태이다.

5·4운동 전후, 동양문화는 주정적主靜的이고 서양문화는 주동적主動的이며 동양은 정신문명이 발달했고 서양은 물질문명이 발달했다는 관점이 비교적 유행하였다. 신문화운동의 맹장인 진독수陳獨秀와 이대조李大釗가 이렇게 말했

---

2) 馬克思·恩格斯,「共産黨宣言」,『馬克思恩格斯選集』제1권, 253쪽, "資産階級在它已經取得了統治的地方, 把一切封建的, 宗法的, 和田園詩般的關係都破壞了. 它無情地斬斷了把人們束縛在天然尊長的形形色色的封建羈絆, 它使人和人之間除了赤裸裸的利害關係, 除了冷酷無情的現金交易, 就再也沒有任何別的聯繫了. 它把宗教虔誠, 騎士熱忱, 小市民傷感這些感情的神聖發作, 淹沒在利己主義打算的冰水之中. 它把人的尊嚴變成了交換價值, 用一種沒有良心的貿易自由代替了無數特許的和自力掙得的自由. 總而言之, 它用公開的, 無恥的, 直接的, 露骨的剝削代替了由宗教幻想和政治幻想掩蓋着的剝削." 참조.

고, 중국 내외의 많은 동양문화 구세론자들도 이렇게 말했다. 다만 그들은 서로 가치판단이 달랐는데, 전자는 동양문화의 주정적인 요소에는 부정적이고 폐단이 많다고 여겼고 후자는 동양문화의 주정적인 요소가 서양문화에 비해 훨씬 고명하다고 보았다. 동양문화 구세론자들은 제1차 세계대전의 참화를 서양문화 파산의 징표로 보면서 동양문화로써 세계를 구제할 것을 주장하였다. 1920년대 초, 유명한 동양문화 구세론자인 인도의 대시인 타고르가 중국을 방문하면서 동양사상과 아시아 고유문화의 부활을 제창하여 한때 의론이 분분했는데, 신문화운동에서 가장 먼저 분화되어 나온 문화적 강팀이 바로 이러한 동양문화파였다.

동양문화파의 선구자는 고홍명辜鴻銘과 두아천杜亞泉이다. 고홍명은 제1차 세계대전 이전에 이미 공맹의 도로써 중국과 세계의 문제를 해결해야 한다는 관점을 지녔고, 또한 국제적으로 힘차게 약진 중이던 동양문화 구세론의 사조와 호응하면서 이러한 관점을 주장하던 톨스토이와도 관계를 맺었다. 세계대전 이후, 그는 중국문화로써 '서양문화의 파산을 구원하자'는 내용의 글을 지어 국제적으로도 많은 공감을 불러일으켰다. 고홍명은 양무파의 문도門徒였지만, 두아천은 신해혁명을 옹호한 신파의 인물이다. 신해혁명 후 그의 사상은 점차 뒤떨어졌고, 신문화운동에 대해서는 그것을 반대한 영향력이 상당히 컸던 인물로 평가된다. 동양문화파의 주요한 대표인물은 양수명梁漱溟, 양계초梁啓超, 장군매張君勸, 장사조章士釗 등이고, 그 중에서도 동양문화파의 이론을 사상적으로 집대성한 인물은 양수명이다. 이들 가운데 양계초는 1903년 이후 이미 구파의 인물로 변하였고, 장군매는 양계초의 추종자였으며, 양수명과 장사조는 신문화운동 전기前期까지는 여전히 신파의 인물이었다. 요컨대, 동양문화파는 자본주의 제도에 불만을 품고 '동양문화'로써 세계를 개조하자는 점에서는 공통적이었지만 그 정치적 입장과 구체적인 문화관은 일치하지 않았다.

'동양문화 구세론'은 제1차 세계대전에 대한 반성의 산물이다. 동양문화파
들은 이구동성으로 이 세계대전이 서양문화의 파산을 의미한다고 단언하면
서 서양문화를 구원할 수 있는 해결책은 바로 동양문화라고 보았다. 두아천은
다음과 같이 말했다.

> 세계대전의 자극을 받은 후로부터 서양 제국諸國이 부강할 수 있었던 원인과
> 부강에 따른 결과가 어느 하나 인류의 가장 비참하고 가장 고통스러운
> 생활이 아닌 것이 없음을 문득 깨닫게 되었다.…… 서양문명을 신뢰하여
> 그것으로써 비참함과 고통을 제거하려 했던 잘못된 생각을 그로 인해
> 지우지 않을 수 없다.[3]

양계초는 서양은 진화론과 개인본위주의의 추진에 의해 권력숭배 · 황금숭
배를 당연한 도리로 여기고 군국주의 · 제국주의를 가장 고급스런 정치
방침으로 삼은 결과 세계대전이라는 참화를 불러왔기에, "바다 맞은편에는
수천 수만에 달하는 사람들이 물질문명의 파산을 걱정하며 살려달라고
애절하게 외치고 있고" 중국 사람들이 가서 "그들을 건져 줄 것"[4]을 기다리고
있다고 했다.

어떻게 동양문화로써 파산된 서양문화를 구원할 것인가 하는 문제와
중국이 어떻게 서양의 실패한 교훈을 받아들일 것인가 하는 문제에서 동양문
화파 내부의 의견이 서로 일치하지 않았다.

---

3) 傖父, 「戰後東西文明之調和」, 『東方雜誌』 제14권 4호, "然自受大戰之戟刺以後, 使吾人憬然
  于西洋諸國所以獲得富強之原因, 與夫富強而生之結果, 無一非人類間最悲慘最痛苦之生活.……
  然信賴西洋文明, 欲借之以免除悲慘與痛苦之謬想, 不能不爲之消滅."
4) 梁啟超, 「歐游心影錄」, 『飮冰室合集』, "大海對岸那邊有好幾萬萬人愁着物質文明破産, 哀哀欲
  絶的喊救命"; "超拔他." 참조.

두아천은 동·서 문명의 '조화'를 주장하였다. 경제생활의 측면에서 그는 동양의 생산 목적과 서양의 공예를 결합할 것을 주장하면서 다음과 같이 말했다.

나의 생각은 다음과 같다. 즉 사람들에게 사치를 만족시키는 과학기술은 증오해야 하지만 자급자족을 위한 과학기술은 가급적 인정해야 한다. 자급자족의 취지에서 인정하되 다음과 같은 조건에 의거해야 한다. (1) 인류생활의 필수품(이를테면 방적, 종이제조 같은 것)에 한해야 한다.…… (2) 수공으로 제조할 수 있는 것은 기계로 대체하지 말아야 한다. (3) 우리나라의 공예제품은 열강들과 경쟁할 수 없으니 국산품을 강조하는 것이 그것을 보호하는 길이다.…… (4) 우리나라에서 공예제품 생산업에 종사하는 사람들은 그것을 부를 쌓는 지름길로 생각할 것이 아니라, 항상 공덕심을 가지고 의무를 다한다는 생각을 지녀야 한다.……5)

다시 말하면 자본주의 상품경제의 배척, 수공업생산 위주, 자급자족경제의 보호 등의 전제 아래 일부 선진적인 과학기술을 도입하자는 것이다. 그는 또한 사상문화의 영역에서 명교名敎·강상綱常과 같이 중요한 것은 '중국의 문화결정체'이기 때문에 절대 버려서는 안 되고, 서양에서 유입되어 온 "권리경쟁은 지금 당장 사멸시키지 않으면 안 된다"고 하면서 다음과 같이 말했다.

구제救濟의 길은 우리 고유의 문명을 통합하고 정리하는 데에 있다.……

5) 傖父, 「工藝雜誌序」, 『東方雜誌』 제15권 4호, "鄙人之意, 以爲給人足人之工藝, 雖當嫉之惡之, 而自給自足之工藝, 則亟宜提倡. 惟旣以自給自足爲主旨, 則其提倡之道, 當依下列條件. (1) 當以人類生活的必須者爲限.(如紡績制紙之類)……(2) 凡可以手工製作者勿以機械代之. (3) 吾國講求工藝製品, 勢不能與列強競爭, 保護之道在於提倡國貨……(4) 吾國講求工藝者, 勿視此爲投機致富之捷徑, 當常存公德之心, 抱義務之念."

서양의 단편적인 문명은 땅에다 돈을 뿌리는 것과 같아서 우리의 고유 문명의 끈으로 한 줄기로 관통시켜야 한다. 오늘날 서양의 여러 가지의 '주의' 또는 '주장'은…… 종종 우리 고유 문명의 일부분을 확대하여 정밀화한 것이다.…… 만약 앞으로 우리의 고유문명과 서양사상을 융합하여 세계 문명을 통합할 수 있다면 여기에 바로 우리 민족이 구원될 수 있는 길이 있으며, 또한 전 세계가 구원되는 길이 있다. 6)

중국의 고유문명(주로 綱常名敎)을 단서로 하여 서양문화의 단편들을 융합시키자는 조화론은 '중체서용론'과 많은 부분이 서로 비슷하다.

장사조는 농업입국農業立國을 주장하였다. 장사조와 그의 지지자들에 의하면 중국이 서양의 길을 모면하는 유일한 방법은 농업입국의 원래 전통을 고수하는 것이다. 장사조는 "우리는 원래 농업국으로, 비록 오늘의 걸출한 인재들이 거짓된 공업제도에 의해 약간 부식되기는 했지만 그래도 전체적으로는 크게 나쁘게 되지 않았다"7)라고 하였으며, 또한 서양은 공업국가이고 중국은 농업국가라는 입국의 근본적인 차이점이 중·서 문화 차이의 근원이라고 생각하였다. 그는 또 "나라를 세우는 본체가 다르기 때문에 모든 정치·도덕·법률·습관이 갈라지게 된다"8)라고 하였다. 이에 근거하여 그는 농업입국의 방법으로써 서양화의 길을 모면해야 한다고 주장했다. 그에 의하면, 중국과 같은 농업입국은 문화적으로는 공업국과 근본적으로 다르고, 경제적으로는 만족할 줄 알고 다툼을 경계하는 것을 원칙으로 삼는다

---

6) 傖父,「迷亂之現代人心」,『東方雜誌』제15권 제4호, "救濟之道, 在統整吾固有之文明!……西洋之斷片的文明, 如滿地散錢, 以吾固有文明爲繩索, 一以貫之. 今日西洋之種種主義主張,……往往爲吾固有文明之一部, 擴大而精詳之者也.……今後果能融合西洋思想, 以統整世界之文明, 則非特吾人之自身, 得賴以救濟, 全世界之救濟, 亦在於是."

7) 章士釗,「農國辯」,『新聞報』1923년 11월 3일, "吾本農國, 今其精英, 雖微蝕於僞工制, 而大體未壞."

8) 章士釗,「農國辯」,『新聞報』1923년 11월 3일, "建國之本原既異, 所有政治道德法律習慣, 皆緣是而兩歧."

고 한다. 그렇기 때문에 이러한 국가에서는 경쟁을 반대하고 '건설과 진보를 추구하고 물질적 재부를 다투는 것'에 반대해야 하며 "예의禮義를 따지고 명분名分을 존중하며 기수器數를 엄격히 해야 한다"는 것이다. 또 그는 "평등을 표방하면서 모든 것을 생략하고 이익이 주는 편리만 추구"하는 공업국의 원칙에 반대하고, 정치적으로는 대의제를 적용할 수 없다고 하였다. 그는 이러한 농업입국의 사회에 '평균을 귀하게 여기는 전통 사회주의'라는 이름을 가져다 붙였다. 장사조의 이런 주장은 동양문화파로부터 상당한 지지를 얻었고, 「공업화는 중국에 적합하지 않음을 논함」, 「중국에서는 무엇 때문에 대의제가 적합하지 않는가」와 같은 글들도 갑자기 신문과 간행물에 넘쳐나게 소개되기 시작했다.

양계초와 장군매는 민주를 반대하지 않았을 뿐만 아니라 개성을 발전시키고 사상을 해방시킬 것을 주장했지만, 이른바 '과학만능주의'에 대해서는 비판했다. 양계초에 의하면 생산을 발전시키고 물질적 생활 자료의 결핍을 해결하는 측면에서는 과학의 공로가 매우 크지만, 과학만으로는 '황금세계黃金世界'를 만들 수 없다고 한다. 양계초에 따르면 과학이 발전됨에 따라 낡은 종교와 낡은 철학이 파산되고 유럽인들의 전통적인 내부생활도 흔들리게 되었는데, 과학에 입각한 철학자들이 과학을 잘못 이용해서 "순수물질적이고 순수기계적인 인생관"을 건립하여 "내부생활과 외부생활이 모두 물질운동의 '필요법칙'이라는 귀결"9) 아래에 결국 도덕을 잃은 인류, 가치를 잃은 인생이 되게 하였다고 한다. 그래서 인생의 "유일한 목적은 빵을 빼앗아 먹는 것"10)이 되었고, 자유경쟁·약육강식·강권주의가 이로부터 생기게

---

9) 『中國現代哲學史資料彙編』 第1集 第5冊, 204~205쪽, "把一切內部生活外部生活都歸結到物質運動的'必要法則'之下."
10) 『中國現代哲學史資料彙編』 第1集 第5冊, 204~205쪽, "獨一無二的目的就是搶麵包吃."

되었으며, 세계대전도 바로 이에 대한 업보를 치른 것으로 이해하였다. 그리하여 양계초는 '이상과 실용의 일치를 추구한' 세 성인 공자·노자·묵가의 전통을 발전시켜서 이상과 실제를 두 동강 낸 서양문화의 폐단을 바로잡을 것을 주장하였다. 사실 이것은 천성을 다하고(盡性) 천지의 조화를 도우며(贊化) 천인이 합일하고(天人合一) 남과 자기가 하나되는(人己合一) 중국의 전통적인 인생이상과 가치관념 및 도덕준칙을 서양의 민주·과학·자본주의 제도와 조화시키고 융합시켜서 '새로운 문화 계통'을 형성하려는 시도이다. 양계초의 이러한 관점을 장군매가 더욱 발전시켰다. 장군매에 의하면, 주관적·직각적·종합적·자유의지적·단일적인 것이 인생관의 특징이기 때문에 과학은 이러한 것에 대해 어찌할 수 없다. 근 300년간의 유럽은 이지(理智)와 물질을 지나치게 믿은 데서 세계대전을 불러왔고, 중국은 1840년부터 물질적으로는 '견고한 선박과 대포의 유익함'을 정책으로 삼고 정신적으로는 과학만능을 신앙으로 여겼기 때문에 역시 사물의 발전단계가 극에 달하여 이제는 반전하게 되는 때에 이르렀다는 것이다. 장군매는 또한 서양의 국가주의, 상공정책, 자연계에 대한 지식은 이미 인류의 앞길에 막대한 위험을 조성하고 있기 때문에 '내적 생활 수양설'을 힘껏 제창해야 한다고 주장하였다. 그는 '내적 생활'로써 과학을 바로잡고, 경제적으로는 '상공업에 치우치는' 정책을 수정하고, 가치관념으로는 공리적인 생각을 버릴 것을 주장하였다. 그리고 중국은 반드시 부강의 길을 거부하고 공자가 창도한 '적지만 고르게 나눠 가지고 가난하지만 편안하게 살아가는'(寡均貧安) 사회주의를 실행해야 한다고 주장하였다.

양수명의 문화관과 문화주장에 대해서는 제1장에서 이미 분석했기 때문에 여기서는 현실문화에 대한 그의 태도만을 살펴보기로 한다. 그의 주장은 다음과 같다.

첫째, 인도印度의 태도를 배척해야 하고 조금도 남겨 두어서는 안 된다.

둘째, 서양문화에 대해서는 전면적으로 받아들이되 잘못된 점은 근본적으로 고쳐야 한다. 즉 그 태도를 조금 고칠 필요가 있다.

셋째, 비판적인 입장에서 중국의 원래 태도를 새롭게 하여 다시 내놓는 것이다.[11]

여기서 말하는 서양문화를 '전면적으로 받아들인다'는 입장은 과학, 민주, '비판의 정신' 등을 가리키고, 인생의 태도를 고치자는 것은 '자아 중심'과 '개인 본위'의 태도를 고치자는 의미이다. 이른바 '중국의 원래의 태도'란 일종의 '강剛'의 태도를 가리킨다. 양수명은 공자가 말하는 '강'이란 '속에서 힘이 넘쳐나는 하나의 활동'[12] 즉 '감정에서 직접 나오는 것이지 욕망의 계산에서 나오는 것이 아닌'[13] 앞으로 나아가는 동작이라고 보았다. 그는 다음과 같이 말하였다.

나의 뜻은 앞을 향해 힘써 정진하는 풍기風氣를 제창하는 동시에 밖으로 물질을 좇아가는 퇴폐한 풍조를 배척하자는 것이다.[14]

지금은 먼저 인생을 근본적으로 계발함으로써 자기 자신을 위하고 물질적으로 부러워하며 무엇이나 손익계산을 하는 습관에서 완전히 벗어나서, 선택적으로 행동하고 속으로부터 흘러나오는 활기—러셀이 말하는 이른바 창조적인 충동—에다 앞으로 나아가는 태도를 융합하여 시대의 부름에 따라 응해야 한다.……[15]

---

11) 『中國現代哲學史資料彙編』 第1集 第5冊, 202쪽.
12) 『中國現代哲學史資料彙編』 第1集 第5冊, 202쪽, "就是裡面力氣極充實的一種活動."
13) 『中國現代哲學史資料彙編』 第1集 第5冊, 202쪽, "發於直接的情感, 而非出自欲望的計慮."
14) 『中國現代哲學史資料彙編』 第1集 第5冊, 202쪽, "我意不過提倡一種奮往直前的風氣, 而同時排斥那向外逐物的頹流."
15) 『中國現代哲學史資料彙編』 第1集 第5冊, 202쪽, "現在只有先根本啟發一種人生, 全超脫了個

양수밍은 이러한 인생태도가 있어야만 비로소 과학과 민주라는 두 정신에서 출발하는 각종의 학술과 사조를 참으로 수용하고 융합하여 그 결실을 얻을 수 있다고 보았다. 그는 또 서양문화는 사회를 본위本位로 하고, 분배를 본위로 하는 '사회주의'로 발전하는 추세이고, 중국은 원래부터 사회를 본위로 하고 상대를 중시하는 문화이기 때문에 중국이 '강'의 태도로써 서양의 인생태도를 개조하면, 서양문화의 장점은 얻으면서도 그 잘못된 전철은 밟지 않을 것이고, 또한 서양문화발전의 추세에도 적응할 수 있을 것이라고 보았다.

동양문화파의 문화주장은 분명 잘못된 것이다. 이들은 제1차 세계대전에 따른 문화반성을 이용하여 자본주의의 제도적 위기를 서양문화의 파산으로 과장하면서, 신문화운동이 극력 제창한 과학과 민주에 찬물을 끼얹고 오히려 양무파, 개량파, 민국民國 초기의 혁명파보다도 더 낙후한 정치와 경제적 주장을 제기하였다. 여기에는 낡은 문화가 권토중래하려는 성향이 뚜렷하다. 동양문화로써 세상을 구원하려는 생각은 잠꼬대에 지나지 않는다. 세계와 중국의 그 이후의 역사 발전은 이러한 주장이 반동적이고 근본적으로는 통하지 않음을 충분히 증명했다.

문화관에 있어서, 동양문화파는 유럽중심주의와 상반된 주장을 내세우면서 완고파와 중체서용론자들보다도 더 황당한 동양문화중심주의를 선전하였다. 방법론에 있어서, 동양문화파는 중체서용론과 동서조화론의 잘못을 되풀이하면서 갈라놓을 수 없는 것을 갈라놓았고, 서로 포용할 수 없는 것을 억지로 한데 모으려 했다. 이를테면, 양계초는 자본주의의 경제제도와 그 가치관념과 도덕준칙을 분리시키고, 중국 봉건시대의 가치관념과 도덕준

人的爲我, 物質的歆慕, 處處的算帳, 有所爲的而爲, 直從裡面發出來活氣 — 羅素所謂創造衝動 — 含融了向前的態度, 隨感而應."

칙을 입력하는 방법으로써 자본주의를 개량할 수 있다고 보았다. 두아천도 근대 과학기술로 무장된 생산력을 자급자족의 경제의 틀 속에 제한시킬 수 있다고 보았다. 이로써 그들이 주장하는 이른바 '종합'과 '융합'은 실제적으로 주관적이고 제멋대로의 조화·절충이 되고 말았다.

그러나 문화 연구의 측면에서 동양문화파에게 전혀 볼 것이 없는 것은 아니다. 첫째, 5·4 전후, 신문화운동의 지도자들은 일방적으로 중·서 문화의 시대적 차이를 강조하면서 문화의 민족성에 주목하지 않거나 심지어 부정하기까지 하였지만, 동양문화파는 중국문화의 특징을 제시한다는 측면에서 유익한 일들을 하였다(비록 그들 자신은 문화의 민족성을 말하지 않지만). 이를테면, 양수명은 인간과 자연, 인간과 인간관계를 처리하는 중·서 문화의 사상적 차이에 대해 매우 식견이 있는 논단을 제시하였다. 둘째, 동양문화파는 제1차 세계대전으로 인해 자본주의 문명이 이미 전면적인 위기에 빠졌음을 예리하게 관찰하여, 자본주의 본래의 모순을 상당히 깊이 분석하고 폭로하였다. 이를테면, 두아천은 "오늘의 대전大戰은 국가와 민족 간의 경제적인 충돌 때문에 일어난 것이다"[16]라고 분명하게 지적하였고, 장사조는 서양의 경제제도는 서양의 정치·도덕·법률·습관의 본원임을 알아차렸으며, 양수명은 자본주의 경제에서의 생산은 소비를 위한 것이 아니라 개인의 이윤을 추구하기 위한 것인데 이러한 개인본위, 생산본위의 경제가 사회본위, 분배(소비)본위로 변할 때만이 비로소 합리적으로 돌아갈 것이라는 사실을 날카롭게 지적했다. 동양문화파가 한 이러한 일들은 1860~70년대부터 중국 사람들에게 점차 형성된 의식 즉 자본주의의 길만 가게 되면 중국을 구원할 수 있다는 신념을 무너뜨리는 작용을 함으로써 객관적으로 사회주의 사상의

---

16) 傖父, 「戰後東西文明之調和」, 『東方雜誌』 제14권 제4호, "今日之大戰, 卽爲國家民族間經濟的衝突而起."

중국 전파에 유리한 형국을 조성했다.

동양문화파의 계급적 실질에 관한 문제는 깊이 있게 연구되어야 할 문제이다. 논쟁 당시, 구추백瞿秋白은 동양문화파를 '낡고 오래되고 죽어가는 계급'의 대표로 보았다. 즉 봉건 사대부의 대표 세력으로 간주한 것이다. 그리고 현재의 논자들은 대부분 그들을 '봉건세력과 보다 밀접한 연계가 있는 자산계급 지식인들'[17]로 본다. 이 두 가지 견해는 모두 문제가 있다. 양계초의 주장은 자산계급을 대표한 것이라고 할 수 있지만, 동양문화파 중에도 '사회주의'를 말하는 사람들이 적지 않았다. 이를테면 장사조, 장군매 등이 그러하다. 그들의 정치·경제적 주장은 『공산당선언』에서 분석한 소자산계급의 사회주의와 매우 비슷했고, 훗날 그들의 정치적 표현을 보더라도 상술한 두 견해가 분명 적절하지 않음을 알 수 있다. 이에 근거하여 이들을 "공업에서의 행회行會(각 관아의 장이 소집한, 정부의 지시나 명령을 알리고 그 실행 방법을 논의하기 위한 모임)제도와 농업에서의 종법경제宗法經濟"에 미련을 두었던 구식 소자산계급의 사상적 대표라고 하는 것이 어쩌면 더 맞을지도 모른다.

2. 전면적 서양화 이론

이대조, 진독수와 같은 신문화운동의 지도 인물들은 중·서 문화의 민족적 차이에 대해 어느 정도 주목했으며, 어떤 경우에는 중·서 문화의 차이를 완전히 민족적 차이로 귀결시키려는 경향도 있었다. 이대조가 1918년에 지은 『동·서 문명의 근본적인 차이』와 진독수가 1915년에 지은 『동·서

---

17) 袁偉時, 『中國現代哲學史稿』(廣州: 中山大學出版社, 1987年版), 680쪽, "是與封建勢力有較爲密切的那部分資産階級知識份子."

민족의 근본적 사상의 차이』가 바로 그러하다. 동·서 문명의 차이에 대한 그들의 견해는 동양문화파의 견해와 매우 비슷했지만 가치판단은 정반대였다. 다만 그들은 이러한 관점을 끝까지 견지하지 못했다. 그들은 중·서 문화의 차이가 시대적 차이라는 점을 일방적으로 강조했기 때문에 점차 중·서 문화의 충돌은 신·구 문화의 충돌로 간주되기에 이르렀다. 『청년잡지 青年雜誌』 창간호는 다음과 같이 기록하고 있다.

> 이른바 새로운 것이란 다름이 아니라 바로 외래의 서양문화이고, 이른바 낡은 것이란 다름이 아니라 바로 중국의 고유문화이다.…… 양자는 근본적으로 반대되기 때문에 조화와 절충의 여지가 절대 없다.18)

신문화운동이라는 특정의 시대에 중·서 문화의 시대적 차이를 강조하는 것은 정확할 뿐만 아니라 전적으로 필요하다. 이러한 기본 관점에서 출발하면, 신문화운동은 민주와 과학을 열정적으로 찬미하는 대신 봉건의 예교와 미신을 대대적이면서도 분명하게 비판함으로써 중국 역사의 새로운 한 장을 열었다고 할 것이다. 또한 이러한 기본 관점에서 출발하면, 공산주의자가 된 일부 지식인들은 10월혁명의 승리로부터 계발을 받고 서양의 자산계급문화도 이미 시대에 뒤떨어져 공산주의에 의해 대체될 것이라는 결론을 얻음으로써 공산주의운동이 중국에서 탄생되었음을 선포하였다고 할 것이다. 신문화운동은 동양문화파의 실질을 기본적으로 정확하게 관찰하였다. 그러나 중·서 문화의 시대적 차이를 강조하는 관점은 이미 그 자체로 잘못된 방향으로 발전될 가능성을 깔고 있었다. 전면적 서양화의 이론이 바로 여기에서 발전된 잘못된 하나의 문화주장이다.

---

18) 汪叔潛, 「新舊問題」, 『青年雜誌』 제1권 제1호, "所謂新者無他, 卽外來之西洋文化也, 所謂舊者無他, 卽中國固有之文化也.……二者根本相違, 絶無調和折中之餘地."

오늘날 논자들 중에서 적지 않은 사람들은 5·4신문화운동이 '전면적 서양화'를 주장하고 반민족주의적이었다고 하는데, 이러한 견해는 신중하게 논의해 볼 여지가 있다. 5·4신문화운동은 확실히 중·서 문화의 차이가 시대적 차이라는 점을 강조하는 문제가 있기는 하지만, 막연하게 전면적 서양화를 주장했다고 보는 것은 적절하지 않다. 첫째, 전면적 서양화 이론이 공식적으로 형성된 것은 1927년 이후이고, 또한 여기에는 특정된 함의가 있다. 즉 서구의 자본주의 문화를 전면적으로 받아들이자는 것이다. 1921년 이전에 초보적으로 공산주의 세계관을 지닌 지식인들이 이미 역사의 무대에 등장하였고, 또한 이들이 정도의 차이가 있기는 하지만 문화의 민족성을 인정하지 않는 잘못을 범했다 해서 '전면적 서양화론자들'이라고 할 수는 없다. 둘째, 신문화운동의 과정에서 총체적으로 문화의 민족성을 홀시한 문제가 있지만 여기에 참여한 사람들 모두 그러했던 것은 아니다. 예를 들면, 이대조와 채원배蔡元培는 문화의 민족성에 깊은 관심을 표명했고, 진독수의 경우에도 이와 비슷한 말을 찾아볼 수 있으며, 동양문화파의 대표인물인 양수명도 신문화운동 전기에는 신문화운동을 지지하는 편이었다. 이러한 사실에 근거하여 신문화운동 자체는 여러 가지 경향성의 맹아를 함축했다고 말할 수 있다.

전면적 서양화 이론이 공식적으로 나오게 된 것은 1929년이고, 그 대표 인물은 호적胡適과 진서경陳序經이다. 호적은 그해 영문으로 된『중국 기독교 연감』에 '중국 오늘의 문화충돌'이란 제목으로 글을 썼다. 이 글에서 그는 두 개의 단어를 함께 쓰면서 자신의 문화주장을 표현했는데, 하나는 'Wholesale Westernization'이고, 다른 하나는 'Wholehearted Modernization'이다. 『연감』이 출판되고 나자 사회학자인 반광단潘光旦은 영문으로 된『중국평론주보中國評論週報』에 논평을 발표하여 호적의 글에서 사용된 두 단어의 뜻이 같지 않음을 지적하였다. 즉 앞의 단어는 '전면적 서양화'(全盤西化)로 번역될 수 있고, 뒤의 단어는 '전력全力을 다한 현대화'(全力現代化) 또는 '충분한 현대화'(充分現代化)로 번역될 수 있다는 것이었다. 그는 또 '전력을 다한 현대화'라는 말은 찬성할 수 있지만 '전면적 서양화'라는 말에는 찬성할 수 없다고 밝혔다. 이로부터 '전면적 서양화'라는 용어가 유행하기 시작하였다.

전면적 서양화론자들 내부에서도 전면적 서양화에 대한 해석이 일치하지 않았다. 대체적인 의미에서 말하자면 호적의 이른바 '책략적인' 전면적 서양화의 이론이 있고, 진서경의 '100%' 전면적 서양화 이론이 있으며, 그 외에 또 이른바 '근본적인' 전면적 서양화 이론도 있다.

호적의 전면적 서양화 이론은 이론적으로 상당히 혼란스럽고 앞뒤가 일치하지 않는다. '전면적 서양화'란 원래 호적이 '충분한 서양화'와 같은 의미의 구호로 제기한 것인데, 진서경은 그것을 극단적으로 해석한 뒤 호적을 가리켜 '전면적 서양화파'가 되기에는 부족한 '절충파 중의 하나일 뿐'[19]이라고 비판하였다. 이러한 질책에 대해 호적은 대수롭지 않게 여기면서 "나는 진서경 선생의 전면적 서양화 이론을 전적으로 찬성한다"[20]라고 공개적으로 밝혔다. 그러나 실제로는 전면적 서양화에 대한 호적의 이해는 진서경의 이해와 분명 다르다. 호적은 다음과 같이 말했다.

지금 사람들이 '절충'이요 '중국 본위'요 하는데, 모두 헛소리에 지나지 않는다. 지금은 걸을 수 있는 다른 길이 없기 때문에 오직 이 새로운 세계의 신문명을 전면적으로 받아들여야만 한다. 전면적으로 받아들이게 되면 낡은 문화의 '타성惰性'이 자연적으로 신문명과 절충하고 조화를 이뤄 이것을 중국 본위의 신문화로 바꾸게 될 것이다.……옛사람들은 "상등의 것을

---

19) 陳序經, 「全盤西化的辯護」, 『獨立評論』 제160호, "全盤西化派, 而乃折中派中之一流."
20) 「編輯後記」, 『獨立評論』 제142호, "我是完全贊成陳序經先生的全盤西化論的."

본받으려고 하면 중등의 효과를 얻게 되고, 중등의 것을 본받으려고 하면 하등의 효과를 얻을 수밖에 없다"라고 했다. 이 말은 참으로 잘 은미해 보아야 할 진리이다. 우리가 죽을힘을 다해 극단으로 가는 것도 괜찮다는 것은, 문화의 타성이 자연적으로 우리를 절충과 조화에로 끌어 갈 것이기 때문이다.[21]

다시 말하자면 호적은 '전면적 서양화'를 행동의 지침으로 삼은 것이지 진정 도달할 수 있는 목적으로 간주한 것은 아니다. 최종 이룩해야 할 것은 당시 일부 국민당 학자들이 제창한 '중국 본위의 신문화'였다. 그렇지만 진서경은 "100%의 전면적 서양화는 가능성이 있을 뿐만 아니라 또한 비교적 완벽하고 위험성이 적은 문화의 출로"[22]라고 했다.

전면적 서양화의 이론이 나오자마자 날카로운 비판을 받은 것을 고려하여, 호적은 1935년 6월 23일 「충분한 세계화와 전면적 서양화」라는 글을 발표하여 '전면적 서양화'라는 용어에는 분명 어폐가 있다는 점을 인정하면서 '충분한 세계화'라는 용어로써 '전면적 서양화'라는 용어를 대체할 것을 제안했다. 그렇지만 이 제안 또한 진서경의 반박에 부딪히게 된다. 그래서 진서경의 「전면적 서양화에 대한 변호」라는 글과 호적의 「진서경 선생에 답함」이라는 글이 함께 『독립평론』에 실리게 된다. 호적은 이번 경우에는 더 이상 진서경의 의견에 '전적으로 찬성한다'는 말을 하지 않고, 다만 두 사람의 '의견이 그다지 멀리 떨어진 것 같지 않다'라고 하였다.

---

21) 陳序經, 「再談'全盤西化'」, 『獨立評論』, 제147호, "現在的人說折中, 說中國本位, 都是空談. 此時沒有別的路可走, 只有努力全盤接受這個新世界的新文明. 全盤接受了, 舊文化的惰性自然 會使他成爲一個折中調和的中國本位新文化.……古人說, '取法乎上, 僅得乎中; 取法乎中, 僅 得乎下.' 這是最可玩味的眞理. 我們不妨拼命走極端, 文化的惰性自然會把我們拖向折中調和 上去的."

22) 陳序經, 「全盤西化的辯護」, 『獨立評論』 제160호, "百分之一百的全盤西化, 不但有可能, 而且 是一個較爲完善較少危險的文化的出路."

진서경은 호적과의 논쟁에서 '상대의 창으로 상대의 방패를 공격하는' 방법을 취하여 호적을 상당히 피동적인 입장에 빠지게 만들었다. 이로부터 호적의 이론적 혼란과 그의 태도의 나약함이 폭로되었다.

이 시기 호적의 문화이론에는 분명 모순점이 있었다. 한편으로는 주周나라, 진秦나라 이후 "우리에게 있는 것은 유럽에도 있고 우리에게 없는 것도 그들에게만 있으니, 그들은 우리보다 낫다"[23]는 것이 호적의 입장이다. 문화의 변동은 '우승열패優勝劣敗'의 법칙에 따르고, 이러한 우승열패의 문화변동론에서 볼 때 문화 전체의 각 방면의 취사선택을 지도할 수 있는 완전한 표준은 없다. 이러한 견해에 따르면 중국은 전면적 서양화를 하는 외에는 진정 다른 길이 없다. 진서경은 바로 이러한 관점을 틀어쥐고 또한 "문화의 각 방면은 모두 연대적連帶的 관계를 가지며…… 제멋대로 장점을 취하거나 단점을 보완해서는 안 된다"[24]는 논거를 덧붙여 그의 '100%' 전면적 서양화 이론을 이끌어냈다. 그러나 다른 한편으로, 호적은 문화의 민족성을 완전히 부정할 수는 없었다. 그는 다음과 같이 말했다.

우리는 양적으로 엄격한 '전면적 서양화'가 쉽게 성립될 수 없음을 인정하지 않을 수 없다. 문화는 다만 인민들이 생활하는 방식으로서, 가는 곳마다 모두 인민들의 경제 상황과 역사적인 습관의 제한을 받지 않을 수 없다. 이것이 바로 내가 지난날에 말한 문화의 타성이다. 당신은 '서양 요리가 비교적 위생적이다'는 것을 믿을 것이지만, 그렇다고 하여 사람마다 모두 서양 요리를 먹고 나이프와 포크로 바꿀 것을 바랄 수는 없다. 더구나 서양 문화에도 역사적인 인습의 요소들이 적지 않기 때문에 우리는 이성적

---

23) 胡適, 「信心與反省」, 『獨立評論』 제103호, "我們所有的, 歐洲也都有, 我們所沒有的, 人家所獨有, 人家都比我們强."
24) 陳序經, 「再談全盤西化」, 『獨立評論』 제147호, "文化各方面都有連帶的關係……不能隨意的取長去短."

으로 취하기 싫을 뿐만 아니라 사실상에서도 절대 전면적으로 취하지 않을 것이다.[25]

여기에서 말하는 이른바 '문화의 타성'은 사실 문화의 민족성을 가리킨다. 호적은 이와 같은 것들은 감정적인 것으로서 이지理智로써 개변시킬 수 없다고 보았다. 호적은 각 민족문화에 각기 그 특색이 있음을 완전히 부인할 수 없었기 때문에 사람들의 비판으로 인해 '전면적 서양화'라는 구호를 포기하지 않을 수 없었다.

진서경이 묘사한 그와 호적 간의 차이는 과장된 것이었다. 호적과 진서경의 전면적 서양화의 이론은 분명 차이가 있지만, 그 본질은 완전히 같다. 즉 그들은 모두 유럽중심주의의 의식을 가지고 있었다. 호적은 "내가 전면적 서양화를 찬성하는 원래 뜻은 다만 이 구호가 십여 년 동안 내가 주장한 충분한 세계화와 가장 가깝기 때문이다"[26]라고 하였다. 진서경도 "이른바 세계화로 나아가는 문화와 이른바 현대화를 대표하는 문화란 서양의 문화에 지나지 않는다"[27]라고 했다. 이로부터 그들에게 있어 서양문화는 여타 문화 발전의 이정표와 모범으로, 이른바 세계, 현대화란 바로 서양화였음을 확인할 수 있다. 이는 분명 유럽중심주의의 관점이다.

그 후, 어떤 사람은 호적의 전면적 서양화 이론을 크게 변호하는 글을

---

25) 胡適, 「充分世界化與全盤西化」, 『大公報』 1935년 6월 23일, "我們不能不承認, 數量上的嚴格 全盤西化是不容易成立的. 文化只是人民生活的方式, 處處都不能不受人民的經濟狀況和歷史習 慣的限制. 這就是我從前說過的文化惰性. 你儘管相信'西菜較合衛生', 但事實上決不能期望人人 都吃西菜, 都改用刀叉. 況且西洋文化確有不少的歷史因襲的成分, 我們不但理智上不願採取, 事 實上也決不會全盤採取."

26) 胡適, 「充分世界化與全盤西化」, 『大公報』 1935년 6월 23일, "我贊成全盤西化, 原意只是因爲 這個口號, 最近於我十幾年來充分世界化的主張."

27) 陳序經, 「全盤西化的辯護」, 『獨立評論』 제160호, "所謂趨向世界化的文化, 與所謂代表現代化 的文化, 無非就是西洋的文化."

지어 "호적의 '전면적 서양화'의 사상을 국수주의와 대립하는 하나의 극단으로 간주해서는"28) 안 된다고 하였고, 심지어 호적의 전면적 서양화의 최종 목적과 결과는 국수파와 '중국 본위 문화론자들'과 마찬가지였다고까지 했다. 이러한 논조는 사실과 너무 멀리 떨어진 것이다.

전면적 서양화 이론의 문화학적 근거는 일종의 범속한 단선적單線的 문화진화론이다. 일찍이 1923년에 호적은 양수명의 세 가지 문화노선의 이론을 비판하면서 자신의 입장을 분명하게 개진하였다.

우리들의 출발점은, 문화는 민족생활의 양식이고, 민족생활의 양식은 근본에 있어서 대동소이大同小異하다는 것일 뿐이다. 왜냐하면 생활은 환경에 대한 생물의 적응일 뿐이고 인류의 생리구조가 근본에 있어서 거의 같기 때문에, 대동소이한 문제를 해결하는 방법도 그 대동소이한 몇 가지를 벗어나지 않는다. 이러한 도리를 '유한한 가능설'이라고 한다.…… 우리가 역사적인 시선으로 문화를 관찰하게 되면, 각 민족이 모두 '생활의 원래의 길에서 걸어가고 있었지만 환경에 어려움과 쉬움, 문제에 급한 것과 급하지 않은 것이 있었기 때문에 가는 길에 더딤과 빠름의 차이가 있고 도착하는 시간에 선후의 차이가 있다는 것을 보았을 뿐이다.…… 오늘 우리는 과학과 민주라는 유럽문화의 특징을 일일이 모두 역사적 사실로 설명할 수 있다. 즉 유럽민족은 지난 300년 동안 환경의 압박을 받아 그것을 극복하고자 노력하였기 때문에, 환경을 정복하는 방면의 성과가 다른 각 민족과 비교하면 확실히 크다.29)

---

28) 儲昭華, 「論西化及中國傳統文化的現實出路」, 『社會科學評論』 1986年 第10期, "把胡適的全盤西化思想當作與國粹主義對立的一個極端."

29) 胡適, 「讀梁漱溟先生的〈東西文化及其哲學〉」, 『胡適文集』 第2集 第2卷, "我們的出發點只是, 文化是民族生活的樣法, 而民族生活的樣法是根本大同小異的. 爲什麼呢? 因爲生活只是生物對環境的適應, 而人類的生理的構造根本上大致相同, 故在大同小異的問題之下, 解決的方法也不出大同小異的幾種. 這個道理叫做有限的可能說.……我們拿歷史眼光去觀察文化, 只看見各種民族都在那生活本來的路上走, 不過因環境有難易, 問題有緩急, 所以走的路有遲速的不同, 到的時候有先後的不同.……至於歐洲文化今日的特色, 科學與德謨克拉西, 事事都可以用歷史的事實

이러한 문화진화론은 인류의 역사와 인류의 사회를 추상화함으로써 인류가 기나긴 역사에서 민족이라는 형식으로 존재했다는 사실을 소홀히 여겼다. 그렇기 때문에 문화의 민족적 특징이 민족적 공감에 주는 거대한 가치를 보지 못했던 것이다. 이를테면 호적은 "언어의 조직은 항상 몇 가지 기본적인 배합을 벗어나지 않는다"라고 하였는데, 이 말은 물론 옳지만 이에 근거하여 민족 언어의 차이를 지나치게 경시한다면 그것은 큰 잘못이다. 옛날부터 지금까지 압박민족은 언제나 피압박민족의 언어를 없애려고 했고, 피압박민족은 또한 언제나 자신들의 언어를 지키기 위해 힘써 싸웠다. 이러한 점을 알지 못한다면 '역사적인 안목'이 있다고 하기 어렵다.

유럽중심주의는 서양인들조차도 이미 말하지 않고 있고 단선적인 진화론도 이미 19세기의 옛 자취가 되었는데, 아직도 '전면적 서양화'의 기치를 들고 나오는 사람이 있다면 너무나 시대에 뒤떨어진 것이다.

호적과 진서경의 전면적 서양화의 이론은 복고파 및 중·서 문화의 조화·절충을 주장하는 학파들을 향해 공격의 창끝을 겨누었고 또 그러한 학파들로부터 비판을 받기도 했지만, 이러한 논쟁을 동일시해서는 안 된다. 이러한 논쟁에서 가장 주목해야 할 것은 세 가지 방면이다.

첫째, 전면적 서양화론자들과 중국 본위 문화론자들 간의 논쟁이다. 1931년 9·18사변 이후 호적은 『독립평론』을 창설하여 "외적의 침입을 막아 내려면 반드시 먼저 내부를 안정시켜야 한다"는 장개석蔣介石의 정책을 지지하였고, 1938년에는 국민당 정부의 주미대사로 위촉되었다. 이러한 정치적 입장은 그와 중국 본위 문화론자들과의 논쟁에 미묘한 영향을 미쳤다. 「중국 본위의 문화 건설 선언」이 발표된 후 호적은 '이른바 중국 본위의 문화 건설을

來說明. 我們只可以說歐洲民族在這三百年中, 受了環境的壓迫, 趕上了幾步, 在征服環境的方面的成績比較其餘各民族確是大的多."

평함'이란 글을 발표했는데, 이 중에서 어떤 말들은 상당히 신랄했다. 이를테면 그것은 "중학위체中學爲體, 서학위용西學爲用의 최신식 포장일 뿐"이고 "오늘날 일반적인 반동 분위기의 가장 현대적 표현"이라고 했으며, 특히 "정부가 아무리 현명할지라도 결국 문화의 재판관이 될 수는 없다"라고 하였다. 비록 말은 신랄하게 했지만 근본적으로 대립의 뜻을 함축한 것은 아니라는 사실을 주목해야 한다. 왜냐하면 글에서 "앞으로 닥쳐올 문화대변동의 결정結晶은 중국 본위의 문화일 것임은 물론 조금도 의심할 바가 아니다"라고 하였기 때문이다. 그렇지만 호적의 입장은 곧바로 중국 본위 문화론자들의 날카로운 반박에 부딪혔다. 도희성陶希聖 등 10명의 교수들은 「우리의 총괄적인 답변」이라는 글에서 전면적 서양화는 '타향의 우상을 숭배하고' '주객을 전도하며' '스스로 멸망하는 것'30)이라고 비판하였다. 그들은 또 자본주의문화와 사회주의문화가 모두 서양문화인데 "무엇으로부터 변화시킬 것인가를 감히 전면적 서양화론자들에게 묻노라"라고 하였다. 그 밖에, 왕남병王南屛도 전면적 서양화의 이론을 '검토'하는 글을 지었는데, 그 말은 대단히 예의를 차린 것이었지만 문제에 대한 지적은 매우 엄중했다. 즉 "전면적 서양화 이론의 주장은 혼란을 조성할 수 있고 또한 오늘의 중국문화 건설의 통일된 구성을 방해한다"31)라고 비판했던 것이다. 호적은 10명의 교수들을 비판하는 글을 1935년 3월 말에 발표하였다가 4월과 5월에 위와 같은 반박을 받았고, 이에 6월이 되자 「충분한 세계화와 전면적 서양화」라는 글을 발표하여 '전면적 서양화'라는 용어를 철회한다고 밝혔다. 이를 통해 중국 본위 문화론자들의 서슬 푸른 태도가 호적의 입장 바꾸기에 얼마나 중요한 작용을

---

30) 『文化建設』第1卷 第8期, "崇拜異地偶像", "反客爲主", "自甘毁滅".
31) 王南屛, 「陳胡二先生全盤西化論的檢討」, 『讀書季刊』第1卷 第1號, "全盤西化論的聲調, 可以攙亂或障礙了今日中國文化建設之統一陣容."

일으켰는가를 알 수 있다.

둘째, 전면적 서양화론자들은 경제사관經濟史觀과 일파사회주의一派社會主義(중국공산당을 가리킴)의 사이에 조심스럽게 선을 그었다. 중국 본위 문화론자들은 전면적 서양화론의 실질은 자본주의 길로 나아가자는 주장임을 잘 알고 있었다. 예를 들어 도희성은 "자본주의자들의 마음속에는 항상 어떤 나라가 있는데, 이를테면 미국이다"[32]라고 했다. 이는 바로 호적을 빗대어 말한 것이었다. 그들은 또한 호적 등에게 빨간 딱지를 달려고 했다. 예를 들면, 어떤 사람들은 문화사회학파와 경제사관(역사유물주의)의 사람들이 모두 전면적 서양화를 주장한다는 글을 짓기도 했다. 이에 대하여 전면적 서양화론자들은 대단히 민감하게 반응했다. 진서경은 즉각 성명을 발표하여 "경제사관의 옹호자들은 대부분 절충파들이다"[33]라고 했다. 특히 호적의 대응은 '학자'의 풍도를 잃지 않은 것이었다. 그는 한편으로는 소련의 좋은 점을 이야기하면서 다른 한편으로는 전면적 서양화의 기치를 철회함으로써 "모든 자질구레한 논쟁을 피해 갔다."

셋째, 민족주의 문제를 대하는 전면적 사양화론자들의 입장인데, 이는 가장 주목해야 할 점이기도 하다. 9·18사변 이후, 민족주의 정서가 전국 각 계층에서 급속히 일어나고, 이에 상응하여 중화민족의 특성을 간직하고 문화침략을 반대하는 목소리가 날로 높아 갔다. 중국 본위 문화론자들이 '중국 본위'의 기치를 들고 나온 것도 민족주의의 주도권을 빼앗자는 목적이 뚜렷했다. 그러나 호적은, 문화 자체는 보수적이기 때문에 인력으로써 '중국 본위'를 보호할 필요가 전혀 없고 오히려 고유문화의 타성이 너무 큰 것을

---

32) 陶希聖, 「爲什麼否認現在的中國」, 『文化建設』 第1卷 第7期, "資本主義者心理老有一個某國, 如美國."
33) 陳序經, 「關於全盤西化答吳景超先生」, 『獨立評論』 第142號, "經濟史觀的擁護者, 大都是折中派."

걱정해야 한다고 하면서, "중국에는 갖가지 낡은 죄악의 특징이 너무 많고 너무 깊기 때문에" 외래 세력을 끌어들여 그것을 "세척하고 충격을 주어야 한다"[34]고 주장했다. 그러나 이러한 주장을 대대적으로 실천한다면 주장한 이의 동기와는 상관없이 반드시 제국주의 침략의 앞잡이로 이용되고 말 것이다. 일본제국주의자들이 중국 동북지역을 침략하고 점령한 후 학교에서 모두 일본어로 강의하도록 강요하지 않았던가?

요컨대, 전면적 서양화론은 이론적으로 잘못되었을 뿐만 아니라 실천적인 면에서도 대단히 해로운 것이었다.

3. 중국 본위 문화론

1935년 1월 도희성 등 10명의 국민당 소속 교수들은 「중국 본위 문화 건설 선언」을 발표하여 중국 본위 문화 건설의 기치를 공식적으로 내걸었다. 일순간, 학계의 명사들을 초청하여 토론하고, 독서운동대회를 소집하고, 논문집을 출판하면서 매우 떠들썩했다.

그런데 이 선언의 진정한 배후 세력은 국민당 이론가인 진입부陳立夫였다. 1934년 4월, 진입부는 남경에서 「문화 건설의 전야」라는 주제의 연설을 함으로써 이 '선언'의 기조基調를 정해 놓았다. 이어 자신을 이사장으로 하는 중국문화건설협회를 조직하고 『문화건설』, 『독서계간讀書季刊』 같은 정기간행물을 발행함으로써 이른바 '중국 본위 문화 건설'을 위한 기구와 언론 진지를 마련하였다. 더 넓은 의미에서 보자면, '중국 본위 문화 건설'이라

---

34) 胡適, 「試評所謂中國本位的文化建設」, 『獨立評論』 第145號, "中國舊有種種罪孽的特徵太多了, 太深了", "洗滌衝擊".

는 이 운동은 1934년에 국민당이 발기한 '존공독경尊孔讀經', '신생활운동'과도 호응하는 문화운동 전반의 중요한 작업이었다.

'선언' 작자들의 정치적 입장은 대단히 명확하다. 1935년은 마침 국민당 반동파들의 군사적 '포위·토벌'과 문화적 '포위·토벌'이 순조롭게 이루어질 때였다. '선언'은 이에 대단히 기뻐하면서 '위대한 국민혁명'에는 "비록 갖가지 곡절이 있었지만 이 몇 년간의 노력을 거쳐 중국의 정치적 개조는 마침내 상당한 성공을 이루었다"35)고 자평하고, 아울러 복고파 및 '영·미를 완전히 모방하고' '소련을 모방하며' '이탈리아·독일을 모방하자'는 여러 학파에 대한 비판적 입장을 분명히 하였다.

'선언'의 작자들은 진입부의 뜻을 받들어 전문용어에 상당한 공을 기울였고, 특히 '중국 본위'에 대한 해석을 모호하게 얼버무렸다. '중국 본위'란 무엇인가? 이에 대해 '선언'은 다음과 같이 말하고 있다.

> 중국은 중국일 뿐이어서, 어떤 임의의 한 지역이 아니라 지역적 특수성을 갖추고 있다. 또한 중국은 지금의 중국일 뿐이어서, 지난날의 중국이 아니라 스스로 일정한 시대성을 갖추고 있다. 그렇기 때문에 우리는 지금 이곳의 요구, 즉 중국 본위라는 기초를 각별히 주목해야 한다.36)

이러한 주장이 나오자 의논이 분분했다. 호적은 '중국 본위'가 바로 '중체서용'이라고 했고, 반광단은 더욱 '본위'라는 용어에 대한 '개념 바로잡기'(正名)에 애쓰면서 다음과 같이 말했다.

---

35) 「中國本位的文化建設宣言」, 『文化建設』 第1卷 第4期, "偉大的國民革命", "雖有種種波折, 但經過了這幾年的努力, 中國的政治改造終於達到了相當的成功."
36) 「中國本位的文化建設宣言」, 『文化建設』 第1卷 第4期, "中國是中國, 不是任何一個地域, 因而有它自己的特殊性. 同時, 中國是現在的中國, 不是過去的中國, 自有其一定的時代性. 所以我們特別注意於此時此地的需要, 就是中國本位的基礎."

'본위本位'라는 두 글자는 원래 이해하기 어려운 것이 아니다. 온갖 것에는 다 본말이 있고 온갖 일에는 다 선후가 있으니, 이것을 잘 알면 '도에 가깝다'고 옛사람들이 말했다. 중국을 본위로 한다는 것은 중국의 치안治安과 발전을 우선으로 한다는 것이다. 본말에는 주객主客이란 의미도 있기 때문에 본위란 곧 주체이고, 경중輕重이란 의미도 있기 때문에 본위가 있는 곳이 바로 중심이 서는 곳이다. 또 본말에는 중심과 가장자리란 의미도 있기 때문에 중국을 본위로 한다는 것은 중국을 중심으로 한다는 것과 다름이 없다. 그것을 영문으로 옮겨놓으면 'Sinocentric'이다……. 본말에는 상변常變이란 의미도 있다. 중국은 하나의 상수常數(Constant)이고 세계문화 흐름의 변화는 결국 여러 가지 변수變數(Variables)이다. 우리는 변수가 많기 때문에 상수의 존재를 잊어서는 절대 안 되고, 변하는 것으로써 변하지 않는 것에 더욱 영합해야 한다. 변하지 않는 것은 변하는 사물에 대하여 끊임없이 선택하고 수용하여 스스로의 육성을 추구해야 하지만, 상당한 정도의 수준을 넘어서는 것은 적합하지 않다……. 본말에는 체용體用이라는 의미도 있다. '양무洋務'를 제창하기 이전의 시대에 "중학위체, 서학위용"이라고 했던 장지동의 두 마디 말도 전혀 도리가 없다고는 말할 수 없다.[37]

이는 '중국 본위'와 '중체서용'에 등호(=)를 그은 것과 거의 비슷하다. 하지만 섭청葉青은 또 다르게 해석하여 다음과 같이 말했다.

'중국 본위'라는 한마디만 놓고 보면 '국가주의'의 냄새가 날 뿐만 아니라

---

37) 潘光旦, 「談中國本位」, 『文化建設』第1卷 第5期, "本位二字, 原是不難瞭解的. 物有本末, 事有先後, 明白得這一點, 古人稱爲近道. 以中國爲本位, 是以中國的治安與發展爲先務. 本末也有主客的意思, 所以本位就等於主體. 也有輕重的意思, 所以本位所在就等於重心所寄. 也有中心與邊緣的意思, 所以以中國爲本位就無異以中國爲中心. 譯成英文是Sinocentric……本末也有常變的意思. 中國是一個常數(Constant), 世界文化潮流動盪終究是一些變數(Variables). 我們決不能因變數的繁多, 而忘卻了常數的存在, 我們更應該以變的遷就常的, 常的對於變的事物, 雖宜乎不斷的選擇, 吸收, 以自求位育, 但也不宜超越相當程度……本末也有體用的意思. 以前提倡洋務時代張之洞'中學爲體, 西學爲用'的兩句話, 也不能說全無道理."

'중국주의'라는 냄새도 풍긴다. 그러나 '중국 본위'란 말을 제대로 해석하게 되면, 그 의미는 실재론實在論과 변증론辯證論의 응용으로 볼 수 있다. 따라서 그 안에는 '과학성'의 의미 역시 분명하게 포함되어 있다. 중국본위론은 '지금' '여기'라고 하는 중국적 요구를 문화 건설의 표준으로 삼자는 주장이다. 공상에 빠지지 말고 현실성과 특수성에 대한 파악을 중시하자는 것이기 때문에 원칙적으로는 사실 비난할 수 없다. 38)

이에 따르면 이른바 중국 본위란 '지금' '여기'의 요구에 부합되는 민족문화라는 의미에 지나지 않는다. 오관인吳貫因이란 사람은 또 『중국 본위의 문화와 외국 본위의 문화』라는 제목의 책에서 한바탕 불평을 늘어놓았다. 그는 "고금중외의 그 어떤 나라를 물론하고 그 문화건설은 모두 본국을 본위로 하지 않음이 없기 때문에 원래 이것은 문제가 되지 않을 뿐만 아니라 명사로서도 성립될 수 없는데", 지금 뜻밖에도 중국에서 '중국 본위 문화'라는 이름이 생기게 된 것은 사회현상이 이미 '외국 본위 문화'를 건설하고 있는 추세가 되었기 때문이라고 했다. 계속해서 그는 "나는 중화민국의 원주민으로서……백이와 숙제를 따라 수양산 꼭대기에서 굶어죽고 황토에 몸을 의탁할지언정 절대 유학을 버리고 서학에 귀속되어 '외국 본위'의 흐름을 좇으며 '하늘 아래 서양인의 땅 아닌 곳이 없고 서양인의 신하 아닌 자 없다'고 외칠 수는 없다"39)라고 말했다. 강한 수구적 정서가 생생하게 드러난다. 이상의 여러 의논들 중에서 호적을 제외하고는 해석이 각기 다르지만 원칙적으로는

---

38) 葉靑, 「讀〈中國本位的文化建設宣言〉以後」, 『文化建設』 第1卷 第5期, "本來, 單就'中國本位' 一句話說來, 是含有國家主義氣味的, 不僅這樣, 而且含有中國主義的氣味. 但是這個解釋, 卻把 它變更過來, 成爲文化的實在論和辯(辯)證法之應用. 從而它的科學性也就顯現出來. 中國本位 論就是以切合此時此地的中國需要爲建設文化的標準的主張. 不事空想, 注重現實性和特殊性的 把握, 所以在原則上, 實無可非難."

39) 吳貫因, 「中國本位的文化與外國本位的文化」, 『正風半月刊』 第1卷 第9期, "餘爲中華民國之土 人……寧願從夷齊餓死于首陽之顚, 而委身黃土, 斷不願逃儒歸洋, 逐外國本位之潮流, 高唱'普 天之下, 莫非洋土, 率土之濱, 莫非洋臣'也."

모두 '중국 본위'라는 표현법을 수용하고 있다.

'중국 본위 문화'의 토론에 참여한 학자와 명사들 중에는 국민당의 충실한 신자들도 일부 있었는데 그들은 '중국 본위'라는 표현법이 선명하지 않음을 불만스럽게 여겼다. 이를테면 구원회歐元懷는 "중국 본위 문화 건설이란 주장에 비록 복고적 의미는 없지만, 나는 차라리 신문화新文化 또는 삼민주의三民主義의 문화라고 하는 편이 의미가 더 분명하다고 여긴다"[40]라고 했고, 도백천陶百川도 "삼민주의를 중국 본위 문화 건설의 근본 원칙으로 삼아야 한다"[41]라고 하였으며, 태상추邰爽秋도 "우리는 삼민주의에서 두 가지 뜻을 선택하여 민생을 토대로 하고 민족부흥을 목표로 해야 한다. 이로부터 중국 본위 문화는 곧 민생 본위의 문화이고 바로 자위自衛의 문화임을 알 수 있다"[42]라고 하였다.

종합하여 말하자면, '중국 본위 문화'라는 개념은 추상적인 의미에서는 전면적 서양화론자들을 제외한 각 파의 승인을 받았던 것이다. 여기서 이른바 각 파란 복고파, 중체서용론자, 절충파, 변증적 종합파가 포함되고, 심지어 양수명과 같은 동양문화파도 포함된다. 이러한 현상은 분석해 볼 만하다. 이러한 이구동성의 현상은 상당 부분에 있어서 문화에 대한 그 당시의 '포위·토벌'에 의한 공포 분위기가 빚어낸 것이기 때문에, 많은 사람들은 막연하고 모호한 이 구호가 암시하는 뜻을 뻔히 알면서도 압력에 못 이겨 추상적인 형식으로 긍정할 수밖에 없었다. 당시 중국공산당 사람들은 발언 기회를 완전히 박탈당하고 있었지만, 노신魯迅은 한 잡문에서

---

40) 「中國本位文化建設座談」, 『文化建設』 第1卷 第5期, "中國本位文化建設的主張雖沒有復古的意思, 我以爲倒不如稱做新文化或三民主義的文化要醒豁一些."

41) 「中國本位文化建設座談」, 『文化建設』 第1卷 第5期, "應該拿三民主義來做建設中國本位文化的根本原則."

42) 「中國本位文化建設座談」, 『文化建設』 第1卷 第5期, "我們應該在三民主義裡摘取二義, 以民生爲基礎, 以民族復興爲目標. 由此可知中國本位的文化, 就是民生本位的文化, 就是自爲的文化."

문화전제주의에 억압된 상태에서의 중국 본위 문화의 주장은 '도우미'(幇用)의 자격조차 부족한 '헛소리'라고 말할 수밖에 없다고 풍자했다. 이 말은 구체적이지는 않지만 정곡을 찌른 한마디였다. '중국 본위'라는 표현법은 모호하고 불분명했기 때문에 오히려 각 파 인사들이 자신들에게 이롭게 사용하기에 편리했고, 또 순수한 학술적 의미에서 가지는 합리성과 각 계층에 보편적으로 팽배해진 민족주의 정서를 반영하고 있었는데, 이러한 점들 또한 사람들로 하여금 그것을 원칙적으로 부정할 수 없게 만든 중요한 원인이 된다.

중국본위문화론자들은 수구와 복고를 반대하면서도 '중국의 제도와 사상'을 전면적으로 부정하는 것도 반대하여, "지난날의 모든 것을 검토해서 보존할 것은 보존하고 버릴 것은 버려야 한다"[43]라고 주장했다. 그들은 전면적 서양화를 반대하면서 "유럽과 미국의 문화를 받아들이는 것은 필요하고 마땅하지만 받아들일 만한 것을 받아들여야 하고…… 받아들이는 표준은 현대 중국의 요구에 따라 결정되어야 한다"[44]라고 하였다. 그들은 또 "우리가 주장하는 중국 본위는 옛것에 얽매인 답습이 아니고 기계적으로 받아들이는 모방도 아니며 중체서용과 같이 억지로 갖다 붙이는 것도 아니라, 민족 전체의 '지금'의 요구와 준비를 조건으로 하는 창조"[45]라고 강조했다.

이러한 말들은 원칙적으로는 어떤 흠을 잡아내기 어렵다. 중국문화중심주의와 유럽문화중심주의가 이 양자 간의 조화·절충의 태도에서 벗어났다는 의미에서, 그리고 민족이 필요로 하는 '지금' '이곳'의 문화를 주장한다는

---

43) 「中國本位的文化建設宣言」, 『文化建設』 第1卷 第4期, "把過去的一切加以檢討, 存其所當存, 去其所當去."
44) 「中國本位的文化建設宣言」, 『文化建設』 第1卷 第4期, "吸收歐美的文化是必要而應該的, 但須吸收其所當吸收……吸收的標準當決定于現代中國的需要."
45) 「我們的總答覆」, 『文化建設』 第1卷 第8期, "我們所主張的中國本位, 不是抱殘守缺的因襲, 不是生吞活剝的模仿, 不是中體西用的湊合, 而是以此時此地整個民族的需要和準備爲條件的創造."

의미에서 '중국 본위'라는 표현법은 학술적으로 과거의 온갖 표현법보다 분명 나은 점이 있다. 그러나 우리가 상술한 추상적인 원칙에 대한 중국본위문화론자들의 구체적인 해석을 자세히 분석해 보면 그 조화 · 절충의 본질과 반동적인 정치적 경향성이 곧바로 드러난다.

삼민주의三民主義는 원래 국민당의 '주의主義'이고, 5 · 4정신은 원래 '민주' · '과학'과 함께 논해야 한다. 그러나 '선언'의 작자들은 민권주의를 조심스럽게 피해 가고 5 · 4운동의 민주정신에 대해서는 입을 다물었다. 그들은 중국의 '지금' '이곳'의 요구를 해석하면서 "인민들의 생활을 충실하게 하고 국민의 생계를 발전시키며 민족의 생존을 쟁취하는 것"46)이라고 말했는데, 이는 결코 우연적인 경솔함에서 나온 발언이 아니다. 민주를 말하지 않거나 더 나아가 민주를 반대하는 것은 중국 본위 문화 건설의 반동적인 본성이다. '선언'이 발표되기 전에 나온 『문화건설』 창간사에서 이미 다음과 같이 지적한 바 있다.

현대 중국의 신문화는…… 민족적 통일주의와 창조적 과학정신으로 가득 찬 사물이다.…… 그러므로 중국문화건설협회는 첫 출범부터 '민족정신', '과학정신', '통일정신', '창조정신'을 발양할 것을 주된 취지로 한다.47)

과학만 말하고 민주를 말하지 않고, 또 '민족'과 '통일'이라는 큰 모자로써 민주를 압제하는 것이 바로 국민당 문화건설운동의 특징이다.

1924년, 손중산 선생은 구삼민주의를 신삼민주의로 발전시킴으로써 국민당과 공산당이 협력하는 길을 개척하여 제1차 국내혁명전쟁의 승리의 토대를

---

46) 「我們的總答覆」, 『文化建設』 第1卷 8期, "充實人民的生活, 發展國民的生計, 爭取民族的生存."
47) 「發刊詞」, 『文化建設』 第1卷 第8期, "現代中國的新文化……爲充滿民族的統一主義與創造的 科學精神之事物.……所以中國文化建設協會當成立之初, 卽以發揚'民主精神', '科學精神', '統一精神', '創造精神'四者爲主旨."

마련하였다. 그러나 국민당 우파들은 손중산의 노선과 정책을 배반하고, 제국주의·봉건지주계급과 매판계급의 지지에 의하여 반공反共·반인민反人民의 새로운 군벌통치를 건립하였다. '선언'의 작자들은 이것을 미화하여 "중국의 정치적 개조가 드디어 상당한 성공을 이룩하였다"[48]라고 했고, 소련을 공공연히 옹호하는 것은 지금의 중국을 잊어버리고 말살하는 것이며 '공간과 시간에서의 중국의 특수성을 무시하는 것'이라고 하면서 중국공산당을 공격했다. 중국문화본위론자들이 말하는 이른바 '중국의 특수성'은 중국공산당 사람들을 대표로 하는 신민주주의 혁명노선에 대해 반대한다는 말과 동의어로 사용되었다.

일찍이 '선언'이 발표되기 전에 진입부는 이미 중국 본위의 문화 건설을 위하여 "과학화운동으로써 과거를 검토하고 새생활운동으로써 현재를 파악하며 문화건설운동으로써 미래를 창조한다"[49]라는 기본 취지를 정해 놓았다. 여기서 말하는 '과학화운동으로써 과거를 검토한다'는 것은 실제로는 5·4운동을 뒤집고 봉건적 도덕을 부활시키자는 것이다. 진입부에 의하면 대강중정大剛中正은 중화민족의 고유한 특성이고 예로부터의 중국의 입국정신이므로 "민족을 부흥시키려면 반드시 먼저 민족의 고유한 특성을 회복시켜야 하고, 그런 후에 다시 과학을 연구해야 한다."[50] 이에 근거하여 그는 "우리나라의 고유한 도덕의식과 지능을 뿌리로부터 살리고, 서양이 발명한 물질과학의 선두를 따라잡자"는 손중산의 말을 상기시키며, 이것을 '중국 본위 문화 건설의 방침과 방법'[51]으로 삼았다.

---

48) 「中國本位的文化建設宣言」, 『文化建設』 第1卷 第4期, "中國的政治改造終於達到了相當的成功."
49) 「發刊詞」, 『文化建設』 第1卷 第1期, "以科學化運動檢討過去, 以新生活運動把握現在, 以文化建設運動創造將來."
50) 陳立夫, 「文化建設之前夜」, 『華僑半月刊』 第46期, "是故欲復興民族, 必先恢復民族固有的特性, 然後再研究科學."
51) 陳立夫, 「文化與中國文化之建設」, 『文化與社會』 第1卷 8期, "中國本位文化建設之方針與方法."

중국의 도덕을 바탕으로 하여 서양의 과학을 더하자는 이러한 공식은 중체서용론과 대단히 비슷하고, 적어도 조화·절충의 느낌을 많이 준다. '선언'의 작자들은 한편으로는 "과학의 방법으로써 과거를 검토하고 현재를 파악하며 미래를 창조한다"는 진입부의 견해를 되풀이하지 않을 수 없었지만, 다른 한편으로는 이 말에 대한 진입부의 구체적인 해석이 중체서용과 중서조화론이라는 평가를 벗어날 수 없음을 잘 알고 있었다. 그렇기 때문에 '선언'과 '총체적인 답변'에서 '수구守舊하지 않고' '중체서용과 같은 대충 맞추기'를 하지 않는다고 극력 설명하면서, '보존할 것은 보존하고 버릴 것은 버린다'는 것과 같은 공허한 말로써 진입부의 '실제의 말'(實語)을 대체했다. 그러나 말할 줄 아는 사람이 들을 줄 아는 사람보다 못하다고 했듯이, '선언'이 발표된 후 적지 않은 사람들은 "선언의 태도에 복고의 혐의가 있으며, 국고國故를 정리하는 전철52)을 밟을 가능성이 크다"53)라고 지적했다.

요약하여 말하자면, '중국본위문화'라는 개념이 진입부에게 있어서는 중체서용과 중서조화론의 성격을 띠고 있음이 명백하지만, 10명의 교수들의 포장을 거쳐 변증적 종합체인 것처럼 되어 버렸다. 이는 문화이론 면에서의 역사적 진보, 즉 중국중심주의·서양중심주의·중체서용론과 같은 것들이 이미 인심을 잃었다는 점을 반영한 것이고, 동시에 국민당 사람들은 실질에 있어서 이러한 역사적 진보에 순응할 수 없었다는 모순을 반영한 것이기도 하다.

---

52) 역자주: 胡適은 1919년『中國哲學史大綱』(上卷)을 출판하면서 듀이의 실험주의를 중국 구학술 연구에 적용시키는 國故整理사업을 전개했다.
53) 「首都中國本位的文化建設座談會紀事」,『文化建設』第1卷 第6期, "宣言態度有復古之嫌, 很有 陷入整理國故覆轍的可能."

4. 민족적·과학적·대중적인 문화

여러 차례의 문화논쟁의 시기에 언제나 중국중심주의 또는 유럽중심주의의 식견을 초월한 일부 탁월한 인물들이 있어서 중·서 문화의 변증적 종합을 주장했다. 멀리로는 서광계徐光啓, 엄복嚴復 등이 있었고, 가깝게는 이대조李大釗, 채원배蔡元培, 양창제楊昌濟가 있었다. 시대적 한계로 인해 그들이 실제로 한 일은 중국과 서양을 억지로 합치고 새로운 것과 낡은 것을 뒤섞는 것을 면치 못했지만, 그들의 생각은 기본적으로 정확하였다. 1930~40년대에 중국공산당 사람들과 노신이 제시한 민족적·대중적·혁명적인 문화론은 이러한 선구자들의 사상과 일정한 계승관계가 있다.

이대조는 「동·서 문명의 근본적 차이점」이라는 글에서 동·서 문명을 정적인 문명과 동적인 문명으로 구분하고 양자를 융합하고 조화시켜 제3의 문명을 창조할 것을 주장하였다. 그는 다음과 같이 말했다.

나의 생각에 의하면, 우주의 큰 변화 발전은 전적으로 정적인 것과 동적인 것, 보수와 진보라는 두 가지 세계관의 선동과 지배에 의해 이루어진다. 동양문명과 서양문명은 사실 세계가 진보하는 두 개의 큰 축으로서 마치 차의 두 바퀴, 새의 두 날개와도 같아 어느 하나가 없어도 안 된다. 그렇지만 이 두 가지 정신은 또한 반드시 항상 조화되고 융합되어 새로운 생명을 창조함으로써 끝없이 발전되어야 한다. 지금의 여건으로 말하자면, 동양문명은 정지 상태에서 쇠퇴하고 있고 서양문명은 또 물질에 의해 지쳐 있기 때문에, 세계의 위기를 극복하기 위한 제3의 새로운 문명이 나타나지 않고는 이 위험한 고비를 넘기기 어렵다. 러시아문명은 동·서양의 매개체 역할을 할 수 있지만, 동·서양 문명의 진정한 조화는 이 두 문명 자체가 각성하지 않고서는 결코 목적을 이룰 수 없다. 이른바 자체의 각성이란, 동양문명은 있는 힘을 다하여 그 정적인 세계관을 타파함으로써 서양의 동적인 세계관

을 수용하는 것이고, 서양문명은 물질적 생활을 억제하는 것에 대해 심사숙
고함으로써 동양의 정신적 생활을 수용하는 것이다. 54)

앞에서 말했다시피, 동양문명을 정적인 문명 즉 정신문명이라 하고 서양문
명을 동적인 문명 즉 물질문명이라 한 것은 옳지 않다. 이에 근거하여
동·서 문명의 융합과 조화를 운운하면 결국 새로운 것과 낡은 것이 뒤엉키고
중국과 서양이 억지로 합하는 것이 될 수밖에 없다.(물론 이대조 본인은 이런
일을 하지 않고 머지않아 공산주의자로 입장을 바꾸었다.) 그렇지만 이대조는 동양문명
이 쇠퇴한다는 것을 이유로 삼아 동양문명 자체를 전면적으로 말살하려
들지는 않았다. 이러한 점은 당시의 많은 신문화운동 지도자들에 비해
뛰어난 점이다. 또 그는 제1차 세계대전을 이유로 서양문명의 파산을 경솔하
게 선포하지도 않았다. 이 또한 조금 뒤에 등장하는 동양문화파의 견해보다
빼어난 점이다. 그가 말한 '제3의 새로운 문명'의 내용은 모호하지만, 그가
국수주의와 서양화론자들의 좁은 시야를 넘어선 것은 분명하다.

5·4신문화운동 중에서 북경대학이 새로운 사상의 본거지가 될 수 있었던
것은 그 당시 총장이었던 채원배蔡元培의 학교경영방침과 관계가 있다. 학술적
으로 그는 '사상적 자유'와 '모든 것을 두루 포함할 것'(兼容幷包)을 주장하면서
진독수, 이대조, 호적, 노신 등 많은 신파의 인물들을 초빙하여 교편을
잡게 하였을 뿐만 아니라, 양수명과 같은 반대파도 초빙하여 교육을 담당하게

---

54) 李大釗, 「東西文明根本之異點」, 『言治季刊』 第7期(1918), "以餘言之, 宇宙大化之進行, 全賴
有二種之世界觀鼓駛以前, 卽靜的與動的, 保守與進步是也. 東洋文明與西洋文明實爲世界進步
之二大機軸, 正如車之兩輪, 鳥之兩翼, 缺一不可. 而此二大精神之自身, 又必須時時調和, 時時
融會, 以創造新生命而演進于無疆. 由今言之, 東洋文明卽衰頹於靜止之中, 而西洋文明又疲命於
物質之下, 爲救世界之危機非有第三文明崛起不足以渡此危崖. 俄羅斯之文明誠足以當媒介東西
之任, 而東西文明眞正之調和, 則終非二種文明本身之覺醒萬不爲功. 所謂本身覺醒者, 卽在東洋
文明宜竭力打破其靜的世界觀, 以容納西洋之動的世界觀, 在西洋文明宜裁酌抑止其物質的生活,
以容納東洋之精神的生活而已."

하였다. 정치적으로 그는 학생 개인의 행동 자유를 제한하는 것에 대해 반대하고 애국정치활동에 참가했다가 박해를 받은 선생과 학생들을 힘써 구제했다. 이러한 학교경영방침은 그의 세계관과 문화주장에 뿌리를 두고 있다. 채원배는 세계의 진화 방향이 "닫혔던 것으로부터 통하게 되고(自闔而通), 다른 것으로부터 같게 된다(自別而同)"고 보았고, 문화의 측면에서는 변증적 종합의 태도를 취했다. 채원배는 모든 신문화운동의 지도자들과 마찬가지로 세계 각국의 문화, 특히 공화共和를 실시한 선진국의 문화를 받아들이라고 하였다. 그러나 그는 외래문화를 받아들일 때는 반드시 소화시킬 수 있는 것부터 받아들여서 자기의 개성을 발전시켜 나에게 사용될 수 있게 해야지, 남에게 동화되어서는 안 된다고 주장하였다. 그는 다음과 같이 말했다.

> 받아들인 외국의 사상·언론·학술을 수용하고 소화시켜서 모두 나의 한 부분이 되게 해야지, 외국의 것에 무조건 동화되어서는 안 된다.[55]

그는 배움이란 독창성과 결합해야 하고 자국의 문화유산을 연구하는 것과 결합되어야 한다고 하면서, "유럽화만 수입할 것이 아니라 유럽화 속에서 더 나아가 발명해야 하며, 국수國粹만 보존할 것이 아니라 반드시 과학적인 방법으로써 국수의 진상眞相을 밝혀내야 한다"[56]라고 주장했다. 이러한 주장의 총체적 근거는 첫째, 한 민족은 오직 각국의 문명을 널리 흡수해야만 고도로 발달된 자기 문명을 건설할 수 있고, 둘째, 각기 자기 특성을 촉진할 수 있는 것이 인류 문화의 귀중한 점이며 각국의 사회는

---

55) 「蔡元培在淸華學校高等科演說詞」, 『蔡孑民先生言行錄』(浙江圖書館印行社, 1934年版), 409쪽, "所得於外國之思想言論學術, 吸收而消化之, 盡爲我之一部分, 而不爲其所同化." 참조.
56) 蔡元培, 「北京大學月刊發刊詞」, 『蔡孑民先生言行錄』, 227쪽, "非徒輸入歐化, 而必於歐化之中更進之發明, 非徒保存國粹, 而必以科學方法, 揭國粹之眞相." 참조.

모두 각자의 서로 다른 특징이 있기 때문에 절대로 무조건적인 동화同化에 빠지지 말아야 한다는 점에 있다. 채원배의 이러한 관점과 주장은 분명 같은 시기의 선진적 인물들보다 뛰어나고, 특히 동화를 반대한 그의 주장은 반식민지 인민들에게 있어서 가장 귀중한 자산이었다.

양창제楊昌濟는 5·4운동에서 기본적으로 조화·절충적 태도를 취했다. 비록 당시 사람들의 주목을 끌지는 못했지만, 중·서 문화에 대해 비판과 융합의 태도를 취한 그의 주장에는 합리적인 요소가 있었고, 특히 그의 애제자 모택동毛澤東의 초기 사상에 중대한 영향을 미쳤다. 양창제는 서양을 어떻게 따라 배울 것인가의 문제에서 "어떤 사람에게 그 사람의 개성이 있는 것과 마찬가지로 어떤 나라에는 그 나라의 민족정신이 있기 때문에, 한 나라의 문명 전체를 다른 나라에 이식移植할 수 없다"57)라는 점을 강조했다. 그러므로 그는 서양문명을 따라 배울 때는 반드시 "그 나라의 특수한 상황을 살펴서" "무엇을 취하고 무엇을 버리는 것이 옳은가"58)를 확정해야 한다고 하였다. 그는 또 "중국의 고유문화인 경·사·자·집은 함의가 넓고 심오하여 마치 보물이 곳곳에 널려 있는 것과도 같다"59)라고 하면서, "새 시대의 안목으로 우리나라의 구학舊學을 연구한 후에"60) 이를 토대로 하여 "동·서양 문명을 아울러 새롭게 시작해야 한다"61)라고 강조하였다.

5·4신문화운동의 가장 중요한 성과는 중국공산당의 성립에 있어서 '사상' 과 '간부'를 준비하도록 했다는 점이다. 그러나 5·4운동 자체의 편파성은

---

57) 『楊昌濟文集』(長沙: 湖南人民出版社, 1980年版), 199쪽, "夫一國有一國之民族精神, 猶一人有一人之個性也. 一國之文明, 不能全體移植于他國."
58) 『楊昌濟文集』(長沙: 湖南人民出版社, 1980年版), 202쪽, "何者宜取, 何者宜舍."
59) 『楊昌濟文集』(長沙: 湖南人民出版社, 1980年版), 203쪽, "中國固有之文化, 經史子集義蘊玄深, 正如寶藏遍地."
60) 『楊昌濟文集』(長沙: 湖南人民出版社, 1980年版), 203쪽, "新時代之眼光研究吾國之舊學."
61) 『楊昌濟文集』(長沙: 湖南人民出版社, 1980年版), 203쪽, "合東西洋文明一爐而治之."

유년 시기의 중국공산당에게도 적지 않은 영향을 미쳤다. 모택동은 1940년대에 '5·4' 이래의 문화운동을 총결하면서 다음과 같이 말했다.

양팔고洋八股나 당팔고黨八股[62]는 5·4운동의 본래 성격에 대한 반동이지만, 5·4운동 자체도 결함이 있다. 그 시기의 많은 지도 인물들은 아직도 마르크스주의적인 비판정신이 없었고 그들이 사용한 방법도 대부분 자산계급의 방법 즉 형식주의적인 방법이었다. 그들이 낡은 팔고八股, 낡은 교조를 반대하고 과학과 민주를 주장한 것은 매우 옳았지만, 그들은 현실과 역사와 외국 사물에 대해 역사유물주의적인 비판정신이 없었기 때문에, 나쁘다고 하면 절대적으로 나쁘고 모든 것이 다 나쁘다고 했고 좋다고 하면 절대적으로 좋고 모든 것이 다 좋다고 했다. 이렇게 형식적으로 문제를 보는 방법은 이 운동의 후속 발전에 영향을 미쳤다. 5·4운동은 두 흐름으로 발전되었는데, 일부는 5·4운동의 과학과 민주의 정신을 계승하고 또한 그것을 마르크스주의의 토대 위에서 개조했다. 이는 공산당 사람들과 일부 당 바깥 마르크스주의자들이 한 작업이다. 다른 일부는 자산계급의 길로 나아갔는데, 이는 형식주의의 '우右'적 발전이다. 그러나 공산당 내부에서도 의견이 일치하지 않아서, 부분적으로 편향성이 생기고 마르크스주의에 대한 파악이 온당하지 않아 형식주의의 잘못을 범하였으니, 이것이 바로 주관주의와 종파주의 및 당팔고黨八股이고 또한 형식주의의 '좌左'적 발전이다.[63]

---

62) 역자주: 당팔고란 실제를 떠나 겉만 번지르르하고 형식주의적인 문풍을 가리킨다.
63) 毛澤東,「反對黨八股」,『毛澤東選集』第3卷(北京: 人民出版社 1953年版), 833쪽, "洋八股或黨八股, 是五四運動本來性質的反動, 但五四運動本身也是有缺點的. 那時的許多領導人物, 還沒有馬克思主義的批判精神, 他們使用的方法, 一般地也還是資産階級的方法, 卽形式主義的方法. 他們反對舊八股, 舊敎條, 主張科學與民主, 是很對的. 但是他們對於現狀, 對於歷史, 對於外國事物, 沒有歷史唯物主義的批判精神, 所謂壞就是絶對的壞, 一切皆壞, 所謂好就是絶對的好, 一切皆好. 這種形式主義地看問題的方法, 就影響了後來這個運動的發展. 五四運動的發展, 分成了兩個潮流, 一部分人繼承了五四運動科學和民主的精神, 並在馬克思主義的基礎上加以改造. 這就是共産黨人和若干黨外馬克思主義者所做的工作. 另一部分人則走到資産階級的道路上去, 是形式主義向右的發展. 但在共産黨內部也不是一致的, 其中也有一部分人發生偏向, 馬克思主義沒有拿得穩, 犯了形式主義的錯誤. 這就是主觀主義, 宗派主義和黨八股, 這是形式主義向左的發展." 참조.

여기서 말하는 이른바 형식주의의 '우'적 발전이란 바로 호적을 대표로 하는 '전면적 서양화 이론'을 가리키고, 형식주의의 '좌'적 발전이란 왕명王明을 대표로 하는 교조주의를 가리킨다. 이러한 교조주의는 정치·군사·문화의 면에서 많은 표현을 하였다. 중국공산당 사람들과 당 외의 마르크스주의자들은 교조주의를 극복하고 문화 문제에 있어서 분명하고도 정확한 주장을 제시했다. 이는 대체적으로 '민족혁명전쟁에서의 대중문화'라는 구호를 제기하면서부터 시작되었다.

'민족혁명전쟁에서의 대중문화'는 중국공산당의 항일민족통일전선의 노선·방침·정책의 영향 밑에서 노신 등이 1936년 6월에 제시한 것이다. 노신은 다음과 같이 지적하였다.

> '좌익작가연맹左翼作家聯盟'이 5, 6년간 이끌고 싸워 온 것은 무산계급혁명의 문학운동이다. 이러한 문학과 운동은 줄곧 발전되었고, 지금에 이르러서는 더욱 구체적이고 더욱 실제적인 투쟁을 통해 민족혁명전쟁에서의 대중문학으로 발전되었다.[64]

이 구호는 비록 당시의 정치적 형세의 산물이지만 동시에 노신의 후기 문화사상 및 당시의 혁명 성격에 대한 그의 독립적인 사고에서 나온 것이기도 했다.

노신은 1934년에 「가져오기 주의」(拿來主義)[65]라는 제목의 유명한 잡문을 발표하였다. 이 글에서 그는 외래문화를 받아들이는 문제에 대해 대단히

---

64) 「論現在我們的文學運動」, 『且介亭雜文』(北京: 人民文學出版社, 1973年版), 101쪽, "左翼作家聯盟五六年來領導和戰鬥過來的, 是無産階級革命文學的運動. 這文學和運動, 一直發展着, 到現在更具體地, 更實際鬥爭地發展到民族革命戰爭的大衆文學." 참조.
65) 역자주: 전통이나 외래문화에 대한 노신의 관점으로, 일단 가져온 후 자신의 입장에 맞추어 취사선택을 하자는 주의.

중요하고도 정확한 주장을 제시했는데, 바로 '가져오기 주의'이다. 노신은 1840년 이래의 중·서 문화교류는 중국의 수동적인 상황에서 진행되었다고 보면서 다음과 같이 지적하였다.

우리는 '보내 준' 물건에 겁이 났다. 처음에는 영국의 아편과 독일의 몹쓸 무기들이 보내져 왔고, 그 뒤로는 프랑스의 향분, 미국의 영화, '완전 국산품'이라고 찍혀 있는 일본의 여러 가지 작은 물건들이 보내져 왔다. 이리하여 머리가 맑은 젊은이들마저도 서양 물건에 대해 공포를 느끼게 되었는데, 사실 이러한 현상은 그러한 것들이 '보내 준 것'이지 '가져온 것'이 아니기 때문이다.[66]

이 말은 백 년간의 중·서 문화교류에 존재한 근본적인 문제를 대단히 통찰력 있게 분석한 것이다. 즉 주동적인 권한이 중국인들에게 없었기 때문에 중국은 외국문화 찌꺼기의 덤핑장이 되었고, 결국 사람들의 반감과 반대를 면할 수 없었다. 노신은 계속하여 다음과 같이 말했다.

우리들은 머리를 쓰고 안목을 펼쳐 자기 방식으로 가져와야 한다.[67]

총괄하여 말하자면, 우리들은 가져와야 한다. 우리 스스로가 사용하거나, 보관해 두거나, 훼손시켜 버리거나 해야 한다. 그러면 주인이 새 주인이 되고 주택도 새 주택이 되는 것이다. 그러고자 하면 우선 가져오는 사람이 침착하고, 용맹스럽고, 분별력이 있고, 이기적이지 않아야 한다. 가져온

---

66) 「拿來主義」, 『且介亭雜文』(北京: 人民文學出版社, 1973年版), 29쪽, "我們被送來的東西嚇怕了. 先有英國的鴉片, 德國的廢槍炮, 後有法國的香粉, 美國的電影, 日本的印有完全國貨的各種小東西. 於是連淸醒的靑年們, 也對於洋貨發生了恐怖, 其實這正是因爲那是送來的, 而不是拿來的緣故." 참조.

67) 『拿來主義』, 『且介亭雜文』(北京: 人民文學出版社, 1973年版), 29쪽, "我們要運用腦髓, 放出眼光, 自己來拿."

것이 없으면 스스로 새로운 사람이 될 수 없고, 가져온 것이 없으면 문예
또한 스스로 새로운 문예가 될 수 없다.[68]

이러한 문학적인 언어를 과학적인 언어로 치환하면, 민족적 주체정신을
드높이고, 외래문화를 자주독립의 방식으로 도입하고 선택하며, 정수를
받아들이고 찌꺼기를 버릴 것을 주장하는 것이다.

'가져오기 주의'를 이전의 여러 가지 문화주장과 구분하기 위해 노신은
또 아래와 같이 생동감 넘치는 말을 했다.

예를 들자면, 우리 중 한 가난한 청년이 조상의 음덕陰德(편의상 이렇게 말하기로
하자)으로 큰 주택 하나를 얻었다. 그가 사기를 쳤든, 강제로 빼앗았든,
합법적으로 상속받았든, 사위가 되는 조건으로 받은 것이든, 그 이유를
묻지 말자. 그러면 이 집을 어떻게 할 것인가? 나의 경우에는 다짜고짜
먼저 '가져오자'고 생각할 것이다. 그런데 만약 집을 얻은 사람이 이 주택의
옛 주인을 싫어하고 그의 물건에 오염될까 두려워 감히 들어가지 못하고
망설인다면 이는 비겁한 녀석이고, 화를 발끈 내면서 불을 놓아 태워 버림
으로써 자신의 결백을 지키려고 하면 이는 머저리 녀석이다. 반대로 이 주택의
옛 주인을 흠모하여 모든 것을 받아들이고 흔쾌히 침실로 들어가서 남은
아편을 마구 피워 댄다면, 그것은 쓸모없는 하찮은 인간일 것임에 틀림없다.
'가져오기 주의자'는 절대 이렇게 행동하지 않는다.

노신의 '가져오기 주의'는 외래문화의 도입에 적용될 뿐만 아니라 비판적으
로 전통문화를 계승하는 데도 적합한 것이었다. 위에서 노신은 '낡은 주택'을

---

68) 魯迅, 「拿來主義」, 『且介亭雜文』(北京: 人民文學出版社, 1973年版), 30쪽, "總之, 我們要拿來,
我們要或使用, 或存放, 或毀死. 那麼, 主人是新主人, 宅子也就會成爲新宅子. 然而首先要這人
沉著, 勇猛, 有辨別, 不自私. 沒有拿來的, 人不能自成爲新人, 沒有拿來的, 文藝不能自成爲新文
藝." 참조.

말했는데, 바로 그것이 전통문화에도 적용됨을 비유로써 설명한 것이다. 노신은 또한 인쇄술을 논하면서 다음과 같이 지적했다.

다른 어떤 출판업자는 한편으로는 유럽과 미국의 새로운 작품을 계속 소개하면서 다른 한편으로는 또한 중국의 고각古刻을 번각飜刻하고 있는데, 이러한 일들은 모두 중국의 새로운 인쇄술 발전을 위해 커다란 도움이 된다. 외국 작품의 훌륭한 규칙을 사용해서 우리 작품의 완성도를 높이는 것이 하나의 길이요, 중국의 유산을 선택적으로 취하여 새로운 기기와 결합시킴으로써 새로운 작품에 새로운 형식을 적용하는 것이 역시 하나의 길이다.[69]

그는 또 다음과 같이 지적했다.

새로운 계급과 그 문화는 갑자기 하늘에서 떨어지는 것이 아니라 대개는 낡은 지배자와 그 문화에 대한 반항에서 발전된다. 즉 낡은 것과의 대립에서 발전되기 때문에 신문화는 여전히 전승되는 면이 있고 낡은 문화에서도 여전히 선택하는 바가 있다.[70]

요컨대, 민족적 주체정신으로써 외래문화와 고대문화를 점유하고 선택하며 또한 이를 바탕으로 새로운 문화를 창조하는 것이 바로 '가져오기 주의'의 정수이다. 그리고 외래문화와 고대문화의 주인이 되는 것이 '민족혁명전쟁의

---

69) 魯迅, 「〈木刻紀程〉小引」, 『且介亭雜文』(北京: 人民文學出版社, 1973年版), 36쪽, "別的出版者, 一方面還正在介紹歐美的新作, 一方面則在復印中國的古刻, 這也都是中國的新木刻的羽翼. 採用外國的良規, 加以發揮, 使我們的作品更加豐滿是一條路, 擇取中國的遺產, 融合新機, 使將來的作品別開生面也是一條路." 참조.

70) 魯迅, 「〈浮士德與城〉後記」, 『而已集外集拾遺』(北京: 人民出版社, 1973年版), 345쪽, "因爲新的階級及其文化, 並非突然從天而降, 大抵是發達於對於舊支配者及其文化的反抗中. 亦卽發達於和舊者的對立中, 所以新文化仍然有所承傳, 于舊文化也仍然有所擇取." 참조.

대중문학'에 있어서 '민족'이란 용어가 갖는 중요한 의미이다.

모택동은 노신의 문화주장을 높이 평가하여 "노신의 방향은 곧 중화민족 신문화의 방향"이라고 하였다. 사실 정말 그러하다. 1937년에 진백달陳伯達, 장신부張申府, 호승胡繩 등이 창도한 '신계몽운동'은 민중들로부터 폭넓은 관심과 열렬한 호응을 얻었다. 이는 노신의 문화주장이 선진적인 지식인 사회에서 급속히 확산된 양상이다.

'신계몽운동'은 무산계급의 영도권과 광범위한 통일전선의 성격 및 민족해 방의 취지를 명확히 주장한 것 외에도 특히 과학적인 방법 즉 '유물·객관·변 증·분석의 방법'71)으로써 5·4의 과학과 민주 전통을 계승하고 부족함을 극복해야 함을 강조하였다. 중·서 문화를 마주하는 태도에 대해 장신부는 다음과 같이 지적하였다.

> 이러한 신계몽운동은 문화적으로 종합적이어야 한다. 5·4운동이 신문화운 동을 일으켰다고 한다면, 이 신계몽운동은 진정 새로운 문화운동이어야 한다. 창조적인 문화는 단순히 중국의 전통문화를 파기하고 외래의 서양문 화를 수용하는 것이어서는 안 되고, 오로지 중국문화만을 고수하고 서양문 화를 거부하는 것이어서도 안 된다. 그것은 각종 기존 문화에 대한 일종의 변증적이거나 유기적인 종합이어야 한다. 진정한 새로운 문화의 탄생은 이치대로 말하자면 두 가지 다른 문화의 접합이기 때문에, 하나의 이질 문화(또는 문명)의 이식은 그 지방의 토양에 맞지 않으면 제대로 생장할 수 없다. 바꿔 말해서, 이러한 신계몽운동의 문화운동이 오늘날의 요구에 부응하기 위해서는 대중적일 뿐만 아니라 민족성도 어느 정도 가져야 한다.72)

---

71) 張申府, 「五四運動與新啓蒙運動」, 『讀書月報』 第2號.
72) 張申府, 「五四運動與新啓蒙運動」, 『讀書月報』 第2號, "在文化上, 這個新啓蒙運動, 應該是綜 合的. 如果說五四運動引起一個新文化運動, 則這個新啓蒙運動應該是一個眞正新的文化運動. 所創造的文化不應該只是毀棄中國傳統文化, 而接受外來西洋文化, 也不應該只是固守中國文

장신부의 이러한 논술은 민족적·대중적·과학적인 문화의 의미를 깊이 있고 완벽하게 표현하고 있다. 그렇기 때문에 「5·4운동과 신계몽운동」이란 글은 계몽운동의 중요한 문학작품으로 간주되었다.[73)]

　　1940년 2월, 모택동은 저 유명한 「신민주주의론新民主主義論」(「신민주주의의 정치와 신민주주의의 문화」라고도 함)을 발표하여 마르크스주의의 입장과 관점 및 방법으로써 근 백 년 이래의 문화논쟁들을 과학적으로 총괄하여 신민주주의의 문화 또는 중화민족의 신문화를 '민족적·과학적·대중적 문화', '인민대중의 반제반봉건의 문화'로 귀납하였다. '민족적·과학적·대중적 문화'라는 표현법은 분명 노신의 '민족혁명전쟁에서의 대중문학'이라는 표현법으로부터 발전된 것이다. 모택동이 이 글에서 또는 그 이후의 논저에서 근 백 년 이래의 문화논쟁, 특히 '5·4' 이래의 문화논쟁에 대해 총괄하고 신민주주의 문화에 대해 언급했던 논술은 분명 당 내외 마르크스주의자와 기타 선진적인 인사들의 지혜의 결정체이다.

　　문화 문제에 있어서 「신민주주의론」의 가장 큰 기여는 1840년 이래의 신문화의 사회적 성격을 명확히 규명하였다는 점이다. 즉 '5·4' 이전의 중국의 신문화는 구민주주의 성격의 문화인 데 반해 '5·4' 이후의 중국의 신문화는 모두 신민주주의 성격의 문화이며 무산계급이 이끌어 간 인민대중의 반제반봉건의 문화라는 점을 명확히 밝힌 것이다. 이 점이 바로 같은 시대의 여타 문화주장보다 뛰어난 점이다. 그러나 발전적인 관점에서 보자면 좀 더 검토할 필요가 있는 문제들도 남겨 놓았다. 그러한 문제를 네 가지로

化, 而拒斥西洋文化. 乃應該是各種現有文化的一種辯證的或有機的綜合. 一種眞正新的文化的産生, 照理是由兩種不同文化的接合, 一種異文化(或說文明)的移植, 不合本地的土壤是不會生長的. 或換言之, 爲適應今日的需要, 這個新啓蒙運動的文化運動應該不只是大衆的, 還應該帶些民族性."

73) 自非, 「新啓蒙運動在北平」, 『讀書月報』 第2號, "一篇新啓蒙運動的重要文學."

분류해 보면 다음과 같다.

첫째, 「신민주주의론」에서 말하는 '문화'는 좁은 의미에서의 문화, 관념 형태의 문화로서 그 당시의 각파 학자들이 사용한 문화 개념과는 분명 다르다. 여기서의 문제는 '문화'의 정의에 대한 논쟁이 아니라, 물질문화와 제도문화도 관념 형태의 문화와 마찬가지로 민족적 특색이 있을 수 있는지 혹은 있어야 하는지의 문제이다.

둘째, 문화논쟁의 정치적 경향성과 학술적 시비와의 복잡한 관계 문제이다. 중국 근 백 년 이래의 문화논쟁은 뚜렷한 계급투쟁의 배경이 있다. 이 점에서 정치적 두뇌를 가진 사람이라면 모두 기치가 분명해야지 애매모호해서는 안 되는데, 「신민주주의론」은 이러한 측면에서 모범을 제공했다. 그러나 이것이 논쟁에 참여했던 사람들의 학술적 득실에 대한 과학적인 분석을 대체할 수는 없다. 사실 모택동도 그 이후 5·4신문화운동에 대해 이러한 분석을 하긴 했지만, 전체적으로 말하자면 여전히 부족하다.

셋째, 외래문화를 수용하고 고대문화를 비판적으로 계승하는 문제이다. 문화는 계급성과 정치적 경향성에 따라 확실히 선진과 낙후, 진보와 보수, 혁명과 반동이라는 구분이 있고, 중국 고대문화에도 분명 봉건적인 것과 민주적인 것이 있다. 「신민주주의론」은 '외래문화를 대량 수용'하고 중국의 고대문화에 대해서는 "봉건적인 찌꺼기를 제거하고 민주적인 정수를 섭취할 것"을 주장하였는데, 이는 전적으로 옳은 주장이다. 그러나 문화에 대한 분석은 이것뿐만이 아니다. 문화에는 정치적 경향성의 차이가 있을 뿐만 아니라 과학성, 예술성과 같은 차이도 존재한다. 이 양자는 연계되지만 동일시할 수는 없다. 정치적으로 낙후하고 보수적이며 심지어 반동적인 사상문화에도 진리의 요소가 있고, 정치적으로 낙후하고 보수적이며 심지어 반동적인 예술문화에도 참고할 만한 예술성이 있다.

넷째, 문화의 내용과 형식의 문제이다. 「신민주주의론」에는 "민족의 형식에 신민주주의의 내용, 이것이 바로 오늘날 우리들의 신문화이다"라는 공식이 있다. 이 공식은 그 뒤의 연구자들에게 일종의 착각을 주었는데, 이러한 착각을 바로잡기 위해 1947년에 풍계馮契가 다음과 같이 지적하였다.

> 일반적으로 중국의 기상을 말하면 항상 민족형식만을 언급한다. 사실 형식과 내용은 절대 두 동강으로 갈라놓을 수 없으며, 풍격은 내용과 형식의 통일에 있는 것이다.[74]

그러나 문제를 바로잡기 위한 이러한 언설은 당시 큰 영향을 미치지 못했다.

「신민주주의론」에서 제기된 문화주장이 중국 현대사에 미친 막대한 영향은 견줄 상대가 없다. 1940년부터 시작하여 새로운 중국이 건립된 이후 30년 동안, 그것은 줄곧 중국공산당 사람들과 선진 지식인들의 유일한 준칙이 되었다고 말할 수 있다. 이 시기 중국 인민들이 전통문화를 정리하고 외래문화를 수용하고 신민주주의와 사회주의 문화를 창조하는 면에서 취득한 성취는 모두 이 문화주장을 실천에 옮긴 결과이다. 그러나 주목해야 할 것은 교조주의의 훼방으로 인해 더 검토되어야 할 상술한 몇 가지 문제들이 충분히 주목받지 못했으며, 그 결과 문화건설에 몇 가지 문제들을 안겨 주었다는 점이다. 이를테면 외래문화의 소개와 수용은 기본적으로 진보적인 문화에만 국한될 뿐 마르크스주의가 생겨난 이후의 서양 자산계급의 철학, 사회과학, 문학예술에 대해서는 크게 관심을 가지지 않았다. 고대문화를 정리함에 있어서도 종종 정치적 성향만을 따져서 선을 긋고는, 일단 보수적이고 낙후하고 반동적

---

74) 馮契, 「中西文化的衝突與匯合」, 『時與文』 第1卷 第2期, "普通講中國氣派, 常只提到民族形式, 其實, 形式和內容決不能分成兩截, 而風格正存於內容與形式的統一."

인 문화라고 판정되면 욕하는 것 말고는 어찌할 바를 몰랐다. 이렇듯 교조적으로 마르크스주의를 대하는 태도와 그에 따른 나쁜 결과에 대해서는 깊이 반성해야 할 것이다.

제11장 중국문화에 대한 논쟁(하)

1. 새로운 문화논쟁의 흥기

16세기 이래의 문화논쟁은 1930~40년대에 이르러 사실 이미 중국공산당 사람들과 일부 당 바깥 마르크스주의자들에 의해 본질적인 정확한 결론이 내려졌다. 만약 교조주의의 방해와 파괴가 없고 「신민주주의론」에서 제시된 진리를 끊임없이 발전시킬 수 있었더라면 새 중국이 창설된 후 30년간의 문화건설 과정에서 나타난 실수와 잘못은 피할 수 있었을 것이다. 그러나 역사의 진행 과정에는 종종 우여곡절이 있듯이 20세기 말 새로운 문화논쟁이 다시 기세 높게 일어났다.

각 학파들의 주장은 대체로 '유학부흥', '전면적인 서양화', '철저한 파괴와 재건', '철학적 계몽에 대한 보충수업', '서체중용西体中用', '종합창조'라는 6개 유형으로 구분할 수 있다. 형식적인 면으로만 본다면 이 논쟁은 지난 몇 차례 논쟁의 연장과 중복인 듯싶다. 물론 실제적으로는 그 전 몇 차례의 논쟁과 학술적인 연계가 있음은 의심할 바 없지만, 그럼에도 또한 본질적으로 구별되는 면이 있다. 20세기 말의 문화논쟁은 국내의 착취계급이 이미 소멸되고 민족독립의 문제가 이미 해결된 역사적 조건에서 전개되었고, '극좌極左' 사상의 장기적인 속박을 깨고 일어난 것이었다. 이런 조건 하에서의 문화논쟁은 계급투쟁의 성격이 완전히 없다고는 할 수 없지만 상대적으로 부차적인 것이었다. 반면 아편전쟁 이후의 역대 문화논쟁은 참가자의 주관적 의지와 상관없이 대단히 선명하고 강한 계급투쟁의 성격을 지니고 있었다. 다시 말하자면, 종래의 문화논쟁은 정치가 학술을 제압했지만 1980년대의 문화논쟁은 주로 학술적인 논쟁이었다.

이러한 특징은 모든 학파들의 관점에 대해 객관적이고 냉정한 분석의 태도로써 진지하고 인내성 있게 다른 의견에도 귀 기울이면서 서로 공통점을 찾고 차이점을 인정하며 지혜를 모을 것을 요구한다. 같은 파끼리 한 패거리가 되어 다른 파를 배척해서는 안 되며, 또한 학술논쟁을 정치투쟁으로 격상시켜 정치투쟁으로써 학술논쟁을 압박하거나 대체해서는 더더욱 안 된다. 이러한 원칙은 현실적인 논쟁에 적용될 뿐만 아니라 일정한 정도에서는 역사상의 문화논쟁에도 적용된다. 역사상의 문화논쟁은 뚜렷하고 강한 계급투쟁의 성격을 지니지만 문화논쟁인 이상 학술논쟁의 성격을 지니지 않을 수 없다. 역사상 문화논쟁의 계급투쟁적 배경을 부인할 수는 없지만, 논쟁하는 각 측의 학술적인 장단점과 득실을 더욱 주의해야 할 것이다.

2. 유학부흥론

유가의 학설은 역사적으로 두 단계의 발전을 거쳤다. 첫 단계는 선진先秦시대부터 서한西漢(前漢)까지의 시기이고, 두 번째 단계는 송宋·원元·명明·청淸 시기이다. '5·4' 이후 유학의 지위는 끝없이 추락하였지만, "발이 많이 달린 벌레는 죽어도 쓰러지지 않는다"는 말이 있듯이 신문화운동의 대세와 마르크스-레닌주의의 승리 속에서도 '패배를 인정하려 하지 않는' 일부

지식인들은 여전히 유학을 편들면서 고신얼자孤臣孼子[1]가 가업을 지키고 효심을 다하려는 심정으로 애써 유가의 학설을 밝히고자 했다. 1949년 이후 이러한 '당대(현대)신유가'들은 대부분 홍콩과 대만으로 가거나 해외에 체류하면서 '가는 실처럼 이어져 끊어질 듯 말 듯 한' 국면을 가까스로 지탱하고 있었다.

1970년대 동아시아 국가들의 경제발전의 기회는 이런 상황에서 어떤 전환점이 될 듯했다. 일본, 한국, 싱가포르, 대만, 홍콩 등의 경제가 발전함에 따라 '제3의 공업문명'이란 표현법이 생겨나고, '제3의 공업문명'이 과연 유가의 전통과 관계되는가 하는 문제가 제기되었다. 유럽중심주의와 베버주의의 실각, '글로벌 의삭과 '뿌리 찾기 의삭'의 성행 등 모든 여건이 당대신유가 학자들에게 새로운 자신감을 주입시켰다. 이러한 시대배경은 그들로 하여금 절망스럽던 1940년대의 상태에서 벗어나서, 1950년대와 같이 단지 '우리는 아직 죽지 않았다'를 크게 외치는 데서 그치는 것이 아니라 유학의 제3기 발전이 있을 것이라는 문제를 대담하게 제기하면서 그 대표를 자처하게 만들었다. 유학의 제3기 발전을 기대하거나 현재의 유학이 이미 제3기 발전을 이루었다고 보는 이론을 '유학부흥론'이라고 한다.

'유학부흥론'의 대표적 인물들은 해외의 중국계 학자인 진영첩陳榮捷, 여영시余英時, 두유명杜維明, 성중영成中英 등이다. 독일의 사회학자인 막스 베버는 대단히 큰 영향을 미친 두 권의 저작 『프로테스탄트 윤리와 자본주의 정신』, 『유교와 도교』에서 중국은 근대 자본주의의 사회학적 토대가 부족하며 유가의 특징은 세계를 개조하는 것이 아니라 적응하는 것이라고 단언했는데, 유학부흥론자들은 이러한 주장에 동의하지 않았다. 그들은 일본, 한국,

---

1) 역자주: 임금의 신임을 받지 못하는 신하와 어버이의 사랑을 받지 못하는 庶子를 아울러 일컫는 말.

싱가포르, 대만, 홍콩 등 동아시아 5개 지역의 경제적인 발전은 베버이론의 파산을 선언하는 것으로, 유가정신과 현대화는 결코 서로 배척하는 것이 아니라고 하였다. 왜냐하면 동아시아 5개 지역의 나아가는 길이 바로 '유가자본주의'의 길이었기 때문이다. 그들은 이 길의 특징이 유학의 윤리적 색채를 자본주의의 경영관리에 끌어들이는 데에 있다고 보았다. 그리고 유학의 지혜는 개인의 재능과 담략, 기백만을 중시하던 서양의 태도를 바꾸어 행정 프로젝트, 심리조절, 인간관계도 중시하게 하는 것인데, 이러한 것들이야말로 집단의 지혜를 발휘하는 데에 뛰어난 요소라고 보았다. 그들은 또 '5·4' 시대의 사상가들은 일원적이고 단선적인 현대화 모델인 서양화에 직면했지만, 지금은 이러한 유럽중심주의의 사고방식이 이미 다원적인 사고방식으로 대체되었다고 보았다. 이에 근거하여 그들은 중국의 문화전통을 다시 평가하고 '5·4' 시대의 '전면적인 서양화'의 편파성과 극단성을 반성하여, 한편으로는 문화적 동질감으로서의 가치를 발휘하면서 다른 한편으로는 봉건적 잔여를 청산하여 서양문화의 도전에 독창적인 반응을 함으로써 유학의 새로운 부흥을 맞이하자고 제안했다.

1960~70년대 이래 '문화' 문제에 대한 당대 유학자들의 반성 중에는 대단히 탁월한 견해들이 많았다. 그들은 유럽중심주의를 반대하고, 현대화에는 서양의 모델만 있다는 관점을 반대하며, 유가문화와 현대화를 대립시키는 것을 반대하고, 전반적인 서양화에 대해서도 반대했다. 그들은 중국문화의 미래를 '글로벌 의식'과 '뿌리 찾기 의식'이라는 커다란 시대적 배경에 놓고 고찰하였으며, 유학의 미래 운명을 '공감'과 '적응'의 이론을 통해 사색하면서 동아시아 산업문명의 문화배경과 문화동력에 대해 진지하게 연구할 것을 주장했다. 그들의 이러한 생각은 매우 식견이 높다고 평가할 수 있다. 또한 당대신유가로 자처하거나 인정받은 사람들 중에 창조적인 철학가와 사상가

들이 확실히 많았으며, 그들의 이론 또한 비교적 높은 수준에 이르렀음을 인정해야 한다. 다만 당대신유가의 수많은 기본적인 관점과 방법들, 그리고 유학이 부흥할 가능성이 있다는 결론은 모두 진지하게 논의해 보아야 할 것이다.

첫째, '유가란 무엇인가? 유학의 제3기 발전이 있는가의 여부를 논의하자면 우선 무엇이 유가이고 무엇이 유학인지를 분명하게 알아야 한다. 당대신유가의 학자 두유명은 유가철학은 철학적인 인류학이고, 도덕적인 형이상학이며, 개인의 인격 발전을 사회집단·자연·천도와 결합시킨 철학적 인간학이라고 보았다. 우리는 이러한 견해에 대해 깊이 논의해 보아야 한다.

우선, 이러한 견해에는 일정한 편견이 있다. 중국 고대에 있어서 유학의 종류는 매우 잡다하고 또한 일련의 발전단계를 거쳤다. 당대신유가의 위와 같은 범주의 확정은 불가피하게 수많은 유가학파를 유학에서 배제시킴으로써 편견을 드러내게 된다.

다음으로, 이러한 견해는 시대성을 초월하는 폐단이 있다. 유가에서 탐구하는 인간과 인간의 관계는 추상적인 것이 아니라 역사적인 것이고 구체적인 것이다. 유가의 '도덕형이상학'이 제아무리 추상적이고 사변적이라 할지라도, 그들이 수호하려는 도덕 이를테면 인의예지, 충효절의와 같은 가치는 모두 일정한 시대성을 띠고 있다. 유가의 철학과 윤리학에 있어서 보편적이고 시대를 뛰어넘는 긍정적인 내용이 많이 포함되어 있기 때문에 그 사상을 비판적으로 계승할 만하다. 그러나 보편성은 특수성에 있고, 유가학설 자체가 바로 보편성과 특수성의 통일체이기도 하다. 바로 여기에 '(보편성의) 인정'과 '(특수성의) 적응'을 다함께 고려하기 어렵다는 문제가 존재한다. 유가가 낡은 시대의 옷차림을 벗어버리지 않고서는 현시대에 적응할 수 없는 반면, 또 낡은 시대의 옷차림을 벗어 버리면 옛사람들과의 친밀감을 가질 수 없다. 이를테면 유가는 '극기복례克己復禮'를 말한다. 그런데 여기서 말하는 '예禮'를 완전히 추상적인 일반적 의미에서 말한다면 인간과 인간 간의 교류 방식이라 할 수 있겠지만, 공자 시대의 '예'란 뚜렷한 시대적 특성을 지닌다. 예를 들어 "천자와 제후는 세습하는 것을 '예'로 삼는다"(天人世及以爲禮) 했지만, 민주주의 시대에 이런 '예'는 '예가 아니다'(非禮). 이런 시대적 내용을 버리고 완전히 추상적인 일반 의미에서 '극기복례'를 말하면 이것은 유가의 학설이라고 할 수 없다. 또 유가는 '군자'와 '소인'을 엄격하게 구분하는데, 그들이 말하는 군자와 소인이 도덕의 높고 낮음의 의미에서일 때도 있고 계급적 지위의 높고 낮음의 의미에서일 때도 있지만, 어떻게 구분하든 노동자들은 항상 소인에 속했다. 이것은 계급적 편견으로, 유학에서의 자각적 또는 무의식적인 표현이다. 그런데 유가의 '인간학'의 연구대상은 이른바 '군자'에 집중되어 있다. 유가에 의하면 인격적인 사람으로 발전해야 하는데, '책임이 무겁고 갈 길이 먼 사람', '수신·제가·치국·평천하를 하는 사람', '의義에 밝은 사람'이 모두 군자이다. 만약 유가철학을 '철학적 인간학'이라고 한다면 그것은 우선 주로 사군자士君子의 인간학이다. 바로 이러한 점을 당대신유가는 망각했던 것이다. 두유명은 다음과 같이 말했다.

전통적인 중국에 있어서 지식인은 사회의 양심이지 어느 한 계급을 위해 복무하는 것이 아니다. 만약 지식인이 어느 한 특수한 계급을 위해 복무한다면, 이러한 지식인은 현대적인 말로 표현하자면 정치화된 지식인이지 공자와 맹자 시대의 대표적인 지식인의 형상은 아니다.[2]

---

2) 杜維明,「儒家哲學與現代化」, 『論中國傳統文化』(北京: 三聯書社, 1988年版), 112쪽, "知識份子在傳統中國是社會的良心, 不是爲哪一個階級服務的. 假如他是爲某一個特殊階級服務, 這用現代的話來說, 就是政治化的知識份子, 不是孔孟時代所代表的知識份子的形象." 참고.

계급사회에서의 지식인은 대단히 복잡하기 때문에 지난날에 흔히 사용하던 '털·가죽'(皮毛)[3]의 비유는 조금 간단한 느낌이 들지만, 그래도 그들은 대체로 일정한 계급에 속한다. 그들이 '천하의 일을 자신의 소임으로 삼는다'고 할 때의 이 '천하'는 지주계급의 천하이고 그들이 '천리를 다하고 인욕을 멸한다'고 할 때의 이 '천리'는 사실상 지주계급과 그 정권의 근본적이고 원대한 이익이다. 그들은 권세를 두려워하지 않고 개인의 이익을 따지지 않으며 그 경지가 개개의 지주, 관료, 한 가문과 성씨의 정치적 권력 범위를 뛰어넘을 수도 있지만, 그들이 소속된 계급은 초월할 수 없다. 유가사상, 특히 공자·맹자·정이·주희 계열로 이어지는 유가의 '정통사상'은 중국에 있어서 장기간 공식적인 이데올로기로 떠받들어졌기 때문에 그 사회제도 및 정치적 상부구조인 군주전제 중앙집권과 밀접한 연계가 있다. 유가 속에는 확실히 온갖 복잡한 상황이 있다. 그들 중 어떤 사람은 유가의 도덕이상을 사회현실로 옮겨 놓기 위해 개인의 명예와 이익을 돌보지 않고 한평생 꾸준히 노력했지만, 더 많은 유자儒者들은 유가의 학술로써 '정치를 아름답게 꾸미고자' 했다.

1982년 10월 대만의 『중국논단中國論壇』은 "당대신유가와 중국의 현대화"란 제목으로 좌담회를 열고 특집호를 냈는데, 여기서 언급된 '신유가'는 웅십력熊十力, 양수명梁漱溟, 장군매張君勸, 당군의唐君毅, 서복관徐復觀, 모종삼牟宗三, 전목錢穆이다. 당대신유가로 활약한 두유명은 유학이 더 발전할 수 있는지의 문제에 대한 탐구는 적어도 제3세대의 사람들의 노력을 거쳤다고 평가했다. 당대신유가의 제1세대는 양수명, 웅십력, 장군매이고, 제2세대는 모종삼, 당군의, 서복관,

---

3) 역자주: 1980년대 이전의 중국에서는 "가죽이 없는데 털이 어찌 붙어 있겠는가"(皮之不存, 毛之焉附)라는 관점이 유행했다. 즉 당시 체제의 관점에서 보면 지식인은 하나의 계층이 아니라 통치주체에 붙어 있는 계층이라는 것이다.

전목, 방동미方東美이다. 대륙의 연구자들은 위 사람들 외에 또한 풍우란馮友蘭, 하린賀麟 등을 당대신유가로 지목했다. 이 명단은 많든 적든 간에 어쨌든 문제가 존재한다. 양수명은 유가를 찬성하면서도 또 불교도 찬성하였는데, 그의 궁극적인 관심을 보면 그가 믿은 것은 불교이고 평생토록 "인생은 잘못되었고, 중요한 것은 열반적정涅槃寂靜"4)이라고 굳게 믿었다. 그는 '유가'라는 이름을 받아들인다고 했지만, 또 다시 성명을 발표하여 그가 주장하는 것은 "대승불교의 구세정신이고 이 점은 태주泰州학파의 유가정신과도 통한다"5)라고 했다. 웅십력은 원래 불교를 공부했던 사람인데, 후에 유학에로 돌아와서 공자를 추앙하고 『역전易傳』을 추앙했다. 그렇지만 한漢·당唐의 경학과 송명 리학을 모두 배척했기에 우리가 그를 신유가라 분류하더라도 그 자신이 반드시 이를 받아들인다고 할 수는 없다. 풍우란은 정주학설을 계승하고 발전시켰으나 또한 플라톤의 학설도 함께 수용했기 때문에 그를 새로운 정주학파라고 할 수 있고 신플라톤주의라고도 할 수 있다. 하린은 리학을 찬성하지만 헤겔주의도 내세운다. 새로운 중국이 세워진 후 풍우란과 하린은 유물변증주의를 받아들인다고 했고, 더욱이 하린은 중국공산당에도 가입했다. 그러므로 그들을 '신유가'라 하는 것은 적절하지 않다. 그들은 모두 스스로를 당대유가라고 생각하지 않았다.

둘째, 어떠한 의미에서 유학을 부흥시킬 것인가? 단순히 가장 일반적이고 추상적인 의미에서 유학의 보편적인 사상을 계승한 학설은 사실 유가라고 보기 어렵다. 이데올로기의 역사는 복잡하다. 가령 석가모니, 모하메드, 예수를 지하에서 불러낼 수 있다면 그들은 대부분 현실의 불교, 이슬람교,

---

4) 王宗顯,「是儒家, 還是佛家?」,『中國文化與中國哲學』(北京: 東方出版社, 1986年版), 565쪽, "人生就是錯誤, 要的是涅槃寂靜." 참고.
5) 王宗顯,「是儒家, 還是佛家?」,『中國文化與中國哲學』, 562쪽, "大乘菩薩的救世精神, 這一點和泰州學派的儒家精神是相通的." 참고.

기독교에 대해 진노할 것이고, 이들 종교를 교문敎門에서 제명해 버릴 것이다. 옛 성현들이 다시 살아나는 것이 불가능한 이상, 옛 성현의 이름을 빌려 자신들의 교의敎義를 내세우는 것을 막을 방법이 없다. 이런 의미에서 이른바 유학의 제3기 발전은 이미 사실이 되었다. 문제는 사람들이 이러한 유학의 제3기 발전을 어떻게 기대하고 있는가 하는 것이다. 정치적인 민주화와 문화적인 다원화에 따라 유가가 백가쟁명 중의 일가一家 일파一派로서 세계의 무대에서 활약할 가능성이 충분하다. 그러나 유학이 중국에서 주도적인 지위를 차지하는 시대는 이제 다시 돌아오지 않는다.

3. '전면적인 서양화'(全盤西化) 이론

1980년대의 중국 문화논단에 있어서 '전면적인 서양화 이론'은 엄숙한 이론적 주장이기보다는 정서적인 구호였고, 자유화의 관점을 지닌 일부 사람들에게서는 대체로 정치적 주장이었지 문화적 주장은 아니었다.

1980년대에 '전면적인 서양화'를 선동한 사람들은 어떤 때에는 '전면적인 서양화'를 '전全방위적 개방'과 같은 의미의 구호로 사용했다. 그들은 철학, 정치, 경제 등의 학설과 제도를 포함한 서양문화를 전방위적으로 수용하여 중국에 현존하는 모든 것에 대해 충격을 주고, 충격을 준 뒤 남아 있는 것이 무엇인지를 살펴보자고 했다. 이런 주장은 대체로 호적胡適의 전면적인 서양화 이론을 되뇌는 것이고, 그 정치적 함의는 서양을 본받아 자본주의의 길을 가자는 것이다. 중국 인민들이 백여 년 동안의 분투를 거쳐 사회주의 길을 선택하여 걸어가고 있는 때에 이런 주장을 다시 꺼내는 것은 겨우 이루어진 통일, 안정, 단결의 정치적 국면을 해치고 현대화의 진행을 방해할 뿐이다. 전방위적인 개방을 주장하는 것은 옳지만, 서양문화로써 현존하는 모든 것에 충격을 가하자고 하는 것은 분명 잘못된 주장이다. 중국의 현대화는 서양의 선진적인 과학기술을 필요로 하고, 경제관리, 정치, 사법 등의 면에서 서양의 경험과 구체적인 제도를 배우고 거울로 삼는 것이 필요하며, 더욱이 사상문화와 예술문화 면에서의 서양의 성과를 거절할 이유가 없다. 그러나 이러한 '전방위적인 수용'은 민족적 주체정신을 전제로 하여 이루어져야 한다. 다시 말하자면 '가져오기 주의'(拿來主義)를 실행해야 하는 것이지 '성곽 전체가 물에 잠겨서는' 안 된다. 성곽 전체가 물에 잠기게 되면 결국 우리 사회주의 제도를 위협할 뿐만 아니라 우리의 독립과 통일까지도 위협할 수 있다.

4. '서체중용西體中用' 이론

이택후李澤厚는 이른바 '서체중용'의 이론을 제창했는데, 이 용어의 실제적인 의미는 "미래의 길은 사회적 존재의 본체(생산방식, 상부구조와 일상적인 현실생활)와 본체의식(과학기술사상, 이데올로기)의 현대화(서양에서 유래된 것, 예를 들면 마르크스주의)가 중국의 실제(유학이 중국 문화심리로서의 객관적 존재라는 이러한 실제를 포함하여)와 결부되어야 한다"[6]는 것이다. 그런데 이러한 주장을 하고 있는 이택후 본인의 해석도 앞뒤가 일치하지 않는다. 이러한 불일치는 이론적으로 혼란스럽고 개념의 명확성과 논리의 일관성이 부족하다는 것을 의미한다. 이러한 것들 외에도, 그 중의 일부 실질적인 문제들을 연구할 필요가 있다.

---

6) 「關於儒學與現代新儒學」, 『文匯報』 1986년 1월 28일, "未來的道路應是社會存在的本體(生産方式, 上層建築和日常現實生活)和本體意識(科技思想, 意識形態)的現代化(它源自西方, 如馬克思主義)和中國的實際(包括儒家作爲中國文化心理的客觀存在這個實際)相結合."

첫째, 무엇이 '체體'이고 무엇이 '용用'인가?

'체'와 '용'에 대한 이택후의 견해는 전통적인 사용법과 다를 뿐만 아니라 자체의 모순도 존재한다.

'체'에 관해 이택후는 다음과 같이 말했다.

내가 사용하는 '체'란 용어는 다른 사람이 사용하는 용어와 다르니, 거기에는 물질적 생산과 정신적 생산이 포함된다. 나는 사회적 존재가 모두 사회적 주체라는 점을 거듭 강조한다. '체'를 사회적 존재라고 하면 이는 이데올로기만 포함되는 것이 아니고 '학문'(學)만 포함되는 것도 아니다. 사회적 존재는 사회적 생산방식과 일상적 생활을 의미한다. 이는 유물사관의 관점에서 보는 진정한 본체이고 인간존재 자체이다.[7]

이러한 해석에는 상당한 문제가 내재되어 있다. 역사유물주의에 있어서 사회적 존재는 사회의식에 상대한 개념인데, 사회의식도 사회적 존재에 포함시켜 다함께 '체'라고 하면 사회 존재의 외연을 확대하는 것이 된다. 이택후는 또 다음과 같이 말했다.

'중학中學'이든 '서학西學'이든, 공자의 '중학'이든 마르크스의 '서학'이든, 만약 그 근원을 끝까지 밝혀 나아가면 모두 '체'가 아니고 최후에는 '체'가 될 수 없다. 그것들은 '심리본체'거나 '본체의식'일 뿐이니, 일종의 이론형태와 사상체계이다. 엄격하게 말하자면, '체'는 사회적 존재의 본체, 즉 현실의 일상생활이어야 한다. 이것이야말로 근본이고 기초이며 출발점이다.[8]

---

7) 李澤厚, 「西體中用簡釋」, 『中國文化報』 1986년 7월 9일, "我用的體─詞與別人不同, 它包括了物質生産和精神生産. 我一再强調社會存在是社會主體. 把體說成是社會存在, 這就不只包括了意識形態, 不只是學. 社會存在是社會生産方式和日常生活. 這是從唯物史觀來看的真正的本體, 是人存在的本身."

8) 李澤厚, 「漫說西體中用」, 『中國現代思想史』(北京: 東方出版社, 1987年版), 331~333쪽, "不管是中學西學, 不管是孔夫子的中學還是馬克思的西學, 如果追根究底, 便都不是體, 都不能作爲

위의 말은 앞에서 인용한 말과 서로 모순된다. 앞에서는 사회적 존재의 본체 또는 '체'에 이데올로기가 포함된다고 했는데, 여기서는 또 이데올로기가 포함되지 않는다고 했다.

이택후는 계속하여 다음과 같이 말했다.

> 만약 근본적인 '체'가 사회적 존재, 생산방식, 현실적 생활이라는 것을 인정한다면, 만약 현대의 대공업과 과학기술도 현대의 사회 존재의 '본체와 '실질'이라는 점을 인정한다면, 이 '체'에서 생기게 되는 자아의식 또는 '본체의식'(또는 심리본체)의 이론형태, 즉 이 '체'의 존재를 생산하고 유지하고 추진하는 '학문'은 '주主', '본本', '체體'여야 한다.…… 그러므로 이런 의미에서 여전히 '서학위체, 중학위용'이라고 할 수 있다.[9]

이택후의 이러한 표현이 혼란스럽지만 대체적인 뜻은 명확하다. 그가 말하는 '체'에는 두 가지 함의가 있다. 하나는 사회적 존재를 가리키고, 다른 하나는 일정한 사회적 존재에 상응하는 이데올로기를 가리킨다. 그러나 이런 규정은 또 적절하지 않다. 앞에서 이미 분석했듯이 전통적 의미에서의 '체용體用'은 본체론적 의미에서 말하는 것과 문화시스템의 체계구조에서 말하는 것이 있다. 전자의 '체'는 실체를 가리키고 후자의 '체'는 근본적인 지도사상을 가리킨다. '체용'에 대한 이 두 가지 사용법은 각자의 영역에서 모두 적절하다. 그러나 이택후는 이 양자를 혼동하여 말했는데, 그렇게

最後的體. 它們只是心理本體或本體意識, 即一種理論形態和思想體系. 嚴格來說, 體應該是社會存在的本體, 即現實的日常生活. 這才是根本, 基礎, 出發點." 참고. 이 글은 원래 『孔子研究』 1987年 제1기에 실렸음.

9) 李澤厚, 「漫說西體中用」, 『中國現代思想史』, 336쪽, "如果承認根本的體是社會存在, 生産方式, 現實生活, 如果承認現代大工業和科技也是現代社會存在的本體和實質, 那麼, 生長在這個體上的自我意識或本體意識(或心理本體)的理論形態, 即産生, 維繫, 推動這個體的存在的學, 它就應該爲主, 爲本, 爲體.……所以, 在這個意義上, 又仍然可以說是'西學爲體, 中學爲用'."

되면 논리적 모순과 이론적 혼란을 피할 수 없고 또한 전통적인 사용법과도 동떨어지게 된다.

'용用'에 대한 이택후의 해석은 다음과 같다.

현대사회는 다원화와 다양화의 사회이고 현대의 '서학'도 마찬가지이다. 그러므로 전면적으로 이해하고 소개하고 들여오고 도입하는 과정에서 자연히 판단하고 선택하고 수정하고 개조하는 문제가 발생하게 되며, 이러한 판단, 선택, 수정, 개조의 과정에서 '중용中用'이 생기게 된다. 즉 어떻게 중국의 여러 가지 실제상황과 실천 활동에 적용하고 적용하겠는가 하는 것이다.…… 어떻게 '서체西體'를 중국에 '응용'(用)할 것인가 하는 문제는 대단히 어려운 창조적인 역사적 과정이다.[10]

여기에서의 '용用'은 서양의 우수한 문물을 받아들여 중국의 발전에 이용한다는 '양위중용洋爲中用'의 '용'이고 '적응하고 적용하다'의 '용'으로서, '체용體用'의 '용'(기능, 파생, 부차적, 말)과는 글자만 같을 뿐 의미는 다르다. 이택후는 또 다음과 같이 말했다.

이 '중용中用'은 '서체西體'를 중국에 적용하는 것을 포함할 뿐만 아니라 또한 중국 전통문화와 '중학中學'을 '서체西體'(현대화)를 실현하는 경로와 방식으로 삼아야 한다는 점도 포함된다. 이 '용'에는 원래의 '중학中學'이 갱신되고 바뀌고 변화된다는 의미가 포함되어 있다. 이러한 '용'이어야만 '서체'가 비로소 진정으로 정확하게 '중국화中國化'하는 것이다.[11]

---

10) 李澤厚, 「漫說西體中用」, 『中國現代思想史』, 337쪽, "現代社會是一個多元化和多樣化的社會, 現代的西學亦然. 因之, 在全面瞭解, 介紹, 輸入, 引進過程中, 自然會發生一個判斷, 選擇, 修正, 改造的問題. 在這判斷, 選擇, 修正, 改造中便產生了中用. 卽如何適應, 運用在中國的各種實際情況和實踐活動中.……如何把西體用到中國, 是一個非常艱難的創造性的歷史進程." 참고.

11) 李澤厚, 「漫說西體中用」, 『中國現代思想史』, 338쪽, "這個中用, 旣包括西體運用於中國, 又包括中國傳統文化和中學應作爲實現西體(現代化)的途徑和方式. 在這個用中, 原來的中學就被更

여기서 보충한 중학이 '서체'의 응용이라는 뜻은 전통적인 '중학위체中學爲體, 서학위용西學爲用'에서의 '용'과 비슷하지만, 그 '용'은 실체 및 공용功用이라할 때의 '용'과는 여전히 차이가 있다.

둘째, 사회적 생산방식을 '수입'하고 '도입'할 수 있을까?

이택후는 다음과 같이 말했다.

확실히 '현대화'는 '서양화'와 같은 의미가 아니다. 그러나 현대화는 또확실히 서양에서 먼저 시작했고, 서양으로부터 동양으로 전해 와서 중국에이르렀다. 현대 대공업생산, 스팀엔진, 전기, 화학공업, 컴퓨터…… 및 그것들을 생산하는 각종 과학기술공예, 경영관리제도 등은 모두 서양으로부터온 것이 아닌가? 이것들의 가장 근본적인 측면인 현대 대공업생산에서의현대화는 곧 서양화이고, 내가 제시한 '서체西體'가 바로 이런 뜻이다.[12]

여기서 이택후는 또 개념을 바꾸었다. '체'가 기왕의 사회생산력과 사회생산방식이라고 한다면 그것이 제대로 '전파'될 수 있는가 하는 문제가 곧장제기된다. 기계설비는 이리저리 옮겨 다닐 수 있지만 생산관계는 그렇게할 수 없다. 하지만 일정한 생산관계가 없이 기계설비만 있다면 역시 일정한사회생산방식이 만들어질 수 없고 사회생산력을 형성할 수 없는 것이다.이택후는 분명 이러한 곤란함을 의식했을 것이기 때문에 기계설비와 그소프트웨어만 말하고 이러한 것들이 어떻게 중국에서 현대 대공업생산이되었는지에 대해서는 입을 다물었던 것이다. 사실 명·청 시대의 오랜 세월

新了, 改換了, 變化了. 在這個用中, 西體才眞正正確地中國化了."

12) 李澤厚, 「漫說西體中用」, 『中國現代思想史』, 333쪽, "的確, 現代化竝不等於西方化. 但現代化又確乎是西方先開始, 竝由西方傳播到東方到中國來的. 現代大工業生産, 蒸汽機, 電器, 化工, 計算機……以及生産它們的各種科技工藝, 經營管理制度等等, 不都是從西方來的嗎? 在這個最根本的方面---發展現代大工業生産方面, 現代化也就是西方化. 我提出的西體, 就是這個意思."

동안 형성된 소작관계가 없고 토지의 자유겸병과 그에 따른 자유 신분의 농민이 도시에 몰려들지 않았더라면 자본주의 생산관계는 중국에서 탄생하기 불가능했다. 그렇기 때문에 현대화의 '체'는 서양의 영향(기계설비의 도입을 포함하여) 하에서 중국 사회 자체에서 싹튼 것이지, 서양에서 '전해 온 것'이라고 말할 수 없고, 또 그렇기 때문에 '서체'라고 말할 수 없다. 이렇게 되면 서체중용의 이론 전반이 기본적인 근거를 잃게 된다.

셋째, '서학위체西學爲體, 중학위용中學爲用'에 대해서도 검토해 보아야 한다. '학學'의 문제에 있어서 이택후는 "서학위체, 중학위용"을 주장했다. 이른바 '서학위체'란 마르크스주의를 포함한 서양사상의 학설을 주체·기본·선도로 삼아, '서학'으로써 '중학'을 개조하는 데에 힘쓰는 것을 의미한다. 그리고 '중학위용'은 '중학'을 '서학' 실현의 경로와 방식으로 삼는 것을 가리킨다. 이렇게 '체용'의 개념을 말하게 되면 개념상의 혼란이 생긴다. 우리는 중국 사회주의 신 문화시스템에 있어서의 마르크스주의의 지도사상적 지위를 인정하며, 서양의 선진적인 이론과 학설을 도입하고 그것으로써 '중학'을 분석하고 정리해야 하는 것도 인정한다. 그리고 "옛날의 문화유산을 오늘의 현실에 맞게 받아들여야 한다"는 점도 인정한다. 그러나 이것을 '서학위체, 중학위용'이라는 공식으로 개괄할 수는 없다. 문화에는 층차구조가 있는데, 그 중 핵심적이고 지배적인 위치에 있는 것만 '체'라고 할 수 있다. '서학'은 내용이 복잡하여 많은 다른 유파들을 포함하고 있는데, 그들 모두를 동등하게 볼 수 없고 무턱대고 '체'로 받들 수 없다. 학문은 중국과 서양을 막론하고 무릇 신 문화시스템에서 주도적인 역할을 할 수 있는 것을 '체'라고 할 수 있다.

요컨대, '서체중용'은 하나의 문화주장으로서 이론이 명확하지 못하고 내용도 대단히 혼란스럽다. 이런 주장을 제기하는 사람들은 '전면적인 서양화'

와 '중체서용'과 같은 주장의 단면적인 성격을 피하려 한 것 같으나 실제로는 그렇게 하지 못했다. 이는 문화 문제에 있어서 중서대립中西對立, 체용이원體用二元의 경직된 사고방식은 이미 시대에 뒤떨어졌음을 보여 주는 사례라고 할 수 있다.

제12장 우리의 문화주장 – 종합창조론

1. '회통함으로써 따라잡고 이기자'(會通以求超勝)는 주장에서 '종합창조론'에로

앞의 세 장에서는 16세기 이래 역대 문화논쟁에서의 주요한 문화 입장들을 돌이켜보고 그 주장들의 잘된 점과 잘못된 점, 좋은 점과 나쁜 점에 대해 분석해 보았다. 우리의 문화 입장은 종합창조론인데, 이것은 바로 이러한 역사적인 반성에서 얻어진 것이다. 역대 문화논쟁에서 특히 주목할 만한 것은 '회통함으로써 따라잡고 이기자'는 주장과 '가져오기 주의' 그리고 '민족적·과학적·대중적 문화이론'이다. 이러한 주장은 필자들의 주장과 공통점이 있는데, 그것은 바로 '변증적인 종합'을 주장한다는 점이다. '중체서용'의 이론이든 '서체중용'의 이론이든, 또 '국수주의'든 '전면적 서양화' 이론이든, 이것들은 모두 서로 통하지 않는다. 오직 '변증적 종합창조'만이 중화민족의 문화가 부흥할 수 있는 길이다.

여기서 말하는 변증적 종합창조는 중국과 서양의 대립 및 체용이원(體用二元) 이라는 경직된 사고방식을 버리고, 또 맹목적인 '중국중심주의'와 '유럽중심주의'의 방해물을 제거한 것이다. 변증적 종합창조는 마르크스주의의 보편 진리의 지도와 사회주의 원칙의 토대 위에서 열린 마음과 모든 것을 두루 포함하는 태도를 가진다. 그것은 고·금과 중·외의 문화시스템의 구성요소와 구조형식에 대해 과학적으로 분석하고 신중하게 선별하여 중국 사회주의 현대화 건설의 실제적 요구에 근거하면서 민족적 주체의식을 발휘함으로써, 즉 변증적 종합을 거쳐 민족적 특색을 갖춘 동시에 시대적 정신을 충분히 구현함으로써 고도로 발달한 사회주의의 새로운 중국문화를 창조하는 것을 의미한다. 이러한 종합은 무원칙적인 혼합과 절충이 아니라 변증적인 것이어야 한다. 이러한 종합은 일종의 창조적인 종합으로서 새로운 창조의 토대를 마련하는 것이다. 사회주의 문화는 반드시 새로운 창조인 동시에 또한 가치 있는 여러 가지 문화성과의 새로운 종합이다. 이것이 바로 '종합창조론'이라고 말하는 까닭이다.

변증적 종합창조가 가능하다는 데는 두 가지 근거가 있다.

하나는 문화 시스템의 해석 가능성과 재구성 가능성이다. 문화는 무쇠덩어리처럼 분해가 불가능한 것이 아니고 서로 연관되지 않은 성분들의 혼합물도 아니며, 구조와 총체적 기능을 갖춘 복잡한 원소들로 구성된 시스템이다. 어떤 문화시스템이 낙후되고 시대에 뒤떨어지는 것은 물론 그것을 구성하는 문화요소들과 관계되지만, 더욱 근본적인 원인은 그 구조의 불합리성에 있다. 그러므로 문화시스템의 신진대사는 물론 문화요소의 증감과 손익에 의거해야 되지만, 더욱 근본적인 개조의 경로는 낡은 시스템 구조의 해체와 새로운 시스템 구조의 재건이다. 백여 년간의 정치, 경제, 사상문화의 변화를 거쳐 중국 전통문화의 낡은 시스템 구조는 이미 해체되었고, 새로운 사회주의 중국문화도 이미 대체적인 윤곽이 잡혔다. 이런 조건에서 신중하게 고찰하고 진지하게 선택한 고·금과 중·외의 다른 문화시스템에 포함되어 있는 요소들을 현대화의 객관적 요구에 따라 사회주의 현대화의 새로운 중국문화시스템으로 종합해 내는 것은 전적으로 가능하다.

또 다른 가능성의 근거는 문화적 요소간의 분리성(可離性)과 호환성(相容性)

518

이다. 한 문화시스템에 포함되는 문화적 요소들 중에서 어떤 것들은 원래의 시스템을 떠나서는 존재할 수 없고 어떤 것들은 개조를 거쳐 다른 문화시스템에 수용될 수 있다. 그렇기 때문에 서로 다른 민족문화는 각자의 독립성이 있으면서도 또한 서로 흡수하고 융합될 수 있다. 같은 문화시스템 또는 서로 다른 문화시스템에 포함된 문화요소들 간에 어떤 것들은 호환될 수 없고 어떤 것들은 호환될 수 있으며, 또 어떤 것들은 상반되는 것처럼 보이지만 실제로는 서로 보완관계를 이룬다. 그렇기 때문에 서로 다른 민족문화의 요소들이 호환될 수만 있다면 새로운 시스템으로 종합해 낼 수 있다.

변증적인 종합창조가 필요한 까닭에는 다음의 세 가지 이유가 있다.

첫째, 중국문화의 낡은 시스템은 이미 시대에 뒤떨어졌기 때문에 이러한 시스템의 구조를 타파해야 한다. 만약 그렇게 하지 않고 많은 외래의 선진 문화요소들을 거부하면서 중국문화를 현대화의 객관적 요구에 따라 새로 건설하지 않는다면 중국문화는 더 이상 출구가 없다.

둘째, 문화에는 시대성이 있고 민족성이 있기 때문에 중국의 고유문화를 완전히 버리고 서양문화를 전부 그대로 답습하는 것은 가능하지도 않고 객관적 요구에 부합되지도 않는다. 범세계적 차원에서 민족의 차이가 사라지기 전까지는 민족의 독립을 수호하는 것은 대단히 중요한 일이다. 민족의 독립이 없으면 현대화도 운운할 필요가 없다. 민족의 독립은 민족문화의 독립성과 떼어놓을 수 없다.

셋째, 서양문화는 전체적으로 보아 중국의 전통문화보다 우수하지만 모든 것들이 다 뛰어난 것은 아니다. 기본적인 정신에서 보면 양자 모두가 그 자체의 독창성이 있고 또 각기 특징적인 면들을 가지고 있다. 중국이 지금 뒤떨어졌다고 하여 맹목적으로 남을 따라 해서는 곤란하다. 선두를 따라잡기 위해서는 문화적인 측면에서 종합적 창조가 필요하다. 오직 종합적 창조의 기반 위에서 문화적 우세를 지향해야만 열세를 만회할 수 있다.

　고·금과 중·외의 서로 다른 문화시스템 중에서 진지한 선택의 과정을 거친 문화요소를 현대화한 중국문화시스템으로 종합해 내려면 수많은 중요한 문제들을 해결해야 한다. 반드시 마르크스주의의 보편적 진리의 지도와 사회주의 원칙을 견지해야 하고, 반드시 민족적 주체정신을 고양하여 중국과 서양을 융합하는 길을 걸어가야 하며, 반드시 창조적인 정신으로써 종합하고 또한 종합의 토대 위에서 창조해야 하는 것이다.

2. 어떠한 지도원칙을 견지해야 하는가?

　현대화한 새로운 중국문화를 건설하는 데에 있어서 어떤 사상의 지도가 있어야 할까? 이에 대한 사람들의 생각은 매우 다양하다. 당대(현대)신유가는 선진의 원시유가와 송·명의 신유가를 중국 인문정신의 원동력으로 보면서 '근본에로 돌아가 새로움을 열어 나가자'(返本開新)고 주장하였다. 또 중체서용론자들은 중국의 '도道'를 체體로 하고 '서학西學'과 '서예西藝'를 용用으로 할 것을 강조하였으며, 신문화운동의 지도자들은 '민주'와 '과학'을 신문화 건립의 핵심으로 보았다. 이러한 사람들은 비록 '지도사상'이라는 용어는 쓰지 않았지만, 그들이 힘써 노력하였던 것은 우선 어떤 사상을 지침으로 하고 핵심으로 하여 문화를 건설할 것인가 하는 문제였다. 그러므로 신문화 건설에 있어서 그 어떤 사상적 지도도 필요하지 않다고 주장하는 것은 실제의 여건에 전혀 맞지 않는 유치한 생각이다.

　문화 건설에는 일정한 사상적 지도가 필요하다. 각종 문화요소에 대한 분해·평가·선택에 일정한 사상적 무기가 있어야 하고 새로운 문화시스템의 구조건설에도 일정한 설계가 있어야 하듯이, 그 어떤 문화시스템 자체도 모두 사상을 핵심으로 하고 있다. 그렇기 때문에 같지 않은 사상을 지침으로 삼으면 같지 않은 핵심이 형성될 수밖에 없다.

우리가 사회주의를 근간으로 하는 신중국문화 건설에 있어서 마르크스의 보편적 진리를 지침으로 할 것을 주장하는 것은, 그것이 중국 혁명을 지도하는 과정에 있어서 지대한 역할을 하였고 또한 오늘날의 현실생활에서도 중요한 지위를 차지하고 있기 때문만은 아니다. 그보다 더욱 중요한 것은, 마르크스주의는 전 인류문명의 우수한 성과를 비판적으로 총정리한 기초 위에서 탄생한, 유사 이래 가장 위대한 사상문화의 성과이기 때문이다. 또한 마르크스주의는 처음부터 그 자체의 개방성을 깨닫고 처음부터 '비판'과 '혁명'을 자신의 본질로 삼았기 때문이다. 마르크스의 사상체계에서 유물변증주의의 철학은 특히 중시할 만하다. 지금까지 그것은 가장 위대한 철학이고 여전히 시대정신의 핵심이며 현대문명의 살아있는 영혼이다. 마르크스주의의 변증법은 우리가 주장하는 종합적인 창조론의 방법론적 기초이기도 하다.

'마르크스주의를 새롭게 인식하자'는 구호도 있었는데, 그 속에는 최소한 세 가지 뜻이 함축되어 있다.

첫째, 마르크스주의가 생겨난 백여 년 이래로 그것이 전파되고 적용되는 과정에서 수많은 창조적인 발전이 있었지만 또한 왜곡되고 변형된 것도 적지 않았다. 특히 서양문화와 아주 다른 문화 배경을 갖고 있던 중국에서의 마르크스주의의 왜곡되고 변형된 문제는 더욱 주의해야 한다. 그러므로 일련의 좌절을 겪은 뒤에는 마르크스주의의 역사를 냉정하게 돌이켜 보아야 한다. 어떤 것이 마르크스의 사상이고 어떤 것이 후세사람들 특히 우리 자신들이 잘못 덧붙인 사상이며 어떤 사상이 의식적으로나 무의식적으로

곡해된 사상이고 어떤 중요한 사상이 무시되고 묻혀 버렸는가를 분명히 한 후에, 어지러운 것을 바로잡아 정상으로 되돌리고 근본에서부터 고쳐 나가는 작업이 필요하다.

둘째, 마르크스주의가 탄생한 이래 세계는 대단히 큰 변화를 겪게 되었고 인류의 의식 수준도 엄청나게 높아졌다. 백여 년의 역사적 경험은 마르크스주의가 위대하고 정확하다는 것을 증명한 반면, 또 다른 한편으로는 여타 사상과 마찬가지로 그것 역시 자체의 시대적 한계가 있다는 것을 증명했다. 이른바 '마르크스주의를 새롭게 인식하자'는 주장은, 마르크스주의를 새로운 실천경험을 통해 검증하고 새로운 인식 성과와 비교해서 시대에 뒤떨어지고 잘못된 내용은 버리고 정확한 내용은 더욱 풍부히 하고 발전시키자는 것이다. 이러한 재인식을 사회주의와 자본주의에 대한 우리의 재인식과 결합시켜야 나가야 한다.

셋째, 마르크스주의는 무산계급(프롤레타리아)의 정신적 무기인 동시에 인류 문명의 발전의 길을 벗어나지 않는 학설이다. 다시 말하면 마르크스주의 자체가 곧 '혁명성'과 '과학성'의 통일이라 할 수 있다. 그러나 실제 생활에 있어서 사람들은 이 양자의 변증적 관계를 잘 처리하지 못한다. '좌파적' 교조주의가 창궐했던 시대에 사람들은 모든 비非마르크스주의의 사상·학설·유파에 대해 습관적으로 '봉건주의', '자본주의'라는 모자를 씌워 전면적으로 부정하였다. 심지어 같은 마르크스주의라 하더라도 의견이 같지 않으면 '수정주의'라는 꼬리표를 붙여 단번에 때려 엎었다. 계급사회인 이상 각종 철학, 사회과학, 사상 등이 '계급성'과 '당성'을 띠는 것은 확실하지만, 각종 사상에 대해 무조건 계급적 분석을 시도하는 것과 진지한 분석 끝에 정확한 사상성과를 제때에 수용하는 것은 별개의 문제이다.

결국 마르크스주의를 새롭게 인식한다는 의미에는 인류문명사에서의 마르크스주의의 위치를 새롭게 인식하고 마르크스주의와 그 전후좌우의 각종 사상과의 관계를 새롭게 인식하여, 종파주의를 극복하고 마르크스주의 본래의 웅대한 기백으로써 인류문명의 성과 특히 시대의 최신 성과에 대해 과학적인 개괄과 총괄작업을 하는 것도 포함된다. 우리는 마르크스주의라는 보편적 진리의 지도를 견지하는 것과 마르크스주의를 새롭게 인식하는 것이 사회주의의 새로운 중국문화 건설에 있어서 동일한 문제의 두 가지 측면이라고 본다.

마르크스와 엥겔스는 모두 급진적 민주주의를 거쳐 공산주의에로 발전했다. 사상의 자유, 학술의 민주를 주장하는 것은 원래 마르크스주의의 뚜렷한 특징이다. 그런데 마르크스주의가 '민주'가 부족한 동양 사회에 전해진 후 이러한 특징들은 심하게 약화되고 심지어 왜곡되기까지 하였다. 그러므로 마르크스주의를 새롭게 인식함에 있어서 우선 그 특징부터 회복해야 한다. 우리는 사회주의의 새로운 중국문화를 건설하는 데 있어서 마르크스주의의 지도를 군건히 지켜 나가야 한다고 생각한다. 왜냐하면 마르크스주의 안에는 바로 사상자유, 학술민주, 백화제방, 백가쟁명을 강조하는 뜻도 함께 포함되어 있기 때문이다. 그러나 중국은 고대에 이미 '백가百家를 배척하고 유가만을 중시하는' 역사가 있었고, 1950년대에는 '백화제방, 백가쟁명'을 제창하면서도 학술논쟁과 계급투쟁을 기계적으로 연계시켜 모든 사상을 '무산계급'(프롤레타리아)과 '자산계급'(부르주아)라는 두 계급의 사상투쟁으로 귀결시킴으로써 결국 '백가쟁명'이 사실상 취소되고 말았다. '백가를 배척하고' '어느 하나만을 중시하면' 백해무익하다. 이렇게 되면 백 가지를 시들게 할 뿐만 아니라 '혼자만 존귀한' 그것이 대화와 교류 대상을 부정함으로써 생기를 잃게 되기 때문이다. 사회주의의 새로운 중국문화 건설을 하면서 반드시 마르크스주의의 보편적 진리의 지도를 견지해야 하고, 진리 앞에서는 모두가 평등하다는 사실을 유념해야 하며, 학술자유와 백가쟁명의 입장을 굳게 지켜야 한다. 이것도 사실은 동일한 문제의 두 가지 측면이다.

백여 년간, 사람들은 문화의 체용 문제에 있어서 심각하게 고민하였다. 사실, 중·서의 대립, 체·용의 이원이라는 경직된 사유방식에서 벗어나기만 하면 이 문제를 해결하기 어렵지 않다. '체'란 한 문화시스템에서의 기본적인 사상이자 원칙이고, '용'이란 그것의 지도와 통제 하에 있는 각 문화요소들 및 그들의 기능과 작용에 지나지 않는다. 백여 년간의 힘들고 어려운 모색과 분투를 거쳐 중국 인민은 이미 그 새로운 문화를 위한 '체'를 찾아냈다. 그 '체'는 다름 아니라 바로 마르크스주의라는 보편적 원칙과 사회주의의 원칙이다. 이에 근거하여 문화 건설은 사회주의를 '체'로 하고 사회주의의 기본원칙을 견지해야 한다.

우선, 사회주의의 기본원칙과 사회주의의 구체적인 체제를 구분해야 한다. 사회주의의 기본원칙은, 경제적으로는 곧 공유제와 노동에 따른 분배이고, 정치적으로는 사회주의의 민주이며, 인간관계에서는 사람과 사람 간의 진정한 평등 및 서로 존중하고 서로 사랑하는 것이다. 이러한 사회주의의 기본원칙은 고립적이고 허구적이 아니라 항상 각종의 구체적인 체제 속에 함축되어 있다. 이미 건립된 사회주의의 정치경제제도는 초보적으로 사회주의의 기본원칙을 구현했지만, 경험의 부족과 일부 공상적이고 좌파적인 교조주의의 방해로 인해 원래의 정치경제체제는 중국의 국정에 완전히 부합하지 못했고 사회주의의 우월성도 충분히 발휘할 수 없었다. 그렇기 때문에 현 정치경제체제의 개혁이야말로 피할 수 없는 추세이다.

다음으로, 사회주의의 기본원칙과, 그 위에 덧붙여진 공상적인 성분 및 왜곡되고 굴절된 부분을 구분해야 한다. 과학적 사회주의는 마르크스와 엥겔스가 공상적 사회주의를 비판적으로 계승하여 이루어진 것으로, 본질적으로 과학적인 것이지만 여전히 공상적인 요소가 일부 존재해 있었다. 더욱이 상대적으로 생산력이 낙후하고 민주주의 전통이 결여된 동양의 나라들에 전해진 뒤로는 그 기본원칙에 적지 않은 공상적 성분이 첨가되었고, 또 심하게 왜곡되고 변형되었다. 중국의 경우 뿌리 깊은 소농小農의식 및 가지각색의 봉건적 잔여, 기타 여러 가지 전통적 공상들이 잇달아 '사회주의'라는 새 옷을 걸치고 나섰다. 이는 대단한 손실을 초래했을 뿐만 아니라 요술거울마냥 사회주의 기본원칙의 본래 모습을 왜곡하기에 이르렀다. 이를테면, 사회주의 공유제를 마치 논이 있으면 함께 경작한다는 '유전동경有田同耕'(기업이 국가의 큰 가마솥 밥을 함께 먹다)으로 이해한 것이나, 노동에 따라 분배하는 것을 마치 밥이 있으면 함께 먹는다는 '유반동식有飯同食'(평균주의, 복리주의)으로 이해한 것, 또 '성스러운 임금'(聖王)과 '어진 재상'(賢相)과 '청렴한 관리'(淸官)에 의한 다스림이 마치 민주정치보다 더 인민군중의 절실한 이익을 담보하는 것처럼 여기는 것, 정치사상의 도덕 수준이 마치 생산력 발전보다 더 사회주의 건설과 공산주의 이상의 실현을 담보하는 것처럼 여기는 것 등이 그러하다. 따라서 우리는 사회주의의 원칙이 경제, 정치 및 인간관계 면에서 심하게 왜곡된 점을 중시해야 하고, 공상으로써 과학을 대체하게 된 상황을 중시해야 하며, 이론과 실천에 있어서 사회주의 기본원칙의 원래 모습을 회복하기 위해 노력해야 한다.

그 다음으로, 사회주의의 '체'를 견지하자면 사회주의의 '용'을 발전시키는 것과 연계해야 한다. 사회주의 기본원칙의 본래 모습을 회복하는 것은 사회주의 문화 건설에 있어서의 '근본을 밝히는'(明體) 노력이다. 이에 비해 개혁을 통해서 사회주의 기본원칙을 충분히 구현한 정치제도를 건립하고, 과학기술을 발전시키며, 문학예술을 번영케 하고, 중국의 국정國情에 근거하여 여러 가지 경제정책을 제정하며, 사회주의 기본원칙을 손상시키지 않는 전제 하에서 외국의 선진적인 관리방법과 경영시스템을 수용하는 것은 사회주의 문화 건설에 있어서 근본원칙을 '응용'(達用)하려는 노력이다. '체용 體用'이란 말의 범주에는 본말本末과 주종主從의 뜻이 함축되어 있을 뿐만 아니라 '경권經權'이란 뜻도 포함되어 있다. '경經'은 원칙성이고 '권權'은 신축성 이다. 신축성만 말하고 원칙성을 따지지 않으면 방향을 잃게 되고, 원칙성만 따지고 신축성을 고려하지 않으면 경직될 수밖에 없다. 경제발전과 인민 생활수준의 향상을 이루어 서방 선진 국가들을 능가할 수 있겠는가 하는 문제는 사회주의의 생사존망에 관계되는 중요한 문제이다.

끝으로, 사회주의의 기본원칙을 견지하여 그것들로 하여금 구체적인 정치 경제체제에서 완전하고도 충분하게 구현되도록 하는 것은 장기적인 역사적 과정이다. 사회주의의 기본원칙이 완전하고도 충분히 실현되자면 일련의 주관 및 객관적인 조건을 필요로 한다. 주관적 조건이란 바로 사상문화의 조건이다. 실제 생활에 있어서 왜곡된 이러한 원칙을 완전히 바로잡자면 대단히 오랜 시일이 걸리고 많은 일을 해야 한다. 이를테면 사회주의적인 민주를 충분히 실현하기 위해서는 특권사상, 계급관념, 가부장제 풍습, 자기와 상관없는 일은 신경 쓰지 않는 편협한 마음 등을 제거해야 하고, 대신 민주적 의식 및 습관을 기르고 사람들의 문화수준을 높이기 위해 힘써 노력해야 한다. 객관적 조건이란 바로 물질적 및 제도적 면에서의 보장이다. 이를테면 현대화 대공업이 고도로 발전하지 않으면 높은 수준의 공유제公有制 가 있을 수 없다. 과학적 사회주의의 과학성은 우선 유물사관을 이론 기초로 해야 하며, 사회주의 기본원칙의 실현은 일련의 주관적 및 객관적 조건을 필요로 한다는 사실을 인정해야 한다.

3. 민족주체정신을 고양하자

인간의 주체성을 중시하는 것은 유물변증주의가 낡은 유물론과 구분되는 뚜렷한 특징의 하나이다. 인간의 주체성에는 차원이 있는바, 개인에게는 개인의 주체성이 있고 민족에게는 민족의 주체성이 있으며 인류에게는 인류의 주체성이 있다. 민족은 인류의 생존 발전에 있어서 중요한 기본적인 사회형식이다. 인류라는 커다란 가정은 많은 민족으로 구성되어 있기 때문에, 민족을 떠난 사회는 텅 빈 추상이 될 수밖에 없다. 인류가 민족이라는 형식으로 생존하고 발전한다는 사실은, 민족도 하나의 주체이며 각 민족은 모두 특수한 주체성을 가지고 있음을 말해 준다.

이른바 민족의 주체성이란 곧 민족의 연속적인 발전에 있어서 한 줄기로 관철되는 중심이다. 거기에는 독립성, 자각성, 능동성이라는 세 가지 측면이 포함된다. 독립성이란 자신의 독립적 존재를 긍정하는 것이고, 자각성이란 자아의식을 가지고 스스로 자신의 독립적 존재를 의식할 수 있는 것이며, 능동성이란 환경을 개조할 수 있는 능동적인 힘을 가지고 있어서 환경에 굴복되지 않는 것을 말한다. 민족의 주체성은 한 민족으로 하여금 독립적인 신분으로 세계 민족의 전당에 설 수 있게 하는 여러 가지 성격의 종합이다. 민족의 주체적 의식과 주체적 정신은 민족적 주체성의 정신적인 측면으로서 민족의 독립의식과 자아의식, 자각성 및 능동성이 함축되어 있다. 한 민족은 민족적 주체의식이 생겨나야만 비로소 자각적인 내적 응집력을 지닐 수 있게 되고, 또 민족의 연속적 발전을 추진하는 내적 정신동력을 가질 수 있게 되는 것이다.

'몸과 마음을 가다듬어 쉬지 않고'(自强不息) '자신의 덕을 두텁게 해서 만물을 포용하는'(厚德載物) 중국문화의 기본정신은 또한 중화민족의 민족적 주체의식의 핵심이자 중화민족의 독립의식, 자아의식, 자각적 능동성의 뚜렷한 징표이다.

　새로운 중국의 사회주의 문화를 건설하는 위대한 사업에 있어서 우리 민족의 주체적 의식과 주체적 정신은 대단히 중요하다. 여러 해 동안 느껴야만 했던 중국인들의 문화적 곤혹스러움은 결국 선진적인 외래문화를 받아들여야 한다는 일과 자기 문화의 독립성을 유지해야 한다는 일 사이의 관계를 어떻게 잘 처리하는가 하는 문제에서 생겨났다. 이러한 문제에 있어서 중화민족의 주체정신을 고양할 수 있는가 하는 것은 실로 중요한 관건이다. 왕성한 생명력과 진취적인 분투정신이 없고 독립적인 의지와 민족적 존엄이 없으면 우리는 주체의식 없이 그저 다른 사람만을 따라 땅을 내려다보거나 하늘을 우러러보는 바보가 될 수 있고, 유럽과 미국의 거센 파도에 밀려 동화되고 말 것이다. 만물을 포용하는 '후덕재물厚德載物'의 정신과 기백과 용기가 없으면 낡은 것을 답습하고 외부와의 왕래를 끊은 자폐인이 될 수 있으며, 여기에 고집불통까지 더하게 되면 민족의 앞날을 망치게 된다. 노신魯迅은 '가져오기 주의'를 제창했는데, 독립의식과 자아의식이 없으면 '보내기'(送來)와 '가져오기'(拿來)의 구분을 할 수 없게 되고 '침착하고 용맹한' 정신이 없으면 자각적인 능동성이 있을 수 없기 때문에 가져올 수도 없는 것이다. 그러므로 '가져오기 주의'의 당연한 전제는 민족적 주체정신을 고양하는 것이다.

　앞에서 이미 지적했듯이 '중체서용'의 주장은 옳지 못하다. 그것은 일종의 시대사조로서, 외래문화의 세찬 충격으로 인해 민족적 자아를 잃을까 두려워하던 당시 사람들의 우려를 표현한 것이다. 사실 중화민족의 주체적 정신만 잘 고양한다면 이러한 우려는 불필요하다. 한 민족의 독립성은 낡은 '체'를 유지하는 데 있는 것이 아니라 민족의 주체의식에 달려 있다.

일부 '전면적인 서양화' 논자와 '철저히 파괴하고 재건하자'는 논자들은 중국 전통문화의 자아갱신과 자기지양 능력을 비관적으로 보면서 외래문화로써 중국 전통문화를 무너뜨릴 것을 주장했다. 이런 주장의 근본적인 잘못은 민족문화의 독립성이 지닌 중요성을 무시하고 민족정신을 고양하는 전통문화의 거대한 작용을 보지 못했다는 데에 있다.

'서체중용'을 주장하는 사람들은 '서양화西洋化'를 '체體'로 하고 '민족화民族化'를 '용用'으로 할 것을 주장하는데, 그들의 관심은 문화의 민족적 형식만을 유지하는데 있다. 사실 민족문화의 독립성은 문화의 민족적 껍데기에만 의존해서는 안 된다. 더욱 중요한 것은 외래문화를 '체'로부터 '용'에 이르기까지 철저히 중국화하는 것인데, 이렇게 하자면 오직 민족의 주체정신을 드높이는 것 밖에는 다른 방법이 없다.

결론적으로 말하자면, 중국 전통문화의 자아갱신, 자기지양의 측면이거나 서양문화를 대량으로 수용하고 흡수하는 측면이거나, 또는 중국과 서양을 융합하여 종합적으로 창조함으로써 중국만의 사회주의 문화를 건설하는 측면이거나를 막론하고 민족의 독립의식, 자아의식, 자각적인 능동성은 대단히 중요한 것으로, 다른 것들로는 이를 대체할 수 없다.

4. 중국과 서양 문화의 융합의 길로 달려가자

우리의 목표는 중국 특색이 있는 사회주의 문화를 건설하는 것이다. 이 목표를 달성하기 위해서는 반드시 중국과 서양의 문화를 융합하는 길로 나아가야 하고, 종합적인 창조의 길로 나아가야 한다.

서양문명 발전의 중요한 결과의 하나가 바로 광범위하고 날로 긴밀해지는

세계적인 연계망을 구축한 것인데, 이미 온 세상을 하나의 '지구촌'이라고
부를 정도로 그러한 연계성의 긴밀도는 높다. 이런 상황에서 자아를 폐쇄하고
낡은 방식만을 고수하며 독선적으로 대국을 자처하기만 하면 절대 출구가
없다. 그러나 다른 한편으로 지금의 세계는 여전히 다민족, 다문화가 서로
경쟁하는 세계로서, 각 민족은 모두 자립자강하기 위해 민족적 주체의식을
높이는 데 중점을 두고 민족의 주체성을 지키며 자기들의 전통문화를 소중하
게 여긴다. 이러한 상황에서 전면적인 서양화를 주장하면서 민족의 문화전통
을 전면적으로 부정하는 것은 대단히 위험하다. 문화발전의 유일하고 정확한
길은 세계화·현대화와 민족화라는 두 가지 측면을 다 같이 꾀하면서 세계의
선진적인 문화를 배우는 동시에 민족문화의 우수한 전통을 지키고 발양하는
것이다. 지금처럼 우리의 문화가 아직도 일류 선진국에 비해 뒤떨어져
있는 상황에서는 두 말할 나위 없고, 우리는 현대화를 완전히 이룬 이후에도
반드시 이렇게 해야 한다.

중국의 전통문화는 스스로의 특징과 장점을 지니고 있는 동시에 또
중대한 결함도 안고 있다. 그 중 가장 큰 결함은 근대 실증과학이 결여되어
있다는 점과 민주 전통이 부족하다는 점이다. 이러한 점들이 바로 중국의
봉건시대 문화가 서양의 근대 자본주의 문화보다 못한 두 가지 징표이다.
세계역사의 발전을 보면 이미 자체의 노력만으로 전통문화로부터 근대
실증과학과 민주의 전통 두 가지를 형성한다는 것은 허락되지 않는다.
그런데 우리들의 목표가 중국 특색이 있는 사회주의 문화를 건설하는
것이므로, 결국 이러한 목표를 이루기 위한 길은 오직 중국과 서양을
융합하는 길이고 종합적인 창조의 길이다. 사회주의 문화는 봉건문화와
자본주의 문화가 이룩한 성과의 토대 위에서만 비로소 풍성한 성과를
거둘 수 있고, 중국 특색도 민족문화의 우수한 전통을 지키고 발전시키는

530

동시에 외래문화를 수용하여 창조적으로 전환시켜야만 비로소 얻을 수 있다.

중국과 서양의 문화를 회통하고 융합하여 고도로 발달한 문화를 창조하려 했던 것은 서광계(徐光啓) 이래 많은 지식인들의 이상과 목표였다. 그렇지만 객관적 조건이 성숙되지 않고 방법이 적절하지 않았기 때문에(이를테면 절충하고 조절하는 것) 이러한 이상은 줄곧 실현되지 못했다. 이미 중국에 드러나 있는 중국과 서양의 문화가 병존하고 융합되는 현상(이를테면 중국의 회화, 음악, 문학, 의학 등이 서양의 회화, 음악, 문학, 의학 등과 동시병존하는 현상)은 이 길이 완전히 통하고 있다는 것을 보여 준다. 민족독립이 확정되고 사회주의제도의 건설과 개혁개방의 정책이 확립됨에 따라 이전에는 없었던 좋은 조건에서 전인미답의 이상을 실현할 수 있게 되었다.

5. 창조적인 종합과 종합에서의 창조

미국의 아폴로 유인 달착륙선의 발사가 성공한 뒤 '아폴로 계획' 책임자는 이 계획에서 새로 채용한 기술은 하나도 새로운 것이 없다는 의미심장한 말을 하였다. '아폴로 계획'의 성공은 사람들에게 시스템이론의 기본원리, 즉 전체는 부분의 합보다 크다거나 종합 자체가 바로 창조라는 점을 생생하게 증명했다. 아폴로 계획의 성공은 또 종합하는 작업도 창조성을 떠날 수 없다는 것을 말해 준다. 왜냐하면 필요에 따라 생겨나는 시스템공학 방법이 없었더라면 현재의 기술로써 새로운 기술을 '합성'하는 아폴로 계획은 근본적으로 실행될 수 없었기 때문이다.

중국 특색이 있는 사회주의 문화 건설 또한 하나의 시스템공학이다.

중국만의 특색이 있는 사회주의 문화 건설이라는 이 작업은 아폴로 계획보다 더 웅대하고 더 복잡하며 더 어렵고 더 힘든 시스템공학이다. 마르크스주의의 지도와 사회주의 원칙의 토대 위에서 중국과 서양 문화의 종합을 이루어 내는 것은 위대한 창조적 사업으로, 그 성과인 중국 특색이 있는 사회주의 문화도 반드시 위대한 창조가 될 것이다.

마르크스주의는 중국에 전해 온 후 중국 전통문화 중의 우수한 요소들과 결합하여 중국의 혁명적 실천에서 창조되고 발전되기도 했으나, 중국 전통문화 중의 찌꺼기의 영향을 받지 않을 수 없었기 때문에 일정한 정도에서 왜곡되고 변형된 점도 있었다. 어떤 사람들은 후자의 경우를 심각하게 보면서 비관하고 실망하기도 한다. 사실 해석학의 관점에서 보자면, 위의 두 경우는 모두 정상적인 것이다. 민족이든 개인이든을 막론하고 새로운 사상, 새로운 문화를 받아들이기 전에 머리가 완전히 텅 비어 있었던 것은 아니기 때문에, 새로운 사상과 문화에 대한 이해와 수용은 머릿속에 본래 있었던 생각들에 의해 결정된 '시계視界'의 제한을 받기 마련이다. '좌파적' 교조주의의 속박에서 벗어나 위와 같은 두 가지 경우가 동시에 존재한다는 점을 명확하게 인식하기만 하면 문제해결이 어려운 것은 아니다. 종합적인 창조사업의 우선적인 임무의 하나는 마르크스주의를 새롭게 인식하고 사회주의를 새롭게 인식하는 것이다. 끊임없는 학습과 반성으로써 시각을 개선하는 동시에 새로운 시각으로써 배우고 수용해야 한다. 이러한 순환이 되풀이되면 왜곡되고 변형된 문제는 자연스럽게 해결될 수 있다.

16세기 이래, 특히 '5·4' 이래로 우리는 서양의 선진적인 문화를 도입하고 수용하는 면에서 많은 작업을 해 왔고, 그 결과 '과학, 민주, 사회주의'는 이미 중국 사상문화의 기조가 되었다. 그러므로 앞으로 해야 할 일은 크게 두 가지가 있다. 하나는, 이미 세워진 모든 것들에 대한 반성을 통해 정확한 수용과 올바른 이해를 시도해서, 중국의 전통문화와 잘 결합된 것을 튼튼히 다지는 반면 사상문화의 쓰레기를 제거하며 왜곡되고 변형된 것을 바로잡는 일이다. 다른 하나는, 새로운 것 특히 '좌파적' 교조주의의 속박으로 인해 찬밥 신세가 된 서양문화의 최신 성과를 널리 도입하는 것이다. 사회제도가 다르고 생활방식이 다르며 이데올로기가 다르고, 또한 국제적 경제, 정치, 외교의 여러 가지 상황이 복잡하다. 국가의 안전과 단결에 위험한 영향을 미치지 않도록 하기 위해서는 새로운 것의 도입에 일정한 계획이 있어야 하고 통제가 뒤따라야 한다. 우리는 이러저러한 금지구역을 설치하여 사상계와 학계의 손발을 묶어 놓는 것에 대해 반대하지만, 분석과 감별을 거치지 않은 것들이 대중 속에서, 특히 젊은이들 속에서 무분별하게 범람하는 것에 대해서도 못지않게 반대한다.

　'5·4' 이래로 우리는 현대적이고 과학적인 방법 및 관점으로 중국의 전통문화를 연구하고 분석하고 정리하는 면에서도 굉장한 성과를 거두었다. 낡은 사상문화의 체계가 이미 해체되고 핵심과 찌꺼기도 초보적 수준에서 감별되었다. 그러나 아직도 적지 않은 문제들이 남아 있다.

　첫째, 좌파적 또는 우파적 '형식주의'의 방해로 인해 비판적으로 계승하는 사업이 대부분 '입에 발린 말'(특히 사상문화의 측면에서)에 머물러 있고, 선전과 교육 사업이 따라가지 못했기 때문에 대중 특히 젊은이들이 중국의 전통문화에 대해 점점 더 낯설고 서먹서먹해한다. 이로부터 문화적 단절이 생겼는가 하면 또 대량의 봉건문화 찌꺼기들이 '날마다 쓰면서도 알지 못하는' 형식으로 사람들에게 계속 해독을 끼치는 상황이 빚어졌다. 문화전통의 부정적인 진부한 사상들은 받아들이기 쉽고 벗어나기는 어렵지만, 긍정적이고 건강한 요소들은 상대적으로 심오하고 정밀하여 쉽게 이해되지도 않고 납득하기가 어렵다. 그러나 전통문화는 잊어버리는 방식으로 벗어날 수도 없고 전면부정의 방식으로 부정해 버릴 수도 없으며, 오로지 진취적으로 비판하고 계승해야만 '변증적 부정'을 실현할 수 있다. 즉 문화전통은 극복도 하고 보존도 하며 고양高揚도 시켜야 한다.

둘째, 중국 전통문화에 대한 연구·분석·정리에도 '시각'의 문제가 존재한다. 중국 전통문화는 뚜렷한 민족적 형식이 있는가 하면 또 많은 독특한 내용도 있기 때문에 서양적인 스타일로 함부로 가위질하면 왜곡되고 변형되고 불순물이 첨가되는 문제가 생길 수 있고, 특히 중국 민족 특유의 정수를 빠뜨리기 쉽다. 이런 경우는 근·현대의 서양적 방법으로써 중국의 전통문화를 정리하는 수많은 학자들에게서 볼 수 있으며, 마르크스주의 방법을 사용하는 학자들에게서도 흔히 나타난다. 시각의 한계로 인해 중국 전통문화 중의 많은 우수한 부분이 아직도 제대로 주목받지 못하고 있고, 일부 중국 전통문화에서 중요한 자리를 차지하는 영역(이를테면 가치관)에 대한 분석·정리 작업도 제대로 된 대접을 받지 못하고 있다. 그러므로 일반과 특수가 통일된다는 변증적 방법을 적용하고 실사구시의 사상노선을 관철하여 중국 전통문화에 대해 한 걸음 더 나아가 분석하고 정리하는 작업은 여전히 힘들고 무거운 임무로 남아 있다. 이러한 임무는 일정한 의미에서 중국 전통문화를 새롭게 인식하는 것이라고 할 수 있다.

문화에 대한 연구는 일정한 문화이론의 틀과 일정한 문화 연구의 방법을 떠날 수 없다. 지난 문화논쟁들에서 있었던 여러 차례의 '분기分岐'들은 대부분 문화이론과 방법의 분기에 근거한 것이었다. 그러므로 마르크스주의의 보편원칙을 지도로 하고 현대 문화이론과 방법론의 성과를 충분히 수용한 문화이론체계를 건립하는 것은 중국의 특색 있는 사회주의 문화를 건설하는 기초적인 사업이다.

534

중국과 서양 문화의 융합과 종합에는 과정이 필요하다. 조건이 아직 성숙되지 않은 상황에서 출처가 다른 문화요소들이 동시에 존재하고 자유롭게 경쟁하도록(이를테면 중국과 서양의 회화, 음악, 문학, 의학 등이 동시에 존재하고 자유롭게 경쟁하는 것) 하는 것은 가장 현명한 선택이라고 할 수 있다. 구체적인 각 문화요소들을 놓고 보면 이러한 동시병존과 자유경쟁은 서로 다른 미래가 펼쳐지게 한다. 그것은 곧 우승열패優勝劣敗로도, 혼합교융混合交融으로도, 또 서로 교류하는 가운데 상대적인 독립을 유지하는 길로도 나타날 수 있겠지만, 어느 경우를 막론하고 전체적으로 말하자면 모두 종합 작업의 실질적인 발전이라 할 수 있다.

중국 특색의 사회주의 문화 건설은 일정한 사상적 지도가 있어야 하고, 명확한 방향이 있어야 하며, 일정한 계획과 거시적 통제가 있어야 한다. 그러나 이러한 것들이 학술자유와 백가쟁명을 방해해서는 안 된다. 마르크스는 다음과 같이 말했다.

> 당신들은 사람의 마음을 즐겁게 하는 대자연의 끊임없는 변화와 끝없이 풍부한 보물의 다양성을 찬미한다. 당신들은 '장미'와 '비단향꽃무'가 같은 향을 뿜어 낼 것을 요구하지는 않으면서, 왜 세상에서 가장 풍부한 정신에 대해서는 오직 한 가지 존재형식만 가질 것을 요구하는가?[1]

건설해야 할 사회주의 문화는 풍부하고 다채로운 문화이다. 이러한 문화는 백가쟁명을 통해서만 건설되고 발전될 수 있다.

억만 명의 총명한 두뇌와 부지런한 두 손을 가진 중화민족은 반드시

---

1) 馬克思, 「評普魯士最近的書報檢查令」, 『馬克思恩格斯全集』 제1권, 7쪽, "你們讚美大自然悅人心目的千變萬化和無窮無盡的豐富寶藏, 你們並不要求玫瑰花和紫羅蘭散發出同樣的芳香, 但你們爲什麼卻要求世界上最豐富的東西 — 精神只能有一種存在形式呢?"

종합적인 창조라는 이 위대한 문화공정을 충분히 완수할 수 있을 것이다. 그리고 반드시 종합적 창조를 통해 중화민족 문화의 위대한 부흥을 이룩할 수 있을 것이다.

지은이

張岱年

중국의 현대철학자, 문화학자. 淸華大學 교수를 거쳐 후에 장기간 北京大學 교수로 재직하였고 중국철학회 회장을 역임하였다. 한평생 중국철학과 문화연구에 종사하여 폭넓은 업적을 쌓았고, 교육사업에 심혈을 쏟아 수많은 제자를 배출하였으며, 國學의 대가로 국내외에 명성을 크게 떨쳤다. 그의 전기 대표작 『中國哲學大綱』은 철학 문제를 핵심으로 하여 중국철학의 체계적 논리를 명료하게 드러낸 명작이며, 후기 대표작 『中國文化精神』은 중국문화 연구와 보급에 있어서의 최고 수준의 역작이다.

程宜山

장대년의 만년 제자로서, 중국문화연구에 종사하였다. 부지런하고 학문이 뛰어났으며 문필력이 출중하였다. 『中國文化與文化論爭』을 저술하여 장대년의 칭찬을 받기도 했지만, 피로가 누적된 병으로 인해 젊은 나이에 세상을 떠났다. 장대년은 팔순이 넘은 고령에도 불구하고 제자의 추모식에 직접 참석해 눈물을 흘리며 작별을 고했다.

옮긴이

장윤수張閏洙

경북대학교 철학과를 졸업하고, 같은 학교 대학원에서 석사와 박사학위를 받았다. 현재 대구교육대학교 윤리교육학과 교수로 재직하고 있으며, 중국 西北大學 인문학원 객좌교수로도 활동하고 있다. 신유학, 퇴계철학, 동양교육사상 방면에 학문적 관심이 있다. 저서로 『도, 길을 가며 길을 묻다』를 비롯한 10여 권의 저서가 있고, 『橫渠易說』 등 10여 권의 번역서가 있으며, 「氣學과 心學의 횡단적 소통구조에 관한 연구」 외 70여 편의 논문이 있다.

한영韓英

중국 延邊大學 물리학부를 졸업하고 한국학중앙연구원 대학원에서 철학박사학위를 받았다. 현재 중국 大連大學 마르크스주의학부 부교수로 재직 중이다. 저서로『戴震의 기학과 정약용 실학의 근대성 비교연구』, 『사상사』(공저; 朝鮮族文化史大系 5)가 있으며,「西學의 朝鮮에서의 전파와 영향연구」등 20여 편의 논문이 있다.

반창화潘暢和

중국 延邊大學 중국어학부를 졸업하고 동 대학에서 철학석사학위, 復旦大學에서 철학박사학위를 받았다. 중국 延邊大學 정치학부 교수로 재직했으며, 中華日本哲學會 이사장, 吉林省哲學會 부이사장 등을 역임하였다. 저서로『東亞儒家文化圈價値衝突 － 以古代朝鮮和日本儒學比較爲中心』등 4권이 있고, 편저로『日本古代思想史論』등 3권이 있으며, 「古代朝鮮和日本朱子學特色比較」등 50여 편의 논문이 있다.

예문서원의 책들

연구총서

논쟁으로 보는 중국철학 중국철학연구회 지음, 352쪽, 8,000원
논쟁으로 보는 한국철학 한국철학사상연구회 지음, 326쪽, 10,000원
중국철학과 인식의 문제 (中國古代哲學問題發展史) 方立天 지음, 이기훈 옮김, 208쪽, 6,000원
중국철학과 인성의 문제 (中國古代哲學問題發展史) 方立天 지음, 박경환 옮김, 191쪽, 6,800원
역사 속의 중국철학 중국철학회 지음, 448쪽, 15,000원
공자의 철학 (孔孟荀哲學) 蔡仁厚 지음, 천병돈 옮김, 240쪽, 8,500원
맹자의 철학 (孔孟荀哲學) 蔡仁厚 지음, 천병돈 옮김, 224쪽, 8,000원
순자의 철학 (孔孟荀哲學) 蔡仁厚 지음, 천병돈 옮김, 272쪽, 10,000원
유학은 어떻게 현실과 만났는가 — 선진 유학과 한대 경학 박원재 지음, 218쪽, 7,500원
역사 속에 살아있는 중국 사상 (中國歷史に生きる思想) 시게자와 도시로 지음, 이혜경 옮김, 272쪽, 10,000원
덕치, 인치, 법치 — 노자, 공자, 한비자의 정치 사상 신동준 지음, 488쪽, 20,000원
리의 철학 (中國哲學範疇精髓叢書 — 理) 張立文 주편, 안유경 옮김, 524쪽, 25,000원
기의 철학 (中國哲學範疇精髓叢書 — 氣) 張立文 주편, 김교빈 외 옮김, 572쪽, 27,000원
동양 천문사상, 하늘의 역사 김일권 지음, 480쪽, 24,000원
동양 천문사상, 인간의 역사 김일권 지음, 544쪽, 27,000원
공부론 임수무 외 지음, 544쪽, 27,000원
유학사상과 생태학 (Confucianism and Ecology) Mary Evelyn Tucker · John Berthrong 엮음, 오정선 옮김, 448쪽, 27,000원
공자曰, 공자는 이렇게 말했다 안재호 지음, 232쪽, 12,000원
중국중세철학사 (Geschichte der Mittelalterischen Chinesischen Philosophie) Alfred Forke 지음, 최해숙 옮김, 568쪽, 40,000원
북송 초기의 삼교회통론 김경수 지음, 352쪽, 26,000원
죽간·목간·백서, 중국 고대 간백자료의 세계 1 이승률 지음, 576쪽, 40,000원
중국근대철학사(Geschichte der Neueren Chinesischen Philosophie) Alfred Forke 지음, 최해숙 옮김, 936쪽, 65,000원
리학 심학 논쟁, 연원과 전개 그리고 득실을 논하다 황갑연 지음, 416쪽, 32,000원
진래 교수의 유학과 현대사회 陳來 지음, 강진석 옮김, 440쪽, 35,000원
상서학사 — 『상서』에 관한 2천여 년의 해석사 劉起釪 지음, 이은호 옮김, 912쪽, 70,000원
장립문 교수의 화합철학론 장립문 지음 / 홍원식·임해순 옮김, 704쪽, 60,000원

성리총서

송명성리학 (宋明理學) 陳來 지음, 안재호 옮김, 590쪽, 17,000원
주희의 철학 (朱熹哲學研究) 陳來 지음, 이종란 외 옮김, 544쪽, 22,000원
양명 철학 (有無之境—王陽明哲學的精神) 陳來 지음, 전병욱 옮김, 752쪽, 30,000원
정명도의 철학 (程明道思想研究) 張德麟 지음, 박상리·이경남·정성희 옮김, 272쪽, 15,000원
송명유학사상사 (宋明時代儒學思想の硏究) 구스모토 마사쓰구(楠本正繼) 지음, 김병화·이혜경 옮김, 602쪽, 30,000원
북송도학사 (道學の形成) 쓰치다 겐지로(土田健次郎) 지음, 성현창 옮김, 640쪽, 3,2000원
성리학의 개념들 (理學範疇系統) 蒙培元 지음, 홍원식·황지원·이기훈·이상호 옮김, 880쪽, 45,000원
역사 속의 성리학 (Neo-Confucianism in History) Peter K. Bol 지음, 김영민 옮김, 488쪽, 28,000원
주자어류선집 (朱子語類抄) 미우라 구니오(三浦國雄) 지음, 이승연 옮김, 504쪽, 30,000원

불교(카르마)총서

유식무경, 유식 불교에서의 인식과 존재 한자경 지음, 208쪽, 7,000원
박성배 교수의 불교철학강의: 깨침과 깨달음 박성배 지음, 윤원철 옮김, 313쪽, 9,800원
불교 철학의 전개, 인도에서 한국까지 한자경 지음, 252쪽, 9,000원
인물로 보는 한국의 불교사상 한국불교원전연구회 지음, 388쪽, 20,000원
은정희 교수의 대승기신론 강의 은정희 지음, 184쪽, 10,000원
비구니와 한국 문학 이향순 지음, 320쪽, 16,000원
불교철학과 현대윤리의 만남 한자경 지음, 304쪽, 18,000원
유식삼십송과 유식불교 김명우 지음, 280쪽, 17,000원
유식불교, 『유식이십론』을 읽다 효도 가즈오 지음, 김명우·이상우 옮김, 288쪽, 18,000원
불교인식론 S. R. Bhatt & Anu Mehrotra 지음, 권서용·원철·유리 옮김, 288쪽, 22,000원
불교에서의 죽음 이후, 중음세계와 육도윤회 허암 지음, 232쪽, 17,000원
선사상사 강의 오가와 다카시(小川隆) 지음, 이승연 옮김, 232쪽, 20,000원

역학총서

주역철학사 (周易研究史) 廖名春·康學偉·梁韋弦 지음, 심경호 옮김, 944쪽, 45,000원
송재국 교수의 주역 풀이 송재국 지음, 380쪽, 10,000원
송재국 교수의 역학담론 — 하늘의 빛 正易, 땅의 소리 周易 송재국 지음, 536쪽, 32,000원
소강절의 선천역학 高懷民 지음, 곽신환 옮김, 368쪽, 23,000원
다산 정약용의 『주역사전』, 기호학으로 읽다 방인 지음, 704쪽, 50,000원
주역과 성인, 문화상징으로 읽다 정병석 지음, 440쪽, 40,000원
주역과 과학 신정원 지음, 344쪽, 30,000원
주역, 운명과 부조리 그리고 의지를 말하다 주광호 지음, 352쪽, 30,000원

동양문화산책

주역산책 (易學漫步) 朱伯崑 외 지음, 김학권 옮김, 260쪽, 7,800원
동양을 위하여, 동양을 넘어서 홍원식 외 지음, 264쪽, 8,000원
서원, 한국사상의 숨결을 찾아서 안동대학교 안동문화연구소 지음, 344쪽, 10,000원
안동 풍수 기행, 와혈의 땅과 인물 이완규 지음, 256쪽, 7,500원
안동 풍수 기행, 돌혈의 땅과 인물 이완규 지음, 328쪽, 9,500원
영양 주실마을 안동대학교 안동문화연구소 지음, 332쪽, 9,800원
예천 금당실·맛질 마을 — 정감록이 꼽은 길지 안동대학교 안동문화연구소 지음, 284쪽, 10,000원
터를 안고 仁을 펴다 — 퇴계가 굽어보는 하계마을 안동대학교 안동문화연구소 지음, 360쪽, 13,000원
안동 가일 마을 — 풍산들가에 의연히 서다 안동대학교 안동문화연구소 지음, 344쪽, 13,000원
중국 속에 일떠서는 한민족 — 한겨레신문 차한필 기자의 중국 동포사회 리포트 차한필 지음, 336쪽, 15,000원
신간도견문록 박진관 글·사진, 504쪽, 20,000원
선양과 세습 사라 알란 지음, 오만종 옮김, 318쪽, 17,000원
안동 원촌마을 — 선비들의 이상향 안동대학교 안동문화연구소 지음, 288쪽, 16,000원
안동 부포마을 — 물 위로 되살려 낸 천년의 영화 안동대학교 안동문화연구소 지음, 440쪽, 23,000원
독립운동의 큰 울림, 안동 전통마을 김희곤 지음, 384쪽, 26,000원
학봉 김성일, 충군애민의 삶을 살다 한국국학진흥원 기획, 김미영 지음, 144쪽, 12,000원

일본사상총서

일본도덕사상사 (日本道德思想史) 이에나가 사부로 지음, 세키네 히데유키·윤종갑 옮김, 328쪽, 13,000원
천황의 나라 일본 — 일본의 역사와 천황제 (天皇制と民衆) 고토 야스시 지음, 이남희 옮김, 312쪽, 13,000원
주자학과 근세일본사회 (近世日本社會と宋學) 와타나베 히로시 지음, 박홍규 옮김, 304쪽, 16,000원

노장총서

不二 사상으로 읽는 노자 — 서양철학자의 노자 읽기 이찬훈 지음, 304쪽, 12,000원
김항배 교수의 노자철학 이해 김항배 지음, 280쪽, 15,000원
서양, 도교를 만나다 J. J. Clarke 지음, 조현숙 옮김, 472쪽, 36,000원
중국 도교사 — 신선을 꿈꾼 사람들의 이야기 牟鍾鑒 지음, 이봉호 옮김, 352쪽, 28,000원
노장철학과 현대사상 정세근 지음, 384쪽, 36,000원
도가철학과 위진현학 정세근 지음, 464쪽, 43,000원

남명학연구총서

남명사상의 재조명 남명학연구원 엮음, 384쪽, 22,000원
남명학파 연구의 신지평 남명학연구원 엮음, 448쪽, 26,000원
덕계 오건과 수우당 최영경 남명학연구원 엮음, 400쪽, 24,000원
내암 정인홍 남명학연구원 엮음, 448쪽, 27,000원
한강 정구 남명학연구원 엮음, 560쪽, 32,000원
동강 김우옹 남명학연구원 엮음, 360쪽, 26,000원
망우당 곽재우 남명학연구원 엮음, 440쪽, 33,000원
부사 성여신 남명학연구원 엮음, 352쪽, 28,000원
약포 정탁 남명학연구원 엮음, 320쪽, 28,000원
죽유 오운 남명학연구원 엮음, 680쪽, 35,000원

예문동양사상연구원총서

한국의 사상가 10人—원효 예문동양사상연구원/고영섭 편저, 572쪽, 23,000원
한국의 사상가 10人—의천 예문동양사상연구원/이병욱 편저, 464쪽, 20,000원
한국의 사상가 10人—지눌 예문동양사상연구원/이덕진 편저, 644쪽, 26,000원
한국의 사상가 10人—퇴계 이황 예문동양사상연구원/윤사순 편저, 464쪽, 20,000원
한국의 사상가 10人—남명 조식 예문동양사상연구원/오이환 편저, 576쪽, 23,000원
한국의 사상가 10人—율곡 이이 예문동양사상연구원/황의동 편저, 600쪽, 25,000원
한국의 사상가 10人—하곡 정제두 예문동양사상연구원/김교빈 편저, 432쪽, 22,000원
한국의 사상가 10人—다산 정약용 예문동양사상연구원/박홍식 편저, 572쪽, 29,000원
한국의 사상가 10人—혜강 최한기 예문동양사상연구원/김용헌 편저, 520쪽, 26,000원
한국의 사상가 10人—수운 최제우 예문동양사상연구원/오문환 편저, 464쪽, 23,000원

중국철학총서

공자의 仁, 타자의 윤리로 다시 읽다 伍曉明 지음, 임해순・홍린 옮김, 536쪽, 50,000원
중국사상, 국학의 관점에서 읽다 彭富春 지음, 홍원식・김기주 옮김, 584쪽, 55,000원

기타

다산 정약용의 편지글 이용형 지음, 312쪽, 20,000원
유교와 칸트 李明輝 지음, 김기주・이기훈 옮김, 288쪽, 20,000원
유가 전통과 과학 김영식 지음, 320쪽, 24,000원
조선수학사—주자학적 전개와 그 종언 가와하라 히데키 지음, 안대옥 옮김, 536쪽, 48,000원
중국수학사 李儼・杜石然 지음, 안대옥 옮김, 384쪽, 38,000원